동북공정 이후 현황과 동북아 역사 문제

동북아역사재단
연구총서 123

동북공정 이후 현황과 동북아 역사 문제

동북아역사재단 편

동북아역사재단
NORTHEAST ASIAN HISTORY FOUNDATION

□ 들어가며

'동북공정' 그 후: 한중 역사 연구의 현주소

이유표 • 동북아역사재단 연구위원

1. 중국의 눈부신 경제 성장 및 정치적 프로파간다

1980년대 개혁개방 이후 중국은 눈부신 경제 성장을 이룩하였다. 2008년 세계 금융 위기 무렵부터 국제사회에서 미국과 함께 'G2'로 호명되기도 한 중국의 보폭은 점차 커지고 있다. 2006년 11월 아프리카 48개국 정상을 초대해 중국·아프리카협력포럼(FOCAC: Forum on China-Africa Cooperation)을 개최했다. 2013년 3월 14일에 취임한 시진핑(習近平) 주석은 이른바 '고속철도 외교'를 통해 세계 각지를 다니면서 고속철도 건설에 관한 합의를 도출했다. 2014년 중국과 러시아가 에너지 합작에 합의하면서 시베리아의 천연가스가 중국으로 공급되었다. 특히 2013년 중앙아시아 4개국과 인도네시아를 방문하여 새로운 시대의 실크로드, 곧 '일대일로(一帶一路)' 구축을 제의했고, 이를 추진하기 위한 금융 플랫폼인 아시아인프라투자은행(AIIB: Asian Infrastructure Investment Bank)을 설립했다. 게다가 중국은 아시아태평양경제협력체(APEC: Asia-Pacific Economic Cooperation) 여러 나라와 아시아태평양자유무역지대(FTAAP: Free Trade Area of the Asia-Pacific)까지 추진하는 등 중국의 경제적 영향력을 확장하려는 노력을 지속하고 있다.

이러한 중국의 거침없는 행보는 하루아침에 이뤄진 것이 아니다. 1980~1990년대 중국은 '도광양회(韜光養晦)' 전략으로 때를 기다리며 실력을 길렀고, 이는 2000년대 후진타오(胡錦濤) 정권이 들어선 후「대국굴기(大國崛起)」와「부흥의 길(復興之路)」이라는 자신감으로 나타났다.「대국굴기」는 2006년 11월 13일부터 24일까지 CCTV-2(경제 채널)를 통해 방송된 12부작 다큐멘터리로, 제국주의 시기 주요 강대국, 곧 스페인, 포르투갈, 네덜란드, 영국, 프랑스, 독일, 일본, 러시아, 미국의 발전 과정을 다루었는데, 앞으로 중국이 대국으로 성장하기 위해 기존 '대국'의 발전을 어떻게 거울삼을 것인가를 고민하는 기색이 역력했다.「대국굴기」의 파장이 가라앉기도 전인 2007년 10월 5일, 중국공산당 제17차 전국대표회의(2007년 10월 15~21일)에 앞서「부흥의 길」이라는 다큐멘터리가 방영되었다. 이는 1840년 아편전쟁 이후 중국이 겪었던 암흑의 역사를 극복하고, 옛 영광을 회복하자는 내용으로 관철되었다. 이와 동시에 중국은 중국인민혁명군사박물관(中國人民革命軍事博物館)에서「부흥의 길」특별전을 진행하였다. 이 특별전 이후 수차례 보완을 거쳐 2011년 3월 1일 중국국가박물관의 재개관에 맞춰 상설화하였다. 그 전시관 입구에는 화려한 중국의 역사가, 출구에는 중국 민족의 단결을 상징하는 대형 부조(浮彫)가 설치되어 있다. 이는 중국의 화려했던 역사를 '민족 단결'을 통한 부흥으로 이룩하겠다는 의도를 드러낸 것이다.

2. 근현대 중국 민족주의와 역사 '공정'

19세기 중반 아편전쟁의 충격 이후, 중국은 서구 제국주의 열강의 위협을 받으면서 홍콩과 마카오를 비롯한 해안 여러 도시를 서구의 식민지(또는 조차지)로 빼앗겼고, 각종 이권을 내주었다. 그러나 개혁을 꿈꾸던 지식인들은 이러한 난국을 타개하고자 여러 대책을 강구하였는데, 대표적인 것이 량치차오(梁啓超)의 대민족론(大民族論)이다.

량치차오는 1903년 "국내 타족(他族)에 대한 한족(漢族)의 소민족주의 외에 국내 본부(주로 한족이 거주하는 18성)와 속부(변방 소수민족 지구)의 제족(諸族)을 합하여 국외의 제족에 대항하는 대민족주의(大民族主義)로 나아가야 한다"고 제창하면서, "제국 정책을 취하여 한족·만주족·몽골족·회족·묘족·티베트족을 합하여 하나의 대민족을 형성"하고 이를 바탕으로 하나의 국가를 형성해야 한다고 주장하였다. 곧 한족이 중심이 되어 다른 민족을 하나의 용광로 속에 용해시켜 '하나의 중화민족'을 만들어야 한다는 것이다.

이러한 '대민족론'은 1949년 중국이 공산화된 이후, '통일적 다민족 국가론'으로 계승되었다. 당시 사회주의 중국의 지배 논리는 민족 논리가 아닌 사회주의 논리였다. 그러나 1978년 중국이 개혁개방을 추진하고, 또 세계적으로 공산권의 몰락이 가속화되자 중국 또한 사회주의적 정체성의 혼란을 피할 수 없었다. 중국은 이러한 난국을 타개하기 위해 염황자손(炎黃子孫)으로 대표되는 민족주의를 더욱 강조하기 시작했다. 이러한 상황에서 등장한 것이 바로 페이샤오퉁(費孝通)의 '중화민족 다원일체 구조론'이다. 이는 고고학에서 중국문명의 다원성을 강조하는 구계유형론(區系類型論)과 맞물려 학문적으로는 물론 사회적으로도 시너지 효과를 일으켰다. 다시 말해, 중국의 민족 그리고 고고 문화는 서로 다른 지역에서 발생하여 지역적 특색을 강화하였지만, 각 지역과 각 민족 문화가 서로 교류하면서 점차 하나로 융합되어 지금의 중화민족을 형성하였다는 것이다.

이는 사회주의 논리의 붕괴로 인해 흔들린 국가 정체성을 '중화민족'이라는 허구의 민족 개념을 이용하여 바로 세우려는 시도다. 게다가 중국은 청대에 편찬된 『대청일통지(大淸一統志)』의 지리적 범위를 중국사의 지리적 범위로, 이 지리적 범위 내에서 일어난 모든 역사를 중국사로 규정하였다. 그리고 이를 강화하기 위해, 다시 말해 중국이 규정한 '중국사'의 지리적 범위에서 일어난 모든 역사는 '중화민족'의 역사라는 논리를 강화하기 위해 1990년대 중반부터 '대형 역사 공정'을 추진하였다.

대형 역사 공정은 크게 세 방향으로 진행되었다. 먼저 전대의 역사를 인정하고 계승한다는 것을 천명하는 '청사편수공정(淸史編修工程)', 이른바 중화민족의 역사적 기원을 탐색하기 위한 '하상주단대공정(夏商周斷代工程)'과 전설 시대를 고고학으로 풀어내고자 하는 '중화문명탐원공정(中華文明探源工程)', 아직 중국의 관점에서 역사가 체계적으로 정리된 적이 없는 변지(邊地) 지역의 역사를 정리하고, 경제적으로 비교적 낙후된 지역을 활성화하고자 추진된 '동북공정(東北工程)', '신장항목(新疆項目)', '서남변강항목(西南邊疆項目)', '북강항목(北疆項目)', 해양연구사업 등의 프로젝트가 그것이다.

변지 지역을 대상으로 한 일련의 역사 공정은 각 변강지역의 역사를 중화민족의 역사로 규정짓고, 예부터 중국의 일부분이었다는 것을 증명하려는 프로젝트다. 그중 '동북공정'은 '동북 변강 역사와 현상 계열 연구 프로젝트'로 고대 중국의 강역이론 연구, 동북지방사 연구, 동북민족사 연구, 고조선 · 고구려 · 발해사 연구, 한중관계사 연구, 중국 동북 변강과 러시아 극동지역의 정치 · 경제 관계사 연구, 동북 변강 사회안정 전략 연구, 한반도 정세 변화 및 그에 따른 중국 동북 변강의 안정에 대한 영향 연구 등의 광범위한 연구과제를 포함하고 있다.

이를 통해서 볼 수 있듯이, 이른바 '동북공정'은 결코 역사학에 국한된 프로젝트는 아니다. 동북지역 경제의 구조적 문제점을 해결하여 동북지역을 중국의 새로운 성장 축으로 육성하겠다는 이른바 '동북진흥전략' 또한 중요한 구성 요소 중 하나다. 이를 위해 중국 중앙은 '동북지역 등 농공업 기지 진흥 전략 실시에 관한 의견'을 발표하고 2004년부터 본격적으로 추진하였다. 이 무렵에 훈춘(琿春)에서 몽골까지 철도를 개통하는 등 유라시아 대륙 교량화(橋梁化)를 위한 도로 교통망을 정비하기도 하였다. 그리고 2007년 이후에는 '랴오닝(遼寧) 연해 경제벨트', '선양(瀋陽) 경제구', '창지투(長吉圖) 경제구' 등을 중점적으로 개발하는 한편, 동북진흥전략의 범위를 네이멍구(內蒙古)까지 확대했다.

이러한 동북진흥전략은 자연스럽게 동북지역과 국경을 맞대고 있는 한국, 러시아와의 외교 정책과도 밀접하게 맞물려 있다. 동북공정

(2002~2007)이 입안될 무렵, 한반도에서는 최초의 남북 정상회담이 열렸고 6·15 공동선언이 발표되었다. 2000년 집권과 함께 아시아-태평양을 중시한 푸틴 대통령은 러시아 지도자로서는 처음으로 평양을 방문하기도 했다. 중국의 국책 연구 사업도 내부 문제만이 아니라 대외적인 환경을 고려한 것으로 보인다. 또 한반도 정세 변화 및 그에 따른 중국 동북 변강의 안정에 대한 영향 연구가 동북공정 과제에 포함되어 있다는 것은 중국 동북3성을 거점으로 한 '중국의 동북아 전략'을 내실 있게 다지고 있다는 것을 증명한다. 다시 말해, 향후 한반도에서 예상되는 정세 변화가 중국 동북지역에 미칠 정치적, 사회적 영향과 충격을 차단하여 동북지역을 안정화하고, 동북아 국제질서 변화에 적극 대처하기 위한 정치적, 경제적, 외교적, 역사적 기초를 마련하겠다는 것이다.

3. 동북공정 이후 한중 역사학의 전개

동북공정은 2007년 공식적으로 마무리되었다. 그러나 동북공정에서 제기된 역사인식은 계속해서 확대 재생산되고 있다. 동북공정을 주도했던 사회과학원 변강사지연구중심(邊疆史地研究中心)은 2008년 변강학(邊疆學) 대학원 과정을 개설하였고, 2014년 10월에는 중국변강연구소(中國邊疆研究所)로 승격되면서, 산하에 동북 및 북부 변강 연구실, 서북 변강 연구실, 서남 변강 및 해강 연구실, 강역 이론 연구실 등을 편제해 본격적인 변강학 연구의 신호탄을 쏘아 올렸다.

현재 '중국의 변강학은 무엇이다'라는 확실한 이론적 틀이 완성된 것은 아니다. 그렇지만 학계에서는 현재 지역사, 단대사(斷代史)적인 연구를 넘어 통사적인 연구를 시도하면서 변강지역이 왜 중국의 변강인지, 왜 중국사 연구 영역에 포함되는지에 대한 여러 담론이 나오고 있다. 변강학의 발전과 함께 종번론(宗藩論, 혹은 번속 이론)의 심화와 확대 적용 또한 눈에 띄는 움직임이다. 그동안은 '종번'이라는 학술 용어를 근대 중국과 주변 국가의 관계를 설명하는 데 썼다면, 지금은 고대부터 통사적으로 적용하고 있다. 예컨대, '동북공정' 시기 고구려와 발해를 '중국의 소수민족 지방 정권'이라는 말로 그 성격을 묘사했다면, 지금은 중국을 '종주(宗主)'로 하는 주변의 '번속(藩屬)'이라는 용어로 표현하는 것이다. 전자가 일국 내에서의 중앙과 지방의 이분법적인 성격을 강조하는 것이라면, 후자는 국가 대 국가의 국제관계적인 표현으로 보다 완화된 것이라는 평가도 있지만, 중국이 항상 중심에 서야 한다는 '강박관념'은 변하지 않았다.

이는 중국의 정치적, 외교적 행보와도 톱니를 같이하고 있다. 2013년 3월, 중국의 시진핑 국가 주석이 모스크바 국제관계학원 연설에서 처음으로 국제사회에 '운명공동체 이념'을 제시한 이후, 2015년 9월에는 뉴욕 유엔 사무국에서 인류운명공동체 구축을 위해 노력할 것을 호소한 바 있고, 2017년 2월 10일에는 유엔 결의에 채택되었다. '인류운명공동체론'은 이후 여러 차례의 유엔 대회, 안전보장이사회, 인권이사회, 사회발전위원회 결의에도 채택되었다. 한편 시진핑은 2015년 3월 보아오포럼에서 아시아문명대회를 제창하였고, 2019년 5월 아시아문명대화대회(亞洲文明對話大會)를 개최하여 5월 15일부터 22일까지를 '아시아 문명 주간'으로 선포하고 학술 포럼을 비롯한 아시아 문화 축제, 아시아 음식 축제 등을 진행하였다. 시진핑은 이 자리에서 '평안 안녕한 아시아', '공동 번영의 아시아', '개방 융통의 아시아'를 강조하였다. 이를 위해서는 '상호 존중과 평등 대우', '타자의 장점을 존중하고 장점을 서로 공유'하며, '개방 포용과 상호 학습', '시대에 발맞춘 혁신 발전'을 견지할 것을 제기하였다. 이는 앞서 언급한 중국·아프리카협력포럼, 일대일로 정책, 아시아인프라투자은행, 아시아태평양자유무역지대 등과 같이 봤을 때 정치적, 외교적, 경제적으로 세계 속에서 주도적 지위를 확고히 하고자 하는 움직임이라 해석할 수 있다.

이러한 시점에서, 또 새로운 10년을 시작하는 현재, 한중 간 역사인식 및 문제의 현 상황을 되짚어 보는 것이 중요하다고 판단하여 이 책의 출간을 기획하게 되었다.

4. 이 책의 목적과 주요 내용 구성

이 책은 한중 간 역사인식의 차이가 표면적으로 드러나기 시작한 동북공정 시기부터 지금까지, 동북공정으로 표출된 한중 역사 간 제 문제를 비롯하여 한중을 둘러싼 동북아 국제관계까지 한중 양국의 인식을 학술적으로 검토할 예정이다.

이 책은 크게 세 부분으로 구성되어 있다. 첫 번째 부분(제1부) '최근 20년간 중국의 한중 역사 문제 연구'에서는 동북공정 추진 기간 및 향후 10여 년간 중국 학계에서 이루어진 관련 연구 성과물을 '역사 연구 영역'과 '동북아 국제관계 연구 영역'으로 나누어 검토한다. 두 번째 부분(제2부) '한국 학계의 동북공정 대응 주요 성과'에서는 동북공정에 대응한 우리 학계의 연구 성과를 마찬가지로 '역사 연구 영역'과 '동북아 국제관계 연구 영역'으로 나누어 검토한다. 마지막으로(제3부) '서구 학계가 보는 동아시아 역사 문제'에서는 '동북공정'으로 대표되는 중국의 역사인식이 세계적으로 어떤 평가를 받고 있는지 검토할 것이다.

동북공정 시기, 고조선에 대해 중국 학자 중 일부는 은(殷)나라 왕족인 기자(箕子)가 조선을 세웠고, 연나라 유민인 위만(衛滿)이 기자조선을 대체했으며, 한(漢)나라가 위만조선을 멸망시키고 이른바 '한사군(漢四郡)'을 설치했기 때문에 중국사라는 논리를 제기하였다. 또 고구려와 발해 등에 대해서는 고구려와 발해가 줄곧 조공 책봉의 테두리 속에서 역대 중국 왕조와 신속 관계를 유지했다고 주장하며, 고구려와 발해를 중국 동북지역 '소수민족 지방 정권'으로 인식하기도 하였다. 동북공정이 끝난 이후에는 고구려와 발해에 대해 '소수민족 지방 정권'이 아닌 '종번 관계'라는 용어로 점차 표현을 바꾸고 있다. 곧 중국이 종주국이고 고구려, 발해 등 주변국은 번속국이라는 것이다. 전술했듯이 종번 관계는 주권국가 대 주권국가의 관계를 전제로 한 전근대 국제관계를 표현하는 일종의 학술 용어다. 그렇다면 전근대 종번 관계 또한 이러한 관계를 전제로 구축된 것일까? 이러한 종번 관계의 확대 적용은 중국 변강학의 성장과도 궤를 같이하고 있다. 특히 백두산·간도에 대한 한중 간의 인식 차이는 중국 동북지역 변강사 연구의 중요한 현안 중 하나다. 이 책에서는 이러한 중국 학계의 구체적인 동향을 중국 학계의 초기 문명사 및 고조선사, 부여사 연구 동향, 이어서 고구려사, 발해사,

요·금·원·명·청 시기 한중 관계 및 북방사, 조선-여진(만주) 관계, 백두산·간도 문제, 근현대 한중관계사 등에 대한 연구 동향을 통해 살펴보고, 전대의 역사를 계승한다는 것을 천명하는 '청사찬수공정'의 전모도 파악해 볼 것이다.

1992년 한중 수교 이후 한중 관계는 급속도로 가까워졌고, 상호 동반자로서 인식을 같이하였다. 그러나 동북공정으로 양국 간 역사인식의 차이가 수면 위로 드러나면서 양국 관계가 순식간에 냉각되기도 하였다. 이후 '한류(韓流)'와 '한한(限韓)'이라는 순류와 역류가 뒤섞이면서 정치, 경제, 문화적으로 상호 긴장 관계가 지속되고 있다. 이 밖에 '혈맹' 혹은 '애물단지'인 북중 양국의 동상이몽, 난징대학살과 댜오위다오(釣魚島, 센카쿠열도) 분쟁 등으로 점철된 중일 관계, 6·25로 대표되는 냉전 이후 1972년 수교를 거쳐 현재 이른바 'G2'로 어깨를 나란히 하고 있는 중미 양국의 관계 또한 동북아 역학 관계를 이해하기 위해 반드시 검토해야 할 부분이다. 따라서 제1부의 '동북아 국제관계 연구 영역'에서는 한중 관계, 북중 관계, 중일 관계, 중미 관계와 관련된 중국의 연구 성과 및 한중 간의 문제는 아니지만 우리가 참고할 만한 중국의 해강 항목과 대만 문제에 대해서도 살펴볼 것이다.

제2부에서는 '동북공정의 논리'에 대응한 우리 학계의 주요 연구 성과를 검토할 것이다. 한국 학계에서는 조공 책봉 관계를 전근대 외교·교류의 형식으로 인식하여, 고구려와 발해를 소수민족 지방 정권으로 보는 것에 반대하고 있다. 또 중국이 종번론을 고대사로 확대 적용하는 것에 대해 우려를 표하고 있다. 이는 조공 책봉 관계로 대표되는 기존의 역사인식이 '종번'이라는 용어로 바뀐 것일 뿐, 그 실상은 변하지 않

았다는 것이다. 우리 학계는 백두산과 간도 문제 또한 중국의 변강학이라는 측면이 아닌, 한국사의 입장에서 파악하고 있다. 따라서 제2부에서는 초기 문명사 및 고조선사, 부여사 연구, 또 고구려사, 발해사, 요·금·원·명·청 시기 한중 관계 및 북방사, 조선-여진 관계, 한중 국경 문제, 근현대 한중관계사와 관련된 우리나라의 연구 성과를 살펴볼 것이다. 이어서 '동북아 국제관계 연구 영역'에서는 한중, 북중, 중일, 중미 관계에 대한 한국 학계의 입장을 살펴볼 것인데, 이 또한 한중 학계 간 인식 차를 파악하는 데 도움이 될 것이다.

마지막으로 제3부에서는 한중 간의 역사 문제에 대해 서구 학계는 어떻게 파악하고 있는지 살펴볼 것이다. '동북공정'으로 대표되는 중국의 역사인식이 과연 세계적으로 어떻게 받아들여지는지 살펴보면서 우리의 역사인식과는 어떤 차이가 있는지도 파악할 수 있을 것이다. 비록 짧은 분량의 글이지만, 한중 간의 역사 문제를 제3자의 시각에서 파악한다는 점에서 반드시 필요한 부분이다.

5. 이 책의 출간 의의

이상 이 책의 주요 내용 구성을 살펴보았다. 동북공정 시기 및 그 후 10년간 이루어진 한중 역사 현안에 대한 중국과 우리나라의 연구 동향을 정리해 보면 양국 간 역사와 국제관계 영역에 대한 온도 차를 확인할 수 있을 것이다. 이러한 온도 차는 사실 동북공정 시기, 어쩌면 그 전부터 평행선처럼 이어져 온 것이라 할 수 있다. 따라서 이 책의 출간이 무의미해 보일 수도 있다.

E. H. 카(Carr)는 역사를 '과거와 현재의 끊임없는 대화'로 정의하였다. 현재의 관점에서 역사를 파악하고, 또 역사 속에서 현대적 교훈을 찾는 것이다. 이러한 관점에서 보면 한중 양국의 행보가 E. H. 카의 충실한 페르소나(persóna)로 보일 수도 있지만, E. H. 카의 다음 구절, 곧 '발전된 미래를 추구'해야 한다는 점에서 양국 학계의 움직임은 E. H. 카의 '페르소나'가 아닌 학술적 '페르소나 논 그라타(persóna non grata)'가 아닌가 싶다.

양국 간에는 과거와 현재의 끊임없는 대화와 함께, 양자 간의 끊임없는 대화를 요하고 있다. 동북아역사재단은 "바른 역사 정립을 통한 동북아시아 지역의 평화·번영 기반 조성"을 미션으로, "역사인식의 새로운 패러다임을 선도하는 역사·영토 연구의 중심 기관"을 비전으로 삼고 있다. 이는 E. H. 카의 '과거와 현재의 끊임없는 대화'를 통해 '발전된 미래를 추구'해야 한다는 것과 맥을 같이한다. 이 책에서 제시하는 한중, 중한 양국 간의 온도 차는 일견 무의미해 보일 수도 있지만, 평행선을 달리는 온도 차를 극복하고 바른 역사인식 정립, 역사인식의 새로운 패러다임을 정립하기 위해 과거와 현재의 대화뿐만 아니라 '양자' 간의 끊임없는 대화를 이끌어 낼 수 있는 방안을 모색하는 학문적 기초 자료가 된다는 점에서 충분한 의의가 있다고 생각한다.

2020년 12월

집필진을 대신하여

이유표 씀

차 례

들어가며: '동북공정' 그 후: 한중 역사 연구의 현주소 • 이유표…4

제1부: 최근 20년간 중국의 한중 역사 문제 연구

1. 동북공정 관련 연구 개요 • 이성제…22

2. 역사 연구 영역…27

2.1. 중국 학계의 초기 문명사 및 고조선사, 부여사 연구 동향

2.1.1. 동북공정 전후 중국의 고조선사 연구와 그 문제점 • 박선미…28

2.1.2. 부여사 연구의 흐름과 이해 • 이승호…50

2.2. 중국 학계의 동북공정기 고구려사 연구 동향 • 조영광…82

2.3. 중국 학계의 발해사 최신 연구 동향 • 임상선…127

2.4. 중국 학계의 요·금·원·명·청 시기 한중 관계 및 북방사 연구 동향 • 고명수…141

2.5. 중국 학계의 조선-여진(만주) 관계 연구 동향 • 박정민…155

2.6. 중국의 청사찬수공정 • 정혜중…176

2.7. 중국 학계의 백두산, 간도 관련 연구 동향

2.7.1. 백두산: 장백산문화와 백두산 문제 • 조법종…192

2.7.2. 간도: 동북공정 이후 중국의 간도 문제 연구 동향 • 은정태…221

2.8. 중국 학계의 근현대 한중관계사 연구 동향 • 손성욱…233

3. 동북아 국제관계 연구 영역…256

3.1. 한중 관계: 동북공정 이후, 한중 '전략적 협력 동반자' 관계의 도전과 과제 • 차재복…257

3.2. 북중 관계: 중국 학계의 북중 관계 연구 현황을 중심으로 • 이상민…277

3.3. 중일 관계와 전망 • 이천석…303

3.4. 중미 관계와 전망 • 이천석…326

3.5. 해강 항목과 대만 문제 • 조세현…352

제2부: 한국 학계의 동북공정 대응 주요 성과

1. 역사 연구 영역…376

1.1. 한국 학계의 초기 문명사 및 고조선사, 부여사 연구 성과 • 박준형…377

1.2. 한국 학계의 고구려사 연구 성과 • 이정빈…401

1.3. 한국 학계의 동북공정 관련 발해사 연구 성과 • 윤재운…424

1.4. 한국 학계의 요·금·원·명·청 시기 한중 관계 및 북방사 연구 성과 • 고명수…443

1.5. 한국 학계의 조선–여진 관계 연구 고찰: 조선의 북방과 여진 • 이정일…459

1.6. 한중 국경문제 연구 성과와 성찰 • 박선영…476

1.7. 조선 후기 한중관계사 연구의 새로운 흐름들: 청사공정의 중국 중심 국제질서에 대한 대응을 중심으로 • 김창수…515

1.8. 한국 학계의 근현대 한중관계사 연구의 새로운 성과 • 이동욱…535

2. 동북아 국제관계 연구 영역…559

2.1. 한중 관계: 한국 학계의 한중 관계 연구 현황을 중심으로 • 이상민…560

2.2. 북중 관계 • 한상준…586

2.3. 시진핑-아베 시기 중일 관계와 이후 전망 • 김홍규…614

2.4. 시진핑과 트럼프 시대의 중미 관계 • 박창건…641

제3부: 서구 학계가 보는 동아시아 역사 문제

1. 서구 학계가 보는 동아시아 역사 문제 • 윤영인…663

나오며: 한중 역사 연구의 방향 모색

1. 2010년대 한중 인문사회과학계의 역사와 현실 인식 • 박장배…676

2. 동북공정 이후 한국의 역사 이해 심화 방향 • 신주백…683

찾아보기…698

제1부

최근 20년간 중국의 한중 역사 문제 연구

1. 동북공정 관련 연구 개요

2. 역사 연구 영역
   - 2.1. 중국 학계의 초기 문명사 및 고조선사, 부여사 연구 동향
   - 2.2. 중국 학계의 동북공정기 고구려사 연구 동향
   - 2.3. 중국 학계의 발해사 최신 연구 동향
   - 2.4. 중국 학계의 요·금·원·명·청 시기 한중 관계 및 북방사 연구 동향
   - 2.5. 중국 학계의 조선-여진(만주) 관계 연구 동향
   - 2.6. 중국의 청사찬수공정
   - 2.7. 중국 학계의 백두산, 간도 관련 연구 동향
   - 2.8. 중국 학계의 근현대 한중관계사 연구 동향

3. 동북아 국제관계 연구 영역
   - 3.1. 한중 관계: 동북공정 이후, 한중 '전략적 협력 동반자' 관계의 도전과 과제
   - 3.2. 북중 관계: 중국 학계의 북중 관계 연구 현황을 중심으로
   - 3.3. 중일 관계와 전망
   - 3.4. 중미 관계와 전망
   - 3.5. 해강 항목과 대만 문제

1

동북공정 관련 연구 개요

이성제 • 동북아역사재단 한국고중세사연구소장

동북공정의 연구 영역은 중국의 강역이론 연구, 동북지방사 연구, 동북민족사 연구, 고조선·고구려·발해사 연구, 한중관계사 연구, 중국 동북 국경지역과 러시아 극동지역 관계사 연구, 한반도 정세 변화가 중국 동북 국경지역 안정에 미치는 영향 연구 등으로 전통적인 한국 역사 또는 한반도와의 관련 연구가 사업의 대부분을 차지하였다. 5년 동안 진행된 동북공정의 과제 규모는 110개였으나, 현재까지 그 결과가 공개되지 않은 과제가 대다수를 차지한다. 한국과의 역사 분쟁이 그 요인의 하나일 것으로 짐작된다.

중국이 동북공정을 추진하고 있다는 사실이 알려지면서 화제의 중심이 되었던 분야는 고구려사였다. '고구려사 빼앗기'라고 불렸을 만큼 중국의 고구려사 연구와 그 왜곡 내용이 동북공정의 문제를 부각하는 데 커다란 역할을 한 것은 분명하다. 하지만 2002년 동북공정의 시작은 고구려사 부분에서 보자면 새로운 시작이라기보다는 오히려 최종적으로 정리해 가는 단계였다고 평가된다.

동북공정 시기 이후에는 고구려사의 귀속을 토대로 그 전후의 역사로서 고조선·부여 그리고 발해사 등 역사적 맥락에 대한 본격적인 재구성 작업이 이루어지고 있다는 점에서 그러하다. 고구려사 중심에서 고조선·부여·발해사로 연구 영역의 확장이 뚜렷하게 나타나고 있으며, 심지어 백제사와 같이 동북공정 대상에서 벗어나 있던 영역에까지 중국 학계가 관심을 보이고 있다는 것도 유의할 점이다. 여기에 뒤따라 새로운 문제 제기와 논리 개발, 역주 자료집 제작을 통한 사료 발굴 등이 다방면에서 이루어지고 있음에 주의해야 할 것이다.

동북공정 시기 중국 학계가 고구려사 연구에서 즐겨 내세웠던 주된 논리는 강역과 종족 구성의 문제였다. '통일적 다민족국가론'이 영토를 근간으로 하는 중화민족의 역사적 구성에 관한 이론임을 고려하면 당연한 문제 제기였다고 할 수 있다. 즉, 고구려인의 족원에 대해 상인설(商人說)·고이족설(高夷族說)·염제족(炎帝族) 계통설 등 중원의 종족이 고구려인의 기원이 되었으니 그 역사는 중국사에 귀속된다는 논리였다.

고구려사의 귀속을 입증하기 위한 또 다른 논리로는 현도군 경내에서의 건국, 중원 왕조와의 책봉 조공 관계, 중원 왕조와의 전쟁, 멸망 이후 유민의 귀속 등을 들 수 있지만, 문제 제기의 근본적 출발점은 역시 강역과 종족 구성이었다. 이러한 논지는 단군조선의 존재를 부인하고 기자의 존재를 근거로 고조선의 귀속을 논했던 것이나 발해인의 다수가 속말말갈인(粟末靺鞨人)임을 들어 발해사를 중국사의 일부로 판단하는 연구들에서도 확인되었던 바였다.

그러던 중국 학계의 연구 동향이 동북공정기 이후 새로운 면모를 보이고 있다. 우선 새로운 연구 방법을 활발히 모색하고 있다. 고구려사에 한정하여 보면, 중원에서 기원한 특정 종족을 내세웠던 과거의 주장에서 벗어나 예맥족을 포함한 여러 종족이 결합된 것으로 보는 다민족 기원설이 다수를 점해 가고 있는 것이 하나의 예가 된다. 중원문화의 동북지역 전파에 초점을 맞춰, 중화문명의 확장이라는 논리로서 새롭게 강조되고 있는 것이다. 또한 고구려 초기사에 대한 연구가 많아지고 있다. 5부 문제나 초기 정치체제에 대한 이해가 취약했던 그동안의 한계에서 벗어나 중국 학계가 고구려사의 핵심 연구주제를 파악해 가고 있음을 보여 준다.

동북공정이 진행되는 과정에서 중국은 고구려사, 발해사와 동북 변강사 분야에 대한 연구 기능을 강화하였다. 신규 연구기관의 설립이 이어졌으며 기존 연구기관도 확대 개편되었다. 그 결과 중국사회과학원의 변강사지연구중심이 주체가 된 동북공정이 2007년 마무리된 이후, 고구려동북민족연구중심은 동북3성의 주요 연구기관이 되었고, 이들이 주축이 되어 이후의 연구를 이어 나갈 수 있는 학술적 기반을 마련해 나갔다. 연구기관의 증설 · 확대와 함께 연구진의 수적 증가도 이루어졌다. 동북공정 시기 널리 알려졌던 연구진들이 이미 일선에서 물러나고 있으며 그 자리를 새로운 세대의 연구자들이 대신하고 있고, 그 수도 계속 늘어나고 있다. 특히 이들은 한국 학계는 물론 일본 등 국제 학계의 연구 동향에 어두웠던 선배 세대와는 다른 연구 환경에서 성장해 왔다는 점에서 새로운 연구 방법 도입 등 중국 학계가 달라진 면모를 보이는 데 일조하고 있다. 아울러 동북공정 추진 기간 동안 다른 분야의 연구 역량이 동북사 연구에 집중 투입된 바 있었다. 이들이 공정 이후에도 한국 고대사 영역에 대한 연구물을 내고 있다는 점에서 중국 학계의 새로운 연구를 추동하고 있는 또 하나의 집단이라 할 수 있다.

이러한 분위기 속에서 중국 학계는 역사 자료에 대한 연구를 늘려 가고 있다. 과거 도외시했던 『삼국사기(三國史記)』 자료에 대한 검토 작업을 토대로 적극적으로 관련 자료를 이용한 연구가 늘고 있는 것이 우선 눈에 띈다. 나아가 『한원(翰苑)』(張中澍 · 張建宇 校譯, 『翰苑』 「蕃夷部」 校譯, 吉林文史出版社, 2016) 등 기초 자료의 역주로부터 『부여사역사편년(夫餘史歷史編年)』, 『고구려사역사편년』, 『백제사역사편년』 등의 '고대민족역사편년총서(古代民族歷史編年叢書)'류의 정리 작업은 그동안 연구 대상이 되지 않았던 영역으로 시야를 넓혀 문젯거리를 찾고자 하는 시도라는 점에서 주목을 요한다.

한편 중국에 남아 있는 한국 고대사 관련 고고학 자료는 우리 학계의 접근이 어렵다는 점에서 본격적인 연구가 취약할 수밖에 없는 분야 중 하나다. 동북공정 시기 고고 분야의 연구는 국내성, 환도산성, 오녀산성이나 벽화 고분 등 세계문화유산에 지정된 유적에 집중되었으나, 이제는 심양(瀋陽) 석대자산성(石臺子山城), 등탑(燈塔) 연주성산성(燕州城山城), 개주(蓋州) 고려성산산성(高麗成山山城), 도문(圖們) 성자산성(城子山城) 등 각지의 고구려 성곽으로 확대되고 있다. 여기에서 나오는 물질 자료를 활용하여 중원문화와의 연관성을 밝히는 데 초점을 맞추는 연구가 이어질 것이다. 이러한 연구가 중국 측 관점에서 정리되고 있다는 점에서 우리 입장에서 어떻게 새로운 자료를 확보하고 재분석해 나갈 것인지 고민이 필요한 시점이다.

2

역사 연구 영역

박선미 • 동북아역사재단 연구위원
이승호 • 경희대학교 한국고대사 · 고고학연구소 학술연구교수
조영광 • 전남대학교 역사교육과 교수
임상선 • 동북아역사재단 책임연구위원
고명수 • 충남대학교 사학과 교수
박정민 • 전북연구원 부연구위원
정혜중 • 이화여자대학교 사학과 교수
조법종 • 우석대학교 역사교육과 교수
은정태 • 역사디자인연구소 연구원
손성욱 • 선문대학교 역사문화콘텐츠학부 교수

2.1. 중국 학계의 초기 문명사 및 고조선사, 부여사 연구 동향

2.1.1. 동북공정 전후 중국의 고조선사 연구와 그 문제점

박선미 • 동북아역사재단 연구위원

1. 머리말

소위 동북공정을 통해 추진된 고조선사 연구과제는 「기자와 기자조선 연구(箕子與箕子朝鮮研究)」(2002년 과제), 「고조선(古朝鮮)의 역사 · 종족 · 문화 연구(歷史 · 族源 · 文化研究)」(2003년 과제), 「조선반도 고문명의 기원(朝鮮半島 古文明의 起源)」(2004년 과제) 등 기자조선과 연결된 것들이 대부분이다. 동북공정이 끝난 이후부터는 출판물과 박물관 전시 및 유적공원 설립 등을 통해 그 결과물을 홍보하고 있다.

중국사회과학원 중국변강사지연구중심(中國邊疆史地研究中心)이 진행한 고조선 관련 연구는 기자를 중심으로 한 중국변강사(中國邊疆史)로서의 고조선에 초점이 맞추어져 있다. 중국변강사지연구중심은 고조선의 역사 · 족원(族源) · 문화 연구를 비롯하여 한반도 고문명(古文明)의 기원, 한반도의 국가와 족속에 대한 연구를 중점 연구주제로 추진하였다. 추진된 과제 목록은 다음과 같다.

- 「기자와 기자조선 연구(箕子與箕子朝鮮研究)」

  연구책임자: 장비보(張碧波) / 연구 기간: 2002년

- 「중국 동북 고민족 발전사(中國東北古民族發展史)」

  연구책임자: 리더샨(李德山), 뤼안판(欒凡) / 연구 기간: 2002년

- 「동북 변강 다민족 문화의 교류와 융합(東北邊疆多民族文化交流與融合)」

  연구책임자: 빙정(邴正) / 연구 기간: 2004년

이 중 장비보의 연구는 고조선에 관한 전론 연구에 해당한다. 중국 변강사지연구중심 홈페이지에는 우리 학계와 일본 학계가 기자조선을 부정하면서 고조선사 연구에 혼란을 조성하고 있다면서 다음과 같이 연구 개요를 소개한 바 있다.

1) 한반도의 고문명: 중화(中華)의 십일신화(十日神話)가 한반도에 영향을 준 내용을 밝혀서 전욱 고양씨(顓頊 高陽氏) 문화와 은상(殷商) 문화가 한반도에 미친 영향을 밝힌다. 탕곡(湯谷), 명이(明夷), 조선 등 3개의 명칭은 모두 한반도의 명칭이 변화, 발전된 것으로서 모두 십일신화에 뿌리를 두고 있다.
2) 고진국(古辰國)에 관한 연구: 삼한은 옛 진국에서 비롯되었으며 진국은 은상의 해외 속지이다. 이것이 기자가 조선에 간 원인이다.
3) 기자 사적(史蹟) 연구: 은상의 갑골문, 선진(先秦) 전적(典籍) 중에서 기자 사적에 관한 모든 자료를 수집하여 기자가 역사적 존재임을 밝힌다.
4) 은상 멸망 전후의 기자: 상 왕조 주(紂)왕의 폭정과 멸망, 기자가 석

방된 뒤의 '지명이(之明夷)', 즉 '주지조선(走之朝鮮)'의 역사적 배경과 기자를 둘러싼 상황, 『주역』 명이의 해석과 기자가 조선에 간 역경과 과정, 기자가 주나라 왕실에 조회하고 설파한 '홍범'의 문화에 대하여 설명한다. 기자가 조선을 건국한 것은 동방에 유명한 군자국을 건설하기 위한 것 등이 이 글의 주요 내용이다.

5) 기자조선 만기(晩期)의 역사적 사실: 기자조선과 연나라의 관계에 대하여는 연나라 장성이 조선반도까지 진입하여 조선의 강역이 마침내 줄어들었다는 것, 기자조선과 진나라의 관계에 대해서는 진나라 장성의 동쪽 끝이 대동강 남안(南岸)의 갈석산에 이르렀다는 것, 위만 집단이 몰래 정변을 일으켜 기자조선을 멸망시켰다는 것에 대하여 살핀다.

6) 위씨조선에 관한 고증: 위씨 정권의 성질과 귀속, 위씨조선의 건국과정과 한나라 외신이 된 때로부터 한나라에 반란을 일으켜 멸망할 때까지의 과정, 한사군의 건립에 대한 여러 문제 등을 살핀다.

7) 기자조선에 관한 연구상의 쟁론.

중국에서의 고조선사 연구는 위와 같은 기조 아래 이루어졌다.

이 외에 동북공정의 일환으로 진행된 번역 과제가 따로 선정된 것으로 알려졌다. 여기에서도 고조선에 관한 과제가 채택되었다. 과제의 제목이 「조선(북한)과 한국 역사학계의 고조선·부여 연구 논저 선편(朝鮮韓國史學界的古朝鮮·夫餘硏究論著選編)」으로 되어 있는 것을 보면 국내 학계의 고조선·부여 관련 연구 논저 가운데 몇 편을 선정하여 중국어로 번역, 소개하려는 것으로 짐작된다.

2. 동북공정 전후 고조선사 연구 현황

동북공정이 시작되기 직전, 즉 2000년부터 최근까지 중국 내에서 발표된 고조선사 관련 연구물을 주요한 것만 개략적으로 추려 보아도 중국이 동북공정을 통해 무엇을 의도하였는지 쉽게 짐작할 수 있다. 즉 고조선사 연구는 중국 고대사로서의 기자조선사와 위만조선사를 정립하는 방향으로 진행됐다. 여기에서는 중국 상나라 귀족인 기자와 전국시대 연나라 유민으로서의 위만이 부각되었다.

이 글에서는 지면 관계상 중국에서 발표된 고조선 관련 출판 목록을 모두 제시할 수는 없다. 대표적인 것을 분야별로 분류하여 발표 연대순으로 정리해 살펴보면 다음과 같다.

동북공정 전후 중국의 고조선사 논저 목록

〈총론〉

- 張碧波(2000), 「略談古朝鮮高句麗研究中的誤區」, 『高句麗歸屬問題研究』, 吉林文史出版社
- 楊軍(2000), 「再論古朝鮮研究中幾個問題-答張碧波先生」, 『吉林大學社會科學學報』 6
- 李德山(2002), 「關于古朝鮮幾個問題的研究」, 『中國邊疆史地研究』 2
- 張春海(2002), 「試析從古朝鮮至高句麗時代的韓國古代法」, 『解放軍外國語學院學報』 5
- 張春海(2002), 「試論"朝鮮"和"阿斯达"的含义及關係」, 『中央民族大學

學報(哲學社會科學版)』1期, 中央民族大學學報編輯部

- 都興智(2004),「關于古朝鮮研究中幾個問題」,『史學集刊』2
- 王成國(2004),「關于古朝鮮研究的幾個問題」,『社會科學輯刊』3
- 劉子敏(2005),「也談古朝鮮研究的幾個問題-與都興智先生商榷」,『史學集刊』4
- 苗威(2006),『古朝鮮研究』, 香港亞洲出版社
- 周向永(2007),「商周箕器與"朝鮮"稱名來曆的再追究」,『遼寧省博物館館刊』
- 李春梅(2008),「從中國傳入古朝鮮的重要書籍及其對本國的影響, 全國第十一屆中醫醫史文獻學術研討會論文集」,『中國中醫科學院醫史文獻研究所』
- 孫衛國(2008),「傳說·歷史與認同:檀君朝鮮與箕子朝鮮歷史之塑造與演變」,『復旦學報(社會科學版)』5
- 崔恩亨(2009),「東北亞早期國家-古朝鮮起源問題」,『黑龍江史志』14

〈기자조선〉

- 張方和(2000),「箕子與朝鮮半島」,『中州今古』2
- 張碧波(2000),「箕子探研」,『博物館研究』3
- 張碧波(2000),「關于箕子與古朝鮮幾個問題的思考-与楊軍先生商榷」,『吉林大學社會科學學報』3
- 張博泉(2000),「箕子與朝鮮研究的問題」,『吉林大學社會科學學報』3
- 李健才(2000),「評'箕子朝鮮傳說考'」,『高句麗歸屬問題研究』, 吉林文史出版社

- 李健才(2001),「箕子朝鲜是否初在遼西的問題」,『东北史地考略』3, 吉林文史出版社
- 張京华(2001),「箕子朝鲜时期的北方環境」,『上海第四屆韓國傳統文化國際學術會議論文』, 延邊大學校韓國學研究中心
- 閻海(2001),「箕子東走朝鮮探因」,『北方文物』2
- 黃歷鴻 · 吳晋生(2001),「箕子朝鮮鉤沉」,『北方文物』3
- 劉軍(2002),「箕子-古朝鮮國的驕傲」,『世界』12
- 王玉哲(2002),「"箕子之明夷"與朝鮮」,『古史集林』, 中華書局
- 張碧波(2002),「關于箕子東走朝鮮問題的論爭-與閻海先生商權」,『北方文物』4
- 姜淑媛(2002),「箕子的朝鮮之行與丹東絲綢業的興衰」,『絲綢』9
- 程漢忠(2002),「畏其卒 · 怖其始-箕子懮紂王爲象箸的啓示」,『黨政論壇』11, 中共大冶市委組織部
- 陳蒲清(2003),「箕子開發古朝鮮考」,『求索』1
- 陳蒲清(2003),「論箕子的'子'不是爵位」,『湖南師範大學社會科學學報』2
- 陳蒲清(2003),「箕子評傳」, 岳麓书社
- 李德山 · 欒凡(2003),「箕族的發展與演變」,『中國東北古民族發展史』
- 李永先(2003),「箕子萊夷考析」,『韓國學論文集』第十一輯』, 黑龍江朝鮮民族出版社
- 宗岩(2003),「朝鮮的箕子陵與檀君陵」,『中國東北邊疆研究』, 中國社會科學出版社
- 姜寅虎(2004),「箕子東走路線的探索」,『東亞古物 A』, 文物出版社
- 王成國(2004),「關於古朝鮮研究的幾個問題」,『社會科學輯刊』4

- 陣蒲清(2004), 「中國第一位思想家-箕子」, 『船山學刊』 1
- 張碧波(2004), 「箕子論-兼論中國古代第一代文化人諸問題」, 『北方論叢』 1
- 苗威 · 劉子敏(2004), 「箕氏朝鮮研究」, 『東北史地』 8
- 張增香(2004), 「有關箕子朝鮮幾個問題新探」, 『東北史地』 8
- 程妮娜 主編(2004), 『箕子朝鮮與箕子侯國』, 東北史
- 劉子敏(2005), 「'嵎夷'與'朝鮮'」, 『北方文物』 4
- 劉子敏(2005), 「論"明夷"不是"朝鮮"-以解讀『周易』"明夷"封爲中心」, 『東北史地』 5
- 張軍(2005), 「箕子朝鮮研究二題」, 『東北史地』 3
- 周向永(2005), 「明夷 · 朝鮮及其相關問題探討」, 『東北史地』 5
- 黃斌 · 劉厚生(2007), 『箕氏朝鮮史話』, 遠方出版社
- 赵炳林(2010), 「箕氏朝鲜及相關問題再考證」, 『黑龍江史志』 3
- 闫素芬(2012), 「箕子與箕子朝鲜」, 『滄桑』 1
- 孟莉(2015), 「箕子研究」, 『山東師範大學』 9
- 苗威(2019), 『箕子朝鲜史』, 中国社会科学出版社.

〈고조선의 위치와 강역〉

- 李健才(2001), 「公元前3-公元前2世紀古朝鲜西部邊界的探討」, 『東北史地考略』 3, 吉林文史出版社
- 李健才(2001), 「沛水浿水考」, 『東北史地考略』 3, 吉林文史出版社
- 李健才(2001), 「評遼水浿水列水均指今灤河說」, 『東北史地考略』 3, 吉林文史出版社

- 李健才(2001),「秦長城東端的碣石考」,『東北史地考略』 3, 吉林文史出版社
- 顧銘學(2002),「考釋‘山海經’中有關朝鮮的兩條史料」,『社會科學戰線』 4
- 徐德源(2002),「古燕東界變遷述考」,『中國東北民族與彊域研究』, 吉林時代文藝出版社
- 徐德源(2002),「秦朝及漢燕東界變遷述考」,『中國東北民族與彊域研究』, 吉林時代文藝出版社

〈고조선의 대외 관계〉

- 程妮娜 主編(2004),『燕國經略東北』, 東北史
- 楊軍 · 王秋彬(2006),「中國與朝鮮半島關系史論」,『社會科學文獻出版社』
- 苗威(2008),「試論古朝鮮與中原王朝的關係」,『博物館研究』 2
- 苗威(2008),「箕氏朝鮮同周邊國 · 族的關係」,『東北史地』 3
- 朱文娟(2009),「從『說文解字』看中國與古朝鮮的沖突與交流」,『大衆文藝文艺(理論)』 4, 苏州大学文学院

〈고조선의 경제〉

- 李德山(2000),「燕族的族稱,發展及對東北的開發」,『黑土之的古代文明』, 遠方出版社
- 李德山(2001),「東北邊疆和朝鮮半島古代國族研究」,『中國邊疆史地研究』 4, 北京

• 王立新(2004), 「遼西區夏至戰國時期文化格局與經濟形態的演進」, 『古考學報』 3
• 張博泉(2004), 「明刀幣研究續說」, 『北方文物』 4

〈위만조선〉

• 吳彦勤(2001), 「論衛滿是中國人而朝鮮人」, 『蒙自師範高等專科學校學報』 1
• 张碧波(2002), 「衛氏朝鲜文化论考」, 『社会科学前线』 4
• 苗威(2019), 『卫氏朝鲜史』, 中国社会科学出版社

〈단군신화 외 기타〉

• 曹中屏(2000), 「古朝鮮開國神話考」, 『韓國學論文集』 8, 民族出版社
• 張碧波(2001), 「古朝鮮銅鏡性質初探」, 『黑龍江社會科學』 3
• 宗岩(2003), 「朝鮮的箕子陵與檀君陵」, 『中國東北邊疆研究』, 中國社會科學出版社
• 王綿厚(2004), 「"長白山東系"的青銅文化與早期鐵器文化-兼論"古朝鮮""乐濊"與"樂浪郡"文化的關係」, 『高句麗與濊貊研究』, 哈爾濱出版社
• 葉舒憲(2007), 「秦文化源流新探-熊圖與中原通古斯人假說」, 『學術月刊』 39-6
• 鄭成宏(2007), 「檀君神話成事實-韓國修改歷史教科書」, 『世界知識』 11
• 吳文善(2008), 「檀君神話新解」, 『內蒙古民族大學學報』 34-2
• 楊朴(2008), 「中華民族八千年熊圖騰崇拜原型模式的重構- 論熊圖騰的學術貢獻兼駁"黃帝族是檀君神話熊女族後裔"說」, 『吉林師範大學

學報』 4, 人文社會科學版

- 金寬雄(2009), 「熊圖騰與東北亞滿-通古斯諸民族民間文學」, 『中韓言語文化研究』 1
- 葉舒憲(2010), 「熊圖騰熊圖騰與東北亞史前神話」, 『北方論叢』 6
- 金寬雄(2011), 「古朝鮮의 檀君神話와 東夷文化의 關聯性」, 『淵民學志』 15
- 张哲俊(2011), 「韓國檀君神話中三個天符印」, 『西南民族大學學報)』 11, 人文社會科學版
- 张哲俊(2011), 「檀君神話中的艾草及其形成的時間」, 『民族文學研究』 4
- 張哲俊(2013), 『韓國檀君神話研究』, 北京大学出版社
- 张哲俊(2016), 「〈箜篌引〉是古朝鲜的歌谣吗」, 『外国文学评论』 2

위에 제시된 목록의 제목은 각기 다르지만 일관된 기조는 중국 고대사 속에 고조선사를 정립하는 것이다. 제목에서도 대부분 기자조선을 부각하고 있고, 굳이 기자조선이라 명기하지 않았다 하더라도 중국에서 고조선은 곧 기자조선을 가리킨다. 내용도 은나라의 유민인 기자가 조선(즉 한반도)으로 이주하여 토착민을 교화하고 문명사회로 발전시켰으며 현대까지 그 영향이 미치고 있다고 주장하는 것이 주이다. 더구나 고조선은 은나라 유민이 주축이 되어 건국된 나라이기 때문에 고조선사를 중조관계사(中朝關係史)에서 연구해서는 안 되고 중국사의 일부로서 연구할 것을 당부하고 있다.

한 가지 예로 위에 제시된 논저 중 2007년 3월에 간행된 황빈(黃斌)과 류허우성(劉厚生)의 『기씨조선사화(箕氏朝鮮史話)』를 들 수 있다. 중국에서 고조선 관련 단행본이 나온 첫 사례다. 여기서는 기자라는 인물이 실존했으며, 기자가 한반도로 건너가게 된 경위, 기자조선의 멸망과 위만조선의 성립, 기자조선과 위만조선의 귀속이 중국이라는 점 등을 다루고 있다.

동북공정 이후 중국의 고조선사 관련 단행본과 논문들의 편수도 상당량 증가하였지만 고조선 연구 인력도 늘었다. 중국 학술 문헌 데이터베이스인 중궈즈왕(中國知網, CNKI)을 활용하여 고조선 관련 학위 수여 상황을 검색해 보면, 동북공정 이후 둥베이사범대학이나 네이멍구대학, 지린대학 등에서 발표된 학위 논문이 많이 검색된다. 물론 이들 학위 논문도 대부분 기자 및 기자조선과 관련된 것들로서 앞에서 언급한 기조에서 크게 벗어나지 않는다.

앞에서 인용한 연구 개요에도 드러나 있듯이 중국은 한반도가 애초에 은나라의 속지였고, 이 때문에 기자가 다른 곳으로 가지 않고 한반도로 가서 기자조선을 세웠다고 주장하고 있다. 기자조선을 대체한 위만도 한나라의 외신으로서 지방 정권에 속하였으나 한나라에 반기를 들었기 때문에 멸망당하고 한반도에 한사군으로 재편되었다는 것이다.

이와 같이 중국은 동북공정을 통해 한반도가 예부터 중국의 속지 가운데 하나였으며 기자조선 이후 지방 정권이었다고 하는 왜곡된 주장을 계속하고 있다.

3. 동북공정에 나타난 고조선사 왜곡 논리와 그 문제점

고조선사를 중국의 역사로 보려는 것은 다음과 같은 논리로 전개되고 있다. '조선'은 '해 뜨는 동쪽'이라는 뜻이다. → 중국의 고문헌에 나오는 '우이(嵎夷)', '양곡(暘谷)', '탕곡(湯谷)', '부상십일신화(扶桑十日神話)'도 '해 뜨는 동쪽'과 관련이 있다. → 우이 등 중국의 옛 민족이 한반도로 이동하여 살고 있었기 때문에 한반도를 '조선'이라고 불렀다. → 이렇게 오래전부터 중국의 옛 민족이 한반도에 살고 있었기 때문에 기자가 상나라 유민을 데리고 다른 곳으로 가지 않고 한반도로 가서 기자조선을 세운 것이다. → 기자조선을 대체한 위만도 연나라 사람이다. → 그러므로 고조선은 중국의 옛 민족이 세운 나라이며, 고조선이 있었던 한반도 평양까지 중국 동북사에 속한다. → 이러한 역사적 사실은 청천강 이북에서 발견되는 연나라 화폐 명도전(明刀錢)과 연·진·한 장성의 동단(東段)이 증명해 주고 있다.

최근에는 여기에서 한 걸음 더 나아가 한반도 중부 이남에 있었던 삼한의 역사까지도 중국의 옛 민족에 의하여 전개되었다고 주장하면서 중국사로 편입시키고 있다. 그 주장을 살펴보면 다음과 같다. 중국 내륙, 즉 중원으로부터 중국의 옛 민족인 상족(商族), 한족(韓族), 진족(秦族) 등이 한반도로 건너갔다. → 한반도 중부 이남에서 토착화되어 살고 있었고 이 때문에 그 지역을 한지(韓地)라 하였다. → 기자의 후예인 준(準)이 한지(韓地)로 들어가 한왕(韓王)이 되었다. → 그러므로 삼한도 중화민족의 역사다.

중국이 이와 같은 주장의 주요 근거로 내세우고 있는 것은 다음의 다섯 가지로 정리할 수 있다. 첫째, '조선'이란 명칭은 중국의 옛 민족과 관련이 있으며 고조선은 기자가 처음 세웠다. 둘째, 한반도에 상나라의 해외 속지가 있었기 때문에 기자가 한반도로 간 것이며 한반도는 기자의 최초 분봉지역(分封地域)이다. 셋째, 청천강 이북에서 발견되는 명도전과 연나라 장성은 전국시대 연나라가 청천강까지 점령한 사실을 증명해 준다. 넷째, 위만은 연나라 사람이며 연나라 사람이 세운 위만조선은 한나라의 속국이다. 다섯째, 삼한은 중원에서 한반도로 건너간 중국의 옛 민족이 세웠으며, 기자의 후예인 준왕(準王)이 건너간 마한(馬韓)도 중국사다.

이러한 주장은 동북공정과 관련하여 발표된 일련의 연구물에서 되풀이되어 강조되고 있다. 최근에는 각종 박물관과 기념관, 유적 전시관 등을 통해 대내외적으로 홍보, 선전하고 있다.

그러나 위의 주장은 역사학적인 연구를 통해서 도출해 낸 결과라고 볼 수 없다. 위의 다섯 가지 주장이 갖는 문제점을 제시하면 다음과 같다.

첫째, 조선이라는 명칭은 중국의 옛 민족과 관련이 없으며 기자가 처음 고조선을 세우지도 않았다.

중국의 장비보(張碧波)와 류쯔민(劉子敏)은 『상서(尙書)』·『산해경(山海經)』·『주역(周易)』에 나오는 조선(朝鮮)·명이(明夷)·우이(嵎夷)·양이(梁夷)·청구(靑丘)·흑치(黑齒) 등의 명칭이 모두 조선을 가리키는 용어이며, 조선이 중국 선진 문헌에 나타나는 중화민족을 지칭하는 표현이라고 주장하였다. 나아가 중국, 북한, 한국이 일찍부터 역사상 혈연관계를 가지고 있었다고 주장하고 있다. 이들은 『산해경』「해외동경(海外東經)」에 10개의 태양이 머문 부상(扶桑)은 전욱 고양씨의 종족을 나타내는 표라고 하면서 한반도의 옛 문화에 전욱 고양씨의 문화 요소가 남아 있는데, 이는 전욱 고양씨 집단이 일찍이 한반도에 살았기 때문이라고 주장한다. 또한 『주역』의 '기자지명이(箕子之明夷)'의 '명이'가 바로 하상

시대의 조선을 가리키며, '기자지명이'를 '기자가 조선으로 갔다'로 해석하여 결과적으로 기자가 오랑캐인 조선을 문명사회로 개화하였다고 보고 있다. 기자가 조선으로 간 것도 전혀 낯선 땅으로 간 것이 아니라 한반도에 상나라의 동쪽 해외 속지이자 상나라를 종국(宗國)으로 받드는 유서가 남아 있는 옛 진국(辰國)이 있었기 때문이라는 것이다.

이 외에 황제와 염제가 싸울 때 등장하는 곰을 근거로 하여 단군신화가 중국의 신화로부터 영향을 받아 형성되었다는 주장도(앞의 목록 중 苗威, 2006) 이와 일맥상통한다.

이상과 같은 장비보류의 논리는 전설상의 인물로 나오는 소호(少昊)와 전욱(顓頊)을 역사적 인물로 해석하고 신화에 등장하는 양곡, 탕곡, 우이 등을 조선과 연결함으로써 고조선을 중국사에 편입하려는 의도에서 나온 것이다.

소호와 전욱은 『예기』, 『제왕세기』, 『사기』 등에 제곡(帝嚳), 요(堯), 순(舜)과 함께 중국 전설에 등장하는 삼황오제로 기록되어 있다. 전설에 의하면 소호는 100세까지 살았으며 84년간 재위하였다. 전욱은 98세까지 살았으며 78년간 재위하였는데 죽은 후에는 반은 사람이고 반은 물고기인 어부(魚婦)가 되었다. 이러한 전설상의 인물을 실존한 인물인 양 해석함으로써 한반도에 소호와 전욱의 유풍이 남아 있다고 주장하는 것은 신빙하기 어렵다.

더욱 납득되지 않는 부분은 자국의 전설 속 인물로 나오는 소호와 전욱은 역사적 인물로 인정하면서 고조선의 건국 시조로 나오는 단군은 인정하지 않는다는 점이다. 중국은 1993년 북한이 단군릉을 조성하자 '신화 속의 인물을 실존했던 인물로 규정하려 한다', '이러한 행위가 중국의 역사를 훼손하고 있다'(앞의 목록 중 宗岩, 2003)고 강하게 비판한 바 있다. 단군에 대해서는 철저히 '신화'적인 입장에 서 있으면서도 자국의 신화 속 인물은 실존했다고 주장하는 이중 잣대는 역사학 연구에 부합하지 않는 비과학적인 주장에 다름 아니다.

'조선'이라는 명칭이 중국 고민족을 가리킨다는 주장도 성립될 수 없다. 우이, 양곡, 탕곡, 부상십일신화, 명이 등을 연결시켜 한반도가 처음에는 양곡·탕곡으로 불리던 우이의 지역이었다고 주장하고 있으나 그러한 근거를 어떠한 문헌에서도 찾을 수가 없다. 장비보류의 중국 학자들은 조선시대 『동국여지승람』의 '동쪽의 해가 뜨는 곳에 위치한 까닭에 조선이라 한다'라는 기록과 『신당서』 고종기 현경(顯慶) 5년 3월조에 '신해(辛亥)에 우무위대장군(右武衛大將軍) 소정방을 신구도행군대총관(神丘道行軍大總官)으로 하여 신라 왕 김춘추를 우이도행군총관(嵎夷道行軍總管)으로 삼아 삼장군과 신라 병사를 이끌고 백제를 토벌하였다'고 한 기록 등을 인용하면서 조선을 우이, 탕곡, 명이 등과 연결하고 있다. 그러나 작위 등에 부여된 명칭은 후대의 인식이 반영된 것에 불과하다. 이를 인식론적인 측면에서 고찰해야 함에도 곧바로 과거의 사실을 반영하는 것으로 비판 없이 받아들이는 것은 문제가 있다. 또한 '기자지명이'에 대해 중국 학자는 이미 '명이는 해가 땅으로 들어간 상태로서 일반적으로 군자가 곤경에 처한 상황을 비유하는 것'이라고 해석하였다.[1] 즉, 명이는 지역명이나 종족명을 가리키는 용어가 아니며 '기자지명이'의 지(之) 자도 동사 '가다'로 해석될 수 없음이 중국 학자에 의해

1 吳辛丑(2001-1), 「說'明夷'」, 『辭書研究』.

분명히 드러났다. 따라서 위의 주장은 근본적으로 성립될 수 없다.

둘째, 한반도에는 기자가 분봉되었다거나 혹은 상나라의 속지가 있었음을 보여 주는 어떠한 문헌이나 고고학 자료도 발견된 바가 없다. 기자가 한반도에 분봉되었다면 이들이 생활하면서 남긴 물질 자료가 남아 있어야 하는데, 이러한 자료가 전혀 없다.

기원전 11세기 전후 기자가 상나라의 멸망과 함께 주나라 무왕에 의해 조선에 봉해졌다는 기사는 『사기』 「송미자세가(宋微子世家)」 등에 수록되어 있다. 『사기』 본기에는 이러한 내용이 전혀 나오지 않는다. 이 때문에 중국 학계 내에서도 실제로 기자가 조선에 분봉되었는지 또는 기자가 분봉된 '조선'이 어느 곳인지에 대한 견해가 엇갈리고 있다. 1930년대에 뤼쓰멘(呂思勉),[2] 푸쓰녠(傅斯年)[3] 등이 발해만의 요서 지역을 기자조선의 초기 위치로 비정한 이후 이를 지지하는 견해가 발표되어 왔다. 이 부류의 견해는 기자조선의 위치와 강역이 요서 → 요동 → 한반도로 변화되었고 고조선의 역사가 기자로부터 시작되었다고 보고 있다. 1940년대와 50년대에 진위푸(金毓黻),[4] 멍원퉁(蒙文通)[5] 등에 의해 기자의 최초 분봉 지역을 평양 중심의 한반도로 비정한 견해가 발표되었다. 이 견해는 동북공정 이후 강조, 고착되고 있다.

이와 같은 중국 학자들의 견해는 기자의 최초 분봉 지역을 한반도로 본다는 점에서도 문제가 많지만, 더 큰 문제는 '기자가 한반도로 간 것

2 呂思勉(1934), 『中國民族史』, 世界書局.
3 傅斯年(1935), 「夷夏東西說」, 『慶祝蔡元培先生六十五歲論文集(下)』.
4 金毓黻(1944), 『東北通史』, 경원문화사.
5 蒙文通(1958), 『周秦少數民族研究』, 龍門聯合書店.

은 한반도가 상나라의 해외 속지였기 때문'[6]이라고 보는 인식 논리이다. 이것은 동북공정에서 '주나라 무왕이 기자를 조선에 분봉할 수 있었던 것은 조선이 은나라 땅이어서 주나라가 은나라를 멸망시킨 후에 은나라의 땅인 조선도 당연히 주나라에 속하게 되었기 때문이다'(앞의 목록 중 王成國, 2004)라는 논리로 비약되었다.

이러한 중국 측의 주장은 오류를 넘어 왜곡에 가깝다. 중국은 한반도 중부 이남에 있었다고 기록된 진국(辰國)을 상나라의 속지라고 주장한다. 진국의 진(辰)은 12지(支) 중 상나라를 나타내는 상성(商星)이며, 이는 진국이 상나라의 속지임을 의미한다는 어처구니없는 주장이다.

진국을 상과 연결짓는 것이 불가능하다는 것은 이미 중국 학자 양쥔(楊軍)[7]과 리더샨(李德山)[8]에 의해 비판된 바 있다. 즉 12지나 12지수의 개념은 상나라 시기에는 없었고 훨씬 후인 동한 이후에 등장하는 개념이다. 따라서 한반도를 상나라의 속지였다고 주장하는 것은 전혀 근거가 없는 억지에 가깝다.

셋째, 중국은 연나라 장성이 청천강에 닿았다고 주장하면서 전국시대 화폐인 명도전이 한반도 서북부에서도 출토된다는 점을 들어 청천강 이북을 연나라의 강역으로 보고 있으나 이 주장도 근거가 없는 것이다.

중국은 평안북도 박천군에 위치한 대령강 장성을 연나라 장성의 동쪽 끝단이라고 주장하고 있다. 그러나 이 장성은 연나라의 장성이 아

6 張碧波(1999),「古朝鮮研究中的誤區-東北史評之一」,『黑龍江民族叢刊』4.

7 楊軍(2000-6),「再論古朝鮮研究中幾個問題-答張碧波先生」,『吉林大學社會科學學報』.

8 李德山(2003),「三韓考」,『中國東北邊疆研究』, 中國社會科學出版社.

니라 고구려가 처음 세웠고, 이후 고려가 증축하여 사용한 장성이다. 1984년 6월 평안북도 일대의 유적 자료를 조사하던 중 발견되었다.[9] 이 장성의 주변에서 고려시대의 기와 조각과 송나라 동전 등이 발견되었다. 이 때문에 장성이 발견된 초기에는 이 장성을 고려시대의 것으로 파악하기도 하였다. 그러나 장성 주변에서 출토된 고구려의 기와와 토기에 대한 분석과 축성법에 대한 검토가 진행되었고, 이를 통해 이 장성이 고구려 때 처음 세워진 장성임이 밝혀졌다.[10] 또한 한반도 서북부와 중국 동북지역에서 출토되는 명도전은 연나라의 강역을 보여 주는 증거가 될 수 없다. 오히려 고조선이 연을 비롯하여 그 이웃한 정치체들과 상호 교류하는 과정에서 나온 결과물이다. 이것은 비단 우리 학계의 주장만이 아니다. 1990년대 초까지 중국 학계도 이와 같이 주장하였다. 즉, 중국 학계는 처음에 연나라 화폐와 철기가 한반도 서북부에서 발견되는 이유를 '연나라가 자기의 관할 지역을 넘어 먼 지역까지 영향력을 미친 것'[11]으로 해석하였다. 명도전과 철기가 나오는 한반도 서북부를 연나라에 속하지 않은 고조선 지역으로 인정한 것이다. 그러나 이후 이를 수정하여, '명도전 등의 화폐가 나오는 지역 전부를 연나라의 영토로 보아야 한다'[12]고 주장하였다. 중국 고대 국가와 관련된 유물이 발견되는 지역은 모두 중국의 영토였다는 단순 논리다. 명도전이 출토되는 것을 근거로 하여 한반도 서북부를 연나라의 영토로 편입하

9 손영종(1987), 「대령강반의 옛 장성에 대하여」, 『력사과학』(2), 과학백과사전출판사.

10 최승택(2003), 「대령강반의 장성방위시설에 대하여」, 『조선고고연구』(1), 사회과학출판사.

11 劉子敏(1991), 「燕·遼東·古朝鮮」, 『東疆學刊』 4.

12 劉子敏(1994-2), 「先秦時期的古朝鮮未曾使用過靑銅鑄幣」, 『東疆學刊』.

기 위해 고고학 자료에 대한 종합적인 검토 없이 임의대로 해석하고 주장한 것에 불과하다.

화폐라는 유물은 한 국가의 강역이나 세력 범위를 나타내 주는 필요 충분조건이 되지 못한다. 화폐는 교역이나 인구 이동 등에 따른 지리적 유동성이 큰 유물이다. 이 때문에 한 집단이나 사회, 국가를 초월하여 사용되는 경우가 허다하다. 여러 문헌 기록과 고고학 발굴을 통해 전국시대에 화폐가 하나의 국가 단위를 초월하여 광범위하게 유통되었음이 밝혀졌다. 특히 춘추전국시대의 혼란으로 인한 주민의 빈번한 이동, 춘추전국시대의 여러 나라와 고조선의 전쟁 등 당시 동아시아 국제질서를 감안할 때, 화폐의 출토를 곧바로 특정한 정치체나 국가의 강역으로 연결하기는 어렵다. 이것은 오히려 고조선과 연나라의 활발한 대외교역의 증거로 파악하는 것이 합리적이다.

넷째, 중국은 『사기』「조선열전」의 '조선왕만자 고연인야(朝鮮王滿者故燕人也)'라는 기록을 근거로 위만을 연나라 사람으로 보고 연나라 사람이 세운 위만조선을 중국의 옛 지방 정권이라고 주장하고 있으나 이 주장도 근거 없는 것이다.

위만의 국적 문제에 대하여 국내 학계에서는 위만이 연나라 사람이 아니라 고조선 사람임을 제기한 바 있다. 즉, 고조선이 연과의 전쟁에서 패한 후 상실한 2천여 리에 속해 있던 지역의 토착민으로 보고 있다. 이 때문에 위만은 준왕의 고조선으로 망명하였고, 나중에 준왕을 몰아낸 뒤에도 조선이라는 국호를 그대로 유지했다고 보고 있다. 또한 위만조선의 고위 관료는 대부분 토착민이었다. 이 외에 북한의 박시형은 위의 『사기』「조선열전」의 기사를 남월(南越)의 조타(趙陀) 기사와 비교한 뒤, 위만의 성이 후대에 조작된 것으로 본 바 있다. 즉, 조타를 모델로 하여 토착 고조선 사람인 위만을 마치 연나라 사람처럼 꾸몄다는 주장이다.[13]

다섯째; 최근 중국은 마한까지도 중국사로 편입하려 하고 있으나 이 주장도 비과학적이며 비역사적인 억지에 불과하다.

『삼국지』「동이열전」에 삼한, 즉 마한, 진한, 변한에 관한 기록이 있다. 이들은 문헌 기록과 고고학 자료에 대한 연구를 통해 한반도 중부 이남에 위치했던 소국이었음이 밝혀졌다.

그런데 중국은 동북공정을 통해 중국 내륙에서 한반도로 건너간 옛 민족이 삼한을 세웠으며, 기자의 후손인 준왕이 건너가서 발전시킨 마한도 중국의 역사라고 주장하고 있다. 그러나 이 주장의 논리는 온전히 추론에 불과하다. 동북공정에서는 '중국의 옛 민족인 한인(韓人)이 주나라 초부터 진(秦)나라 때까지 계속해서 한반도로 이동하여 삼한의 근간을 이루었는데, 한족(韓族)은 화하족(華夏族) 계열인 주족(周族)의 한 지파에 속한다'고 주장하고 있다. 나아가 '삼한의 원래 거주지는 지금의 섬서성 한성(韓城)이었는데 국세가 약해진 후 족인(族人)들이 동쪽으로 이동하여 처음에는 산서성 예성(芮城)에 이르렀으며, 춘추시대에 한국(韓國)이 멸망한 이후 다시 동쪽으로 이동하여 하북성 고안현에 이르렀고, 다시 동쪽의 한반도로 이동하였다'는 주장을 펴고 있다(앞의 목록 중 李德山, 2003). 소도 · 상투 · 편두(偏頭) 등의 풍속은 모두 중국의 옛 민족들에게서 나타나는 구습(舊習)인데 고대 한반도에서도 똑같은 구습이 나

13 박시형(1963), 「만조선(滿朝鮮)왕조에 관하여」, 『력사과학』(3), 과학백과사전출판사.

타나는 것은 이를 증명해 준다는 것이다.

이와 같은 주장은 역사 해석의 오류를 넘어서 왜곡에 다름없는 비학문적인 억지 주장에 불과하다. 왜냐하면 이러한 주장을 뒷받침해 줄 만한 기록이나 고고학적인 자료가 전혀 없기 때문이다. 삼한을 이루고 있던 여러 소국은 청동기시대 비파형동검 문화 단계 이래 한반도 중부 이남 지역에 성립되어 있었던 토착 사회가 성장, 발전한 것이다. 이 지역에서 조사된 고고학 자료를 보면 취락 유적지 주변에 목책이나 환호 시설을 하였거나 세형동검 문화가 발달하는 등 중국 내륙과는 다른 고유의 문화가 발전하고 있었다. 삼한의 성책이나 성곽은 기본적으로 청동기시대 이래의 목책과 환호의 전통을 이은 것이다. 만약 중국의 주장대로 중원으로부터 한반도 중부 이남 지역으로의 주민 이주에 의해 삼한이 성립되었다면 삼한의 문화는 기본적으로 중원지역과 공통되는 점이 있어야 하는데 전혀 그렇지 않다. 또한 편두나 상투 등의 풍속은 고대 중국뿐만 아니라 그 이웃한 종족이나 민족들의 풍습에서도 보편적으로 나타나는 현상들이다. 고대 유럽에서도 똑같은 풍속이 나타난다. 그렇다면 유럽인도 고대 중국 민족이라고 주장할 것인가? 객관적으로 보여지는 자료를 무시하고 삼한의 역사를 자국의 역사로 보려는 태도는 학문의 기본도 갖추지 못한 것으로서 일고의 가치가 없다. 멀리 떨어진 사회에서도 문화적 유사성이 나타날 수 있다는 단순한 사실조차 인지하지 못한 것으로, 중국 학계의 수준이 참으로 의심스럽기까지 하다.

이상과 같이 동북공정에 나타난 중국 학계의 고조선에 대한 인식 논리는 대부분 자의적 사료 해석과 비학문적 주장에 근거하고 있다. 그리고 그 이면에는 상호작용에 의한 문화의 다방향성(多方向性) 흐름을 무시한 배타적 중화사상이 내재해 있다. 중국 학계는 동아시아의 문화가 중국 내륙에 비하여 후진적이었으며, 중화민족에 의해 개화되고 문명화되었다고 주장하고 싶어 한다. 이것은 문화적 상대주의를 무시하는 오류를 범하는 것에 다름 아니다. 인류는 각기 다른 자연환경에 적응하면서 독특하고 고유한 문화를 발달시켜 왔다. 이 때문에 문화는 다양하며 상대적이어서 어느 것이 우월하다거나 열등하다는 등 단선적으로 판단할 수 없다. 1920년대 유럽의 문화를 우월한 선진 문화로 간주하고 주변 문화를 후진 문화로 간주한 문화전파주의는 이미 오래전에 비판받았다. 이제는 더 이상 문화우월주의에 근거한 전파주의를 주장하지 않는다. 여러 분야의 학자들은 자문화중심주의를 경계해야 한다고 경종을 울린 바 있다. 이러한 기본을 무시한 채 아직도 '아시아의 모든 문화는 중국으로부터'라는 중화사상을 주장하며 이웃한 국가의 역사를 왜곡하려는 것은 '중화민족대가정'이라는 이데올로기를 통해 중국이 직면한 정치적 현실을 극복해 보려는 비학문적이고 정치적인 의도로 볼 수밖에 볼 수 없다.

2.1. 중국 학계의 초기 문명사 및 고조선사, 부여사 연구 동향

2.1.2. 부여사 연구의 흐름과 이해

이승호 • 경희대학교 한국고대사 · 고고학연구소 학술연구교수

1. 머리말

2007년 2월 중국의 동북변강역사여현상계열연구공정(東北邊疆歷史與現狀系列研究工程, 이하 동북공정)이 공식적으로 종료된 지 벌써 10년이 넘는 세월이 지났지만, 동북공정에 기초한 중국 학계의 연구 방향과 기조는 현재도 여전히 강고하게 유지되고 있다. 즉, 지금의 '중화인민공화국' 영토 위에서 생성되고 지속된 모든 역사는 통일적 다민족으로 구성된 이른바 '중화민족'의 역사라는 관점에서 고조선 · 고구려 · 발해 등 한국 고대 국가의 역사를 중국 중앙 왕조의 지방 정권 · 소수민족 정권으로 간주하고 중국사의 일부분으로 서술하고 있는 것이다.[1]

한편, 이 글에서 다루고자 하는 부여사에 대해서 중국 학계는 이미 동북공정이 개시되기 이전, 즉 연구의 초창기 때부터 자국 동북지역의

1 임기환(2012), 「동북공정과 그 이후, 동향과 평가」, 『중국의 동북공정과 한국고대사』, 주류성, 28~29쪽; 김현숙(2017), 「동북공정 후 중국의 고구려사 연구」, 『동북공정 이후 중국의 고구려사 연구 동향』, 역사공간.

역사 체계 내에 편입시켜 연구를 진행하여 왔다.[2] 따라서 동북공정의 원심력 속에서 중국 학계의 부여사 연구도 일정 부분 영향을 받지 않을 수는 없었겠지만, 공정이 진행되는 동안 부여사는 상대적으로 큰 주목을 받지 못했던 것도 사실이다. 즉, 공정 개시 이전부터 부여사를 이미 확고하게 자국의 역사 체계 속에서 파악하고 있었기에, 오히려 동북공정의 기조 속에서는 주된 연구 대상으로 부각되지 않았던 것이다.[3] 동북공정이 진행되는 5년의 기간 동안 중국에서 발표된 부여사 관련 논문은 대략 열 편 정도로 평균 1년에 2편 정도 발표되었다고 볼 수 있겠는데, 이런 점만 보아도 당시 부여사 연구의 열기가 그리 뜨겁지 않았음을 알 수 있다.[4]

요컨대, 동북공정과 관계없이 부여를 중원 왕조의 지방 정권 혹은 소수민족 정권으로 보는 견해는 일찍부터 중국 학계의 통설로 자리 잡고

2 이종수(2007),「중국의 부여사 인식과 연구현황 검토」,『고구려연구』 28, 118~120쪽.

3 박준형(2012),「동북공정 이후 중국 학계의 고조선·부여·예맥 연구 동향」,『중국의 동북공정과 한국고대사』, 주류성, 24쪽.

4 동북공정이 진행되던 2002년 2월부터 2007년 2월 사이에 중국에서 발표된 부여사 관련 논문으로는 다음의 연구들이 확인된다. 후술하겠지만, 다음의 논문 중에는 당시 동북공정의 기조와 무관하다고 할 수 없는 연구들도 많다. 李炳海(2002-01),「夫餘神話的中土文化因子-兼論夫餘王解慕漱系中土流人-」,『民族問學研究』; 董學增·邵蔚風(2002-05),「吉林市漢代漢族及夫餘族的文化遺存」,『江城論壇』; 張春湖·鄒越華(2004-04),「從考古學材料看歷史上的夫餘, 沃沮人」,『黑龍江民族叢刊』; 翟立偉·仇起(2002-06),「吉林市龍潭山城應爲夫餘國前期都城」,『江城論壇』; 王禹浪·李彦君(2003-01),「北夷索離國及其夫餘初期王城新考」,『黑龍江民族叢刊』,; 邵蔚風(2004-05),「夫餘問題初探」,『東北史志』; 董學增(2004-06),「古代夫餘人的物質生活」,『博物館研究』; 李健才(2005-02),「關于漢代夫餘王城幾個問題的探討」,『東北史地』; 趙紅梅(2005-03),「封貢體制下的夫餘」,『東北史地』; 張春海(2006-05),「論古夫餘族“倍償”之法對古代東亞法制之影向」,『中央民族大學學報(哲學社會科學版)』.

있었다. 그 때문에 동북공정이 개시되고 중국 학계의 연구 역량이 고구려사나 발해사 등에 집중되면서 오히려 이 기간 동안 중국 학계의 부여사 연구는 둔화되는 양상을 보였다. 그리고 이러한 중국 학계의 연구 경향에 따라 한국 학계에서도 동북공정의 논조와 중국 학계의 부여사 연구 동향을 연관 지어 면밀하게 검토하려는 시도는 거의 이루어지지 못했다고 할 수 있다.[5]

그러나 고조선과 고구려, 발해 등을 대상으로 자국의 역사 체계 내로의 귀속 논리를 강화하여 왔던 동북공정의 연구사적 흐름을 고려해 보았을 때, 이들과 무관하다고 할 수 없는 부여의 역사를 중국 학계가 어떻게 바라보고 연구해 왔는지, 그리고 그러한 연구 흐름 속에서 동북공정의 영향력은 어떻게 반영되어 나타났는지 검토할 필요가 있다. 이 글은 이러한 문제의식 속에서 연구 초창기부터 현재까지의 부여사 연구 흐름을 살펴보되, 특히 동북공정 이후로 한중 학계에서는 부여사 연구가 어떤 양상으로 전개되었는지 분석할 목적으로 준비하였다.

2. 2000년대 이전 부여사 연구의 흐름

1) 부여사 연구의 시작과 전개

먼저 근대 역사학의 성립과 더불어 부여사 연구가 어떻게 진행되었

5 박준형(2012), 앞의 논문, 216~217쪽.

는지 간단히 살펴보도록 하자. 우선 한국 학계에서 부여사에 대한 인식이 확고하게 자리 잡게 된 것은 단재(丹齋) 신채호에 의해서였다. 익히 알려져 있듯이 신채호는 『독사신론(讀史新論)』(1908)과 『조선상고문화사(朝鮮上古文化史)』(1910년대 후반 추정)를 통해 기자-마한-신라로 이어지는 기왕의 한족 중심 정통론을 부정하고 '부여주족론(夫餘主族論)'을 주창하면서 부여 · 고구려 · 발해의 역사를 강조했다. 신채호에게 부여족 중심의 역사 체계 수립은 식민 지배에서 탈피하기 위한 독립운동의 정신적 기조이자 근대 민족국가 건설의 이념적 근간을 다지는 작업에 다름 아니었다.[6]

물론 당시 신채호가 주창한 '상상된 부여족의 역사'는 오늘날의 시각에서 볼 때 상당히 허황된 것으로 보일 수밖에 없지만, 여러 한계에도 불구하고 그의 연구는 근대 시민적 민족주의 사학의 단초를 열었다는 평가를 받고 있다.[7] 무엇보다도 그로 인해 부여의 역사가 한국 고대사 체계에서 독자적인 영역을 확보할 수 있었던 것은 분명한 사실이다.

한편 식민지 시기 한국 고대사와 만주사 연구를 주도한 일본의 식민주의 역사학자[8]들에게 부여의 역사가 그다지 주목되지 않은 것은 의아

6 姜萬吉(1985), 「日帝時代의 反植民史觀論」, 『韓國史學史의 研究』, 을유문화사, 233~236쪽; 한영우(1994), 「한말 신채호의 민족주의 사론」, 『한국민족주의역사학』, 일조각, 73~75쪽; 앙드레 슈미드 저(2007), 정여울 역, 『제국 그 사이의 한국 1895~1919』, 휴머니스트, 421~423쪽.

7 조광(2010), 『한국사학사의 인식과 과제』, 景仁文化社, 149~150쪽.

8 '식민주의 역사학' 혹은 '식민주의 역사학자'라는 개념은 강진원(2016), 「식민주의 역사학과 '우리' 안의 타율성론」, 『역사비평』 115; 젊은역사학자모임(2017), 『한국 고대사와 사이비역사학』, 역사비평사, 34~35쪽의 논의를 수용한 것이다.

한 일이다. 한국 강점과 만주 침략이라는 국제적 정세와 그 안에서 구상된 '만선사관(滿鮮史觀)'의 원심력 속에서 부여사에 대한 기초적인 정리가 이루어지기 시작하였지만,[9] 당시까지 부여의 역사는 고구려에 가려져 상대적으로 주목받지 못하였다. 일제의 정책적 지원 속에 진행된 '만선사(滿鮮史)' 연구의 주된 대상은 역시 고구려였으며,[10] 만선사 안에서 고구려를 제외한 여타 '만주사', 이를테면 부여나 말갈의 경우에는 그다지 큰 주목을 받지 못하였던 것이다.[11] 그나마 근대 역사학의 연구 방법론에 의거하여 부여의 역사를 체계적으로 정리한 첫 연구라 평할 수 있는 이케우치 히로시(池內宏)의 「부여고(夫餘考)」는 해방 이후 부여사 연구에 많은 영향을 주게 된다.

한국 학계의 부여사 연구는 해방 이후 식민주의 역사학에 대한 극복 노력과 함께 본격적으로 시작되었다. 특히 만선사관의 그림자를 벗겨내고 한국 고대사 체계 안에서 부여사를 파악하고자 하는 노력이 전개되었다. 먼저 이병도(李丙燾)는 삼국시대 이전 한국 고대사회를 서북행렬사회(西北行列社會, 조선·진번 계통)와 후방행렬사회(後方行列社會, 부여·예맥·임둔 계통), 남방행렬사회(南方行列社會, 진·삼한 계통) 등으로 구분하고, 부여가 후방행렬사회에서도 가장 조종적(祖宗的) 위치에 있었음을 설파

9 池內宏(1930), 「夫餘考」, 『滿鮮地理歷史硏究報告』 13; 池內宏(1951), 『滿鮮史硏究』 上世 第一冊, 吉川弘文館.

10 박찬흥(2009), 「만선사관에서의 한국고대사 인식 연구」, 『한국사학보』 29, 21~23쪽.

11 권창혁(2000), 「일본 학계의 부여사 인식과 滿鮮史」, 『한국사학보』 72, 222쪽. 특히 부여의 경우에는 고구려와 같은 '중심'적인 종족·국가들에 비하면 '주변'의 부차적인 존재에 불과한 비중이었다고 본다(같은 논문, 234쪽).

하였다.[12] 당시 이병도의 부여사 연구는 그 명칭과 기원으로부터 정치 구조·대외 관계에 이르기까지 전반적인 고찰을 담고 있어, 부여사에 대한 한국 학계의 기본적인 이해 체계를 제시하였다.[13]

이후로 고대 한반도 제(諸) 정치세력의 발전 과정상에서 부여사의 발전 단계를 검토하는 연구가 이어졌다. 김철준(金哲埈)은 부여에서 부족 연맹장이 세습되고 점차 그 권한이 강화되어 왕국으로까지 발전한 것으로 이해하면서도, 고대 국가 성립까지는 이르지 못하고 부족 연맹 단계에 머물렀던 것으로 보았다.[14] 반면 이기동(李基東)은 부여의 정치 발전이 연맹 왕국에서 중앙 집권적 귀족 국가로 전환하는 단계에서 멸망하였던 것으로 이해하였다.[15] 이와 같은 논의는 이후로도 부여의 국가적 성격을 파악하는 데 있어 많은 영향을 미쳤으며, '중앙 집권적인 고대 국가를 형성하지 못하고 가야처럼 연맹체 단계에서 멸망'[16]하였다거나, '중앙의 왕권과 지방의 대가(大加) 권력을 두 축으로 하는 연맹 상태의 국가'[17]라는 시각이 지금까지도 이어져 오고 있다.

이처럼 한국 학계에서 진행된 부여사 연구의 초창기에는 해당 역사에 대한 기본적인 이해의 틀을 마련하고자 하는 노력이 계속되었다. 특

12 李丙燾(1959), 『韓國史(古代篇)』, 을유문화사; 李丙燾(1985), 「夫餘考」, 『韓國古代史研究(修訂版)』, 博英社, 24~25쪽 및 213쪽.

13 李丙燾(1985), 「夫餘考」, 앞의 책.

14 金哲埈(1975), 『韓國古代國家發達史』, 한국일보사; 金哲埈(1978) 「Ⅱ-2. 部族聯盟勢力의 擡頭」, 『韓國史 2: 民族의 成長』, 국사편찬위원회, 125쪽 및 133~134쪽.

15 李基白·李基東(1982), 『韓國史講座(古代篇)』, 一潮閣, 75쪽.

16 송호정(1997), 「Ⅲ. 부여」, 『한국사』 4, 국사편찬위원회, 150쪽; 송호정(2015), 『처음 읽는 부여사』, 사계절, 66쪽.

17 송호정(2015), 앞의 책, 65쪽.

히 식민주의 역사학과 그 안에 드리워진 만선사관에 대한 극복이 이루어지면서 고대 한국의 국가 발전 단계 속에서 부여사를 위치시키고 체계화하고자 하는 연구가 큰 성과를 거두었던 점은 특기할 만하다. 그러나 부여를 후방행렬사회에 위치시킴으로써 그 문화적 성격에 '변방성'을 덧씌우거나, '부족 연맹 국가' 혹은 '연맹 왕국'이라는 고대 국가 발전 단계상의 도식에서 부여사를 바라보았던 그간의 시각이 현재까지도 이어져 온다는 점에는 문제를 제기할 필요가 있다고 판단된다.[18]

한편 중국 학계에서 진행된 초창기 부여사 연구를 살펴보면, 중국 학자들이 부여사를 언급하기 시작한 것은 1930~1940년대부터라 할 수 있다. 그 대표적인 연구로는 진위푸(金毓黻)의 저술을 꼽을 수 있다. 진위푸의 연구 역량이 종합된『동북통사(東北通史)』에서 그는 중국 동북지역의 역사를 처음 체계적으로 정리하였으며, 부여에 대해서도 예맥족의 일파로 파악하고 그 역사와 주변 세력과의 관계를 종합적으로 서술하였다. 더불어 이 시기에는 부여의 중심 지역이라 할 수 있는 지린시·창춘시 일대에 대한 기초적인 유적 조사도 이루어졌다. 이때 리원신(李文信)·퉁주천(佟柱臣) 등 일군의 중국인 학자들은 지린시·창춘시 일대의 고대 유적에 대한 지표 조사를 실시하였고, 특히 지린시 교외의 둥퇀산·시퇀산·룽퇀산 등지에서 고고학 조사를 진행한 리원신에 의해 비로소 부여 중심지 문화에 해당하는 유적들이 처음 발견·보고[19]될 수

18 이러한 문제의식 속에서 고구려·백제·신라의 초기 정치 구조에 적용되어 왔던 이른바 '부체제'와 부여의 정치 구조를 비교하여 양자의 유사성과 차이점을 논한 연구도 진행된 바 있다. 송호정(2000),「고조선·부여의 국가구조와 정치운영」,『한국고대사연구』17.

19 李文信(1937),「吉林龍潭山遺蹟報告」,『滿洲史學』1-2·3; 李文信(1938)『滿洲史學』2-2;

있었다. 이를 통해 리원신은 부여의 문화를 한족문화와 토착 문화로 구분하고, 한(漢) 문화는 중국으로부터 대거 이주한 한족이 이곳에 취락을 형성했기 때문으로 이해하는 한편, 토착 문화에 대해서는 흉노로부터 영향을 받아 북방의 성격이 강하게 나타나는 것으로 파악하였다.[20]

이처럼 1930~1940년대 중국 학계에서는 진위푸, 리원신 두 연구자가 부여사에 대한 기초적인 문헌 연구와 고고자료 분석을 수행함으로써 향후 연구의 초석을 마련하였다고 볼 수 있다. 그러나 1950~1970년대까지 중국에서는 부여사 연구가 침체기를 맞이하게 된다. 사회적으로 문화대혁명(1966~1976년)의 소용돌이 속에서 연구에 용이한 환경이 형성되기 어려웠으며, 당시 지린시 일대의 고고학 연구가 대부분 시퇀산문화(西團山文化)에 치중되어 있었기 때문이다. 이 시기 부여를 직접적으로 언급한 연구로는 아마도 장중페이(張忠培)의 연구가 유일한 것으로 보이는데,[21] 이 연구 또한 지린시 일대의 신석기 문화와 시퇀산문화에 후행하는 문화로서 부여의 물질문화의 존재에 대해 간단히 언급하는 정도에 그치고 있다.

한편, 전후 일본 학계에서도 이케우치 히로시의 선구적인 연구 성과를 계승하며, 부여사에 대한 연구가 계속되었다.[22] 특히 히노 가이사부

李文信(1946)「吉林市附近之史蹟及遺物」,『歷史與考古』1號, 沈陽博物館.

20 이상의 중국 학계의 연구사 정리는 이종수(2007), 앞의 논문, 112~113쪽 참조.

21 張忠培(1963-01),「吉林市郊古代遺址的文化類型」,『吉林大學社會科學學報』.

22 日野開三郎(1946),「夫餘國考 -特にその中心地の位置に就いへ-」,『史淵』34; 日野開三郎(1988),『東北アジア民族史』上, 三一書房; 日野開三郎(1946),「勿吉考」,『史淵』35; 日野開三郎(1988),『東北アジア民族史』上, 三一書房; 井上秀雄(1975),「朝鮮の初期國家 -三世紀の夫餘國-」,『日本文化研究所研究報告』12; 井上秀雄(1976),「夫餘國王と大使」,『柴

로(日野開三郎)는 부여뿐만 아니라 물길, 옥저와 동예, 숙신에 이르기까지 역사적으로 부여와 밀접한 관련을 맺고 있었던 여러 종족에 대한 방대한 연구를 진행하였다.[23]

2) 연구의 획기(劃期)를 맞이한 1980~1990년대

1980년대에 접어들면서 부여사에 대한 연구는 일대 획기를 맞이하게 된다. 그 변화의 바람은 중국에서부터 불어왔다. 1980년대부터 중국에서 부여 문화와 관련된 고고학적 발굴 성과가 급증하기 시작하면서 침체되어 있던 부여사 연구에 활기를 불어넣었던 것이다. 중국 학계에서 1960~1970년대까지 2~3편에 불과했던 부여사 관련 고고학 분야 논문이 1980년대에 들어 30여 편으로 급증하였는데,[24] 이를 통해 당시까지의 최신 발굴 성과가 지속적으로 학계에 보급되면서 한일 학계의 부여사 연구에도 지대한 영향을 미치게 되었다. 특히 이 시기 리지앤차이(李健才), 우궈쉰(武國勛) 등의 연구자에 의해 전기 부여 왕성이 지린시 일대로 확정되면서,[25] 오랜 중심지 논쟁이 종결되는 의미 있는 진전도 이루어졌다.[26]

田實先生古希記念 日本文化史論叢』.

23 日野開三郎(1988), 앞의 책.

24 부여 고고학 관련 당시 중국 학계의 연구 흐름은 이종수(2007), 앞의 논문, 114~118쪽을 참조.

25 李健才(1982-04), 「夫餘的疆域和王城」, 『社會科學戰線』, 170~173쪽; 武國勛(1983-04), 「夫餘王城新考 -前期夫餘王城的發現-」, 『黑龍江文物叢刊』, 35~42쪽.

26 다만 소수설이지만 張博泉을 비롯한 헤이룽장성 출신 일부 중국 연구자들은 부여의 중심

중국 학계에서 부여사 연구가 활기를 띠게 된 출발점은 언급하였듯이 1980년대 초반 둥퇀산산성(東團山山城)과 둥퇀산평지성(東團山平地城) 및 마오얼산(帽兒山) 고분군 등 지린시 일대에서 부여 관련 유적이 다량 확인되면서부터다. 초창기 관련 연구를 주도한 둥쉐쩡(董學增), 리지앤차이 등에 의해 이곳이 부여의 전기 왕성으로 비정되면서 여러 연구자들의 지린시 일대 부여 유적에 대한 조사와 연구가 지속적으로 이루어졌다.[27] 또한 지린시뿐만 아니라 부여 경역 내의 여러 유적에 대한 조사도 진행되었다. 특히 가장 주목을 끈 발견은 부여 초기의 고분군으로 잘 알려진 위수(楡樹) 라오허선(老河深) 유적이었다.[28] 라오허선 고분군의 조영 집단에 대해 처음 보고자는 선비설을 제기하였지만,[29] 현재는 부여설이 정설의 위치를 점하고 있으며, 기원전 1세기 무렵부터 기원후 1세기 무렵까지 부여 초기 문화를 반영하는 대표적인 유적으로 알

지를 헤이룽장성 호눈평원(呼嫩平原) 일대로 파악하고 있으며(張博泉(1998-02), 「夫餘的地理环境與疆域」, 『北方文物』), 이러한 시각을 계승하는 연구도 계속 제출되고 있다(劉佳·傅惟光(2014-10), 「夫餘國和北方草原青銅文化」, 『理論觀察』; 吳麗華·車玉姝(2016-04), 「嫩江流域穢貊諸族的源流與分布-以夫餘爲例-」, 『北方文物』). 중국 학계의 부여 중심지 논쟁에 대해서는 王雪梅(2015-04), 「國內夫餘活動中心與王城研究」, 『北華大學學報(社會科學版)』의 정리를 참고 바람.

27 董學增(1982-01), 「吉林東團山原始, 漢, 高句麗, 渤海諸文化遺存調査簡報」, 『博物館研究』; 李健才(1982-04), 앞의 논문; 武國勛(1983-04), 앞의 논문; 張立明(1987-04), 「吉林帽兒山漢代木槨墓」, 『北方文物』; 馬德謙(1987-04), 「談談吉林龍潭山, 東團山一帶的漢代遺物」, 『北方文物』; 吉林市博物館(1988-02), 「吉林市帽兒山漢代木槨墓」, 「遼海文物學刊」; 王綿厚(1990-02), 「東北古代夫餘部的興衰及王城變遷」, 『遼海文物學刊』; 李健才(1995-02), 「吉林市龍潭山山城考」, 『博物館研究』; 董學增(1997-02), 「從東團山帽兒山漢-晉時代的文化遺存看當時今古吉林市的歷史與民族」, 『中國考古集成(東北)』.

28 吉林省文物考古研究所(1987), 『楡树老河深』, 文物出版社.

29 吉林省文物考古研究所(1987), 앞의 책, 116~117쪽.

려지게 되었다.[30]

다음으로 넌강(嫩江)과 동류 쑹화강 상류 유역의 바이진바오(白金寶)·한수2기(漢書2期)문화와 동류 쑹화강 중류의 칭화(慶華) 유적이 발견되면서 부여의 초기 문화 혹은 부여 전사(前史)로서의 탁리국(槖離國, 또는 색리국(索離國)) 문화에 대한 고고학적 탐색도 이루어졌다. 먼저 바이진바오·한수2기 문화 및 핑양 고분(平洋古墳)[31]의 경우 부여의 시조 동명(東明)이 태어나고 성장한 탁리국의 문화로 지적되었다.[32] 또 중국 헤이룽장성(黑龍江省)의 일부 연구자들은 색리국(탁리국) 문화 혹은 부여 초기 중심지와 관련하여 헤이룽장성 빈현(賓縣) 남쪽에 위치한 칭화고성(慶華古城)을 비롯한 동류 쑹화강 남안(南岸) 일대의 문화를 주목하기도 하였다.[33] 그리고 이 밖에도 랴오닝성(遼寧省) 시펑현(西豐縣)의 시차거우

30 劉景文·龐志國(1986-01), 「吉林楡樹老河深墓葬群族屬探討」, 『北方文物』; 오영찬(1999), 「楡樹 老河深 유적을 통해 본 부여 사회」, 『한반도와 중국 동북3성의 역사 문화』, 서울대학교출판부, 489쪽; 이종수(2009), 「무덤의 변화양상을 통해 본 부여사 전개과정 고찰」, 『선사와 고대』 30, 128쪽; 範恩實(2011-01), 「從柳樹老河深墓地看夫餘邑落人群構成」, 『北方文物』.

31 黑龍江省文物考古研究所(1990), 『平陽墓葬』, 文物出版社.

32 于志耿(1984-02), 「槖離文化研究」, 『民族研究』, 6~7쪽; 孫正甲(1984-06), 「夫餘原流辯析」, 『學習與探索』; 李殿福(1985-03), 「漢代夫餘文化芻議」, 『北方文物』; 孫進己·張志立(1986), 「濊貊文化的探索」, 『遼海文物學刊』 創刊號; 黑龍江省文物考古研究所(1990), 『平洋墓葬』, 文物出版社; 馬德謙(1991-02), 「夫餘文化的幾個問題」, 『北方文物』.

33 黑龍江省文物考古研究所(1988-07), 「黑龍江省賓縣慶華遺址發掘刊報」, 『考古』; 王綿厚(1990-02), 앞의 논문; 趙虹光·干志耿·潭英杰·孫秀仁(1991), 『黑龍江區域考古學』, 中國社會科學出版社; 王禹浪·李彦君(2003-01), 앞의 논문. 일부 연구에서는 칭화고성을 부여의 초기 도읍으로 전제하고 논의를 진행하는 경향이 여전히 확인되고 있다(王禹浪·王立國·翟少芳(2019-01), 「拉林河流域的自然地理環境及其早期歷史文化」, 『渤海大學學報(哲學社會科學版)』).

(西岔溝) 고분군,[34] 지린성(吉林省) 융지현(永吉縣) 쉐구둥(學古東山) 유적,[35] 자오허현(蛟河縣)의 신지예고성(新街古城)과 푸라이둥고성(福來東古城)[36] 등 중국 동북지역 곳곳에서 부여와 관련된 유적이 보고되었다.

이처럼 고고학 자료가 확충되면서 부여사 연구에 활기를 불어넣자 부여사에 대한 중국 학계의 문헌사 연구도 진척이 이루어지기 시작하였다. 먼저 부여라는 명칭의 어원에 대한 탐색[37]이 진행되었으며, 동명 신화에 대한 분석을 바탕으로 부여의 기원과 족속 문제를 탐구하는 연구[38]도 제시되었다. 또 부여의 대외 관계사에 대한 검토[39]와 함께 아직 해결되지 않고 있는 부여 · 북부여 · 동부여 간의 상호 관련 문제에 대한 논의[40]와 부여 말기 역사와 관련하여 두막루(豆莫婁)에 대한 검토[41]도 이때부터 본격적으로 진행되기 시작하였다.

한편 1990년대에 들어오면서 한국과 일본 학계에서도 부여사 연구가 큰 전기를 맞이하게 되었다. 중국 학계와의 교류가 활성화되고 중국

34 曾庸(1961-06), 「遼寧西豊西岔溝古墳群爲烏丸文化遺蹟論」, 『考古』; 田耘(1984-01), 「西岔溝古墓群族屬問題淺析」, 『黑龍江文物叢刊』.

35 吉林市博物館(1981-06), 「吉林永吉縣學古東山遺址試掘簡報」, 『考古』.

36 董學增(1989-02), 「吉林蛟河縣新街 · 福來東古城考」, 『博物館硏究』.

37 周向永(1996-01), 「夫餘名義考釋」, 『社會科學戰線』.

38 都興智(1995-05), 「從始祖神話傳說看東北古代民族與中原民族的關係」, 『遼寧大學學報』; 都興智(2000-03), 「再論從始祖神話傳說看東北古代民族與中原民族的關係」, 『遼寧大學學報』.

39 吳蓮姬(1993-04), 「夫餘的建國及對外關係」, 『黑龍江民族叢刊』.

40 李健才(1983-01), 「北扶餘, 東扶餘, 豆莫婁國的由來」, 『東北史硏究』; 張博泉(1999-04), 「北夫餘與東扶餘史地考略」, 『史學集刊』.

41 魏國忠(1982-03), 「豆莫婁考」, 『學習與探索』; 張博泉(1982-02), 「『魏書 · 豆莫婁傳』中的幾個問題」, 『黑龍江文物叢刊』; 林樹山(1988-02), 「寇漫汗國與豆莫婁國試辨」, 『黑河學刊』.

측의 학문적 성과, 특히 고고학적 발굴 성과가 학계에 수용되기 시작하면서 부여사 연구의 확장이 이루어질 수 있었다. 이에 따라 한국 학계에서는 부여 역사의 전개 과정 속에서 경역의 변천을 추적[42]하거나 부여 역사 전반에 대한 재정리가 시도[43]되는 등 보다 구체적인 연구가 잇달아 제출되었다. 특히 한국 학계에서 당시까지 축적되어 온 연구 성과를 정리하고, 이를 바탕으로 부여사에 대한 체계적인 이해를 시도한 학술서가 두 차례에 걸쳐 간행되면서 연구의 또 다른 획기를 마련할 수 있게 되었다.[44] 또 일본 학계의 부여사 연구도 이 무렵 중국 학계의 최신 고고학 성과를 적극적으로 수용하면서 부여사에 대한 새로운 시각을 환기하였던 다무라 코이치(田村晃一)의 연구로 종합되었는데,[45] 이를 통해 일본 학계에서도 전성기 부여의 중심지를 지린시 일대로 확정하게 된다.

3. 2000년대 이후 부여사 연구 동향과 동북공정

1) 2000년대 이후 부여사 연구 동향

오늘날 부여사 연구를 선도하고 있는 것은 역시 중국 학계의 연구자

42 노태돈(1989), 「夫餘國의 境域과 그 變遷」, 『國史館論叢』 4; 노태돈(1999), 『고구려사 연구』, 사계절.

43 박경철(1992), 「扶餘史 展開에 關한 再認識 試論」, 『백산학보』 40.

44 박경철(1994), 「제3부. 고대국가의 성립과 발전 -부여사의 전개와 지배구조-」, 『한국사』 2, 한길사; 송호정(1997), 「Ⅲ. 부여」, 앞의 책.

45 田村晃一(1987), 「新夫餘考」, 『青山考古』 5.

들이라 할 수 있다. 이들은 부여 고고학에 대한 접근의 용이함과 많은 수의 연구 인력을 바탕으로 한·중·일 학계 중에서도 압도적으로 많은 연구 성과들을 쏟아내고 있다. 근래에 출간된 전 6권의 『부여역사연구문헌휘편(夫餘歷史硏究文獻彙編)』(黑龍江人民出版社, 2015)은 현대 중국의 부여사 연구 성과를 상징적으로 보여 주고 있는데, 주로 1980~2010년대까지 진행된 중국 학계의 부여사 연구 성과 총 257편의 논문을 문헌 연구와 고고학 연구 두 분야로 나누어 정리하여 책자로 묶어 낸 것이다.[46]

물론 지금까지 중국 학계에서는 시종일관 부여사에 대해 자국의 지방 역사라는 배타적 역사 관점을 견지해 오고 있다. 특히 2002년 동북공정이 개시되면서 그러한 논조는 더욱 강화되어 부여를 건국 이래 기원후 494년 물길에 의해 멸망당할 때까지 대략 600년간 줄곧 중원 왕조에 예속되어 있었던 중원 왕조 통할하의 지방 민족 정권이라고 규정하고 있다.[47] 그리하여 그간에 축적되어 온 연구 성과마저 이러한 연구 흐름 속에서 왜곡과 굴절의 희생양이 되지는 않을까 우려 섞인 시선마

46 劉信君 主編(2015), 『夫餘歷史硏究文獻彙編』 1~6, 黑龍江人民出版社. 여기에서는 최근까지 진행된 중국 학계의 부여사 연구 성과를 크게 문헌 연구와 고고학 연구 두 분야로 나누고, 문헌 연구에서는 叢說·民族起源·濊貊硏究·疆域與王城·政治與對外關係·夫餘文化硏究·綜合 총 7항목에 따라 164편의 논문을, 고고학 연구에서는 有關考古文化綜述·西團山文化·慶華文化·東團山文化 총 4항목에 따라 93편의 논문과 발굴 보고서를 전재하고 있다. 이를 통해 지금까지 중국에서 발표된 대부분의 부여사 관련 연구 성과를 한눈에 확인할 수 있다. 이에 대해 董學增은 '부여에 대한 연구 성과를 망라한 것으로 부여의 고고학과 역사를 연구하는 데 있어 훌륭한 공구서'라고 평한 바 있다(董學增(2016-05), 「一部硏究夫餘考古與歷史的大型工具書-簡評『夫餘歷史硏究文獻匯編』-」, 『學問』).

47 최근 중국 학계에서 출간된 연구서의 논지와 그것이 갖는 문제점에 대해서는 박준형(2012), 앞의 논문 및 이종수(2016), 앞의 논문에 잘 정리되어 있다.

저 받고 있다.[48] 따라서 본 절에서는 2000년대 이후 중국 학계를 중심으로 진행된 부여사 연구 동향을 개관한 다음, 동북공정의 개시 이후 한중 학계의 연구 흐름이 어떻게 전개되었는지 구체적으로 검토해 보고자 한다.

먼저 부여사 연구에서 2000년대 이후로 중국 학계의 연구 역량이 가장 집중되고 있는 분야는 역시 고고학 분야라 할 수 있다. 초창기 부여 고고학 관련 연구를 주도한 둥쉐쩡, 리지앤차이 등에 의해 지린시 일대가 부여의 전기 왕성으로 비정되면서, 최근까지도 해당 지역을 중심으로 유적에 대한 조사와 연구가 계속되고 있다.[49] 그리고 이와 함께 이 지역을 중심으로 하는 부여 전기 왕성에 대한 연구도 활발하다.[50]

또 부여의 초기 문화 혹은 부여 전사(前史)로서의 탁리국(색리국) 문화[51]와 밀접한 관련이 있다고 간주되는 바이진바오문화에 대한 자세한 보고도 근래 이루어진 바 있고,[52] 동류 쑹화강 남안에 위치한 빈현 칭화고

48 박경철(2006), 「부여」, 『한국고대사입문』 1, 신서원, 226쪽.

49 董學增·邵蔚風(2002-05), 앞의 논문; 邵蔚風(2008-01), 「吉林地區夫餘及相關墓葬型制研究」, 『博物館研究』; 于麗群·賈素娟·韓安生(2011-06), 「以東團山遺址出土陶器爲例試析漢文化對夫餘文化的影向」, 『東北史地』.

50 翟立偉·仇起(2002-06), 앞의 논문; 翟立偉(2004-09), 「吉林市的城市起源 -兼論龍潭山城的始建年代-」, 『東北史地』; 李健才(2005-02), 「關於漢代夫餘王城幾個問題的探討」, 『東北史地』; 董學增(2006-02), 「再論吉林市"南城子"是古濊城, 夫餘王國前期王城」, 『東北史研究』; 董學增(2010-01), 「夫餘王國前期王城所在地及高句麗夫餘城考辨」, 『東北史研究』; 王俊錚(2019-04), 「兩漢時期夫餘王城地理位置及其文化研究」, 『黑龍江民族叢刊』.

51 于志耿(1984-02), 「橐離文化研究」, 『民族研究』.

52 吉林大學考古學系·黑龍江省文物考古研究所 編著·張忠培 主編(2009), 『肇源白金寶 -嫩江河游一處青銅時代遺址的揭示-』, 科學出版社; 董學增(2010), 「白金寶文化與橐離文化族屬新探」, 『夫餘史跡研究』, 吉林文史出版社.

성 및 색리구(索離溝) 유적에 대한 관심도 이어지고 있다.[53] 그리고 이러한 관심의 연장선상에서 부여의 초기 왕도 문제에 대한 논의도 지속되고 있으며,[54] 아직 부여사 연구에서 미해결 과제로 남겨져 있는 후기 왕성에 대한 토론도 계속되고 있다.[55] 이처럼 1980년대 이후로 오늘날까지 축적된 중국 학계의 고고학 연구 성과는 2004년에 제출된 이종수의 박사학위 논문 「부여문화연구(夫餘文化研究)」를 통해 다시 종합되어 체계적으로 정리되었다고 볼 수 있다.[56]

한편, 현재 중국 학계에서는 고고 연구 성과뿐만 아니라 문헌사 분야에서도 다양한 주제를 통해 부여사에 대한 접근이 이루어지고 있다. 우선 부여의 족속과 건국에 대한 중국 학계의 관심은 주로 동명신화에 대한 분석으로 나타나고 있는데,[57] 일부 연구에서는 동북공정의 논조와

53 王禹浪·李彦君(2003-01), 앞의 논문; 黑龍江省文物考古研究所(2010-01), 「黑龍江省賓縣索離溝遺址發掘簡報」, 『北方文物』; 李延鐵·于建華(2010-02), 「從索離溝的考古發現看古索離國的地望」, 『北方文物』; 張碧波·莊鴻鴈(2012-03), 「索離王國文明的探討 -從索離溝考古說起-」, 『北方文物』; 王禹浪(2013-01), 「"索離"國及其夫餘的初期王城」, 『黑龍江民族叢刊』,; 喬梁(2014-01), 「慶華遺存試析」, 『北方文物』. 부여 초기 중심지와 관련하여 헤이룽장성 빈현 남쪽에 위치한 칭화고성을 비롯한 동류 쑹화강 南岸 일대의 문화가 주목을 받으면서(黑龍江省文物考古研究所(1988-07), 「黑龍江省賓縣慶華遺址發掘刊報」, 『考古』; 王綿厚(1990-02), 「東北古代夫餘部的興衰及王城變遷」, 『遼海文物學刊』; 王禹浪·李彦君(2003-01), 앞의 논문), 일부에서는 칭화고성을 부여의 초기 도읍으로 전제하고 논의를 진행하는 경향도 최근까지 확인되고 있다(王禹浪·王立國·翟少芳(2019-01), 「拉林河流域的自然地理環境及其早期歷史文化」, 『渤海大學學報(哲學社會科學版)』).

54 楊軍(2010-01), 「夫餘始遷時間地點考」, 『黑龍江社會科學』.

55 張福有·孫仁傑·遲勇(2011-02), 「夫餘後期王城考兼說黃龍府」, 『東北史地』; 張福有(2015-06), 「夫餘後期王城在遼源」, 『東北史地』.

56 李鍾洙(2004), 「夫餘文化研究」, 吉林大學文學院 博士學位論文.

57 都興智(2000-03), 앞의 논문; 李炳海(2002-01), 앞의 논문; 孫希偉·吳戰林(2008-01), 「"夫餘國"的傳說」, 『夫餘國』; 董學增(2009-02), 「櫜離國東明逃亡穢地傳說與相關考古文化

맞물려 부여 건국신화의 기원을 중원의 여러 신화에서 찾고자 하는 연구 경향도 확인된다.

그러나 무엇보다도 현재 부여사에 대한 중국 학계의 문헌사 연구는 대외 관계사에 집중되어 활발히 진행되고 있다. 대체로 부여의 대중(對中) 관계,[58] 대(對)고구려 관계[59] 및 대(對)읍루 관계[60]를 중심으로 접근이 이루어지고 있다.[61] 그런데 중국 학계의 부여 대외 관계사 연구는 동북공정이 한창 진행되던 2005년부터 연구 성과가 본격적으로 제출되기

辯析」, 『東北史硏究』; 李爽(2009-06), 「夫餘民族的起源與形成」. 『東北史地』; 王旭(2009-06), 「夫餘始祖東明」, 『東北史地』; 李東 · 戴春 · 李喜德(2010-04), 「試論與夫餘相關的古史中的濊族與貊族」, 『東北史地』; 黃震云(2012-03), 「夫餘和高句麗神話傳說與族源考」, 『徐州工程學院學報(哲學社會科學版)』; 劉洪峰(2013-06), 「高句麗與夫餘建國神話初探」, 『福建大學學報』; 陳永國(2015-03), 「淺談夫餘始祖東明王的傳說」, 『東北史地』; 吳麗華 · 車玉姝(2016-04), 앞의 논문; 商佳琪 · 薛剛(2017-07), 「夫餘始祖傳說」, 『北方文學』.

58 趙紅梅(2005-03), 「封貢體制下的夫餘」, 『東北史地』; 房奕(2007-09), 「遼東公孫政權與東亞諸族的關係」, 『學術月刊』; 趙紅梅(2009-02), 「夫餘與玄菟郡關係考略」, 『滿族硏究』; 趙紅梅(2009-06), 「夫餘與前燕慕容廆朝貢關係探微」, 『東北史地』; 趙紅梅(2010-02), 「玄菟郡經略夫餘探微」, 『北方文物』; 趙紅梅(2010-06), 「夫餘與東漢王朝朝貢關係硏究」, 『社會科學戰線』; 趙紅梅(2011-05), 「慕容鮮卑的屈起與夫餘的滅亡 -兼論夫餘滅國的慕容鮮卑因素-」, 『黑龍江社會科學』; 程妮娜(2014-04), 「夫餘國與漢魏晉王朝的朝貢關係」, 『求是學刊』.

59 趙欣(2009-06), 「夫餘與高句麗的關係探略」, 『東北史地』; 劉洪峰(2013-05), 「高句麗與夫餘文化關係芻議」, 『吉林師範大學學報』; 劉洪峰(2013-08), 「高句麗與夫餘軍事關係探析」, 『白城師範學院學報』; 劉洪峰(2013-09), 「高句麗與夫餘關係問題硏究綜述」, 『黑河學刊』; 劉洪峰(2013-10), 「高句麗與夫餘政治經濟對比分析」, 『蘭台世界』; 祝立業(2015-05), 「簡析高句麗始祖傳說的建構與夫餘衰亡之關系」, 『東北史地』; 張芳(2018), 「『三國史記』所見帶素時代夫餘與高句麗關系考」, 『高句麗與東北民族硏究』.

60 代靜(2019-06), 「漢晉時期夫餘與挹婁關系考」, 『佳木斯大學社會科學學報』.

61 이 밖에 부여의 대외 관계사를 종합적으로 검토한 연구로는 張芳 · 劉洪峰(2011-03), 「夫餘對外關係史略」, 『黑龍江民族叢刊』이 있으며, 부여와 북방 초원 문화 간의 관계를 고찰한 연구도 발표된 바 있다(劉佳 · 傅惟光(2014), 앞의 논문).

시작하여 공정이 종료된 2007년 이후로 연구가 급증하는 추세에 있어 주목을 요한다. 특히 이 분야에서 많은 연구 성과를 제출한 자오훙메이(趙紅梅)는 부여사를 철저하게 중국 동북지역의 중요한 지방 민족 정권으로 파악하는 한편, 부여가 중원 왕조 중심의 봉공(封貢) 체제하에 위치해 있었음을 강조하고 있다.[62] 후술하겠지만, 동북공정의 논조가 결국 부여사 연구에까지 강력한 영향을 미치고 있음을 확인할 수 있는 대목이다.

이 밖에 현재 중국 학계에서는 부여의 건국 시기에 대한 논의[63]나 부여사 연구에서 아직 해결되지 않고 있는 부여 · 북부여 · 동부여 간의 상호 관계 문제,[64] 그리고 부여 후기 왕성의 위치에 대한 비정 문제에 대해서도 논쟁이 지속되고 있으며,[65] '부여'라는 명칭(혹은 족칭)의 어원에 대한 탐색도 여전히 중요한 연구주제로서 거론되고 있다.[66] 또 사료상

62 趙紅梅(2005-03), 앞의 논문. 이러한 관점은 현재 중국 학계에서 상당히 일반화된 시각으로, 비단 부여와 중원 왕조와의 관계뿐만 아니라 부여의 대외 관계사 전반을 규정하는 틀로서 굳어져 있다(程妮娜(2014), 앞의 논문; 代靜(2019), 앞의 논문, 125쪽).

63 朱德貴 · 齊丹丹(2015-12), 「"夫餘"建國時間再探討」, 『民族論壇』. 여기서는 부여의 건국 시점을 기왕의 견해보다 앞당겨 중국의 춘추시대나 그 이전으로 추정하고 있다.

64 처음 李健才의 선구적인 연구 이후로(李健才(1983-01), 「北扶餘, 東扶餘, 豆莫婁國的由來」, 『東北史研究』) 중국 학계에서도 북부여와 부여 및 동부여의 상호 관계 및 실체에 대한 해명이 핵심 연구주제 중 하나로 자리를 잡았다. 李健才(2000-06), 「三論北夫餘, 東夫餘即夫餘的問題,」 『社會科學戰線』; 楊軍(2010-04), 「東夫餘考」, 『史學集刊』; 王綿厚 · 溫科學(2019-06), 「關于北穢, 東穢與北夫餘, 東夫餘的再考察-"長白山區系考古與民族"要論之二-」, 『渤海大學學報(哲學社會科學版)』.

65 張福有 · 孫仁傑 · 遲勇(2011-02), 「夫餘後期王城考兼說黃龍府」, 『東北史地』; 張福有(2015-06), 「夫餘後期王城在遼源」, 『東北史地』.

66 董學增(2009-04), 「夫餘稱謂的由來辨考」, 『遼寧省博物館館刊』; 張士東 · 楊軍(2010-06), 「夫餘族名的音與義」, 『黑龍江民族叢刊』; 張士東(2010-06), 「"夫餘"與"句麗"語義考釋」,

에 그 재위 시기에 대한 논란이 있는 부여왕 위구태(尉仇台)에 대해 분석한 연구나[67] 중국에서 출토된 후한시대 옥갑(玉匣) 자료를 바탕으로 부여가 현도군(玄菟郡)으로부터 받아 왕의 장례에 사용하였다던 '옥갑'에 접근한 연구,[68] 부여 유민의 동향에 대해 검토한 연구[69] 등 다양한 주제로의 연구 확장이 이루어지고 있음도 확인된다. 그리고 근래 중국 학계에서는 연구자들이 저마다 그간에 발표한 연구 성과를 정리한 연구와 저서들도 연이어 출간되고 있어 주목된다.[70]

특히 장웨이궁(姜維公)의 주도하에 이루어지고 있는 '동북고대민족역사편년총서(東北古代民族曆史編年叢書)' 작업의 일환으로서 『고구려역사편년(高句麗曆史編年)』(姜維東 編著, 2016), 『백제역사편년(百濟曆史編年)』(趙智濱 編著, 2016), 『거란역사편년(契丹曆史編年)』(黃爲放 編著, 2017), 『발해역

『東北師範大學報(哲學社會科學版)』; 趙欣(2011-01), 「千百年來"夫餘"其名多論爭, 古往今來"夫餘"解意皆不同 · 談古夫餘族與"夫餘"地名」, 『東北史地』; 趙欣(2011-10), 「淡古夫餘族與"夫餘"地名」, 『中國地名』; 王禹浪 · 王俊錚(2015-04), 「夫餘族稱與王城研究綜述」, 『黑河學院學報』.

67 劉洪峰 · 張芳(2016-05), 「夫餘王尉仇臺考略」, 『通化師範學院學報』. 이 연구에서는 흥미롭게도 『後漢書』「東夷傳」 夫餘國條에 등장하는 부여왕 위구태와 부태(夫台)를 동일인으로 보고 위구태가 94세에 가까운 수명을 누린 인물이었다고 추정하고 있다.

68 張芳 · 劉洪峰(2015-07), 「夫餘王葬用玉匣考」, 『學習與探索』.

69 李賀(2011), 「夫餘移民研究」, 東北師範大學 碩士學位論文.

70 董學增(2007), 『夫餘王國論集(續編)』, 吉林文史出版社; 趙紅梅(2009), 『夫餘與玄菟郡關係研究』, 香港亞州出版社; 董學增(2010), 『夫餘史跡研究』, 吉林文史出版社; 張博泉(2011), 『夫餘與高句麗論集』, 吉林文史出版社; 楊軍(2012), 『夫餘史研究』, 蘭州大學出版社; 範恩實(2013), 『夫餘興亡史』, 社會科學文獻出版社; 劉信君 主編(2015), 앞의 책(1~6); 姜維公 主編 · 鄭麗娜 編著(2016), 『夫餘歷史編年』, 科學出版社; 董學增(2018-04), 「夫餘研究管見」, 『地域文化研究』. 특히 楊軍의 『夫餘史研究』와 範恩實의 『夫餘興亡史』의 내용과 연구 시각에 대해서는 이종수(2016), 앞의 논문에 잘 정리되어 있다.

사편년(渤海曆史編年)』(趙振海 編著, 2017) 등의 출간과 함께 2016년에 『부여역사편년(夫餘歷史編年)』(鄭麗娜 編著)이 출간되었던 사실도 주목할 필요가 있다.[71] 이는 부여와 관련된 문헌 기록을 시기별로 편년하고 주제별·사서별·금석문별로 부여 관련 자료를 종합적으로 정리한 것이다. 이러한 편년 총서의 출간은 중국 학계에서 부여 역사 전반에 대한 연구 시각과 입장이 일차적으로 정비되었음을 의미한다고 볼 수 있다.

2000년대에 들어서면서 해외 학계에서도 부여사 연구를 전론으로 다룬 박사학위 논문이 연이어 제출되었는데,[72] 이는 부여 고고학에 대한 종합적 연구 성과인 동시에 기록의 부족이라는 그간의 사료적 제약을 극복하는 의미 있는 진전이라 평할 수 있다. 특히 서구 학계의 유일한 부여사 연구자라 할 수 있는 마크 바잉턴(Mark Byington)은 2003년에 발표한 박사학위 논문을 근래에 수정·보완하여 책으로 출간하였는데,[73] 이에 대해 한국 학계에서도 자세한 검토와 비평이 이루어진 바 있다.[74]

한편, 2000년대 이후로 한국의 부여사 연구도 한층 활기를 띠고 있다. 오강원은 부여 문화(파오쯔옌식 문화(泡子沿式文化))에 대한 고고학 성과를 체계적으로 정리하는 한편,[75] 선(先) 부여 문화라 할 수 있는 시퇀

71 姜維公 主編(2016), 鄭麗娜 編著, 앞의 책.

72 Mark Edward Byington(2003), 『A history of the Puyô State, its People, and its Legacy』, Harvard University; 李鍾洙(2004), 앞의 논문.

73 Mark Edward Byington(2016), 『The Ancient State of Puyŏ in Northeast Asia: Archaeology and Historical Memory』, Cambridge: Harvard Asia Center.

74 이승호, 「마크 바잉턴의 부여사 연구, 그 단상」, 경희대학교 한국고대사·고고학연구소 웹진, 2017, http://www.ikaa.or.kr(검색일: 2020.11.10); 심재훈(2020), 「동북아 고대사 연구의 신기원: 고고학으로 재탄생한 부여사와 그 기억」, 『백산학보』 116.

75 오강원(2000), 「중만지역의 초기철기문화=포자연식문화의 성립과 전개양상」, 『전환기의

산문화(西團山文化)에 대한 종합적인 검토를 진행하였다.[76] 이와 함께 박경철에 의해 예맥과 부여의 역사 전개를 넓은 시야에서 재정리하는 시도가 이루어지는 한편,[77] 송호정은 중국의 고고학적 성과를 적극 소개·활용하면서 부여 문화에 대한 탐색을 이어 나갔다.[78] 그리고 박대제는 부여 왕권과 2~3세기 왕위 계승에 대한 고찰을 바탕으로 부여 왕권을 바라보는 기왕의 이해에 재고가 필요함을 날카롭게 지적하였다.[79] 이 밖에 학계 차원에서도 부여사를 주제로 학술회의가 개최[80]되거나, 연구자들 간의 공동 연구 성과가 제출[81]되는 등 부여사 연구에 내재되어 있는 연구의 난점을 공동 연구를 통해 극복하고자 하는 노력이 계속되고 있다.

최근까지 중국 동북지역에서 부여 문화와 관련된 유적·유물이 다수

고고학Ⅲ』(제24회 한국상고사학회 발표대회 요지문).

76 오강원(2008), 『서단산문화와 지린 지역의 청동기문화』, 학연문화사.

77 박경철(2004), 「濊貊·扶餘와 高句麗의 正體性에 關한 硏究」, 『고구려발해연구』 18; 박경철(2005a), 「새로운 扶餘史像 定立을 위한 몇 가지 課題」, 『선사와 고대』 23; 박경철(2005b), 「고조선·부여의 주민 구성과 종족」, 『북방사논총』 6; 박경철(2011), 「扶餘의 國勢變動相 認識에 關한 試論」, 『고구려발해연구』 39.

78 송호정(1999), 「고고학 자료를 통해 본 부여의 기원과 그 성장과정」, 『한반도와 중국 동북 3성의 역사 문화』, 서울대학교출판부; 송호정(2000), 앞의 논문; 송호정(2003), 「古代 扶餘의 지배 구조와 사회 구성」, 『강좌 한국고대사』 10; 송호정(2005), 「扶餘의 國家形成 過程과 文化 基盤」, 『북방사논총』 6.

79 박대재(2008), 「夫餘의 왕권과 왕위계승 -2~3세기를 중심으로-」, 『한국사학보』 33.

80 여기서 발표된 논문들은 『한국고대사연구』 37집에 부여사 특집으로 게재되었다. 이기동(2005), 「韓國民族史에서 본 夫餘」, 『한국고대사연구』 37; 박양진(2005), 「考古學에서 본 夫餘」, 『한국고대사연구』 37; 송기호(2005), 「扶餘史 연구의 쟁점과 자료 해석」, 『한국고대사연구』 37.

81 윤용구 외(2008), 『부여사와 그 주변』, 동북아역사재단.

발굴 보고되면서 고고학적 연구방법론을 적용한 연구가 활발히 진행되고 있는데, 이와 관련해서는 이종수의 연구가 단연 압도적이라 할 수 있다. 2004년 박사학위 논문 「부여문화연구」를 통해 중국 지린성 일대에 산재한 부여 유적을 폭넓게 조사·정리한 바 있는 이종수는 후속 연구 과정으로서 쑹화강 유역의 초기 철기문화에 대한 검토를 통해 부여 문화의 기원을 탐색하였다.[82] 또한 근래의 고고학적 발굴 성과를 바탕으로 고구려의 부여 진출 과정을 추적하고[83] 부여의 대외 교류 양상과 교통로 문제를 검토[84]하는 한편, 무덤의 변화 양상을 통해 초기 부여의 성립 과정을 탐색하는 등[85] 부여사 연구에 고고학적 연구방법론을 적용하여 다양한 연구를 진행 중에 있다.

또 근래 한국 학계에서는 송호정이 부여의 역사를 전론으로 다룬 저서를 출간하였는데,[86] 이는 저자가 『한국사』 4(국사편찬위원회, 1997)에서 정리한 내용을 기초로 하여 여기에 최신의 성과를 새롭게 반영한 역저로, 대중서를 표방하면서도 연구서로서 손색없는 깊이를 담아내었다. 그리고 최근 부여사를 전론으로 다룬 박사학위 논문이 한국 학계에서도 처음 발표되었다. 이승호의 박사학위 논문 「부여정치사연구」는 오

82 이종수(2009), 『松花江유역 초기철기문화와 夫餘의 문화기원』, 주류성.

83 이종수(2005), 「高句麗의 夫餘진출 과정 연구」, 『고구려발해연구』 21.

84 이종수(2010), 「고고자료를 통해 본 부여의 대외교류 관계 검토」, 『선사와 고대』 33; 이종수(2013), 「부여의 대외교류와 교통로 연구」, 『백산학보』 96.

85 이종수(2009), 앞의 논문; 이종수(2013), 「松花江유역 初期鐵器文化의 변천과 夫餘文化 성립과정 고찰」, 『東洋學』 53; 이종수(2015), 「송눈평원지역 눈강유역 청동기~초기철기시대 유적의 특징과 문화 변화 양상 고찰」, 『백산학보』 103.

86 송호정(2015), 앞의 책.

늘날 고고학 성과에 기초한 부여사 연구가 주류를 이루면서 그간 문헌 연구를 중심으로 진행되었던 부여의 왕권이나 정치 제도·대외 관계 등 핵심 주제에 대한 해명에 큰 진전을 보고 있지 못함을 지적하고, 문헌 연구를 중심으로 동부여 문제와 부여 국가체제에 대한 새로운 해석을 시도하였으며, 최근까지 관련 후속 연구를 발표하고 있다.[87] 또 유은식은 중국 동북지역과 연해주를 아우르는 '극동지역' 초기 철기문화를 넓은 시야에서 조망하면서 부여사에 대한 탐색을 시도하고 있다.[88] 그리고 한국 고고학계의 최신 연구로는 토기와 위신재에 대한 분석을 바탕으로 부여 정치체의 형성·메커니즘과 교류 네트워크의 전개 과정을 검토한 윤정하의 연구가 있다. 참신한 연구 방법과 시각이 돋보이는 성과로 앞으로의 후속 연구를 기대하게 한다.[89] 이 밖에 최근 부여사를 주제로 한 학술회의도 연이어 개최되고 있어 주목된다.[90]

87 이승호(2017),「3세기 부여의 刑罰 운용과 王權」,『동국사학』 62; 이승호(2018b),「『광개토왕비문』에 보이는 東夫餘에 대한 재검토」,『소장학자들이 본 고구려사』, 혜안; 이승호(2018d),「3세기 挹婁의 이탈과 夫餘의 쇠퇴」,『동국사학』 64,; 이승호(2019),「부여의 국가구조와 四出道」,『한국고대사연구』 96; 이승호(2020a),「부여의 쇠퇴·멸망 과정과 王室 일족의 동향」,『동국사학』 68; 이승호(2020b),「'濊王之印'과 기원 전후 시기 夫餘의 對중원왕조 관계」,『동아시아고대학』 59.

88 유은식(2018),「극동의 초기철기문화 연구」, 숭실대학교 박사학위논문; 유은식(2016),「前期 扶餘 土器文化의 變遷과 擴散」,『한국상고사학보』 100.

89 윤정하(2020),「토기와 위신재로 본 부여의 성립과 교류 네트워크」,『한국상고사학보』 108.

90 2020년 10월 16일 경희대학교 한국고대사·고고학연구소 제12회 학술회의 "유적과 유물로 본 부여의 고대 네트워크"에서는 Mark E. Byington,「부여와 고구려, 백제의 관계 분석을 위한 자료와 접근법」; 이종수,「라마동 고분군의 부여 계승에 관한 고고학적 검토」; 윤정하,「청주 오송 유적 출토 부여계 동병철검 출토의 의의」; 박선미,「쌍조형촉각식검집단과 상업엘리트의 탐색을 위한 초론」; 권도희,「중부지역에서 보이는 북방계 유물의 사례검

2) 동북공정과 부여사 연구

이제 지금까지 정리한 연구사를 바탕으로 중국의 동북공정이 한중 학계의 부여사 연구에 미친 영향에 대하여 간단히 짚어 보도록 하자. 지금까지 살펴본 바, 얼핏 한중 학계의 부여사 연구는 동북공정의 소용돌이에서 한 발짝 떨어져 차분히 연구되고 있는 것처럼 보이기도 한다. 특히 동북공정이 진행되는 동안 중국 학계의 부여사 연구가 오히려 침체기를 맞이하였음을 고려할 때, 해당 연구에 동북공정의 영향은 직접적으로 크게 작용하지 않았다고 볼 수도 있겠다. 하지만 동북공정이 개시된 이후 중국 학계에서 진행되고 있는 부여사 연구의 내용적 측면을 살피다 보면, 그 연구 경향에는 분명 눈여겨볼 지점이 있다.

일단 동북공정이 개시된 이후 중국 학계의 부여사 연구 경향에 변화가 감지된다. 즉, 고고학 연구를 중심으로 전개되던 중국 학계의 부여사 연구가 근래에는 문헌사 연구 방면으로 무게중심이 이동하고 있다. 특히 연구주제가 부여의 기원과 족속 문제 및 대외 관계사 분야에 집중되고 있음을 주목할 필요가 있다. 이는 동북공정의 영향과 무관하지 않다고 생각된다. 2000년대 이후 부여의 기원과 족속 문제에 대한 중국 학계의 연구는 부여의 시조신화인 동명신화에 대한 분석을 중심으로 전개되고 있는데, 대체로 그 논조는 부여 건국신화의 기원을 중원의 여

토」 등 이상 5편의 논문이 발표되었다. 그리고 2020년 10월 22일 한성백제박물관 2020년 제17회 쟁점백제사 학술회의 "백제는 부여를 계승하였나"에서는 이승호, 「부여 문헌사 연구의 쟁점과 백제의 부여 계승의식」; 유은식, 「부여 고고학의 쟁점」 등 이상 두 편의 논문이 발표되었다.

러 신화에서 찾고자 하는 연구로 모아지고 있다.[91]

사실 이러한 현상은 동북공정 개시 이후 나타난 고구려 건국신화에 대한 중국 학계의 연구 논조와 많은 부분에서 닮아 있다고 볼 수 있다. 즉 동북공정 이후 중국 학계에서는 고구려의 종족·국가 기원 문제가 활발히 논의되기 시작하였고, 그 안에서 고대 중국 신화로부터 고구려 건국신화의 기원을 찾고자 하는 연구 경향이 두드러졌다. 그 결과 고구려의 건국신화는 중국 소수민족 신화의 한 유형이라는 시각이 중국 학계에 형성되었다. 결국 이러한 시각은 "족원 신화의 문화 내용과 문화 형태 및 문화 연원은 민족문화의 특질로 인식되며, 그 민족의 귀속 문제에서 중요한 원칙이자 근거"[92]라는 장비보(張碧波)의 주장에서도 읽을 수 있듯이, 고구려 족원 정체성을 중국에 귀속시키려는 중국 학계의 의도가 깔려 있는 것이다.[93]

우려스러운 부분은 이처럼 동북공정의 논조 속에서 형성된 고구려 건국신화에 대한 중국 학계의 연구 시각이 부여의 동명신화 관련 연구에서도 그대로 재현되고 있다는 점이다. 그 몇 가지 사례를 보면, 먼저 리빙하이(李炳海)는 「부여신화적중토문화인자(夫餘神話的中土文化因子)」에서 부여 신화에는 '중토(中土)'의 문화 인자가 많이 들어가 있고 '중토'

91 중국 학계의 해당 연구는 앞의 각주 57번의 연구들을 참조 바람. 한편, 이러한 경향은 최근까지도 중국 학계에서 찾아볼 수 있는데, 일례로 高瑩·姜維東(2017-05), 「高句麗棄嬰傳說探源」, 『大連大學學報』에서는 고구려의 건국신화가 부여의 동명신화와 주(周) 시조 후직(后稷)의 전설에 영향을 받은 것으로 보았다.

92 張碧波(2010-04), 「感日卵生 -高句麗族源神話- 兼及『東明王篇』的解析, 『東北史地』.

93 이승호(2017), 「2007년 이후 중국의 고구려 종교·사상사 연구 동향」, 『고구려발해연구』 57, 46~50쪽.

문화와 밀접한 관련이 있다고 지적하였으며,[94] 황젠윈(黃震云)의 「부여화고구려신화전설여족원고(夫餘和高句麗神話傳說與族源考)」에서는 부여와 고구려를 모두 중국의 황제(黃帝)로부터 출자한 은상(殷商)의 한 지파로 파악하면서, 동명신화나 주몽신화의 주요 신화적 모티프 또한 중국의 황제신화나 은상의 신화 및 주(周) 시조 후직(后稷)의 신화 등에서 가져온 것이라 주장하고 있다.[95] 특히 황젠윈의 주장은 고구려에 적용되었던 종족과 족원 신화에 대한 귀속 논리가 부여에도 그대로 원용되고 있음을 알 수 있게 한다.

한편, 부여를 전론으로 다룬 연구서는 아니지만 2014년 장웨이궁이 주편한 전 3권의 『중국동북민족사(中國東北民族史)』[96] 중 상권에서는 부여족의 기원에 대해 지금까지와는 다른 새로운 견해가 제출되고 있어 주목된다. 지금까지 부여의 종족적 연원이 예맥족으로부터 출발하였다는 것에 대해서는 한·중·일 학계 모두 별다른 이견이 없었다. 하지만 『중국동북민족사』 상권에서는 부여족을 동호족(東胡族) 계통으로 분류하는 한편, 동호족계(系) 안에서 혼혈족군으로 부여와 고구려, 예맥 등을 포함시키고 있으며, 중국 동북 민족의 역사에서 예맥족의 역사상을 최대한 언급하지 않으려 하는 경향이 확인되고 있다.[97]

94 李炳海(2002-01), 앞의 논문, 91쪽.

95 黃震云(2012-03), 앞의 논문.

96 姜維公 主編(2014), 『中國東北民族史』(上·中·下卷), 吉林文史出版社.

97 姜維公 主編(2014), 『中國東北民族史』 上卷, 吉林文史出版社, 210쪽. 이 책에서는 고대 중국 동북지역의 종족 집단을 크게 '동호계'와 '숙신계'로 구분하고, 부여와 고구려의 종족적 근간을 이루었던 예맥족은 동호계 집단과 숙신계의 상호 융합의 산물이라고 보고 있다(姜維公 主編(2014), 같은 책, 13쪽).

부여·고구려의 종족적 근간이 예맥족이었다는 인식은 진위푸의 『동북통사』 이래로 중국 학계에서도 지금까지 이견 없이 받아들여져 왔던 것이며, 이들과 동호족의 관련성에 대해서는 그동안 구체적인 논의가 없었기 때문에 이와 같은 『중국동북민족사』의 시각에 더욱 주의를 기울일 필요가 있다. 이와 같은 중국 학계 일부의 시각이 앞으로도 계속 계승·재생산된다면, 단순히 부여사 분야뿐만 아니라 향후 고구려사 분야에서도 큰 쟁점으로 부각될 것으로 전망되기 때문이다.

다음으로 부여의 대외 관계사에 대한 근래 중국 학계의 연구 논조 또한 우려되는 부분이 많다.[98] 특히 이 분야에서 다수의 연구 성과를 제출하고 있는 자오훙메이의 연구는 고구려·발해사에 적용되었던 동북공정의 논조를 부여사 연구에 그대로 원용하다시피 하고 있다. 즉 부여는 한대(漢代)로부터 진대(晉代)에 걸쳐 중원 왕조의 번속체제 내에 위치하였던 중국 동북지역의 중요한 지방 민족 정권이었고, 멸망과 함께 최종적으로 중화민족의 한 구성 부분으로 융합되었다는 주장이다. 구체적으로 부여는 약소한 국력 때문에 중원 왕조의 지원 속에서 국가가 유지될 수 있었다고 보면서, 후한 광무제(光武帝) 시대로부터 중원 왕조의 번속체제 내로 편입되어 상시 조공을 하였던 지방 정권으로 규정하였다.[99]

사실 이처럼 부여의 국가 성립 과정과 대외 관계의 전개에 있어 중원 국가의 영향력을 강조하는 시각은 현재 중국 학계에서 상당히 일반화되

98 중국 학계의 해당 연구는 앞의 각주 58번·59번·60번의 연구들을 참조 바람.

99 趙紅梅(2005-03), 앞의 논문; 趙紅梅(2009-02), 앞의 논문; 趙紅梅(2009-06), 앞의 논문; 趙紅梅(2010-02), 앞의 논문; 趙紅梅(2010-06), 앞의 논문; 趙紅梅(2011-05), 앞의 논문.

어 있는 상황이다.[100] 특히 근래 부여사 분야에서 많은 성과를 제출한 바 있는 판언스(範恩實)는 부여 문화의 연원을 탁리국의 문화로 추정되고 있는 바이진바오·한수2기문화에서 찾으려 하는 중국 학계의 일반적 시각과는 달리, 부여가 시퇀산(西團山)문화를 기층으로 하면서도 중원의 연(燕)·진(秦)·한(漢)의 문화를 받아들이면서 문화적 완성을 이루었다고 주장하는 한편, 부여의 동명신화 또한 중원문화의 영향을 받은 것으로 보고 있다.[101] 또 부여의 대외 관계에 있어서도 한(漢)·진(晉)과의 관계를 강조하고 있는 점이나 부여 쇠퇴의 주요인으로서 서진(西晉)의 쇠락을 거론하는 등 앞서 자오훙메이의 시각과 많은 부분 궤를 같이하고 있다.

물론 중국 학계에서도 부여의 대외 관계사를 보다 포괄적으로 바라보면서 부여와 중원 왕조의 관계를 '조공과 책봉, 군사 투쟁 관계'로 규정하는 객관적 입장도 제시된 바 있다.[102] 그러나 이러한 의견은 수적으로 우위를 점하고 있는 자오훙메이나 판언스의 연구에 비해 소수의 의견으로 분류될 수밖에 없다. 결국 동북공정 이후 중국 학계에서 진행된 부여의 대외 관계사 연구 흐름에서 보여지는 가장 큰 특징은 자오훙메이의 연구에서 확인되듯 부여와 중원 세력과의 조공 관계를 집중적으로 부각하고 있다는 점이라 할 수 있겠다. 즉, 부여가 중원 왕조에 종속된 지방 정권이었다는 점을 강조함으로써 고구려나 발해를 대상으

100 이러한 관점은 현재 중국 학계에서 상당히 일반화된 시각으로, 비단 부여와 중원 왕조와의 관계뿐만 아니라 부여의 대외 관계사 전반을 규정하는 틀로서 굳어져 있다(範恩實(2013), 앞의 책; 程妮娜(2014), 앞의 논문; 代靜(2019), 앞의 논문, 125쪽).

101 範恩實(2013), 앞의 책, 10~22쪽.

102 張芳·劉洪峰(2011-03), 앞의 논문.

로 주요 논리를 구축해 왔던 동북공정의 연구 기조와 그 흐름을 같이하고 있는 것이다.

그렇다면 이처럼 동북공정 개시 이후 나타나는 중국 학계의 부여사 연구 논조에 대하여 한국 학계는 어떻게 대응하여 왔을까. 사실 엄밀히 말하자면 한국 학계에서는 여기에 대해 아직 별다른 대응책을 내놓지 못하고 있다고 말할 수밖에 없다. 부여사 연구가 활성화되기에는 현재 한국 학계의 부여사에 대한 관심이 턱없이 부족한 편이며, 전공자도 극소수다. 한국 학계에서 부여사를 전론으로 다룬 박사학위 논문이 2018년에 와서야 처음 제출되었다는 점만 보더라도 부여사에 대한 학계의 무관심을 단적으로 살필 수 있다. 특히 동북공정 이후 강화되기 시작한 중국 학계의 배타적 부여사 연구 경향에 대한 비판과 대응 논리 마련이 절실한데, 이와 관련한 학계의 노력은 현재 전무하다시피 하다. 즉 동북공정이 개시된 2002년 이후로 최근까지도 부여사 분야는 고구려사에 가려져 큰 관심을 받을 수 없는 상황이었다.

그나마 부여사에 대한 중국 학계의 연구 경향이 가지는 문제점을 인식하고 부여사에 대한 학계의 재인식 노력을 촉구한 박경철의 일련의 연구 성과는 중국 학계의 배타적 역사인식에 대한 대응 논리를 마련하려는 노력의 일환이었다고 평가할 만하다.[103] 그러나 학계의 무관심과 연구자 부족이라는 한계 속에서 아직까지 한국 학계의 부여사 연구는 '변방'의 지위를 벗어나지 못하고 있다.[104] 동북공정 이후 지금까지 한

103 박경철(2004), 앞의 논문; 박경철(2005a), 앞의 논문; 박경철(2005b), 앞의 논문.

104 이기동(2005), 앞의 논문; 이승호(2018c), 「'주변'이 된 역사 온전히 바라보기」, 『한국사 한 걸음 더』, 푸른역사.

국 학계는 '고구려사 · 발해사 지키기'에 전력을 기울여 왔다. 하지만 고구려 · 백제 · 동부여 · 발해 등의 고대 국가들이 모두 부여를 자신들의 기원으로 삼고 있음을 떠올려 볼 때, 부여사에 대한 학계의 무관심은 지금까지 동북공정에 대응하여 축적해 왔던 한국 학계의 연구 노력마저 흔들어 버릴 우려가 있다.

4. 맺음말: '포스트(POST) 동북공정'에서의 부여사 연구 전망과 대응 방안

끝으로 글의 맺음말을 대신하여 향후 부여사 연구 전망과 중국 학계의 배타적 · 독점적 부여사 연구 경향에 대한 한국 학계의 대응 방안에 대하여 간단히 짚어 보고자 한다. 중국의 동북공정은 2007년 2월을 기점으로 종료되었지만, 그 연구 기조는 여전히 중국 학계에서 강고히 유지되고 있다. 이에 한국 학계에서는 2007년 이후로 동북공정이 종료된 것으로 보기보다는, 그 형태와 주도 기관만 바뀌었을 뿐 현재 중국 학계의 연구 기조는 오히려 강화되는 이른바 '포스트 동북공정'의 국면에 접어들었다고 인식하고 있다.[105] 그리고 앞서 동북공정 진행 기간 동안

105 윤휘탁(2008), 「'포스트(Post) 동북공정' : 중국 東北邊疆戰略의 새로운 패러다임」, 『역사학보』 197; 정호섭(2013), 「중국의 POST 東北工程과 고구려사 관련 동향 분석」, 『한국사학보』 51; 조영광(2017), 「포스트 동북공정, 중국의 고구려 국가형성 및 초기 정치제제 연구 동향」, 『한국학논총』 47; 동북아역사재단 편(2017), 『동북공정 이후 중국의 고구려사 연구 동향』, 역사공간.

은 잠시 주춤하였던 중국의 부여사 연구가 동북공정 종료 이후 오히려 급증하기 시작하였고, 그 논조 또한 동북공정의 연구 기조에 크게 영향을 받고 있음을 확인하였다. 이러한 연구 동향을 볼 때, 현재 중국 학계에서 부여사 연구는 바로 '포스트 동북공정'의 국면 속에서 중요한 연구 분야로 부각되고 있다고 보아야 한다. 그렇다면 결국 부여사에 대한 중국 학계의 배타적·독점적 입장은 앞으로 더욱 강화될 것으로 전망되며, 향후 한국 학계와의 학술적 갈등도 피할 수 없을 것으로 예견된다.

그렇다면 이러한 상황에 대비하는 한국 학계의 대응 방안을 고민해 볼 필요가 있겠다. 우선 가장 시급한 것은 연구 인력 확충이다. 그리고 부여사에 대한 연구 인력을 확보하기 위해서는 관련 분야에 대한 학계의 관심과 사회적 지원이 확대될 필요가 있다. 사실 연구 인력이 턱없이 부족한 현 상황에서는 부여사와 관련하여 매년 많은 연구를 쏟아내고 있는 중국 학계의 연구 동향을 일일이 파악하는 것조차 버거운 실정이다. 앞으로 중국 학계의 연구 논조를 비판적으로 검토하고 대응 논리를 체계적으로 구축해 나가기 위해서는 무엇보다도 부여사 연구 인력의 확보와 이를 위한 체계적 지원이 절실하다.

또한 학술적 차원에서의 대응을 고민할 때, 지금처럼 단순히 부여사를 한국 역사로 주장하는 배타적인 입장을 고수하는 방식으로는 현재의 문제 해결에 큰 도움이 못 될 것으로 판단된다. 전술하였듯이 앞으로도 중국 학계는 부여사에 대한 독점적·배타적 역사 관점을 고수할 것이며 그러한 입장은 더욱 강화되어 나갈 것이다. 이에 비해 연구 인력과 환경이 제한적인 한국 학계에서 무턱대고 중국의 주장에 대한 비판 논리를 구축하는 데 골몰하는 것은 오히려 한국 학계의 부여사 연구

지형을 기형적으로 만들 우려가 크다.

결국 '부여사 연구'라는 학술적 과제를 두고 지금의 한국 학계가 취해야 할 방향은 오히려 부여의 역사를 그 자체로 분석하고 연구할 필요성을 강조하는 것이라 생각된다. 그리고 이를 위해서는 고구려가 예맥족을 근간으로 하면서도 말갈족·한족(漢族, 낙랑·대방인)·한족(韓族) 등 다양한 종족으로 구성된 다종족 국가였듯이, 부여 또한 예맥족을 근간으로 하였지만 한족(漢族)과 읍루 및 북방 민족과의 교류와 융합 속에 형성된 국가임을 고려할 필요가 있다.[106] 요컨대, 부여 그 자체의 역사적 실체를 분명히 한 다음 부여사가 한국 역사에서 차지하는 의미를 다시 되새길 필요가 있는 것이다. 그리고 이러한 학술적 기반을 단단히 다진 이후에 고구려와 백제 및 발해의 지배층에게 부여의 역사가 어떻게 인식되고 또 어떤 의미를 가졌는지, 즉 부여의 역사가 후속 국가들의 국가 성립에 직간접적으로 어떤 영향을 미쳤는지 면밀하게 탐구할 필요가 있겠다.[107] 이러한 노력이 체계적으로 선행된다면, 부여사가 가지는 역사적 의미를 한국사를 넘어 동아시아적 차원에서 탐구할 수 있는 기반이 우리 학계에 마련될 수 있을 것이다.

106 이승호(2018a), 앞의 논문, 52쪽.

107 이와 관련하여 Mark Edward Byington(2016), 앞의 책 제7장 "멸망 후 부여의 잔존(Post-Conquest Puyŏ Survivals)"에서의 논의는 시사하는 바가 크다(심재훈, 앞의 논문, 2020, 221~223쪽).

2.2. 중국 학계의 동북공정기 고구려사 연구 동향

조영광 • 전남대학교 역사교육과 교수

1. '동북공정'의 배경과 고구려사 인식의 주요 논점 변화

'동북공정(東北工程)'은 중국사회과학원의 변강사지연구중심(邊疆史地研究中心, 현 변강연구소)의 주도로 중국 동북지역(만주)의 역사, 지리, 문화, 민족 등에 대한 문제를 분석하기 위한 프로젝트다. 본래 명칭은 '동북변강역사여현상계열연구공정(東北邊疆歷史與現狀系列研究工程)'으로, 2002년 2월~ 2006년 12월까지 진행되었으며, 중국 동북지역, 즉 지린성(吉林省), 랴오닝성(遼寧省), 헤이룽장성(黑龍江省)의 동북3성 지역의 과거 역사 및 정치 상황에 따른 향후 변동 가능성까지 종합적으로 대응하고자 기획되었다.

동북공정은 중국의 역대 영역을 둘러싼 이론 연구, 동북지역 종족(민족) 관계 연구, 동북지역사 연구, 고조선 · 고구려 · 발해사 연구, 한중 관계 연구, 중러 관계 연구, 한반도 정세와 중국 동북지역의 영향 관계 연구 등을 주요 연구 영역으로 설정해 전체 110개 과제, 1,500만 위안의 연구비를 투여하여 진행되었다. 결국 동북공정의 최종 목표는 동북의 현실적 안정 유지, 곧 현재 중국이 만주지역에서 행사하고 있는 지배권을 공고히 하기 위한 정치적 목적을 띤 대규모 학술 프로젝트였다고 할 수 있다. 소위 동북공정 사태 이후 동북공정과 중국의 고구려사 연구 동향에 대한 국내의 관심도 크게 증대되었고, 이를 분석한 논저도 많이 나왔다.

중국이 동북공정을 추진한 배경에 대해서 조금 더 구체적으로 살펴보면, 우선 역사, 지리, 민족적으로 중국 동북지역과 한반도의 관련성을 차단함으로써 동북지역의 영유권과 지배권을 더욱 확고히 하려는 데 있다. 이는 한국의 통일 후 제기될 소지가 있는 간도 영유권 주장 등 영토 귀속 문제에 대한 분쟁을 사전에 차단하기 위한 의도도 있는 것으로 파악된다. 아울러 동북지역의 역사·영토 귀속 문제가 중국 주변의 다른 국가인 몽골, 베트남과의 관계, 내부의 소수민족인 위구르, 티베트 등과의 관계에도 영향을 끼칠 우려가 크므로 이를 사전에 대비하기 위한 조처일 가능성도 크다. 그러므로 동북공정 과제의 대부분이 중국의 국가주의, 애국주의적 역사관으로 표방되는 '통일적 다민족국가론', '신중화주의 문명사관' 등에 입각한 연구로서, 소수민족의 통합과 현 중국의 안정적 유지를 목표로 한 것이다.

동북공정의 추진과 관련하여 중국 정부가 국가주의의 고양을 위해 추진한 '하상주단대공정(夏商周斷代工程)', '중국고대문명탐원공정(中國古代文明探源工程)' 등도 함께 고려하여야 한다. 이들 프로젝트는 모두 일종의 '중국의 역사 늘이기' 작업으로, 하나라의 실존과 전설시대인 룽산(龍山)문화 시기까지를 모두 역사시대로 포장해 중화문명의 유구함을 과시하고 중국인들에게 그 자긍심을 심어 주기 위한 목적으로 진행된 것이다. 이러한 역사 연구 프로젝트에는 모두 전근대적인 중화주의를 근대의 중화민족주의로 변용시키려는 중국 역사학계의 동향과 중국 정부의 의도가 깔려 있다.[1]

동북공정이 당초 정치적 목적이 강한 국가적 프로젝트의 성격을 띤 만큼 우리 학계의 대응도 그에 상응하여 동북공정을 기점으로 기존과 다른 시각으로 고구려사를 해석하기 시작한 중국 측의 진의가 무엇인지를 파악하는 것에 중점을 두었다. 이 글에서 집중적으로 다루고자 하는 문헌사 방면의 고구려 연구는 더욱 그러하다. 그러므로 지금까지 우리 학계에서 분석한 중국의 동북공정 시기와 그 이후의 고구려사 연구 성과에 대해서는 고고학 발굴 성과와 고구려 귀속 문제에 초점을 두고 있다. 동북공정을 계기로 활발하게 전개되기 시작한 중국의 고구려사 연구는 실제로 이 두 방면에 집중되어 있다고 하여도 과언이 아니다.

동북공정에서 보이는 중국의 역사인식은 속지주의적 관점에 의한 것이다. 즉, 현 중화인민공화국 국경 안에서 일어난 역사적 사실은 모두 중국사 영역에 속한다는 것이다. 이러한 역사인식은 보편적 역사인식인 속인주의, 곧 사람과 민족 중심의 관점과 배치되는 것이다. 이처럼 왜곡된 역사인식은 사실 56개 민족으로 구성된 다민족국가라는 중국의 정치적 고민에서 비롯된 것이다.

전통적 중국 왕조 국가들은 지극히 보편적 역사인식인 속인주의에 입각한 역사 서술을 지향하였다. 즉 화이관에 따른 중화주의적 역사 서

1 이개석(2005), 「현대중국 역사학 연구의 추이와 동북공정의 역사학」, 『중국의 동북공정과 중화주의』, 고구려연구재단.

술이 그것이다. 하지만 다민족국가인 중화인민공화국 수립 후 이러한 한족 우월주의적 관점과 역사인식을 공공연하게 표방하기는 힘들었으므로 한족을 중심에 두고 55개 소수민족을 묶되, 표면적으로는 그들의 개성을 인정하는 정책을 추구하게 된 것이다. 이러한 정책의 이론적 기반이 된 것이 이른바 '통일적 다민족국가론(統一的多民族國家論)'이다. 이 이론은 이미 1950년부터 등장하여 현재 중국인들이 자국의 역사와 상황을 인지하는 사고의 기반이 되어 있다.

통일적 다민족국가론에서 추구하는 핵심 가치는 중국이 상고 이래로 통일된 다민족국가였다는 점이다. 곧 현재 중국의 영역 안에서 벌어진 역사적 사건과 사실, 문화 등 모든 것은 중국의 것이고, 중국사로 간주해야 한다는 것이다. 동북공정은 그와 같은 역사인식의 단면을 그대로 보여 주는 것이다. 그래서 이를 '동북공정적 역사인식'으로 칭하기도 하였다.[2] 이러한 왜곡된 역사인식과 관점은 사람의 역사를 추구하는 보편적 역사인식과 배치될 뿐만 아니라, 중국 외의 국가 혹은 민족과 심각한 대립을 초래할 위험성이 다분하다. 실제로 이와 같은 우려는 동북공정을 계기로 한중 간의 역사 갈등이라는 형태로 발생하였고,[3]

2 김현숙(2012), 「2007년 이후 한·중 언론의 동북공정 관련 보도 양상」, 『중국의 동북공정과 한국고대사』, 주류성. 사실 이러한 중국의 역사인식은 그 근원이 중화인민공화국이 수립된 직후의 시점까지 소급되는 꽤 유구한 것이지만, 그동안 사회주의 체제 중국의 정치·경제·문화적 영향력이 국제사회에서 매우 약했으므로 그다지 주목받지 못하였다. 하지만 1980년대 이후 중국이 개혁개방 정책을 추진해 국력을 신장시키며 명실상부한 글로벌파워로 성장해 주변으로의 영향력을 확장하면서 갈등의 요인으로 작용하게 된다. 특히 자국의 동북 지방, 즉 만주의 정치적 안정과 영유권의 항구적 유지를 위해 추진한 동북공정은 역사인식 문제에 대하여 주변 국가인 한국과의 갈등을 피할 수 없게 하였다.

3 몽골 역시 중국의 이러한 역사인식에 대해 강력하게 반발하고 있다. 중국은 몽골이 역사적

자국민의 역사인식 면에서도 심각한 모순에 직면하기도 한 상황이다. 즉, 중국으로서는 현 국경선의 유지와 내부 안정을 위해 통일적 다민족국가론에 입각한 동북공정식의 역사인식을 추구하고 있지만, 근대로 넘어오게 되면 서구 열강의 중국 점유, 더 나아가 일본의 중국 침략과 점유에 대해서는 그 설명이 매우 군색해질 수밖에 없다.

중국이 자국의 정치적 요구에 따라 통일적 다민족국가론, 즉 속지주의적 관점에서 역사를 바라보면서 고구려사는 언제 터져도 이상할 것이 없는 역사 분쟁의 뇌관 같은 존재가 되었다. 고구려의 주 영역이 현 중국과 한반도로 양분되어 있기 때문이다. 이러한 모순을 해결하기 위해 중국 학계에 제출된 것이 바로 현재의 국경선을 기준으로 고구려사를 중국사와 한국사 모두로 파악할 수 있다는 관점이다. 곧 '일사양용론(一史兩用論)'의 등장이 그것이다.

1980년대에 쑨진지(孫進己)는 고구려사를 연구하면서 고구려의 수도가 현 중국 영토인 지안(集安)에 소재하고 있을 때까지는 중국사로, 이후 평양으로 천도하면서부터는 한국(조선)사로 파악할 수 있다는 일사양용적 관점의 고구려사 이해를 처음으로 제안하였다. 그의 이러한 관점은 한국은 물론 중국 연구자들에게도 많은 비판을 받았고, 현재도 거의 받아들여지지 않는다. 하지만 그동안 북중 우호 관계와 변방사라는

으로 중국의 일부이지만, 외몽골이 불법적으로 이탈한 것에 불과하므로 몽골사 역시 중국사라는 관점을 표방하고 있다. 그에 따라 칭기즈칸 역시 소위 '중화영웅'으로 칭하며 자국사로 선전하고 있으며, 몽골제국 시기는 그저 같은 '중화민족(中華民族)'인 몽골족이 '중원'을 점거한 것에 지나지 않는다고 해석하는 것이다. 이러한 모순적 역사인식은 몽골과도 심각한 역사 문제를 야기하고 있다. 다만 현재 몽골의 국제적 위상이 한국과는 비교가 되지 않을 만큼 미미하므로 그 문제가 수면 아래에 가라앉아 있을 따름이다.

인식 등으로 중국에서 크게 주목받지 못하고 있던 고구려사를 본격적으로 중국사의 영역 내로 끌어들이려는 이론적 기반을 마련했다는 점에서 이후 중국의 고구려사 연구의 전환점이자 분수령으로 평가할 만하다.

동북공정이 진행되는 동안 적지 않은 중국 연구자들이 통일적 다민족국가론의 관점에서 볼 때 순수한 자국사인 고구려사를 한국(북한)과 공유하려 했던 쑨진지의 역사인식에 대해 적지 않은 비판을 가했다. 그러나 쑨진지의 이러한 고구려사 이해가 이후 중국 학자들에게 고구려사에 대한 인식을 재고하여 확고히 자국사로 이해하는 데 과도기적 인식을 제공하였다는 점에서 중요한 의미를 갖는다.

본래 중국에서 고구려사는 조선 민족, 즉 한민족의 역사로 이해함이 일반적이었다. 그래서 중화인민공화국이 수립된 초기 자국의 영역인 동북지역에서 시행한 고고학 조사(1963~65)에서 북한과 함께 조중공동고고발굴대를 구성하여 고조선, 고구려 유적과 유물을 조사하였던 것이다. 이 시기까지만 하더라도 중국 학계의 일반적 인식은 '고구려사는 조선(한국)사에 속한다'는 것이었다. 하지만 이후 중국 동북지역 출신 연구자들을 중심으로 고구려사를 자국사로 이해하려는 관점이 나타나기 시작하였고, 이를 이론적 토대로 마련하여 관련 논저를 내기 시작한 것이 쑨진지이다.

이 단계까지만 하더라도 중국 내에서 고구려사에 대한 인식이나 관심은 주류 학계는 물론, 대중적으로도 거의 무관심에 가까운 무지였다. 그렇지만 소위 동북공정 사태가 발발하면서 한국의 거국적 반발과 대응에 직면하자 중국 당국 및 학계뿐만 아니라 일반 인민 대중들까지도 고구려에 대한 관심도가 크게 높아지게 되었다. 아울러 통일적 다민족국가론에 입각한 역사인식에 익숙한 중국 대중들이 사회주의 국가 특유의 애국심과 맞물리어 고구려사를 자국사로 인지하는 계기가 되었다.

동북공정 추진 과제 중 한국이 특히 문제로 삼은 것이 고구려사임은 주지의 사실이다. 앞서 언급한 바와 같이 1990년대 이후 중국은 고구려사 귀속 문제에 대해 자국사로의 편입을 위한 논리를 마련하고 점차 정교화하는 추세를 보여 왔다.[4] 결국 동북공정은 고구려사에서만 본다면 사실상 새로운 시작이 아니라 최종 정리 단계로 파악된다. 고구려사 귀속 문제를 토대로 전사(前史)인 고조선, 후사(後史)인 발해사 등에 대한 맥락적 재구성이 이루어지고, 이들 역사를 중국사로 완전히 편입시키기 위한 논리 개발 작업이 진행 중이다.

이처럼 고구려사를 중국사로 편입시키는 데 중요한 역할을 한 것이 '번속(藩屬)체제'의 강조를 통한 번속 이론의 확립이다. 번속체제, 즉 조공 책봉 관계를 통해 고구려의 대(對)중국 관계를 '대외 관계'로 이해하는 것이 아니라, 내부적 '종번(宗藩) 관계'로 파악하고자 한 것이다. 이러한 작업의 결과물로 나온 것이 『고대중국고구려역사총론(古代中國高句麗歷史叢論)』(馬大正, 中國社會科學出版社, 2001)이다. 해당 저서는 중국사회과학원 변강사지연구중심이 1996년부터 중국의 고구려 연구자들을 모아 고구려사를 정리하기 위해 작업한 것으로, 동북공정이 공식적으로 시행되기 직전에 간행한 것이다.

4 여호규(2004), 「중국의 동북공정과 고구려사 인식체계의 변화」, 『한국사연구』 126.

이 책의 '정치편'에는 중원 왕조와 고구려의 관계에 대해 서술할 때 주로 신속과 조공을 강조하고 있다. 주 저자인 마다정(馬大正)은 조공 책봉 관계가 어떻게 고구려의 귀속을 규정하는 근거가 되는지를 설명하기 위한 핵심 개념으로 '번속(藩屬, 宗藩)'을 설정하고, 이러한 번속체제는 진의 통일 이후 변화된 천하관과 민족관을 바탕으로 성립되기 시작하여 당대(唐代)에 이르러 완성되었다고 보았다. 그러한 관계 속에 고구려가 위치하고 있다는 것이다. 이처럼 '조공-책봉 관계'를 동아시아 국제질서의 한 형태로 이해해 온 기존의 견해와 달리 실질적 지배질서로 간주하고, 역사 귀속의 근거로 활용하기 시작한 것은 동북공정기 중국 학계가 보여 준 고구려사 인식의 또 하나의 이론적 기초가 된다.

중국의 변강 정책의 맥락에서 보면 동북공정은 2002년에 갑자기 등장한 것이 아님을 알 수 있다. 또한 그 프로젝트가 공식적으로 끝났다고 해서 관련 이론과 주장들이 모두 수면 아래로 가라앉는 것도 결코 아니다. 오히려 동북공정은 '하나의 중국'을 유지하기 위해 중국 정부가 일관되게 추진 중인 변강지역과 소수민족의 중국화를 위한 정책을 동북지역에서 더욱 강화하기 위한 이론적 기반을 다진 첫 단추에 불과한 것이다.

개혁개방으로 경제적 문호를 서서히 개방하기 시작한 중국 정부는 이후 변강지역에 대해 정치, 문화적으로 보다 적극적인 통합 정책을 추진하였다. 그에 대한 학술, 이론적 토대를 개발하기 위한 목적으로 1983년에 설립된 것이 중국사회과학원 산하의 변강사지연구중심이다. 변강사지연구중심에서는 1996년부터 이미 고구려 연구를 동북 변강 문제의 주요 연구 대상 중 하나로 선정하였으며, 고구려사를 중국사로 편입하기 위한 작업을 단계적으로 추진하였다. 그러한 목적과 준비 끝에 구체적으로 실행된 것이 2002년 2월부터 시작된 동북공정인 것이다.

특히 중국 내의 고구려 유적이 유네스코의 세계문화유산으로 등재된 바와 같이 고구려사는 중국사의 한 부분인 것처럼 이해되고 있다. 중국은 그동안 수많은 인력과 비용을 투자하여 고구려의 수도였던 환런(桓仁)과 지안(集安) 일대뿐만 아니라 고구려의 주요 거점 지역에 대해서도 대대적인 발굴 및 조사, 유적 정비와 복원 작업을 진행하고 있다. 아울러 이러한 사업과 함께 박물관을 건립 혹은 리모델링하고 공원 등에 역사 조형물을 설치하여 동북공정의 결과물을 토대로 역사 대중화 작업을 진행하고 있다. 이러한 일련의 사업을 통해 고구려를 중국 한나라, 위진남북조, 수당 시기의 소수민족 지방 정권으로 규정하고 있는 것이다. 이는 비단 역사 문제를 떠나 중국의 소수민족 정책과 더불어 향후 남북 관계와 영토문제에도 영향력을 미칠 수 있는 문제이기도 하다. 즉 만주지역 및 한반도와 연관된 역사 문제뿐만 아니라 영토문제와 같은 현실적인 문제와 관련이 있다.[5]

동북공정이 끝나고 그 성과에 대해서 중국 학계는 두 방향으로 평가를 내리고 있다. 첫 번째는 동북공정을 통해 학술적으로 다량의 연구 성과가 배출되었고 관련 외국 서적들이 번역, 소개되어 많은 자료와 정보가 축적되었다고 평가하였다. 두 번째로는 연구기관의 확충 및 연구 인력의 양성을 통해 추후 연구의 기반이 확보되었다는 점을 들었다. 중

5 정호섭(2013), 「중국의 POST 東北工程과 고구려사 관련 동향 분석」, 『한국사학보』 51.

국 동북지역의 역사, 정치, 국제관계, 민족학 등 다양한 방면에서 관련 연구자들이 다수 나왔고, 동북지역 소재 대학 부설 연구소, 연구기관 등이 적지 않게 설립되었다.[6]

중국 학계의 평가처럼 동북공정의 성과로 가장 주목되는 부분은 동북지역과 관련된 역사 연구를 위한 인적 기반이 확충되고, 이를 지속적으로 추진할 연구기관 및 고등 교육의 연계 체제가 성립되었다는 점이다.[7] 이것은 동북공정식의 고구려사 연구를 지속적으로 추진할 수 있는 기초와 체계가 형성되었음을 의미한다.

2. 동북공정기 중국의 고구려 관련 연구기구와 연구자, 간행물의 동향

동북공정이 공식적으로 진행되던 2002년 2월~2007년 1월까지는 중국의 고구려사 연구에서 획기적인 시기였다.[8] 동북공정의 주관 기관이던 중국사회과학원의 변강사지연구중심에서 선정한 동북공정 과제 항목 중 고구려사 관련 주제는 다음과 같다.

동북공정 1차년도인 2002년에 선정된 고구려사를 전론으로 다룬 주제는 기초 연구과제 27항목 중 경테화(耿鐵華)의 「호태왕비(好太王碑)

6 김승일(2010), 「동북공정 이후 중국 학계의 한국사 연구동향」, 『한국근현대사연구』 55.
7 임기환(2012), 「동북공정과 그 이후, 동향과 평가」, 『중국의 동북공정과 한국고대사』, 주류성.
8 耿鐵華 · 李樂營(2012), 『高句麗研究史』, 吉林大學出版社, 203~206쪽.

1580년』, 쑨위량(孫玉良)의 「간명고구려사(簡明高句麗史)」 2개이며, 리더샨(李德山)의 「중국동북고민족발전사(中國東北古民族發展史)」도 일부 장을 할애하여 고구려 종족 기원과 형성에 대해 다루고 있다. 류쯔민(劉子敏), 피아오찬쿠이(朴燦奎)의 「『삼국사기』상주급연구(詳注及研究)」도 사료 연구의 특성상 고구려 관련 부분을 일정 부분 포함한다고 볼 수 있다. 2차년도인 2003년에는 선정된 기초 연구과제 15개 항목 중에서 양쥔(楊軍)의 「고구려민족국가적형성화옌볜(高句麗民族國家的形成和演變)」, 왕멘허우(王綿厚)의 「고구려적족원급강역(高句麗的族源及疆域)」 2개가 고구려사 관련 주제이다.[9] 이들은 이후 각각 저서나 내부 보고서, 논문 등으로 간행되었다.[10]

위에서 본 바와 같이 동북공정의 정식 항목으로 지정된 고구려사 관련 주제는 이 시기 중국에서 행해진 전체 고구려 연구 성과에 비하면 극히 일부에 불과하다. 이것은 2003년 동북공정이 본격적으로 국내에 소개되어 여론이 들끓으며 외교 문제로까지 비화되자 고구려사 연구의 센터가 중국사회과학원의 변강사지연구중심에서 지린성사회과학원으로 이관되다시피 하였기 때문이다.[11] 그러나 이는 한국과의 외교마찰로 인한 갈등의 소지를 적게 하려는 요식 행위에 불과한 것이지, 고구려사 연구에 대한 포기를 의미하는 것은 아니다. 실제로 이 무렵

9 서길수(2008), 「중화인민공화국 동북공정 5년의 성과와 전망」, 『동북공정과 한국학계의 대응논리』, 여유당, 18~23쪽 참조.

10 耿鐵華(2003), 『好太王碑一千五百八十年祭』, 中國社會科學出版社; 李德山 · 欒凡(2003), 『中國東北古民族發展史』, 中國社會科學出版社; 楊軍(2006), 『高句麗民族與國家的形成和演變』, 中國社會科學出版社; 孫玉良 · 孫文範(2008), 『簡明高句麗史』, 吉林人民出版社.

11 서길수(2008), 앞의 논문 참조.

고구려 관련 내용을 위주로 한 학술지로 『동북사지(東北史地)』가 본격적으로 발행되었고, 동북공정 판공실과 옌볜대 주최로 3차례에 걸친 고구려 학술 토론회가 진행되었다.[12] 그리고 퉁화사범학원(通化師範學院)의 고구려연구소(2006년 1월 고구려연구원으로 승격)도 적지 않은 연구 성과를 냈다.

동북공정 기간 동안 고구려 관련 논문들은 주로 몇 군데 학술지에서 집중적으로 간행되었는데, 대부분 동북3성 지역에 소재한 일종의 관변 학술지들이다. 대표적인 예로 헤이룽장성문화청(黑龍江省文化廳)이 주관하는 『북방문물(北方文物)』, 지린성문화청(吉林省文化廳)의 『박물관연구(博物館研究)』, 헤이룽장성사회과학원(黑龍江省社會科學院)이 간행하는 『사회과학집간(社會科學輯刊)』, 지린성사회과학원(吉林省社會科學院)이 출간한 『동북사지(東北史地)』와 『사회과학전선(社會科學戰線)』, 중국사회과학원 변강사지연구중심에서 간행하는 『중국변강사지연구(中國邊疆史地研究)』 등이 있다. 그리고 대학 출판 학술지들도 존재하는데, 지린대변강고고연구중심(吉林大邊疆考古研究中心)에서 2002년 이후 매년 발행하고 있는 『변강고고연구(邊疆考古研究)』와 퉁화사범학원에서 발간하는 『퉁화사범학원학보(通化師範學院學報)』가 대표적이다.

이처럼 국가 중점 프로젝트인 동북공정에서 고구려사가 중요한 위치를 차지하자 이 시기 고구려사에 대한 중국 학자들의 연구는 폭발적으로 증가한다.[13] 당시 중국에서 나온 고구려사 연구 성과는 170건 가

12 耿鐵華·李樂營(2012), 앞의 책, 206~210쪽.

13 이인철의 분석에 의하면 1980년대부터 중국의 고구려사 연구가 폭증하였고, 동북공정이 진행되던 2000년대 초반에는 그 증가 속도 그래프가 더욱 가파르게 변하였음을 알 수 있

까이 되는데, 유형별로 살펴보면 단행본이 28권(논문집, 발굴 보고서 등 포함), 석사 논문이 2편, 학술지 게재 논문이 186편에 이른다.[14]

이들을 다시 주제별로 분류해 보면, 가장 많은 것이 고구려사 귀속 문제를 다룬 연구이고, 다음이 고구려를 중국에 예속된 지방 정권으로 파악한 대외 관계사 연구, 역사 지리, 정치사, 종족 기원 및 민족 관련 문제, 문화 및 종교, 금석문 연구, 연구사 정리, 군사 및 전쟁사, 유이민사, 고구려 언어 및 어의 관련, 사료 및 원전 연구, 경제사 등이다. 그리고 통사류와 학술회의 결과 혹은 개인의 연구 성과를 모은 논문집도 다수 출간되었다.

동북공정이 진행되던 시기 중국의 고구려사 연구 동향과 목표를 한마디로 정의하면, '중국 동북의 소수민족 지방 정권으로서의 고구려사 정립'이다. 가장 많은 연구 성과를 낸 고구려사 귀속 문제 관련 논저들은 이를 극명하게 보여 주는 것이며,[15] 대외 관계사 연구도 대부분 고구려와 중국의 관계를 주종 관계로 설정해 이에 대한 논증을 목표로 한 것들이었다.[16]

다(이인철(2006), 앞의 책, 9~10쪽).

14 조영광(2012), 「동북공정과 그 이후 중국의 고구려사 연구 동향」, 『중국의 동북공정과 한국고대사』, 주류성; 정원철(2012), 「동북공정 이후 중국의 고구려·발해 고고학 연구 및 조사동향」, 『중국의 동북공정과 한국고대사』, 주류성.

15 李德山(2003-2), 「當前高句麗史研究中的幾個問題」, 『中國邊疆史地研究』; 劉子敏(2004), 「東北亞古族古國歸屬談」, 『高句麗渤海歷史問題研究論文集』, 延邊大學出版社; 馬大正(2004-1),「中國學者的高句麗歸屬研究評析」, 『東北史地』; 苗威(2005), 「從金富軾的高句麗觀看高句麗政權的性質及其歸屬問題」, 『高句麗歷史問題研究論文集』, 延邊大學出版社.

16 祝立業(2003-2), 「論南北朝時期高句麗王國的內外政策」, 『社會科學戰線』; 姜維東(2004-5), 「論中原王朝對高句麗政策的思想基礎」, 『東北史地』; 李淑英·耿鐵華(2004-4), 「兩漢時

문화 관련 연구 역시 순수하게 고구려의 문화나 습속, 종교 등에 대한 학술적 탐구보다는 고구려 문화의 기원이 중국에 있고,[17] 국가 성립 이후에도 지속적으로 중국 문화의 직접적인 영향 아래 놓여 있었음을 주장한 연구들이 주종을 이룬다.[18]

위와 같이 고구려사를 중국의 지방사로 편입하려는 목적에서 진행된 연구들이 주류를 이룬 가운데 고구려 5부의 위치나 성격, 관제 등 순수 정치사 관련 연구가 가끔 나오기도 하였지만 치밀한 분석을 거친 학술적 가치가 있는 것은 적다.

이어서 이 시기에 나온 대표적인 고구려사 관련 논저들에 대해 간략하게 살펴보겠다. 우선 동북공정을 주도한 중국사회과학원 소속 마다정이 쓴 『고대중국고구려사속론(古代中國高句麗史續論)』(中國社會科學出版社, 2003)이 주목된다. 통사 형식에 가까운 이 책은 전작인 『고대중국고구려역사총론(古代中國高句麗歷史叢論)』(黑龍江教育出版社, 2001)을 보완하기 위해 집필된 것이다. 잘 알려져 있듯이 『고대중국고구려역사총론』은 '족원론'과 '관계론'을 앞세워 동북공정의 핵심 논리인 '통일적 다민족국가론'에 따라 논리 전개를 본격적으로 시작한 통사류의 고구려 연

期高句麗的封國地位」, 『中國邊疆史地研究』; 溫玉成(2004-3), 「高句麗"相之國"」, 『北方文物』; 魏存成(2004-1), 「中原, 南方政權對高句麗的管轄冊封及高句麗改稱高麗時間考」, 『史學集刊』; 劉子敏(2005), 「中華天下秩序中的高句麗-兼論冊封, 朝貢及割據問題」, 『高句麗歷史問題研究論文集』, 延邊大學出版社.

17 孫泓(2004-12), 「高句麗文化的主體」, 『東北史地』; 孫進己·孫泓(2005), 「東亞各國對高句麗土地, 人民, 文化的繼承」, 『高句麗歷史問題研究論文集』, 延邊大學出版社.

18 姜維東(2004-6), 「高句麗文化淵源概論」, 『社會科學戰線』; 陳鵬·陳琳(2005-5), 「高句麗文化歸屬於中國東北漢文化圈」, 『東北史地』; 李殿福(2005), 『高句麗民族文化研究』, 吉林文史出版社.

구서이다. 후속작인 『고대중국고구려사속론』 역시 이러한 논리를 더욱 강화하여 선진(先秦)부터 당(唐)까지의 번속 이론을 체계화해 고구려는 은(殷) 이래 중국 왕조의 관할하에 있었으며 한대(漢代)는 직할 군현이 되었다가, 위진남북조 시기에는 번속국이었으며 결국 당대(唐代)에 다시 직할령으로 복귀하였다는 관점을 유지하고 있다.[19]

해당 저서는 번속체제 이론에 기초하여 고구려사가 중국사의 일부임을 강변하려는 의도를 강하게 띠고 있다. 문화적인 측면에서도 고구려가 중국에 속하였음을 증명하려 하였다. 아울러 한사군에 선행하는 고조선의 역사 귀속 문제에 대한 연구 필요성을 제기하였다. 고구려의 전사를 주(周)의 제후국이던 기자조선-위만조선(한의 지방 정권)-한사군(한의 군현)으로 체계화해 고구려사의 대중 종속성을 강조하려는 의도를 강하게 내비쳤다. 이는 중국 연구자들의 고구려 전사에 대한 일반적 인식을 그대로 반영한 것이다.

동북공정 시기 번속체제 이론을 강화하기 위해 고구려-수·당 전쟁에 관한 연구도 다수 진행되었다. 그중 가장 대표적인 것은 류쥐(劉炬)와 장웨이둥(姜維東)이 함께 쓴 『당정고구려사(唐征高句麗史)』(吉林人民出版社, 2006)이다. 창춘사범대학 교수인 장웨이둥은 『당려전쟁사(唐麗戰爭史)』(吉林文史出版社, 2001)와 『당동정장사사적고(唐東征壯士事跡考)』(吉林文史出版社, 2003) 등을 집필하며 고구려-당 전쟁사에 관심을 가졌다. 공저자인 류쥐는 지린성사회과학원 고구려연구중심 소속 연구원으로 고구

19 이러한 번속 이론이 더욱 구체화되어 나타난 저작이 李大龍(2006)이 쓴 『한당번속체제연구(漢唐藩屬體制研究)』(中國社會科學出版社)이다.

려-당 관계에 대한 몇 편의 논문을 썼다.

고구려사의 중국사 귀속을 위한 중요한 이론적 뒷받침인 번속체제 이론에서 가장 취약한 점은 고구려와 중국 왕조 사이에서 발생한 대규모 국제전을 어떻게 설명할 것인가 하는 점이다. 이에 대해 중국 연구자들은 해당 전쟁을 국제전으로 보는 것이 아니라 내전의 개념인 '통일 전쟁'이라는 관점을 제시하여 논리적 모순을 극복하려 하였다. 장웨이 둥의 전작인 『당려전쟁사』 등은 그러한 관점을 그대로 보여 주고 있으며, 『당정고구려사』 역시 마찬가지이다.

『당정고구려사』는 당 태종이 시행한 고구려 정벌은 당시 동북아의 유일한 지배질서인 '중화 책봉체제'를 벗어나고 무도한 고구려를 상대로 당이 전개한 일종의 정의의 전쟁이자 응징이라는 점을 부각하고 있다. 즉, 연개소문의 폭정에 시달리는 고구려를 구하기 위한 당 태종의 인의(仁義)의 발로로 시작된 통합 전쟁이라고 보는 것이다. 그리고 중원 왕조와 고구려는 시종일관 종주-종속 관계였으며, 고구려는 중화의 일원으로 언젠가는 통합될 수밖에 없는 운명이었다고 보았다. 그리고 그 여건이 충분히 성숙되어 당이 통합 전쟁을 발동하였다는 것이다. 동북공정식 번속체제 이론을 전쟁사의 관점에서 잘 대변해 낸 저작이라 평가할 수 있다.

종족 기원 및 민족 문제 역시 고구려사의 귀속 문제를 두고 고민하던 중국 연구자들이 가장 활발하게 논저를 낸 분야다. 이 주제와 관련하여 동북공정 시기 가장 빨리 저서를 낸 연구자는 둥베이사범대학 교수인 리더산이다. 그는 동북공정 과제로 「동북고민족발전사(東北古民族發展史)」를 1차년도인 2002년에 수행하였고, 이듬해 결과물로 『동북고민족발전사』를 간행하였다.[20] 그런데 『동북고민족발전사』는 사실 자신이 이전에 출간하였던 『동북고민족여동이연원관계고론(東北古民族與東夷淵源關係考論』(東北師範大學出版社, 1996)을 거의 그대로 전재한 것이다. 그는 전작 『동북고민족여동이연원관계고론』에서 중국 동북 지방 고민족들의 기원을 중국 고문헌 분석을 통해 풀어내려 하였다.

『동북고민족여동이연원관계고론』의 문제점은 두 가지로 요약된다. 첫 번째는 연구 방법론의 문제로, 고문헌 해석 일변도라는 점이다. 문헌 사료가 지극히 부족한 종족 기원 문제는 고고학, 인류학, 언어학 등 주변 학문의 도움이 필수적이다. 하지만 리더샨의 저서는 그러한 과정을 모두 생략한 채 오직 중국 고문헌에만 의존하고 있다. 따라서 그 고증 방법이 매우 평면적이고 단순하여 조잡한 결론밖에 도출할 수 없는 방법론적 한계를 지니고 있다. 두 번째 문제 역시 방법론의 문제에서 배태된 것으로, 고구려의 종족 기원을 그 실체조차 불분명한 중국의 고민족인 염제족(炎帝族)에게서 찾고 있다는 점이다. 그런데 이것은 단순히 연구 방법에서 오는 문제점을 넘어 역사와 사실 왜곡에 가깝다는 점에서 그 문제의 심각성이 크다. 이러한 문제점은 사실상 복제판이나 다름없는 『동북고민족발전사』에도 그대로 남아 있다.

고구려 종족 기원 문제에 대한 중국 학계의 견해는 크게 네 가지로 나뉜다. 첫 번째는 고구려 족원에 대한 고전적 견해라 할 수 있는 예맥(濊貊)족설로, 1980년대에 출현해 1990년대 초반까지 거의 정설로 자

20 李德山·欒凡(2003), 『中國東北古民族發展史』, 中國社會科學出版社. 해당 저서는 서론 격인 도론(導論)을 포함해 모두 5개 장으로 구성되는데, 그중 본론의 제1장만 롼안판(欒凡)이 집필하고 나머지는 모두 리더샨이 썼다.

리 잡았던 견해다.[21] 다음은 부여(夫餘)출자설로, 고구려는 숙신(肅愼) 계통의 퉁구스족인 부여에서 나왔다고 보는 것이다.[22]

위의 두 설이 비교적 이른 시기에 나오고 기존 북한·한국·일본 등의 견해를 수용해 약간의 수정을 가한 것이라면, 1990년대 리더샨이 처음 제시한 염제족설은 고구려와 부여 모두가 중국 산둥성(山東省)에서 기원하였고, 중국 전설의 제왕인 염제 신농씨의 후예라는 견해다.[23] 이 설은 최종적으로 큰 틀로서 한족(漢族)을 형성한 구성체 중 하나인 염제 계통의 동이족이 고구려의 종족적 기원을 이루었다고 보는 것이다. 그 주요한 근거를 거의 고구려 명칭의 음운적 변개 고찰에 의존하고 있어 논거가 극히 희박하다. 그러나 그 내용이 통일적 다민족국가를 지향하는 오늘날 중국 정부의 현실적 이해관계와 완전히 부합되어 많은 지원을 받고 있다. 이처럼 학술적으로 근거가 박약한 주장을 그대로 자기 복제한 연구를 연구과제로 선정하였다는 점에서 동북공정의 정치적 의도가 무엇인지 짐작케 한다.

21 중국 학자들 중 고구려의 기원을 예맥으로 잡는 이는 대표적으로 楊保隆, 王綿厚, 孫玉良, 孫進己, 張博泉 등이 있다. 張博泉(1983-1), 「東北古史研究中幾個問題」, 『東北史研究』; 孫進己(1987), 『東北民族原流』, 黑龍江人民出版社; 楊保隆(1998-4), 「高句驪族族源與高句驪人流向」, 『民族研究』; 王綿厚(2002), 『高句麗古城研究』, 文物出版社; 王綿厚(2004), 『高句麗與濊貊研究』, 哈爾濱出版社; 李春祥(2006), 『高句麗與東北民族疆域研究』, 吉林文史出版社; 楊軍(2006), 『高句麗民族與國家的形成和演變』, 中國社會科學出版社.

22 金毓黻(1976), 『東北通史』, 洪氏出版社(臺北); 王健群(1987-6), 「高句麗族屬探源」, 『學習與探索』; 金 岳(1994-2), 「東北貊族原流研究」, 『遼海文物學刊』.

23 李德山(1992-1), 「高句麗族稱及其族屬考辨」, 『社會科學戰線』; 李德山(1998-1), 「貊族的族源及其發展演變」, 『社會科學戰線』; 李德山(2007), 『濊貊族起源與發展』, 吉林文史出版社. 그는 『中國東北古民族發展史』에서도 고구려의 종족적 기원이 염제 신농의 후예(동이족)에 있음을 천명하고, 맥족과의 관련성을 강하게 부정하였다.

끝으로 상인(商人, 高夷)설은 최근 다수의 중국 학자들이 받아들이고 있는 견해다.[24] 이 설은 『일주서(逸周書)』「왕회편(王會篇)」, 『관자(管子)』「소광편(小匡篇)」 등을 근거로 은·주 교체기에 주족(周族)에게 쫓긴 상족(商族)의 일파가 동북으로 진출해 고구려(기록상에는 '고이'로 나옴)를 건국하였다고 본다. 물론 이 견해도 대내외적으로 사료적 가치를 인정받은 문헌들로 근거를 내세우지는 못하였다. 그러나 여기서는 고구려 문화와 상(은) 문화에 관한 연구를 함께해 논지를 강화하였다.[25] 염제족설과 상인(고이)설은 고구려의 종족 기원을 언어, 문화적으로 전혀 무관한 한족에 붙이려 했다는 점에서 날조에 가까운 심각한 역사 왜곡이 우려된다.

동북공정기에 진행된 고구려 종족 기원 및 민족 문제 관련 연구에서 가장 주목되는 성과는 지린대학 교수인 양쥔이 쓴 『고구려민족여국가적형성화옌볜(高句麗民族與國家的形成和演變)』(中國社會科學出版社, 2006)이다. 해당 저서는 동북공정 2차년도인 2003년에 선정된 과제를 출간한 것이다. 내용은 크게 고구려의 종족 기원에 대해 다룬 상편과 국가 형성을 주제로 한 하편으로 구성되어 있다. 종족 기원 문제를 논하는 상편에서는 고조선에 관한 논의부터 진행하여 고구려가 지역, 혈연적으로 고조선과 어느 정도 연관이 있음을 시사하고 있다. 그리고 기본적으로 고구려가 선진 시기 이(夷)로 기록된 종족을 기반으로 한 예맥족과 고조선계,

24 본격적으로 이러한 견해를 펼친 사람은 氾犂로 그의 논문 「高句麗族探源駁議」(『高句麗研究文集』, 延邊大學出版社, 1993)에서 피력했고, 그 후 이를 지지하는 많은 연구들이 나왔다. 다음과 같다. 劉子敏(1996), 『高句麗歷史研究』, 延邊大學出版社; 秦升陽(2000), 「高句麗南北道」, 『高句麗歷史與文化』; 楊春吉·耿鐵華, 「高句麗與高麗王朝」, 위의 책; 馬大正·楊保隆(2001), 『古代中國高句麗歷史叢論』, 黑龍江敎育出版社.

25 氾犂(1993), 앞의 논문.

부여계 유이민 및 기자, 연 등으로 대표되는 화하계(華夏系: 한족) 집단의 동천으로 융합하여 형성된 것으로 파악하였다. 그리고 예맥족은 한반도 원주민인 한(韓: 삼한)의 형성에도 영향을 미친 것으로 인식하고 있다.

그리고 고구려족의 형성 시기에 대해서는 고구려 통치의 전기와 후기로 나누어, 두 시기 민족 융합의 성격은 완전히 다르다고 파악하였다. 즉, 전기의 민족 융합은 수많은 종족과 부족이 화학적 결합을 거쳐 하나의 새로운 민족, 즉 고구려족을 형성한 것이라 보았다. 후기의 민족 융합은 고구려 정권의 통치 아래서 각 민족(종족)들이 고구려족에 유입되어 고구려족의 발전을 더욱 촉진한 것이라고 해석하였다. 문화적 관점에서 전기는 독특하고 다원적 성격의 고구려 문화가 형성되는 과정이라면, 후기는 정립된 고구려 문화가 발전·변천하는 시기라고 보았다.

고구려족 성립 이전 민족(종족) 융합 과정의 특성은 각 종족 집단이 고구려족에 유입되는 동시에 어느 정도 본 종족의 자체 문화를 유지한 채 고구려 문화 내부로 들어왔고, 이는 고구려 문화의 변화 기재로 작용하였다고 한다. 반면 고구려족 형성 이후에는 여전히 여러 종족 집단의 구성원들이 들어왔지만, 그들이 고구려화 과정을 거치며 고구려 민족의 성원으로 동화되며 고구려 문화 자체의 변화에는 큰 영향을 끼치지 못한 것으로 파악하였다.

고구려 종족 형성에 대한 위와 같은 인식은 기본적으로 중국 사료에 대한 신뢰를 바탕으로 한 기존 중국 학자인 리더샨,[26] 판리(氾犁)[27] 등의

26 李德山·欒凡(2003), 『中國東北古民族發展史』, 中國社會科學出版社.

27 氾犁(1993), 「高句麗族探源駁議」, 『高句麗研究文集』, 延邊大學出版社.

견해에 기반한 것이지만 양권의 연구는 그에 비해 훨씬 체계적이고 추론보다는 사료에 기반한 해석을 하고자 노력한 모습이 보인다. 물론 그의 저서 역시 고구려사에서 기자를 비롯한 연(燕)과 한사군(漢四郡) 등 한족 곧, 중국계 집단의 역할을 강조한 것은 기존 중국 학자들의 연구 성향과 유사한 모습을 보인다. 그러나 고구려가 기본적으로 남만주와 한반도 북부와 그곳의 주민들을 중심으로 성립된 국가라는 것을 전제로 하고 있음은 고구려 종족 형성에 대한 그의 연구 태도가 지나치게 국수주의적 관점에서 논의를 진행한 기존 중국 연구자들과는 구분됨을 보여 준다.

그리고 고구려가 다종족국가로서 다양한 종족 집단의 융합으로 탄생되었다는 점은 고구려 종족 형성에 대해 사실상 예맥계 일변도로 해석하고 있는 우리 학계에도 많은 시사점을 던져 주는 견해다. 그는 소위 고구려족의 형성에는 예맥계와 중국계는 물론 퉁구스계의 숙신이 함께 융합한 것으로 보았고, 핵심 집단인 주몽의 부여계는 유목민인 동호계의 영향을 받은 것으로 파악하였다.

하편에서는 고구려 국가 형성과 변천에 대하여 집중적으로 다루고 있다. 우선 고구려 성립 이전 해당 지역에는 기자조선, 위씨조선, 예국, 한사군 등이 차례로 존재하며 역사적 작용을 하였으며, 이후 고구려 5부(5족)가 성립되었다고 보았다. 고구려 국가의 형태에 대해서는 고구려 건국 초기 주몽 집단이 들어오며 새로운 통치체제와 방식 및 구성원들이 접목되며 초기 국가가 성립되었다고 하였다. 이후 고구려 후기에는 중원의 군현제와 유사한 통치체제가 마련되는데, 이는 초기 국가에서 성숙한 국가로의 발전 과정이 완성되는 것으로 보았다.

양궈은 한국 고대 국가 형성에 대하여 고조선의 역할을 축소하고, 존재가 부정되는 기자조선이나 한군현의 역할을 지나치게 강조하는 관점과 한국 연구 성과 섭렵의 한계로 인한 인식의 한계 등 여러 문제점을 보여 주고 있다. 특히 나부와 방위명 5부의 관계에 대한 매우 초보적인 인식은 그 한계를 분명하게 보여 준다.

고구려 종족 기원과 관련된 항목으로 동북공정 과제를 수행한 왕멘허우는 고구려의 종족 기원이 고대 중국의 변방 소수민족인 고이와 한 현도군 고구려현 경내에 존재하던 맥족에 있으며, 고구려는 중국 왕조에 신속한 후국(侯國) 혹은 지방 정권이라고 하였다.[28] 다른 중국 학자들 역시 고구려의 종족 기원과 민족 관계에 대해 기본적으로 고구려는 종족적으로 한반도 남부의 신라, 백제와는 무관하며, 따라서 현재 한국(북한)과도 관련이 없다는 입장이다.[29] 그리고 은·주 이래로 중국에서 많은 한족 계열의 이주민 집단이 중국 동북지역으로 이주하였고, 이 지역의 개척과 개발 및 고구려 건국에도 큰 영향을 끼쳤다고 보아,[30] 고구려는 출발부터 중국과의 관련성이 크다고 주장하였다.

고구려사에 대한 관심이 높아지면서 문헌 사료 자체에 대한 연구 성과도 나왔다. 2003년 출간된 『고려기연구(高麗記硏究)』(高福順·姜維公·戚暢, 2003)가 그것이다. 해당 저서는 『한원(翰苑)』「번이부(蕃夷部)」의 내용

28 王綿厚(2004-1), 「關於確認高句麗歷史地位的三要素」, 『東北史地』; 王綿厚(2004), 『高句麗與穢貊研究』, 哈爾濱出版社.

29 張碧波(2004), 「高句麗(民族與政權)歸屬問題的幾點思考」, 『高句麗渤海歷史問題研究論文集』, 延邊大學出版社; 秦升陽(2004-4), 「高句麗人口問題研究」, 『中國邊疆史地研究』.

30 李德山·欒凡(2003), 『中國東北古民族發展史』, 中國社會科學出版社; 姜維公(2004-3), 「歷代漢族移民對高句麗經濟的影響」, 『東北史地』.

을 중심으로 여러 문헌에서 인용된 진대덕(陳大德)의 『고려기(高麗記)』 일문을 집성해 이를 비교·검토한 것이다. 『한원』은 660년 무렵 당의 장초금(張楚金)이 찬술한 유서의 일종이다. 본래 30권 분량이었지만, 지금은 마지막 권으로 여겨지는 「번이부」 1권만이 전한다.

특히 진대덕의 『고려기』는 전쟁을 염두에 두고, 7세기 전반 고구려 사회의 여러 모습을 생생히 담았고, 『구당서(舊唐書)』, 『신당서(新唐書)』를 비롯해 후대 여러 문헌의 전거가 되었다고 이해되는데, 『한원』에서 그 일부를 직접 인용하였다. 그렇기 때문에 『한원』 「번이부」는 비단 한국 고대사뿐만 아니라 동아시아 고대사·고문헌 연구를 위한 기초 자료로서 일찍부터 많은 연구자의 관심을 받았다. 『고려기연구(高麗記研究)』 또한 일문의 집성과 고증을 시도하고, 그에 수록된 지명과 인명을 검토하였다. 이와 같은 작업은 유아사 유키히코(湯淺幸孫)가 쓴 『한원교감(翰苑校勘)』(國書刊行會, 1983)을 비롯하여 이미 어느 정도 성과가 축적되었고, 한국과 일본 학계를 중심으로 다양한 논의가 진행되었다. 중국 학계의 『고려기연구』에서도 그를 염두에 두었지만, 진전된 성과를 제시했다고 보기는 어렵다. 다만 지명과 인명에 대한 세밀한 고증을 시도한 점이나, 장초금과 이적의 관계를 밝힌 점은 종래의 연구에서 찾아볼 수 없던 새로운 시도였다고 평가된다.[31]

금석문 관련 연구에서는 경톄화가 쓴 『호태왕비일천오백팔십년제(好太王碑一千五百八十年祭)』(中國社會科學出版社, 2003)가 주목할 만하다. 해

31 이정빈(2017), 「고구려 문헌사료 및 사학사」, 『동북공정 이후 중국의 고구려사 연구 동향』, 역사공간.

당 저서는 동북공정 1차년도인 2002년에 연구과제로 선정된 것이기도 하다. 필자인 경톄화는 광개토왕릉비를 둘러싼 문제를 크게 네 방향에서 분석하였다. 첫째는 비의 상태 및 보호와 관련한 문제, 둘째 비의 탁본과 석회 도포와 관련한 문제, 셋째는 비문의 현황 및 판독과 관련한 문제, 넷째는 광개토왕릉비와 관계가 깊은 모두루묘지의 상태와 연구 현황에 관한 부분이다. 이 중 핵심은 둘째와 셋째 부분으로,[32] 필자는 광개토왕릉비문 탁본의 종류와 소장처를 소상히 밝히고 있다. 그리고 비문 조작설에 대해서는 왕젠췬(王健群)과는 달리 신묘년조의 '해(海)' 자가 조작되었다고 보았다.

이 무렵 중국의 고구려사 관련 연구 성과 중 또 하나 주목되는 것은 고구려 관련 대중서의 등장이다. 앞에서도 언급하였지만 동북공정 시기 중국의 고구려사 연구는 학술적 깊이보다는 정치적 논제에 더 가까운 고구려사의 귀속 문제나 대외 관계사 부분에 집중되었다. 이러한 연구 동향과 궤를 같이해 역사 연구자가 아닌 일반 중국인을 대상으로 한 대중 서적 성격의 책들이 나오기 시작했다. 쑨원판(孫文範)·쑨위량(孫玉良)이 쓴 『고구려역사지식(高句麗歷史知識)』(吉林文史出版社, 2003)과 양춘지(楊春吉), 친성양(秦升陽)이 쓴 『고구려역사지식문답(高句麗歷史知識問答)』(吉林人民出版社, 2003)이 그것이다.

『고구려역사지식』은 고구려 귀속 문제, 동북 변강사 연구 등에 대해

32 해당 부분은 전체 여덟 개 장 중 제3장 호태왕비의 탁본과 촬영, 제4장 석회 도포 문제, 제5장 호태왕비문의 현황, 제6장 우리나라(중국) 학자들의 새로운 연구 성과, 제7장 호태왕비문의 판독 부분이다.

일반 대중이 알아보기 쉽도록 중국 입장에서 풀어쓴 것이다.[33] 『고구려 역사지식문답』 역시 고구려에 대한 이해도가 낮은 중국 대중을 위한 도서로, 고구려의 종족 기원, 건국과 멸망, 부여와의 관계, 역대 고구려 국왕 숫자, 수도와 천도 등 초보적인 지식부터 고구려 및 고조선의 역사 귀속 문제까지 테마별로 간단하게 설명하고 있다.

동북공정기에 나온 중국의 고구려사 연구의 또 한 가지 특징은 고구려사 귀속을 위한 개설서 성격의 책이 다수 발간되었다는 점이다. 먼저 동북공정이 시행된 첫해인 2002년에 나온 『중국고구려사(中國高句麗史)』(耿鐵華, 吉林人民出版社, 2002)는 통사 형태로서 전체 12장으로 구성되어 고구려사 전반을 다루고 있다. 1장인 서론에는 고구려사의 연구 대상, 시기 구분, 연구 현황 관련 자료들을 소개하고 있고, 2장부터 7장까지는 고구려 통사를 시기별로 서술하고 있다. 하지만 그 시기 구분의 기준이 중국 왕조 교체인 점에서, 고구려사를 중국사에 종속시켜 대하고 있는 이 책의 인식을 장절의 구분과 제목에서부터 적나라하게 보여주고 있다. 나머지 5개 장은 주제별 서술 형태를 취하고 있다. 동북공정의 목적에 충실한 구성으로 보인다.

위와 유사한 성격의 개설서로 『간명고구려사(簡明高句麗史)』(孫玉良·孫文範 主編, 吉林人民出版社, 2008)가 있다. 이 책은 동북공정이 끝난 후 출간된 것이기는 하지만 기본적으로 동북공정 1차년도인 2002년에 선정된 과제로서 사실상 동북공정기 중국의 고구려사 인식을 반영하는 저작

33 이 책을 출간한 유명한 중국인 고구려 연구자는 학술 연구 성과가 어떻게 서재와 상아탑에서 나와 대중에게 다가가며, 현실과 국가적 문제에 공헌하는가를 보여 주었다고 치켜세우기도 하였다(耿鐵華(2012), 앞의 책, 11쪽).

물이다.

『간명고구려사』는 류쯔민(劉子民), 웨이춘청(魏存成) 등 8명의 연구자가 공저자로 참여하였고 전체 13장으로 구성된다. 고구려족의 기원과 명칭 변화, 건국, 영역 확장, 중원 왕조와의 관계, 주변국과의 관계, 도성, 사회 성격과 통치 구조, 경제, 사회생활과 민속, 문화, 건축, 벽화와 비문, 고구려 멸망과 민족 해체 등 고구려사 전체를 다루면서도 주제별로 장절을 구성하였다. 고구려가 중국의 소수민족 정권으로서 건국에서 멸망기까지 중국 왕조에 예속되어 발전해 왔음을 서술하고 있다.

사실 동북공정 사태가 불거지기 전까지 일반 중국인의 고구려에 대한 지식은 거의 없다고 해도 과언이 아닐 정도로 낮은 수준이었다. 하지만 동북공정으로 고구려사를 둘러싼 한중 간의 역사 갈등이 언론을 통해 알려지며 중국인들도 고구려의 존재를 인지하기 시작하였다. 그리고 아직 파급력은 약하지만 일반 대중용으로 중국 학자들이 자국의 입장에서 쓴 고구려사 관련 서적이 보급되기 시작하였다는 점은 단순한 정치적 차원을 넘어선 대중을 향한 역사 왜곡이라는 점에서 상당히 우려되는 부분이다.

위와 같은 저서들 외에도 고구려 관련 원전과 원 사료를 연구한 몇 권의 책이 나오기도 하였다.[34]

동북공정 당시 중국에서 진행된 고구려 연구 중 고고학 분야도 빼놓을 수 없다. 해당 기간 동안 발표된 고구려 고고학 관련 논문은 총 46편

34 高福順·姜維公·戚暢(2003), 『高麗記硏究』, 吉林文史出版社; 姜維公·鄭春穎·高娜(2006), 『正史高句麗傳校注』, 吉林人民出版社; 劉子敏·苗威(2006), 『中國正史高句麗詳注及硏究』, 香港亞洲出版社.

이며, 주제는 성곽, 고분, 유물 등으로 분류된다.[35] 그리고 고구려 고고학 관련 저서도 몇 권 출간되었는데, 주목되는 성과는 왕멘허우가 쓴 『고구려고성연구(高句麗古城硏究)』,[36] 웨이춘청의 『고구려유적(高句麗遺迹)』,[37] 정영진(鄭永振)의 『고구려발해말갈묘장비교연구(高句麗渤海靺鞨墓葬比較硏究)』[38] 등이 대표적이다. 『고구려고성연구』는 고구려 산성, 도성 등 성곽에 대하여 상세한 고고학적 분석을 진행하였고 아울러 문헌과 지리적 고찰을 더해 고구려 성곽 연구에 중요한 자료로 활용 가치가 있다. 『고구려유적』은 고구려 주요 유적을 도성, 성곽, 고분으로 구분하여 고고학 조사 내역을 정리하였다. 『고구려발해말갈묘장비교연구』는 고구려, 발해 고분의 특징과 변천 과정 등을 정리하고 말갈 고분의 특징을 함께 비교 분석한 저서다.

동북공정기에는 고구려 고고학과 관련된 중요한 발굴 보고서도 4권이 출간되었다.[39] 랴오닝성과 지린성의 문물고고연구소 주관으로 고구려 수도였던 환런(桓仁)과 지안(集安) 지역에 대한 대대적 발굴 조사를 실시하고 그 결과를 출간한 것이다. 4권은 각각 오녀산성(五女山城), 국

35 정원철(2012), 「동북공정 이후 중국의 고구려, 발해 고고학 연구 및 조사동향」, 『중국의 동북공정과 한국고대사』, 주류성, 297~299쪽.

36 王綿厚(2002), 『高句麗古城硏究』, 文物出版社.

37 魏存成(2002), 『高句麗遺迹』, 文物出版社.

38 鄭永振(2003), 『高句麗渤海靺鞨墓葬比較硏究』, 延邊大學出版社.

39 遼寧省文物考古硏究所(2004), 『五女山城-1996~1999, 2003年桓仁五女山城調查發掘報告』, 文物出版社; 吉林省文物考古硏究所 · 集安市博物館(2004), 『丸都山城-2001~2003年集安丸都山城調查試掘報告』; 吉林省文物考古硏究所 · 集安市博物館(2004), 『國內城-2000~2003年集安國內城與民主遺址試掘報告』; 物考古硏究所 · 集安市博物館(2004), 『集安高句麗王陵-1990~2003年集安高句麗王陵調查報告』, 文物出版社.

내성(國內城), 환도산성(丸都山城), 지안 지역의 고구려 왕릉에 대한 조사 결과를 정리한 것이다. 이러한 발굴 조사와 조사 보고서 간행은 동북공정과 발맞추어 고구려 유적의 유네스코 등재 등을 추진하기 위해 그 사전 준비 작업으로 추진하였던 것이다.

당시 동북공정을 주관했던 기관은 주지하다시피 중국사회과학원 변강사지연구중심(현 변강연구소)이었다. 그러나 프로젝트 중 고구려 관련 사안은 주로 고구려가 있었던 중국 동북지역의 연구기관들이 수행하였다. 지린성사회과학원은 2004년 8월 산하에 고구려연구중심을 신설하여 지린성 내 고구려 연구의 컨트롤타워로 삼았다. 그리고 기존의 사회과학잡지 『학문(學問)』을 『동북사지(東北史地)』로 재창간해 고구려 관련 논문들을 집중적으로 게재하였다.[40] 이때 핵심적 역할을 한 것이 중국공산당 지린성위 선전부 부부장 장푸유(張福有)였다.

이와 같은 국가, 성급 기관들의 정책적 지원에 힘입어 지린성 소재 대학들에서도 고구려 연구기관들이 확대, 신설되었다. 가장 대표적인 것이 고구려 수도였던 지안에 가장 가까이 위치한 고등교육 기관으로, 1990년대부터 고구려 연구에 관심을 기울였던 통화사범학원이 2006년 1월 기존 고구려연구소를 고구려연구원으로 확대 개편한 것이다. 고구려 연구자인 경톄화, 리러잉(李樂營) 등이 중심이 되었다. 고구려연구원은 지린성사회과학원과 함께 동북공정기 중국 고구려 연구의 양적 확대에 크게 기여하였다.

40 『東北史地』는 2016년 제3호부터 다시 『學問』이라는 이름으로 돌아가 간행되다가, 2017년 제1호를 끝으로 종간되고, 2017년 吉林省社會科學院이 새로 창간한 종합 학술잡지 『地域文化硏究』로 통합된다.

통화사범학원 고구려연구원의 전신 고구려연구소는 동북공정의 시동과 발맞추어 2003년 7월 지린성사회과학원으로부터 '고구려연구기지'로 지정되었다. 그리고 2007년 10월에는 '지린성철학사회과학고구려문화중점연구기지(吉林省哲學社會科學高句麗文化重點硏究基地)'로, 2008년 10월에는 '지린성특색문화건설고구려문화연구기지(吉林省首批特色文化建設高句麗文化硏究基地)'라는 명칭을 수여받았다. 아울러 통화사범학원은 2006년 10월 고구려연구원 내에 '고구려동북민족연구중심(高句麗東北民族硏究中心)'을 두었고 이듬해 1월 지린성 교육청은 이를 '지린성대학인문사회과학중점연구기지(吉林省高校人文社會科學重點硏究基地)'로 인준하였다. 통화사범학원은 지리적 이점을 십분 활용해 대학 내 고구려 연구기관으로서 큰 수혜를 누렸다.

동북공정 이후 중국 동북 지방 소재 대학들을 중심으로 고구려사 연구가 활발히 진행되었다. 동북지역의 중심 대학이자 유일하게 고고학과와 역사학과가 함께 있는 지린대학에는 고구려발해연구중심(高句麗渤海硏究中心)과 변강고고연구중심(邊疆考古硏究中心)이 설치되어 고구려사 연구 및 연구 인력 양성에 주력하고 있다. 최근 옌볜대학도 기존의 발해연구중심(渤海硏究中心)을 고구려발해연구중심(高句麗渤海硏究中心)으로 개편해 중국 고구려사 연구의 새로운 메카로의 성장을 계획 중이다.

3. 동북공정기 이후 중국의 고구려사 연구

동북공정은 중국의 고구려사 연구에 있어 일대 전환이었다. 고구려사 인식 문제는 물론, 그에 대한 관심과 연구 수량 증대 등 큰 변화를 초래하였다. 정치적 목적에 따른 심각한 역사 왜곡 문제를 동반한 중국의 고구려사 인식과 이를 관철시키기 위한 질 낮은 고구려 관련 논문 양산 등은 동북공정의 어두운 측면임이 분명하고, 이는 한국, 북한 등 중국 외 학계의 엄중한 우려와 비판을 자아내기도 하였다. 고구려사 인식에 대한 중국 학계의 이러한 기조와 연구 경향은 동북공정이 끝난 지 10여 년이 흐른 지금도 여전한 상황이다. 하지만 일부 긍정적인 측면도 존재하는데, 그동안 중국에서 외국사로 취급되어 거의 관심과 조망을 받지 못하였던 고구려사에 대한 연구가 어느 정도 활성화되고 그에 따른 질적 제고의 조짐도 일부 나타나고 있다는 점이다. 아울러 고구려 유적에 대한 체계적 발굴이 이루어지고 있어 학술적 측면에서 기대되는 부분도 존재한다.

동북공정이 공식적으로 끝난 2007년 1월 이후 현재에 이르기까지 중국 학계의 고구려사 연구 현황은 양적으로 보았을 때 그 이전과 비슷한 수준이다. 그런데 내용적 측면에서는 일정한 변화가 엿보인다. 역사 전쟁으로까지 비화된 동북공정 사태를 겪으며 중국 학계 내부에서도 고구려의 학술적 연구에 대한 다소간의 자각이 이루어지고, 연구 분야의 다양화와 질적 제고를 위한 움직임이 있는 것 같아 주목된다. 이를 방증하는 것이 그동안 자국에서 나온 고구려사 관련 연구 성과들에 대

한 연구사 검토 논문이나 저서가 눈에 띄게 증가하였다는 것이다.[41]

동북공정이 공식적으로 종결된 이후 중국 학계는 중국 정부가 한국과의 역사 분쟁 문제를 확대하지 않으려 동북 변강지역의 역사와 문화 연구 분위기를 제한하고 있다고 비판하며, 고구려·발해사의 중국사 귀속 문제를 해결하기 위해 연구를 강화하고, 자유로운 출판 환경을 보장해야 한다고 주장하였다.[42]

2007년 이후부터 2019년 12월까지 중국에서 나온 고구려사 관련 연구 성과는 모두 716건에 이른다. 이 중에는 단행본이 33권, 박사학위 논문이 23편, 석사학위 논문이 63편이고 나머지는 학술 논문이다.[43] 이를 표로 만들어 보면 다음과 같다.

41 이러한 형태의 논저로 비교적 이른 시기의 것이 李國強(2006), 「高句麗歷史與文化學術研討會綜述」, 『高句麗史新研究』, 延邊大學出版社; 李樂營·李淑英, 『中國高句麗學者與研究綜述』 등이다. 이 중 리러잉 등의 저서는 중국의 고구려사 연구 동향을 전체적으로 정리하고 당시까지 발간된 고구려 관련 논저의 목록과 고구려 관련 연구 성과를 한 편이라도 낸 연구자들에 대한 자세한 정보를 수록한 전문 연구사 정리 서적이다. 이는 1990년대 후반에 경톄화 등이 편찬한 『中國學者高句麗研究文獻目錄1950-1996』(通化師範學院高句麗研究所, 1997), 『中國學者高句麗研究文獻敘錄』(吉林文史出版社, 1997), 『高句麗史籍彙要』(吉林文史出版社, 1998) 이래 근 10년 만에 나온 것이다.

42 이와 같은 주장들은 2009년 7월 24~25일간 창춘(長春)에서 개최된 「2009년 동북 변강 역사와 문화 학술회의(東北邊疆歷史與文化學術研討會)에서 확인된다(김승일(2010), 「동북공정 이후 중국 학계의 한국사 연구동향」, 『한국근현대사연구』 55).

43 이 통계는 김현숙(2017), 「동북공정 이후 중국의 고구려사 연구」(『동북공정 이후 중국의 고구려사 연구 동향-분석과 비판 2007~2015』, 역사공간)를 기초로 해 최근 성과들을 더한 것이다. 분류 기준과 관점의 차이에 따라 정확한 편수는 다소 출입이 있을 수 있다.

〈표 1〉 2007~2019년까지 출간된 중국 학계의 고구려사 연구 논저

연도	단행본	박사 논문	석사 논문	학술지 논문
2007	3	1	4	31
2008	10	3	12	41
2009	3	2	2	50
2010	3	1	2	43
2011	2	1	4	37
2012	2	2	8	43
2013	2	2	6	57
2014	2	2	4	55
2015	1	-	2	70
2016	1	3	3	45
2017	1	2	2	61
2018	-	4	7	38
2019	3	-	7	26
총계	33	23	63	597

동북공정이 끝난 이후에도 중국의 고구려사 연구 기조는 기본적으로 고구려사를 자국사의 일부로 간주하는 입장을 견지하였다. 그러나 동북공정 시기와는 달리 고구려사 귀속 문제를 전적으로 다루는 것과 같은 정치적 성격을 노골적으로 드러내는 연구는 급감하였다. 그 대신에 정치사, 유이민사 연구,[44] 신화 및 전설 연구,[45] 군사 관련 연

44 張春海(2007-2), 「試論唐代營州的高句麗武人集團」, 『江蘇社會科學』; 李婷(2008), 「流入日本的百濟, 高句麗遺民研究」, 陝西師範大學; 苗威(2010-11), 「高句麗移民後裔高仙芝史事考」, 『通化師範學院學報』.

45 姜維東(2008-6), 「高句麗黃龍升天傳說」, 『東北史地』; 姜維東(2009-3), 「高句麗卵生傳說研究」, 『東北史地』; 楊軍(2009-6), 「高句麗朱蒙神話研究」, 『東北史地』; 維東(2010-1), 「高句麗延優傳說」, 『博物館研究』; 維東(2010-1), 「高句麗獻魚卻敵傳說-高句麗傳說考源之三」, 『東北史地』; 維東(2010-4), 「高句麗始祖傳說中河伯女內容探源-高句麗傳說考源之

구,[46] 사료 원전 연구[47] 등 더욱 다양하고 구체적인 주제와 소재들에 대한 연구가 늘어나고 있는 추세이다.

특히 동북공정 시기보다 논문 편수나 비중이 크게 증가한 정치사 관련 연구는 정치사 일반 외에도 5부 체제,[48] 정치 제도와 관제,[49] 인물 연구[50] 등 주제가 더욱 다양해졌으며, 문화 방면 연구에서도 고구려 문화의 중국 예속성을 강조한 기존 연구들에 비해 종교,[51] 교육,[52] 습속[53] 등 순수 문화 관련 연구들이 늘어났다.

동북공정이 끝난 이후 나온 연구 논저들 중 대표적인 것을 살펴보자.

四」,『東北史地』.

46 秦升陽·梁啟政(2007-2),「高句麗軍事問題述略」,『東北史地』; 楊秀祖(2010),『高句麗軍隊與戰爭研究』, 吉林大學出版社.

47 姜維公(2007-5),「〈高麗記〉的發現, 輯佚與考證」,『東北史地』; 李大龍(2007-1),「高句麗與東漢王朝戰事雜考-以『三國史記·高句麗本紀』的記載爲中心」,『東北史地』; 鄭春穎(2008-4),「魏志·高句麗傳與魏略·高句麗傳比較研究」,『北方文物』; 張芳(2011-1),「『三國史記』高句麗本紀史料價值評析」,『通化師範學院學報』.

48 薛海波(2007-2),「高句麗早期"那部體制"探析」,『東北史地』; 楊軍(2008-5),「高句麗早期五部考」,『西北第二民族學院學報(哲學社會科學版)』.

49 劉炬(2008-2),「高句麗政治制度的性質, 特點及成因」,『東北史地』; 華陽(2008-6),「關於莫離支的幾種觀點及我見」,『東北史地』; 劉炬(2009-1),「高句麗三權並存制研究」,『北方文物』; 楊軍(2009-2),「高句麗"加爵"與"食邑"考」,『北方文物』; 李岩(2011-3),「先秦冠制對高句麗冠帽之影響」,『通化師範學院學報』; 范恩實(2011-5),「高句麗"使者", "皂衣先人"考」,『東北史地』.

50 劉子敏(2008-2),「高句麗琉璃王研究」,『博物館研究』; 劉炬(2009-5),「蓋蘇文家世考」,『東北史地』; 劉炬(2012-3),「高句麗的伯固王及相關史事整理」,『東北史地』.

51 李樂營(2008-11),「佛教向高句麗傳播路線的探析」,『社會科學戰線』; 李樂營(2008-2),「高句麗佛教禮拜對象辨析」,『中國邊疆史地研究』; 張碧波(2008-1),「高句麗薩滿文化研究」,『滿語研究』.

52 李春琴(2010-7),「高句麗教育的特點研析」,『通化師範學院學報』.

53 華陽(2010-5),「淺談高句麗民族的厚葬習俗」,『東北史地』.

고구려 정치 제도 관련 전문 저서가 나오기 시작했는데, 류쥐(劉炬), 푸바이천(付百臣) 등 6명의 연구자가 쓴 『고구려정치제도연구(高句麗政治制度研究)』(香港亞洲出版社, 2008)가 그것이다. 이 책은 고구려의 5부 체제, 관등제, 왕권과 재상권 및 귀족권의 관계, 권력 형태에 따른 시기 구분 등에 대한 주제를 장별로 다룬 본격적인 정치사 연구서다. 책의 내용 수준은 중국 연구 성과들이 공통적으로 안고 있는 고질적 병폐인 사료 비판의 결여, 평면적 분석, 외국 연구 성과 미수용 등의 문제점을 그대로 갖고 있다. 그렇지만 기존 중국 학계가 고구려 문헌사 연구 방면에서 고구려사 귀속 문제, 대외 관계사, 종족 관련 문제 등에 관한 저서들을 중점적으로 냈던 것에 비해 새로이 순수 정치사 연구서가 나와 연구의 지평을 넓혔다는 점에서 나름 의의가 있다.

그리고 최근에는 양쥔, 장웨이둥, 장웨이궁(姜維公), 가오푸순(高福順) 등이 『고구려관제연구(高句麗官制研究)』(吉林大學出版社, 2014)를 출간함으로써 그동안 각자 연구하였던 고구려의 중앙 관제, 지방 관제, 오부 체제와 작제(爵制) 등에 대한 성과를 종합, 집대성하였다. 비록 기존 연구에 일부를 수정·보완하여 단행본으로 엮은 것이지만 중국 학계에서 처음 나온 고구려 정치제도사 전문 연구서라는 점에서 주목할 만하다. 그리고 책의 서문에서 밝히고 있듯 네 명의 저자가 각기 자신이 연구한 분야에 대한 기본 저술을 맡기는 하였지만, 여러 차례의 교차 검토와 수정 과정을 통해 본문만큼은 유기적인 결합을 이루어 냈다는 점에서도 의미가 있다.

위의 『고구려관제연구』와 거의 같은 시기에 같은 제목을 달고 출간된 저서가 있다. 필자도 일부 겹치는데 가오푸순, 류쥐, 장웨이둥이 집필한 『동북아연구논총(東北亞硏究論叢)8-고구려관제연구(高句麗官制硏究)』(東北師範大學出版社, 2014)가 그것이다. 이 책은 고구려 중앙 관제를 연구한 상편, 고구려 지방 행정체제 및 관료체제를 연구한 중편, 고구려 5부와 5부 관제를 연구한 하편의 총 3편으로 구성되며 편별로 각각 가오푸순, 류쥐, 장웨이둥이 집필하였다. 적지 않은 부분이 위의 『고구려관제연구』와 겹친다. 다만, 이 책은 각 집필자가 편별로 철저히 분담하여 썼기 때문에 좀 더 개별 연구자의 특성이 강하게 묻어나고 있다.

그리고 산둥대 교수인 먀오웨이(苗威)가 쓴 『고구려이민연구(高句麗移民硏究)』(吉林大学出版社, 2011)는 '전체 고구려사에서 발생한 이민(유민)'이라는 다소 특수한 주제를 시기별로 정리한 것이다. 이 책은 초기 고구려 건국 세력의 이주와 수도 이전, 비류와 온조의 남천 등을 모두 이민의 역사로 파악하고 있다. 그리고 흥미로운 것은 3~4세기 무렵 고구려가 위, 모용씨 등과 전쟁하던 중에 끌려간 포로들의 이주와 안치도 모두 '이민'으로 이해하였고, 그 과정에서 형성된 그들의 공동체를 '형양 구려(滎陽 句麗)', '하성 구려(河城 句麗)', '요서 구려(遼西 句麗)' 등으로 표현하였다. 또한 고구려 승려의 중국 및 신라로의 이주 등도 중요한 이민사로 보았다. 그리고 노객(奴各)이나 고잠(高潛), 고조(高肇) 등 북위 대에 중국으로 이주한 고구려인 집단과 그 후손들의 활약상 등에 대해서도 서술하였다. 그리고 책의 마지막 부분에는 고구려 멸망 무렵 당으로 투항하거나 끌려간 고구려 유민들과 그 후손들에 관해 정리하였다.

그가 활용한 '이민(移民)'의 개념은 본래 거젠슝(葛劍雄)이 제시한 것으로서, 이민은 원주지를 떠난 사람을 의미하는 것으로 넓게 사용되었다.[54] 먀오웨이는 고구려 전 시기에 걸쳐 외부 지역으로 이주했던 이민을 대상으로 연구하는 가운데, '이민'과 '이민의 후예'를 명확히 구분하는 거젠슝의 이론을 통해 그 범주를 규정하였다. 이 연구에서는 고구려 이민 후손들이 중국에서 출생한 이후 민족적 특성을 상실하고 한족에 융합되었다는 사실에 주목하고 있다. 즉 문화·심리적 정체성을 공유할 수 없는 이민 후손들이 점차 한족에 융합되었다는 사실을 강조한 것이다.[55] 결국 한족문화의 우수성을 강조하고 고구려 역사의 최종 귀결점을 '한족으로의 흡수'로 결론지음으로써 다수의 중국 연구자들이 견지하고 있는 중화주의적 관점과 고구려사의 중국사 귀속이라는 인식을 그대로 보여 주고 있다.

겅톄화는 현존하는 최고의 고구려 금석문인 광개토왕릉비에 관한 자신의 두 번째 저서인 『고구려호태왕비(高句麗好太王碑)』(吉林大学出版社, 2012)를 출간하였다. 이번 저서는 동일 주제의 전작을 수정·보완한 것으로, 전작에 비해 광개토왕릉비의 비문 자체에 대한 해석이나 연구를 다루는 내용은 간략하게 줄였다. 대신 비와 관련한 각종 연구 성과들에 대한 소개 및 지명, 수묘인 연호 등에 대한 필자의 새로운 견해를 40여 개의 소주제별로 정리하였다.

겅톄화와 리러잉이 함께 집필한 『고구려연구사(高句麗研究史)』(吉林大学出版社, 2012)는 이전 시기에 비해 크게 증가한 이 시기 연구사 정리 관

54 거젠슝(葛劍雄)은 '이민(移民)'에 대해 "원래의 거주지를 떠나 다른 지방에 정착하거나 비교적 장기간 거주한 '군체(群體)'를 일반적으로 가리킨다"고 하였다(葛劍雄(1997), 『中國移民史』, 福建人民出版社, 10쪽).

55 안정준(2017), 「고구려 유민사」, 『동북공정 이후 중국의 고구려사 연구 동향』, 역사공간.

련 연구 성과의 결정판이라 할 수 있다. 이 책은 고구려 관련 주요 연구 성과들을 광개토왕릉비, 고구려 유적 조사, 신중국 성립 후의 고구려 문물 보호와 조사, 문화대혁명기의 고구려 관련 연구 상황, 개혁개방 이후의 고구려 연구 동향과 그 성과, 동북공정과 고구려 세계문화유산, 각 연구 기구와 대학의 고구려 관련 연구 성과 등의 주제로 장절을 구성하고 단행본 형태로 정리하였다.

양줜은 2011년 고구려 종족 형성과 관련한 또 하나의 역작을 발표하는데, 『고구려여척발선비국가기원비교연구(高句麗與拓拔鮮卑國家起原比較研究)』(吉林文史出版社, 2011)가 그것이다. 해당 저서는 동북공정 당시 연구과제로 수행하였던 『고구려민족여국가적형성화옌볜(高句麗民族與國家的形成和演變)』(中國社會科學出版社, 2006)의 후속작 성격을 띤다. 양줜의 2011년 저서는 이전보다 이론적으로 더욱 정교하고, 고구려의 국가 기원과 발전 과정에 대하여 소상하면서도 탁발선비와의 비교라는 새로운 관점에서 다루고 있으므로 조금 더 면밀히 살펴볼 필요가 있다.

책의 서론에서는 한국사의 국가 기원에 대한 제 견해를 언급하고 있고, 제5장에서는 국가 기원에 대한 서양 이론을 구체적으로 소개하고 있다. 이러한 시도는 중국의 고구려사 연구에서 처음 이루어진 것이므로 주목된다. 그는 기본적으로 고구려와 부여가 민족 이동을 통해 세워진 국가라는 인식을 전제하고 있다. 선비 역시 그와 마찬가지인데, 이러한 특성과 거주지의 근접성 등을 이유로 두 국가(종족)를 비교 집단으로 묶어 분석하고 있는 것 같다. 그리고 문헌 고증을 통해 '별종(別種)'이라는 표현을 같은 뿌리에서 갈라져 나온 지파로 해석하여 고구려가 부여에서 기원하였음을 인정하였다. 이러한 문헌 고증 방식은 본래 중국

고전에 해박한 필자의 강점을 최대한 살린 것이다.

그러나 그가 선비와 고구려를 함께 묶어 비교한 이유 중 하나로 상정한 언어상의 유사성은 매우 심각한 논리적 오류를 포함하고 있다. 그는 부여의 후예인 두막루가 해, 거란, 실위와 같은 언어를 썼고, 이들은 선비와 유사한 종족이니 부여와 선비의 언어 역시 비슷하고, 이에서 기원한 고구려도 그러하였을 것이라는 막연한 삼단 추론을 활용한 결론을 내렸다. 즉, 이는 고구려 혹은 부여어 자체에 대한 분석은 진행하지 못하고 잘못된 논리 관계에서 연상된 추론인 것이다. 이러한 오류는 저자의 언어학적 지식의 한계와 한국어 능력의 결여로 고구려 언어 관련 연구 성과를 거의 접할 수 없었던 점에서 기인한 것이라 생각된다.

양쥔은 고구려와 탁발선비를 함께 묶어 분석한 이유 중 하나로 고구려가 다싱안링(大興安嶺) 지역에서 기원하였음을 들고 있다. 즉, 고구려와 탁발선비는 모두 기원전 2세기 중엽 이 지역에서 발원하여 각각 흉노 고지와 훈(渾)강 유역으로 이동한 것으로 파악하였다. 그리고 고구려의 종족 기원에 대해서는 다원설의 입장을 지지하며 만주지역 토착민과 부여계 유이민의 결합으로 성립되었다고 보았다. 이는 기존 그의 저서 『고구려민족여국가적형성화옌볜』부터 고수하고 있는 입장이다.

그의 저서는 지금까지 중국 학계에서 나온 고구려 종족 기원과 국가 형성에 관한 연구 중 가장 정치하고 수준 높은 성과다. 분량 또한 비교적 많고 비교사적 관점에서 진행한 것이라 우리 학계에 시사하는 바도 적지 않다. 그는 이미 동북공정이 한창 진행되던 2006년에 고구려 종족 기원과 관련된 전문 연구서를 동북공정 공식 연구과제 중 하나의 결과물로 출간하였고, 이후 더욱 정련된 형태로 후속작을 발표하였다는 점에서 주목할 만하다. 특히 다양한 중국 고전 문헌 활용과 고구려와 그 주변 다른 종족과의 비교 연구 등은 중국 학자가 가질 수 있는 비교 우위의 장점을 잘 활용한 것이라 할 만하다. 하지만 여전히 자국 혹은 오래된 일본의 연구 성과 정도만 섭렵하여 논의를 진행하는 연구 태도는 거의 모든 중국 연구자들이 갖고 있는 한계에서 그 역시 자유롭지 못함을 보여 준다.

최근 중국 학계에서 고구려사에 대해 질적, 양적 성과를 내고 있는 대표적 소장학자는 판언스(范恩實)다. 그는 고구려 초기 정치 제도에 대해 비교적 소상하게 검토하였다.[56] 물론 우리나라 등에서 행해진 선행 연구 성과들을 다양하게 섭렵하고 있지는 못하였지만, 중국 전통 왕조의 관제와 비교하여 나름대로 심도 있는 고찰을 시도하였다. 이는 기존 중국의 고구려 연구자들이 보여 준 피상적 분석이나 억지 주장의 수준을 넘어서는 것이라는 점에서 의미가 있다.

동북공정이 끝나고 중국의 고구려사 연구가 활성화되면서 나온 다양한 연구 분야 중 하나로 종교·사상사 방면의 연구도 빠질 수 없다. 해당 부문에서는 40편 이상의 연구 성과가 나왔는데, 그중 40% 가까이가 고구려 건국신화에 관한 것이며, 고구려의 전설, 불교, 제의 등 다양한 주제가 연구되었다. 그중에서 주목되는 성과로는 현재 통화사범학원의 고구려연구원장을 맡고 있는 리러잉이 쓴 「고구려종교신앙연구(高句麗宗教信仰研究)」(東北師範大學博士學位論文, 2008)를 들 수 있다. 고구려

56 范恩實(2011-5), 「高句麗"使者", "皂衣先人"考」, 『東北史地』; 范恩實(2015-1), 「高句麗早期地方統治體制演化歷程研究」, 『東北史地』.

의 초기 신앙에서 불교와 도교에 이르기까지 고구려의 종교와 신앙에 대한 전반적인 논의를 담고 있어 중국 학계 관련 연구 성과의 총론 격으로 평가된다.[57]

중국 학계의 고구려사에 대한 관심이 깊어지면서 문헌 사료 자체에 대한 연구 성과도 많이 늘어났다. 관련 연구는 크게 중국 문헌과 한국 사료, 즉 『삼국사기』「고구려본기」에 대한 것으로 양분된다.[58] 전자의 경우 이미 동북공정기에 이루어졌던 『고려기(高麗記)』에 대한 연구를 필두로, 그에 대한 후속 연구도 다수 나왔다.[59]

무엇보다 주목되는 점은 후자, 즉 한국 측 사료인 『삼국사기』에 대한 연구가 본격화되었다는 점이다. 가장 대표적인 연구자는 리다룽(李大龍)이다. 그는 「고구려본기」에 대한 일련의 연구를 발표하면서 그 사료적 가치에 관심을 표하였다.[60] 그리고 이를 주제로 박사학위 논문을 작성하였으며,[61] 단행본으로도 출간하였다.[62] 리다룽은 『삼국사기』「고구

57 이승호(2017), 「고구려 종교·사상사」, 『동북공정 이후 중국의 고구려사 연구 동향』, 역사공간.

58 이정빈(2017), 「고구려 문헌사료 및 사학사」, 『동북공정 이후 중국의 고구려사 연구 동향』, 역사공간.

59 姜維公(2007-5), 「高麗記 的發見, 輯逸與考證」, 『東北史地』; 高福順(2008-4), 「高麗記 所記高句麗中央官位研究」, 『北方文物』; 李爽(2015-2), 「陳大德出使高句麗與 奉使高麗記」, 『東北史地』.

60 李大龍(2007-1), 「高句麗與東漢王朝戰爭雜考-以 三國史記 高句麗本紀的記載爲中心」, 『東北史地』; 李大龍(2008-2), 「三國史記 高句麗本紀史料價値辨析-以高句麗和中原王朝關係的記載爲中心-」, 『東北史地』; 李大龍(2015-1), 「黃龍與高句麗早期歷史-以「好太王碑」所載鄒牟,儒留王事跡爲中心-」, 『青海民族大學學報(社會科學)』.

61 李大龍(2009), 「三國史記·高句麗本紀 研究」, 中央民族大學 博士學位論文.

62 李大龍(2013), 『三國史記·高句麗本紀 研究』, 黑龍江教育出版社.

려본기」의 주요 내용과 중국 측의 사서를 비교하여 양자의 관계 및 연원 그리고 차이를 살피고, 차이가 나타난 원인을 밝히고자 하였다. 그는 「고구려본기」의 고유 전거를 『해동고기』로 상정하고, 그 주요 내용은 신화라고 하였다. 「고구려본기」의 사료적 가치를 전면으로 부정하지는 않는다고 하였지만, 중국 문헌과 비교해 현저히 낮은 것으로 평가하였다.

동북공정이 끝난 뒤에도 고구려사의 중국사 귀속을 위한 논리인 번속체제 이론과 조공책봉론에 입각한 고구려 대외 관계사 연구는 지속적으로 진행되었다.[63] 연구 기조는 고구려와 중국 왕조와의 관계를 일국 관계로 간주하거나, 동아시아의 국제질서로서 조공-책봉 제도를 인정하더라도 동아시아 세계의 성립과 발전을 오직 한화(漢化)라는 입장으로만 설명하여 중화주의적 역사인식의 한계를 그대로 보여 주는 것이 대부분이다.[64]

대외 관계사와 관련하여 둥베이사범대학 교수 리더샨은 『수당시기동북변강민족여중앙왕조관계사연구(隋唐時期東北邊疆民族與中央王朝關系史

63 동북공정 이후 나온 고구려 대외 관계사 관련 대표적인 논저는 다음과 같다. 趙紅梅(2007-5), 「玄菟郡經略高句麗」, 『東北史地』; 王綿厚(2008-5), 「西漢時期郡"幘溝婁"城與高句麗早期"南北二道"的形成-關於高句麗早期歷史文化的若幹問題之六」, 『東北史地』; 韓昇(2008-6), 「論魏晉南北朝對高句麗的册封」, 『東北史地』; 魏存成(2009-6), 「高句麗的興起及其與玄菟郡的關系」, 『東北史地』; 劉文健(2010-2), 「高句麗與南北朝朝貢關系變化研究」, 『東北史地』; 張哲·何方媛(2010-5), 「南北朝之前高句麗興中元王朝關係研究」, 『東北史地』; 張芳(2013-11), 「試析北魏與高句麗的封貢關系」, 『黑龍江史志』; 李大龍(2015-07), 「騶被殺後的高句麗與東漢統治秩序的建立-以高句麗政權的發展和東漢統治秩序的建立爲中心」, 『通化師範學院學報』.

64 이준성(2017), 「고구려 대외 관계사」, 『동북공정 이후 중국의 고구려사 연구 동향』, 역사공간.

研究)』(香港亞洲出版社, 2008)를 출간하였다. 이 책은 대다수 중국의 고구려 대외 관계사 연구 논저들이 그러하듯 고구려와 중국 왕조의 관계를 실질적 주종 관계로 규정하고, 고구려를 중국 동북지역에서 발흥한 지방 소수민족 정권으로 보았다.[65] 번속체제 이론을 그대로 보여 주는 것이다.

고구려 전쟁사 관련 연구 역시 고구려를 중국의 지방 정권이자 중국사의 일부분으로 파악하는 관점에서 진행하였음을 알 수 있다. 고구려와 한(漢)의 충돌에서 고구려가 승리한 부분은 평가절하하고 항상 군사적 열세에 놓여 한의 통제를 받았다고 주장하였다. 그리고 남북조 시기까지도 번속체제론, 조공책봉론에 입각해 고구려가 중원 왕조에 예속된 존재임을 주장하였다. 특히 고구려-수·당 전쟁은 그 원인을 고토 회복, 중국 중심의 동아시아 질서 구축, 유일한 미복속국의 정벌을 통한 중원 통일 왕조의 완성 등으로 평가하였다. 사실상 번속체제론 및 책봉체제론 이외의 다른 관점은 발견되지 않는다.[66]

이 기간에 나온 저서들 중 또 하나 흥미를 끄는 것은 양슈주(楊秀祖)가 쓴 『고구려군대여전쟁연구(高句麗軍隊與戰爭硏究)』(吉林大學出版社, 2010)다. 제목에서 알 수 있듯이 이 책은 고구려의 군사 및 전쟁사라는 전문적 주제를 다룬 연구서다. 내용은 고구려의 군사 행동을 건국 무렵부터 멸망기까지 시기별로 정리하였다. 그리고 이러한 전쟁사와 함께 고구려 군대의 전술, 전투 기법 등 군사 일반에 대한 설명도 부기하고 있다.

65 이러한 고구려관은 이 무렵 발간된 孫乃民의 『吉林通史』 제1권(吉林人民出版社, 2008)도 같은 입장을 견지하고 있다.

66 정동민(2017), 「고구려 전쟁사」, 『동북공정 이후 중국의 고구려사 연구 동향』, 역사공간.

대체로 내용은 평이한 편이나, 짚고 넘어가야 할 점은 고구려의 군사 행동과 전쟁사를 양한 시기, 위진남북조 시기, 수당 시기 등 중국사의 시기 구분을 기준으로 정리하였다는 것이다.[67] 이는 고구려를 중국 중앙 왕조의 지방 정권으로 간주하고 고구려사를 중국사의 일부분으로 보는 중국 연구자들의 관점이 군사, 전쟁사 등 전문·특수사 분야에서도 완전히 정착하였음을 보여 준다.

이 외에도 중국에서 발표된 고구려 관련 논문들을 주제별로 요약한 장웨이궁의 『고구려역사연구론문제요(高句麗歷史研究論文提要)』(吉林文史出版社, 2008), 겅톄화가 2007년 8월 통화사범학원에서 열린 '동북민족사학술연토회(東北民族史學術研討會)'에서 발표한 논문들을 중심으로 엮은 『고구려여동북민족연구(高句麗與東北民族研究)』(吉林大學出版社, 2008), 마옌(馬彥)과 화양(華陽)이 편찬한 고구려 관련 연구 목록집인 『국내외고구려연논문논저목록(國內外高句麗研論文論著目錄)』(香港亞洲出版社, 2010) 등이 출간되었다.

동북공정이 끝난 후 고구려 고고학 방면에서도 검토해 볼 만한 연구 성과가 몇 편 나왔다. 우선 지안(集安) 지역의 고구려 고분을 정리한 『고구려왕릉통고(高句麗王陵通考)』,[68] 『고구려왕릉통감(高句麗王陵統鑒)』,[69] 『지

67 이 책은 총 5개 장으로 구성되는데, 5장은 '고구려 각 시기 군대의 기본 상황 및 무기 장비'라 해서 군사 일반에 대한 서술이지만, 1장은 '양한 시기 고구려 정권의 건립과 군사 확장 활동', 2장은 '위진 시기 고구려의 군사 확장', 3장은 '남북조 시기 고구려의 조선반도 남부 지역으로 발전', 4장은 '수당 시기 고구려의 중원 왕조와의 전쟁과 쇠망'으로 제목을 붙이고 있다.

68 張福有·孫仁杰·遲勇(2007), 『高句麗王陵通考』, 香港亞洲出版社.

69 張福有(2007), 『高句麗王陵統鑒』, 香港亞洲出版社.

안고구려묘장(集安高句麗墓葬)』[70] 등이 그것이다. 이들 연구서의 저자 중 장푸유는 지린성사회과학원 소속으로, 동북공정 기간에 다양한 고구려 관련 유적 조사와 활발한 저술 활동을 하였다. 그는 2010년에 『고구려천리장성(高句麗千里長城)』을[71] 출간하여 그동안 학계에서 그 실체와 종점 등에 대해 다양한 논의가 있어 왔던 고구려 천리장성에 대한 자신의 조사 성과를 발표하였다.[72] 쑨런제(孫仁杰)와 츠용(遲勇)은 모두 지안박물관(集安博物館) 소속 연구원들로, 다년간 지안 지역의 고구려 고분과 성곽 등을 조사하였다. 이에 대한 성과를 2007년에 출간한 것이다.

비슷한 시기 왕위랑(王禹浪)은 『랴오둥반도지구적고구려산성(遼東半島地區的高句麗山城)』을[73] 출간해 수년간 자신이 조사한 랴오둥반도 지역 고구려 산성에 관한 내용을 정리하였다. 이 외에도 선양(瀋陽) 소재 석대자(石臺子)산성과 퉁화 소재 완파바즈(萬發拔子) 유적에 대한 발굴 보고서가 발간되었고,[74] 경톄화는 기존 저서인 『고구려와당연구(高句麗瓦

70 孫仁杰 · 遲勇(2007), 『集安高句麗墓葬』, 香港亞洲出版社.

71 張福有(2010), 『高句麗千里長城』, 吉林人民出版社.

72 장푸유는 해당 저서에서 고구려 천리장성이 그동안 한국 학계에서 다수설로 받아들여졌던 주요 성들을 점으로 연결한 거점 방어 형태가 아니라, 실제로 축조된 선형이라 주장하였다. 그리고 종점 역시 사료에 보이는 비사성, 즉 랴오둥반도 남단의 다롄(大連) 지역이 아니라 랴오허(遼河)강 하구의 잉커우(營口) 지역으로 비정하였다. 그 근거는 소위 '邊墻(변장)'이라 불리는 토축 흔적들과 이와 관련된 지명의 분포 등을 들었다. 그동안 그 실체와 성격, 종점 등과 관련하여 많은 논란이 있어 왔던 고구려 천리장성에 대해 유적 조사를 통해 실증적 고증을 시도하였다는 점에서 의의가 있다. 하지만 간단한 지표 조사와 일부 지명에만 의존해 결론을 냈다는 점에서 그 연구 결과를 그대로 믿을 수 있는가 하는 점은 여전히 의문이다.

73 王禹浪 · 王文軼(2008), 『遼東半島地區的高句麗山城』, 哈爾濱出版社.

74 遼寧省文物考古研究所 · 瀋陽市文物考古研究所(2012), 『石臺子山城』, 文物出版社; 吉林省文物考古研究所 · 通化市文物管理辦公室(2019), 『通化萬發拔子遺址考古發掘報告』, 科學

當研究)』(耿鐵華 · 尹國有, 吉林人民出版社, 2001)를 보완한 고구려 기와 전문 연구서 『고구려와당(高句麗瓦當)』을 출간하였다.[75]

出版社.

75 耿鐵華(2014), 『高句麗瓦當』, 吉林大學出版社.

2.3. 중국 학계의 발해사 최신 연구 동향

임상선 • 동북아역사재단 책임연구위원

1. 머리말

'동북공정'이 명목상으로 종료된 2007년 이후에도 발해사는 한국사가 아니고 중국사라는 중국 학계의 주장은 변하지 않았다. 발해는 속말말갈 수령인 대조영을 비롯한 말갈족이 건립하여 당의 책봉을 받은 지방 정권이고, 건립 이후 당의 제도와 문화를 받아들여 수준이 높아져 해동성국이 되었다는 것이 그 핵심 내용이다.[1]

1 2007년 이후 중국 학계의 발해사 연구 동향은 다음의 논저 참조. 김진광(2009), 「중국 학계의 발해사 연구 동향과 검토」, 『동아시아의 발해사 쟁점 비교 연구』, 동북아역사재단; 김종복(2011), 「발해와 당의 관계」, 『중국의 발해 대외 관계사 연구』, 동북아역사재단; 권은주(2011), 「발해와 유목민족 관계」, 『중국의 발해 대외 관계사 연구』, 동북아역사재단; 이효형(2011), 「발해 유민의 부흥운동과 대외 관계」, 『중국의 발해 대외 관계사 연구』, 동북아역사재단; 정원철(2012), 「동북공정 이후 중국의 고구려·발해 고고학 연구 및 조사동향」, 『중국의 동북공정과 한국고대사』, 주류성출판사; 김종복(2012), 「동북공정과 그 이후 중국의 발해사 연구 동향」, 『중국의 동북공정과 한국고대사』, 주류성출판사; 楊雨舒(2012), 「21世紀中國渤海史研究新著作述評」, 『中國史研究動態』 2012년 1期; 孫倩(2012), 「近年來國內學者關於渤海族問題研究綜述」, 『蘭台世界』 2012年11期; 王禹浪(2014), 「2012-2013年渤海史研究评述」, 『延边大学学报(社会科学版)』 2014년 第4期; 滕

그러나 발해가 당의 요구에 따라 책봉을 받고 조공을 하면서도 실제로는 당의 속국이나 지방 정권이 아닌 자주독립 국가였다는 것은 다음의 사실을 통해서도 확인할 수 있다. 첫째, 당에서 발해에 보낸 칙서만으로 당과 발해의 관계를 설명하는 것은 당시의 실상과 차이가 있다. 둘째, 발해인이 당에서 본 과거시험은 당나라 사람을 대상으로 한 것이 아니라 외국인만을 상대로 하는 빈공과(賓貢科)였다. 이 빈공과에는 발해 이외에 신라, 일본 등에서 온 유학생들이 응시하였다. 셋째, 발해는 내부적으로 왕은 황제, 왕비는 황후로 칭하는 등 황제국의 면모를 유지하고 있었다. 넷째, 발해와 신라는 '평로치청절도관찰사'와 '해운압신라발해양번등사'의 관할이었는데, 발해만이 당의 지방 정권이라 할 수 없다. 다섯째, 발해는 시호(諡號)와 연호(年號)를 당의 것을 사용하지 않고 독자적으로 제정하였다. 여섯째, 산둥반도에 신라관(新羅館)과 마찬가지로 '외국'인 발해국을 대상으로 한 발해관(渤海館)이 설치되어 있는 등 '국가' 간 교류가 이루어지고 있었다.[2]

2007년 이후, 중국 측의 발해사에 대한 공식적인 인식이 반영된 중국 역사 교과서의 내용과 함께, 최근의 고고학 발굴 성과를 바탕으로 한 발해 건국자, 건국지 관련 연구 동향을 살펴보고자 한다.

紅岩(2017),「中國的渤海史史料研究述論」,『通化師範學院學報』 2017年 第9期; 倪屹 · 修風(2018),「渤海建國問題研究綜述」,『白城師範學院學報』 2018年 第11期.

2 임상선 · 김은국 · 윤재운(2004),『고구려연구재단 기획연구 02-중국의 발해사 연구 동향 분석』, 고구려연구재단; 임상선(2005),「중국 학계의 발해 · 고구려 역사연구 비교」,『중국의 동북공정과 중화주의』, 고구려연구재단.

2. 중국 역사 교과서의 발해사 서술

발해사는 중국 역사 교과서 중 『세계 역사』가 아닌 『중국 역사』에서만 다루고 있다. 현재의 교과서 내용을 살펴보면 다음과 같다.

민족(民族) 교왕(交往)과 교융(交隆)

당조(唐朝) 시기 한족(漢族)과 일부 북방 소수민족이 잡거(雜居)·통혼(通婚)하고, 민족 간의 교융은 한층 발전하였다. 조정에서는 상당수 중요 관직을 소수민족 인사가 담당하였다. 동북, 서북, 서남 등 지구의 일부 소수민족이 건립한 정권과 당 왕조의 관계는 긴밀했다. 가령 당 현종(玄宗)이 발해국 수령을 발해군왕으로 책봉하고, 회흘(回紇)의 수령을 회인가한(懷仁可汗)으로 책봉하고, 남조(南詔) 수령을 운남왕(雲南王)으로 책봉하였다. 당조는 다시 안서도호부(安西都護府)와 북정도호부(北庭都護府)를 전후로 설치하고, 서역(西域)의 천산(天山) 남북 지구를 관할하였다.

관련 사료(相關史事)

쑹화강, 헤이룽강 유역에서 생활하는 말갈족(靺鞨族)은 그 가운데 하나의 분파인 속말(粟末)말갈이 7세기 말에 각 부(部)를 통일하고 정권을 건립하였다. 뒤에, 당 현종은 이곳에 주를 설치하고, 그 수령을 도독으로 삼고, 발해군왕을 책봉하였다. 책봉을 받은 후 발해국은 내지와의 경제 무역 왕래가 빈번해지고, 경제 문화 발전이 빨라져 '해동성국(海

東盛國)'이라 불리게 되었다.[3]

2016년 중국 역사 교과서의 발해사 내용은 동북공정 기간인 2001년 교과서[4]에 비해 분량 면에서 많이 줄어들었다. 2016년 교과서는 말갈족의 한 분파인 속말말갈이 발해 정권을 건립했고, 당이 발해국 수령을 도독과 발해군왕으로 책봉했고, 그 후 발해국은 내지와의 경제 무역 거래가 빈번해지고, 경제 문화가 발전해 '해동성국'이라 불리게 되었다. 또한 발해는 당나라 시기 동북 지구 소수민족인 말갈이 건립한 하나의 지방 정권이며, 그 결과 당과의 경제 문화 교류도 국가 간이 아닌, '내지'와의 교류라 규정하고 있다.

이러한 내용은 2001년 교과서에도 수록되었던 점에서 중국 학계의 발해사에 대한 주장이 변하지 않았음을 알 수 있다.

3. 발해국의 건국자와 주민

중국 학계가 발해사에 대해 기존 주장을 되풀이하고 있는 현재, 학계에서 지속적으로 쟁점이 되는 주제는 발해의 건국자와 주민 문제다.[5]

3 義務教育教科書『中國歷史』(7年級 下册), 人民教育出版社, 2016년 11월 제1판; 2018년 1월 제2차 인쇄, 14쪽.

4 義務教育課程標准實驗教科書『中國歷史』(7年級 下册), 人民教育出版社, 2001년 12월 제1판; 2006년 12월 제5차 인쇄, 25~26쪽.

5 鄭永振(2009), 「論渤海國的種族構成與主體民族」, 『北方文物』; 郭素美(2010), 「渤海的主體民族及其來源」, 『學習與探索』; 苗威(2013), 「大祚榮族屬新考」, 『中國邊疆史地研究』; 魏

발해 건국자와 주민이 고구려 유민이라는 주장은 "발해말갈 대조영자는 본래 고려별종이다"[6]라는 『구당서』의 기록을 바탕으로 창건자 대조영이 고구려족이라 하고 있다. 중국 학계에서 고구려유민설에 동조하는 학자는 거의 없고, 다수의 지지를 받고 있는 것은 말갈인설이다. 『구당서』보다 "발해는 본래 속말말갈로서 고려에 부속되어 있던 자니 성은 대씨이다"[7]라는 『신당서』의 기록을 신뢰하는 입장에서 대조영은 말갈족이라고 해석하고 있다.

1) 발해 건국자와 주민 '말갈족' 주장

발해 주민이 말갈인이라는 것은 첫째, '발해말갈'과 '발해본속말말갈'이라는 당대의 직접적 사료에 근거한 것이며, 둘째, 발해국의 인구 비례 및 관료 대오의 구성상으로 말갈이 주체 민족이고, 셋째, 발해의 고고 정황으로부터 보면 육정산(六頂山) 발해 무덤군에서 물길-말갈 사람들의 동인문화(同仁文化) 계통과 비슷한 질단지를 발견한 것에서 알 수 있다.

중국 측은 발해의 주민을 말갈인이라고만 주장하지만, 발해에 대한 기본 사료에는 말갈인 이외에 고구려인이 발해 건국에 주동적 역할을 하였다. 심지어 발해 스스로 고구려를 계승하고 있다고 천명하고 있다.

國忠(2014), 「渤海"靺鞨說"又添新證」, 『社會科學戰線』; 範恩實(2015), 「論渤海史上的族群問題」, 『社會科學戰線』; 韓世明(2015), 「渤海王族姓氏新考」, 『中國邊疆史地研究』; 孫煒冉(2017), 「渤海民族的源流與族屬」, 『雲南師範大學學報(哲學社會科學版)』 등.

6 『舊唐書』 권199 하, 列傳 제149 하, 北狄 渤海靺鞨 "渤海靺鞨大祚榮者 本高麗別種也".

7 『新唐書』 권219, 列傳 제144, 渤海傳 "渤海 本粟末靺鞨附高麗者 姓大氏".

『신당서』 권219 「발해전」에는 "고구려에 부속(附屬)", "고구려가 멸망하고, 무리를 이끌고 읍루(挹婁)의 동모산(東牟山)을 차지", "고려포잔(高麗逋殘)", "고려여종(高麗餘種)", "고려병(高麗兵)"이라는 구절이 있다. 『구당서』 권199(하) 「발해말갈전」에도 "대조영은 본래 고려별종", "고구려가 멸망하자 대조영은 가속을 이끌고 영주(營州)로 옮겨 와 살았다", "고려의 무리", "계루(桂婁)의 옛 땅을 차지", "고려여신(高麗餘燼)" 등의 표현이 있다.

또한 발해는 727년 일본에 처음 보낸 사신을 통하여 자신들이 "고려의 옛 땅을 회복하고 부여의 습속(習俗)을 가지고 있다"[8]고 하였다. 일본 측도 759년 발해 사신을 고려번객(高麗蕃客)으로 표기한 뒤로부터 778년 대강공광도(大綱公廣道)를 송고려객사(送高麗客使)로 삼는 데까지 '고려'라고 칭하였다. 이를 통하여 발해만 아니라 일본 조정도 발해가 고구려를 계승했음을 인정하고 있었음을 엿볼 수 있다.

2) 발해 주민 '발해족(渤海族)' 주장

중국 학계에서 발해의 주민을 '발해족'이라고 하는 주장은 주목할 필요가 있다. 쑨진지(孫進已),[9] 쑨슈런(孫秀仁), 간즈겅(干志耿)[10] 그리고 왕청리(王承禮)[11] 등은 발해가 통치한 200여 년간 기왕의 말갈족과 다른 새로운 민족의 공동체, 즉 발해족이 형성되었다고 주장하였다. 속말말갈

8 『續日本紀』 卷第10, 神龜 5년 春正月 庚子.

9 孫進已(1994), 「渤海民族的形成發展過程」, 『北方文物』 1994-2

10 孫秀仁 · 干志耿(1982), 「論渤海族的形成與歸向」, 『學習與探索』 1982年 4期.

11 王承禮(1984), 『渤海簡史』, 黑龍江人民出版社; 宋基豪(1987), 『발해의 역사』, 한림대출판부.

을 주체로 하고 기타 말갈의 여러 부와 읍루, 부여, 예맥, 옥저 등 옛 지역의 원주민과 부분적인 고구려 유민 등을 흡수하여 장기간의 세월을 거쳐 발해족이 형성되었다는 것이다. 발해족의 유래와 형성의 첫째 단계는 수말당초(隋末唐初)이고, 둘째 단계는 발해국이 존속한 200여 년의 기간이라고 하였다.

쑨진지는 발해 민족이 7세기 말엽에 3개의 집단, 즉 『구당서』의 대조영과 『신당서』의 걸걸중상이 거느린 집단, 말갈 추장 걸사비우가 거느린 말갈의 잔여인, 그리고 고구려 유민의 무리로 구성되었다고 보았다. 이 밖에 숙신, 예맥, 부여, 월희, 불날, 철리, 읍루, 옥저, 솔빈 등의 부도 포함된 다민족국가라 하고, 이 가운데 역할이 컸던 속말말갈은 예맥계(濊貊系)라고 주장하였다.[12] 형성 시기를 보면, 제1단계는 속말말갈 민족의 형성 단계이고, 제2단계는 발해말갈 민족의 형성 단계이니 대체로 기원 8세기 초기까지고, 제3단계는 발해족의 형성 단계인 대체로 8세기 후기까지라 하였다.

그러나 발해족에 대한 중국 학계의 주장에는 모순점이 있다. 속말말갈 민족, 발해말갈 민족, 발해족으로 변하였다고 하니, 건국 전의 민족(속말말갈 민족)이 반세기 만에 새로운 민족(발해말갈 민족)으로 변하고, 이것이 또다시 반세기 만에 새로운 민족(발해족)이 되었다는 논리다. 또한 고구려 멸망 후 30여 년 내외의 기간에, 그것도 영주(營州)라는 좁은 지역에서 대략 1천여 명 내외의 속말말갈이 하나의 새로운 민족을 형성한다는 것도 납득하기 어렵다. 민족의 생성과 변화가 이렇게 단기간에

12 孫進己(1987), 『東北民族源流』, 黑龍江人民出版社; 林東錫(1992), 『東北民族源流』, 東文選.

형성, 변한다는 것은 유례를 찾을 수 없기 때문이다.

오히려 발해의 주민이 '발해족'이 아닌 '발해국인', 즉 '발해국 국민'이라면 검토할 여지가 있다. 중국 학계의 주장은 '민족'이라기보다는 '국민'의 의미라고 할 때 오히려 설득력이 있다. 이 경우 '발해국인'은 발해국의 주민이라는 의미이니 충분히 가능한 설명이 된다. 여기에는 고구려 유민과 속말말갈 등이 포함되고, 멸망 후는 여진(女眞)과 구별되는 점에서 일정한 역사, 문화적 공유 의식을 갖고 있었다고 생각된다.

3) 발해 건국자 '거란족(契丹族)' 주장

발해 건국자 대조영(大祚榮)이 거란족이라는 주장도 새로이 제기되었다.[13] 먀오웨이(苗威)[14]는 대조영의 족속이 거란인이라는 이유를 다음과 같이 설명한다. 첫째, 『신당서(新唐書)』에서 대조영 부친 걸걸중상(乞乞仲象)이 대하씨(大賀氏) 연맹 때 일찍이 거란으로부터 사리(舍利) 관직을 받은 것은 그의 출신이 거란 대하씨 귀족이라는 것을 설명하고, 둘째, 영주(營州) 반란이 일어났을 때 반란에 참여한 말갈인이 매우 제한적이고 속말말갈인은 더욱 적었으며, 셋째, 걸걸중상과 대조영 부자는 동족인 이진충(李盡忠)의 반당(叛唐)을 추종했고, 넷째, 대조영 부자가 동쪽으

13 일찍이 鳥山喜一은 걸걸중상이 舍利라는 지위를 가진 거란계 豪民이라며 거란인일 가능성을 제기한 바 있다. 다만, 그는 대조영은 걸걸중상과 별개의 인물이며, 오랫동안 고구려에 服事한 白山靺鞨 출신일 것으로 추정하였다(鳥山喜一(1968), 『渤海史上の諸問題』, 風間書房, 30~31쪽).

14 苗威(2013), 「大祚榮族屬新考」, 『中國邊疆史地研究』 2013-3; 苗威(2015), 「渤海建国及唐朝册封大祚荣为"渤海郡王"的原因辨析」, 『长春师范学院学报』 2015-7.

로 달아나 일찍이 거란아장(契丹牙帳)으로 물러나 지켰으며, 다섯째, 대조영이 말갈 옛 땅을 선택하여 건국한 것은 이곳이 거칠고 멀었기(荒遠) 때문이고, "말갈국(靺鞨國)"이라 칭한 것은 말갈인을 단결시키려 했기 때문이고, 여섯째, 『신당서』는 대조영 족속을 판정하는 사료의 내원(來源)에 대하여 정확한 분석을 진행하지 않았다고 주장한다.[15]

4) '말갈'과 여진족, 만주족과의 관계

중국 학계는 대체로 발해의 건국자와 주민이 '말갈족'이고, 이들의 후손이 여진족, 그리고 청을 건국한 만주족이라 주장하고 있다. 그러나 사료상으로 발해 주민인 말갈족을 일괄적으로 여진족, 만주족과 연결하는 것은 무리이다.

발해 시기 말갈족과 그 후손이라는 여진족, 만주족이 수·당·발해 시기, 요·금 시기, 그리고 청에 이르기까지 상호 종족적으로 계승 관계가 있는지에 대하여 검토한 바,[16] 수나라와 당나라 시기의 말갈족은 발해 시기에는 발해의 주민이던 '말갈'(속말말갈 등)과 발해에 속하지 않은 '흑수말갈(黑水靺鞨)'로 구분된다. 요(遼)나라 때는 흑수말갈을 여진이라 하고, 요적(遼籍)에 올라가 있는 여진인 숙여진(熟女眞)과 요적에 올라가

15 대조영 부자가 거란인이라는 주장은 그 후 반론이 제기되었다. 사료뿐 아니라, 고분과 城 자료에서도 근거가 부족하며, 그들의 족속은 말갈족이라 하였다.(冯恩学(2019), 「渤海国大祚荣族属的探讨」, 『边疆考古研究』 제26집; 倪屹(2019), 「大祚荣族属辨析」, 『白城师范学院学报』 2019年07期).

16 임상선(2014), 「북방지역 種族의 繼承關係 검토-靺鞨·女眞·滿洲族을 중심으로-」, 『高句麗渤海研究』 50집, 고구려발해학회.

지 않은 여진인 생여진(生女眞)을 구별하였다. 발해인은 여진과 구별될 뿐 아니라 대체로 한인(漢人)과 유사한 대우를 받았다.

금(金) 왕조는 자신의 선조가 요대(遼代)에 여진(그중에서도 생여진)이고, 발해 시기에는 흑수말갈, 그리고 그 이전의 물길(勿吉)이라 인식하였다. 금 태조 아골타(阿骨打)가 "여진과 발해는 한 집안"이라 한 것은 요 치하의 발해인에게 협조를 얻으려는 목적에서 언급한 것일 뿐이며, 오히려 발해에 참여한 말갈과 여진의 전신인 흑수말갈 사이에는 어떠한 동류, 동족 의식도 보이지 않는다. 『삼조북맹회편(三朝北盟會編)』과 『대금국지(大金國志)』에서 여진이 흑수말갈(黑水靺鞨)의 후예이면서 발해의 별족(別族)이라 한 것은 흑수말갈이 발해와 '족(族)이 다르다'는 의미다. 청대 만주족의 선조(先祖) 인식을 엿볼 수 있는 『흠정만주원류고(欽定滿洲源流考)』에서는 자신들을 흑수말갈, 여진의 후손이라고 할 뿐, 발해에 참여한 속말말갈과는 아무런 계승 인식을 보이지 않고 있다. 그러므로 말갈 → 발해 → 금(여진) → 청(만주족)이 종족적 연계를 갖고 있다는 중국 학계의 주장은 정사(正史) 등의 기록에서 그 합당한 논거를 발견할 수 없다는 점에서 설득력이 부족하다.

4. 발해국의 '건국지'와 '왕릉'

중국 학계에서 최근에 주목되는 발해사 논의는 발해의 건국지와 관련된 것이다. 구체적으로는 『구당서』와 『신당서』 「발해전」에서 대조영이 발해를 건국했다는 '동모산(東牟山)'이 어디냐 하는 논란이다.

1) 발해 건국지 '동모산'의 위치

대조영이 발해를 건국하는 과정을 『구당서』 「발해말갈전」은 "대조영은 마침내 그 무리를 거느리고 동으로 가서 계루의 옛 땅(桂婁之故地)을 차지하고, 동모산(東牟山)에 웅거하여 성을 쌓고 살았다"[17]고 하고, 『신당서』 「발해전」은 "무리를 이끌고 읍루의 동모산(挹婁之東牟山)을 차지하니, 땅이 영주(營州) 동쪽으로 2천 리 떨어져 있다"[18]고 했다.

동모산의 위치는 발해 역사·지리 연구 쟁점의 하나이면서, 동시에 발해 건국 과정을 이해하는 데도 중요한 실마리이다. 1949년 지린성 둔화(敦化) 육정산(六頂山)에서 발견된 발해 3대 문왕의 둘째 딸인 정혜공주 묘지의 '진릉(珍陵)'이 발해 왕릉이고, 육정산고분군이 발해 왕실 묘지라는 전제하에, 부근의 성산자산성이 '동모산'이고 둔화 시내의 오동성(敖東城)이 발해 초기 도성으로 받아들여지고 있었다.

그런데 개혁개방 이후 활발해진 고고학 발굴과 조사에도 불구하고, 둔화 지역에서 8세기 중엽 이른바 '현주(顯州)'로 천도하기 전까지 발해의 국력에 부합하는 고고 결과물이 발견되지 않았다. 문왕의 또 다른 공주인 정효공주의 묘가 발견된 지린성 허룽시 용두산(龍頭山)에서 최근 발해의 '황후(皇后)' 묘지가 발견되면서 발해 건국지 논쟁은 새로운 단계로 접어들었다.[19]

17 祚榮遂率其衆東保桂婁之故地 據東牟山 築城以居之(『舊唐書』 권199下, 渤海靺鞨傳).

18 渤海 本粟末靺鞨附高麗者 姓大氏 高麗滅 率衆保挹婁之東牟山 地直營州東二千里(『新唐書』 권219, 渤海傳).

19 吉林省文物考古研究所·延边朝鲜族自治州文物管理委员会办公室(2009), 「吉林和龙市龙

중국 학계의 동모산 위치에 대한 논의 중,[20] 지린성 허룽 인근의 옌지시 일대에서 찾는 왕위랑(王禹浪)의 의견이 주목받고 있다. 그는 대조영이 무리를 거느리고 발해를 건국한 곳은 오늘날 지린성 옌볜지구의 하이란강(海蘭江)과 부르하퉁허(布尔哈通河) 유역의 옛 계루 땅이고, 지린성 옌지시 동남 약 10㎞ 거리에 있는 성자산산성(城子山山城)을 동모산으로 비정한다. 동모산에서 '동모'는 '동명(東明)', '추모(鄒牟)', '주몽(朱蒙)'과 발음은 같은데 표기가 다를 뿐이다. '홀한수(忽汗水)' 혹은 '홀한해(忽汗海)'라는 명칭은 오늘날의 '부르하퉁허'가 발해 초기의 홀한수이고, '하이란강'이 발해 사료의 '오루하(奧婁河)'다. '오루(奧婁)'는 '치구루(置溝婁)', '고구려(高句麗)', '계루(桂婁)'와 발음이 같고 표기가 다른 말이다. 동모산이 성자산산성이라면, 발해 수도인 상경(上京)이 구국(舊國)에서 3백 리 거리에 있고, 현주(顯州)에서 6백 리 거리에 발해왕성이 있다는 기록[21]이 모순되지 않는다고 주장한다.

2) '진릉'과 발해 '왕릉'의 위치

발해 정혜공주묘의 위치를 알려 주는 '진릉(珍陵)'은 공주묘가 발견된

海渤海王室墓葬发掘简报」,『考古』 2009年 第6期.

20 刘忠义(1982),「东牟山在哪里」,『学习与探索』 1982年 第4期; 刘晓东(1985),「渤海"旧国"诹议」,『学习与探索』 1985年 第2期; 王禹浪·都永浩(2000),「渤海东牟山考辨」,『黑龙江民族丛刊』 2000년 제2기; 吕雪冰(2014),「关于渤海立国之地东牟山地理位置的探析」,『北方文物』 2014年 01期.

21 "天寶末, 欽茂徙上京, 直舊國三百里 忽汗河之東."(『新唐書』 권219, 발해전); "至顯州, 天寶中王所都. 又正北如東六百里, 至渤海王城."(『新唐書』 권43下, 志제33下, 地理7下, 羈縻州)

둔화시 남쪽 육정산고분군에 있다는 것이 학계의 통설이었다. 그러나 둔화 지역에서 발해 초기 도성 유적이 발견되지 않고, 특히 지린성 허룽시 용두산이 발해 왕실 고분군이라는 사실이 분명해지면서, '진릉'도 육정산이 아닌 다른 지역에서 찾기 시작했다.

왕청리 등은 육정산 제1묘구(墓区)의 6호묘가 진릉이고, 그 주인은 발해 2대 왕 무왕(대무예)일 것으로 생각하였다. 허우리민(侯莉闽) · 리창(李强)은 진릉이 무왕의 능묘이지만, 육정산 Ⅱ묘구의 206호묘라 주장하였다.[22] 쉬쉬에이(徐学毅)는 진릉은 제1묘구의 6호묘이지만, 정혜공주보다 앞서 사망한 생모, 즉 문왕의 왕비의 능이라는 주목할 만한 의견을 제시하였다. 그는 정혜공주가 무왕의 능에 배장되기에는 무왕이 40년 전에 사망했으므로, 진릉은 오히려 정혜공주에 바로 앞선 776년에 사망한 그의 생모[23]의 능이라 보는 것이 정리적(情理的)으로 합당하다고 보았다.[24]

황후 묘가 발견된 이후, 왕쯔강(王志刚)은 '능(陵)' 자는 예로부터 첫 번째가 '산(山)', 그다음이 '능묘(陵墓)'의 뜻이며, 정혜공주와 정효공주의 묘지 내용과 형식이 거의 같은 점에서 배장된 두 묘지의 위치를 말하는 '진릉'도 '염곡(染谷)'[25]과 마찬가지로 지명일 것이라 하고, '진릉'

22 侯莉闽 · 李强(2002), 「渤海珍陵新探」, 『北方文物』 2002年 2期.

23 일본 측 기록에 의하면 776년 12월 발해에서 그들 나라 왕비의 상(喪)을 알려 왔다고 한다("乙巳. 渤海國遣獻可大夫司賓少令開國男史都蒙等一百八十七人. 賀我即位. 并赴彼國王妃之喪" 『續日本紀』 권34, 寶龜 7년 12월).

24 徐学毅(2003), 「敦化六顶山"珍陵"新考」, 『北方文物』 2003年 2期.

25 정혜공주묘는 "珍陵之西原", 정효공주묘는 "染谷之西原"에 陪葬되었다.

은 정혜공주묘 동쪽의 산일 것으로 추정하였다.[26] 류샤오둥(刘晓东)은 용두산 묘지에서 문왕의 효의황후(孝懿皇后) 묘지가 발견되자, 김육불(金毓黻)이 처음 제기한 발해 3대 문왕 대흠무(大钦茂)의 능이 진릉이며, '진릉'의 위치도 육정산이 아니라 용두산 묘지일 것이라 주장하기에 이르렀다.[27]

발해 영역이었던 중국 동북지역의 고고 발굴의 결과, 말갈보다는 고구려 문화의 영향이 깊은 유적 · 유물의 사례가 늘어나고 있는 현상은 고무적이다. 특히 '진릉'과 '동모산'이 모두 고구려 땅이었던 두만강 지역에 새롭게 비정되면서 이러한 사실이 다시 한번 힘을 얻고 있다. 다만 발해가 정치, 사회, 문화, 경제의 모든 방면에서 당나라의 하나의 주이고 지방 정권이라는 중국 학계의 논리는 여전히 변화가 없고, 오히려 강화되고 있어 지속적인 대응과 연구가 필요하다.

26 王志刚(2009),「关于渤海"珍陵"的两点认识」,『东北史地』2009年 4期.

27 刘晓东(2013),「渤海"珍陵"问题的再检讨-纪念金毓黻先生逝世50周年」,『北方文物』2013年 3期

2.4. 중국 학계의 요·금·원·명·청 시기 한중 관계 및 북방사 연구 동향

고명수 • 충남대학교 사학과 교수

1. 요대(遼代) 한중 관계

요(遼)와 고려는 10세기 초 동시기에 건국하여 요가 멸망할 때까지 200여 년간 밀접한 관계를 형성했다. 따라서 이에 관한 자료가 『요사(遼史)』, 『송사(宋史)』, 『고려사(高麗史)』뿐 아니라 여러 기록에 산재되어 중요한 정보를 제공한다. 이에 따라 중국 학계에서는 일찍부터 양국 관계사에 관한 여러 연구 성과가 제출되었다. 특히 2000년대 이후에는 정치, 경제, 사회, 문화 등 다방면에 걸쳐 활발한 연구가 진행되었는데 대체로 전통적인 중국의 조공 관계(朝貢關係) 또는 번속 관계(藩屬關係)의 측면에서 양국의 화친을 강조한다. 주요 연구 성과를 소개하면 다음과 같다.

자오용춘(趙永春)과 쑤안화(玄花)는 양국 국경에 위치한 중요 군사 요충지인 보주(保州)를 둘러싸고 진행된 양국 간의 교섭과 외교 관계를 살폈다. 이에 따르면, 요 성종(成宗)이 칭신납공(稱臣納貢)과 송(宋)과의 외교 관계 단절을 조건으로 고려에 '압록강 동쪽 수백 리 지역'을 할양했는데, 후에 고려가 화친 약속을 준수하지 않는다는 이유로 수차례 군대를 일으켜 강동육주(江東六州)를 점령하려 시도했다. 그리고 3차 정벌을 진행하는 과정에서 국경 부근에 보주를 건설하여 고려를 견제하는 군사기지로 삼았다. 종전 후 고려는 국경에 인접한 보주가 자국에 심각한 위협이 된다고 판단하여 여러 번 요에 사신을 보내 보주를 철거해 달라고 요구했다. 나아가 보주가 성종이 할양하기로 약속한 '압록강 동쪽 수백 리 지역'에 포함되니 돌려 달라고 요구했다. 그러나 요는 보주가 성종이 약속한 할양 지역에 포함되지 않는다고 주장했다. 그때부터 양국은 보주 문제를 둘러싸고 빈번하게 교섭했는데 요가 멸망할 때까지 그 문제가 해결되지 않았다. 금(金)이 요를 멸망시킨 후에도 고려는 계속 금과 보주 문제에 관해 협상을 벌였다. 결국 금이 칭신납공을 조건으로 보주를 고려에 할양하여 문제가 일단락되었다.[1]

우위환(武玉環)은 요와 고려의 관계 속에서 요의 동부 변경 정책을 살폈다. 이에 따르면, 요와 고려의 관계는 번속 관계다. 요나라 200여 년 역사에서 양국은 때로 전쟁을 벌이기도 했지만 대체로 화평을 유지하면서 교류했다. 평화적인 교류가 양국 관계의 주류로 자리 잡았다. 정치적 교류뿐 아니라 경제·문화적 교류도 활발하게 이루어졌다. 요는 동부 변경지역의 통치를 공고히 하는 것을 매우 중요시했다. 이에 따라 여러 군사기지를 설치하고 엄중히 방어했으며 동부 변강의 백성을 이주시키고 농토를 개간하고 본속(本俗)에 따라 그들을 통치하고 이이제이(以夷制夷) 방식으로 변경을 통치하는 방식을 취했다. 이로써 요가 동

1 趙永春·玄花(2006-2), 「"保州"問題與遼麗關係」, 『東北史地』.

부 변경 통치를 공고히 하고 이때부터 요·금·원 시기 동부 변경 통치의 기반이 구축되었다.[2]

장룽(蔣戎)은 요와 고려의 조공 관계 성립 과정을 살폈다. 이에 따르면, 송·요 시대는 중국 역사상 또 하나의 남북 대치 시기다. 그때와 동시에 고려는 한반도에서 통일 정권을 완성했다. 어쨌든 중국의 두 대립 정권에 조공하는데 고려는 반드시 하나를 선택해야 했다. 고려의 마음은 송으로 기울어져 있었다. 요는 이적(夷狄)의 나라라는 인식이 있었기 때문이다. 그러나 요가 점차 강대해지는 모습을 보고 어쩔 수 없이 이소사대(以小事大) 정책을 채택하여 요에 대한 조공을 결정했다.[3]

정촨수이(鄭川水)는 요 성종(成宗)의 고려 정책이 양국 관계에 미친 영향을 탐색했다. 이에 따르면, 요 성종은 거란족의 경제·문화를 발전시킨 뛰어난 군주다. 그러나 중원의 민족 관계와 번속국 고려와의 관계를 처리하는 과정에서 민족의 이익에 배치되는 양외제내(讓外制內)라는 잘못된 정책을 시행했다. 그는 북송에 대항하기 위해 고려의 월해사송(越海事宋)을 제지하고 압록강 동쪽 6주 변경의 중요한 지역을 고려에 할양했다. 이 정책의 착오는 변강 여진족 거주 지역을 전쟁으로 몰아넣고 번속국 고려와의 관계에 악영향을 미치며 국가 변강 영토 주권에 손해를 입힐 뿐 아니라 고려가 지속적으로 중국의 영토를 잠식·이용하는 조건을 조성했다.[4]

2 武玉環(2001-4),「論遼與高麗的關係及遼的東部邊疆政策」,『吉林大學社會科學學報』.

3 蔣戎(2008-6),「遼朝與高麗朝貢關係淺析」,『東北史地』.

4 鄭川水(2003),「遼成宗及遼與高麗藩交考略」,『遼寧大學學報(哲學社會科學版)』31-1.

2. 금대(金代) 한중 관계

금(金)과 고려는 비교적 안정적인 외교 관계를 수립하고 존속 기간 내내 별다른 충돌도 없었다. 따라서 이에 관한 중국 학계의 연구는 대체로 양국의 화평 관계의 내용, 수립 배경, 변화 과정 등을 살피는 데 집중되어 있다. 『금사(金史)』, 『송사』, 『고려사』 등 사서에 관련 사료가 풍부하게 산재되어 있어 연구에 많은 도움을 준다. 주요 연구 성과를 소개하면 다음과 같다.

멍구투오리(孟古托力)는 여진 · 금조와 고려 관계 중에서 금의 시조 함보(函普)의 출신, 갈라전(曷懶甸)을 둘러싼 양자의 투쟁, 양국의 번속 관계 수립, 양국 간 사절 왕래 등을 상세히 고찰하고 나름의 의견을 제시했다. 이에 따르면, 신라와 고려가 교체되는 시기 조선반도는 전란에 휩싸여 있었다. 그곳에서 생활하던 여진족 함보가 북방으로 가서 복간수(仆斡水) 유역에 이르러 완안부(完顔部)의 수령이 되었다. 그가 바로 금조 여진인의 시조다. 이후 고려는 끊임없이 북방으로 나아가고 여진 연맹은 점점 남방으로 진출했다. 결국 양자는 9년간 전쟁을 벌였고, 여진 연맹이 승리하여 갈라전과 장백산(長白山, 창바이산) 30부 여진의 땅을 점령했다. 1126년 고려는 금조가 주도하는 국제질서 안으로 들어갔다. 이 체계는 비록 불평등하지만 금조가 고려의 내정에 간섭하지 못했고 각자의 독립성이 보장되었다. 이후 각종 왕래를 통해 고려는 실리를 추구하고 동북지역의 국제관계도 화평 상태에 놓였다. 금과 고려의 밀접한 교류는 많은 사절의 교환을 통해 알 수 있다. 『금사』 「교빙표(交聘

表)」와 『고려사』에 이에 관한 여러 자료가 전해진다.[5]

쑨시궈(孫希國)와 송쥔청(宋俊成)은 여진·금과 고려 사이에 발발한 전쟁을 살폈다. 이에 따르면, 여진·금과 고려가 서로 접해 있어 건국 전후 시기 일찍부터 양국 사이에 수차례 전쟁이 발생했다. 그 주요 사안은 압록강 동쪽의 중요한 군사기지와 갈라전 지역에 관한 문제였다. 그곳은 압록강 하류와 조선반도 동북부 일대를 포괄하는데 여진·금과 고려 국경지역의 전략적 요충지이므로 지리 위치가 매우 중요했다. 이것이 양국의 전쟁·교섭의 초점이었다. 수차례 일어난 전쟁의 결과는 양국 간 정치 관계의 변화에 직접적인 영향을 미쳤다.[6]

왕신치우(王新秋)와 허찬웬(合灿溫)은 금 세종(世宗)의 고려 정책을 심도 있게 고찰했다. 이에 따르면, 금 세종은 즉위 후 해릉왕(海陵王) 시대에 조성된 폐정을 개혁하고 생산력을 회복하여 내정을 안정시켰다. 그 후 주변 민족·나라와 우호 관계를 수립하는 정책을 적극적으로 추진하여 국경을 안정시키고 백성을 편안케 하고자 했다. 고려와의 관계를 처리할 때 고려로부터 봉표칭신(奉表稱臣)을 약속받고 부속국(附屬國)의 의무를 이행케 하는 한편 고려의 내정에 일절 간여하지 않고 고려 국왕이 자주적으로 내정을 처리하고 반란을 평정하는 것을 적극 지지했다. 이로써 고려와 시종 화평우호 관계를 유지하고 반역에 협조하지 않고 내정에 간섭하지 않는 외화호(外和好) 정책을 일관되게 추진했다.[7]

5 孟古托力(2000-1), 「女眞及其金朝與高麗關係中幾個問題考論」, 『滿語研究』.

6 孫希國·宋俊成(2013-6), 「試論女眞及其金朝與高麗之間的戰爭」, 『遼寧教育行政學院學報』.

7 王新秋·合灿溫(2015-4), 「金世宗對高麗政策初探」, 『遼寧師專學報(社會科學版)』.

웨이즈장(魏志江)은 요·금 왕조와 고려의 경제·문화 교류를 고찰했다. 이에 따르면, 요·금은 비록 중국 북방 소수민족인 거란·여진족이 건립한 왕조지만 그 유화(儒化) 정도의 심화에 따라 문화 수준 역시 부단히 향상되었다. 요·금 왕조는 고려와 관계를 맺을 때 유가예치주의(儒家禮治主義) 원칙을 이념으로 삼았다. 이로써 요·금과 고려가 차례로 종번·조공 관계를 수립한 후 경제·문화 교류 또한 크게 발달하였다. 비록 전쟁의 경험과 고려의 국방·안위상의 경계로 인해 요와 고려 간 각장(榷場) 무역은 오래 지속되지 못했다. 그러나 양국의 조공 무역, 사신이 주도한 무역, 민간 무역 등은 중단되지 않았다. 양국은 불교, 예법, 성명역학(星命曆學), 사학, 예술, 언어문자학 등 여러 방면에서 광범위한 문화 교류를 전개했다. 그러나 금과 고려의 경제·문화 교류에 관한 사료가 매우 적어 그 실상을 구체적으로 알기 어렵다. 다만 그 조공 관계가 거란의 구제(舊制)에 따른다는 규정과 사서에 기재되어 있는 약간의 관련 기록으로 추단하건대, 양국의 경제·문화 교류는 요-고려 교류의 규모와 비교하여 손색이 없었을 것이다. 200여 년에 걸친 요와 고려의 관계사에서 각장 무역은 단지 5년간만 유지되었다. 그러나 동하국(東夏國)의 첩문에 나타난 금이 청주(青州)에서, 고려가 정주(定州)에서 각장 무역을 전개했다는 구절을 통해 그것이 지속되었음을 알 수 있다.[8]

8 魏志江(2000-5),「遼金與高麗的經濟文化交流」,『社會科學戰線』.

3. 원대(元代) 한중 관계

원대(元代)는 역사상 한반도 왕조가 대륙의 거대 제국에 가장 강하게 종속된 시기다. 따라서 양국 관계는 일반적인 한중 관계와 비교하여 상당히 다른 양상을 보인다. 중국 학계에서도 그 특징에 주목하여 일찍부터 다양한 연구를 진행하였다. 그 주요 성과를 제시하면 다음과 같다.

장젠송(張建松)은 몽원(蒙元) 왕조가 고려에 행한 압제와 간섭을 탐구했다. 이에 따르면, 13세기 몽골이 흥기하여 중국의 정국이 큰 변화를 맞이했다. 몽골이 사방으로 세력을 확대하는 과정에서 동쪽에 접해 있는 고려와 필연적으로 충돌하고 끊임없이 전쟁을 벌였다. 결국 고려를 압박하여 투항하게 만들었다. 그 후 몽골과 고려는 번속 관계를 확립하여 오랜 대립 국면을 종식했다. 그러나 고려는 평화를 획득한 동시에 새로운 국면으로 빠져들었다. 몽원 조정은 다루가치를 파견하고 정동행성(征東行省)을 설치하여 직접 혹은 간접적으로 행성관을 임명하며 고려 왕족에 대한 통제를 강화하는 방식을 통해 고려에 대한 압제와 간섭을 전개했다. 이에 고려가 부분적으로 주권을 상실하여 쌍방의 정치 관계에서 불화의 씨앗이 남게 되었다.[9]

리메이화(李梅花)는 몽원 왕조의 고려에 대한 지배의 영향을 탐색했다. 이에 따르면, 원조(元朝)가 중국 통일 사업을 완료함에 따라 원조와 고려의 관계도 평화 발전의 새로운 단계로 진입하게 되었다. 이와 동시

9 張建松(2014),「蒙元對高麗的控制與干涉」,『華北水利水電大學學報』 30-1.

에 고려 국내의 정치, 경제, 문화 발전은 원조의 간섭과 통제를 크게 받게 되었다. 고려에 대한 원조의 정치 간섭, 경제 침탈, 군사 압박은 고려의 독립·자주에 심각한 손해를 입혔다. 그러나 한편으로 쌍방의 인적 교류와 경제·문화 교류는 전례 없는 확대·발전을 이루었다. 쌍방의 인적 교류, 통혼, 잡거(雜居)를 통해 민족 융합이 크게 촉진되었다.[10]

구이치펑(桂栖鵬)은 원 영종(英宗)이 고려 충선왕을 토번으로 유배 보낸 원인을 탐색했다. 이에 따르면, 원 영종은 일찍이 고려 충선왕 왕장(王璋)을 토번으로 유배 보냈다. 그 원인이 비록 사료에 기재되어 있으나 자세하지 않다. 원 영종이 왕장을 토번으로 유배 보낸 구체적인 죄명은 왕장이 불교에 과하게 집착했다는 것이지만 그 실질적 원인을 자세히 살펴보면 영종과 조모 태황태후 다기 사이의 권력투쟁에 있다는 것을 알 수 있다. 왕장은 다기의 측근이었으므로 영종의 숙청 대상이었다. 왕장과 환관 바얀투구스 간에 발생한 갈등이 영종이 그를 처벌하는 도화선이 되었다.[11]

쑨웨이궈(孫衛國)는 조선 왕조가 편찬한 『고려사』에서 원의 일본 정벌에 관한 서술을 고찰했다. 이에 따르면, 조선 왕조는 건국 초기에 편년체로 『고려사』를 편찬하려고 여러 번 수찬 과정을 거쳤으나 완성하지 못했다. 결국 세종 시기에 기전체로 고쳐 『고려사』 139권을 완성하여 조선 왕조의 정통성을 세웠다. 『고려사』에서 원의 일본 정벌에 관한 서술은 고려의 자주성을 강조했다. 즉 고려가 원의 요구에 교묘하게

10 李梅花(2011),「試析蒙元支配對高麗王朝的影响」,『內蒙古大學學報(哲學社會科學版)』 43-1.

11 桂栖鵬(2001),「元英宗謫高麗忠宣王于吐蕃原因探析」,『中國邊疆史地研究』 10-2.

대응했음을 묘사하고 고려가 공급한 양초(粮草), 인공(人工) 등을 상세히 기록하며 고려를 배반하고 원에 투신한 고려인을 모두 반인(反人)이라 칭하고 「반역전(叛逆傳)」에 수록했다. 이로써 종번 관계 아래에서 고려가 자주의식을 추구하려는 노력을 체현했다. 편찬자는 「충렬왕세가(忠烈王世家)」와 「김방경전(金方慶傳)」을 서술하면서 두 개의 유사한 원의 일본 정벌 역사의 판본을 만들었다. 거기에서 고려 장군은 전쟁 승부의 관건으로 여겨지고 몽골 장수가 자신이 옳다고 믿고 오로지 자기 고집대로 했으며 태풍을 만나 결국 일본 정벌이 실패로 끝났다고 서술했다. 원의 일본 정벌에 대한 『원사』와 『고려사』의 서술을 대조해 보면 지극히 편파적이다. 따라서 동아시아 3국과 관련된 역사 사건에 대해서는 반드시 일국사의 한계를 극복하고 동아시아사의 시각을 갖추어 역사적 진실에 접근해야 한다.[12]

4. 명대(明代) 한중 관계

명대(明代)는 역사상 한중 관계가 비교적 안정기에 접어든 시기다. 양국은 건국 초기 갈등 관계를 해소하고 안정적인 조공 관계를 수립했다. 그리고 임진왜란과 사르후 전투에서의 군사 협력을 통해 양국 관계는 더욱 긴밀해졌다. 이에 주목하여 여러 연구자가 많은 성과물을 축적했다. 그 주요 성과를 제시하면 다음과 같다.

12 孫衛國(2017),「朝鮮王朝官修『高麗史』對元東征日本的歷史書寫」,『古代文明』1-4.

댜오슈런(刁書仁)과 장춘(張春)은 명 초 고려와 명의 관계를 고찰했다. 본 논문은 명 초 국내와 주변과 관련된 매우 복잡한 형세를 서술했다. 이에 따르면, 명은 북원(北元)과 고려의 연계를 피하기 위해 전력을 다해 북원을 공략했다. 명 초에는 적극적으로 고려 왕조와 통교했다. 고려의 공민왕도 적극적으로 명과 교류했다. 그러나 공민왕이 피살된 후 고려 조정에서 친원파 세력이 대두하여 명과의 관계가 크게 변화했다.[13]

쑨웨이궈는 사대주의와 조선 왕조의 대명(對明) 관계 간 관련성을 살폈다. 이에 따르면, 사대주의는 유가의 일종의 외교 이념으로 소국이 자신을 보존하고 대국을 응대하는 책략이다. 이는 동주(東周)시대부터 시작되어 고대 유가 문화권 안에 광범위하게 존재했다. 중국의 수천 년 봉건왕조 중 분열 시기 각 정권 사이에, 주변 번국과 중앙 왕조 사이에도 존재했다. 특히 조선 왕조와 중원 왕조의 교류에서는 더욱 중요하다. 조선 왕조는 사대주의를 크게 신봉했고 성심을 다해 명조를 섬겼다. 형식상으로 유가 예의제도를 따르고 조공 정책을 행했다. 사상적으로는 중화에 귀의했다. 조선은 명조에 대해 사대(事大)의 예를 행하고 명조는 조선에 대해 자소(字小)의 책략을 취했다. 조선의 이익을 지키고 침범하지 않은 것은 임진전쟁 시기 조선에 출병하여 조선을 돕고 일본에 대항하는 원동력이 되었다. 조선이 명조에 대해 모화·사대 책략을 취했기 때문에 명대 한중 관계는 전형적인 종번 관계를 이루었다.[14]

스샤오잉(石少穎)은 임진왜란 시기 일본에 대한 명조와 조선의 봉공

13 刁書仁·張春(2000),「論明初高麗王朝與明朝的關係」,『北華大學學報(社會科學版)』1-1.

14 孫衛國(2002-4),「論事大主義與朝鮮王朝對明關係」,『南開學報(哲學社會科學版)』.

(封貢) 문제에 관한 교섭을 고찰했다. 이에 따르면, 1592년 일본이 조선에 대해 침략전쟁을 일으켰다. 명 신종(神宗)은 조선에 대한 자소의 의리를 지키고 자신을 보호해야 하는 현실을 고려하여 조선을 돕고 일본에 대항하기로 결정했다. 그러나 일본에 대항하는 문제와 맞물려 조선과 명조 사이에 갈등이 발생했다. 조선이 명조의 일본에 대한 봉공을 반대한 것이 갈등의 한 요인이었다. 국가 이익은 명과 조선의 봉공 문제 교섭에 영향을 미치는 근본적 요소다. 그러나 문화적 요소는 고대 동방 국가 관계 중에서 중요하고 특수한 지위를 차지한다.[15]

왕전(王臻)은 사르후 전투 전후 후금(後金), 명, 조선의 관계를 분석했다. 이에 따르면, 건주여진(建州女眞)의 수령 누르하치는 후금 정권을 건립한 후 천하를 취하기 위해 부패하고 몰락하는 명조에 대치 투쟁을 전개했다. 그러나 명조가 조선과 연합하는 것을 우려하여 적극적으로 조선에 접근했다. 명조는 쇠락하여 조선의 군사 지원을 받아 후금을 협공하는 것이 절실히 필요했다. 조선 광해군은 종주국 명조의 명을 받았으나 강성한 후금 정권에 위협을 느껴 망설일 수밖에 없었다. 그리하여 그는 명과 후금 사이를 맴돌면서 안위를 보전하는 데 힘썼다. 이에 따라 1619년 사르후 전투 전후 동북아 정치무대에 큰 특색을 가진 삼각관계 태세가 출현했다. 이는 그 시기 한중 전통 정치질서의 변화에 중대한 영향을 미쳤다.[16]

15 石少穎(2010-4), 「試論"壬辰倭亂"中明朝與朝鮮對日本"封貢"問題的交涉」, 『許昌學院學報』.
16 王臻(2006), 「薩爾滸戰役前後之後金與明朝, 朝鮮關係探析」, 『遼寧大學學報(哲學社會科學版)』 34-5.

5. 청대(淸代) 한중 관계

청대(淸代)는 명대와 마찬가지로 한중 관계가 상당히 안정적으로 정착되었던 시기다. 따라서 그 시기 중국 학계의 한중 관계에 관한 연구는 청(후금), 명, 조선 간 각축이 치열하게 전개되었던 17세기 전반기에 집중되어 있다는 특징을 지닌다. 여러 성과물이 발표되었는데 대표적인 것을 소개하면 다음과 같다.

웨이즈장은 청 군대의 입관 후 청조와 조선의 관계를 고찰했다. 본 논문은 청 입관 후 청과 조선 양국의 내외 정책 조정과 양국이 종번 관계를 형성하는 과정, 그 내외 요인에 관해 종합적인 고찰과 분석을 진행했다. 이에 따르면, 청 입관 후 조선은 한편으로 일본 및 명의 정씨(鄭氏) 정권과 연계하여 반청복명(反淸復明) 활동을 전개하겠다는 희망을 품었다. 이는 청과 조선의 종번 관계에 약간의 변수와 불안정성을 가져왔다. 그러나 청조 정권의 안정과 유화(儒化) 정치의 진행에 따라 조선은 어쩔 수 없이 현실을 직시하고 청조를 이적(夷狄)으로 여기는 이념을 포기했다. 또한 북학(北學)운동의 흥기에 따라 청조의 종주(宗主) 지위 수용을 자각했다. 마침내 건륭 시대에 이르러 양국은 안정적이고 전형적인 종번 관계를 형성했다.[17]

추이펑룽(崔峰龍)과 런준레이(任君蕾)는 청 초기 정묘호란(1627)과 병자호란(1636)을 중심으로 청과 조선의 종번 관계 형성·확립 과정을 고

17 魏志江(2002-6),「論淸兵入關後大淸與朝鮮的關係」,『江海學刊』.

찰했다. 이에 따르면, 17세기 초 동북아 정치 형세에서 중대한 변화가 발생했다. 건주여진은 점차 해서여진(海西女眞), 야인여진(野人女眞) 각부를 통합하고 후금 정권을 건립하고 명조와 대치했다. 후금은 명조와 충돌하는 데 후환을 없애기 위해 먼저 적극적으로 조선 왕조에 접근하여 우호적 자세를 표명했다. 후에 1차 정벌 전쟁이 일어났는데 그 원인은 의부(依附) 관계를 형제(兄弟) 관계로 바꾸는 것이었다. 그리고 계속해서 2차 정벌 전쟁을 겪은 후 형제 관계가 군신지의(君臣之義)로 승격되어 최종적으로 종번 관계를 수립했다. 본 논문은 정묘호란과 병자호란을 주요 주제로 삼아 청 초(후금)와 조선 왕조의 종번 관계 형성 과정을 고찰하고 나아가 종번체제의 실질 문제를 심도 있게 이해하고자 했다.[18]

쑨웨이궈는 청조에 대한 조선의 인식의 변화와 그 요인을 살폈다. 이에 따르면, 오랜 기간 조선 왕조는 청조를 중국으로 인식하지 않았다. 그들이 생각하는 중국은 명조였기 때문이다. 그들은 "오랑캐의 운은 백 년을 가지 못한다"라고 생각하고 강렬한 현실적 우려를 갖고 문화적으로도 청조와 다르다고 인식했다. 비록 영조·정조 시기 북학파(北學派)가 출현하여 청의 현실을 깊이 인식하고 청조의 이용후생(利用厚生) 학문을 배우자고 했으나 여전히 청조를 중국으로 인식하지 않았다. 근대 이후 서구 열강과 일본의 침략에 응대하기 위해 조선은 청조를 숭상하고 정치상에서 청조를 중국으로 인식하기 시작했다. 그러나 문화·심리적으로는 여전히 청조를 중화로 여기지 않았다. 조선의 청조에 대

18 崔峰龍·任君蕾(2017), 「淺析淸初 (後金) 與朝鮮宗藩關係演進與確立: 以 "丁卯之役" 與 "丙子之役" 爲中心」, 『大連大學學報』 38-5.

한 인식에 영향을 미친 원인을 역사·문화·정치 3개 방향에서 고찰할 수 있다. 그중 현실 정치의 필요성이 그 결정적인 최종 근원이라고 할 수 있다.[19]

바이송(栢松)은 청조 입관 전후 청에 대한 조선 왕조의 인식 변화를 살폈다. 이에 따르면, 청조 시기 화이질서(華夷秩序) 안에서 중국과 조선의 종번·조공 관계와 청 입관 전후 청조에 대한 조선 왕조의 정치·문화 인식의 변화는 오랫동안 동아시아 세계 정치 연구에서 학술계의 중요한 논제였다. 관련 연구 중 청조 시기 중국과 조선의 종번 관계 전형 표준 논쟁의 주요 문제는 중국과 조선의 종번 관계에 영향을 미친 요인인 의리와 이익 중 어느 것이 더욱 중요한가 하는 문제였다. 청조 입관 전후 조선 왕조의 화이관(華夷觀)의 발전·변화의 역사를 살펴보면 자민족중심주의(自民族中心主義)가 결정적인 핵심 이념으로 작용한 요인임을 알 수 있다.[20]

19 孫衛國(2017), 「朝鮮王朝對清觀之演變及其根源」, 『廊坊師範學院學報(社會科學版)』 33-3.

20 栢松(2017-3), 「清朝入關前後朝鮮王朝對清心態變化探究」, 『社會科學論壇』.

2.5. 중국 학계의 조선-여진(만주) 관계 연구 동향

박정민 • 전북연구원 부연구위원

1. 머리말

명과 조선의 영향력 아래에 있던 여진이 후일 청까지 건설한 사실은 많은 사람의 흥미를 끌었다. 따라서 현대 역사가들에게 후금, 한 발 더 나아가 여진에 대한 관심은 당연한 수순이었다. 중국에서는 멍슨(孟森)으로 대표되는 학자를 중심으로 여러 방면에서 여진에 대한 연구가 시작되었다. 기본적으로 이들의 여진에 대한 시각은 크게 변방의 소수민족 혹은 중화인민공화국의 구성원으로 대별된다. 하지만 이러한 점은 연구자의 개인적 성향일 뿐 두드러지게 나타나지 않았다.

2000년대에 들어서면서 여진에 대한 관점이 미묘하게 변화하였다. 특히, 동북공정이 시작된 이후 2005년경부터 출간된 논문에서는 노골적으로 여진을 명에 소속된 존재로 설정하고 그 논리를 강화하는 양상이 보인다. 여기에서는 이와 같은 경향을 살펴보기 위해 2000~2017년까지 학술지에 게재된 조선과 여진 관련 연구 성과를 중심으로 검토하겠다.[1] 이를 바탕으로 연구 동향을 나누면 다음과 같다.

2. 관계

여진인이 스스로 기록을 남기지 못한 상황에서 이들의 존재 양태 등은 조선과 명의 기록으로 복원할 수밖에 없었다. 따라서 조선과 여진에 관한 연구 성과는 자연스럽게 관계사에 집중되었다. 『조선왕조실록』은 여진 관련 기록의 보고(寶庫)라고 평가받을 정도로 비교적 많은 사료가 남아 있다. 그러므로 여진과 조선의 관계는 물론이고, 대명 관계를 기재하면서 『조선왕조실록』을 참고하여 서술할 수밖에 없는 구조적인 특성이 있다.

조선과 여진의 관계를 살펴본 연구 성과는 두 가지로 나눌 수 있다. 먼저, 여진을 하나의 세력 단위로 보고 조선과 명의 관계 및 국제질서를 살펴본 것이다. 여말선초(원명교체기)는 조선과 여진 관계의 첫 장을 열기 때문에 중요한 시기라 할 수 있다. 댜오슈런(刁書仁)은 원말명초에 여진인이 조선과 명에 귀속되는 과정을 규명하였다. 특히, 원 말의 혼란을 틈타 고려와 조선이 두만강과 압록강 유역의 여진을 압박해 몰아내거나 향화를 수용하여 이들을 조선의 '성저야인(城底野人)', '향화여진(向化女眞)'으로 만들었다는 점에 관심을 기울였다. 아울러 명 영락제가

1 이 기간에 출간된 논문은 총 56편이다. 필자의 능력 부족으로 몇 개의 논문은 누락되었을 가능성도 있지만, http://www.duxiu.com와 http://www.cnki.net/ 등에서 관련 주제, 저자 등을 검색한 것으로 연구 동향은 파악할 수 있으리라 생각한다.

1403년에 실시한 여진인 초무를 조명하였다. 그는 명도 두만강 유역 여진에 대한 관할권을 포기하지 않고, 적극적으로 영향력을 행사하려 했다고 주장하였다.[2]

댜오슈런의 기본 관점은 중국의 입장에서 출발하였지만, 동북공정을 주장한 학자들과 같이 중국의 입장을 강하게 투영했다고 평가하기엔 무리가 있었다. 하지만 이후의 연구에서 점차 중국의 입장을 반영한 시각이 나타났다. 위샤오광(於曉光)은 홍무제 당시 여진을 둘러싼 명과 조선의 상황을 살펴보았다. 하지만 그는 명이 조선의 우위에 섰던 사실, 즉 조선이 명에 사대한 점 및 여진인 송환 등만 강조한 측면이 있다. 한 발 더 나아가 위샤오광은 명의 정치 · 경제 등이 안정되면서 여진에 대한 제어도 점차 강해졌다고 보았다.[3]

왕전(王臻)과 정홍잉(鄭紅英)의 연구도 같은 맥락의 연구다. 양자는 영락제의 동북면 여진 초무 및 동북면 10처 문제[4]를 분석하였다. 문제는

2 刁書仁(2001),「元末明初朝鮮半島的女眞族與明, 朝鮮的關系」,『史學集刊』.

3 於曉光(2007),「洪武時期明朝與朝鮮圍繞女眞問題的交涉初探」,『韓國研究論叢』. 이 논문은 그의 박사학위 논문 중 일부를 수정 · 보완하였다(於曉光(2006),「明朝與朝鮮圍繞女眞問題的交涉研究(1369年-1619年)」, 山東大學). 그는 이러한 관점으로 조선과 여진, 명의 관계를 개괄적으로 살펴보았다. 한편, 박사 논문의 틀은 다음의 논문에서 구성한 것으로 보인다(於曉光(2003),「明朝與朝鮮圍繞女眞問題交涉論析」,『重慶三峽學院學報』).

4 동북면 10처 문제는 1404년(태종 4)에 영락제가 동북면 여진인에 대한 영유권을 확보하려다가 다시 조선의 영향력을 인정해 준 것이다. 즉, 영락제는 1404년에 두만강 유역의 대추장인 동맹가첩목아 등을 초유하기 위하여 왕가인(王可仁) 등을 보내 조선에 삼산(參散), 천호(千戶), 이역리불화(李亦里不花)를 비롯한 동북면 11곳의 여진 추장들을 초유하겠다고 통보하였다. 태종은 즉각 동년 5월에 계품사(計稟使) 김첨을 파견하여 반대의 뜻을 표명하였다. 결국 조선은 동년 10월에 영락제로부터 "주청(奏請)하여 말한 삼산, 천호, 이역리불화 등 10처 인원의 소유권을 인정한다"는 칙서를 받으며 이 문제를 해결하였다(박정민(2018),「15~16세기 조선의 대여진 외교」,『한국의 대외 관계와 외교사-조선 편』, 동북아역사재단).

명의 입장으로 이 사안을 보아 여진 초무는 성공적이었다고 평가한 것이다. 왕전은 영락제가 조선에 동북면 10처를 허가한 것은 명의 이이제이(以夷制夷)이자 관용책이라고 보았다. 정홍잉은 조선이 두만강 유역 여진인을 번리로 구축하기 위해 명과 쟁탈전을 벌였지만 동맹가첩목아(童猛哥帖木兒) 등이 명에 내조하며 실패로 돌아갔고, 조선은 이를 만회하기 위해 1410년에 모련위 정벌을 단행하였다고 주장하였다.[5]

뤼안판(欒凡)과 두옌핑(杜燕萍)은 기본적으로 여진이 명의 통치하에 있고, 두만강과 압록강 일대도 명의 차지였다는 관점을 견지하였다. 따라서 고려와 조선이 원말명초에 두만강과 압록강 일대를 점령한 것을 명 황제가 대국 이념을 가지고 있고, 이 지역에 대한 역사·지리적 무지 때문에 손쉽게 조선에 내준 것이라며 역사적 실책이라고 평가하였다. 이들은 건주여진과 해서여진이 세력을 규합하고 발전하는 과정에서 조선과 분쟁하거나 우호적으로 지냈던 사례들이 영향을 미친 점은 인정했지만, 변수 정도로만 파악한 것이다. 이들은 후금의 등장을 기존의 여진과 조선 관계가 변화하는 계기라고 파악하였다. 결국 만주족이 공동체를 형성한 것은 명대 여진인을 규합하고 조정한 결과라며 중국사의 발전 과정에서 당연한 수순이라고 강조하였다.[6]

한편, 건주여진·모련위·해서여진 등 제 여진 세력과 조선의 관계를 다룬 연구도 있다. 특히, 건주여진은 지리적으로 명과 조선에 가까이 거주했고, 누르하치가 후금을 세웠기 때문에 많은 연구자의 관심을 끌

5 王臻(2003),「朝鮮太宗與明朝爭奪建州女眞所有權述論」,『延邊大學學報(社會科學版)』; 鄭紅英(2010),「試論明朝對女眞的招撫」,『黑龍江民族叢刊』.

6 欒凡·杜燕萍(2006),「明代女眞的集聚與整合」,『東北史地』.

었다. 이는 건주위의 성립부터 건주본위·좌위·우위로 분화되는 과정 혹은 시기별 조선과 명의 관계, 누르하치가 흥기하여 세력을 확대하던 시기의 연구로 나눌 수 있다.

먼저 후일 건주좌위와 우위의 모체인 알타리(吾都里)를 중심으로 살펴본 연구가 있다. 댜오슈런은 원 말 헤이룽강 중류의 의란 지역에서 두만강 유역으로 이주하는 과정을 검토하였다. 이후 알타리의 대추장 동맹가첩목아가 명 영락제의 초무를 수용하였지만, 모련위 정벌 등 여러 역학 관계 때문에 봉주로 이주하여 명으로부터 건주좌위를 개설받았다. 하지만 이들은 몽골 등의 침입 위협으로 1422년(세종 4)에 다시 회령으로 돌아올 수밖에 없었던 내용을 다루었다. 아울러 1433년에 동맹가첩목아가 살해당하고 건주좌위가 큰 위기를 맞이한 '알목하 사건'으로 조선의 영토가 확장되었음을 고찰하였다.[7]

왕전은 건주위의 이만주(李滿住)와 건주좌위의 범찰(凡察)을 중심으로 논문을 작성하였다. 즉, 알목하 사건 이후 건주좌위가 어떻게 분화하고 이주하게 되었는지 그리고 조선의 대책이 어떻게 이루어졌는지 등을 살펴보았다. 주목할 점은 그가 범찰 등의 이주를 소수민족인 여진족이 중국으로 오는 것은 '천성'이라고 평가한 것이다.[8] 이러한 점 역시 동북공정 이후 중국 학계에서 여진을 바라보는 시각의 한 단면이라고 생각한다. 그리고 종합적으로 15세기 건주여진과 조선, 명의 관계를 고찰하였다.[9]

7 刁書仁(2002),「論明前期斡朵里女眞與明, 朝鮮的關系」,『明清史』.

8 王臻(2008),「建州女眞凡察部與朝鮮關系述論作者」,『東北史地』.

9 王臻(2008),「明前期建州女眞與朝鮮, 明朝的關系探析」,『遼寧大學學報(哲學社會科學版)』.

댜오슈런 역시 건주좌위의 파저강 이주를 고찰하였다. 그는 알목하 사건 이후 조선의 6진 개척 때문에 건주좌위가 요동 지역으로 서천(西遷)한 것으로 보았다. 특히, 그는 '화이질서'의 관점으로 조선과 명, 여진의 다면적 관계를 검토하였다.[10] 한편, 그는 경태(景泰) · 천순(天順) 연간의 건주삼위와 명, 조선의 관계를 살펴보았다. 당시 건주삼위는 명의 변경을 공격하고 있었는데, 그 원인을 여진의 조공을 제한했기 때문이라고 파악하였다. 이러한 상황에서 건주삼위는 조선에 교섭을 요청했고, 조선은 여러 논의 끝에 수용하였다. 이 사실을 인지한 명은 양자의 교섭을 단절하도록 압력을 가하였고, 명의 의도대로 이루어졌다. 댜오슈런은 명이 이 사건으로 조선으로부터 사과를 받았지만, 명 조정은 주변 국가 · 민족에게 위신이 하락되었다고 보았다.[11]

누르하치의 흥기는 비단 한국사뿐만 아니라 중국사에서도 비중이 큰 사건으로, 여러 방면에서 연구가 이루어졌다. 송후이쥔(宋慧娟)은 1595년의 위원 사건을 해결하는 과정에서 신충일(申忠一)이 직접 보고 겪은 여진 사회를 규명하였다. 이후 조선이 건주여진에 행한 정치 · 경제 · 군사상의 변화 과정을 서술하였다. 결국 조선은 명과 맺은 종번 관계를 위배하지 않으면서 건주여진의 위협을 제거하기 위해 노력한 점에 주목하였다.[12]

10 刁書仁(2010), 「正統年間建州左衛西遷考實: 兼論東亞地區女眞與明朝, 李氏朝鮮的關系」, 『中國邊疆史地研究』.

11 刁書仁(2010), 「景泰, 天順年間建州三衛女眞與明朝, 朝鮮的關系」, 『史學集刊』. 이와 같은 내용과 시각으로 작성한 연구도 있다(王磊(2016), 「1435-1464年女眞對明朝與朝鮮的朝貢爭端」, 『長江叢刊』).

12 宋慧娟(2011), 「宣祖時期朝鮮與建州女眞關系的調試」, 『東北史地』.

1607년(선조 40)에 누르하치와 우라(烏拉)의 부잔타이(布占泰)가 두만강 유역 여진인에 대한 관할권을 둘러싸고 경쟁하였던 현성과 여기에서 파생된 오갈암 전투를 다룬 연구도 있다. 리밍저(李明澤)는 양자가 전투를 벌인 배경과 과정, 결과 등을 구체적으로 서술하였다. 그리고 이 전투는 동북아의 질서가 바뀌는 계기로 작용했다고 지적하였다.[13]

한편, 저우성메이(周生美)는 와르카부(瓦爾喀部)가 후금에 편입되는 과정을 다루었다. 주목할 점은 누르하치와 홍타이지가 이들을 통합할 때, 단순히 세력 관계로 이루어진 것이 아니라 '국인(國人)', '신만주(新滿洲)' 등으로 동일한 민족의식을 만들어 이들이 귀부할 수 있는 배경을 만들어 주었다는 것이다.[14]

마지막으로, 장슈송(蔣秀松)은 명대 건주여진의 흥기 원인을 규명하는 데 주안점을 두었다. 여기에는 건주여진의 자체적인 성장뿐만 아니라 조선과의 교류, 무역, 성화 3년의 역(1467년)과 같은 정벌까지 영향을 주었다고 주장하였다.[15] 장스쭌(張士尊)은 누르하치가 흥기할 때 편입한 건주여진 5부 가운데 하나인 동악부(董鄂部)의 원류를 검토하였다. 그는 압록강 중류 일대에 거주한 온하위가 동악부의 전신이라고 보았다.[16] 하지만 온하위의 성립 과정, 거주 지역 등을 분석하면 동악부가 온하위라는 주장은 설득력을 얻기 힘들어 향후 자세한 검토가 필요하다.

13 李明澤(2017), 「明末建州, 烏拉間的圖們江瓦爾喀之爭-兼論東北亞秩序的變遷」, 『渤海大學學報(哲學社會科學版)』.

14 周生美(2016), 「試論清入關前後金對瓦爾喀部的征服」, 『才智』.

15 蔣秀松(2008), 「明代建州女眞興起原因略探」, 『東北史地』.

16 張士尊(2007), 「建洲女眞董鄂部族源考」, 『東北史地』.

두만강 유역에 거주한 모련위에 관심을 가진 연구도 있다. 댜오슈런은 두만강 유역 여진인의 관할권 분쟁 과정에서 발생한 모련위의 개설과 그 영향으로 발생한 1410년의 제1차 여진 정벌 등을 개략적으로 살펴보았다. 그는 조선이 모련위를 영향력 아래에 두고, 6진 개척을 통해 '성저야인', '번리' 등으로 구축한 사실을 인정했지만, 모련위가 명조에 조공하고 명의 신민이 되기 위해 노력한 점을 강조하였다.[17]

모련위의 중요한 인물이던 낭발아한(浪孛兒罕)과 관련된 연구도 있다. 세종·세조 대에 조선은 낭발아한에게 은위병용(恩威竝用) 정책을 사용하였다. 조선은 낭발아한을 우대하고 물질적 이익을 주었지만, 조선의 질서를 따르지 않자 살해하였다. 그는 명의 관직을 받기도 했기 때문에 명은 자신들의 허락 없이 낭발아한을 살해했다며 비판하였다. 세조는 그가 조선의 관직도 가지고 있었다는 점 등을 들어 항변했지만, 결국 명에 사과를 표명할 수밖에 없었다. 왕전은 이 사건을 명이 조선보다 여진에 대해 우위에 있던 사례라고 주장하였다.[18] 한편, 시에짜오화(謝肇華)도 낭발아한 사건에 주목하였다. 그는 이 사건을 계기로 여진인이 국가와 민족 귀속 인식을 강화하게 되었다고 보았다.[19]

먀오웨이(苗威)는 건주여진과 모련위가 성립한 이후 조선과 어떠한 관계를 맺었는지 고찰하였다. 그는 양자가 때로는 군사적 충돌을 벌이기도 했지만, 때로는 평화를 지향해 우호 관계를 맺었던 점을 강조하였

17 刁書仁·王劍(2001),「明初毛憐衛與朝鮮的關系」,『明史研究』

18 王臻(2006),「明朝与李朝在郎卜爾罕问题上的政策之比较研究」,『史学集刊』.

19 謝肇華(2005),「浪孛兒罕事件與女眞族民族精神的覺醒」,『滿族研究』.

다. 하지만 모련위의 상당수는 세조 대 모련위 정벌 이후 압박을 느끼고 건주삼위가 있는 파저강 일대로 이주하였고, 이 때문에 건주여진의 세력이 강해지는 계기가 되었다고 평가하였다.[20]

건주여진의 주거지와 가까운 압록강 유역에서 생활했던 '기주모련위(寄住毛憐衛)'의 정체를 탐구한 연구도 눈길을 끈다. 1410년에 모련위의 유력한 추장인 유파아손(劉把兒遜) 등이 살해당하며 잠시 모련위의 구심점이 사라졌다. 이때 이만주의 아들인 맹가불화(猛哥不花)가 명의 허가를 얻어 모련위를 관할하였다. 하지만 맹가불화 부자는 파저강 일대에 거주하고 있었다. 그 때문에 두만강 일대에서는 여전히 유파아손의 자손이 영향력을 가졌고, 모련위는 건주위에 예속되지 않은 독립 세력이라는 것이다. 따라서 기주모련위는 맹가불화와의 관련성보다 낭발아한 사건 이후 모련위 일부의 서천과 관련이 깊고, 실상 중종 대 이후 등장하는 기주위가 기주모련위의 핵심 부분으로 '모칭위명(冒稱衛名)'이라고 강조하였다.[21]

이 외에 조선과 명의 여진 정책을 다각적으로 분석한 연구도 있다. 위샤오광은 임진왜란기에 명과 조선이 여진인에게 각기 다른 정책을 추진하였음에 주목하였다. 여진 세력의 성장은 명과 조선에 위협으로 작용하였다. 명조의 대여진 정책은 이이제이였지만, 시간이 갈수록 여진은 세력이 강해지고 결국 통일을 이루었다. 반면 조선은 여진의 위협을 예상했고, '이왜공호(以倭攻胡)' 정책을 선택하였다. 하지만 당시 동

20 苗威(2001),「建州, 毛憐二衛設置後同李氏朝鮮的關系」,『延邊大學東疆學刊』.

21 張雅婧(2014),「明代"寄住毛憐衛"女眞考述」,『東北師大學報(哲學社會科學版)』.

북지역의 복잡한 상황 등으로 조선은 이들에게 영향력을 발휘할 수 없었다. 결국 명과 조선의 정책은 실패로 돌아갔고, 건주여진은 임진왜란 이후 더욱 강성해지며 명과 조선에 위협으로 작용했다고 평가하였다.[22]

3. 영토

조선과 여진의 관계 연구에서 나타나는 특징 중 하나는 2000년대부터 영토에 대한 관심이 증가한 것이다. 댜오슈런은 고려 말부터 세종이 6진을 개척하던 시기까지 조선의 북진 정책을 여진과의 관계 변화와 연계하여 이해하였다. 결과론적으로 영락제가 동북면 10처 여진인 귀속 문제를 허락해 조선은 영토를 확장했고, 이것은 명의 큰 실책이라고 평가하였다. 하지만 그가 조선의 집권층이 동북면에 대한 영토 의식을 가지고 있었던 점을 언급한 사실도 주목할 만하다.[23]

천후이(陳慧)는 15세기 이전 두만강 일대는 중국의 소수민족인 여진족의 영역으로 명의 지방 행정기구인 위소(衛所)를 설치하였고, 두만강 남쪽도 명의 영토였다고 주장하고 있다. 그 근거로 건주위와 모련위 등 명이 두만강 유역에 설치했던 여러 위소를 나열하였다. 이후 조선이 북진 정책을 추진하여 15세기 중엽에 이르러 두만강 남안(南岸)에 6진을

22 於曉光(2006), 「"以夷制夷"與"以倭攻胡"-壬辰戰爭期間明朝與朝鮮對女眞政策的比較研究」, 『濰坊學院學報』.

23 刁書仁(2000), 「明前期中朝東段邊界的變化」, 『史學集刊』; 刁書仁(2001), 「論元末明初中國與高麗, 朝鮮的邊界之爭」, 『北華大學學報(社會科學版)』.

설치하였고, 이때부터 중국과 조선의 경계가 되었다고 보았다.[24]

리화쯔(李花子)는 『금사(金史)』의 갈란전에 대한 위치, 『고려사』 「지리지」, 「세가」의 기술과 고려와 명의 철령위 설치 분쟁 과정 등을 토대로 공험진(公嶮鎭)의 위치를 길주로 비정하였다. 하지만 조선 초에 공험진이 보다 북쪽으로 이동하였고, 이것은 조선이 두만강 이남의 여진인을 제어하고, 두만강을 동북의 경계로 삼고자 한 점과 관련 있다고 파악하였다. 한편, 그는 고려와 조선의 영토 확장 과정을 여진 지역에 대한 군사적 점유의 실행이자 명과의 외교 각축장이었다는 점을 지적하며 공험진의 위치를 분석하였다.[25]

리우양(劉陽)과 진청하오(金成鎬)는 중국과 한국의 영토를 두만강으로 삼은 역사적 연원을 탐구하였다. 즉, 조선이 14세기 후반 두만강 하류를 차지한 시점부터 15세기 중기에 6진 개척을 통해 두만강 중류를, 17세기에 무산 일대를 차지하고, 18세기 이후 백두산 감계 문제를 통해 경계를 확장한 과정을 살펴본 것이다. 하지만 필자는 두만강 남쪽도 원래 중국 영토였지만, '암묵적 관행'으로 조선이 점유했다는 시각을 가지고 있다.[26] 따라서 여기에는 조선과 여진의 관계가 결부될 수밖에 없었다.

이후 리우양은 조선이 압록강과 두만강 연안에 축조한 장성(행성)의 기능을 규명하였다. 1440년경부터 조선은 북방의 강계에 행성을 쌓았

24 陳慧(2007), 「試析15世紀中葉圖們江成爲中朝界河」, 『中國邊疆史地研究』.

25 李花子(2011), 「高麗末朝鮮初對公嶮鎭的歷史記憶」, 『朝鮮·韓國歷史研究』

26 劉陽·金成鎬(2015), 「中朝圖們江界河形成源流略考」, 『史學集刊』.

는데 이는 여진의 침입을 방어하기 위해서였고, 고려의 천리장성 축조 경험과 명이 장성을 쌓은 영향을 받았다고 지적하였다. 리우양은 북방 행성의 축조를 시기적으로 구분하였는데, 세종 대에는 축성 위주였지만, 그 이후에는 수축을 위주로 했다고 보았다. 그리고 장성은 조선의 옌볜 방어체제의 핵심으로 조선반도 축성사의 걸출한 대표작이라고 평가하였다.[27]

또한 리우양은 15세기 중반 이후 중국과 조선의 영토가 두만강과 압록강으로 고착된 역사적 근원을 검토하였다. 그는 기존에 조선의 북진으로만 설명되던 시각에서 탈피하여 복합적으로 살펴보았다. 리우양은 조선이 근본적으로 고구려와 고려의 '북진' 의식을 계승하여 15세기 중반에 두만강과 압록강을 경계로 하였고, 여진의 침입으로부터 강역을 수호하기 위한 '보국봉강(保國封疆)' 사상을 만든 후, 안정적 방어를 위하여 '강방체계(江防體系)', 즉 연강 방어체계(沿江防禦體系)를 구사하였다고 보았다. 그리고 이 세 가지가 유기적인 관계를 이루며 안정적으로 국경이 유지되었다고 주장하였다.[28]

27 劉陽(2017), 「朝鮮王朝前期的北方沿江行城建置及其防禦功能」, 『世界歷史』.

28 劉陽(2017), 「15世紀中葉以來中朝鴨綠江與圖們江界河形成的歷史根源探析」, 『河南師範大學學報(哲學社會科學版)』.

4. 무역

조선 전기 여진인은 주로 사냥과 목축 등으로 생업을 영위하였다. 물론 농사도 일부 짓기는 하였지만, 조선과 명의 농업 기술과 방식에 비할 바는 아니었다. 여진인은 자신의 지역에서 생산되는 우수한 초피, 말 등을 조선과 명에 판매하고 식량과 생활용품, 사치품을 사는 등 무역에 관심을 기울였다. 조공은 명 황제 혹은 조선 국왕의 지배에 편입하는 형식이었지만, 그 과정에서 발생하는 상사품과 무역을 할 수 있는 권리 등 혜택을 누릴 수 있는 수단이었다. 따라서 여진인에게 무역은 생존과 연결되는 중요한 일이라고 할 수 있고, 단편적이기는 하지만 관련 자료도 상당수 남아 있는 편이다. 이러한 배경에서 연구자들은 자연스럽게 여진과 조선의 무역에 관심을 기울였다. 2000년대 이후 연구 성과는 조선의 변경에서 이루어진 호시(互市) 무역에 집중하는 경향을 보인다.

왕전은 조선과 여진의 변경에 개설한 경원과 경성, 무산, 만포 등의 호시 무역에서 초피 등으로 경우(耕牛)와 철제 농기구 등을 교환한 것을 검토하였다. 그는 호시 무역 결과 조선인과 여진인의 우호 관계가 증진되었을 뿐만 아니라 여진의 경제와 군사력 증강의 토대로 작용하였다고 지적하였다. 이러한 점은 결국 여진이 굴기할 수 있는 토대가 되었다고 주장하였다.[29]

댜오슈런은 조선과 여진의 조공 무역과 변경에서 이루어진 호시 사례들을 규명하였다. 여기서 주목할 점은 조선과 여진의 무역은 단순히

29 王臻(2002), 「明代女眞族與朝鮮的邊貿考述」, 『延邊大學學報(社會科學版)』.

경제력을 갖추었을 뿐만 아니라 단조(鍛造) 기술의 발전을 촉진했다고 본 것이다. 반면 조선은 조공 무역을 통해 여진인에게 대국 의식을 과시할 수 있었고, '소천조(小天朝)' 의식을 강화하는 배경이 되었다는 점을 지적하며 양측이 무역을 통해 갖는 의미를 분석하였다.[30]

한편, 넓은 시각으로 여진의 무역을 살펴본 연구도 있다. 롼안판은 명대 무역에 종사한 여진인을 상인으로 파악하며 상업적 기능에 주목하였다. 이들이 요동 일대의 교통로를 이용하여 조공 무역 등으로 모피 등을 북경으로 가져왔고, 이곳에서 강남의 비단 등을 구매하여 여진 지역까지 유통한 점에 관심을 가졌다. 그는 여진 상인들이 여기에 그치지 않고, 모피 등 특산품과 강남의 비단을 조선과 일본, 홋카이도(北海道) 등에 판매하였다고 지적하였다. 롼안판은 이러한 무역로를 '동북아의 실크로드'라고 명명하였다.[31]

저우셩메이는 무역의 주요 방식을 조공과 변경의 호시로 나누어 조선 초부터 청대까지 조선과 여진의 무역 양상을 긴 호흡으로 파악하였다. 그는 양자의 무역으로 조선은 이들에게 영향력을 강화하고 변경의 안정을 가져왔다고 보았다. 반면 여진은 생활용품, 농기구 등을 획득하여 사회·경제적 발전을 이루어 성장할 수 있었다고 평가하였다.[32]

탄춘양(譚春陽)은 조선과 여진의 변경 호시 문제에 더 집중하였다. 그 역시 두만강 유역의 호시 발전 과정을 15세기 초반, 15세기 중반~16세

30 刁書仁(2007), 「明代女眞與朝鮮的貿易」, 『史學集刊』.
31 欒凡(2015), 「明代女眞商人與東北亞絲綢之路」, 『東北史地』.
32 周生美(2015), 「略論明代圖們江流域與朝鮮的貿易往來」, 『山西青年』.

기 중반, 16세기 중반~17세기 중반으로 구분한 후, 양자의 무역 등으로 여진은 농업 기술 등 여러 방면에서 발전했다고 보았다. 다만 양자의 무역으로 조선에서 철물 및 농우(農牛)가 유출되며 함경도 일대의 농업 생산력 정체와 경제력 약화 등도 나타났음을 피력하였다.[33]

5. 군사

여진이 주변의 조선과 명 등을 침입하여 약탈하는 방식은 생활을 영위하는 데 중요한 요소 가운데 하나였다. 반면 조선과 명은 이들의 침입을 방어하고, 때에 따라 군사 작전으로 무위를 보일 필요도 있었다. 따라서 조선과 여진의 군사적 충돌 역시 여러 연구자의 주요 관심사 중 하나였다. 하지만 2000년 이전에 비해서 군사 부분의 연구량이 줄어든 감도 없지 않다.

시에짜오화는 1433년에 단행된 파저강(渾江) 정벌을 규명하였다. 그는 조선에서 최초로 이만주(李滿住)의 건주위를 정벌한 것에 주목하였고, 구체적으로 정벌 원인과 경과·영향을 검토하였다. 조선군에게 상당한 피해를 당한 이만주 등은 명의 중재를 기대했지만 선종(宣宗)은 조선의 손을 들어 주었고, 이 때문에 여진족의 민족의식이 발현하며 세력 화합과 민족 진흥의 토대가 되었다고 파악하였다.[34]

33 譚春陽(2016),「明代女眞與朝鮮王朝的邊境互市」,『環球人文地理』.

34 謝肇華(2000),「評析朝鮮對建州衛女眞的第一次用兵」,『中央民族大學學報(哲學社會科學版)』.

왕전은 시에짜오화의 연구보다 시기를 더욱 확장하였다. 즉, 이만주가 파저강 일대로 이주한 뒤 조선의 압록강 일대를 공격하였고, 이 때문에 조선이 세 차례에 걸쳐 정벌한 내용을 검토하였다. 다만 그는 이만주 등 건주위가 조선 변경을 침입한 것이 아니라 홀라온올적합(忽剌溫兀狄哈)이 침입하였지만, 조선에서 이만주 등의 세력 강화로 변경에 혼란이 생길 것을 우려했기 때문에 정벌하였다고 보았다.[35]

댜오슈런은 '성화 3년의 역'의 원인과 결과를 집중 분석하였다. 그는 건주여진이 명의 변경을 공격한 원인을 첫째, 약탈 경제의 확대, 둘째, 명과 조선이 '견양지배(犬羊之輩)'로 하대한 복수심, 셋째, 정통(正統) 연간 여진인 조공 제한으로 발생한 경제적 불만 고조 등으로 분석하였다. 이러한 영향으로 건주여진의 세력이 약해지고, 일시적으로 명에 순응하는 양상을 보이기도 하였다. 하지만 여진인의 원한은 더욱 쌓여 갔고, 이들의 변경 침략이 계속되며 양자의 갈등을 해결할 수 없다고 보았다.[36]

리우양은 1410년 태종 대 여진 정벌인 '경인사변'의 원인과 결과를 재검토하였다. 그는 기존 연구와 달리 정벌 이후 모련위와 동맹가첩목아 등이 원한을 품고 조선을 계속 공격한 점에 주목하였다. 그 결과 조선과 여진은 장기간 대치하는 상태가 되었고, 서로 상당한 피해를 입었다는 점을 강조하였다.[37]

35 王臻(2007), 「建州女眞李滿住部與朝鮮王朝的關系探析」, 『北方民族』.

36 刁書仁(2008), 「明成化初年對建州三衛用兵考述」, 『中國邊疆史地研究』.

37 劉陽(2014), 「"庚寅事變"始末之再考察」, 『韓國研究論叢』 27.

6. 자료

기존의 조선과 여진에 대한 자료는 주로 『조선왕조실록』과 『명실록』 등을 이용하였다. 이 외에 1595년 12월~1596년 1월까지 신충일이 누르하치의 퍼알라성에 다녀온 뒤 작성한 『건주기정도기(建州紀程圖記)』와 1619년의 부차 전투에서 강홍립과 함께 포로가 된 이민환이 이듬해 7월까지 허투알라에 머물며 직접 경험한 내용을 조선에 귀국한 뒤 작성한 『건주견문록(建州見聞錄)』이 있다. 이러한 자료들은 당대인이 경험한 내용을 직접 기재하였기 때문에 사료적 가치가 매우 높다.

중국에서는 2000년대 들어 두 자료에 관심을 기울이고 있다. 댜오슈런과 류빙후(劉秉虎)는 『건주기정도기』의 자료를 이용하여 조선과 누르하치의 관계 등을 살펴보았다.[38] 특히, 류빙후는 건주여진을 다녀왔던 신충일이 작성한 『건주기정도기』를 토대로 대조선 관계를 살펴보았다. 여기에서는 신충일의 파견 배경과 퍼알라성의 형태, 17개 조항, 추장의 이름과 해당 마을의 호수(戶數), 군대 형태 등을 분석하였다. 류광밍(劉廣銘)은 『건주기정도기』를 통해 조선인의 여진에 대한 인식을 검토하였다. 조선인은 여진인을 멸시하는 시각이 근저에 깔려 있었지만, 이들의 성장을 직접 바라보며 장차 조선에 피해를 줄 것이라는 관점으로 변화한 과정에 주목하였다.[39]

원지아전(聞家禎)은 『건주기정도기』를 본격적으로 연구한 연구자다.

38 刁書仁(2001), 「朝鮮使臣所見的建州社會-兼論後金建國前與朝鮮的關系」, 『滿族研究』; 劉秉虎(2003), 「建州女眞與朝鮮交涉之研究-以『建州探情記軸』爲中心」, 『大連大學學報』.

39 劉廣銘(2004), 「『建州紀程圖記』中的女眞人形象」, 『東疆學刊』.

그는『건주기정도기』의 간략한 내용과 발견 과정, 신충일의 활동 등을 검토하고 문헌적 가치를 밝혔다. 특히, 당시 건주여진을 구체적으로 파악할 수 있는 중요한 저서라는 점을 강조하였다.[40] 이후『건주기정도기』를 통해 농업 생산과 퍼알라성의 건축 및 구조, 후금 초기의 사회, 누르하치 등의 복식을 분석하였다. 아울러 건주여진은 이전 시대보다 발전했지만 아직 후금과 같은 발전 단계는 이루지 못하였다고 보았다.[41] 또한『건주기정도기』의 군사 관련 내용의 사실 관계를『명실록』,『청태조실록』,『청사고』,『동화록』 등 다양한 사료와 교차 검증하였다. 이를 통해 최소한 군사 문제에서 사료적 가치가 풍부하다고 주장하였다.[42]

한편,『건주견문록』으로 지리와 여진인 형상을 살펴본 연구도 있다. 류광밍은 건주여진이『건주기정도기』 제작 시기보다 강한 세력을 형성하여 조선에서 방어책을 집중적으로 제기한 점을 토대로 이들에 대한 조선의 인식이 변화했다고 피력하였다.[43] 쑨웨(孫悅)는 건주여진의 사회상 위주로 분석하였다. 여기에서는 크게 음식, 주거, 의례, 복식, 혼인 등을 구분하였다. 이를 토대로 당시 건주여진은 생산력 등의 발전 양상이 점차 뚜렷해지고, 홍타이지 대에 한족의 제도와 문화를 수용하여 더욱 강해졌다고 파악하였다.[44]

40 聞家禎(2014),「『建州紀程圖記』文獻學研究」,『蘭州教育學院學報』.

41 聞家禎(2017),「『建州紀程圖記』考略」,『黑龍江民族叢刊』.

42 聞家禎·李德山(2017),「『建州紀程圖記』軍事內容考略」,『古籍整理研究學刊』.

43 劉廣銘·徐東日(2006),「『建州聞見錄』中的女真人形象」,『延邊大學學報(社會科學版)』.

44 孫悅(2014),「從『建州見聞錄』中淺談建州女眞社會生活」,『環球人文地理』.

7. 인물

여진의 인물을 중심으로 살펴본 연구도 중요하다. 선행 연구는 여러 인물 가운데 조선을 건국하는 데 중요한 역할을 했던 이지란(李之蘭)에게 집중한 경향이 보인다. 왕융이(王永一)는 이지란의 군사적 활동과 정치적 성장, 위화도 회군, 조선 건국에서의 역할 등을 살펴보았다. 더불어 동북면 일대에서 여진 추장으로 가지고 있던 위상에 대해서도 고찰하였다.[45] 그리고 조선 건국 이후 공신에 임명되어 중앙 정치에서 활약한 내용과 동북면도안무사로 동북면 여진을 안정시킨 내용을 검토하였다.[46] 원중저(文鍾哲) 역시 이지란의 생애를 전반적으로 다루었다. 특히, 그 후손들이 조선의 문화와 관습 등을 수용하며 조선인이 되었다고 파악한 점은 주목할 필요가 있다.[47]

뤄안판과 왕옌(王雁)은 이만주가 압록강 유역에 거주한 1423년부터 그가 사망한 1467년까지의 활동을 주로 살펴보았다. 이만주는 봉주 일대에 거주하다가 1423년경부터 파저강 유역의 옹촌→오미부→오녀산→옹촌 주변 등으로 이주하였다. 그가 한곳에 정착하지 못하고 이주한 데는 주변 세력과의 충돌이 주요 원인이었다며 그 과정을 서술하고 있다. 특히, 초기 400여 호였던 이만주의 세력이 사망 시점에 2,300여 호로 크게 증가한 점을 주목하며 그의 뛰어난 능력을 강조하고 있다.

45 王永一(2004),「李之蘭硏究: 以朝鮮王朝建國與女眞勢力關系爲中心」,『韓國學報』.

46 王永一(2009),「朝鮮初期女眞族裔大臣李之蘭在政界的活躍」,『中國邊政』.

47 文鍾哲(2014),「從女眞千戶到朝鮮王朝的開國功臣-靑海李氏家族始祖李之蘭評介」,『遼東學院學報(社會科學版)』.

필자는 이만주가 명과 조선에 가까이 거주하며 양국으로부터 선진 문물을 수용하였고, 이러한 점이 건주여진의 세력 확장과 후일 만주족 흥기의 토대가 되었다고 분석하였다.[48]

8. 기타

마지막으로 앞의 분류에 포함되지 않는 분야를 정리하겠다. 왕전은 중국과 한국 학계의 건주여진과 조선의 관계에 대한 연구 성과를 소개하였다. 그는 여기에서 연구 성과의 공통점으로 양자 관계를 깊은 단계까지 다루지 못하고, 대부분은 대략적인 사실을 나열하는 단계에 머물러 있다고 지적하였다. 또한 여기에 대한 이론을 고도화하여 사론(史論)을 결합하는 방식에 도달하지 못하였다고 비판하였다. 한편, 한국 연구 성과의 수준이 높아졌다고 표현했지만, 한국 중심으로 해석하는 편견이 있다고 지적하였다.[49]

천팡(陳放) 역시 양자 관계에 대한 중국과 한국의 연구 성과를 검토하였다. 중국과 한국의 기존 연구 성과는 여진 계통 분석, 조선과 여진의 관계, 여진의 굴기, 조선과 후금의 전쟁, 조선과 청의 관계, 조선과 청의 봉공제도 등의 연구에 집중되었다고 강조하였다. 하지만 종합적으로 조선과 여진의 관계를 분석한 논문이 없었다는 아쉬움을 표하고

48 欒凡·王雁(2006),「女眞首領李滿住在鴨綠江流域的活動」,『東北史地』.

49 王臻·劉玉(2004),「關於朝鮮與明代建州女眞關系研究的理性思考」,『東疆學刊』.

있다.[50]

천팡은 중국과 주변 세력들 사이에 맺은 조공 관계를 '봉공 관계(封貢關係)'로 규정한 뒤, 조선과 여진 관계에 투영하였다. 그는 여진이 생존과 발전을 위해 조선의 경제적 도움이 필요했던 반면, 조선은 영토 확장과 영향력 강화 등을 위해 이들의 조공을 허가하였다고 보았다. 하지만 이것은 중국과 주변국이 맺었던 전통적 '봉공 관계'와 다른 불완전한 것이라고 규정하였다.[51]

여진에 대한 인식을 살펴본 연구도 있다. 마웨이잉(馬維英)은 누르하치의 흥기 시기와 맞물렸던 선조 대 인식의 변화 양상을 추적하였다. 선조 대 초기만 해도 누르하치 등을 '이적'으로 인식하고 몰아내야 하는 대상으로 보았으나, 누르하치가 세력을 확대하며 위협으로 다가오자 이들은 점차 방비의 대상으로 바뀌었다. 결국 변화된 국제관계에 따라 조선은 '번리' 의식을 해체할 수밖에 없었다고 파악하였다. 이처럼 선조 대의 인식 변화는 후일 청과 조선 관계의 원류로 작용하였다고 평가하였다.[52]

50 陳放(2014),「朝鮮與女眞, 滿族諸政權關系變遷研究綜述」,『內蒙古財經大學學報』.

51 李宗勳·陳放(2011),「中國古代"封貢關系"新思考-論朝鮮與女眞"封貢關系"的成因及影響作者」,『延邊大學學報(社會科學版)』.

52 馬維英(2015),「朝鮮對努爾哈赤勢力認識的深化及應對-以『宣祖實錄』爲中心的分析」,『北華大學學報(社會科學版)』.

2.6. 중국의 청사찬수공정

정혜중 • 이화여자대학교 사학과 교수

1. 배경

중국에서는 현재 17년이 넘게 총 6억 위안(약 1,000억 원) 이상의 예산을 국가가 지원하는 연구 사업인 이른바 '국가청사찬수공정(國家淸史纂修工程)'을 진행하고 있다. 이 사업은 2000년 12월 중국인민대학 청사연구소(中國人民大學淸史研究所)의 다이이(戴逸) 교수의 건의로 시작되었다. 다음 해 3월 인민대학 학술연구회가 중국 정부에 조직을 제안하고 2002년 8월 장쩌민(江澤民), 주룽지(朱鎔基) 등 4인의 정치국 상무위원의 비준을 거쳐 결정되었다. 이후 국무원 판공청(國務院辦公廳)의 주도하에 국가청사편찬 영도소조(領導小組)가 구성되고, 2002년 12월 국가청사편찬위원회가 정식으로 성립하였다. 이른바 청사찬수공정에는 약 1,600명의 연구자가 610여 개의 기관에서 역대수사(易代修史)와 성세수사(盛世修史)라는 전통에 기반해 청사를 재구성하고 다시 기술하는 작업을 하고 있다.

이렇게 21세기에 들어 시작되는 것처럼 보인 청사찬수공정의 배경에는 매우 복잡한 역사가 담겨 있다. 주지하듯이 중화민국 수립 직후인 1914년 '역대수사' 전통에 따라 청사관(淸史館)이 설치되었고, 이후 약 14년간에 걸친 노력 끝에 『청사고(淸史稿)』가 간행되었다. 신해혁명 직후 국무원은 대총통 위안스카이(袁世凱)에게 청사 편찬을 건의하여 1914년 9월 청사관의 개관과 전문가 100여 명의 참가로 편찬 작업을 시작하였다. 총 10년을 목표로 한 사업은 생각처럼 원만하게 진행되지는 않았는데, 가장 큰 원인은 '민국의 혼란한 정치'에 있었다. 1916년 위안스카이 사망과 1920년대의 불안한 상황에서 마지막까지 남은 10여 명이 우여곡절을 거쳐 마침내 1928년에 인쇄할 수 있게 되어 『청사고』라는 명칭으로 본기(本紀) 25권, 지(志) 142권, 표(表) 53권, 열전(列傳) 316권의 총 536권으로 출간하였다.

『청사고』는 정리 내용도 부실하였고 편찬에 참가한 사람들이 대부분 청조 관리들로 구성되었기 때문에 역사적 사실에 대한 평가가 공정하지 못하다는 단점이 있었다. 이에 중화인민공화국 정부에서는 새로운 청사 편찬을 기획하였다. 첫 번째 움직임은 1949년 국가가 성립되고 사회주의 체제를 굳혀 갔던 1959년에 제기되었다. 국가적 차원의 관심을 배경으로 1965년 가을 저우언라이(周恩來)는 중앙 선전부의 계획하에 '청사편찬위원회'를 만들고 청사 편찬을 이끄는 7명의 위원을 선정하였다. 그런데 기구가 만들어지고 2개월 뒤 4인방의 한 사람인 야오원위안(姚文元)에 의해 우한(吳晗)의 『해서파관(海瑞罷官)』 비판이 시작되면서 청사 편찬 계획은 수포로 돌아갔다.

개혁개방과 함께 청사 연구 계획이 다시 논의되고 실천되었다. 당시 주도 기관은 '중국사회과학원'이었다. 정계에 복귀한 덩샤오핑(鄧小平)

에게 청사 편찬을 건의하는 제의가 들어오자 이를 중국사회과학원에 지시하여 처리하도록 하였던 것이다. 이후 중국사회과학원의 주도로 『청대인물전』, 『청대통사』를 기획하는 등 청대 역사 연구를 진행하였지만 청사찬수공정과 같은 대규모 계획으로 이어지지는 못하였다. 이는 중국사회과학원이 역사 전반을 연구하는 국가 중앙기구였기 때문에 청대사만을 집중적으로 연구하는 거대 프로젝트의 계획과 실천에는 한계가 있었기 때문이다. 대만에서도 새로운 청사 편찬이 제기되면서 『청사고』를 수정 · 보완하여 『청사고교주(淸史稿校註)』를 출판하였다.

이러한 청사 편찬의 경험은 경제 발전과 사회 발달 그리고 무엇보다도 학술 연구의 축적에 대한 연구자들의 관심이 모아지면서 21세기에 학자 다이이에 의해 제기되었다. 그는 1965년 청사편찬위원회의 7인 위원 중 한 사람이었다. 그가 관여한 청사 편찬 작업의 시도는 국가의 통일 위업을 달성한 중화인민공화국의 역사 정리 작업이었다면, 2002년에 제기한 청사찬수공정은 G2로 도약한 경제대국 중국의 시각에서 청대사를 정리하는 작업이라는 점에서 의미가 있다. 중국 정부가 이와 같이 계속적으로 청사 연구에 매진한 것은 자신들의 역사적 통치 기반을 다민족국가이면서 최대 영토를 실현했던 청조 역사에 두려고 하는 의도와도 무관하지 않을 것이다. 따라서 청조와 대외 관계가 가장 밀접하지만 상호 인식의 지평이 달랐던 조선과 청의 관계사를 생각할 때 중국 역사 서술에 더욱 주목해야 할 필요성이 있다.

그간 수차례 무산되었던 청사 편찬 사업이 2002년 말 중국 정부의 유례없는 전폭적인 지원으로 시작되었고, 중국이 세계 역사상 유례를 찾아볼 수 없다고 자랑하는 24사, 정사 편찬의 전통을 계승한다는 측면에서도 다른 역사 공정과 차별성을 가진다.

청사찬수공정은 기본 홈페이지인 중화문사망(中華文史網, http://www.historychina.net/)의 소개와 천제센(陳捷先) 등 주편 『청사논집(淸史論集)』의 논문, 다이이 · 마다정(馬大正) · 리즈팅(李治亭)의 『청사찬수 연구와 평론(淸史纂修硏究與評論)』에서 찬수 과정과 방법을 설명하고 이미 출간된 연구서 및 관련 문헌과 당안 소개를 통해 그 정보를 알 수 있다. 이러한 소개를 바탕으로 지금까지 알려진 청사찬수공정의 내용을 살피고 분석해 보면 다음과 같다.

2. 구성과 내용

청사공정은 2002년 국가 비준을 거치고 실질적인 업무는 2003년부터 시작되었다. 2003년부터 체제 및 체례 · 대강을 확정하여 전반적인 작업을 개시한 이후 2004~2005년에 걸쳐 『청사』 92권을 100여 개 항목으로 나누어 편사 작업을 시작하였고, 수십 차례의 항목 평심회(評審會)가 열려 2008년 말에 모두 295개 항목이 설정되었다. 그 가운데 주체공정은 174개 항목[통기(通紀) 12항, 전지(典志) 70항, 전기(傳記) 28항, 사표(史表) 23항, 도록(圖錄) 23항], 기초공정은 106개 항목, 보조공정은 15개 항목으로 확정하여 적어도 295명의 항목 관리자가 필요하게 되었고, 여기에 과제팀 성원까지 포함하면 약 1,600명의 전문가가 작업에 참여하는 거대한 일정으로 진행되었다.

가장 중요한 것은 청사 편찬에서의 체제 문제, 즉 구성 문제였다. 새롭게 편찬되는 『청사』는 중국 전통의 역사학 체제인 기전체(紀傳體)의 틀을 벗어나 전통적 사서 기술 방식에서 좋은 점만을 살리며, 최신의 연구 성과를 포함하는 형태라는 점에 합의하였다. 이를 위해 연구자들은 논의를 거듭하면서 「통기」(8권), 「통지」(39권), 「전기」(29권), 「사표」(22권), 「도록」(10권)의 5개 항목, 총 92권으로 구성하였는데 통기, 통지, 전기, 사표는 기전체의 큰 틀을 가져온 것이고 도록이 추가된 것이 큰 특징이다. 관련 내용을 항목별로 정리하면 다음과 같다.[1]

1) 「통기(通紀)」(8권)

제1권 : 만주족의 흥기와 청조 건립(1583~1643) 총 61년

제2권 : 청조 입관 및 남중국 평정(1644~1683) 총 40년

제3권 : 강희(康熙) 치세와 옹정(雍正)의 개혁(1684~1735) 총 52년

제4권 : 건륭의 중국 통일(1736~1795) 총 60년

제5권 : 청조의 쇠락(1796~1839) 총 44년

제6권 : 외국의 무장 침입과 국내의 농민전쟁(1840~1864) 총 25년

제7권 : 청조의 자강운동과 그 실패(1865~1895) 총 31년

제8권 : 청 말의 개혁과 청조의 멸망(1896~1912)

「통기」 8권의 책임은 다이이가 맡고 있는데, 만주족 흥기에서 '강옹건 성세(康雍乾盛世)' 그리고 신해혁명으로 이어지는 청조의 흥성쇠망 논조가 담길 것으로 예상된다.

1 정혜중(2008), 『중국의 청사공정 연구』, 동북아역사재단, 13~16쪽.

2) 「통지(通志)」(39권)

제9권 : 천문역법지

제10권 : 지리지

제11권 : 생태환경지

제12권 : 인구지

제13-14권 : 민족지

제15권 : 직관지

제16권 : 법률지

제17권 : 팔기지

제18-19권 : 병지

제20권 : 변정지(邊政志)

제21권 : 마카오 · 홍콩지

제22-23권 : 방교지

제24권 : 화교지

제25권 : 농업지

제26권 : 수공업지

제27권 : 상업지

제28권 : 대외무역지

제29권 : 근대안실업교통지(近代案實業交通志)(붙임. 역체(驛遞))

제30권 : 재정지

제31권 : 조운 · 염정 · 전법(붙임. 금융)

제32권 : 종교지(붙임. 보갑(保甲))

제33-34권 : 종교지

제35권 : 회당교문지(會黨教門志)

제36권 : 예속지

제37권 : 교육지

제38권 : 재진지(災震志)

제39권 : 사상문화지

제40권 : 학술지

제41권 : 서학지

제42권 : 시문·소설지

제43권 : 희곡·서화지

제44권 : 과학기술지

제45권 : 수리지

제46권 : 건축지(궁전(宮殿), 원림(園林), 민거(民居) 등)

제47집 : 의약위생지

「통지」 39권에는 생태환경, 근대안실업교통지, 의약위생지 등 최근 역사 연구에서 대두되는 최신 주제와 현대 중국의 당면 문제를 청대사 속에서 재조명하겠다는 의지가 담긴 것으로 보여 서술 결과가 기대된다.

3) 「전기(傳記)」(29권)

제48권 : 입관 전 인물 약 80명

제49권 : 순치(順治)·강희(康熙) 대 인물 약 100명

제50권 : 강희 대 인물 약 100명

제51권 : 강희 대 인물 약 100명

제52권 : 옹정 · 건륭 대 인물 약 100명

제53권 : 건륭 대 인물 약 100명

제54권 : 건륭 대 인물 약 100명

제55권 : 가경(嘉慶) 대 인물 약 100명

제56권 : 가경 · 도광(道光) 대 인물 약 100명

제57권 : 도광 대 인물 약 100명

제58권 : 함풍(咸豐) 대 인물 약 100명

제59권 : 동치(同治) 대 인물 약 100명

제60권 : 광서(光緖) 대 인물 약 100명

제61권 : 광서 대 인물 약 100명

제62권 : 광서 · 선통(宣統) 대 인물 약 100명

제63권 : 학술(學術) 약 250명

제64권 : 문원(文苑) · 학술(서화가, 배우 포함) 약 100명

제65권 : 충열(忠烈) · 효의(孝義) · 순리(循吏) 약 200명

제66권 : 공상(工商) · 기술(技術) 약 200명

제67권 : 소수민족 · 종안(宗案) · 화교(華僑) 약 200명

제68권 : 농민영수(農民領袖) · 혁명당인(革命黨人) · 부녀(婦女) 약 250명

제69권 : 유민1(명말청초) · 유민2(청말민초) · 국외 인사 약 250명

「전기」(29권)에서는 청대 인물사를 다루고 있는데, 이 작업을 위해 몇 차례 구성 인물이 변동하다가 2009년에 조장 선젠핑(瀋振平)과 리즈슌(李治順), 자오쩐쩐(趙珍診) 등 8명으로 구성된 전기조(傳記組)가 작업 중

이다. 2003년 8월~2004년 6월까지 약 1년간 작업을 통해 청대 중요 인물 1만여 명 중에서 3,500명을 선정하였다. 선정 인물은 시대별 안배를 고려하였고 30여 항목에 균형을 맞추고자 한 노력이 보인다.

4) 「사표(史表)」(22권)

제70-71권 : 사사표(史事表)

제72권 : 청제세계표(淸帝世系表) · 황자표(皇子表) · 황녀표(皇女表)

제73권 : 제신봉작표(諸臣封爵表) · 번부봉작표(藩部封爵表) · 사대활불표(四大活佛表)

제74권 : 제정왕대신표(諸政王大臣表) · 대학사표 · 군기대신표 · 총리각국사무대신표 · 청말내각표

제75권 : 부원대신표(部院大臣表)

제76권 : 총독표(總督表) · 순무표(巡撫表) · 장군도통주방대신표(將軍都統駐訪大臣表)

제77권 : 제독표 · 포정사표 · 안찰사표 · 학정표

제78권 : 중외조약표

제79권 : 책봉사표(冊封使表) · 주외사절표 · 외국주화사절표(外國駐華使節表)

제80권 : 역과진사표(歷科進仕表)

제81권 : 서원학교표 · 청계보간표(淸季報刊表)

제82권 : 문화표(文禍表) · 교안표(教案表)

「사표」(22권)에서는 역대 기전체의 표에서 다루었던 황계 및 직관의 내용을 다루고 있다. 특히 외국과의 조약, 근대 이후 외교 사절 교환 내

용도 함께 다룬다. 교안과 더불어 문자옥의 내용도 상세하게 기술되는 점이 특징이다.

5) 「도록(圖錄)」(10권)

제83권 : 여지(輿地, 강역 · 산천 · 경사(京師) · 직성(直省) 등)

제84권 : 생산(농경 · 염정 · 자기 · 농사 · 면화 · 제다(製茶) · 방목 · 치하(治河) · 청말 공업)

제85권 : 상업 무역

제86권 : 전의(典儀, 정치제도 · 예제 관련 · 도서(書圖) · 제공(祭孔) · 제농(祭農) · 제천(祭天) · 자전(藉田) · 대혼(大婚) · 순행(巡幸) · 목간(木簡)추선 · 만수(萬壽) 등)

제87권 : 군사(작전(作戰) · 포방(布防) · 군기(軍器) · 조련(操鍊) 등)

제88권 : 민속(행업(行業) · 민족절영(民族節令) 등)

제89권 : 건축(궁전(宮殿) · 원림(園林) · 능침(陵寢) · 성진(城鎭) · 왕부(王府) · 민거(民居) · 명승(名勝) 등)

제90권 : 예술(서화비각 · 복식기명(服飾器皿) · 공예품 · 희곡(戲曲) 등)

제91권 : 종교

제92권 : 초상(도상 · 사진)

「도록」(10권)은 매우 새로운 항목이다. 2004년 후반부터 위원회에서 그림과 사진 자료를 수집하였고 2007년 이미 10만 장이 넘는 자료가 준비되었다. 이 중 출판 예정 목록을 정리하여 '도록총간' 시리즈를 출판하였다. 종래 기전체 정사 서술이 문자에 의존하였던 것에 비해 다양한 사진과 그림 자료까지 청사에 포함하는 것 또한 시대상을 반영한 역사 서술이기에 청사찬수공정에서 서술되는 청사의 특징이라 할 수 있다.

2002년 계획에 따르면 청사찬수공정은 주체(主體)·기초(基礎)·보조(補助)의 세 분야로 나누어 진행되었다. 주체 부분은 3,000만 자에 달하는 청사의 본체로 실제 내용을 서술하고, 기초 부분은 문헌과 당안 정리 및 국외 문헌 번역을 담당하고, 보조 부분은 홈페이지, 도서 자료, 연구 성과의 출판을 관리하는 구도였다. 나아가 각 업무의 재무·인사·자산 등 사무 관리를 위해 국가청사편찬소조를 두고 종합처(綜合處)·사무처(事務處)·재무처(財務處)·인사처(人事處)·복무처(服務處)를 운영하는 형태였다.[2]

그런데 이러한 초기 조직도는 2020년 12월 기준 중화문사망 청사찬수공정 홈페이지를 참고하면 〈그림 1〉과 같은 작업 조직도로 개편, 운영되고 있다. 국가청사찬수영도소조 아래 연구를 담당하는 국가청사편찬위원회와 국가 정부인 문화관광부가 각각 연구와 운영을 맡아 하는 구조로, 초기의 연구 조직 중심 구조에 비해 청사판(淸史辦)인 문화관광부의 찬수와 연구 그리고 편찬, 출판, 홍보도 중시하는 구조로 개편되었다.

조직이 소개되어 있는 중화문사망에는 청사 관련 연구도 다양하게 소개되어 있다. 최근 연구 성과와 기존 연구를 망라하여 연구와 논문,

2 정혜중(2008), 『중국의 청사공정 연구』, 동북아역사재단, 12쪽; 조영헌(2012), 「청사공정의 빛과 그림자」, 『민족문화』 52, 14쪽.

당안 정리 출판과 단행본의 발간 상황을 통해 비교적 쉽게 알 수 있다. 최신 정보로 업데이트되고 있고 청대 관련 문헌을 쉽게 찾아볼 수 있다. 이곳에서는 연구자들이 다량의 정보를 디지털도서관(數字圖書館)에 보관하고 서술에 관여한 연구자들끼리 자료를 공유하지만 외부인에게는 접근이 허락되지 않아 유감스럽다.

〈그림 1〉 국가청사찬수위원회 조직도(2018년 11월 기준)

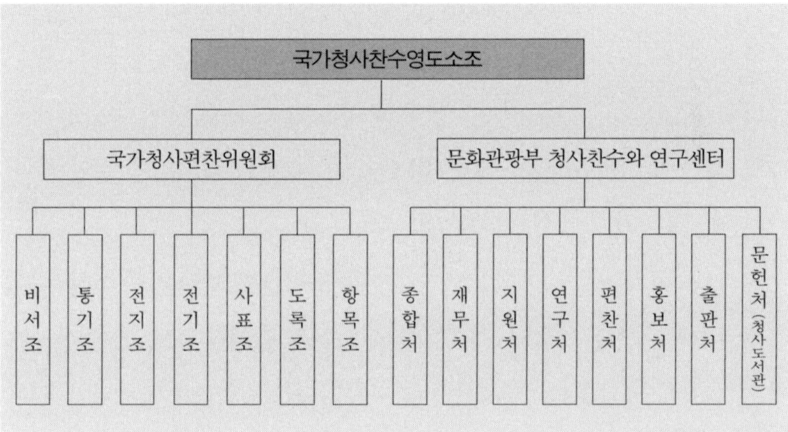

3. 전망과 제언

2002년에 시작된 청사찬수공정은 17년이 지난 지금도 출간 소식 혹은 관련 뉴스가 거의 나오지 않고 있다. 청사 관련 초고는 이미 완성되었으나 후기(後期) 심의 · 개정 · 정리 작업이 진행되고 있다는 소식은 2~3년 전부터 중국 학계에서 들려왔다. 중화문사망 홈페이지의 소식이 최근 업데이트 되었다. 현재까지 정리된 청사 관련 사료, 연구서 등을 망라하고 있다. 많은 연구자가 참여하여 200여만 건의 당안 정리 등에 관한 출판 소식도 들려온다.

청사찬수가 중국 정부의 간섭으로부터 얼마나 자유롭게 객관적으로 서술될 것인가는 2003년 찬수공정이 시작될 무렵부터 동아시아 각국의 연구자들도 우려하였던 점이다. '청사찬수'의 실체가 드러나지 않고 있는 지금 서술 내용에 대한 궁금증은 더욱 증폭되고 있다. 청대사 각 사건에 대한 평가도 궁금하다. 또한 청사찬수공정의 최종 목적이 청조가 최대 영역과 대일통을 확보한 다민족 통일국가이며 그 유산이 현대 중국에 이어지는 것을 증명하고자 하는 것이라면 중화민족의 개념 해석과 적용을 둘러싸고 또 다른 논쟁으로 번지는 것이 아닌가 걱정도 된다.

동시에 한국인에게는 조선과 청조 관계 서술도 궁금하다. 외국과의 관계는 제22-23권 방교지에 상하로 서술된다. 서양과의 관계 이외에 전통적 조공 관계에 있던 국가들은 조선을 필두로 하여 제22권 상권에 기술된다고 한다. 이 부분에 조공 책봉에 대한 내용도 포함될 것이라고 알려져 있다. 그 내용은 현재 연구되고 있는 연구사의 범주에서 크게 벗어나지는 않을 것이라고 전망해 본다. 그런데 명조와 청조의 조공 관계 개념도 다르고 또 실제 외교에서의 역할도 달랐던 점 등이 어떻게 서술될지 한국 연구자 입장에서 우려된다.

그러나 책의 실물을 볼 때까지 걱정만 하고 있을 겨를이 없다. 청사찬수공정이 진행되는 동안에도 한국 연구자들에 의해 많은 연구가 축적되었다. 이미 2006년부터 한국 학계 연구자들도 청사찬수공정의 의미와 성과에 대해 분석을 시도한 바 있다. 청대사 연구자들의 연구 결과로 3년 동안 3권의 연구서로 정리된 단행본과 청사찬수공정의 배경과 10년의 성과 등을 정리한 논문도 출간되었다. 또 2015년부터 한국 명청시대 연구자, 조선시대 연구자들이 함께 공동 연구를 시도하는 모임도 진행되었다. 청사찬수공정을 바라보며 한국 정부와 연구자들도 나름 노력을 기울여 왔고, 앞으로도 지속적으로 다음과 같은 연구 자세를 견지해 갈 것을 제안해 본다.

첫째, 조선과 청국 관계사 서술을 위한 외교사 및 한중관계사 연구를 더욱 확장해 갈 필요가 있다. 최근 젊은 연구자들을 중심으로 한중 관계 연구가 활발히 진행되고 있지만, 청대 조선과의 관계는 정치사 연구 영역에서 만주족 청에 대한 인식을 연구하는 단계를 뛰어넘어 청조의 주변 지배와 관련한 연구로 발전시켜야 할 것이다. 이러한 과제는 청대사 연구자와 이 시기를 대상으로 한중, 중한관계사를 연구하는 연구자들의 몫이고, 이를 위해서는 보다 다양한 사료 발굴과 이용이 절실하다. 청사찬수공정에서 최근 한국 학계의 연구, 나아가 주변국의 역사 연구 상황이 거의 고려되지 않고 있음을 생각할 때 먼저 우리 스스로 주변으로부터의 시각을 견지하는 자세가 더욱 절실하다.

둘째, 청사찬수공정이 시작된 21세기 초두 세계 청대사 연구자들의 관심은 상당하였다. 한국에서의 관심도 이에 못지않았고 전문 연구도 발표되었다. 이는 정부 연구 지원으로 함께 모이는 공동 연구가 있었기에 가능하였다. 한국 학계의 중국사 연구자는 매우 적은 연구 인력이 각자 관심 영역의 연구를 진행하는 과정에서 주어지는 공동 연구 참여를 통해 정보 교환과 통일된 시각을 견지할 수 있다. 또 한국 청대사 연구자들은 명대사를 함께 연구하거나 근대사를 함께 연구하는 경우가 대부분이다. 이는 공동 연구에서 비교를 가능하게 하고, 명과 청의 차이를 좀 더 유연하고 객관적인 차원에서 분석해 낼 수 있는 장점이 될 수 있다. 이에 중국에서 진행되는 청사찬수공정의 시각을 상시적으로 모니터링하며 연구서의 차이점을 분석해 둔다면 이후 편찬되는 『청사』의 서술과 분석에 보다 쉽게 대응해 갈 수 있으리라 생각된다. 따라서 이러한 목적성을 가진 공동 연구 내지는 소규모 모임이 계속되어 이후 한중관계사 연구와 분석의 기본 터전을 확보하는 노력이 필요하다.

셋째, 중국과의 교류가 활발해지면서 중국 학회에 참가하거나 중국인이 한국에서 논문을 발표하는 경우도 많아졌다. 하지만 관계사 분야에서는 국제 교류의 움직임이 다른 분야에 비해 적고, 특히 중국과 우리의 시각 차이가 크다는 문제점이 있음에도 불구하고 이를 극복하려는 노력이 얼마나 있었는지 반성하게 된다. 청사찬수공정이 완성되어 가고 있는 현시점에서 한국의 조선과 청의 관계사 연구가 세계 학계에 알려지지 않고 한국 학계에서의 연구 성과로만 끝난다면 아쉬운 점이 많을 것이다. 『청사』가 간행된 이후에는 거기에 서술된 내용이 외국 연구자들에게 이용될 가능성이 많기 때문이다.

이러한 우려를 종식하기 위해서는 세계 학계에 한중관계사에 대한 한국의 연구 시각과 내용을 알리는 일이 무엇보다 시급하다. 동아시아 나아가 세계 학계에서 한중관계사를 연구하는 학자들을 모아 이를 정리하고 학계의 시각을 발표하는 기회를 확대하고 한국 학계의 연구를 영어로 세계에 알리는 작업이 필요하다. 최근 대학 연구소 등에서는 중국 역사학자들과의 교류도 활발하다. 이러한 창구를 이용하여 관계사를 연구하는 전문 연구자들을 초빙하는 것도 하나의 방법일 것이다. 하지만 산발적으로 진행하는 움직임보다는 청사찬수공정에서 논의되는 한중관계사 내용의 객관성이 담보되는 것을 목표로 하며 앞으로 몇 년간 집중적인 연구의 장을 시급히 마련해야 할 것이다.

2.7. 중국 학계의 백두산, 간도 관련 연구 동향

2.7.1. 백두산: 장백산문화와 백두산 문제

조법종 • 우석대학교 역사교육과 교수

1. 머리말

중국은 동북공정과 함께 지린성(吉林省)이 중심이 된 '장백산문화(長白山文化)' 역사공정을 진행하여 한국의 역사 상징에 대한 논란을 야기하였다.

장백산문화란, 1994년 과거 혼강시(渾江市)가 백산시(白山市, 바이산시)로 바뀐 이후 백산시에서 장백산문화토론회가 진행되면서 지역 발전 전략으로 모색된 가공된 역사 개념이었다. 그런데 이 지역 발전 이론이 2000년 지린성 장백산문화연구회가 결성되면서 장백산문화권이 중화 문명의 정수로 자리 잡게 되며 논란이 야기되었다. 이후 장백산문화로 상징되는 역사인식은 동북공정의 중심 공간인 지린성을 중심으로 강화되고, 동북공정이 논란이 되자 장백산문화를 바탕으로 한국 고중세 역사상에 위협을 가하였다. 특히, 한민족의 영산이자 상징인 백두산을 만주족의 성지로 부각하여 고구려의 중심 도시 지린성이 아닌, 중화민족의 성지로서 자리매김하여 새로운 역사 침탈을 진행한 것이다. 이 글에서는 이 같은 장백산문화로 부각된 역사공정 및 지역 발전 전략의 내용을 파악하고 이와 관련된 역사 문화적 문제 등을 정리하고자 한다.

2. '장백산문화'의 의미와 성격

장백산문화는 중국 지린성의 백두산(중국 표현 장백산) 권역 역사, 문화, 경제, 사회, 관광, 산업 정책의 이론적 토대로서 중국의 '동북공정', '동북진흥전략'과 함께 추진된 정책이다. 이는 한중 간 백두산 및 간도 영유권 분쟁, 조선족 귀속 문제, 남북 문제, 관광, 문화, 산업(인삼, 광천수 등) 등과 긴밀히 연결된 현안 문제이다. 장백산문화를 토대로 '장백산 세계 지질유산 등재', '발해 세계 문화유산 등재', '2022년 동계 올림픽' 개최 등과 연결하여 한민족의 상징이자 통일의 상징으로 부각될 '백두산'의 명칭과 인식을 지워 내고 중국의 '장백산'만을 부각하여 이 지역의 역사 문화적 귀속성을 중국으로 연결 지으려는 역사공정이다.

한민족의 상징인 백두산 및 백두산 문화권의 고구려, 발해의 역사 문화적 정체성을 현재 중국의 구성원인 만주족 역사의 내용으로 바꾸어 백두산, 고구려, 발해의 역사 문화 성격이 우리 민족과 관계없는 것으로 만들어 우리 민족의 뿌리와 통일 구심력, 역사 문화적 영유권에 심각한 문제를 야기한다는 점에서 매우 유의된다.

'장백산문화'라는 표현은 1994년 과거 혼강시가 백산시로 명칭을 변경한 이후 백산시에서 장백산문화토론회를 열어 지역 발전 전략을 모색하는 과정에서 나타났다. 그런데 이것이 2000년 지린성 장백산문화

연구회가 결성되면서 '장백산문화권'이 통일적 다민족국가론과 연결되어 중화문명의 중요 구성 요소로 자리 잡게 되었다. 이는 동북공정의 중심 공간인 지린성을 중심으로 한족-만주족 중심의 역사 체계를 구성하면서 한국 민족의 영산이자 상징인 백두산을 만주족의 성지로 부각하고 중화민족의 성지로서 자리매김하고자 하였다.

특히, 2002년 동북공정을 본격적으로 시작한 이후 2005년 옌볜조선족자치주의 관할이던 백두산 일원을 별도의 지린성 직할 행정구역으로 만들어 장백산관리위원회를 신설해 조선족자치주와의 행정·공간적 분리를 진행하고 역사 문화적 단절을 시도하였다.

따라서 장백산문화는 장백산(백두산)을 '중국 동북문화의 대표이자 동북 인민의 정신적 상징' 또는 '중화문화의 중요한 발원지'로 설정하고, 동북공정 및 동북진흥전략과 연결하여 역사, 문화, 지역 발전 전략의 핵심 이론으로 정립코자 한 것이다. 또한 백두산의 중국 명칭인 장백산(창바이산)을 유네스코 세계 자연유산으로 단독 등재하려는 중국 당국의 목표와 맞물려 각종 개발 정책을 낳았다.

3. 장백산문화의 내용

동북공정을 통한 고구려의 역사 귀속 작업과 함께 동북지역(지린성, 랴오닝성, 헤이룽장성)의 경제적 침체를 해결하기 위해 입안된 동북진흥전략을 결합하여 지린성을 중심으로 한 지역 발전 전략으로 입안된 것이 장백산문화이다.

장백산문화의 내용은 백두산의 이름은 '장백산(長白山)'이고, 현재의 동북3성과 네이멍구 동부, 러시아 연해주, 한반도 일부를 지리적 범위로 하며, 숙신(肅愼)족이 핵심 종족을 이룬 뒤 읍루-말갈-여진-만주족으로 계승됐고, 관련 문화는 한족(漢族)의 영향을 받아 이뤄진 중원문화권의 일부이며, 만주족에 의해 장백산이 종교적 숭배 대상이 됐다는 것이다.

관련 논의의 설명을 위해 이 같은 논의를 '장백산문화론'이라 칭하여 진행하고자 한다.

1) 장백산 지역에 대한 중국 역사 연고 강조

장백산문화론을 주장하는 논저들은 장백산 지역과 관련된 중국의 역사적 연고권과 정치, 행정적 통제의 사실을 강조하고, 관련 통치행위의 내력을 부각하여 이 지역에 중국의 연고권이 있음을 역사적으로 부각하고 있다.

먼저 이와 관련하여 중국 학계에서 역사적 근거로 제시하는 건치(建置) 내용을 보면 다음과 같다.

장백산 지역에 대한 역사적 연고권은 서한(西漢) 시기부터 시작되었다고 주장한다. 즉, 장백산은 서한의 구려현(句麗縣)에 속했고, 동한(東漢) 시기에는 고구려국(高句麗國)의 점거지, 당말갈속말부(唐靺鞨粟末部) 사람들의 거주지, 당(唐) 발해국(渤海國)의 소재지, 요(遼)의 동단국(東丹國)이 시작된 곳으로 요(遼) 발해(渤海) 정안국(定安國)의 할거지, 요 발해 흥료국(興遼國)의 할거지였고, 금대(金代)에는 갈라로속지(曷懶路屬地)였고, 금 말(金末)에는 동하국(東夏國)의 할거지, 원개원(元開元), 요양이로분

속지(遼陽二路分屬地), 명삼위분치지(明三衛分置地)였다. 명말청초(明末淸初)에 장백산 지역은 청이 굴기한 곳이어서 봉금되었다가, 민국 시기에 장백산 지역이 지린성과 펑톈성(奉天省)에 예속되었다는 것이다.

이 같은 논리 전개의 가장 큰 문제는 장백산의 역사적 귀속성의 출발을 고구려에서 찾고 있다는 점이다. 이에 대해서는 후술할 비판에서 구체적으로 지적하고자 한다.

이상에서 본 바와 같이 역사적인 연고권 주장 이외에도 1909년 현이 설치된 이래 어떠한 기구들이 장백산 지역을 관리해 나갔는지에 대해서도 세밀하게 주장하고 있다.

이 가운데 주목되는 것은 신중국 성립 이래 이 지역을 관할한 옌볜조선족자치주의 관할권이 지린성 직속으로 바뀐 사건이다. 즉, 2005년 지린성위원회는 장백산자연보호구의 보호를 강화하고 지린성 여행업의 발전을 위해 장백산을 통일적으로 보호, 개발, 관리하고자 2005년 제7차 성위원회의 동의를 거쳐 2006년 장백산관리위원회를 성립하였다. 이를 통해 옌볜조선족자치주의 관할권을 장백산관리위원회로 넘겨 조선족과의 관련성을 차단하였다. 그리고 관리위의 급을 청급(廳級)으로 하고, 성 임업청은 장백산보호국을 장백산관리위원회에 위탁하여 관리하도록 하였다.

장백산보호개발구의 행정 구조 체계는 장백산자연보호구, 경제관리구, 지서(池西)경제관리구와 지남(池南)경제관리구를 포괄한다. 그중 장백산자연보호구의 총면적은 1964.65㎢이고, 지북(池北)구는 이도진구(二道鎭區)를 위주로 화평(和平)여행리조트구, 원지(圓池), 부석림(浮石林), 참화(參花) 등지의 경관구 및 상관 도로를 포함하는 구역을 포괄하여 총면적이 약 100㎢이다. 지서(池西)경제관리구는 동강진구(東崗鎮區)를 중심으로 동강진구의 동남으로 30㎢를 확장하여 백서(白西), 조자하(槽子河), 장백산비행장, 와룡(臥龍), 노송강전참(老松江電站) 및 관련 도로를 포괄하여 총면적이 약 110㎢이다. 지남경제관리구는 만강진(漫江鎮)을 중심으로 횡산임장(橫山林場) 10㎢, 망천아(望天鵝) 등지 및 상관 도로를 포함하는 구역으로 총면적이 약 50㎢이다. 별도로 진귀한 자원보호지, 환경 통제 지역의 총면적이 1,500㎢이다. 전체 총 관리 면적은 약 3711.40㎢이다.

중국이 이렇게 구체적으로 각종 기구 설치 및 관리 범주를 말하는 이유는 역사 시대부터 현재까지 중국의 주권하에서 장백산 지역을 관리해 오고 있음을 보여 주려는 것이다. 특히, 조선족이 관리하였던 역사를 제거하고 조선족과 관련된 연고권을 철저히 배제하려는 목적성이 극명히 드러난 조처였다.

2) '장백산문화론' 논리 체계 구축

중국은 장백산문화론을 만들어 백두산 일대, 즉 중국의 장백산 지역을 "중화문화의 중요한 발원지"[1]로 규정하였다. '장백산문화'라는 개념을 만들어 낸 류허우성(劉厚生)은 그의 2003년 장백산문화에 대한 초기 논고에서 장백산문화의 구역 범위를 광의적 개념의 장백산구역문화로 설정하여 랴오닝성(遼寧省), 지린성(吉林省), 헤이룽장성(黑龍江省)을 포괄

1 『東北史地』 評論員, 「深化長白山文化研究」, 『東北史地』, 2004년 제11기, 1쪽.

하는 공간적 범위를 제시하고 있다.[2] 이는 현재의 동북3성을 포괄하는 과거 만주 영역에 대한 지리적 표현으로 파악된다. 따라서 장백산문화를 동북문화의 상징으로 설정하고 있다.

그리고 장백산에 대한 중국 사서상의 표현을 『산해경(山海經)』 대황북경(大荒北經)에 나타나고 있는 "東北海之外…大荒之中有山名曰不咸, 有肅愼之國" 사료에서 불함산(不咸山)을 유추하여 제시하고 있다. 한위(漢魏) 시기에는 『후한서(後漢書)』 「동이전(東夷傳)」 동옥저조(東沃沮條) "東沃沮, 在高句麗, 蓋馬大山之東, 東濱大海" 사료에서 개마대산(蓋馬大山)이, 남북조(南北朝) 시기에는 도태산(徒太山), 종태산(從太山), 태황산(太荒山)으로 불리다가 수당(隋唐) 시기에는 태백산(太白山)으로 불렸고, 요금(遼金) 시기 『금사(金史)』 "黑水靺鞨居古肅愼之地, 有山曰白山, 蓋長白山"이란 내용에서 장백산(長白山)이란 표현이 처음 등장한 것으로 보고 있다. 따라서 장백산문화라는 개념은 요금 시대의 역사적 표현임을 염두에 두고 있으며 이에 대응하는 종족 문화를 기본적 토대로 전제하고 있음을 보여 준다. 특히, 장백산의 첫 명칭이라고 제시한 '불함산'이라는 명칭에 대해서는 '불함(不咸)'이란 표현이 몽골족(蒙古族)의 선세(先世) 종족인 동호(東胡)족의 말인 '불이간(不爾幹)'의 전음이라 파악하고, "不爾幹即爲神巫, 尊長白山爲有神之山"이라 하여 불이간은 신성한 무당을 뜻하는데 장백산을 신산(神山)으로 인식하고 붙인 명칭이라고 해석하고 있다.[3]

2 劉厚生(2003), 「長白山文化的界定及其他」, 『中國邊疆史地研究』 13卷 4期, 71쪽.

3 「長白山史話」, 長白山網.

따라서 장백산문화의 범주는 좁은 의미에서 "장백산 주봉(主峰)을 중심으로 랴오허강(遼河) 유역을 문화적 유대(紐帶)로 하여 환발해지구(環渤海地區) 문화, 한반도 북부 문화, 우수리강(烏蘇里江) 및 동해(東海) 문화, 그리고 북쪽으로 쑹화강(松花江) 유역 문화, 송료평원(松遼平原) 문화 및 이우뤼산(醫巫閭山) 이동(以東) 지구의 문화를 종합"[4]한 문화권을 가리킨다. 넓은 의미에서 장백산문화의 지리적 범위는 동북3성을 포함하여 오늘날의 네이멍구 동부, 러시아 원동(遠東) 및 한반도 일부까지를 포함한다.[5] 따라서 이 문화론에 의하면 한국 문화는 장백산문화의 아류로서 독립성을 상실하는 결론이 유도된다.

또한 과거 동북3성 지역의 문화를 '동북문화', '관동문화', '백두문화', '흑토지문화', '요하문화', '만주문화' 등으로 불렀지만 역사에서 전통적으로 사용하던 이와 같은 명칭을 버리고 굳이 '장백산문화'라고 명명해야 하는 이유에 대해 '장백산문화'라는 용어만이 비로소 동북, 관동, 요하, 흑수, 만주 등의 범주와 문화 특성까지 포괄한다고 보고 있다. 장백산은 동북아시아를 총체적으로 이끌기 때문에 '장백산문화'라고 명명하는 것이 그 의미와 효율성을 가장 잘 대변한다고 본 것이다.

또한 종족적 구성에 있어서는 장백산지구에 숙신족(肅愼族), 예맥족(濊貊族), 동호족(東胡族), 화하족(華夏族) 등 4개 종족이 존재한 것으로 보았다. 숙신족은 무단강(牡丹江), 헤이룽강(黑龍江) 유역, 예맥족은 쑹화강, 넌강(嫩江) 유역, 동호족계는 다싱안링(大興安嶺) 후룬베이얼(呼倫貝爾)지

4 田子馥(2005-1), 「中國長白山文化本原論」, 『東北史地』, 2쪽.

5 曲岩(2006-3), 「長白山文化與東北地區經濟發展」, 『長白學刊』, 112쪽.

구, 화하족계는 랴오시주랑(遼西走廊), 라오하강(老哈河), 시라무룬허(西拉木倫河)에 존재한 것으로 파악하고 있다. 그런데 토착 중심 종족은 숙신족이 중심이 되는 인식 틀을 제공하여 숙신인-읍루인(挹婁人)-물길인(勿吉人)-여진인(女眞人)-만주인(滿洲人)과 부여인, 고구려인이 이를 구성하고 부여국-고구려국-발해국-대금국(大金國)-후금국(後金國)-청정권(淸政權)으로 이어지는 정권을 건립하였다고 보고 있다.[6] 이 같은 역사 진행을 근거로 류허우성은 장백산문화를 장백산지구라는 공간적 범위에서 숙신족계와 예맥족계 문화를 기초로 하고 화하 문화를 주체로 하면서 이룩된 문화로 규정하고 있다.

그런데 이 같은 주장에는 논리적인 문제가 발생한다. 앞서 숙신-읍루-말갈-여진 계통의 종족과 관련 문화를 기본 축으로 설정한다고 하였으나, 실제 이들의 역사 구성은 고조선-부여-고구려-발해의 예맥계가 2000여 년에 달하는 역사를 유지하였고, 동호계의 거란(契丹)이 일부를 계승한 몽골계의 원(元) 이후 실제 여진계가 역사를 계승한 것은 후금부터 산정하여도 800여 년에 불과한 상황이다. 이 같은 단순 역사 시기 대비만을 통해 본다고 하여도 주류 민족의 설정과 국가체의 승계 및 역사 공간의 설정을 감안할 때 장백산문화권의 설정과 내용은 자체 모순이 발생하고 있음을 보여 주고 있다.

이같이 장백산문화라는 새로운 개념을 정립하는 과정을 보면, 결국 현재의 만주지역을 숙신 계통의 여진 문화권으로 설정하면서도 한민족과의 관련성을 염두에 두고 고구려, 발해를 핵심으로 하는 문화 내용

6 劉厚生(2003), 위의 논문, 72쪽.

을 재구성하려는 의도를 드러내고 있다.

3) 장백산 세계 자연유산 등재 추진

중국은 장백산이 세계 자연유산에 등재될 가능성이 있다고 본다. 즉, 장백산의 기본 상황은 유네스코 세계 유산의 자연유산 기준에 부응하는 과학적 가치, 문화적 가치, 미적 가치가 있음을 강조하고 있다.[7] 따라서 관련 부처가 장백산을 세계 문화 및 자연유산에 등재할 수 있도록 준비하여 국제적인 지명도를 높이고 국제사회의 보호를 받아 진정으로 장백산 보호가 세계 표준에 이를 수 있도록 해야 한다는 것이다.

장백산을 세계 자연유산으로 등재하려는 구체적인 작업에 대해서는 2003년 7월 지린성 정부의 허가를 받았고, 9월에 정식으로 작업을 진행하였다. 2005년 5월 건설부는 성도(成都)에서 회의를 개최하고 장백산을 국가 자연유산 제5순위에서 제3순위로 배치하였다. 2006년 1월 13일, 장백산은 정식으로 국가 건설부가 공포한 『중국 국가 자연유산, 국가 자연과 문화 두 개 유산 예비 명단(中國國家自然遺產 國家自然與文化雙遺產預備名錄)』에 올랐고, 이미 배열된 17곳의 유산 중 제2위로 재배치되었다. 이는 장백산 세계 자연유산 신청 작업이 실질적인 단계에 올라 있음을 시사한다.

여기서는 장백산의 특징을 네 가지로 보았다. 첫째, 장백산은 지구

7 溫艷玲 · 王慧玲(2004), 「關於长白山申報世界遗产可行性分析」, 『吉林地質』 23-3, 129~134쪽.

변화사 중의 중요한 단계를 보여 주는 예증으로 과학 연구에 중요한 가치가 있다. 둘째, 장백산은 해발이 높고 지세가 험준하여 활엽수림, 침엽수림이 혼재하고, 침엽수림, 악화림대(岳樺桦林帶), 고산태원대(高山苔原帶)의 5개 식물분포대가 자연적으로 조성되어 있어 자연 연구에 중요한 가치가 있다. 셋째, 장백산은 화산, 산록 경사 고원대와 용암대지의 3대 독특한 풍모가 있고 천지, 고산화원, 제자하(梯子河), 장백폭포, 금강폭포와 장백산대협곡 등 아름다운 자연 경관이 있다. 넷째, 장백산은 세계 삼림 경관이 잘 보존된 곳 중 하나로 원시 온대 삼림 생태를 잘 보존하고 있으며 아시아 대륙 북반구 생물 분포의 유전자 창고라고 할 수 있다. 따라서 장백산은 『세계 문화와 자연유산 보호 공약(保護世界文化和自然遺產公約)』의 요구사항을 전부 갖출 수 있어서 세계 자연유산에 신청할 수 있는 충분한 이유와 명백한 자연 자원이 우세하다는 것을 특징으로 들고 있다.

4) 장백산 관광 및 경제 개발 분야

중국은 장백산문화론을 활용하여 궁극적으로 장백산 관광 및 경제 개발을 유도하려 노력하고 있다. 장백산문화론을 현실적으로 적용하기 위한 장백산 관광은 먼저 장백산의 관광 명승지를 선정하고 개발하는 것이다. 장백산개발관리위원회가 선정한 장백산 관광 명승지와 발전계획안을 보면 다음과 같다.[8]

8 장백산보호개발관리위원회의 선전 팸플릿 참조.

우선 지린성 장백산보호개발관리위원회에서 장백산 지역 명승 경관으로 꼽는 지역(장백산 천지, 장백폭포, 지하 삼림, 소천지, 취룡온천, 부석림, 고산 화원, 장백산 U자형 계곡, 장백산 대협곡, 식물 수직 분포 경관대, 왕지, 천녀욕궁지)과 그에 대한 설명을 보면 다음과 같다.

① 장백산 천지

장백산 천지는 장백산 주봉 화산구로, 오랜 시간에 걸쳐 형성된 호수이다. 장백산 천지는 해발 2189.1m로 타원형이고 남북으로 길이가 4.4km, 동서로 넓이가 3.37km이다. 집수(集水) 면적은 21.4km², 수면의 면적은 9.82km², 수면 길이는 13.1km, 평균 수심은 204m, 가장 깊은 곳은 373m이다. 총저수량은 20.4억m³이다. 천지 수온은 0.7℃에서 11℃이고 연평균 기온은 7.3℃이다.

② 장백폭포: 기네스북에 등록된 낙차가 가장 큰 화산호 폭포

장백산은 수자원이 풍부하여 '만수(萬水)의 근원'이라고 하며, 해발이 높고 협곡이 많아 아름다운 폭포 경관을 형성한다. 장백폭포는 장백산 북쪽 기슭에서 천지 1,250m인 곳에 위치해 있고 폭포 높이는 68m에 달한다.

③ 지하 삼림

지하 삼림은 천지 북구 이도백하에 있으며, 지하 계곡 벽의 높이는 50~60m, 계곡 바닥의 길이는 2,500~3,000m이다.

④ 소천지

소천지는 백하도교(白河渡橋) 서안(西岸)의 밀림에 있고 장백폭포와 약 3km 떨어져 있다. 소천지의 둘레는 260m인 원형으로 집수 면적은 5,380m², 수심은 10m 정도이다.

⑤ 취용온천(聚龍溫泉)

기록에 따르면 장백산에서는 근대에 3차례 대형 폭발이 있었는데, 각각 1597년, 1688년, 1702년이다. 장백산의 복잡한 지질 구조로 인해 장백산폭포 북쪽 약 900m에 1,000여 m²의 온천군이 있는데, 일반적으로 60℃ 이상이고 최고는 82℃에 달한다. 온천구 용수량은 일반적으로 1.8~3.6m²이고, 최고는 5.97톤에 달한다.

⑥ 부석림(浮石林)

협곡 부석림은 경강산(景崗山)이라고도 한다. 장백산 산문 동남 6km 위치에 화산 폭발 및 지각 변동으로 계곡이 갈라지면서 형성된 곳에는 쌍목봉(雙目峰), 중조경계비(中朝界碑), 원지(園池), 김일성조어대(金日成釣魚臺) 등이 있다.

⑦ 고산 화원

장백산의 태원대(苔原帶)는 신기한 '공중화원(空中花園)'으로, 동북아 대륙의 유일한 원시 고산식물의 보고이며 이미 발견된 동원(凍原)식물만 170여 종이다. 장백산 고산 태원은 사계절의 구분이 없고, 지표 이하는 영구적인 동토층(凍土層)이다. 1년 365일 중 300일 동안 바람이 불고, 1년 12개월 중 9개월이 얼음으로 뒤덮여 있다. 7~8월에 서리가 없어지면서 급속도로 발아하고 개화하여 열매를 맺은 후 휴면기에 들어간다. 해발 2,000m가 넘는 산등성이에서 장백산 정상까지 화원이 펼쳐져 공중화원을 감상할 수 있다.

⑧ 장백산 U자형 계곡

장백산 U자형 계곡은 세계에서 가장 유명한 빙천(冰川) 협곡 중 하나다. 제4기 빙천 구조 운동의 영향을 받아 하곡(河谷)에 V자형 형태가 출현하였다. 장백산 U자형 계곡에서 비교적 큰 것은 넓이가 300m, 깊이가 100~200m이고, 계곡 바닥은 비교적 평탄하다.

⑨ 장백산 대협곡

금강(錦江)대협곡이라고도 불리는데 장백산 서쪽 기슭으로 천지에서 20km 떨어져 있다. 협곡에서 가장 깊은 곳은 100m이며 평균 80m로 총 길이가 14km이며, 가장 넓은 곳은 300m이다. 화산 폭발 후 용암석 표면의 화산회와 진흙이 강물과 빗물에 휩쓸리면서 형성된 것이다. 이곳을 중국의 콜로라도라고 한다.

⑩ 식물 수직 분포 경관대

악화림(岳樺林) 경관대는 해발 1,800~2,000m 사이에 있으며 침엽림과 산지태원(山地苔原) 사이의 과도대(過渡帶)로 삼림 성분이 특수하게 결합한 것이다.

⑪ **왕지**(王池)

왕지는 장백산 서쪽 기슭에 있으며, 호수면이 해발 1,850*m*에 있고 직경이 200*m*, 면적이 약 2,000*m*²이다.

⑫ **천녀욕궁지**(天女浴躬池)**: 만족인의 발상지**

장백산 화개봉(華盖峰) 동쪽으로 30.4*km*의 부쿠리산(布庫里山, 지금의 赤峰, 또는 紅土山) 서북 측에 원지(圓池)가 있다. 원지는 호산적수로 직경 180*m*인 호수이다.

이상의 자원을 활용하여 공산당 16기5중전회(十六屆五中全會)에서 발포한 『사회의주농촌 건설 추진에 관한 중공중앙의 의견(中共中央關於推進社會主義新農村建設的意見)』에 따라 2007년 전국에서 '화목한 도시 관광(中國和諧城鄉遊)' 활동이 전개되었다. 장백산 지역은 특색 있는 관광지이므로 이를 활용하여 향촌 관광업을 발전시켜야 하는데, 현재 통일된 계획과 충분한 자금이 부족하여 산품이 단일하지 않은 문제점이 있으므로 체계적인 대책이 필요하다고 보고 있다.[9] 이러한 문제점을 보완하고 체계적으로 관광지를 개발하려고 하는 것이 바로 장백산보호개발위원회의 발전계획안이다.

9 王曉南(2008), 「長白山區新農村旅遊的現狀及創新對策研究」, 『通化師範學院學報』.

4. 장백산문화론 비판

1) 장백산문화론의 문제점

중국의 장백산문화론은 역사 및 문화 이론을 근거로 지역 및 국가의 발전 방향과 목표를 설정하는 중국 국가 정책의 전략적 성격을 극명하게 보여 주는 대표적 사례다.

장백산문화론의 내용을 정리하면, 동북지역의 핵심적 문화가 '여진=만족'의 문화이며, 장백산은 만족의 발상지이자 동북문화의 근간으로, 이들 문화와 자연적 요소를 동북지역 발전의 원동력으로 삼겠다는 것이다. 이 문화를 구성하는 핵심적 사항은 다음과 같이 요약된다. 첫째, 장백산 지역의 핵심 문화는 종족적으로는 숙신-만주계이고 문화적으로는 중국 한족문화의 영향으로 형성되었다. 둘째, 장백산은 종교적 숭배 대상으로 만주족은 장백산을 숭상하였다. 셋째 장백산의 자연 물산은 이 지역의 생태문화를 대표한다.

따라서 장백산문화의 구성 요소는 종족적으로는 숙신-여진으로 이어지는 만주족, 중국 한문화에 입각한 문화이며, 내용적으로는 만주족이 숭상한 성산(聖山) 숭배문화 등으로 요약된다.[10]

이 같은 내용을 현대 중국적 관점에서 정리하면 다음과 같다. 첫째, 장백산은 중국 고대 민족의 성산이다. 둘째, 장백산은 청을 건국한 만주족

10 조법종(2006), 「中國의 '長白山文化'論과 高句麗」, 『白山學報』, 第76號; 조법종(2007), 「장백산문화론의 비판적 검토」, 『白山學報』, 第79號, 白山學會. 본 부분은 상기 논문 및 관련 부분별 「만주원류고」에 입각한 비판 부분 등 추가 연구 내용을 중심으로 정리, 보고하였음.

의 발상지로서 현재 지린성의 문화 관광자원으로 가장 중요한 산이다. 셋째, 장백산을 영유한 최초의 민족인 고구려는 중국 고대 소수민족으로 만주족(여진족)의 조상이다. 넷째, 장백산 지역에서 진행된 역사 문화적 자산은 중국의 문화 자산이고 현대 중국이 적극 개발하여 활용하자.

이상과 같은 중국 학계의 주장에 대비되는 한국 학계의 입장을 정리하면 다음과 같다. 첫째, 중국이 주장하는 장백산은 우리 민족의 영산인 백두산이다. 둘째, 백두산이란 명칭은 장백산이란 명칭에 앞서 사용되었고, 중국 기록에 앞서 한국 사서에 수백 년 전부터 존재하였다. 셋째, 백두산에 대한 영유권의 구체성은 고구려에서부터 시작되는데 고구려는 한국 역사 구성의 중심이다. 넷째, 백두산은 한중 국경문제와 관련된 지역으로, 이 지역의 역사 문화 자연 자원은 한국의 자원이다.

백두산 지역에 대한 이 같은 양국의 입장 차이 가운데 특히 역사학적 측면에서 유의되는 점은 첫째, 장백산과 백두산 명칭의 유구성과 대표성 문제, 둘째, 장백산문화를 구성하는 역사 계승 관계에 있어 고구려의 귀속성 문제이다.

이 글에서는 장백산문화론의 핵심을 이루는 이 문제들에 대해 먼저 비판을 진행하고자 한다.

2) 한국사에 나타난 백두산 명칭

중국 측이 사용하는 장백산은 '백두산'의 중국적 표현으로, 명칭의 역사적 연원은 앞서 살펴보았듯이 우리 민족이 사용한 고구려 시기 이래의 백두산이란 표현이 현재까지 유지되고 있는 명칭으로서 가장 오래되고 역사적 유래가 명확한 표현임을 보여 주고 있다.

백두산과 관련된 명칭으로 앞 시기에 존재하였던 여러 명칭인 불함산, 개마대산, 도태산, 태백산 등의 명칭에 후속되어 나타난 백두산과 장백산 명칭은 그 선후 관계에서 이미 상당한 차이를 보이고 있다.

종래 백두산 명칭이 처음 나타난 것은 고려시대 기록에서부터로 되어 있다. 그런데 사료 검토 과정에서 백두산 명칭이 처음 사료에 나온 시기는 삼국 통일 직후 시기의 기록이다. 즉, 삼국 통일 이후 신라 신문왕-성덕왕 대의 상황을 전하는 오대산(五臺山) 관련 기록 가운데 오대산의 불교적 신성성을 강조하는 표현 중에 백두산이란 명칭이 처음으로 나타나고 있다.

> 寶川將圓寂之日. 留記後來山中所行輔益邦家之事云. 此山乃白頭山之大脈. 各臺眞身常住之地.
>
> -『삼국유사(三國遺事)』臺山 五萬眞身

> 神龍元年三月八日. 始開眞如院(云云). 寶叱徒太子常服于洞靈水. … 還至五臺神聖窟. 五十年修道(云云). 五臺山是白頭山大根脈. 各臺眞身常住(云云).
>
> -『삼국유사』溟州 五臺山 寶叱徒 太子傳記

두 사료는 같은 내용에 대한 기록으로 "此山乃白頭山之大脈(이 산은 백두산의 큰 줄기이다)", "五臺山是白頭山大根脈(오대산은 백두산의 큰 줄기이다)"이란 표현이 주목된다. 즉, 두 기록에 의하면 오대산이 백두산의 근간(根幹)이라는 것이다. 이는 백두산의 위치 및 지리적 이해에 근거할 때 백두산과 오대산의 성격이 뒤바뀐 표현이다. 그런데 이처럼 주객이 전도된 표현이 나오게 된 상황은 사료에 나타난 오대산에 대한 의미 강조에서 그 이유를 추측할 수 있다.

먼저 사료에 등장하는 신라의 오대산이란 표현은 중국 불교의 '오대산 신앙(信仰)'에 근거해 자장법사가 신라 지역의 문수보살 현신처라는 의미로 명칭을 부여하였다는 점에서 불교의 종교적 신성 지역을 나타낸 표현임을 알 수 있다. 특히, 이 기록은 신라 신문왕(재위 681~692)의 아들 효명과 보천 두 왕자가 출가하게 된 계기를 설명하는 입장에서 오대산의 성격을 강조한 사료였다. 즉, 오대산을 가장 신령스럽고 대표적인 백두산과 대비시켜 오대산이 더 중요한 산이라고 표현한 사료로 파악된다.

따라서 이들 사료는 통일신라 초기에 이미 백두산을 중요한 산으로 인식하는 관념이 존재하였음을 확인시켜 준다. 그런데 백두산을 중요한 산으로 이해하는 인식은 신라인들의 영역과 연결된 내용으로 보기에는 문제가 있다. 즉, 이곳의 위치 등이 삼국 통일 이전 신라인의 영역 인식으로는 도출되기 어렵다는 점에서 이 같은 백두산 인식은 신라가 통합한 고구려인들의 백두산 인식이 수용된 것으로 파악된다. 이 같은 지리 인식은 결국 고구려에서 백두산에 대한 종교적 신앙이 존재하였을 가능성이 있음을 추측케 한다.

한편, 백두산 관련 고려시대 기록에서 백두산 명칭은 고려 태조의 계통을 설명하는 『고려사(高麗史)』의 '고려세계(高麗世系)'에서 나타나고 있다.[11]

11 朴漢卨(1977), 「高麗 王室의 起源-高麗의 高句麗繼承理念과 關聯하여-」, 『史叢』 第21·22合輯.

이름이 호경(虎景)이라는 사람이 있어 스스로 성골장군(聖骨將軍)이라고 불렀다. 백두산(白頭山)에서부터 두루 돌아다니다가 부소산(扶蘇山)의 왼쪽 골짜기에 이르렀다. … 그때 동리산파(桐裏山派)의 조사(祖師) 도선(道詵)이 당(唐)에 들어가 일행(一行)의 지리법(地理法)을 얻고 돌아왔다. 백두산에 올랐다가 곡령(鵠嶺)에 이르러 세조가 새로 지은 집을 보고 말했다. … 이 지맥은 임방(壬方)의 백두산에서 수모목간(水母木幹)으로 와서 마두명당(馬頭明堂)까지 떨어지고 있소. … 그때가 당 희종(僖宗) 건부(乾符) 3년(876) 4월이었다.

有名虎景者 自號聖骨將軍 自白頭山遊歷 至扶蘇山左谷 … 時 桐裏山祖師道詵 入唐得一行地理法而還 登白頭山 至鵠嶺 見世祖新構第 曰 … 此地脈 自壬方白頭山水母木幹 來落馬頭明堂 … 時唐 僖宗 乾符三年四月也.

-『고려사』卷首 高麗世界

사료에 나타난 내용을 보면 고려 태조 왕건의 5대조인 호경은 백두산으로부터 그 출자(出自)가 시작되었음을 보여 주고 있다. 또한 신라 말 대표적 풍수지리가인 도선도 백두산을 정점으로 하는 우리 민족의 풍수지리적 인식 틀을 제시하고 있어 백두산을 기원지로 하는 역사적, 문화적 상징성이 고려시대에 더욱 강화되었음을 보여 준다.

한편, 고려시대 백두산 관련 기록은 기록 당시의 시점으로 볼 때는 고려 성종(成宗) 10년(991)의 사료가 장백산 명칭에 앞서 실질적인 상황을 설명하는 사료로 나타나고 있다.

逐鴨綠江外女眞 於白頭山外居之.

-『고려사』권3 성종 10년(991)

상기 기록은 고려 성종 10년(991) 압록강 외에 존재하였던 여진을 백두산 외로 몰아내었다는 내용으로, 백두산이 고려시대에도 중요한 경계 기점으로 파악되었음을 보여 준다. 이는 앞서 태조 왕건의 시조인 성골장군 호경과 관련된 기록에 나타난 것처럼 백두산이 고려 왕조의 발상지적 의미로서 인식되었음을 확인시켜 주는 사료라는 점에서 더욱 중요하다.

이 같은 사실은 윤관이 확보한 9성과 관련되어 중요한 지표로 부각되는 공검진 구축과 관련된 선춘령의 위치와도 연결되어 나타나고 있다.[12]

3) 중국사에 나타난 장백산 명칭

중국사에서 백두산을 지칭하는 의미로 '장백산'이라는 명칭이 사료상에 최초로 나온 시기는 요 성종(聖宗) 통화(統和) 30년(1012)이다.

長白山三十部女直

-『요사(遼史)』「백관지」성종 통화 30년

12『高麗史』58卷 -志12-地理3-. 公嶮鎭睿宗三年築城. 置鎭爲防禦使六年築山城. [一云孔州一雲匡州一雲在先春嶺東南白頭山東北一云在蘇下江邊.]

長白山在冷山東南千余里, 蓋白衣觀音所居

-『거란국지(契丹國志)』 권27

黑水靺鞨居古肅愼地, 有山曰: 白山, 蓋長白山 …

-『금사(金史)』 권135

生女眞地有混同江, 長白山 …

-『금사』 권1 본기

사료에 나타난 내용은 거란족이 세운 요대에 여진족과 관련된 지명으로 '장백산'이란 표현이 처음 나타나고 있어 앞서 백두산 일대와 연결된 여진에 대한 정황적 소개임을 보여 주고 있다. 그 후 금대의 사서에서도 '장백산'이란 명칭이 나온다. 중국 학계에서는 장백산 명칭이 원·명·청대에도 그대로 사용되었다고 본다.[13]

이처럼 백두산 명칭은 장백산 명칭보다 300여 년 앞선 명칭으로, 이미 통일신라 사회에서 사용되고 있었으며 그 명칭의 연원은 고구려 시기로 상승될 수 있다. 특히, 단순한 지명으로서 백두산이 존재한 것이 아니라 산악신앙(山岳信仰)의 상징으로서 나타나고 있고, 고려 왕조의 기원지로서의 의미를 상징적으로 나타내고 있다는 사실은 명칭의 대표성에 있어서도 매우 중시되어야 한다. 즉, 중국 학계에서 부각하는

13 "長白山在開原路舊會寧縣南六十里, 明三萬衛東北千餘里"(『明一統志』 卷25); "長白山在北, 上有天池, 舊曰闥門"(『淸史稿』 志30).

장백산보다 시기적, 내용적으로 백두산이란 명칭이 갖는 역사성과 신성성이 더욱 강조되어야 할 표현이다.

따라서 장백산이란 명칭은 중국 청 왕조의 발상지적 성격이 있지만, 백두산이란 명칭은 그에 앞서 고구려 이래 산악신앙적 전통과 통일신라의 불교적 관념이 연결된 신앙 대상이었으며, 고려 왕조의 발상지적 성격이 존재한다는 점에서 장백산보다 더 구체적인 역사성을 보유하고 있다. 그러므로 백두산 명칭의 의미 부각이 장백산보다 우선시되어야 함에도 중국 학계는 장백산 관련 명칭에서 의도적으로 백두산을 제거하여 백두산과 관련된 한국 민족의 역사성과 문화적 전통을 제거하고 있다.

4) 백두산 지역 종족의 성격

중국 학계에서 설정한 백두산 지역의 정치 주도 세력은 숙신-읍루-말갈-여진-만주로 연결되는 체계다. 그런데 이 같은 주장에는 논리적인 문제가 뒤따른다. 앞서 계통의 종족과 관련 문화를 기본 축으로 설정한다고 하였으나 실제 역사 구성은 고조선-부여-고구려-발해의 예맥계가 2천여 년에 달하는 역사를 유지하였고, 동호계의 거란이 일부를 계승한 몽골계의 원 이후 실제 여진계가 역사를 계승한 것은 후금부터 산정하여도 800여 년에 불과하다. 이같이 단순히 역사 시기만 대비해 보아도 주류 민족의 설정과 국가체의 승계 및 역사 공간의 설정을 감안할 때 이 같은 장백산문화권의 설정과 내용에는 자체 모순이 발생하고 있다.

먼저 숙신의 경우 후속하는 읍루와 종족 및 지역적으로 연결되지 않는다는 입장이 강력히 제기되고 있다.[14] 즉, 선진시대 중국 문헌인『국어』,『일주서』에 나타난 숙신은 주나라에 조공하고 고시석노(楛矢石砮)를 바친 것으로 되어 있는데, 이들의 실제 거점 공간은 랴오허강(요하)과 산하이관(산해관) 사이로 파악되고 있다.[15] 그러나 이 숙신은 약 1천여 년의 시차가 지난 뒤에 전국 말~한 초에 만들어진『산해경』에 불함산(백두산)과 연결되어 등장하는 숙신과는 다르다는 입장이다.

이러한 입장에서 본다면 숙신족이 이미 서주 초부터 중국에 복속되어 중국 문화를 수용해 중국 문화 범주에 속해 있었다는 인식과 이에 근거해 이 지역이 중원문화권이라는 논리는 근거가 사라지게 된다. 또한 이 지역의 실질적인 토착 종족 명칭으로 등장하는 읍루의 경우 이미 한국 민족사적 범주의 출발에 위치한 부여에 복속되어 부여 역사 범주에 속해 있다.

> 挹婁 古肅慎之國也 在夫餘東北 其邑落各有大人處于山林之間 自漢興以後臣屬夫餘

위의 사료 내용을 통해 한대 이래 읍루는 부여에 신속되었고, 부여에 의한 정치적 통제를 받았음을 알 수 있다. 이는 백두산 일대에 대한 이해와 통제 방식이 부여의 영역과 연결될 수 있음을 보여 준다.

14 梁在英(2004),「古代 肅愼에 관한 硏究」,『中國史硏究』32.

15 傅斯年(1932),『東北史綱』, 13쪽.

또한 후속된 말갈의 경우 고구려에 속해 운명을 같이한 존재로서 발해에 속해 결국 우리 역사의 큰 줄기에서 같은 운명 공동체로서의 궤적을 보여 주었다.

> 黑水靺鞨居肅愼地, 東瀕海, 南接高麗, 亦附于高麗
>
> -『금사』本紀 卷一 世紀 序言

이 같은 사실은 결국 중국 왕조보다는 숙신-여진으로 정립된 만주족의 역사는 오히려 부여-고구려-발해로 연결되는 우리 역사와 동일한 운명 공동체로서 존재하였고 고려 시기, 조선 초기까지도 상당한 연계성을 유지하며 그 친연성을 강하게 보여 주었다. 이로써 이 지역의 역사 문화 중심 종족이 부여-고구려-발해-고려-조선으로 연결되는 우리 민족이었고, 고려-조선 시기 성장한 여진 종족이 후속 시기에 그 비중을 높인 역사 양상이었음을 알 수 있다.

따라서 중국이 설정한 장백산문화의 중심 종족을 재설정한다면, 부여-고구려-발해-고려-조선이 중심이 되고 말갈-여진이 부차적 종족으로 연결되어 중심 종족이 구성되어야 한다.

5. 맺음말

중국 지린성 '장백산문화연구회'를 중심으로 이론 체계가 정립된 장백산문화론의 핵심 내용은 우리 민족의 영산(靈山)이자 상징인 백두산을 중국적 표현인 장백산으로 표현하고 이 일대가 여진족의 발상지라는 것을 강조하며 여진족의 문화 연원으로 재구성하고 있다. 이 과정에서 고구려가 바로 이들의 뿌리이며 고조선, 발해 역시 장백산문화를 구성하는 핵심적 역사체라는 주장을 제기함으로써 백두산에 대한 우리 민족의 역사 문화적 연고권을 제거하는 결과를 보여 주고 있다.

이는 중국 민족의 만주지역에 대한 역사적 연고권이 존재하지 않는다는 사실을 중화 패권주의적 역사 해석을 통해 이 지역의 역사와 민족을 중국사로 편입시켜 해결하려는 의도에서 나타나고 있다. 이는 동북공정 추진 과정에서 발생한 한국과의 충돌을 회피하면서 중국의 의도대로 이 지역을 장악하려는 우회 전략으로 파악된다.

특히, 장백산문화연구회의 활동은 중국의 장백산 개발 사업과 연결되어 이 지역의 역사 문화에 대한 새로운 논리 틀을 만들어 내고 있다. 그 핵심적 사항은 여진-만주족 계통의 문화를 주된 내용으로 구성하면서 고구려-발해 문화를 예속시킨 문화 개념을 만드는 작업으로 파악된다. 또한 그 구성 내용은 한민족의 영산인 백두산의 역사 문화적 성격을 배제한 채 청 왕조의 종족적 계통을 기반으로 그 지역에 존재한 역사체를 모두 망라해 하나의 지역 문화론적 성격의 개념을 만드는 것이다. 특히, 현재 진행되고 있는 장백산문화론은 종족 문화의 접근이 아닌 현재의 동북지역 및 만주족 중심 거점 지역에 대한 현지영토주의(現地領土主義)에 입각한 논리라는 점에서 동북공정과 동일한 양상을 보여 주고 있어 우려된다.

따라서 우리 학계에서는 이 같은 중국 학계의 장백산문화론에 대응하는 포괄적이고 중장기적인 대응 전략 마련이 필요하다고 파악된다.

이를 위해 다음과 같은 개략적인 대응 방안을 제시하고자 한다.

첫째, '백두산문화론'의 정립이다. 중국의 장백산문화론에 대응하는 '백두산문화론' 정립이 시급히 요청된다. 이는 백두산에 대한 종합적 연구 프로젝트로서 단순히 백두산정계비로 상징되는 영토문제나 간도의 귀속성 문제에 국한된 논의 차원이 아닌 백두산에 대한 우리 민족의 역사, 문화, 민족, 민속 등 인문적 종합 연구와 자연지리 등을 포괄하는 '백두산문화' 학문 체계의 정립이다. 이를 위한 대형 프로젝트 기획이 요청된다.

둘째, 일본과의 독도 영유권 문제에 대응하기 위한 방안으로 종합 연구소인 독도연구소가 출범하였듯이 백두산 문제를 총괄하고 전담할 수 있는 '백두산연구소' 설립이 시급히 요청된다. 이는 향후 중국과의 관계 변화 등을 미리 예견하여 다각적인 대응 방안을 모색하는 일환으로서 미리 연구 체계를 확립하여 대응한다는 점에서 정책적 판단이 필요한 부분이라고 파악된다. 따라서 상기 제안사항 등을 체계적으로 수행하기 위한 백두산연구소가 필요하다고 본다. 특히, 2019년 간도협약 110년과 3·1독립선언 100년, 대한민국 임시정부 100년, 2020년 국권침탈 110년을 맞은 상황에서 간도, 백두산 및 옌볜 조선족 문제 등은 모두 하나의 연계선상에 연결된 문제이다. 이는 향후 국가와 민족의 향배 및 통일 문제 등과 연결되어 가장 심각한 문제가 제기될 수 있다는 점에서 체계적이고 중장기적인 연구와 정책을 수립할 수 있는 기구의 설립이 시급히 요청된다.

중국의 장백산문화론은 현장에서 확인되었듯이 지역 개발 전략으로 바로 접목되어 지린성의 핵심 전략 산업으로 실천되고 있다. 이 같은 추세로 10년 정도 진행되면 백두산은 더 이상 현실적 표현과 존재가 아니라 과거사의 일부분이 되어 역사적 개념으로만 존재할 상황이다. 이를 타개하기 위해서는 적극적으로 '백두산문화론' 정립 및 연구를 진행하고 이에 부응하는 다음과 같은 대응 정책을 수립해야 한다.

첫째, 백두산 종합개발계획 수립이다. 현실적으로 중국 및 북한과의 공동 개발 방안이 마련되어야 하기에 앞서 언급한 백두산 관련 전략과 연결된 종합적이고 중장기적인 전략을 마련해야 한다고 파악된다. 특히, 투자 전략 및 법적, 외교적 지원 방안 등에 대한 종합 대응책을 마련하는 등 투자 유도 및 활성화 방안을 마련해야 한다.

둘째, 남북한 백두산 연계 국제 관광, 문화 행사 수립이다. 백두산 문제에 대한 현실적 집행력이 확보되지 않은 한국의 입장에서 문화 관광 및 자연지리 등과 연결된 국제적 행사를 주최하고 후원함으로써 백두산에 대한 우리의 관심과 영향력을 확대하고 과시할 필요가 있다. 이는 특히, 백두산과 관련된 외교적 마찰 등을 최소화하고 현실적인 백두산 공유에 대한 중국 및 북한의 인식과 역할을 확산하는 방안으로 필요하다.

셋째, 북한 및 중국과의 공조 방안 마련이다. 백두산 문제를 해결하기 위해서는 북한과의 공조가 가장 시급한 상황으로, 북한에 이 문제를 적극적으로 제기하고 북한의 입장을 감안한 역할 분담론을 제기하여 공조 방안을 시급히 마련하여야 한다고 파악된다. 특히, 백두산 문제는 북한의 정권 창출 공간이란 점에서 북한의 관심과 적극적인 참여 명분이 있으므로 협력 방안을 모색해야 한다.

한편, 중국의 백두산에 대한 관심과 투장에 대응하는 방안으로 공동

개발 및 공동 연구 등을 위한 학술적, 경제적, 산업적 공조 방안도 함께 모색되어야 한다. 이를 위해 장백산문화연구회와 한국 관련 학계 단체의 공동 심포지엄 추진 및 공동 연구 프로젝트 등을 진행하여 중국에서 백두산 문제를 의식하도록 상황을 부각하는 것이 의미 있다고 파악된다.

2.7. 중국 학계의 백두산, 간도 관련 연구 동향

2.7.2. 간도: 동북공정 이후 중국의 간도 문제 연구 동향

은정태 • 역사디자인연구소 연구원

1. 간도 문제의 성격

간도 문제는 단지 영토문제가 아니라 주민 문제도 포함한다. 영토문제는 국가 간 국경을 어떻게 처리할 것인가의 문제이고, 주민 문제는 거주 조선인을 누가 어떻게 관할할 것인가의 문제다. 이것은 대체로 정부의 시선에 본 간도 문제다. 반면 주민의 시선에 본 간도 문제는 달리 존재하였다.

일반적으로 변경지역에서의 영토문제와 주민 문제의 관계는 독특하다. 주민 문제는 당대의 문제인 반면, 영토문제는 과거와 현재를 넘나드는 역사인식과 밀접한 관련이 있다. 또 주민 문제는 일상적으로 제기된 반면, 영토문제는 계기적으로 제기된다. 당대의 문제인 주민 문제가 제기되면서 계기적으로 영토문제를 환기, 증폭시켰다. 영토문제가 해결된다고 해서 주민 문제가 자연히 해결되는 것도 아니었다. 주민 문제는 영토문제의 방향과 관계없이 사람들이 문제가 된 땅에 살고 있는 한 항상 문제시될 수 있었다.

간도 문제의 출발은 19세기 유민 문제였으며, 이를 해결해 나가는 과정에서 영토문제가 부각되었다. 감계(勘界)가 이루어지자 영토문제는 자체 동력을 가지게 되었고, 원하는 결과로 귀결되지 못하면서 차츰 신화가 되었다. 다만, 감계할 때도 양국이 염두에 둔 것은 유민 문제였다. 논의의 선후가 있었지만, 결코 뗄 수 없는 관계였다. 그러나 영토문제가 부각되면서 자연스레 주민 문제는 부차적인 것으로 취급되는 경우가 많았다. 오늘날 간도 문제에 대한 주요 관심은 영토문제이다. 근대 국가는 상상된 역사, 지리 경계선에 정당성을 확인하고 영토문제에 근대 국가의 존재론적 의미를 부여하고 있다.

1909년 간도협약이 체결된 이래 영토문제는 신화가 되어 잠복되었다. 우리 스스로 마무리 짓지 못했기 때문이다. 식민지 시대에 대규모 이주가 이루어지면서 주민 문제가 전면에 드러났다. 해방 이후에는 분단으로 인해 두 문제 모두 잊혔다. 계기적으로 영토문제가 냉전적 사고하에 잠시 부각되는 경우가 있었다. 1992년 한중 수교 이후 간도 문제는 영토문제를 중심으로 전개되었다.

정리하자면 간도 문제는 땅과 사람의 문제, 곧 영토문제와 주민 문제였다. 즉, 19세기 이래 조선과 청국이 국경선 획정을 둘러싼 협상과 제 논의의 정책을 포함하여 사람의 보호, 관리라는 사법권의 문제, 그들의 경제활동에 대한 조사와 과세 문제, 그들의 정체성과 관련된 사회문화 정책 등을 망라하는 것이다. 더 나아가 간도 지역과 함경도 지역 주민들의 정치적, 사회적, 문화적 관계와 현재 삶을 바꾸려는 여러 전망까지도 포함한다.

2. 간도 문제의 경과

1883년 간도 문제가 제기되자 주민 귀환 문제는 일단 유보되었다. 1885년 을유감계(乙酉勘界)와 1887년 정해감계(丁亥勘界)가 열렸다. 을유감계에서는 조선 측 협상 대표인 감계사 이중하(李重夏)가 정계비를 근거로 하이란강(海蘭江)-분계강(分界江)을 경계로 할 것을 주장했다. 그러나 청국은 이는 고사하고 백두산을 자신들의 발상지라는 전제하에 백두산 아래 소백산에서 발원하는 물줄기를 경계로 할 것을 주장했다. 결국 협상은 결렬되었다. 이후 조선 주재 청국 총리 위안스카이(袁世凱)와 외아문 독판 김윤식(金允植) 간에 협의가 이루어져 이른바 '차지안민(借地安民)' 논리가 등장하기도 하였다. 즉, 간도가 청국 땅임을 인정하는 대신 그 주민들을 조선 지방관이 관할한다는 안이었다. 청국은 이를 거절하였다. 이듬해 정해감계에서 조선은 후퇴하여 두만강이 양국 경계임을 인정하였다. 다만 두만강 물줄기 최상류인 홍토수(紅土水)를 경계로 할 것을 주장하였다. 청국은 그 아래인 석을수(石乙水)를 경계로 할 것을 주장하였다. 청국의 주장은 백두산을 조선 측 영토에서 완전히 배제시키는 안이었다. 역시 합의에 이르지 못했다.

이후 청국은 1890년에 이르러 경계 문제가 사실상 마무리되었다면서 유민들에게 이른바 '치발역복(薙髮易服)'을 강요하고 호구조사와 토지조사를 통해 청 국적에 편입시키고 세금을 받는 등 자국에 완전히 편입시켰다.

청일전쟁과 대한제국의 출범 이후 간도 문제는 다시 요동쳤다. 자주·독립의식이 고조되는 분위기에서 언론과 함경도 지식인들을 중심으로 다시 영토문제와 주민 문제가 제기되었다. 1899년 양국의 한청통상조약 체결 협상이 계기가 되었다. 그러나 청국은 영토문제 논의를 거부하였고 주민 문제는 편안히 살 수 있도록 한다는 데 합의하는 것에 그쳤다.

또 다른 계기는 의화단사건이었다. 의화단사건으로 이 지역에서는 청국의 행정력에 공백이 생기고 이른바 '청비(淸匪)'가 등장하여 거주 조선인들을 약탈하였다. 조선도 변경 방위를 위해 진위대를 설치하고 지방 단위의 포군을 동원해 방비하였다. 간도 조선인들이 정부에 보호를 호소하자, 대한제국은 변계경무서를 설치하고, 이와 별도로 시찰사, 관리사를 파견하여 호구조사를 단행하였다. 함경도 지식인들과 언론에서는 근본적인 해결책으로 영토문제 해결을 주장하였다.

두만강 지역에서는 양국의 무력 충돌이 일상화되었고, 특히 관리사 이범윤이 간도 주민들을 결속하여 사포대를 결성해 청국 단련과 지방군과의 충돌을 불사하면서 위기가 고조되었다. 대한제국은 간도 주민 보호를 위해, 청국은 이범윤의 철수를 위해 영토문제를 재협상해야 한다고 생각하였다. 그러나 러일전쟁이 발발하면서 이 협상은 이루어지지 않았고, 단지 지방관들 사이에서의 합의가 이루어졌을 뿐이다.

양국의 협상이 중단된 것은 일본의 개입 때문이었다. 1905년 을사조약 체결로 한국의 외교권을 빼앗은 일본은 1907년 이곳에 간도파출소를 설치하고 그동안 대한제국의 간도 문제에 대한 입장을 수용하여 청국과의 협상에 나섰다. 그러나 일본은 자신들의 만주 문제를 해결하는 수단으로 간도 문제를 처리한다는 입장으로 전환하고 1909년 간도협약을 체결하였다. 그 내용은 영토문제는 청국의 요구대로 하고(정해감계 당시의 석을수 경계), 주민 문제는 이곳에 설치될 일본 영사관이 이들에 대한 재판권을 행사할 수 있도록 하는 것이었다. 이로써 간도 문제는 일단락되었다.

조청 양국이 협상 테이블에 앉아서 논의한 것은 두만강 연안에서의 두 차례의 감계였다. 청국과 일본의 협상은 북경에서 이루어졌다. 간도 문제는 협상 테이블을 따라다니기만 한다면 영토문제만이 전면에 부각될 뿐이다. 실제로 주민 문제는 두 차례의 감계에서는 논의되지 않았고, 간도협약 체결 과정에서는 후반부에 논의되었을 뿐이다. 주민 문제가 발단이 되어 영토문제로 이어졌고, 협상을 시도했지만 합의하지는 못했다. 1890년 청국은 일방적으로 주민 문제를 처리했다. 대한제국 시기 의화단사건을 계기로 주민 문제가 전면에 부각되었지만 결국 해결하지 못하였고, 일제는 두 문제를 한꺼번에 처리하였다. 영토문제를 양보하고 주민 문제에 이해를 관철시키려 한 것은 이른바 '차지안민' 협상과 간도협약이 비슷한 흐름 속에 있다고 하겠다.

3. 간도 문제 연구의 의의

간도 문제는 오늘날 근대 한국에 '근대 중국은 무엇인가'라는 질문을 던지게 한다. 좁게는 '만주는 무엇인가'의 문제다. 곧 간도 문제는 만주와 한국과의 관계에 대한 질문이었다. 조선인들에게 만주 문제가 강하게 대두된 계기는 의화단사건이었다. 이를 필두로 한 위기의식이 대두되었고, 만주를 인식하게 된다. 그런데 만주는 대한제국에 위기감을 주었지만, 만주의 한 부분이던 간도는 새로운 가능성을 부여하였다. 조선을 계승한 대한제국은 간도 문제의 고리를 백두산정계비와 조선 개국의 역사(왕조 발상지)와 고려 선춘령의 역사에서 찾았다. 여기에는 당대 한인들의 삶의 안정과 왕조의 위기 극복 의지가 반영되었다. 러일전쟁으로 만주 문제가 전면화되고 일본이 간도에 개입하게 됨과 동시에 식민지화의 위기 속에 중화문명과 조선의 '사대주의적 태도'가 비판받으면서 조선적 요소는 탈각되고 당대 한인들의 삶과 조선과 고려 이전, 즉 고대(단군, 고구려, 발해)의 기억이 주목받게 된다. 그 결과 간도 문제에 대해 회고주의적 태도로 접근하게 된다. 그리고 식민과 분단을 거치면서 이런 상황이 유지되었고 고대의 기억은 재생산되었다. 식민과 분단의 경험으로 일제와 북한은 간도 문제에서 강렬한 타자로 확대될 수 있었다. 다시 말하면 간도 정책의 유일한 경험기는 대한제국 시기였다.

4. 간도 문제 연구 경향의 추이

간도 문제에 대해서는 간도 영유권 교섭사, 이주사, 경제사, 국제정치사적 측면에서 접근한 연구가 있다. 일부 연구에서는 국민국가론에 바탕을 둔 간도 정책, 간도 담론, 국민국가체제 간의 영토 경쟁, 내셔널 히스토리로서의 간도 문제에 접근하고 있다. 최근 나타난 또 하나의 특징은 변경사로서의 접근 경향이다. 동시에 단순히 간도 문제가 아니라 북방관계사 혹은 '만선사' 시각의 복원이라는 측면에서 접근하는 사례도 볼 수 있다. 이는 중국 측의 동북지역사 연구와 같은 맥락이라 할 수 있다. 그런데 이 지역사는 적극 강조되기보다는 중국 중앙의 변방사로서의 위치를 분명히 드러낸다.

또 다른 점은 국제관계사 측면에서의 접근으로, 러시아 측의 이해와 관심이다. 아울러 지역사로서의 지린과 랴오닝 등의 움직임에 주목하는 경향이 있다.

각각의 주제에서 다음과 같은 경향은 주목할 만한 가치가 있다. 이에 대한 중국 측의 연구는 일부 제한적으로 이루어져 있다.

• **교섭사**

1880년대 '차지안민'을 둘러싼 조청 간 교섭. 1903~1904년 이중하 소환을 둘러싼 타협. 변경 지방관들 간의 협력과 갈등 구조. 만국공법질서와 조공질서 관념의 혼재 중에 청일전쟁 후 국제사회의 압력으로 양국이 상호관계를 재조정하지 못한 결과 육로통상조약을 체결하지 못함.

• **국제정치사**

의화단사건과 러일전쟁 중의 간도와 함경도 문제. 러시아와 일본의 간도 문제 개입의 자기 한계. 간도 문제 개입을 둘러싼 주한 러시아공사관 베베르, 본국 외무성, 여순, 연해주 총독, 국경사무관 등의 상호관계. 중립화 정책과 간도 문제, 마산포와 간도 문제 등. 1905년 이후 군부와 외무성, 통감부 상호 간의 간도 문제를 둘러싼 인식 차와 조정.

• **이민사, 경제사**

평안도가 아닌 함경도 중심. 청조의 월간민 정책. 한일의 이민 담론과 간도 개발(일진회, 일본 화족, 낭인). 기근, 방곡령의 효과. 곡물, 해산물, 육류를 둘러싼 한·청·러 관계, 밀무역.

• 변경사, 지역사

'청비'(의화단, 충의군, 패잔병, 향마적, 단련, 목비(木匪))와 주민 '보호' 담론의 성격. 영토문제는 청원서에 전제할 뿐이며, 주민 문제 해결이 목표. 갈등 반복 구조. 정세 변화에 따른 행정·군사 시스템의 변화 추이. 함경북도(관북)의 시선이 돋보인 왕실 발상지 회복론과 두만강중심론. 중앙에 대한 '인정 투쟁'. 함경도와 평안도의 경쟁. 원심력과 구심력, 서간도 지역의 복군운동과 자치운동.

• 국민국가론

혁신계 지식인의 간도 문제 개입, 언론의 동향, 정부의 간도 정책. 국가가 어떻게 지역의 경험을 주조하고 지역의 경험이 어떻게 국가에 흡수, 통합되는지?

• 정치사

간도 문제를 둘러싼 정치투쟁(어윤중, 김윤식), 내외부의 갈등, 이용익·윤택영 등 중앙 정치세력의 지방 활용 등.

5. 간도 문제 관련 자료의 현황과 수집

• 한국

이중하 기록(규장각)

• 중국

훈춘부도통 당안, 지린(길림)장군 당안, 『중조변계사(中朝邊界史)』, 『중조변계연혁 및 계무교섭사료휘편(中朝邊界沿革及界務交涉史料彙編)』 등의 사료집, 현급 지방지

• 대만

『청계중일한관계사료(淸季中日韓關係史料)』 및 주한 사관 당안

• 일본

통감부 간도파출소 보고서 및 통감부 정리 자료(아시아역사자료센터)

• 러시아

박종효, 동국대 번역문서집

이를 좀 더 보완할 필요를 느낀다. 위에서 언급한 새로운 주제에 대한 연구로 확장할 필요가 있다.

첫째, 한국에서는 정부 공문서와 각종 상소·청원(규장각), 개인 문집류, 언론의 재해석 등이 필요하다.

둘째, 중국에서는 훈춘, 지린, 총서(외무부) 등에 보고된 자료만 인용될 뿐 화룡욕 당안(옌지 당안)의 중요성(랴오닝성 당안관)이 언급되지 않고 있다. 즉, 자료 정리가 충분하지 않다는 것이다. 더 나아가 옌지 당안은 말할 것도 없다. 대체로 청일전쟁 이후 자료 정리가 완결된 느낌이 아니다. 게다가 청일전쟁 이후부터 1907년까지 현지 보고서가 빈약한 실정이다. 백두산정계비 건립 이래 1885~1887년 두 차례의 감계에 집중된 느낌이다.

셋째, 대만의 경우에는 대만중앙연구원 자료에 추가적인 관심이 필요하다. 러시아와 청국의 관계, 청비 대책, 단련 모집을 둘러싼 조한청간 경쟁, 월간민 정책 등을 충분히 파악할 필요가 있다. 그리고 주한 사관 당안을 최대한 활용한 서술이 필요하나 중국 측에서는 이에 대한 접근이 부족한 형편이다.

넷째, 일본에서는 나이토 코난 등 일본 동양학 구축 과정에서 만선사학과 간도 문제 등에 대한 새로운 시각과 함께 자료 재해석이 요구된다. 특히 아시아역사자료센터의 『한청분의일건』에 대한 충분한 정리가 필요하다. 그래야만 일본의 간도 문제에 대한 관심의 궁극적 시선들이 확보, 이해될 수 있을 것이다. 간도 문제는 곧 만주 문제의 발단이자 확장판임을 확인하게 된다.

마지막으로 러시아의 경우에는 의화단사건 이후 훈춘 지역 러시아 군정관과 국경사무관의 간도 문제 개입 관련 자료 등이 확보되어야 할 것이다. 특히 러일전쟁 발발 전후 시기까지가 해당된다.

6. 국내외 주요 논문 목록

- 김택중(2010), 「19C 말 한중 국경문제의 발단과 교섭」, 『韓國思想과 文化』 55
- 김형종(2010), 「吳祿貞과 '延吉邊務報告'」, 『역사문화연구』 35
- 이종수(2010), 「1910~1920年代 韓人 孔敎運動 硏究」, 연세대학교 박사학위 논문
- 홍웅호(2010), 「러일전쟁 이전 러시아의 동아시아정책」, 『역사와 담론』 56
- 김선민(2012), 「滿鮮史, 滿學, 그리고 滿洲學」, 『명청사연구』 38
- 김택경(2013), 「청말 '한청경계지역' 행정체제 구축과 한인 관리-집안, 임강, 장백 지역을 중심으로-」, 『동국사학』 55
- 이동진(2013), 「1900년 '강북'의 조선인-『강북일기』에 나타나는 변경과 변경민-」, 『만주연구』 15, 만주학회

- 廉松心(2009), 「清代對鴨綠江北岸朝鮮移民的政策」, 『社會科學戰線』
- 高强(2010), 「清末吉林沿邊地帶移民實邊述論」, 『吉林師範大學學報(人文社會科學版)』
- 韓香蘭(2010), 「論清代中朝邊務糾紛與"間島案"問題」, 『洛陽師範學院學報』
- 李花子(2011), 「清代長白山踏查活動及對三江源的記述」, 『韓國研究論叢』
- 鄒曉會(2012), 「清康熙時期穆克登勘界問題再研究」, 山東大學 석사

학위 논문

- 柳成棟(2013),「吳大澂在督辦吉林邊務中的曆史貢獻」,『黑龍江史志』
- 小林玲子(2010),「大韓帝国期に設置された辺界警務署の役割について-『旧辺界警務署鐘城分署ノ日記中間島関係事件抜粋』を用いて」,『韓国研究センター年報』10 九州大学韓国研究センター
- 飯島涉(2012),「笹森儀助再論-義和團戰爭時期の朝鮮・ロシア・中國視察を中心に」,『中國21』13

2.8. 중국 학계의 근현대 한중관계사 연구 동향

손성욱 • 선문대학교 역사문화콘텐츠학부 교수

이 글에서는 2000년 이래 중국 학계의 근현대 한중관계사 연구 동향을 정리하고자 한다. 이와 관련해서는 취안허슈(權赫秀)의 「중국 학계의 근대 중한관계사 연구현황에 대하여」(『근대 한중관계사의 재조명』, 혜안, 2007), 「최근 30년 국내학계의 조선반도 관련 근·현대사연구 정리(最近三十年國內學界有關朝鮮半島近現代史研究綜述)」(『朝鮮·韓國歷史研究』 第10輯, 2009), 천샹성(陳尚勝)의 「최근 15년간 중국 학계의 清朝와 朝鮮關係史에 대한 연구 논평」(『이화사학연구』 37, 2008), 박상수의 「중국 학계의 근·현대 한중관계사 인식: 한중수교 이후의 연구시각」(『한중일 학계의 한중관계사 연구와 쟁점』, 동북아역사재단, 2009), 손성욱의 「최근 중국 학계의 근대 한중관계사 연구(2007~2016)」(『東洋學』 69, 2017) 등 여러 편의 논문이 상세하게 다루고 있다. 그러므로 중복해서 세밀하게 다룰 필요는 없을 것이다. 이 글에서는 크게 두 가지 부분에 중점을 두어 기술하고자 한다. 우선 중국 학계에서 한중관계사 연구가 어느 위치에 있는가이다. 다음으로는 근 20년 동안 근현대 한중관계사 연구를 주도해 온 주요 학자를 중심으로 기술할 것이다.

중국 학계의 한중관계사 연구는 우수한 연구 성과를 지속해서 발표하고 있는 소수의 연구자가 주도하고 있다. 그리하여 대표적인 학자들의 시각과 연구 성과를 살펴보는 방식으로 근현대 한중관계사의 흐름을 개괄하고자 한다. 양자오취안(楊昭全; 근현대 한중 관계 전반), 취안허슈(근대적 종번 관계의 전환, 조약과 통상), 왕위안저우(王元周; 근대 사상의 전환), 리화쯔(李花子; 변경 문제), 쑨커즈(孫科志; 한인 사회 및 상호 인식), 스위안화(石源華; 한국 독립운동과 중국 관계), 선즈화(沈志華; 중조 관계)를 중심으로 살펴볼 것이다. 마지막으로 19세기 후반 조선과 청의 관계 연구에서 활발하게 성과물을 발표하고 있는 장리헝(張禮恒)의 연구를 통해 중국 학계의 근현대 한중관계사 연구가 가지는 문제점을 짚어 볼 것이다.

중국의 근현대 한중관계사 연구는 1992년 한중 수교 이래 활발하게 이루어지기 시작하여, 2000년대 들어 연구 성과가 급증하였다. 중화인민공화국 성립 이래 중국의 한국학 연구를 주도해 온 옌볜대학(延邊大學)뿐만 아니라, 베이징대학(北京大學), 푸단대학(復旦大學), 저장대학(浙江大学) 등 중국을 대표하는 대학들이 한국학센터를 세우며 한중관계사 연구를 더욱 추동하였다. 동북아역사재단이 지속적으로 조사해 업데이트하는 「중국의 한국사 연구동향」만 봐도 매년 적지 않은 논저들이 나오고 있다.

하지만 이러한 성장은 상대적으로 살펴봐야 한다. 최근 20년 동안 급성장한 중국 역사학의 발전 속에서 근현대 한중관계사 연구가 어디에 위치하는지 짚어 볼 필요가 있다. 이를 위해 중국의 전국철학사회과학규화판공실(全國哲學社會科學規劃辦公室)에서 지원하는 '국가사회과학기금(國家社會科學基金)'을 검토하였다. '국가사회과학기금'은 개인에게 지원하는 중점 프로젝트, 일반 프로젝트, 청년 프로젝트가 있으며, 연구팀을 지원하는 중대 프로젝트가 있다. 이 밖에도 후기 지원(后期资助), 서부 프로젝트 등이 있다. 프로젝트 수주가 대학 평가에 반영되고, 연구자 개인의 경우 학교에서 승진 요건으로 정해져 있어 경쟁이 매우 치열하다. 매년 선정된 프로젝트를 살펴보면 일정한 경향성을 보이며 중국이 현재 어디에 중점을 두고 있는지를 간취할 수 있다.

그런데 '국가사회과학기금'을 받는 한중관계사 관련 주제는 매우 적다. 중대 프로젝트의 경우 역사 관련 주제는 100건이 안 되는데, 2018년 한국 및 한중관계사 관련 프로젝트는 한 건도 없었다. 개인 프로젝트의 경우 2018년 중국사 부분에서 440개, 세계사 부분에서 100개의 프로젝트가 선정되었는데, 한국사 및 한중관계사와 관련해서는 일반 프로젝트에 왕위안저우의 「한중관계사 연구(中韓關係史研究)(1894-1919)」, 리샨홍(李善洪)의 「조공체계의 동요와 명·청의 대조선 외교 변통 연구(朝貢體系的震蕩與明清對朝鮮外交變通論研究)」, 창러(常樂)의 「중국 북조 정권과 조선반도 제왕권의 관계 연구(中國北朝政權與朝鮮半島諸王權關係研究)」 등 3건이 선정되었으며, 청년 프로젝트로 쉬판(徐凡)의 「유학 동전과 조선왕조 풍속 개조 연구(儒學東傳與朝鮮王朝前期的風俗改易研究)」가 선정되었다. 이는 왕년에 비해 많이 선정된 결과이다. '일대일로'로 인해 2017년부터 주변국에 대한 관심이 확대된 결과다. 2001~2017년 한국사 및 한중관계사와 관련해 '국가사회과학기금'을 받은 프로젝트는 다음과 같다.

〈표 1〉 2001~2017년 한국사 및 한중관계사 관련 '국가사회과학기금' 목록

연구	구분	분과	연구명	연구책임자
2001		중국사	明淸時期中朝疆域與民族問題研究	刁書仁
2004	청년	중국사	淸代中朝學術文化交流史研究	孫衛國
2005	후기	세계사	朝鮮韓國民族史	孫泓
2006	청년	세계사	淸代中韓文化關系研究	楊雨蕾
2007	일반	세계사	韓國華僑社會的形成及其演變過程研究	李玉蓮
2007	서부	중국사	17~19世紀中葉中國實學對朝鮮的影響	李英順
2009	청년	중국사	中朝圖們江界務研究	陳慧
2011	일반	세계사	韓國古世界輿圖的調查和研究	楊雨蕾
2012	일반	세계사	古代中朝移民史研究	孫泓
2012	청년	세계사	朝鮮半島緊張局勢與美韓信任危機研究(1953~1976)	梁志
2012	일반	중국사	明代中國朝鮮日本三國關系與東亞國際秩序研究	高豔林
2012	일반	중국사	渤海與新羅的歷史關系	李東輝
2013	중대	세계사	朝鮮半島古代史研究	楊軍
2013	일반	세계사	美國對朝鮮的政策研究(1958~1976)	鄧峰
2013	청년	세계사	東北亞視閾下俄, 蘇對朝鮮移民政策研究(1860~1937)	南慧英
2013	서부	세계사	中韓對古代歷史認識的分歧及解決路徑研究	朴燦奎
2013	중점	중국사	七至十世紀朝鮮半島漢文石刻整理研究	拜根興
2014	일반	세계사	朝鮮半島漢文史料研究	金健人
2014	일반	중국사	中韓(朝)古代史學之交流與比較研究	孫衛國
2014	청년	중국사	玄菟郡地域變遷與中朝韓歷史疆域歸屬問題研究	趙紅梅
2014	일반	중국사	近代中國民族國家構築視域下的朝鮮族國民教育研究	於逢春
2014	후기	중국사	朝鮮王朝禮制研究	趙旭
2014	후기	중국사	淸朝興起時期中朝政治秩序變遷研究	王臻
2014	일반	중국사	元朝與高麗關系研究	額爾敦巴特爾
2015	일반	세계사	『高麗史』點校, 考釋與研究	魏志江

2015	일반	중국사	宋朝與日本, 高麗之間“准外交關系”研究	趙瑩波
2015	중점	세계사	中韓日三國的“戰爭記憶”與歷史認識問題比較研究	鄭毅
2015	청년	세계사	朝鮮王朝“小中華”意識與對華“書籍外交”研究	黃修志
2015	서부	세계사	朝鮮反日民族解放運動與中國共產黨關系研究	金成鎬
2015	청년	중국사	萬歷朝鮮戰爭外交文書整理與研究	鄭潔西
2016	일반	중국사	黃埔軍校韓籍師生與中韓民族解放運動研究	崔鳳春
2016	후기	중국사	元明嬗代與中朝政治關系變遷研究	屈廣燕
2016	후기	세계사	高麗史	王明星
2017	일반	중국사	高麗涉元史料的編目, 整理與研究	舒健
2017	일반	중국사	唐代新羅, 百濟, 高麗移民石刻文獻與移民族群認	王連龍
2017	일반	세계사	朝鮮通信使研究	王鑫磊
2017	청년	세계사	朝鮮王朝前期的北方經略與中朝界河形成諸問題研究	劉陽
2017	중점	중국사	朝鮮王朝的“中華”認同歷史演變研究	劉喜濤
2017	일반	중국사	明清時期儒學典籍在朝鮮半島的傳播及影響研究	鄭紅英
2017	청년	중국사	中國三角學典籍在日本和朝鮮半島的流傳與影響研究	董傑
2017	후기	중국사	長白山實地踏查與清代中朝邊界史研究	李花子
2017	후기	중국사	明末朝鮮使臣筆下的山東研究	陳愛強
2017	서부	중국사	中國人民志願軍駐防朝鮮問題研究(1953~1958)	田武雄

위의 목록을 살펴보면 한중관계사 프로젝트가 가장 많이 선정된 해는 2017년이다. 사드의 영향이 있었지만, 중국이 '일대일로'를 추진하면서 주변 지역 연구의 필요성이 증가했기 때문이다. 전반적으로 변경 문제에 관한 주제가 가장 많이 선정되었으며, 근현대사보다는 고대사에 집중되어 있다. 근현대사는 총 43건 중 「조선반도 긴장 정국과 미·한 신뢰 위기 연구(朝鮮半島緊張局勢與美韓信任危機研究)(1953~1976)」, 「미국의 대조선 정책 연구(美國對朝鮮的政策研究)(1958~1976)」, 「동북아시아의

시각에서 본 러시아·소련의 조선 이민 정책 연구(東北亞視閾下俄, 蘇對朝鮮移民政策硏究)(1860~1937)」, 「근대 중국 민족국가 구조의 각도에서 본 조선족 국민교육 연구(近代中國民族國家構築視域下的朝鮮族國民敎育硏究)」, 「중·한·일 삼국의 '전쟁기억'과 역사인식 문제 비교연구(中韓日三國的"戰爭記憶"與歷史認識問題比較硏究)」, 「황포군관학교의 한국적 교관 및 학생과 중한 민족해방운동 연구(黃埔軍校韓籍師生與中韓民族解放運動硏究)」, 「조선 반일민족해방운동과 중국공산당 관계 연구(朝鮮反日民族解放運動與中國共產黨關係硏究)」, 「중국인민지원군의 조선 주둔 문제 연구(中國人民志願軍駐防朝鮮問題硏究)(1953~1958)」 등 8건에 불과하다.

한중관계사는 중국 역사학계 전반에서 볼 때 매우 작은 연구 분과이다. 그중 근현대사에 대한 관심은 더욱 적다. 그렇다 보니, 주류 학술담론에 진입하지 못하고 쟁점이 '부재'한 모습이다. 게다가 연구 논저의 수는 크게 늘었지만, 양질의 논문이 많지 않다. 한 예로, 중국의 세계사 연구에 있어 가장 권위 있는 학술지인 『세계역사(世界歷史)』에 게재되는 한중관계사 관련 논문은 일 년에 1~2편 정도이다. 중국의 등재지라 할 수 있는 『CSSCI(Chinese Social Sciences Citation Index, 중국 사회과학 인용색인)』에 등재된 역사학 저널에 발표되는 한중관계사 관련 논문은 매년 10~20편 정도 수준이다. 이와 같은 상황에서 중국 학계의 근현대 한중관계사 연구는 소수의 연구자가 주도하고 있으며, 대표적인 학자로는 양자오취안, 취안허슈, 왕위안저우, 리화쯔, 쑨커즈, 스위안화, 션즈화 등이 있다.

양자오취안(1933~)은 1958년 베이징대학 동아시아 언어학과(東語系)를 졸업한 후 옌볜교육출판사(延边教育出版社)를 거쳐 지린성사회과학원(吉林省社会科学院)에서 연구 활동을 하였다. 그의 연구 성과는 2008년 지린성사회과학원 건립 50주년을 기념하는 논문집에 수록된「나의 중조, 중한관계사 연구(我的中朝, 中韓關係史研究)」에 잘 정리되어 있는데, 그는 한중관계사 전반에 걸쳐 18권의 학술서(공저 5권 포함)와 100여 편에 이르는 논문을 발표하였다. 2000년 이래 출간한 저서로는 『중국-조선 · 한국관계사(中國-朝鮮 · 韓國關係史)』(상하, 天津人民出版社, 2001), 『중국-조선 · 한국문화교류사(中國-朝鮮 · 韓國文化交流史)』(총 4권, 昆侖出版社, 2004), 『중국 조선족 혁명투쟁사(中國朝鮮族革命鬥爭史)』(吉林人民出版社, 2007), 『한국문화사(韓國文化史)』(山東大學出版社, 2009), 『김일성전(金日成傳)』(상중하, 香港亞洲出版社, 2010), 『당대 중조, 중한관계사(當代中朝中韓關係史)』(상하, 공저, 吉林文史出版社, 2013) 등이 있다.

주목할 만한 양자오취안의 저서로는 『중국 조선족 혁명투쟁사』와 『김일성전』이 있다. 『중국 조선족 혁명투쟁사』는 2007년 지린성사회과학연구 기금의 성과물로, 지린성사회과학원 연구원을 중심으로 집필되었다. 기존의 많은 연구자가 조선 공산주의자들이 중국공산당에 가입해 '반제 항일 항쟁(反帝抗日抗爭)'에 참여한 것은 중국 혁명뿐만 아니라 조선 민족의 '해방'을 위한 '이중 사명(雙重使命)'이었다는 점을 강조해 왔다. 그런데 이 책은 "중국 혁명을 목표로 하면서 조선 독립을 위해 투쟁했던 조선족의 이중 사명 혁명은 없었다"고 주장한다. 기존의 조선족 학자들을 중심으로 주장되어 온 조선 민족의 '이중 사명'을 부정한 것이다.

이에 조선족이자 중국의 대표적 근현대 한중관계사 연구자인 취안허슈는 '이중 사명'은 "중국 조선족 혁명투쟁사, 특히 항일 투쟁 역사의 근간이 되는 특징이며, 중국공산당도 중국 조선족의 '이중성'과 그 '이중 사명'을 인정하였다. 이는 중국공산당 지도하에 벌인 조선족 혁명투쟁이 종국에 승리할 수 있었던 중요한 전제였다"[1]면서 '이중 사명 부정론'에 문제를 제기하였다. 중조관계사의 대표적 연구자인 옌볜대학의 진청하오(金成鎬)도 이 책이 출간된 이후, 중국의 권위적인 학술지인 『세계역사』에 「중국 동북항일투쟁에 있어 조선 민족주의 공산주의자의 지위와 공헌(朝鮮民族共產主義者在中國東北抗日鬪爭中的地位和貢獻)」을 발표해 항일 투쟁에 있어 조선족의 '이중 사명'을 강조하였다. 이는 기존에 정설로 여겨지던 조선족의 '이중 사명' 문제가 학문적으로 쟁점화될 소지가 있음을 보여 준다.

이 외에 양자오취안은 2000년 들어 북중 관계에 관심을 가지고 작업해 왔다. 2012년에는 홍콩에서 『김일성전』 3권을 출간하였다. 이 책은 그가 2000년에 초고를 완성하고 2004년 탈고해 출판을 추진했지만, '민감한' 사안으로 중국 본토에서 출판되지 못했다. 이 문제가 그에게만 국한된 것은 아니다. 북한 관련, 특히 북한의 지도자와 관련된 연구서는 북중의 특수한 관계 때문에 여전히 중국 본토에서 정식 출간하기 어렵다. 다만 1949년부터 2007년까지 북중관계사를 다룬 『당대 중조, 중한관계사』가 중국에서 정식 출간되었다는 것은 상당한 의미가 있다. 내용은 비교적 평이하지만, 중국 본토에서 어느 수준까지의 서술이 허용되는지를 살펴볼 수 있다.

왕위안저우(1966~)는 한국 유학파로 2003년 연세대학교에서 『한국

1 權赫秀(2009),「"雙重使命"是中國朝鮮族革命史的根本特性」,『滿族研究』2009年 4期, 127쪽.

근대이행기 화이관의 변화와 민족의식(韓國近代移行期華夷觀變化民族意識)』으로 박사학위를 받았으며, 현재 베이징대학 역사학계에 재직 중이다. 1999년 한국정신문화연구원(현 한국학중앙연구원)에서 박사학위를 받은 취안허슈, 2003년 서울대학교에서 학위를 받은 중국사회과학원의 리화쯔 등과 함께 한국과의 학술 교류를 촉진하고 중국 학계의 근현대 한중관계사 연구를 발전시키는 데 매우 중요한 역할을 하고 있다. 학위논문의 주제에서 알 수 있듯이, 주된 연구는 인물을 중심으로 한 사상 연구와 한중 간 상호 인식에 집중되어 있다. 주요 논문으로는「타자 인식과 자아의 반면 관찰: 근대 중국인의 한국 인식(認識他者與反觀自我: 近代中國人的韓國認識)」(『近代史硏究』 2007年 2期),「한국인의 역사관과 중한 관계(韓國人的歷史觀與中韓關係)」(『國際政治硏究』 2009年 4期),「조선 '중화주의'의 허와 실(論"朝鮮中華主義"的實與虛)」(『史學集刊』 2009年 3期),「조선의 개항 전 중조 종번체제의 변화: 『연행록』을 중심으로(朝鮮開港前中朝宗藩體制的變化-以『燕行錄』爲中心的考察)」(『中山大學學報(社會科學版)』 2011年 1期),「조공제도 전환의 계기: 1873~1876년 기간의 『연행록』을 중심으로(朝貢制度轉變的契機: 基於1873~1876年間『燕行錄』的考察)」(『復旦學報(社會科學版)』 2018年 5期) 등이 있으며, 저서로는 『소중화 인식의 변천(小中華意識的嬗變)』(民族出版社, 2013)이 있다. 이 중 주목할 논문으로는「조선의 개항 전 중조 종번체제의 변화: 『연행록』을 중심으로」를 들 수 있다. 그는 이 논문에서 근대 이래 중국과 주변 국가 간 종번체제(宗藩體制)의 붕괴는 서세동점과 근대 민족주의 발전의 결과이지만, 종번체제의 내재적 변화 과정에서도 그 흐름을 엿볼 수 있다고 지적한다. 즉, 단순히 외부의 충격으로 인한 결과가 아니라 내부 요인도 작용했다는 것이다. 제도적으로 의례제도가 문란해지는 등 조공제도의 병폐가 점차 심해졌고, '인신무외교(人臣無外交)'의 원칙이 무색할 만큼 활발한 문인 교류가 일어나 근대 한중 관계의 새로운 변화를 일으킬 제한적인 가능성이 나타났다고 주장한다. 이는 이전의 '충격-반응' 이론과 서구 중심의 근대화론에서 벗어나 한중 관계의 근대적 전환을 다양한 시각에서 이해할 필요가 있음을 보여준다. 이러한 관점은 그의 저서인 『소중화 인식의 변천』에서 한층 강조된다.

왕위안저우의 한중 상호 인식과 관련된 연구로는 「한국인의 역사관과 중한 관계」를 주목할 만하다. 한중 간의 역사 갈등은 서로 다른 역사관과 각자의 국가 이익에 기인하지만, 민간 분야에 있어 오해를 증폭시키고 갈등을 조장하는 것은 맥락이 제거된 거짓 정보이다. 특히 "공자는 한국인이다", "고대 한반도의 영토가 화북 지역에 이르렀다" 등 유사역사학자들이 생산한 잘못된 지식이 인터넷을 통해 유포되면서 중국인의 한국에 대한 반감을 증폭시켰다. 왕위안저우는 「한국인의 역사관과 중한 관계」에서 조선 후기 북벌론에서 시작해 식민지 시기 민족사학과 북방사관의 흥기, 사대주의 비판과 중국 인식의 변화, 광복 후 '재야사학자'의 등장까지 한국인의 역사관 변천을 살펴보았다. 그는 논문에서 유사역사학을 꼭 짚어 언급하지는 않지만, 유사역사학의 문제가 어떻게 형성되어 왔는가의 역사적 맥락을 상세히 서술하였다. 이는 중국인의 한국 역사관에 대한 이해를 도와준다. 하지만 결론에서 근대 이래 중국인과 한국인의 종번 관계에 대한 이해가 달랐는데, 중국은 종번 관계를 형제 관계로 보고 종번 관계의 불평등성을 뛰어넘으려고 했지만, 한국인은 종번 관계의 불평등성에 관심을 가지며 사대의 역사를 굴욕의 역사로 보았다고 언급한 것에는 동의하기 힘들다. 근대 이래, 중국인의 종번 관계에 대한 인식이 불평등성을 뛰어넘으려고 했다기보다는 외부의 강압에 따라 변화한 상황에서 자기를 합리화하려는 것이었다고 생각된다. 이와 같은 주장은 그에게서만 보이는 것이 아니다. 근현대 한중관계사 연구가 활발히 이루어지고 있음에도, 중국 학계에서 변화하지 않는 전통적인 관념이다.

취안허슈는 2000년 이래 중국 학계의 근대 한중관계사 연구를 주도해 온 인물이다. 중국에서뿐만 아니라 한국에서도 다수의 논문을 발표하였다. 한국에서 발표한 연구 성과는 『근대 한중관계사의 재조명』(혜안, 2007)으로 정리하여 출판하였고, 2013년에는 중국어로 발표된 논문 33편을 묶어 『동아시아 세계의 분열, 변화, 근대화(東亞世界的裂變與近代化)』(中國社會科學出版社)를 출판하였다. 이 외에도 사료 선집인 『근대 중한관계사료 선편(近代中韓關係史料選編)』(世界知識出版社, 2008)과 박사 논문인 「리훙장의 조선인식과 정책 연구(李鴻章朝鮮認識政策研究)(1870~1985)」(1999)를 정리해 출판한 『19세기 말 한중관계사 연구』(백산연구원, 2000)가 있다. 그의 박사 논문은 중국에서는 출판되지 않았는데, 자세한 이유는 알 수 없지만 그의 관점이 당시 중국 학계에서 수용되기 어려웠기 때문이라고 생각된다. 일반적으로 서세동점이 거세지면서 청과 조선은 1882년 「조청상민수륙무역장정(朝淸商民水陸貿易章程)」을 체결하였으며, 조청 간 근대적 통상사무 처리 등을 위해 양국 관계에 '변통'을 시도하였다고 본다. 이는 중국 학계에서 전통적 종번 관계를 유지하기 위한 청의 조선에 대한 '종주권(宗主權)' 강화로 여겨졌다. 하지만 청이 조선에 적극적으로 간섭했다거나 간여했다는 표현은 거의 없었다. 반제국주의를 경험한 피해자인 중국이 제국주의 국가처럼 속국을 간섭했다는 서술은 받아들이기 쉽지 않다. 그러므로 논쟁이 될 수 있는 '종주권' 강화라는 표현을 사용해 왔다. 하지만 취안허슈는 청의 대조선 정책이 변화하는 시점을 「조일수호조규」 전후로 보고, 이전의 소극적 불간섭 정책에서 적극적 간섭 정책으로 점차 전환되기 시작하였다고 본다.

최근 「조일수호조규」 이전 청조의 대조선 정책이 소극적 불간섭 정책이었다는 점에 대한 비판도 있다. 병인·신미양요의 전개 과정에서 나타난 청의 역할을 보면 소극적이라기보다 전통적인 '조공 관계 체제(朝貢關係體制)' 내에서 '적극적'인 중재자 역할을 했다는 것이다(姜博(2016), 「양요 중의 천조: 서구의 조선 침략과 청정부의 대응(洋擾中的天朝: 西方侵擾朝鮮與淸政府的應對)」, 山東大學 석사학위 논문). 이 문제에 대해서는 진일보된 논의가 필요하다. 하지만 취안허슈의 관점이 연구사적 의미가 있는 것은 그의 연구를 통해 리훙장(李鴻章)의 적극적인 대조선 정책이 강조되고, 청의 정책을 표현하는 데 있어 '간섭' 혹은 '간여'라는 표현이 자연스럽게 사용되기 시작하였다는 점이다. 취안허슈의 또 다른 학문적 공헌은 1882년부터 1885년까지 전통적 조공 책봉 관계와 근대적 조약 관계가 병존했던 근대 한중 관계를 중국의 '하나의 외교 두 가지 체제' 틀 속에서 분석하고자 했다는 것이다. 그의 연구 대부분은 두 개의 외교체제가 병존하는 과정 속 변화하는 양상, 즉 근대적 조약체제에 집중되어 있지만, 과도기적 국면에서 지속된 전통적 조공 관계의 중요성도 강조하였다(「만청 대외 관계 중의 '하나의 외교 두 개의 체제' 현상(晚淸對外關係中的"一個外交兩種體制"現象芻議)」, 『中國邊疆史地研究』 2009年 4期). 조선은 여전히 조공 사신을 청에 파견하였고, 전통적 의례가 행해졌다. 구체적인 사례를 통한 연구는 이루어지지 않았지만, 급변하던 시기에 변화하지 않는 것들의 의미, 그리고 그것이 끼친 영향에 관한 연구는 분명 필요하다. 이것은 왕위안저우가 한중 관계의 근대적 전환을 외부 요인뿐만 아니라 내부 요인에서 찾고자 했던 것과 맥이 닿아 있기도 하다.

현재 중국사회과학원 역사연구소 연구원인 리화쯔는 2003년 서울대 국사학과에서 「17~18세기 월경(越境) 문제를 둘러싼 조청(朝·清) 교섭」으로 박사학위를 받았다. 박사학위 논문은 『청조와 조선관계사 연구: 월경 교섭을 중심으로(清朝與朝鮮關係史研究: 以越境交涉爲中心)』(延邊大學出版社, 2006)로 출판되었고, 2008년에는 한국어판인 『조청국경문제 연구』(集文堂)를 출판하였다. 국경과 변경 문제는 '민감한' 문제로 기존의 인식 틀을 깨기 힘들지만, 한·중·일의 관련 자료를 충실하게 활용한 실증적 연구를 통해 기존 연구의 오류를 고증하는 연구를 하고 있다. 그뿐만 아니라 수차례의 현지답사를 통해 백두산정계비와 관련된 잘못된 인식과 그 배경에 대해 풀어 가고 있다. 이와 관련된 연구 성과인 「강희 연간 목극등 비석 설치 위치 재고(康熙年間穆克登立碑位置再探)」(『社會科學輯刊 2011年 6期), 「흑석구 석퇴고 고증(黑石溝土石堆考)」(『清史研究』 2014年 1期), 「1885, 1887년 중조 감계의 새로운 인식(1885年, 1887年中朝勘界的重新認識)」(『社會科學輯刊』, 2015年 1期), 「목극등이 확정한 두 개의 압록강 발원지와 후세의 분수령 논쟁(二源穆克登確定的鴨綠江二源與後世爭議分水嶺)」(『近代史研究』 2018年 5期) 등이 중국의 권위 있는 학술지에 게재되었다는 점이 주목할 만하다. '민감한' 주제이지만, 실증적인 연구를 통한 정공법이 중국 학계에서 인정받을 수 있음을 보여 준다.

최근에 리화쯔가 관심을 두고 있는 주제는 변경 문제 중에서도 간도와 관련된 연구이다. 「1907~1909년 일본이 획정한 '간도'의 지리 범위(試析1907~1909年日本界定的"間島"地理範圍)」(『近代史研究』 2017年 3期), 「중일 '간도문제'와 동삼성 '오안' 담판 분석(中日"間島問題"和東三省"五案"的談判詳析)」(『史學集刊』 2016年 5期), 「1905~1909년 일본의 '간도' 귀속 문제 조사 내막(1905~1909年日本調查"間島"歸屬問題的內幕)」(『近代史研究』 2015年 2期) 등 일련의 연구 성과를 냈는데, 제목에서 볼 수 있듯이 그가 관심을 두고 있는 부분은 한중 간의 문제가 아니라, 중일 관계의 간도 문제다. 특히 일본 제국주의가 어떻게 간도에 침투해 들어와 권리를 획득해 갔는가를 다루고 있다. 이것은 최근 중국 학계에서 많은 관심을 받고 연구되고 있는 '항일' 관련 연구의 맥락에서 읽을 수도 있다. 그의 백두산과 간도 관련 연구는 책으로 정리되어 2019년 초 한국에서 『백두산 답사와 한중 국경사』(혜안, 2019)로 출간되었으며, 얼마 후 중국어판이 중산대학(中山大學) 출판사에서 『청대중조변계사탐연(清代中朝邊界史探研): 결합실지답사적연구(結合實地踏查的研究)』라는 제목으로 출간되었다.

푸단대학 역사학과에 재직 중인 쑨커즈 역시 1998년 고려대학교에서 「일제시대 상하이 한인 사회 연구(日帝時代上海韓人社會研究)」라는 주제로 박사학위를 받은 한국 유학파이다. 주요 연구 분야는 재중 한인 사회로, 주요 저서로는 박사 논문을 정리한 『상하이 한인사회사 연구(上海韓人社會史研究)』(學苑出版社, 2004), 『상하이의 한국문화지도(上海的韓國文化地圖)』(上海錦繡文章出版社, 2010)가 있으며, 『한국사의 재조명』(고려대학교 한국사연구실, 2002)을 2010년 『신편 한국사(新編韓國史)』(山東大學出版社)로 번역 출판하였다. 중국 내에 한국사와 관련된 개론서가 절대적으로 부족한 상황에서 『한국사의 재조명』이 출판된 지 시간이 많이 흘렀지만, 한국 학계의 관점을 소개할 수 있는 좋은 교재를 소개했으며, 『중국 근대잡지와 한국(中國近代期刊與韓國)』(國際文化出版公司, 2010)의 편찬 작업에 참여해 근대 한중관계사 자료 목록을 정리하였다.

그동안 쑨커즈는 연구뿐만 아니라 한국사와 한중관계사에 중점을 둔 학문 후속 세대 양성에도 힘써 왔다. 그가 지도한 석박사 논문으로는 「일본의 식민통치하 조선 화상에 관한 역사적 고찰: 인천 지역을 중심으로(日本殖民統治下的朝鮮華商之歷史考察: 以仁川地區爲中心)(1910~1931)」(徐榮青, 復旦大學 석사학위 논문, 2007), 「전후 중국 관내 한인의 집중 송환정책과 그 실행 연구: 우한의 사례를 중심으로(戰後中國關內韓人的集中遣返政策及其實踐研究: 以武漢爲個案分析)」(楊曉雯, 復旦大學 석사학위 논문, 2008), 「난징 한인 연구(南京韓人研究)(1910~1946)」(李辛, 復旦大學 석사학위 논문, 2008), 「30년대 화북지역 한인의 밀무역 문제 연구(三十年代華北地區韓人走私問題研究)」(徐一暢, 復旦大學 석사학위 논문, 2010), 「한국전쟁과 대만(朝鮮戰爭與台灣)」(任蘭芝, 復旦大學 석사학위 논문, 2011), 「근대 중국인의 조선 망국 저술 연구(近代中國人的朝鮮亡國著述研究)」(徐丹, 復旦大學 석사학위 논문, 2011), 「개항기 한국의 국한문 논쟁과 신구학 비판 속 중국 인식(開港期韓國的國, 漢文論爭與新舊學批判下的對華認識)」(黃永遠, 復旦大學 석사학위 논문, 2013), 「중국인의 고려국 입사 연구(中國人入仕高麗國研究)」(李廷青, 復旦大學 석사학위 논문, 2016), 「조선반도 '여말여초' 시기 선승 연구(朝鮮半島"羅末麗初"時期的禪僧研究)」(樓正豪, 復旦大學 박사학위 논문, 2015), 「풍속의 개량: 조선왕조 전기의 유교적 사회와 문화 개혁(移風易俗: 朝鮮王朝前期的儒教性社會文化改革)」(徐凡, 復旦大學 박사학위 논문, 2015) 등이 있다. 이는 옌볜대학의 교수진을 제외한다면 한중관계사 관련 학생을 가장 많이 배출한 것이다. 중국에서는 한국사 및 한중관계사 연구 후속 세대 양성이 미진한 편인데, 그의 이와 같은 노력은 높이 평가받아야 한다.

푸단대학의 스위안화(1949~)는 한국 독립운동 세력과 중국 관계사 분야의 대표적 연구자이다. 그는 원래 중국 근현대사 전공자로, 주요 연구 분야는 외교사였다. 그가 근현대 한중관계사를 연구하게 된 것은 1992년 한중 국교 수립 이후 중국의 현실적 필요에 따른 것이었다. 근현대 한중관계사 영역 중에서도 독립운동 분야에 관심을 가진 것은 상하이에 위치한 푸단대학의 지리적 이유가 크다. 대한민국임시정부가 상하이에서 시작하였고, 많은 독립운동가가 상하이를 중심으로 활동하였기 때문이다. 이와 같은 활동은 한중 간 우호의 상징이기도 하다. 그는 2009년 4월에 상하이에서 열린 '대한민국임시정부 수립 90주년 학술회의'에서[2] 임시정부의 역사적 의의를 "민족주의 시각에서 임시정부는 한국 반일 독립운동의 구현이자 기치이며 상징이고, 민주주의 시각에서 임시정부는 한국 인민이 봉건 전제 통치에서 벗어나 새로운 사회를 건설하고자 했던 기대와 선택 그리고 그 시도를 보여 주며, 중한관계의 시각에서 임시정부는 중국 인민이 한국 독립투쟁을 지원했던 대상이자 우호의 표상이었다"고 평가한 바 있다.[3]

스위안화의 한국 독립운동과 관련된 연구 성과는 매우 방대한데, 우

2 鄭繼永(2009),「"紀念大韓民國臨時政府創建90周年國際學術會議"綜述」,『韓國研究論叢』第21輯. 당시 학술회의 논문은 2010년 논문집으로 중국에서 출판되었다. 石源華 主編(2010),『韓國獨立運動研究新探』, 社会科學文献出版社.

3 石源華(2009),「論大韓民國臨時政府的歷史意義: 紀念大韓民國臨時政府創建90周年」,『韓國研究論叢』第21輯, 1쪽.

선 2009년 자신의 연구를 정리한 『한국 독립운동과 중국 관계 논집(韓國獨立運動與中國關係論集)』(상하, 社會科學文獻出版社)을 출간하였다. 이 책은 「중국 현대 각 정당, 정치세력과 한국 독립운동」, 「한국 임시정부와 한국 광복군」, 「한국 반일 독립운동 지사 열전」, 「한국 독립광복 운동 연구의 새로운 과제」, 「중한문화협회 연구」, 「한국 주화대표단 연구」, 「한국 독립운동 인물 재조명」, 「한국 독립운동 사료의 정리와 연구」 등 총 8편으로 구성되어 있다. 같은 해 임시정부 주화대표단을 다룬 『대한민국임시정부 시기 주화대표단 연구(大韓民國臨時政府駐華代表團硏究)』를 출간하였다. 이와 같은 그의 연구는 주로 중국 측 사료의 발굴과 철저한 분석에 기반하고 있다. 2012년 출간된 『한국 독립운동과 중국 관계 편년사(韓國獨立運動與中國關係編年史)』(상중하, 社會科學文獻出版社)는 그의 연구 방법을 잘 보여 준다. 그가 한국 독립운동과 중국과의 관계 연구를 시작한 이래 염원해 온 작업으로, 『한국 독립운동과 중국(韓國獨立運動與中國)』(上海人民出版社, 1995), 『중국공산당의 조선 독립운동 원조 기사(中國共產黨援助朝鮮獨立運動紀事)(1921~1945)』(中國社會科學出版社, 2000)를 출간했던 경험에 기초해 한국 독립운동과 중국과의 관계 편년사를 펴냈다. 기존 연구에서 다루어지지 않은 중국 내 자료와 기존의 연구 성과를 종합해 중국어 문헌을 중심으로 편찬했으며 1,709페이지에 달하는 방대한 저작이다. 하지만 이러한 작업은 그의 한국 독립운동과 중국과의 관계 연구가 마무리되었음을 의미한다.[4]

4 현재 한국 독립운동사와 관련된 연구는 스위안화가 석사학위를 지도한 칭다오과학기술대학(青島科技大學)의 스젠궈(石建國)에 의해 활발히 이루어지고 있다. 1997년에 석사학위를 받았는데 당시 논문 제목은 「항전 시기 중국에서 활동한 한국독립당(論抗戰時期在華活

최근 10년간 스위안화의 연구 성과를 보면 국제관계 연구에 중점을 두고 있다. 2013년 창립된 푸단대학 국제문제연구원 산하 '중국과 주변 국가 관계 연구센터(中國與周邊國家關係硏究中心)'의 주임을 맡아 주변 국가와의 관계 문제 연구에 집중하고 있다. 특히 새로운 학문 분과로 '중국주변학(中國周邊學)'의 건설이 필요하다고 주장한다. 이것은 중국의 '일대일로' 정책과 맞닿아 있으면서, 미국이 제2차 세계대전 이후 지역학 연구를 중점으로 육성한 것을 연상시키기도 한다.

션즈화는 화둥사범대학교(華東師範大學) 역사학과 교수이자 국제냉전사연구센터 소장이다. 2017년 중화인민공화국 및 조선민주주의인민공화국 관계의 연원과 양국의 공산당 창당 때부터 중국의 개혁개방이 시작될 때까지 역사적 변천을 고찰한 『천조의 붕괴』가 한국에 출판되어 많은 관심을 받았다. 이 책의 서장에서 다루고 있지만, 그는 중조 관계 연구에 있어 비교적 의미 있는 논문을 발표한 바 있는데, 바로 「동명상련: 조선공산당원의 중국공산당 입당의 역사적 과정(同命相連: 朝鮮共産黨人融入中共的歷史過程)(1919~1936)」(『社會科學戰線』 2015年 2期)이다. 이 글은 다음과 같은 문제의식에서 시작한다. 민국 시기 중조 공산당 관계사 연구는 크게 두 가지 문제를 안고 있다. 첫째, 양당 관계의 전개 과정 서술이 개괄적으로 다루어지고, 초기 양당 관계의 형성을 간략하게 다루다 보니 적지 않은 서술에 적지 않은 오류가 있다. 둘째, 제3인터내셔널은 양당 관계 변화에 중요한 역할을 했는데, 제3인터내셔널의 양당

動的韓國獨立黨)」이다. 그는 2014년 그동안 발표한 17편의 논문을 묶어 『중국 경내 한국 반일독립운동 연구(中國境內韓國反日獨立復國運動硏究)』(浙江大學出版社)를 출간한 바 있다.

관계에 대한 인식과 태도 변화에 관한 연구를 찾아보기 힘들다. 이왕의 연구에서는 1928년 12월 제3인터내셔널의 결의가 있었고, '일당일국(一黨一國)'의 원칙에 따라 동북지역에서 활동하던 조선공산당원들이 별다른 반발 없이 중국공산당에 입당했으며, 이후 그들은 '중국 혁명'과 '조선 혁명'을 공동 목표로 하는 '이중 사명'을 짊어졌다고 본다. 하지만 자세한 설명 없이 그 과정을 말하다 보니 순조롭게 이루어진 것처럼 보이지만, 그 과정은 매우 복잡하였으며, 제3인터내셔널의 태도 변화와 깊은 관계가 있다고 강조한다. 그는 기존 연구와 회고록, 러시아 문서, 중문 사료 등을 꼼꼼하게 검토해 기존 연구의 잘못된 서술을 바로잡았다. 이것은 기존의 '우호'로 포장된 신화를 깨고 현실적 관계를 직시하는 자세이기도 하다. 사실 그의 문제의식은 한국 독립운동과 중국과의 관계에도 그대로 적용할 수 있다. 일반적으로 공동 항일, 우호 합작으로 묘사되지만, 양자의 협력에 있어서 복잡한 과정과 적지 않은 마찰이 존재했기 때문이다.

마지막으로 다룰 학자는 랴오청대학(聊城大學)의 장리헝(1963~)이다. 그의 주요 연구 분야는 청대 한중관계사이며, 최근 5년 동안 발표된 논문 수만 본다면 근대 한중관계사 분야에서 가장 활발하게 활동하는 학자로, 중국의 권위 있는 학술지에 지속해서 논문을 발표하며 영향력을 확대하고 있다. 그는 2012년 『전통과 현대성의 사이: 1626~1894년 중조관계(在傳統與現代性之間: 1626~1894年間的中朝關係)』를 출간하였다. 이 책은 총 6장으로 1장 서론, 2장 연구사 정리, 3장 종번 관계의 전형(1626~1860), 4장 애매한 관망에서 간여의 시작(1860~1862), 5장 전면적인 조선의 내정과 외교의 간여(1882~1894), 6장 결론으로 구성되어 있다. 내용은 비교적 충실하나, 기존 중국 학계의 시각을 답습하고 있다. 근대 한중 관계의 흐름을 '충격-반응'론과 청의 '종주권' 강화라는 전통적인 시각에서 서술하고 있으며, 한일 학계의 연구 성과가 거의 반영되어 있지 않다.

장리헝은 『전통과 현대성의 사이: 1626~1894년 중조관계』 출간 이후에도 근대 한중 관계의 전환 문제를 집중적으로 다루고 있는데, 같은 문제가 반복해서 드러나고 있다. 최근 5년 동안 발표한 논문으로는 「원세개와 '박정양 사건'(袁世凱與"朴定陽事件")」(『韓國研究論叢』 第25輯, 2013), 「이홍장이 조선 외교 사무를 주관하게 된 원인 분석(李鴻章主持朝鮮外交事務的原因探析)」(『江蘇社會科學』 2015年 5期), 「이홍장의 조선 철군 동의 원인 분석(李鴻章同意從朝鮮撤軍原因探析)」(『廣東社會科學』 2016年 4期), 「김윤식, 어윤중과 '임오병변' 선후 처리(金允植, 魚允中與"壬午兵變"的善後處理)」(『近代史研究』 2016年 5期), 「조선 '신사유람단' 인원 연구(朝鮮"朝士視察團"赴日人員研究)」(『東嶽論叢』 2016年 2期), 「'러시아 위협론'과 19세기 80년대 영국의 극동 정책("俄國威脅論"與19世紀80年代英國遠東政策)」(『歷史教學(下半月刊)』, 2016年 11期), 「근대 중조 관계의 현대성 전환: 이홍장의 '불첨불탈' 원칙(近代中朝關系的現代性轉換: 論李鴻章的"不沾不脫"原則)」(『清華大學學報(哲學社會科學版)』 2017年 2期), 「역사의 선택: 원세개의 '주찰조선총리교섭통상사의' 취임 원인 분석(歷史的選擇: 袁世凱就任"駐紮朝鮮總理交涉通商事宜"的原因探析」(『東嶽論叢』 2017年 5期), 「청의 주일영사와 조선 '조사시찰단'(清朝駐日使領與朝鮮"朝士視察團")」(『近代史研究』, 2017年 6期), 「청 정부의 실패한 한 차례 외교 공세(清政府一次失敗的外交攻勢-論釋放大院君李昰應回國的原因與影響)」(『史學月刊』, 2018年 5期), 「청 정부와 '강화도조약' 관계의 새

로운 논의(清政府與『江華條約』關係新論)」(『社會科學研究』, 2018年 4期), 「평행에서 교차로: '국제공법'과 '종번체제' 비교 연구(從平行到交叉: "國際公法"與"宗藩體制"的比較研究)」(『東嶽論叢』 2018年 9期), 「『조선책략』의 '결일본' 문제 분석(『朝鮮策略』"結日本"問題辨析)」(『煙台大學學報(哲學社會科學版)』 2019年 2期), 「변화와 불변의 사이: 1860년대 종번체제와 국제공법의 각축(變與不變之間: 19世紀六七十年代宗藩體制與國際公法的博弈)」(『東疆學刊』 2019年 2期), 「원세개의 조선 내 화상의 보호와 관리(袁世凱對在朝華商的保護與管理)」(『廣東社會科學』 2019年 3期), 「억측과 진실 사이에서: 황준헌의 『조선책략』 신론(在臆想與真實之間: 黃遵憲『朝鮮策略』新論)」(『文史哲』 2019年 4期), 「원세계와 '포크 축출 사건'(袁世凱與"驅逐福久事件")」(『山東師範大學學報(人文社會科學版)』 2019年 6期) 등이 있다. 근대 한중 관계 영역의 거의 모든 문제를 건드리고 있지만, 논문 제목만을 봐서는 기존 연구에서 많이 다룬 내용들이다. 실제로 내용을 살펴보면 기존 연구와 크게 다를 게 없다. 한 예로 「김윤식, 어윤중과 '임오병변' 선후 처리」는 중국 학계의 근대 한중 관계 연구가 간과해 온 조선의 주동성을 강조하며 시각의 전환을 가져왔다. 문제는 다루고 있는 내용이다. 이와 관련해 권석봉(權錫奉)의 「대원군피수문제(大院君被囚問題)에 대한 재검토」(『人文學研究』 3, 1976; 『人文學研究』 第4-5合輯, 1977), 선웨이빙(沈渭濱)의 「조선 '임오병변'과 중한 관계 논술(朝鮮"壬午兵變"與中韓關係述論)」(『韓國研究論叢』 第2輯, 1996; 『韓國研究論叢』 第4輯, 1998) 등 충분한 연구가 있다. 게다가 이 논문에서 한국 논저로 인용된 것은 중국어로 번역된 강만길의 『한국근대사(韓國近代史)』에 불과하다.

이와 같은 문제점이 있음에도 좋은 저널에 게재가 가능한 것은 1차

리뷰를 맡게 되는 각 저널의 편집자 중 한중관계사 연구자가 거의 전무해 학술적 가치를 판단하기 어렵기 때문이다. 그리고 양질의 연구를 하는 근현대 한중관계사 연구자가 많지 않다 보니 제대로 된 동료 평가(peer review)가 이루어지기 힘든 상황이다. 이러한 문제는 중국 학계의 근현대 한중관계사 연구 전반에서 보이는 문제이다.

2000년 이후 중국 학계의 한중관계사 연구를 개괄하자면, 일부 우수한 연구자를 중심으로 근대 한중 관계의 전환(전통적 조공 책봉 관계에서 근대적 조약 관계로), 변경 문제, 재중 독립운동과 중국과의 관계를 중심으로 연구가 진행되었다. 근대적 전환과 변경 문제는 양자의 갈등에 연구가 집중됐지만, 20세기에 들어서는 한중 간 '합작'을 강조하는 연구가 대다수이다. 그러나 근현대 한중관계사 연구가 축적되면서, 전통적인 시각에 변화의 조짐이 보인다. 근대 한중 관계의 변화에 있어 전통적인 시각은 제국주의 압박 속에 청조가 조선에 대한 종주권을 강조해 왔다는 것이 주류 관점이었으며, '간섭' 혹은 '간여'라는 표현은 거의 사용되지 않았다. 하지만 최근에는 기존의 시각을 유지하면서, 청조의 대조선 정책을 '간섭' 혹은 '간여'라는 표현으로 설명하는 연구가 많다. 변경 문제에 대해서도 무조건적인 '애국주의' 해석을 탈피하여 현지 조사와 종합적인 사료 분석을 통해 객관적인 분석을 시도한 연구가 나오고 있다. 한국의 독립운동 세력과 중국 국민당 혹은 공산당과의 관계에서도 우호와 협력을 '과도하게' 강조하기보다는 협력의 과정에서 나타나는 실제적인 마찰과 갈등에 관심을 지적하는 연구도 나오고 있다.[5]

5 張玉紅(2009), 「抗戰時期國民政府對韓國獨立運動派係矛盾的調處及其影響」, 『東疆學刊』

하지만 일부 우수한 학자가 주도하던 새로운 연구 흐름이 중국 학계 전반에 영향을 끼쳐 차세대 연구자의 발전으로 이어질 수 있을지는 의문이다. 1992년 한중 수교 이후 현실적 요구에 부응해 한국학 연구가 활발해지기 시작하였다. 근현대 한중관계사 연구도 마찬가지이며, 관련 연구자들 또한 유수의 대학이나 연구기관에 자리를 잡고 안정적인 연구를 확장해 나갈 수 있었다. 그러나 양질의 연구 성과를 배출하며 근현대 한중관계사 연구의 수준을 끌어올렸던 학자들은 10년 안에 퇴직할 것이다. 그 뒤를 이을 역량 있는 학자들은 거의 보이지 않는다. 신진학자 중 주요 저널에 양질의 논문을 지속해서 발표하고 있는 이들이 거의 없다. 한국의 연구 성과를 적극적으로 참고하는 이들도 드물다. 게다가 한국에 유학을 와 공부하는 이들은 꾸준히 늘고 있지만, 한국사나 한중관계사에 대한 수요가 적기 때문에 졸업 후 양질의 연구를 이어갈 수 있는 곳에 자리 잡는 경우가 매우 드물다. 양적으로는 크게 늘었지만, 학술장 내의 경쟁이 점점 치열해지고 있는 중국 학계에서 전통적인 주제나 시각의 한중관계사 연구가 주목받기도 어렵다. 중국의 근현대 한중관계사 연구는 우수한 신진학자 육성과 연구 시각 확장, 새로운 주제 발굴이라는 문제에 직면해 있다.

2009年 4期; 石建國(2009), 「朝鮮義勇隊與中國國民黨」, 『韓國硏究論叢』 第20輯, 252쪽; 魏兵兵(2007), 「事與願違的援助: 國民政府與韓國光復軍之組建」, 『延邊大學學報(社會科學版)』 2007年 1期, 92~96쪽.

3

동북아 국제관계 연구 영역

차재복 • 동북아역사재단 연구위원
이상민 • 충북대학교 사학과 강사
이천석 • 영남대학교 정치외교학과 강사
조세현 • 부경대학교 사학과 교수

3.1. 한중 관계: 동북공정 이후, 한중 '전략적 협력 동반자' 관계의 도전과 과제*

차재복 • 동북아역사재단 연구위원

1. 머리말

아편전쟁 이래 20세기 대부분의 세월 동안 중국은 '종이호랑이'로 불렸다. 반면 일본은 전후 내내 세계 제2의 경제대국으로 불렸다. 21세기 벽두부터 중국이 '동북공정'으로 한반도의 고대사를 왜곡하며 중화민족주의 팽창을 시도하는 것과 일본의 고이즈미 전 총리가 매년 야스쿠니 신사를 참배하며 침략전쟁을 미화하고, 아베 총리가 퇴행적 역사인식을 보이는 것은 결코 우연이 아니다. 중국의 일방적 역사인식과 중화주의 회귀, 일본 정치의 보수화와 과거사 미화로 한·중, 중·일, 한·일 간 갈등이 장기화하고 있다. 이는 단순히 역사 문제 자체 때문만이 아니라, 1990년대 이래 한국과 중국의 부상 그리고 일본 경제의 장기 침체에 따른 종합국력의 부침과 역전으로 새롭게 변화하는 동아시아 신

* 이 글은 차재복(2012), 「역사·문화」, 『1992~2012 한중관계 어디까지 왔나: 성과와 전망』와 차재복(2019), 「'일대일로'의 전략적 의의와 한반도에 대한 시사점」, 『현대 中國의 世界戰略 I』의 관련 부분을 수정·보완하여 재구성한 것이다.

질서와 그것에 수반되는 민족주의가 연동되어 있기 때문이다.

동북공정 이후 동아시아 역내 정세는 미·일 동맹의 해양 세력이 중국의 팽창을 견제하고, 중국은 러시아와 협력을 강화하여 미국에 맞서고 있다. 한반도를 둘러싼 대륙세력과 해양세력의 대결 구도가 형성되면서 미·일·중·러의 지도자는 자국우선주의와 애국민족주의를 십분 활용하여 정치화하고 있다. 2012년 5월 러시아 제6대 대통령으로 블라디미르 푸틴이 돌아왔다. 그는 강한 러시아 제국의 부활을 바라는 민족주의 러시아의 '차르'다. 같은 해 9월, 아베 정부와 자민당은 참의원에서 안보법안을 통과시키며 사실상 전쟁이 가능한 '정상 국가'가 되는 데 성공했다. 같은 해 11월엔 중국의 5세대 지도자 시진핑 주석이 '중화민족의 위대한 부흥'을 갈망하는 '중국몽(中國夢)'을 주창했다. 그리고 2017년 1월 20일 미 대통령에 취임한 도널드 트럼프는 '미국을 다시 위대하게'를 외치며 강대국 민족주의 귀환 기류에 정점을 찍었다.[1]

한반도는 어떤가. 김정은 위원장이 핵을 안고 버티고 있고 한반도 남북 갈등은 장기화하고 있다. 갈 길 바쁜 한국의 '한반도 신뢰 프로세스', '유라시아 이니셔티브', '신북방' 정책은 한 걸음도 나아가지 못하고 있지만 중국은 주변국과의 역사·영토 갈등을 껴안은 채 '팽창'을 시도하고 있다. 2018년 3월, 미국과 중국의 관세전쟁을 시작으로 동아시아에선 이른바 '신냉전'이 시작되었고, 남북이 합의하여 내놓은 「4·27 판문점 선언」은 현재로선 그저 선언에 불과한 문서일 뿐이다. 한국의 입장

1 김한권(2017), 「'양날의 칼' 중화 민족주의… 갈등 생긴 공간에 묶어 관리해야」, 『중앙일보』 '차이나 인사이트', 2017. 2. 15.

에서는 북핵과 북한을 넘어서기 위해서는 중국 못지않게 '동북아 평화협력'이라는 환경 조성이 절실하고, 미국과 중국의 협력도 빼놓을 수 없다.

따라서 이 글은 한중 관계의 갈등을 넘어 협력을 이끌어 내기 위한 지정학적 공간으로 중국 동북지역과 한반도의 국경지대에 주목했다. 중국이 동북지역을 무대로 주도한 동북공정을 지정학적, 국제정치적 시각에서 재고찰한 다음, 중국(동북지역)의 '일대일로'와 한국의 유라시아 전략과의 접점을 찾아 동북공정 이후 한중 양국이 구축해 온 '전략적 협력 동반자 관계'의 내실화를 위한 방안을 모색한다.

2. 중국의 동북아 전략과 동북공정

1) '중국몽(中國夢)'

중국 학계에서 '중국의 부상(中國崛起)'을 본격적으로 논의하기 시작한 것은 1997년 홍콩의 중국 귀환부터다. 중국은 외부로부터의 '중국위협론'을 차단하기 위해 스스로 '평화부상(和平崛起)'에서 '평화발전(和平发展)'의 의미를 부여했으나, 시진핑 정부가 궁극적으로 추구하는 바는 '중화민족의 위대한 부흥'을 실현하는 것이다. 덩샤오핑은 집권 당시 중국은 100년 동안 '도광양회(韬光养晦)'를 지속하라는 지침을 내렸지만, 시진핑 정부는 서둘러 '유소작위(有所作为)'를 논하기 시작했다. 옌쉐퉁(阎学通)은 21세기 벽두부터 유소작위를 구체화할 수 있는 논리로

'중국굴기'를 당연시하였고, 미국을 비롯한 서구 사회는 중국의 경제적 부상이 '군사굴기'로 이어진다며 '중국위협론'으로 견제하기 시작했다.

옌쉐퉁은 '중국굴기'의 외교적 의미를 다음과 같이 보았다. 첫째, 중국이 우뚝 서게 되면 중국 외교가 미국 중심의 외교에서 주변국 중심의 외교로 전환하여 주변국과 우호 관계를 구축하여 미국의 대(對)중국 견제를 제어할 수 있고, 국제사회에서 중국의 영향력도 증대시킬 수 있다. 둘째, 중국은 '중국굴기'로 과거 국제사회에 대한 수동적 참여 자세에서 능동적 참여 자세로 바뀌고, 국제사회에 대하여 '책임 있는 국가'의 지위를 갖는다. 셋째, '굴기'의 전략적 의미는 국가의 종합적 이익을 위한 것이지 경제적 이익만을 위한 것은 아니며, 중국이 '굴기'를 제시함으로써 개혁개방 시기 최우선 과제였던 경제 이익이 다른 일체의 이익을 압도한다는 생각에서 벗어나 경제 이익과 안보 이익 사이에서 균형을 취하는 데 유리하다고 보았다.

중국 지도자가 국제사회의 외교 무대에서 '굴기'라는 용어를 처음 사용한 것은 원자바오 전 총리의 2003년 미국 방문 때였다. 서구 사회가 '중국굴기'를 '중국위협'으로 인식하는 것에 대해 중국은 이 프레임에서 벗어나고자 '굴기' 대신 '평화부상'과 '평화발전'으로 용어로 수정한 바 있다. 그러나 옌쉐퉁은 '굴기'라는 용어에 더 적극적인 의미를 부여하여 '굴기'가 내포한 국가 이익의 의미는 중국 인민의 생활 수준 향상이라는 물질적인 데서 그치는 것이 아니라 정신적인 것, 즉 중국 인민의 국제 지위를 향상시키는 것까지 포함한다고 했다. 그리고 중국의 대외 전략 이념으로 '굴기'가 '발전'으로 후퇴하면 인민의 생활 수준을 향상시키는 자아진보에는 만족할 수 있지만, 중화민족 부흥의 역사적 임무는 포기하게 되는 것이다. 옌쉐퉁은 더 나아가 "과거 아편전쟁 이래 중국 인민의 최대 이익은 민족 부흥을 실현하는 것과 잃어버린 세계 대국 지위를 회복하는 것"이라고 했다.[2]

중국은 2008년 베이징올림픽의 슬로건에서 이미 '하나의 세계, 하나의 꿈(同一个世界, 同一个梦想, One World One Dream)'으로 중국 중심의 세계관을 드러낸 바 있다. 후진타오 정부의 '조화 사회' 건설과 '국토 균형 발전' 논리는 시진핑 정부에선 '인류운명공동체' 건설과 '일대일로' 논리로 확대 발전되었다. 게다가 중국은 제19차 중국공산당대회(2017년)에서 '시진핑 · 신시대 중국 특색의 사회주의 사상' 건설을 지도이념으로 채택하여 당장(黨章)에 명기했다. 그리고 이듬해 전인대에서 통과된 수정헌법에는 시 주석이 주창하고 제안한 '중국몽', '일대일로', '인류운명공동체' 등의 이념과 정책이 명기되었다. 이제 '시진핑 · 신시대' 사상은 중국의 당장과 헌법 그리고 정치와 경제사회 모든 영역에서 지도이념으로 확립되어 국가의 모든 정책에 반영되고 있다. 특히 중국의 외교 정책에서는 시 주석이 강조한 '중국 특색의 대국 외교'를 슬로건으로 '신형국제관계'와 '인류운명공동체' 건설을 지향하고 있다.

2) 동북진흥과 동북공정

21세기 초, 중국의 부상에 대한 국제사회의 여론은 '중국위협론'과 '중국기회론'으로 양분되었다. 한국의 대중국 여론도 마찬가지로 '위협

2 阎学通 · 孙学峰(2005),『中国崛起及其战略』, 北京大学出版, 4~6쪽.

론'과 '기회론' 사이에서 반신반의하는 가운데, 동북공정을 체험한 한국인의 대중국 인식은 크게 나빠졌다. 후진타오 정권(2002~2012년)에서 시작된 '동북진흥'의 하드웨어적 산업 정책과 '동북공정'의 소프트웨어적 역사 정책은 중국의 동북아 전략의 일부이다.

동북진흥 전략은 덩샤오핑의 선부론(先富論)에 입각한 개혁개방 정책으로, 중국 연안지역과 내륙지역 간의 지역 발전 불균형 확대를 보완하고, 후진타오 정부의 조화사회 건설을 지향한 지역 균형 발전 차원에서 시작된 것이다. 중국이 중앙 정부 차원에서 동북지역에 관심을 가진 배경과 의도는 다양하나, 동북지역 경제의 구조적 문제점[3]을 해결하고, 동북3성이 갖는 비교우위를 활용하여, 중국 경제의 새로운 성장축으로 육성하기 위해서였다.

중국 정부는 2003년 10월, '동북지역 등 노후 공업지역 진흥 전략 실시에 관한 의견'을 발표하고, 2004년부터 본격적으로 이들 정책을 추진하였다. 중앙 정부의 목표는 노후 공업지역을 선진 기술과 시장 친화적 시스템을 갖춘 차별화되고 경쟁력 있는 신흥 산업기지로 만드는 것이었다. 참고로, 당시 유럽-아시아 대륙 교량화에도 힘을 기울여 지린성 훈춘(琿春)에서 몽골까지의 철도도 개통되었다. 2007년 8월에는 동북지역을 주강삼각주(珠三角), 장강삼각주(长三角), 환보하이(環渤海)에

3 외교부(2012), 『중국개황』에 의하면, 동북3성은 과거부터 전통적인 중공업이 발달하였으나, 개혁개방 이후 경제 성장의 주도권을 3대 경제 권역, 즉 주강(珠江)삼각주, 장강(長江)삼각주, 징진지(京津冀) 지구에 내주고 상대적으로 침체되었다. 그리고 계획경제에 따른 구조적 비효율성, 설비 노후화, 실업 증가, 국유 기업 부실화 등으로 전반적인 경제 활력이 저하되었다. 특히 20년 이상 된 생산 설비의 비중이 선양(瀋陽)은 70% 이상, 창춘(長春)은 60%, 하얼빈(哈爾濱)은 23.8%에 이르고 있다.

이은 제4의 경제 중심축으로 육성하기 위한 종합 시책으로 '동북지역 진흥계획'을 발표하였다.

2011년 3월에 발표된 제12차 5개년 경제계획에서는 장비 제조, 원재료, 자동차, 농산품 가공 등 우위 산업을 고도화하고, 금융, 물류, 여행 및 소프트웨어와 아웃소싱 등의 서비스를 대대적으로 발전시키기로 하였다. 그리고 랴오닝(遼寧) 연해 경제벨트, 선양(瀋陽) 경제구, 창지투(長吉圖) 경제구, 하다치(哈大齊), 무수이(牡綏)를 중점적으로 개발하기로 하고, 동북진흥 정책의 범위를 네이멍구(內蒙古)까지 확대하여 산업구조의 고도화, 에너지 절약, 환경오염 절감, 사회복지 등 분야별 목표치도 설정하였다.[4]

2002년 중국국무원 산하 중국사회과학원이 주도한 동북공정은 중국 동북지역과 한반도 북부의 지리적 공간을 '다민족 통일국가' 논리에 포함시키기 위한 역사인식 프로젝트다. 즉, 현재 중국 땅에 있는(또는 과거에 지금의 중국 땅에 있었던) 모든 민족은 중화민족에 속하며, 그들의 역사 또한 중국의 역사와 직결된다는 논리다. '다민족 통일국가' 논리에 의하면 중국 동북지역 조선족의 역사는 중국사에 포함된다. 중국사회과학원은 "동북공정의 각종 기초연구 성과는 앞으로 중국 동북 국경지역의 역사와 현상에 대한 심화연구를 위해 견실한 기초를 다지는 자료가 될 것"이라고 밝혔다.[5]

한국의 입장에서 보면, 동북공정은 고구려사에만 국한된 문제가 아

4 외교부(2012), 『중국개황』.

5 중국사회과학원 변강사지연구중심(中國邊疆史地硏究中心) 홈페이지 http://bjzx.cass.cn/news/129976.htm(검색일: 2012년 8월 30일, 2015년 9월 8일).

니라 한민족의 정체성을 왜곡할 수 있는 중대한 역사 왜곡이다. 2004년 7월 중국 외교부 홈페이지에 실린 고구려사 내용에 대해 한국 정부가 시정을 요구하자, 중국 외교부는 8월 5일 한국의 고·중세사 전체를 삭제하였는데, "이렇게 하면 마치 한국사는 1945년 8월 15일에서야 시작하는 것처럼 오해할 수 있어 다시 한국과 중국 사이의 외교 문제로 비화하였다."[6] 8월 23일 우다웨이(武大偉) 중국 외교부 아시아 담당 부부장의 방한을 통해 양국 정부는 '구두 양해 5개 사항'[7]에 합의했다. 이 합의는 한중 협력의 큰 틀 아래서 고구려사 문제를 해결하려는 양국 정부의 노력이었지만, 정부 간 공식문서로 남기지 않았던 것이 아쉬운 대목이다. 구두 합의 후 동북공정의 결과물이 발간되면서 동북공정 논리가 중국 내에서 널리 확산되었고, 고(故) 노무현 대통령은 2006년 9월과 10월 중국의 지도자에게 이 문제를 지적하면서 시정을 요구했다. 중국 지도자는 '구두 양해사항'을 존중하고 이행하겠다고 화답했고, 5개년 계획으로 추진된 동북공정은 2007년 2월 '외견상' 종료되었다.[8]

6 동북아역사재단(2012),『갈등을 넘어 화해로』, 동북아역사재단, 14~15쪽.

7 ① 고구려사 문제가 양국 간 중대 현안 문제로 대두된 데 대해 중국 측이 유념하고 있다. ② 양측은 향후 역사 문제로 인해 한중 간 우호 협력 관계가 손상되는 것을 방지하기 위해 노력하고, 1992년 8월의 한중 수교 공동성명 및 1993년 7월 양국 정상 간 공동성명에 따라 전면적인 협력 동반자 관계 발전을 위해 노력한다. ③ 양측은 한중 협력 관계라는 커다란 틀 아래서 고구려사 문제의 공정한 해결을 도모하고 필요한 조치를 취해서 고구려사 문제가 정치화하는 것을 방지하려고 노력한다는 데 공동인식을 같이한다. ④ 중국 측은 중앙 및 지방 정부 차원에서의 고구려사 관련 기술에 대한 한국 측의 관심에 이해를 표명하고 필요한 조치를 취해 나감으로써 문제가 복잡해지는 것을 방지한다. ⑤ 양측은 학술 교류의 조속한 개최를 위해 노력하며 학술 교류와 양국 국민의 이해 증진에 도움이 되는 방향으로 한다.

8 차재복(2012),「역사·문화」, 차재복 외,『1992~2012 한중관계 어디까지 왔나: 성과와 전

그 후 지금의 시진핑 주석과 리커창 총리가 각각 2009년과 2011년에 한국을 방문하여 한중 관계 관련 메시지를 전한 바 있다. 시진핑(당시 국가부주석)은 2009년 12월 한국의 경제 4단체 주최 환영 오찬 연설에서, "중한 양국은 지리적으로 가깝고 문화도 유사하며 정서가 비슷하기 때문에 양자 관계 발전과 상호 우호 관계 증진에 매우 유리하다. 따라서 한국과 좋은 이웃, 좋은 친구, 좋은 동반자 관계를 유지하는 것이 중국 정부의 일관된 방침이다. … 2008년 국제 금융 위기 이후 중한 경제 협력에도 많은 어려움이 예상되나 어려움을 만날수록 믿음을 더욱 굳건히 해야 한다"라며 중국에 있어서 한국은 '좋은 이웃'이라는 생각을 강조한 바 있다. 리커창(당시 상무 부총리)은 2011년 10월 한국을 방문하여 시진핑이 참석한 같은 경제 4단체 주최 환영 오찬 연설에서, "양국이 수교한 후 근 20년 동안 정치적 신뢰(信賴)가 깊어지고 고위층의 교류가 긴밀하다. … 메이드 인 차이나 제품과 메이드 인 코리아 제품은 양국 국민들의 생활 속에서 없어서는 안 되는 중요한 위치를 차지하고 있다"라며 한중 간에는 이미 실질적 협력이 가능한 양호한 기반을 갖추었다고 평가하였다.[9]

동북공정 이후 한국을 찾은 두 지도자의 발언에서 역사 문제에 대한 언급은 전혀 찾을 수 없었고, 중국은 지금까지도 공식적으로 한중 간 역사 문제는 없다는 입장을 견지하고 있다. 대신 리 총리의 발언대로 경제 영역에서는 양국이 실질적 협력 토대를 구축했으나 이마저도 '사

망』, 서울: 동북아역사재단, 188~190쪽.

9 车在福(2014), 「韩中建交二十一年: 论充实, 扩展韩中关系与学术交流的重要性」, 『当代韩国』 第一期, 33~34쪽.

드'와 같은 안보 갈등이 발생하면 교류와 협력은커녕 중국의 일방적 보복으로 경제 관계도 취약하기만 하다.

3. 동북공정 이후 한중 관계의 도전과 과제

미국의 오바마 정부 2기(2012~2016년)와 일본의 아베 정부(2012~)가 '아시아 회귀 전략'과 '환태평양경제동반자협정(TPP)'으로 중국의 부상을 견제하였고, 중국의 시진핑 정부(2012~)는 출범과 함께 '주변국 외교'를 중시하며 미일 동맹의 중국 견제를 회피하고, '일대일로' 구상과 '아시아인프라투자은행(AIIB)'을 추진하였다. '시진핑 · 신시대'의 인류운명공동체 건설을 앞세운 '신중화주의'는 지리적으로 인접한 한반도(북한)에 먼저 영향을 미칠 것이다. 동북공정의 근거지였던 중국 동북지역과 북한 지역을 배경으로 한차례 역사 갈등을 치른 바 있는 한중 양국은 역사와 민족주의 갈등의 도전을 효율적으로 관리하고 협력 과제를 증대시켜 나가야 한다.

한국은 노태우 정부의 '북방 정책',[10] 김대중 정부의 '햇볕 정책', 노무현 정부의 '동북아 균형자론', 이명박 정부의 '비핵 개방 3000 구상', 박근혜 정부의 '동북아 평화 협력 구상', '한반도 신뢰 프로세스', '유라

10 북방 정책(Nordpolitik, 일명 북방 외교)은 1988년부터 제6공화국의 노태우 정부가 추진한 대(對)공산권 외교 정책이다. 소련 · 중국 등 사회주의 국가와의 관계 개선을 통해 한반도의 평화와 안정을 유지하고, 경제 협력 증진과 남북한 교류 협력 관계 발전을 추구하며, 궁극적으로는 사회주의 국가와의 외교 정상화 및 남북한 통일의 실현을 그 목적으로 한다.

시아 이니셔티브' 등 역대 정부가 일관된 북방 정책들을 시도하였으나 '북한 문제'에 가로막혀 실현되지 못했다. 한국의 관련 학계에서는 오늘날 한국 외교의 3대 제약 요소로 '북핵 문제', '한미 동맹 강화', '대중국 경제 의존도'를 지적하고, 한국의 미래 국가 전략으로 '북방'에서 길을 찾아야 한다고 주장한다.[11]

문재인 정부는 출범과 동시에 '동북아플러스 책임공동체'를 국정 과제로 선정하고 동북아 평화 협력, '신북방 · 신남방' 정책을 세부 목표로 천명했다. 2018년 남북 정상이 합의한 「4 · 27 판문점 선언」에서 주의 깊게 보아야 할 부분은 '동해선 및 경의선 철도와 도로 연결'이다. 문재인 정부의 '신북방' 정책은 중국의 '일대일로' 구상과 맥을 같이하고, 동북아 평화공동체 건설을 위한 한중 양국의 전략적 협력 관계 발전의 토대를 이룰 수 있다. 「4 · 27 판문점 선언」에 언급된 동해선(부산~원산)은 러시아의 시베리아횡단철도(TSR)와 연결되고, 경의선(서울~신의주)은 중국횡단철도(TCR)과 연결되는 노선이다. 특히 경의선 연결은 중국의 일대일로 프로젝트 중 하나인 중국횡단철도와의 연결을 꾀함으로써 중국과 러시아, 몽골, 중앙아시아, 유럽까지 경제 교류를 확대하는 수단으로 주목받고 있다.

북한과 중국 동북지역은 역사적, 지정학적, 지경학적으로 한중 양국의 협력 요인과 갈등 요인을 모두 안고 있는 곳이다. 중국(동북)의 일대일로 정책과 한국의 신북방 정책 사이의 연계와 협력은 한국이 주장하는 '동북아 평화공동체' 건설의 중요한 밑거름이다. 이를 위해서 한국

11 동북아공동체연구재단(2018), 『북방에서 길을 찾다(neo Nordpolitik)』, 디딤터.

의 기존 '북방 정책'의 한계와 중국의 기존 '동북진흥 전략'의 한계를 분석하여 일대일로와 신북방 정책을 중국(동북)과 한반도에 연계하는 '전략적 협력'을 고려할 수 있다.

1) 중국의 '주변우호협력지대 확대' 전략

시진핑 정부 출범과 함께 중국은 육상과 해상에서 벨트(帶) 전략으로, 미국과 일본은 TPP의 망(網) 전략으로 동아시아를 품으려 한다.[12] 동아시아는 지금 '미일 동맹' 대 '중러 협력'이 대립하는 구도에서 미중 간 전략 경쟁이 격화되고 있다.

중국은 2013년부터 '일대일로' 구상을 제안하며 '주변 외교' 전략을 본격적으로 투사하고 있다. 시진핑 주석은 2013년 9월 카자흐스탄을 방문하여 새로운 협력 모델을 사용하여 '실크로드 경제벨트(帶)'를 공동 구축하고, 시범 지역의 경험을 토대로 점차 적용 범위를 넓혀 점진적으로 역내 대협력을 이루자고 제안했다. 그리고 10월에는 인도네시아를 방문하여 "중국은 아세안 국가들과 호연호통(互聯互通) 건설 강화에 진력하고 있다"면서 AIIB를 설립하여 아세안 국가들과 해양 협력 파트너 관계를 발전시켜 '21세기 해상 실크로드(路)'를 공동 구축하고 싶다는 뜻을 밝혔다.

12 중국의 '一帶(One Belt)'에 대해서는 러시아, 몽골 등은 물론이고 EU 국가들도 지지하고 있지만, '一路(One Road)'에 대해서는 미국과 일본 등 미국의 동맹국들을 중심으로 한 국가들이 견제하고 있다. 일본은 미일 동맹의 축 속에서 아시아인프라건설기금, 메콩강유역개발기금, 필리핀과 베트남의 해상 경비대 지원 등과 같은 맞불 전략을 쓰고 있다.

그리고 시 주석은 '주변외교공작좌담회'(2013년)와 '중앙외사(外事)공작회의'(2014년)를 주재하며 '중국 특색의 대국 외교'를 강조한 바 있다. 중국 스스로 국제사회에서 대국으로서의 역할을 재인식하고, '주변 외교'를 성실히 전개하여 개도국과의 협력 및 이들의 입장을 대변하고, 미국과는 협력을 통해 안정된 국제 환경, 즉 '신형대국관계'를 조성하자는 것이 골자였다. 또한 향후 중국의 외교 방침과 전략으로 ① 주변우호협력지대 확대, ② 강하고 안정적인 대국 관계 구축, ③ 개도국과의 협력 강화, ④ 글로벌시스템 개혁을 통한 중국 및 개도국의 발언권 강화, ⑤ '일대일로' 프로젝트의 적극 추진, ⑥ 정확한 의리관(義利觀)의 외교를 내세웠다. 그리고 중국 외교는 반드시 고유한 특색을 지녀야 한다며, 주변 외교 이념으로 '친(親)·성(誠)·혜(惠)·용(容)'을 강조하고 있다.[13]

중국의 '주변우호협력지대 확대' 전략이란, 미국과 일본이 각각 '아시아 재균형 전략'과 '가치관 외교'를 내세우고 미일 동맹을 강화하며 중국을 겨냥하는 포위망을 구축하려는 데 대해 중국은 주변국과의 관계를 강화하고 상호 간 이익을 증대하여 미일 동맹의 대중국 포위망을 벗어나겠다는 전략을 말한다. 중국은 이를 위해 "동아시아와는 유교사상, 남아시아와는 불교문화, 중앙아시아와는 실크로드, 동남아시아와는 끊을 수 없는 혈연의 정으로 묶여 있다"는 논리를 내세운 바 있다.[14] 옌쉐퉁은 중국은 전통적인 '비동맹 원칙'을 포기하고 러시아와 같은 주요 강대국들과의 적극적인 동맹 전략을 통해 미국의 동맹 전략에 대응

13 『人民日報』, 2014. 12. 1.

14 『人民日報』, 2014. 8. 21.

해야 한다는 논리를 전개했다.[15] 그는 또한 2014년 4월 서울에서 개최된 학술회의에서 '한중동맹론'을 꺼내면서 "중국은 비동맹 원칙을 버려야 하며 주변국과 '우방' 내지 '운명공동체' 관계를 만들어 가야 한다"는 논리도 소개한 바 있다.[16]

2) '일대일로'와 '신북방' 정책의 연계

중국은 '주변 외교' 중시 차원에서 국가 중요도 순위를 러시아, 카자흐스탄, 파키스탄, 아세안, 한국, 일본 순(順)으로 나열하고, '일대일로' 건설에서 몽골과 북한에 대해서는 협력의 공간이 확대될 수 있다고 생각한다. 그리고 한국에 대해서는 중국과의 정치·경제적 관계로 (한국이) '일대일로'에 적극적인 자세를 취하고 있어 중국의 동아시아 지역 정책 수립에서 중점 협력 대상국으로 간주하고 있다고 한다.[17] 또한 "한국이 '일대일로'의 연선 국가는 아니지만, 중국의 '일대일로'와 한국의 '유라시아 이니셔티브'가 추구하는 전략이 일치하고 지역 범위도 겹치며, 양국의 유라시아 전략을 접목하기에 유리한 기초를 갖고 있다"고 한다.[18] 그렇다면 한국은 중국(동북)의 '일대일로'를 어떻게 한반도와 연계하여 '신북방' 정책 등 유라시아 전략 구상을 실현해 나갈 것인지

15 옌쉐퉁(2014), 고상희 역, 『2023년 세계사 불변의 법칙』, 글항아리, 295~300쪽.

16 閻學通, 「中韓結盟對雙方有好處」 http://dailynews.sina.com/gb/news/int/chosun/20140425/01305669526.html(검색일: 2014. 10. 2).

17 薛力(2016), 『'一带一路'与'欧亚世纪'的到来』, 中国社会科学出版社, 239쪽.

18 朴英爱·张国林(2016), 「中国"一带一路"与韩国"欧亚倡议"的战略对接探析」, 『东北亚论坛』 第一期, 108쪽.

연구할 필요가 있다.

첫째, 중국 동북지역과 한반도의 지정학적 접점을 정립할 필요가 있다. 중국은 2003년 '동북진흥계획(振兴东北规划)', 2009년 '랴오닝 연해경제벨트(遼寧沿海經濟帶) 발전 계획', '창지투(長吉圖) 개발 프로젝트'[19] 그리고 '중국 동북지역과 러시아 극동 및 동시베리아 지역 협력 계획 강요(2009~2018년)' 등을 시행해 왔다. 그리고 중국의 중앙 정부는 2007년 '동북진흥 3년 평가보고(东北振兴三年评价报告)'를 바탕으로 중국 동북지역을 태평양으로 연결시키기 위해 북한과 러시아 극동의 항만 시설에 대한 장기 사용 계약을 체결해 왔다. 중국 동북의 접경지역에서는 중국이 주도하는 일련의 초국경 연계 지역 개발 프로젝트가 북한, 러시아, 몽골 등 주변국과의 관계뿐만 아니라 미국, 일본 등과의 경쟁 관계를 염두에 둔 장기적 국가 전략으로 시행되고 있다.[20] 따라서 한국과 중국은 한반도와 접경을 이루는 중국 동북지역에서 '일대일로'와 '신북방' 정책의 접점을 찾을 수 있다.

둘째, 중국이 주도하는 '일대일로'의 6대 경제회랑 중 '중-몽-러 경제회랑'과 연계하는 방법이다. 한반도와 맞닿은 '중-몽-러 경제회랑'은 유일한 '일대일로'의 동진(東進) 노선이다. 〈그림 1〉에서 보듯이 한반도와 연결되는 노선으로 '두만강 교통회랑'(2번 노선)이 있다. 몽골에서

19 국가급 개발계획으로, 지린성의 창춘시-지린시-옌볜자치주의 투먼시를 연계하고 종국적으로는 북한의 나진항과 선봉항을 연결하여 중국이 동북아 물류의 허브를 구축하겠다는 프로젝트.

20 김수한(2012), 「중국동북진흥전략의 진화」, 『한중 Zine INChinaBrief』 vol. 221, 인천발전연구원.

중국의 창춘과 훈춘을 거쳐 두만강을 따라 동해로 빠지는 노선이다. 이 노선은 한국이 오랫동안 공들여 온 두만강개발계획(GTI)[21]과 연동되고 장차 육로로 대륙과 이어질 중요한 포인트라고 한다.

최필수에 의하면, 중-몽-러 경제회랑의 1~3번 노선 중 한국이 원하는 루트의 개발을 유도하는 것은 어렵지만 불가능하지는 않다고 한다. 몽골 인구 300만, 극동 러시아 인구 640만보다는 북한 인구 2,500만, 남한 인구 5,000만이 훨씬 큰 시장이고 산업 배후이기 때문이다. 몽골이나 극동 러시아의 수요만 보면 대규모 인프라 투자의 효용이 크지 않다. 풍부한 수요와 산업 배후를 지닌 한반도가 유라시아 물류 네트워크 동맥에 피를 공급해 투자의 효용을 몇 배로 끌어올릴 수 있기 때문이다.[22] 결국 관건은 북한과의 관계이나 한반도를 둘러싼 미중 전략 경쟁과 역내 국제정치의 동학을 배제할 수 없어 관련 연구가 긴요하다.

21 1992년 출범한 다자간 협력체제로 북한·중국·러시아의 경계선과 맞닿은 지대인 두만강 하류 지역을 개발하고 동북아 지역의 경제 협력을 확대하기 위한 계획이다. 국가의 재정 지원을 바탕으로 이 지역에 위치한 항구의 유리한 기능과 자원의 우위를 이용해 관계국이 자유무역지대를 설정하고 우선적으로 개발할 지역을 지정하여 경제번영지대를 형성하는 것을 목표로 한다. 1990년 초 남한, 북한, 중국, 러시아, 몽골의 5개국이 참여하여 두만강유역개발계획(TRADP)을 추진하였고, 2001년부터는 두만강 접경지역에 대한 한국·일본을 포함하는 동북아 지역으로의 사업으로 확대되었다. 그러나 아시아에서 발생한 외환 위기로 두만강개발계획에 대한 투자가 저하되면서 재원 조달 문제가 핵심 과제로 대두되었고, 두만강개발사업(TRADP)의 재정적 부담을 일부 해소하던 관광사업도 관광객이 감소하는 추세가 지속되면서 어려움을 겪었다. 이후 북한은 회원국에서 탈퇴하였으며, 한국과 중국, 러시아, 몽골 4개국 정부가 동북아 공동개발사업으로 광역두만강개발계획(GTI)을 체결하였다. 2012년 10월에는 한국에서 '제2차 GTI 무역원활화위원회'를 개최하면서 GTI사업의 문제점을 파악하고 개선키로 회원국들과 합의하기도 하였다. 이에 따라 동북아 지역에 대한 관련국들의 개발 의지가 커지면서 활동이 구체화되고 있으며, 더불어 회원국에서 탈퇴한 북한의 복귀 여부도 관심을 모으고 있다(출처: 네이버 지식백과).

22 최필수(2017), 「중국의 '일대일로'는 우리에게 그림의 떡인가」, 『중앙일보』, 2017. 9. 19.

〈그림 1〉 중-몽-러 경제회랑

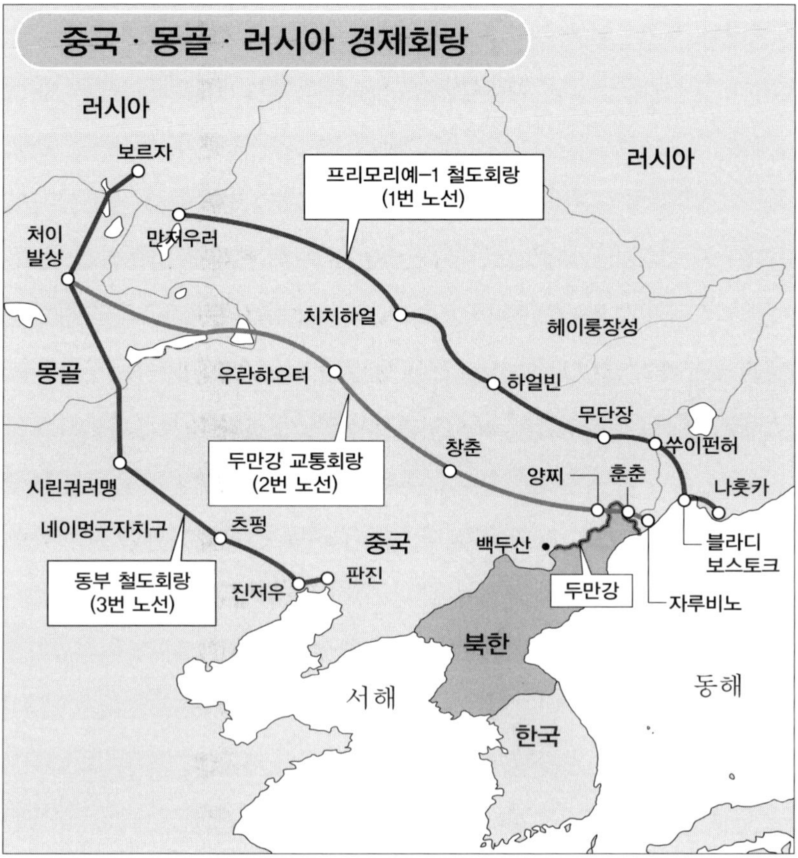

※출처: 『중앙일보』 2017. 9. 19.

셋째, 중국이 현재 운행 중인 육상 실크로드의 연선을 한반도의 철도와 연결하는 것이다. 문재인 대통령은 「4·27 판문점 선언」에 앞서 2017년 6월 AIIB 연차총회(제주) 축사에서 "남과 북이 철도로 연결될 때 '일대일로'의 완전한 완성이 이뤄질 수 있을 것"이라며 '남북 철도 연결'을 '일대일로' 구상에 접목시킨 바 있다. 한반도종단철도(TKR)는 남북 간의 경제 협력뿐만 아니라 수송 비용 절감 및 수송 시간 단축 등으로 동북아 경제 협력 확대에 크게 기여하게 될 것이다. 또한 한반도종단철도는 시베리아횡단철도(TSR), 중국횡단철도(TCR), 몽골횡단철도(TMGR), 만주횡단철도(TMR)와 연결되어 유럽 및 동북아시아 시장을 육상으로 연결하게 된다. 문재인 대통령은 2018년 광복절 경축사에서도 동북아 6개국(한국, 북한, 중국, 러시아, 일본, 몽골)과 미국이 함께하는 '동아시아철도공동체'를 제안했다. 그는 "이 공동체는 한국의 경제 지평을 북방 대륙까지 넓히고 동북아 상생 번영의 대동맥이 되어 동아시아 에너지공동체와 경제공동체로 이어질 것이며, 동북아 다자평화안보체제로 가는 출발점이 될 것"이라고 했다. 동아시아 철도공동체가 안보협력체로 가려면 미국의 참여가 필수적이라며 "6개국+1(미국)로 제안한 이유는 이 때문"이라고 설명했다.[23]

4. 맺음말

'동북공정' 이후 중국의 국가 전략은 동아시아를 넘어 세계로 팽창하고, 미국은 중국의 팽창을 견제하려 하고, 중국은 러시아와 협력을 강화하며 미국에 맞서 왔다. 결국 2018년 미중 관세전쟁을 시작으로 신냉전 시대의 서막이 열렸다. 한국의 일부 언론은 신냉전 시기 외교적 선택으로 김대중 전 대통령이 제시한 '1동맹 3친선'(미국과의 군사 동맹, 중

23 「남북 관계 발전이 비핵화 추진 동력」, 『중앙일보』, 2018. 8. 16.

국과의 경제 동맹, 러시아와의 자원 동맹, 일본과의 우호 협력 전략)을 들고 있으나 현실적이지 않다. 이는 단언컨대, 미중 관계가 우호 협력적일 때 가능하다. 근래 한국 외교의 3대 제약 요소로 '북핵 문제', '한미 동맹', '대중국 경제 의존도'를 지적하고, 한국의 미래 국가 전략으로 '북방'에서 길을 찾아야 한다는 주장에 여론이 형성되고 있다. 따라서 한국의 기존 '북방 정책'의 한계와 중국의 기존 '동북진흥 전략'의 한계를 분석하여 '일대일로'와 '신북방' 정책을 중국 동북지역과 한반도에 연계하는 '전략적 협력'을 고려할 수 있다.

지금이야말로 한중 양국은 수교 이래 구축해 온 '전략적 협력 동반자 관계'를 견실하게 유지하기 위한 전략적 협력을 도모할 필요가 있다. 시진핑 주석은 2015년 7월 중국 동북 옌볜조선족자치주 관내인 허룽(和龍)을 방문했다. 그리고 금년 7월 미중 갈등 속에 지린성을 방문했다. 시 주석의 주기적 동북지역 시찰은 중국 동북지역의 '일대일로' 정책을 시찰하는 것이고, 이는 한반도에도 영향을 미친다. 중국(동북지역)의 '일대일로' 전략과 한국의 '신북방' 정책 사이에서 접점을 찾는다면, 중국이 중시하는 '주변우호협력지대 확대' 전략과 한국의 역대 정부가 한 번도 넘어서지 못했던 '북한'을 넘어서는 북방 정책의 실현에 중요한 함의를 가질 수 있다. 즉, 한국과 중국에는 평화롭고 안정적인 주변환경 조성을 위해, 북한에는 개혁 · 개방의 기회를 부여하기 위해서라도 '일대일로'와 '신북방' 정책의 접점을 찾아야 한다.

'일대일로'는 장기적 프로젝트다. 중국이 향후 '일대일로' 전략의 완전한 성공을 이루기 위해서는 장기적으로 주변국들(한국, 북한, 몽골, 일본, 러시아)과 평화로운 환경을 구축하여 협력의 공간을 확대해 나가는 것이 중요하다. 그중에서도 중국과 한반도 사이의 평화체제 공존은 동북아 지역에서 중국의 우호협력지대 확대 전략의 시금석이 될 수 있다.

끝으로, 한국 정부가 제안한 '동아시아 철도공동체'는 한국의 외교 지평을 북한을 넘어 유라시아까지 확장하는 등 시너지 효과도 클 것이다. 다만 한국은 100여 년 전 한반도와 만주에서 철도 부설권 등 이권을 둘러싼 열강 사이의 사활을 건 쟁탈전이 결국 러일전쟁과 식민화로 이어졌던 과정을 역사적 교훈으로 잊지 말아야 한다.

3.2. 북중 관계: 중국 학계의 북중 관계 연구 현황을 중심으로

이상민 • 충북대학교 사학과 강사

1. 머리말

1948년 9월 9일 조선민주주의인민공화국이, 1949년 10월 1일에는 중화인민공화국이 각각 성립하였다. 1949년 10월 6일, 북한과 중국은 국교를 수립하였다. 2019년은 북중 양국이 정식으로 외교 관계를 맺은 지 70주년이 되는 해이기도 하다. 70년 동안 관계를 지속하고 있는 북중 양국이지만, 동북공정이 시작된 2002년부터 마무리된 2007년까지 중국 학계의 북중 관계 관련 논문은 13편에 불과하였다.[1] 북중 관계

1 이하 중국 학계의 북중 관계 관련 연구 성과는 中國知網(www.cnki.net)에서 검색하였다. 2002년부터 2007년까지 중국 학계의 북중 관계 관련 연구 성과는 다음과 같다. 梁必業(2003), 「志願軍撤軍中增進中朝友誼政治工作的情況和經驗」, 『軍事歷史』, 2003-4; 陳常海·林國亮(2004), 「略論"一邊倒"外交政策下的中朝關係」, 『安徽教育學院學報』, 2004-1; 徐文吉(2005), 「東北振興戰略與中, 朝, 韓合作前景」, 『東北亞論壇』, 2005-3; 官翠娥(2005), 「中朝社會主義改造之比較」, 『湖北省社會主義學院學報』, 2005-4; 陳龍山(2006), 「中朝經濟合作對朝鮮經濟的影響」, 『當代亞太』, 2006-1; 張玉山(2006), 「中朝經貿關係發展的現狀及未來走勢分析」, 『東北亞論壇』, 2006-1; 陳常海·李曉光(2006), 「"一條線"外交政策下的中朝關係」, 『安徽教育學院學報』, 2006-5; 姜龍範(2007), 「中朝關係的歷史, 現狀與發展:

연구가 활발히 이뤄지지 않은 이유에 대해 한국전쟁 연구로 널리 알려진 중국의 역사학자 션즈화(沈志華)는 다음과 같이 분석하였다. 중국에서는 '북한'을 언급하는 것을 매우 민감하게 여겼다. 이로 인해 정치, 외교 영역은 물론 학계에서도 '북한', '북중 관계'에 대한 연구를 기피하여 논란의 여지를 남기려 하지 않았다고 한다. 또한 연구를 위한 자료 측면에서 보면 북한에서 발간된 자료는 지도자의 우상화로 인하여 그 객관성을 담보할 수 없었다. 북한의 자료로는 북중 관계의 실체적 진실에 접근하기 어려웠다고 보았다.[2]

북한의 자료가 부족하고, 기존에 공개된 자료의 객관성이 결여된 상황에서 션즈화는 북한에 대해 절대적인 영향력을 행사한 소련, 북한과 외교 관계를 맺은 동유럽 그리고 중국 등의 국가에서 기밀 해제된 외교문서를 수집하였다. 이를 바탕으로 북중 관계 연구에 착수하였다. 2009년 대만에서 발표한 1946~1961년의 북중 동맹 성립 과정 연구[3]를 시작으로, 시기별 북중 관계 연구 성과를 발표하였다. 이를 바탕으로 2016년 홍콩에서 『最後的「天朝」: 毛澤東, 金日成與中朝關係(1945~1976)』를 출간하였다.[4] 북중 양국의 관계가 혈맹 관계였다는 기존

關於朝鮮半島問題上的中國戰略」, 『多元視野中的中外關係史硏究:中國中外關係史學會第六屆會員代表大會論文集』, 延吉: 延邊大學出版社; 張慧智(2007), 「東北振興過程中的對外開放: 中朝合作」, 『東北亞論壇』, 2007-5; 趙艷紅(2007), 「新時期中朝經貿合作快速發展探析」, 『現代商貿工業』, 2007-10.

2 沈志華(2017), 『最後的「天朝」: 毛澤東, 金日成與中朝關係(1945-1976)』(上), 香港: 香港中文大學出版社, 22쪽.

3 沈志華(2009), 「「脣齒相依」還是「政治聯姻」: 中朝同盟的建立及其延續(1946~1961)」, 『中央硏究院近代史硏究所集刊』(63).

4 沈志華(2017), 『最後的「天朝」: 毛澤東, 金日成與中朝關係(1945-1976)』(上, 下), 香港: 香

의 견해에 대해 션즈화는 1차 사료를 이용하여 양국의 불편했던 관계를 고찰하였다. 션즈화는 1949~1976년 북중 양국의 역사적 관계를 마오쩌둥(毛澤東)의 전통적 '천조(天朝)' 관념을 바탕으로 한 당제(黨際: 당과 당) 관계로 규정하였다. 이로 인해 정상적 국가 관계가 아닌 성숙하지 못한 국가 관계라고 주장하였다. 북중 관계의 형성 과정부터 한국전쟁 시기 북중 양국의 군사적인 측면에서의 갈등, 1956년 8월 북한의 종파 사건에 대한 중국과 소련의 공동 간섭으로 야기된 북중 양국의 상호 불만, 1958년 북한 주재 중국인민지원군 철군 문제, 중소 분쟁, 문화대혁명 시기 나아가 개혁개방 시기까지 북중 양국의 정치, 외교, 군사, 경제 관계 전반에 대해 다루었다. 중국의 역사학자 양자오취안(楊昭全)은 1949년 이후 북중 관계 연구의 공백을 메우기 위해 『당대중조중한관계사(當代中朝中韓關係史)』를 출간하여 당대 북중관계사(1949~2007) 전반에 대해 소개하였다.[5] 양자오취안은 1949년 이후 60년의 중국의 북한사, 한국사와 북중 및 한중관계사의 연구 현황에 대해 살펴보면서 당대의 북중관계사를 서술한 서적이 없음을 지적하였다.[6]

港中文大學出版社. 2018년, 중국의 개혁개방 이후부터 한중 관계 전까지의 북중 관계를 추가 서술하여 개정판을 출간하였다. 沈志華(2018), 『最後的「天朝」: 毛澤東, 金日成與中朝關係』[增訂版](上, 下), 香港: 香港中文大學出版社. 이 책은 일본어, 한국어, 영어로도 각각 번역되어 출간되었다. 沈志華(2016), 朱建榮 翻譯, 『最後の「天朝」: 毛沢東·金日成時代の中国と北朝鮮』(上, 下), 東京: 岩波書店; 션즈화(2017), 김동길·김민철·김규범 옮김, 『최후의 천조(天朝): 모택동·김일성 시대의 중국과 북한』, 서울: 도서출판 선인; Zhihua Shen(2018), Yafeng Xia, 『A Misunderstood Friendship: Mao Zedong, Kim Il-Sung, and Sino-North Korean Relations, 1949-1976』, Columbia University Press.

5 楊昭全·孫艷姝(2013), 『當代中朝中韓關係史』, 長春: 吉林文史出版社.

6 楊昭全(2009), 「建國60年來我國的朝鮮·韓國史和中朝, 我的中朝, 中韓關係史研究」, 『朝鮮·韓國歷史研究』(10), 延吉: 延邊大學出版社; 楊昭全(2012), 「建國60年來我國的朝鮮·

이처럼 2002년 이후 중국 학계에서는 두 권의 단행본 출간 이외에도 1950년 한국전쟁부터 1976년 문화대혁명을 거쳐 현재에 이르기까지 북중 관계의 시기별 및 정치, 외교, 경제 영역에 대한 연구가 활발하게 전개되고 있다. 이 글에서는 중국 학계의 북중 관계 연구 성과를 '항일 전쟁부터 제2차 국공내전까지의 북중 관계', '한국전쟁부터 문화대혁명까지의 북중 관계', '중국의 개혁개방 이후의 북중 관계' 시기로 구분하여 각각의 시기 북중 관계에 대해 연구한 중국 학계의 성과를 살펴보고자 한다.

2. 항일 전쟁부터 제2차 국공내전까지의 북중 관계: 형성과 공고

북중 양국의 관계는 공식적으로 1949년 10월 6일 수교를 체결한 이후 시작되었지만, 양국은 국가 관계 이전에 이미 당제(黨際: '당'과 '당') 관계를 맺고 있었다. 중국 학자 선즈화는 북중 관계의 기원을 파악하기 위해서는 1949년 이전 북중 양당 관계 형성에 관한 연구가 필요하다고 보았다. 그는 기존 중국 학계의 연구를 바탕으로 코민테른, 소련의 외교문서와 중국의 사료를 이용하여 1919~1936년 당시 조선인의 중국공산당 입당과 그 후 융합되는 과정, 중국 동북지역 항일 무장투쟁에서

韓國史和中朝, 中韓關係史研究綜述」, 『朝鮮 · 韓國歷史研究』(12), 延吉: 延邊大學出版社.

의 조선인 중국공산당원의 활동에 대한 연구를 시도하였다.[7] 제2차 세계대전 이후 북중 양당 관계의 초기 형성에 대해서도 고찰하였다. 제2차 국공내전 시기 동북지역에서 중국공산당이 중국국민당에 비해 열세인 상황에서 북한은 중국공산당의 후방 기지 역할을 맡았다. 북한이 중국공산당군에 대한 물자 지원과 운송 등의 임무를 맡음으로써 중국공산당과 북한은 밀접한 관계를 맺게 되었다. 이를 바탕으로 양국 관계가 성립되었지만 중국공산당과 조선노동당 그리고 북한 정부와의 관계는 매우 미묘하다고 보았다. 이를 가까우면서도 가깝지 않은 상태라고 주장하였다. 그 이유는 당시 중국공산당은 북한과의 직접적인 연계가 없었고, 소련을 통해 간접적으로 소통하였다. 당시 소련은 국제공산주의와 세계혁명을 주도하고 있었고, 중국공산당과 북한은 소련의 지도와 통제 아래에 있었기 때문이다. 특히 북한은 소련 군정의 직접 통치를 받고 있는 상황이었다. 중국공산당과 북한의 관계는 스탈린의 대중국 정책과 극동 정책의 필요에 따라 설정되었다는 견해를 제시하였다. 따라서 북중 양당은 중국에 거주하고 있는 조선인 국적 문제를 처리하는 방침을 정함에 있어서도 소련의 영향력에서 벗어날 수 없는 상황이었다고 분석하였다.[8]

7 沈志華(2015),「同命相連: 朝鮮共產黨人融入中共的歷史過程(1919~1936)」,『社會科學戰線』, 2015-02; 沈志華(2015),「試論八十八旅與中蘇朝三角關係: 抗日戰爭期間國際反法西斯聯盟一瞥」,『近代史研究』, 2015-04; 沈志華(2017),『最後的「天朝」: 毛澤東, 金日成與中朝關係(1945~1976)』(上), 香港: 香港中文大學出版社, 1~80쪽.

8 沈志華(2016),「若即若離: 戰後中朝兩黨關係的初步形成(1945~1950)」,『近代史研究』, 2016-02; 沈志華(2017),『最後的「天朝」: 毛澤東, 金日成與中朝關係(1945~1976)』(上), 香港: 香港中文大學出版社, 81~188쪽.

중국과 북한의 우호 관계는 중국 동북지역에서부터 형성되었다는 관점을 역사학 측면에서 고찰한 연구 성과도 발표되었다. 중국의 역사학자 쉬에시엔톈(薛衔天)의 연구에 따르면 1931년 '9·18 사변' 이후 북중 항일 연군은 일본 관동군에 대항하여 투쟁하였다. 1945년 8월 항일 전쟁 승리 이후에는 김일성을 중심으로 하는 항일유격대는 귀국하여 조선민주주의인민공화국을 세웠다. 중국 동북지역에 잔류한 조선인 부대는 3개의 조선인 사단을 구성하여 동북민주연군과 공동으로 국민당 군대를 섬멸하였다. 당시 북한은 동북민주연군의 '비공개 후방'으로 동북지역 혁명 근거지에 대해 전면적으로 지원하였다고 보았다. 이를 통해 동북지역 근거지와 북한의 특수한 관계는 북중 우호 관계의 기초가 되었다. 한국전쟁 시기 중국인민지원군의 참전은 항일전쟁 시기부터 중국의 해방전쟁 시기까지 형성되었던 북중 양국의 우호 관계 논리에 부합하는 발전 양상이었다는 견해를 제시하였다.[9]

북중 관계에 있어 소련의 역할을 주목한 연구 성과도 발표되었다. 중국의 역사학자 위웨이민(余伟民)은 북중 관계 형성과 확립은 제2차 세계대전 이후 사회주의 국가 동맹체제와 국제공산주의 운동의 당제 관계 구조와 밀접한 관련이 있다고 주장하였다. 당시 소련은 중국공산당과 관련 있는 연안파 간부를 배제하고, 동북항일연군 유격대와 소련 88여단 출신 김일성을 북한 정권의 지도자로 선택하였다. 중국공산당은 소련의 결정을 받아들이게 되면서 북중 관계의 기본 구조가 결정되

9 薛衔天(2012), 「從並肩抗日到抗美援朝:以東北革命根據地為中心的中朝關係」, 『近代史研究』, 2012-06.

었다고 주장하였다. 당시 북한은 중화인민공화국과의 수교 여부, 언제 수교를 해야 하는지에 대해서 모두 스탈린의 명령에 따랐다. 이후 한국전쟁 승인, 중국의 한국전쟁 참전, 북중 양국 군의 지휘권 문제, 정전협정 등의 모든 문제는 스탈린이 설계한 북중 관계의 기본 구조 내에서 전개되었고 조정되었다고 분석하였다. 한국전쟁 후반, 연안파의 간부가 김일성에 의해 탄압받고 있을 때도 중국은 북한에 주둔 중인 중국인민지원군을 활용하여 북한 내정에 간섭할 수 없었고, 북한 내부의 파벌 투쟁에 대해 의견 제시와 압력을 가할 수 없었다. 이 기본 구조는 1953년 스탈린이 세상을 떠난 이후 국제공산주의 체제의 변동에 따라 변화를 맞이하게 되었다고 주장하였다.[10]

3. 한국전쟁부터 문화대혁명까지의 북중 관계: 갈등과 협력의 공존

한국전쟁이 발발한 1950년부터 문화대혁명이 일어난 1965년 전까지의 북중 관계는 한편으로는 긴밀한 협력 관계를 유지하면서, 또 다른 한편으로는 갈등과 긴장 국면이 존재했다. 먼저 한국전쟁 시기 북중 양국의 협력과 관련한 연구를 살펴보면, 혈맹 관계로 항상 우호적이었다는 기존의 맹목적인 편견에서 벗어나 전쟁 기간 중의 갈등에 초점을 맞춰

10 余偉民(2013), 「蘇聯與中朝關係(1945~1958)」, 『冷戰國際史研究』(16), 北京: 世界知识出版社; 余偉民(2014), 「蘇聯的選擇與中朝關係的形成(1945~1953)」, 『朝鮮·韓國歷史研究』(15), 延邊: 延邊大學出版社.

연구를 시도하였다. 이를 통해 북중 관계의 본모습을 규명하려고 하였다.[11] 한국전쟁 기간 중 북중 양국의 협력에 대해 구체적으로 접근한 연구로는 시에딩위안(謝定元)의 연구가 있다. 시에딩위안은 1950~1955년 중국이 북한에 제공한 철도 원조에 관한 연구를 시도하였다. 전쟁을 수행할 때 제일 중요한 것은 보급이다. 원활한 보급을 위해서는 보급로가 필수인데, 중국이 참전하면서 보급을 위한 북한의 철도 복구를 추진하였다. 1950년 11월 중국은 북한에 철도 관련 인력을 파견하였고, 후에 대규모 철도부대를 북한에 이동 배치하였다. 중국의 철도부대가 북한에 들어감에 따라 북중 양국은 철도운수 문제로 인해 갈등이 표출되었다. 소련의 개입으로 북중 양국은 연합철도사령부를 창설하여 철도운수로 인한 갈등 문제를 해결하였다. 중국의 대북 철도 지원은 전쟁 수행을 위한 보급이 제1의 목표였지만, 군사적 목적으로 사용되었을 뿐만 아니라 민생 경제 분야에도 많은 도움을 주었다고 분석하였다. 이처럼 북한에 대한 철도 지원은 중국의 대북한 정책의 한 면을 파악할 수 있는 시금석 역할을 하였다고 보았다.[12]

1953년 7월 27일 정전 협정 이후, 중국은 북한에 대량의 경제 원조

11 姜廷玉(2010),「抗美援朝戰爭時期的中朝兩軍聯合司令部」,『軍事歷史』, 2010-04; 金俊斌(2012),「中朝意見分歧在朝鮮戰爭中的出現與解決」,『商丘師範學院學報』, 2012-02; 馬智豪(2014),「朝鮮戰爭中導致中朝同意停戰的原因分析」,『重慶科技學院學報(社會科學版)』, 2014-04; 沈志華(2017),『最後的「天朝」: 毛澤東, 金日成與中朝關係(1945~1976)』(上), 香港: 香港中文大學出版社, 189~276쪽.

12 謝定元(2017),『從援戰到援建-中國對朝鮮的鐵路援助(1950~1955)』, 中國華東師範大學歷史學碩士學位論文; 謝定元(2017),「한국전쟁시기 중국의 대북한 철도지원-전쟁지원에서 건설지원까지」,『大東文化研究』, 第98輯.

를 제공하였다. 1953년 11월 김일성은 대표단을 이끌고 북경을 방문하였다. 11월 12일에 북경에 도착하여 11월 14~22일까지 중국 지도부와 회담하였다. 11월 23일 중국과 북한은 「중조경제문화협력협정(中朝經濟文化協力協定)」을 체결하였다.

중국과 북한이 합의한 내용은 첫째, 1950년 6월 25일~1953년 12월 31일까지 북한에 지원한 것과 향후 제공할 예정인 모든 물자와 비용을 무상 처리하기로 하였다. 이 시기 원조 금액은 72,900억 원, 14억 5천만 루블이었다. 둘째, 1954~1957년까지 4년 동안 중국은 북한에 8조 원을 제공하기로 하였다. 1954년에만 3조 원을 원조하고, 이 자금으로 식량, 석탄, 방직공업 원료, 건축 자재, 기계, 농업 기구 등을 지원하기로 하였다. 1954년의 원조비로는 상기 항목 외에도 32km 직통선을 새로 건설하고, 파괴된 철도와 다리를 복구하고, 3개 선로 구간의 철도 건축물을 건설하였다. 또한 열차 화물차량 1,000개 공급과 더불어 화물차 바퀴 500개와 객차 창고 100개와 80량의 기관차를 수리하는 데 사용하기로 하였다. 셋째, 중화인민공화국 정부는 1954~1956년까지 3년 동안 중국 동북지역에 거주하고 있는 22,735명의 조선 난민 아동들을 부양하고, 이 어린이들의 교육 사업에 종사하는 7,186명의 북한 사람과 가족 등 모두 31,338명에 대한 비용을 전액 부담하였다.[13] 중국의 경제 원조를 통해 북중 관계는 한층 더 긴밀한 관계를 유지하였다. 북한은 중국에 대한 의존성이 커지고, 중국의 북한에 대한 영향력은 강화되

13 「費德林關於蘇聯和中國對朝鮮援助情況的調查報告, 1953年 12月 31日」, 沈志華編(2003), 『朝鮮戰爭: 俄國檔案館的解密文件』, 下册, 臺北: 中央研究院近代史研究所, 1337~1338쪽.

었다. 이에 대해 션즈화, 둥지에(董潔), 량즈(梁志)는 소련과 중국의 1차 사료를 바탕으로 북중 양국의 경제 협력에 대한 연구를 시도하였다. 션즈화는 「신중국의 대북한 외교방침의 형성」이라는 논문에서 마오쩌둥은 북한과의 우의를 강조하였고, 한국전쟁 시기 북중 양국 군의 갈등을 해소하기 위한 방침을 정했다고 분석하였다. 중국은 북한에 대한 존중의 태도를 견지하고, 상술한 바와 같이 북한에 대규모 경제 지원을 감행하였다. 이로써 중국의 북한에 대한 외교 기조가 확립되었다고 주장하였다.[14]

중국 정부는 북한 실습생이 중국 현지에서 연수할 수 있는 기회를 제공하였다. 북한의 기술자가 연수지에서 중국인과 동등하게 기술 연마를 할 수 있도록 하고, 체류비 제공과 국가의 의료보장 혜택도 누릴 수 있게 하였다. 북한에서는 실습생의 왕복 교통비만 부담하였다.[15] 이 방면의 연구는 주로 북중 경제 교류, 중국의 북한에 대한 물자 및 자금 지원, 북한 실습생의 중국 파견 등의 문제를 중심으로 이루어졌다.[16] 둥지에는 북한 실습생은 북중 경제기술 협력의 중요한 일환으로, 당시 북

14 沈志華(2015), 「尊重與援助: 新中國對朝鮮外交方針的形成(1950~1955)」, 『歷史教學問題』, 2015-06.

15 「費德林關於蘇聯和中國對朝鮮援助情況的調查報告, 1953年 12月 31日」, 沈志華編(2003), 『朝鮮戰爭: 俄國檔案館的解密文件』, 下冊, 臺北: 中央研究院近代史研究所, 1339쪽.

16 沈志華·董潔(2011), 「朝鮮戰後重建與中國的經濟援助(1954~1960)」, 『中共黨史研究』, 2011-03; 董潔(2011), 「對在京朝鮮實習生的歷史考察: 基本狀況及政策變化」, 『華東師範大學學報(哲學社會科學版)』, 2011-06; 董潔(2012), 『戰後中國對朝鮮的經濟援助和中朝關係(1954~1970)』, 中國北京大學歷史學博士學位論文; 董潔(2014), 「中蘇分裂後中國對朝鮮的經濟援助(1961~1965)」, 『外交評論(外交學院學報)』, 2014-04; 梁志(2016), 「作爲政治任務的技術培訓: 以在滬朝鮮實習生爲例(1953~1959)」, 『黨史研究與教學』, 2016-03.

중 경제 관계의 축소판이라고 주장하였다. 중국과 북한의 경제 관계는 단순하게 보이지만 그 이면에는 정치적, 외교적 요인의 작용이 있었다고 분석하였다. 구체적으로 북중 관계, 중소 관계, 북소 관계가 서로 유기적으로 움직인 결과물이기도 하였다. 중국과 소련의 갈등이 첨예화됨에 따라 중국은 북한의 지지가 필요하였다. 중국은 북한의 거듭되는 요구사항을 적극 수용하였다. 1960년대 초, 북한이 중국에 새로운 기술에 대한 실습을 요청하였을 때 중국 정부는 이를 흔쾌히 받아들였다. 이를 통해 북중 관계는 사회주의 국가의 구조적 폐단이 반영되었다고 주장하였다. 북중 관계는 비정상적인 국가 관계였다고 보았다. 북중 양국의 교류에서는 현대 국가 관계에서의 국가 이익이 아닌 공산당의 당제 관계 원칙이 적용되었다고 분석하였다.[17]

또한 1956년 8월 종파사건[18]과 1958년 한국전쟁에 참전했던 북한 주재 중국인민지원군 철군 문제에 대해서도 주목하였다. 1958년 중국

17 董潔(2011),「對在京朝鮮實習生的歷史考察: 基本狀況及政策變化」,『華東師範大學學報(哲學社會科學版)』, 2011-06.

18 沈志華(2010),「朝鮮勞動黨內權力鬥爭與中朝蘇三角關係」,『二十一世紀』(118), 2010-04, 香港: 香港中文大學中國文化硏究所; 沈志華(2015),「金日成走上權力頂峰: 在黨內排除異己」,『二十一世紀』(151), 2015-10, 香港: 香港中文大學中國文化硏究所; 沈志華(2015),「金日成走上權力頂峰:「八月事件」序曲」,『二十一世紀』(152), 2015-12, 香港: 香港中文大學中國文化硏究所; 沈志華(2016),「金日成走上權力頂峰:「八月事件」正劇」,『二十一世紀』(153), 2016-02, 香港: 香港中文大學中國文化硏究所; 沈志華(2016),「金日成走上權力頂峰: 應對中蘇共同干預」,『二十一世紀』(154), 2016-04, 香港: 香港中文大學中國文化硏究所; 沈志華(2016),「金日成走上權力頂峰: 毛澤東轉變對朝方針」,『二十一世紀』(157), 2016-10, 香港: 香港中文大學中國文化硏究所; 沈志華(2016),「金日成走上權力頂峰: 志願軍撤離北朝鮮」,『二十一世紀』(158), 2016-12, 香港: 香港中文大學中國文化硏究所; 沈志華(2017),『最後的「天朝」: 毛澤東, 金日成與中朝關係(1945~1976)』(上), 香港: 香港中文大學出版社, 277~393쪽.

인민지원군 철군을 중국이 스스로 판단하여 결정한 것인지 북한의 요청을 중국이 받아들인 것인지에 대한 논쟁은 세계 냉전사 학계에서 주목받는 연구과제 중 하나이다. 중국 학계에서는 이 문제에 대해 북한이 먼저 중국에 중국인민지원군 철군을 주장한 것이 아니고, 중국이 스스로 철군을 결정한 것이라고 보고 있다.[19] 이에 대해 톈우숑(田武雄)은 마오쩌둥이 스스로 북한 주재 중국인민지원군의 철군을 제안한 것은 중국의 이익에도 부합하고, 김일성의 바람에도 부응했다고 주장하였다. 중국의 입장에서는 철군으로 인민지원군 주둔 비용을 더 이상 부담할 필요가 없었고, 김일성은 북한에 주둔한 중국인민지원군에 대한 위협으로부터 벗어날 수 있었기 때문이다. 그러나 철군을 통한 북중 양국 이익의 기저에는 큰 위기가 잠재되어 있었다. 북한은 독자적인 역량으로 유엔군 및 한국군과 대치해야 하는 상황에서 중국과 소련에 대규모 군사 및 경제 원조를 요청할 수밖에 없는 상황에 이르렀다. 그 결과 북한은 안보 불안감에서 벗어날 수 없었다고 분석하였다.[20]

1965~1976년은 중국의 문화대혁명 시기로, 이 시기의 북중 관계는 긴장과 협력이 반복되었다. 소련과 동유럽의 외교문서를 활용하여 문

19 董潔(2011), 「中朝關係的“大禮包”? 戰後中國人民志願軍對朝鮮的志願與撤軍」, 『“冷戰時期的朝鮮半島”國際學術討論會論文集』, 上海: 中國華東師範大學, 2014-05; 田武雄(2014), 「同聲異氣: 中國1958年從朝鮮全部撤軍方案的形成」, 『聊城大學學報(社會科學版)』, 2014-05; 田武雄(2015), 「中國人民志願軍撤軍回國的若干史實考辨」, 『軍事歷史研究』, 2015-02; 田武雄(2015), 『中國人民志願軍從朝鮮撤軍問題研究』, 中國北京大學博士學位論文; 沈志華(2017), 『最後的 「天朝」: 毛澤東, 金日成與中朝關係(1945~1976)』(下), 香港: 香港中文大學出版社, 395~466쪽.

20 田武雄(2014), 「同聲異氣: 中國1958年從朝鮮全部撤軍方案的形成」, 『聊城大學學報(社會科學版)』, 2014-05.

화대혁명 시기의 북중 관계 전모를 파악하는 연구가 시도되었다.[21] 북한의 문화대혁명에 대한 비판으로 인해 긴장 국면이 조성되었으나 양국 간의 분쟁으로 표출되지는 않았으며 경제, 무역 관계는 계속 유지되었다는 견해를 도출한 연구 성과가 발표되었다. 둥지에의 연구에 따르면 문화대혁명 발발 이후 '극좌' 사상의 영향으로 북중 관계는 긴장 국면에 접어들게 되었다. 그러나 그 긴장은 국가 관계의 갈등으로 확대되지는 않았다. 그 이유는 당시 북중 양국은 경제 협력 관계를 유지하고 있었기 때문이라고 분석하였다. 그러므로 문화대혁명 초기의 북중 관계는 긴장 국면이 조성되었지만 파국의 단계까지는 가지 않았다. 1960년대 말에 이르러 북중 양국 관계는 신속히 회복되었다. 1969년 3월 전바오다오(珍寶島) 사건으로 인해 중국은 소련과의 일전을 준비하고 있었다. 한반도 정세의 악화로 인해 북한은 무력으로 난국을 타개하려는 방안을 고려하고 있었다. 양국은 지정학적 안보 이익을 보장하기 위하여 문화대혁명으로 인한 긴장 국면을 해소하기로 합의하였다고 보았다.[22]

1970년 이후 북중 관계는 다시 갈등의 조짐이 보이기 시작하였다. 션즈화는 미중 관계 정상화 과정에서의 북중 관계에 대한 분석을 시도하였다. 1970년 중국은 소련과의 대립 관계가 지속됨에 따라 대외 정

21 沈志華(2016),「破鏡重圓: 1965~1969年的中朝關係」,『華東師範大學學報(哲學社會科學版)』, 2016-04; 董潔(2014),「"文化大革命"前期中朝關係的歷史考察(1966~1970)」,『冷戰國際史研究』(18), 北京: 世界知识出版社; 沈志華(2017),『最後的「天朝」: 毛澤東, 金日成與中朝關係(1945~1976)』(下), 香港: 香港中文大學出版社, 467~593쪽.

22 董潔(2014),「"文化大革命"前期中朝關係的歷史考察(1966~1970)」,『冷戰國際史研究』(18), 北京: 世界知识出版社.

책의 기조를 전환하였다. 중국은 한국전쟁 이후 적대적 관계를 유지했던 미국과의 관계 개선을 모색하기 시작하였다. 이에 대해 북한은 기본적으로 동의하면서도 북한의 이익이 반드시 보장되어야 한다고 요구하였다. 그리고 베트남과 캄보디아가 공산혁명으로 성공하는 것을 목도한 김일성은 중국을 방문하여 마오쩌둥을 만나 한반도의 무력 통일에 대한 지지를 요청했으나 마오쩌둥의 긍정적인 답변을 받지 못했다. 결국 중국은 1972년 미중 관계 정상화로 새로운 대외 관계의 문을 열었다. 북한도 스스로의 길을 가면서 북중 양국 간 특수 관계의 근간이 흔들리게 되었다고 주장하였다.[23]

4. 중국의 개혁개방 이후의 북중 관계: 정상 국가 관계로 가는 길

1976년 이후 중국은 덩샤오핑(鄧小平)의 영도 아래 개혁개방의 노선으로 전환하였다. 북중 관계는 근본적인 변화가 발생하였다. 션즈화는 북중 관계의 변화가 발생한 원인으로 마오쩌둥, 저우언라이(周恩來) 등 김일성과 직접 교류했던 지도자들의 연이은 사망으로 북중 양국의 전통적인 우호 관계를 유지하기 어려웠다고 보았다. 특히 중국은 개혁개방 정책을 추진함에 따라 기존의 대외 정책에 대한 수정이 불가피하였

23 沈志華(2014), 「面對歷史機遇: 中美關係和解與中朝關係(1971~1974)」, 『華東師範大學學報(哲學社會科學版)』, 2014-01; 沈志華(2017), 『最後的「天朝」: 毛澤東, 金日成與中朝關係(1945~1976)』(下), 香港: 香港中文大學出版社, 595~670쪽.

다. 북중 양국 관계의 변화는 기정사실이었다. 결국 1992년의 한중 수교는 북중 양국의 특수한 관계가 종식되고 정상 국가의 관계로 전환되는 계기가 되었다고 주장하였다.[24]

1949년 수교 이후부터 2009년까지 60년간 지속된 북중 양국의 정치 및 외교 관계에 대해 고찰한 연구 성과도 있었다. 한반도의 평화와 안정은 중국의 국가 이익에 부합하였다. 한반도에 대한 중국의 영향력을 지속적으로 발전시킬 필요가 있다고 주장하였다. '북핵 위기'를 평화적으로 해결하는 과정에서 중국이 건설적인 역할을 할 수 있다고 역설하였다.[25]

북중 양국의 '특수 관계'에 대한 연구도 시도되었다. 왕쥔성(王俊生)은 냉전 후 이른바 중국의 '북한 포기론'에서 '포기'의 의미는 북한 자체를 포기하는 것이 아니라, 북중 양국의 '특수 관계'를 포기하는 것으로 분석하였다. 북중 특수 관계는 이데올로기나 지도자의 성향이 아닌, 중국이 한반도의 복잡다단한 전략적 환경 속에서 유지한 균형의 산물이라고 보았다. 중국은 전략 균형의 유지 자체가 목적이 아니고, 한반도에서 평화와 안정의 수단과 방식을 유지하는 데 목적이 있다고 주장하였다.[26]

자오리신(趙立新)은 2013년 3월, 중국이 유엔 대북 제재에 찬성한 이

24 沈志華(2018),「同盟瓦解: 鄧小平時代的中朝關係, 1977~1992」(上),『二十一世紀』(166), 2018-04, 香港: 香港中文大學中國文化研究所; 沈志華(2018),「同盟瓦解: 鄧小平時代的中朝關係, 1977~1992」(下),『二十一世紀』(168), 2018-08, 香港: 香港中文大學中國文化研究所; 션즈화·조칭봉(2018),「중국의 개혁개방 이후 북중동맹의 본질(1977~1992)」,『황해문화』, 431~462쪽.

25 權紅(2010),『中朝政治外交關係研究(1949~2009)』, 中國延邊大學歷史學博士學位論文.

26 王俊生(2016),「中朝"特殊關係"的邏輯: 復雜戰略平衡的產物」,『東北亞論壇』, 2016-01.

후 북중 관계는 냉각기에 접어들었다고 주장하였다. 중국이 유엔 대북 제재에 참여하여 북중 관계가 악화된 것이 아니라 북중 관계의 회복 과정에서 직면한 세 가지 방면의 '병목' 현상, 즉 북한에 불리한 국제정치적 요인, 중국의 입장과 원칙, 북한의 강경노선 정책 유지 때문이라고 분석하였다. 이 '병목' 현상이 해소되지 않는다는 전제하에 중국의 대북 정책과 대한반도 정책에 변화는 없다고 보았다. 북핵 문제의 해결은 6자회담의 틀 내에서 다시 전개되어야 한다고 주장하였다. 북한이 6자회담에 복귀해야만 북중 관계의 정상화가 이루어진다고 강조하였다.[27]

냉전 이후 북중 양국의 경제 영역에 관한 연구는 대체로 양국의 경제협력 측면을 중심으로 고찰한 연구 성과가 발표되었다.[28] 북한의 라진선봉 자유무역 지대에서의 북중 양국 공동 개발에 관한 연구도 시도되었다.[29] 샤룬궈(夏潤國)는 백두산, 두만강, 압록강 유역에서의 북중 관계 협력에 관한 연구를 통해 북중 양국의 국경지역은 국가 이익과 밀접하게 연관된 중요한 공간이라고 주장하였다. 국경에 대한 관리는 국경지

27 趙立新(2016), 「無關制裁: 中朝關係的“瓶頸”析論」, 『延邊大學學報(社會科學版)』, 2016-01; 趙立新(2017), 「中朝關係: 曾經的“同盟”還能延續嗎」, 『延邊大學學報(社會科學版)』, 2017-03.

28 張東明(2011), 「關於中朝產業開發與合作問題的幾點思考」, 『東北亞論壇』, 2011-05; 滿海峰(2011), 「開放的地區主義與中朝邊境經貿合作發展方向」, 『遼東學院學報(社會科學版)』, 2011-04; 滿海峰(2011), 「新時期中朝關係定位與中朝邊境地區經濟合作發展」, 『遼東學院學報(社會科學版)』, 2011-06; 李俊江·範碩(2012), 「中朝經貿關係發展現狀與前景展望」, 『東北亞論壇』, 2012-02; 焦朝霞(2012), 「朝鮮特殊經濟區建設對中朝經貿合作的影響分析」, 『上海商學院學報』, 2012-10; 景璟(2017), 「中朝經貿關係的現狀探索及原因反思」, 『東北亞經濟研究』, 2017-04.

29 吳東鎬·崔東日(2016), 「中朝合作開發羅先經貿區管理體制及法律體係初探」, 『東疆學刊』, 2016-02.

역의 성쇠에 달려 있다고 보았다. 국경지역의 성쇠는 국가 안보와 경제 발전에도 영향을 미치고, 국경 문제에 있어 실기와 실책으로 인해 국가의 존망에도 영향을 미친다고 역설하였다. 북중 관계가 심화 발전하는 과정에서 외교와 경제 협력 간의 상호 교류 확대가 필요하다고 보았다. 중국과 북한은 압록강 유역을 국경으로 두고 마주 보고 있기 때문에 압록강 유역은 북중 양국이 경제적 측면에서 상호 간의 이익을 극대화할 수 있는 공간이라고 보았다. 압록강 유역에서의 경제 협력으로 중국 동북지역과 북한의 발전을 도모할 수 있다고 주장하였다.[30]

5. 맺음말

2002년부터 동북공정이 마무리된 2007년 이후 중국 학계의 북중 관계 연구 성과의 특징은 첫째, 정치, 외교, 경제 방면을 중심으로 연구 성과가 증가하였고, 둘째, 북중 수교 이전까지 거슬러 올라가 현재까지 내려오는 각 시대별 연구 결과물이 발표되었으며, 셋째, 이를 바탕으로 북중관계사를 전면적으로 서술하고 분석한 단행본이 출간되었고, 넷째, 한국, 중국, 미국, 소련 그리고 동유럽 국가의 1차 사료를 적극 활용하여 북중 관계의 실체에 접근할 수 있는 계기를 마련하였다.

미흡한 점이 있다면 첫째, 션즈화와 몇몇 학자의 연구 성과를 제외하

30 夏潤國(2015),『冷戰後中朝經貿與邊疆發展之互動研究: 以鴨綠江流域爲考察對象』, 中國延邊大學歷史學博士學位論文.

고 1차 사료에 대한 이용이 저조하다는 점이다. 또한 소극적인 태도를 취하고 있어 연구자들의 주장이 설득력 있게 다가오지 않는다는 점이다. 둘째, 정치, 외교, 경제 영역과는 달리 사회, 문화 영역의 연구가 저조하였다. 앞으로 좀 더 풍부한 사료가 공개되고, 새로운 사료의 발굴을 바탕으로 연구가 지속된다면 북중 관계 연구가 다양화됨은 물론, 북중 관계의 본모습에 다가갈 수 있을 것이다.

중국 학계의 북중 관계 연구 성과 목록

단행본

- 楊昭全·孫艷姝(2013),『當代中朝中韓關係史』, 長春: 吉林文史出版社.
- 沈志華(2017),『最後的「天朝」: 毛澤東, 金日成與中朝關係(1945~1976)』(上, 下), 香港: 香港中文大學出版社.
- 沈志華(2018),『最後的「天朝」: 毛澤東, 金日成與中朝關係』[增訂版](上, 下), 香港: 香港中文大學出版社.

연구 논문

- 梁必業(2003),「志願軍撤軍中增進中朝友誼政治工作的情況和經驗」,『軍事歷史』, 2003-4.
- 陳常海·林國亮(2004),「略論"一邊倒"外交政策下的中朝關係」,『安徽教育學院學報』, 2004-1.
- 徐文吉(2005),「東北振興戰略與中, 朝, 韓合作前景」,『東北亞論壇』,

2005-3.

- 官翠娥(2005),「中朝社會主義改造之比較」,『湖北省社會主義學院學報』, 2005-4.
- 陳龍山(2006),「中朝經濟合作對朝鮮經濟的影響」,『當代亞太』, 2006-1.
- 張玉山(2006),「中朝經貿關係發展的現狀及未來走勢分析」,『東北亞論壇』, 2006-1.
- 陳常海·李曉光(2006),「"一條線"外交政策下的中朝關係」,『安徽教育學院學報』, 2006-5.
- 姜龍範(2007),「中朝關係的歷史, 現狀與發展-關於朝鮮半島問題上的中國戰略」,『多元視野中的中外關係史研究-中國中外關係史學會第六屆會員代表大會論文集』, 延吉: 延邊大學出版社.
- 張慧智(2007),「東北振興過程中的對外開放: 中朝合作」,『東北亞論壇』, 2007-5.
- 趙艷紅(2007),「新時期中朝經貿合作快速發展探析」,『現代商貿工業』, 2007-10.
- 王春生(2008),「中朝邊境人民幣跨境流通管理亟待加強」,『吉林金融研究』, 2008-1.
- 曲愛國(2008),「是美軍的罪行還是中朝方面的"謊言"省略-關於抗美援朝戰爭反細菌戰鬥爭的歷史考察」,『軍事歷史』, 2008-2.
- 龐朕(2008),「從同盟到夥伴: 中朝關係的歷史演變」,『重慶社會主義學院學報』, 2008-3.
- 於廣義(2008),「中朝經貿合作的現狀, 問題及對策」,『黨政幹部學刊』, 2008-5.

• 呂超(2009), 「中朝經濟關係的現狀與前景」, 『東北亞論壇』, 2009-04.

• 楊昭全(2009), 「建國60年來我國的朝鮮 · 韓國史和中朝, 我的中朝, 中韓關係史研究」, 『朝鮮·韓國歷史研究(10), 延吉: 延邊大學出版社.

• 張麗梅(2009), 「民國時期中國東北關內移民與朝鮮移民活動比較研究(1911~1931)」, 『歷史教學』, 2009-08.

• 沈志華(2009), 「「脣齒相依」 還是 「政治聯姻」-中朝同盟的建立及其延續(1946~1961)」, 『中央研究院近代史研究所集刊』(63).

• 姜廷玉(2010), 「抗美援朝戰爭時期的中朝兩軍聯合司令部」, 『軍事歷史』, 2010-04.

• 沈志華(2010), 「朝鮮勞動黨內權力鬥爭與中朝蘇三角關係」, 『二十一世紀』(118), 2010-04, 香港: 香港中文大學中國文化研究所.

• 權紅(2010), 『中朝政治外交關係研究(1949~2009)』, 中國延邊大學歷史學博士學位論文.

• 李琦(2011), 「吉林中朝邊境地區境外邊民"三非"問題研究」, 『河南警察學院學報』, 2011-02.

• 沈志華 · 董潔(2011), 「朝鮮戰後重建與中國的經濟援助(1954~1960)」, 『中共黨史研究』, 2011-03.

• 權哲男(2011), 「朝鮮對外貿易結構特征及其對中朝經貿關係的影響」, 『延邊大學學報(社會科學版)』, 2011-03.

• 沈志華 · 董潔(2011), 「中朝邊界爭議的解結(1950~1964年)」, 『二十一世紀』(124), 2011-04, 香港: 香港中文大學中國文化研究所.

• 張東明(2011), 「關於中朝產業開發與合作問題的幾點思考」, 『東北亞論壇』, 2011-05.

- 滿海峰(2011), 「開放的地區主義與中朝邊境經貿合作發展方向」, 『遼東學院學報(社會科學版)』, 2011-04.
- 滿海峰(2011), 「新時期中朝關係定位與中朝邊境地區經濟合作發展」, 『遼東學院學報(社會科學版)』, 2011-06.
- 董潔(2011), 「對在京朝鮮實習生的歷史考察: 基本狀況及政策變化」, 『華東師範大學學報(哲學社會科學版)』, 2011-06.
- 沈志華(2011), 「東北朝鮮族居民跨境流動: 新中國政府的對策及其結果(1950~1962)」, 『史學月刊』, 2011-11.
- 董潔(2011), 「中朝關係的"大禮包"? 戰後中國人民志願軍對朝鮮的志願與撤軍」, 『"冷戰時期的朝鮮半島"國際學術討論會論文集』, 上海: 中國華東師範大學.
- 沈志華(2012), 「試論朝鮮戰爭期間的中朝同盟關係」, 『歷史教學問題』, 2012-01.
- 李俊江·範碩(2012), 「中朝經貿關係發展現狀與前景展望」, 『東北亞論壇』, 2012-02.
- 金俊斌(2012), 「中朝意見分歧在朝鮮戰爭中的出現與解決」, 『商丘師範學院學報』, 2012-02.
- 金祥波(2012), 「雙贏戰略: 中朝圖們江區域合作與開發」, 『延邊大學學報(社會科學版)』, 2012-04.
- 于洪洋·巴殿君(2012), 「論中朝關係及中國的作用」, 『遼東學院學報(社會科學版)』, 2012-05.
- 焦朝霞(2012), 「朝鮮特殊經濟區建設對中朝經貿合作的影響分析」,

『上海商學院學報』, 2012-05.

- 薛銜天(2012), 「從並肩抗日到抗美援朝--以東北革命根據地為中心的中朝關係」, 『近代史研究』, 2012-06.
- 楊昭全(2012), 「建國60年來我國的朝鮮 · 韓國史和中朝, 中韓關係史研究綜述」, 『朝鮮 · 韓國歷史研究』(12), 延吉: 延邊大學出版社.
- 馬晶(2012), 「冷戰時期的中朝關係」, 『朝鮮 · 韓國歷史研究』(12), 延吉: 延邊大學出版社.
- 董潔(2012), 『戰後中國對朝鮮的經濟援助和中朝關係(1954~1970)』, 中國北京大學歷史學博士學位論文.
- 魏志江(2013), 「朴槿惠總統訪華後的中韓, 中朝關係與朝鮮半島局勢」, 『廣東外語外貿大學學報』, 2013-05.
- 余偉民(2013), 「蘇聯與中朝關係(1945~1958)」, 『冷戰國際史研究』(16), 北京: 世界知识出版社.
- 沈志華(2014), 「面對歷史機遇: 中美關係和解與中朝關係(1971~1974)」, 『華東師範大學學報(哲學社會科學版)』, 2014-01.
- 沈志華 · 崔海智(2014), 「朝鮮共產黨早期歷史再述: 國外編(1919~1924)」, 『韓國研究論叢』, 2014-01.
- 馬智豪(2014), 「朝鮮戰爭中導致中朝同意停戰的原因分析」, 『重慶科技學院學報(社會科學版)』, 2014-04.
- 董潔(2014), 「中蘇分裂後中國對朝鮮的經濟援助(1961~1965)」, 『外交評論(外交學院學報)』, 2014-04.
- 田武雄(2014), 「同聲異氣: 中國1958年從朝鮮全部撤軍方案的形成」, 『聊城大學學報(社會科學版)』, 2014-05.

- 余偉民(2014), 「蘇聯的選擇與中朝關係的形成(1945~1953)」, 『朝鮮·韓國歷史研究』(15), 延邊: 延邊大學出版社.
- 董潔(2014), 「"文化大革命"前期中朝關係的歷史考察(1966~1970)」, 『冷戰國際史研究』(18), 北京: 世界知识出版社, 95~115쪽.
- 王海凡(2014), 「中朝"唇齒關係"的確立與弱化」, 『朝鮮·韓國歷史研究』(15), 延吉: 延邊大學出版社.
- 田武雄(2015), 「中國人民志願軍撤軍回國的若干史實考辨」, 『軍事歷史研究』, 2015-02.
- 沈志華(2015), 「同命相連: 朝鮮共產黨人融入中共的歷史過程(1919~1936)」, 『社會科學戰線』, 2015-02.
- 沈志華(2015), 「蘇聯與北朝鮮政權的建構(1945~1949)」, 『俄羅斯東歐中亞研究』, 2015-03.
- 沈志華(2015), 「試論八十八旅與中蘇朝三角關係-抗日戰爭期間國際反法西斯聯盟一瞥」, 『近代史研究』, 2015-04.
- 蔡美花(2015), 「中朝關係的阻礙與未來願景」, 『延邊大學學報(社會科學版)』, 2015-05.
- 沈志華(2015), 「尊重與援助: 新中國對朝鮮外交方針的形成(1950~1955)」, 『歷史教學問題』, 2015-06.
- 沈志華(2015), 「金日成走上權力頂峰: 在黨內排除異己」, 『二十一世紀』(151), 2015-10, 香港: 香港中文大學中國文化研究所.
- 李揚(2015), 「半島形勢新變化及對中朝合作的影響分析」, 『商業經濟』, 2015-11.
- 沈志華(2015), 「金日成走上權力頂峰: 「八月事件」序曲」, 『二十一世紀』(152), 2015-12, 香港: 香港中文大學中國文化硏究所.

• 田武雄(2015), 『中國人民志願軍從朝鮮撤軍問題硏究』, 中國北京大學博士學位論文.

• 夏潤國(2015), 『冷戰後中朝經貿與邊疆發展之互動硏究-以鴨綠江流域爲考察對象』, 中國延邊大學歷史學博士學位論文.

• 王俊生(2016), 「中朝"特殊關係"的邏輯: 復雜戰略平衡的產物」, 『東北亞論壇』, 2016-01.

• 趙立新(2016), 「無關制裁: 中朝關係的"瓶頸"析論」, 『延邊大學學報(社會科學版)』, 2016-01.

• 沈志華(2016), 「金日成走上權力頂峰:「八月事件」正劇」, 『二十一世紀』(153), 2016-02, 香港: 香港中文大學中國文化硏究所.

• 沈志華,(2016), 「若卽若離: 戰後中朝兩黨關係的初步形成(1945~1950)」, 『近代史硏究』, 2016-02.

• 吳東鎬(2016), 「中朝合作開發羅先經貿區管理體制及法律體係初探」, 『東疆學刊』, 2016-02.

• 梁志(2016), 「作爲政治任務的技術培訓-以在滬朝鮮實習生爲例(1953~1959)」, 『黨史硏究與敎學』, 2016-03.

• 沈志華(2016), 「金日成走上權力頂峰: 應對中蘇共同干預」, 『二十一世紀』(154), 2016-04, 香港: 香港中文大學中國文化硏究所.

• 沈志華(2016), 「破鏡重圓: 1965~1969年的中朝關係」, 『華東師範大學學報(哲學社會科學版)』, 2016-04.

• 李瑞琴(2016), 「建國初期中朝關係歷史演進對當代的影響硏究綜述」, 『新西部』, 2016-04.

- 金成鎬,(2016),「論中朝兩國聯合抗日歷史與"一史兩用, 歷史共享"問題」,『東疆學刊』, 2016-04.
- 李穎(2016),「朝鮮核試驗對中朝關係影響的成本效益分析」,『中國市場』, 2016-32.
- 沈志華(2016),「金日成走上權力頂峰: 毛澤東轉變對朝方針」,『二十一世紀』(157), 2016-10, 香港: 香港中文大學中國文化硏究所.
- 沈志華(2016),「金日成走上權力頂峰: 志願軍撤離北朝鮮」,『二十一世紀』(158), 2016-12, 香港: 香港中文大學中國文化硏究所.
- 金春善(2017),「中國東北地區朝鮮人反日鬥爭綜述」,『延邊大學學報(社會科學版)』, 2017-01.
- 謝定元(2017),『從援戰到援建-中國對朝鮮的鐵路援助(1950~1955)』, 中國華東師範大學歷史學碩士學位論文.
- 趙立新(2017),「中朝關係: 曾經的"同盟"還能延續嗎」,『延邊大學學報(社會科學版)』, 2017-03.
- 景璟(2017),「中朝經貿關係的現狀探索及原因反思」,『東北亞經濟硏究』, 2017-04.
- 張帥(2017),「中朝跨境犯罪的特點及對策硏究」,『法制與社會』, 2017-06下.
- 沈志華(2018),「中朝關係史硏究的幾個重要問題」,『清華大學學報(哲學社會科學版)』, 2018-01.
- 時殷弘(2018),「中國的東北亞難題: 中日, 韓和中朝關係的戰略安全形勢」,『國際安全硏究』, 2018-01.
- 李金輝(2018),「中朝關係結構的流變及其啟示-以地緣政治學及其結構為分析視角」, 『東疆學刊』, 2018-04.

- 沈志華(2018), 「同盟瓦解: 鄧小平時代的中朝關係, 1977~1992(上)」, 『二十一世紀』(166), 2018-04, 香港: 香港中文大學中國文化研究所.
- 董潔(2018), 「朝鮮加入聯合國與中朝關係(1989~1991)」, 『華東師範大學學報(哲學社會科學版)』, 2018-05.
- 徐拓(2018), 「新經濟形勢下中朝沿邊開放前景分析-基於對丹東中朝邊民互市貿易區的田野調查」, 『開封教育學院學報』, 2018-07.
- 陳佳秀(2018), 「中國東北地區在抗美援朝戰爭中對朝鮮難童的搶運安置」, 『開封教育學院學報』, 2018-07.
- 沈志華(2018), 「同盟瓦解: 鄧小平時代的中朝關係, 1977~1992(下)」, 『二十一世紀』(168), 2018-08, 香港: 香港中文大學中國文化研究所.

3.3. 중일 관계와 전망

이천석 • 영남대학교 정치외교학과 강사

1. 머리말

중국과 일본 양국은 1972년 국교 관계 회복을 시작으로 1978년 평화 우호 조약을 체결한 후 소련의 잠재적 위협에 대한 공동 대처라는 전략적 이해관계 속에서 다방면 교류를 확대하였다. 특히 덩샤오핑은 개혁개방 정책 실시에 있어 무엇보다도 일본의 경제적 협력이 절실히 필요하였다. 1990년대에 들어 국제 상황이 바뀌었다. 중일은 경제적 상호 의존 확대에도 불구하고 양국 간의 정치적 신뢰에 균열이 발생하게 되었다. 특히 야스쿠니신사(靖國神社) 참배 문제와 과거사 교과서 왜곡 문제, 댜오위다오(釣魚島, 일본명 센카쿠열도) 영유권 분쟁, 대만 관계와 미일 동맹이라는 정치적 상황들이 양국 관계를 심각하게 훼손하고 있다. 그럼에도 이들 양국은 경제적 협력 요인과 정치적 갈등 요인이 함께 공존하는 관계를 지속하고 있다.

이처럼 양국은 경제적 협력 관계라는 실속을 챙기면서도 정치적인 이해관계가 상호 모순되어 가고 있다. 최근 센카쿠열도(댜오위다오) 영토 분쟁이 격화되면서 중일 양국의 정상들은 자국의 민족주의를 자극하고 있다. 이러한 양국 간의 갈등은 중국은 물론 일본 역시 자국의 국내 정치와 무관하지 않다. 1990년대 이후 일본 지배층은 중국의 국력 신장에 위기감을 느낀 나머지 국내 지지기반을 도모하려 노력하였다. 다시 말해서 이러한 모든 노력이 일본 국내 정치 변화의 전환점이 되었다. 민족주의 담론을 통해 지지층을 흡수한 일본 정치세력의 급부상과 사회 전반의 우경화를 들 수 있다. 이들 전후 세대는 과거사에 대해서 주변국들에 계속해서 반성·사죄하는 일본 스스로에 대해 불만을 품게 되었다. 특히 전후 세대들은 일본이 언제까지 과거사 사과와 배상 요구에 끌려다녀야 하느냐는 주장을 공공연히 하고 있어 내셔널리즘적 정서에 부응하는 강경 입장을 취하고 있다.[1]

2010년 9월 센카쿠열도 인근 해상에서 발생한 일본 해상보안청 순시선과 중국 어선 간의 충돌 사고로 인해 중국 내에 반일 감정이 발생하였고, 급기야 2012년 9월 일본 정부가 센카쿠열도의 국유화 조치를 발표하여 중일 관계는 악화 일로로 치닫게 되었다.

2012년 일본 아베 총리는 평화 헌법 개정을 추진하고, 야스쿠니 신사 참배를 강행하는 등 보수 우경화 정책으로 나아갔으며, 중국 역시 같은 해에 국가주의 내지 애국주의를 내세워 반일 정서와 반일 감정을 자극하였다.

2005년 중국의 반일 데모와 일본의 민족주의적 반응을 지켜본 『뉴

1 진창수(2008), 「일본의 외교정책과 영토분쟁: 전후 세대의 등장을 중심으로」, 『동북아 영토분쟁과 일본의 외교정책』, 세종연구소, 24쪽.

욕타임스(The New York Times)』의 하워드 프렌치(Howard French)에 따르면, 지금 일본과 중국은 각기 자신의 신호등만 보고 달리는 열차와 같다는 것이다. 어떤 형태로든 조정 장치가 마련되지 않으면 양국 관계는 치명적인 결과에 직면하게 될지도 모른다고 경고하였다.[2]

중일 관계 악화의 가장 큰 배경 요인은 무엇보다도 '중국의 부상'과 '일본의 쇠락'에서 오는 양국 간 역학 관계의 변화다. 겉으로 보기에는 역사 문제가 중일 양국 관계를 악화하는 원인으로 되어 있지만, 이것 역시 역사 문제에 대한 옳고 그름의 가치 판단 차원을 넘어선 국가 이익과 민족 감정이라는 파워(power) 경쟁으로 변질되고 있는 것이다.[3]

이 글은 중일 관계의 갈등을 일으키는 여러 요인 중에서 역사적 측면이라고 할 수 있는 과거사 관계에 초점을 맞추어 양국의 역사 교과서에 실린 양국의 입장 차이와 양국의 교과서 비교 분석을 통해 양국 간의 현격한 차이를 인정하고 이에 대한 갈등 해법이 무엇인지 살펴보고자 한다.

2. 일본 역사 교과서 문제와 중국의 반응

중국인의 일본에 대한 반감에는 지난 근대 시기 일본의 중국 침략 만

2 Howard French(2005), 「Japan and China Take A Collision Course」, 『International Herald Tribune』, December 29.

3 장달중(2009), 「중국의 부상과 중-일 간의 파워게임: 일본의 시각을 중심으로」, 『일본비평』 창간호, 299쪽.

행에 대한 이미지가 내장되어 있다. 일본은 이러한 과거사에 대한 진심어린 사과는 커녕 야스쿠니 신사 참배를 강행하고, 센카쿠열도의 국유화 조치를 발표하였다. 대만 문제, 미일 동맹 등 중일 관계의 갈등이 야기될 때마다 중국 내에서는 전국적인 반일 시위와 일본 상품 불매 운동 등으로 불만이 표출되어 왔다. 이는 가해자인 일본의 무책임과 중국 정부의 애국주의적 동원이 결합되어 나타난 결과라고 하겠다. 한 사례로 "일본 정부는 중일전쟁 때 일본군이 중국에 저지른 만행을 진정으로 사과하지 않고, 정치 지도자들이 A급 전범 위패가 합사되어 있는 야스쿠니 신사를 참배하며, 침략 행위를 정당화하는 수정 교과서를 채택하였다."[4]

이처럼 양국은 갈등의 원인을 남의 탓으로 돌리고 있다. 중일 관계의 악화 원인에 대해 중국은 일본 수상의 야스쿠니 신사 참배 등 역사인식에 돌리고 있는 반면, 일본은 장쩌민 주석의 반일 애국주의 교육에 있다고 주장한다.[5]

1) 일본 우익과 역사 교과서

일본 정계(특히 자민당)의 우경화 현상은 일본 국내 정치 환경과 밀접한 관계를 이루고 있다. 1980년대 세계 제1위 경제 대국의 위상을 차지한 일본은 1990년대에 들어 경제 침체로 인한 사회적 위기와 불안감이

4 이갑윤(2013), 「중국의 부상과 일본인의 반중감정」, 『신아세아』 제20권 제1호, 69쪽.
5 장달중(2009), 앞의 글, 300쪽.

팽배해 보수 우익 세력에 유리한 환경을 만들어 냈다. 그동안 자민당은 전후 55년 체제의 종식을 고하고 사회당 등 여러 야당에 밀리면서 위기에 처했다. 자민당은 이러한 위기를 돌파하고자 '역사 문제와 영토문제'를 정치 공약으로 이용하기 시작했다. 특히 역사 교육을 통해 국민들을 이데올로기화할 수 있는 역사의식을 고취함으로써 자국의 자긍심을 높이려 했다. 일본을 침략 국가로 죄악시하는 자학적(自虐的) 역사 인식에서 벗어나 건전한 일본인을 길러 내고자 한 것이다. 이는 패배주의적인 역사의식은 미래에 자라나는 세대에게 유익하지 못하다는 판단에 따른 것이다.

1990년대에 나타난 '자유주의 사관'은 일본인의 국가관과 정체성의 복원을 위해 일본 사회에 지대한 영향을 미쳤고, 내셔널리즘(Nationalism)에 새로운 불씨를 지폈다.[6] 자유주의 사관이란 냉전 시기를 통하여 일본을 지배한 자학사관, 좌파사관에서 벗어나 과거사를 긍정적으로 보자는 것이다. 주도적 인물인 후지오카 노부카츠(藤岡信勝)는 "중학교 역사 교과서에서 종군 위안부 기술을 삭제하자"는 주장을 펼쳤다. 그 중심에는 자민당, 보수 우익 언론인 『산케이신문(産経新聞)』, 퇴역 군장성을 중심으로 하는 새로운 역사 교과서를 만드는 모임(약칭 '새역모')이 주도적 역할을 하였다. 이들이 만든 후소샤(扶桑社) 역사 교과서는 군국주의와 일본의 아시아 침략을 정당화하는 왜곡된 교과서로, 국내외에 커다란 파문을 불러일으켰다.

6 한상일(2004), 101쪽; 송슬기(2014), 「탈냉전 시기 한중일 민족주의는 왜 다르게 나타나는가?: 21세기 한국, 중국, 일본의 민족주의 비교연구」, 고려대 석사학위 논문, 30쪽 재인용.

일본의 중고등학교 역사 교과서의 내용은 지금까지 여러 차례 외교 문제가 되었다. 특히 문제가 된 것은 2001년판 후소샤의 중학교 역사 교과서이다. 이는 지금까지 '일본의 역사 교육이 일본을 부정적으로 다룬 자학사관을 극복해야 한다'는 취지하에서 식민지 지배와 중국 침략을 평가할 수 있다는 점을 강조하여 이전의 역사 교과서와는 뚜렷이 구별되는 특징을 지녔다.[7] 이처럼 후소샤 역사 교과서는 이전의 역사 교과서가 자학사관에 물들어 있다고 비판하고, 학생들에게 일본인으로서의 '긍지'를 심어 주겠다는 의도로 '새로운 역사 교과서'를 만들었다.

교과서 문제 이외에도 야스쿠니 신사 참배 문제 역시 양국 간의 갈등 원인이 되고 있다. 1985년 나카소네 총리의 야스쿠니 신사 참배, 1996년 하시모토 총리의 참배, 특히 고이즈미 총리는 2001년 4월 24일 기자회견에서 "국가를 위해 전사한 전몰자들에 대해 참배하는 것은 당연한 일"이라고 언급했다. 총리의 신사 참배는 2005년 4월 급기야 중국 내 대규모 반일 시위로 이어졌고, 일본 제품 불매 운동으로 확산되었다.

이러한 일본의 행위에 대해 중국 외무부장 탕자쉬안(唐家璇)은 "A급 전범이 합사되어 있는 야스쿠니 신사에 일국의 지도자가 참배하는 것은 받아들일 수 없다. 총리의 행동은 국가의사의 표명이다"[8]라고 언급하였다. 이는 침략전쟁의 미화와 주변국 침략에 대한 무반성을 의미하기 때문에 중국 정부는 일본 각료의 신사 참배에 문제를 제기하고 있다.

이러한 역사 교과서 문제와 총리의 신사 참배 문제로 인한 양국 간

7 진창수(2008), 앞의 책, 23쪽.

8 정정숙(2003), 「21세기 한일관계의 구상 시론」, 『평화연구』 제11권 2호, 102쪽.

의 갈등은 중국을 바라보는 일본의 부정적인 인식에도 한몫하고 있다. 일본으로서는 국제 무대에서의 영향력과 지위를 중국에 역전당한 상황에서 대내적으로는 정치 경제적 불안마저 가중됨으로써 심리적으로 중국에 대한 경계심과 초조감이 심해지고 있으며, 이는 결국 정책적인 측면에서 갈수록 공세적이고 우경화된 양상으로 표출된다고 본다.[9] 이처럼 일본의 역사를 바라보는 인식에는 역사 사실을 왜곡해야 하는 일본의 심리도 작용하고 있다고 보인다.

2) 일본 역사 교과서 실태

중국 정부가 역사 왜곡 문제에 본격적으로 대응하기 시작한 것은 1982년 제2차 역사 교과서 파문 때부터다. 일제의 침략으로 엄청난 고통과 수난을 겪은 기억을 가지고 있는 중국으로서는 중일전쟁 과정에서 일본군이 자행한 난징대학살(南京大虐殺)이 중일 간 역사 왜곡 문제에서 가장 예민한 부분이고, 이는 전쟁의 잔인성을 자각할 수 있는 중요한 역사 교육 재료이기도 하다.

일본의 교육 과정을 보면, 일본 역사 교육의 틀을 규정하고 있는「학습지도요령(學習指導要領)」을 통해 일본의 역사 교육이 무엇을 지향하고 있으며 역사 교과서가 어떠한 내용으로 구성되어 있는지 이해할 수 있다. 또한 일본의 역사 교육은 문부성의 규제를 받는다. 규제의 구체적 수단은 교과서 검정이고, 교과서 검정은 문부성 고시인「학습지도요

9 박병광(2014),「중일 대립관계 심화와 한국의 대응」,『전략연구』제63호, 48쪽.

령」에 의거하여 이루어진다.[10]

(1) 중학교 역사 교과서

일본의 중학교 과정에서는 사회과의 역사 분야가 유일한 역사 교육이다. 중학교 1~2학년은 지리 분야와 역사 분야를 학습하고, 3학년은 공민 분야를 학습한다.

새로운 중학교 「학습지도요령」과 「학습지도요령해설서」에 따라 2011년 일본 문무성의 검정을 통과한 중학교 역사 교과서는 총 7종이다. 여기서 주목할 교과서는 일본의 우익 교과서인 지유샤(自由社)와 이쿠호샤(育鵬社) 교과서이다. 그리고 채택률이 높은 도쿄쇼세키(東京書籍) 교과서 등을 중심으로 살펴보겠다.

20세기 전반의 중국 역사 서술 부분에서 일본의 21개조 요구와 5·4 운동, 중국의 국민혁명과 배일 운동, 만주사변과 만주국 수립, 서안사변과 중일전쟁 등에 대한 설명은 지면상 생략하고, 난징대학살 부분만 기술하겠다.

난징학살은 중일전쟁 당시 일본군의 난징(남경) 침략을 전후하여 일본군이 저지른 학살 및 폭력과 파괴 등의 총체적 사건이다. 난징학살은 우발적으로 발생한 것이 아니라 난징에 주둔한 일본군의 조직적 범죄 행위였다는 점은 극동국제군사재판에서 밝혀진 사실이다. 일본 중학교 교과서에 실린 난징학살에 관한 서술에 대해 〈표 1〉을 참고하여 살펴보도록 하겠다.

10 정재정(1998), 『일본의 논리』, 현음사, 110쪽.

〈표 1〉 2011년 7종 교과서에 실린 난징대학살 관련 서술[11]

교과서 종류	기술 내용
지유샤(自由社)	난징을 점령했을 때 일본군에 의해 중국의 군민에서 다수의 사상자가 나왔다(난징사건).
이쿠호샤(育鵬社)	이때 일본군에 의해 중국의 군민에서 다수의 사상자가 나왔다(난징사건). 이 사건의 희생자 수 등의 실태에 대해서는 여러 가지 견해가 있어서 현재까지도 연구가 계속되고 있다.
도쿄쇼세키 (東京書籍)	이 사건은 난징대학살로 국제적인 비난을 받았지만 일본 국민에게는 알려지지 않았고, 전후 극동국제군사재판(동경재판)에서 밝혀졌다. 피해자 수에 대해서는 여러 가지 조사와 연구가 진행되고 있지만 아직도 확실하지 않다.
교이쿠슛판 (教育出版)	2월에 점령한 수도 난징에서는 다수의 포로와 주민을 살해하여 국제적인 비난을 받았다. 주석 1: 이 사건은 당시 국민들에게는 알려지지 않았고 전후에 밝혀졌다.
니혼분쿄슛판 (日本文教出版)	12월에 점령한 수도 난징에서는 포로 외에 부녀자를 포함한 다수의 주민을 살해했다(난징사건). 주석 3: 당시 일본 국민에게는 사건의 진상이 알려지지 않았다. 전후 극동국제군사재판에 당시의 조사 자료가 제출되었고, 그 후 연구를 통해 부대와 장병의 일기에도 여러 가지 살해 사례가 기재되어 있는 것을 알게 되었다. 단, 과장의 정도를 어느 정도로 보는지, 알려지지 않은 살해가 얼마나 있었는지 등 보다 자세한 연구가 필요한 부분도 있다.
데이코쿠쇼인 (帝國書院)	난징에서는 병사뿐만 아니라 여성과 어린이를 포함한 많은 중국인을 살해하여 여러 외국으로부터 '일본군의 만행'이라고 비난받았다(난징학살사건). 그러나 이것은 전쟁이 종결될 때까지 일본 국민에게는 알려지지 않았다.
시미즈쇼인 (清水書院)	동년 12월에 일본군은 국민정부의 수도였던 난징에 들어가 이곳을 점령했다. 난징을 점령했을 때는 병사 외에 포로와 무기를 버린 병사와 노인, 여성, 어린이를 포함한 비전투원도 무차별 학살하였다. 주석: 난징대학살이라고 불리는 사건으로, 여러 외국은 이 난징대학살을 강하게 비난했지만 군의 통제를 받았던 보도로 인해 당시 일본인은 이 사실을 알지 못했다.

11 김지훈(2011), 「2011년 일본 중학교 역사교과서의 중국근현대사 서술」, 『중국학보』 제63집, 221~250쪽 참고.

이상 7종 교과서의 특징을 정리하면 다음과 같다. 첫째, 난징학살의 명칭에서 차이가 있다. 우익 교과서에 해당하는 후소샤, 지유샤, 이쿠호샤 그리고 니혼분쿄슛판(日本文教出版) 교과서에서는 '난징사건'으로 폄하하는 표현을 사용하였고, 데이코쿠쇼인(帝國書院)은 '난징학살사건'으로, 마지막으로 시미즈쇼인(清水書院)은 '난징대학살'로 표현하고 있다.

둘째, 7종 교과서 모두 공통적으로 당시 일본인들이 학살 사실을 몰랐다고 서술하고 있다.

셋째, 7종 모두 난징대학살이 일어난 원인에 대해서는 별다른 언급을 하고 있지 않다.

넷째, 난징대학살로 얼마나 많은 사람이 희생되었는지에 대해서도 별다른 언급을 하고 있지 않다. 일본의 중학교 역사 교과서에 난징대학살의 원인과 희생자 수에 대한 구체적인 언급이 없는 점을 보아 난징대학살에 대한 책임을 회피하려는 것으로 보인다.

(2) 고등학교 역사 교과서

1989년 「학습지도요령」 시행에 따른 일본 고등학교 역사 과목은 '일본사 A', '일본사 B', '세계사 A', '세계사 B' 네 과목이다. A는 근현대사 위주이고, B는 통사(通史)식 구성이다.

일본에서 채택률이 높은 교과서인 「상세일본사(詳說日本史)」를 비롯해서 몇 종의 교과서를 정리해 보겠다.

〈표 2〉 출판사별 난징대학살 기술 내용[12]

판본	출판사	기술 내용
상세 일본사 (2008)	야마카와슛판 (山川出版)	1937년 말에는 국민정부의 수도 난징을 점령하였다. 각주: 난징 함락 전후 일본군은 시 내외에서 약탈 · 폭행을 반복한 끝에 다수의 중국인 일반 주민(부녀자 포함) 및 포로를 살해하였다(난징사건). 난징의 상황은 외무성 루트를 통하여 일찍부터 육군중앙부에도 전해지고 있었다.
신일본사: 일본사 B (2008)	야마카와슛판 (山川出版)	중국군 포로와 일반 중국인을 합쳐 적어도 수만 명 이상을 살해하였다(난징대학살). 각주: 중국 측의 전투원도 포함한 사자(死者)의 수는 십수만 명이라고 추정되지만, 난징대학살 희생자의 정확한 수는 기록이 불충분한 점, 전사한 병사와의 구별이 어렵다는 점 등으로 인해 불명확하다.
일본사 B (2008)	산세이도 (三省堂)	다수의 중국 군인이나 민중을 살해하였다(난징대학살 · 난징사건). 각주: 역사학자인 하타 이쿠히코(秦郁彦)는 4만 명, 호라 토미오(洞富雄)는 20만 명 이상, 중국 측은 30만 명이라 하고 있다.
일본사 B (2008)	시미즈쇼인 (清水書院)	난징 점령 시에는 전투와 무관한 중국인도 다수 살해하였다(난징사건).
고교 일본사 (2008)	짓쿄슛판 (實教出版)	(역사의 창) 1937년 12월, 일본군은 국민정부의 수도 난징을 점령하였다. 그 전후 수주간 일본군은 난징시 내외에서 포로 · 투항병을 비롯해 부녀자를 포함한 중국인 추계 약 20만 인을 살해하였고, 약탈 · 방화나 부녀자에 대한 폭행을 행하였다. … 구미에서는 『뉴욕타임스』 등에 의해 '포로 전원이 살해되었다'고 보도되어, 국제적 비난이 비등하였다(난징대학살). 각주: 중국 측은 시민이나 무기를 버린 병사 등 30만 이상의 사람들이 일본군에 의해 살해되었다고 발표하고 있다. 일본 국내에서는 학살자 수에 대하여 '십수만 인' 등 다른 설이 있다.
일본사 B (2008)	짓쿄슛판 (實教出版)	사자(死者)의 수는 전투원을 포함하여 점령 전후의 수주간에 적어도 10만 이상에 달한다고 추정된다(난징대학살). 각주: 희생자 수에 대해서는 10만 인보다 많다는 설과 적다는 설이 있다.

12 이금희(2010), 「중국과 일본 역사교과서의 中日戰爭 서술」, 『靑藍史學』 제18집, 184~186쪽 재구성.

이상 일본 고등학교 교과서에서도 중학교 교과서와 전체적으로 비슷한 양상을 보여 주고 있다. 즉, 난징학살(혹은 난징대학살·난징사건)의 명칭을 교과서마다 달리 표현하고 있다. 그리고 난징학살(혹은 난징사건)의 원인에 대해서도 명확한 설명이 없는 점은 중학교 교과서와 유사하다. 그러나 차이점으로는 첫째, 희생자 수에 차이는 있을지언정 희생자 수를 구체적으로 언급하고 있다는 점이다. 둘째, 중학교 교과서에는 '당시 일본인들이 학살 사실을 몰랐다'고 서술했지만 고등학교 교과서에는 이런 부분의 서술이 빠져 있다.

3) 중국의 반응

시진핑은 2014년 7월 중일전쟁의 계기가 되었던 '7·7사변(노구교사건)' 77주년을 맞아 행한 연설에서 일제 침략자를 '일본 도적(日寇)'이라고 부르며 "침략 역사의 부정과 왜곡, 미화를 중국 인민은 절대 허락하지 않을 것"이라고 강조하는 등 역사 왜곡을 주도하는 아베 총리를 직접 겨냥하기도 했다.[13]

중일 간 가장 큰 역사 문제의 현안은 역사 교과서 검정을 둘러싼 갈등이라고 할 수 있다. 역사 교과서 문제는 어제오늘의 문제가 아니다. 최근 후소샤의 「새로운 역사 교과서」는 중국 및 한국의 반감으로 국가 간 갈등을 일으키고 있다. 이는 단순히 교과서 문제에 대한 비판에 그치는 것이 아니라, 나아가 일본의 역사인식에 대한 비판이다.

13 박병광(2014), 앞의 글, 48쪽.

그 사례로 장야오우(張耀武)는 중일 관계의 발전에 영향을 주는 문제로 먼저 역사인식 문제를 제기하고, 둘째로 대만 문제(臺灣問題), 셋째로 댜오위다오(센카쿠열도) 문제를 제기한 다음, 역사인식의 구체적인 문제 내용으로는 난징 도살(屠殺) 부정, 야스쿠니 신사 참배, 일본 정부 관계자의 침략전쟁 부정 발언 등을 들고 있다.[14] 또한 부핑(步平)도 "역사 문제는 중일 관계 발전의 장애"라고 하면서 중일 역사인식 문제로 첫째, 야스쿠니 신사 참배 문제, 둘째, 역사 교과서 문제, 셋째, 전후 민간 소송 문제, 넷째, 화학무기(731부대 관련) 유기(遺棄) 문제를 들고 있다.[15]

일본의 역사 교과서 문제로 인한 중일 간의 마찰은 또 다른 문제를 발생시키는 요인으로 작용하였다. 1980년대 후반부터 중국에서 애국주의와 중화민족 문제가 거론되기 시작했다는 점은 국가 주도하에 국가와 민족 중심의 역사관이 다시 부활하였다는 것이다. 이제 중국의 역사 교과서 서술 내용과 항일 애국 교육의 방안을 살펴보도록 하겠다.

3. 중국의 역사 교과서 서술과 항일 애국 교육 방안

중국은 소학교 과정에서는 별도의 역사 과목이 없고 중학교부터 역사 교육을 실시한다. 중국 역사 교육은 과거 사실에 대한 비판적 해석보다는 국가 권력의 정통성 강화를 추구한다. 즉, 탈(脫)민족주의 및 탈

14 張耀武(1999), 「世紀之交中日關係初探」, 『山西大學學報(哲學社會科學版)』 제2期, 84~86쪽.
15 步平(2005), 「扶桑社『新歷史教科書』的歷史觀」, 『抗日戰爭研究』 제2期, 29쪽.

(脫)국가주의가 아닌 '역사의 정치적 도구화'로 명명할 수 있다. 중국이 추구한 동북공정 역시 이러한 역사인식과 무관하지 않다고 본다.

1) 중국의 애국주의와 역사 교육

중국은 애국주의를 강조하는 역사 교육을 적극 활용하고 있다. 일선 학교뿐만 아니라 인민들 사이에 애국 열기를 고조시키고 있다. 특히 역사 교육에서 사회주의와 애국주의를 중요한 원칙으로 삼고, '사회주의 조국을 열렬히 사랑하는 교육'을 지향한다. 현재 사용되는 역사 교재의 핵심 개념은 '애국주의'일 것이다. 짱룽(臧嶸)에 의하면, '애국주의는 역사 교육과 교학의 중심 주제'이다. 하지만 교육자가 "학생에게 심어 줘야 할 애국주의는 사회주의적 애국주의로, 협애한 민족 이기주의와 대국 쇼비니즘(chauvinism)과 근본적으로 대립하는 것이고, 무산계급의 국제주의와 긴밀하게 연계된 것이다."[16]

중국의 역사 교과서에서 애국주의 사상 교육에 대한 강조는 근대사 부분에 집중적으로 이루어지고 있다. 그 연유는 공산당의 출발과 무관하지 않다. 따라서 근대사 부분은 제국주의 열강(특히 일본)이 중국을 침탈하는 굴욕의 역사이고, 제국주의 열강에 저항하는 민족 자존심의 역사를 다루고 있으며, 중화민족의 각성을 통해 사회주의 국가 건설의 역사를 서술하고 있기 때문이다.[17]

16 송기호(2007), 『동아시아의 역사분쟁』, 솔, 33쪽.

17 전인영(2002), 「중국근대사 교육의 관점과 한국사 인식」, 『역사교육』 제84집, 158쪽.

중국에서는 1994년 「애국주의교육실시강요(愛國主義教育實施綱要)」(이하 「강요(綱要)」)를 중국공산당 중앙에서 반포하고, 1996년 장쩌민(江澤民) 주석의 「애국주의 교육을 위한 지침」이 발표된 이후 '애국주의 교육'이 국가 교육의 지도사상으로 방침화되었다.[18] 이러한 방침에 따라 혁명 지사들의 영웅적 사적을 통한 애국주의 사상의 고취와 역사적 사건을 통해 사회주의 혁명을 완수하는 내용을 담고 있다.

「강요」에서 제시하는 애국주의 교육의 목적은 "첫째, 민족정신을 드높이고 민족 응집력을 증강시켜 중화민족의 자존심과 자부심을 확립하며, 둘째, 애국통일전선을 확고히 발전시켜 중국적 특색을 지닌 사회주의 건설과 '사회주의 공민'을 배양하는 것이며, 셋째, 4개 현대화와 중화의 진흥이라는 공동의 이상을 위하여 단결 분투하도록 하는 데 있다"라고 명시하고 있다.[19]

또한 2001년의 「전일제의무교육역사과정표준(全日制義務教育歷史課程標準)」의 실험고(實驗稿)에는 "점차적으로 국가의 정세를 이해하고, 중화민족의 우수한 문화적 전통을 이해하고 사랑하며, 조국의 역사와 문화에 대한 동질감을 형성하며, 국가와 민족의 역사에 대한 책임감과 역사적인 사명감을 수립하며, 애국주의 감정을 배양하여 조국의 사회주의 현대화 건설과 인류 평화와 발전 사업에 공헌하는 인생의 이상을 점차적으로 확립한다"라고 명시하고 있다.[20] 이는 중국의 애국주의 역사 교

18 전인영(2002), 앞의 글, 154쪽.

19 윤휘탁(2007), 『신중화주의』, 푸른역사, 90~91쪽.

20 조복현(2017), 「중국의 현행 역사과 과정표준 연구」, 『中國史硏究』 제110집, 200쪽.

육의 목적을 잘 보여 준다.

그러나 이러한 애국주의 강화는 주변국의 경계심을 불러일으킬 수 있다. 최근의 '중국위협론'이 하나의 사례가 될 수 있다. 중국의 배타적 애국주의 강조는 대국주의와 패권주의로 흐를 위험성을 내포하고 있다.

2) 중국의 역사 교과서

중국의 중고교 역사 교과서는 중국의 근현대사를 '침략과 저항', '애국과 매국'이라는 이분법적 사고 틀에서 인식하는 특징을 지니고 있다. 중국의 역사 교과서는 근현대사 부분에 많은 지면을 할애하고 있다. 이는 중국공산당의 혁명 시기와 무관하지 않다. 이처럼 역사 교육의 목표를 보면, '마르크스주의 유물사관 확립과 자국의 역사 문화에 대한 자긍심과 애국심 고양'이 가장 중요한 목표로 설정되어 있다.[21]

애국심을 함양한 역사 교육의 의도는 중국 인민들의 애국 열기를 고조시켜 개혁개방을 견지하면서 사회주의 현대화 과업을 추진하여 중화민족을 부흥시키는 데 있다.

중국 역사 교과서의 서술 경향은 1990년대 이후 중국 근현대사 교육에서 강조하고 있는 애국주의 사상 교육과 통일적 다민족국가론 및 일국양제와 밀접한 관련이 있다. 즉, 근대 열강 제국주의의 침략, 일본의 중국 침략이라는 역사적 사실을 통해 다음 세대들로 하여금 중화민족

21 박지혜(2008), 「중국과 일본의 역사교과서 비교 연구」, 이화여대 교육대학교 석사학위 논문, 24쪽.

이 구국을 위해 걸어 온 험난한 투쟁의 역사를 알게 하고, 이를 통해 애국주의 사상을 고취시키고자 하는 것이다.[22]

중국의 근대 시기만을 분석 대상으로 삼아 중고교 역사 교과서 내용을 재구성해서 요약한 내용이다. 특히 중국 근대사는 '반봉건 · 반제에 맞선 침략과 저항→근대화의 모색→신민주주의 혁명→중화민족의 항일 투쟁→인민 해방전쟁의 승리'로 공식화되고 있다. 침략과 저항 그리고 해방전쟁을 겪으면서 결국 해방을 맞이함으로써 영웅이 부활하는 역사 서술을 담고 있다.

「2001년 역사과정표준」에 근거한 현재의 초중(初中)[23] 『중국역사』에는 '중화민족의 항일 전쟁'이라는 단원명 아래 일본의 대륙 침략과 관련된 9 · 18사변, 노구교사건, 난징대학살을 선명하게 부각하고 있다.[24]

중국의 역사 교과서에서는 일본의 중국 침략 기술이 이루어지는 '중일전쟁' 서술을 통해 공산당의 주도적인 역할과 민족 전사, 일본의 반인류적 잔악성을 강조하고 있다. 중국 역사 교과서 내용의 특징은 다음과 같다. 첫째, 중일전쟁의 발발 원인에 대해 "일본은 대만 점령 이후 중국 영토에 대한 야심을 가지고 일련의 중국을 침략할 구실을 만들었다"고 서술하여 중일전쟁 발발의 책임을 전적으로 일본에 돌리고 있다.

22 안지영(2011), 「일본침략 및 강점기에 대한 주변국들의 역사인식: 한국, 중국, 대만 고등학교 역사교과서를 중심으로」, 『역사교육연구』 제13집, 61쪽.

23 대한민국 학제로는 중학교에 해당한다.

24 윤세병(2013), 「중국 역사교과서의 서사 구조와 이데올로기」, 『역사교육연구』 제18집, 62~63쪽.

둘째, 1931년의 '9 · 18사변', 1932년의 '1 · 28사변', 1932년 3월의 '만주국 수립', 1935년의 '화북사변' 등 일본의 순차적이고 전략적인 중국 침략 사건들을 나열해 일본의 전면적인 중국 침략전쟁에 대항한 중국 공산당의 주도적 역할을 지속적으로 부각하고 있다.

셋째, 외세의 침략에도 굴하지 않는 중화민족의 투쟁정신을 드러내기 위해 일본군의 공격에 맞서 장렬히 전사한 전쟁 영웅을 등장시켜 그들을 영웅화하고 있다.

넷째, 일본의 침략이라는 망국의 위기 상황 속에서 중국 인민을 적극적으로 영도해 나간 공산당과는 달리 반식민지 투쟁보다는 반공 투쟁에 더 적극적이었던 장제스(蔣介石)의 국민당 정부를 상대적으로 낮게 평가함으로써 중국공산당에 의한 중화인민공화국 성립의 정당성을 확보하고 있다.[25]

이상 여러 종류의 교과서 내용을 분석해 보면, '중국 근대사' 서술 내용은 대체로 유사하다. 당시 중국이 처한 현실을 민족주의적 관점에서 해석하고, 그 해결 방향을 투영하는 방식을 취했다. 주요 내용은 아편전쟁 이래 열강의 중국 침략과 청 정부의 무능한 대응을 주로 서술하고 있다.[26]

25 歷史課程教材研究開發中心編著(2009), 『普通高中課課程標準實驗教科書『歷史1』』, 北京: 人民教育出版社, 69쪽 참조; 안지영(2011), 앞의 글, 60~64쪽 재인용.

26 오병수(2017), 「항전시기 중국의 '중국 근대사' 서술과 동아시아 인식의 변용 및 그 유산」, 『서강인문논총』 제50집, 261쪽.

3) 중국의 항일 애국 교육 현장학습

항일 전쟁 승리와 열사에 대한 애국주의 현장학습으로는 첫째, 박물관과 기념관을 중심으로 한 전시 콘텐츠 활용, 둘째, 지역 순회 전시 및 교육 프로그램 등 다양한 교육 콘텐츠 활용, 셋째, 추모 기념 활동, 국기 게양, 국가 제창의식, 항전 기념일 제정 등이 있다.

(1) 박물관과 기념관 전시 콘텐츠

중국에는 3,400여 개의 박물관이 있으며 그중 1,800여 개가 무료 개방하고 있다. 중국 정부는 1985년에 난징대학살 현장에 '난징대학살기념관'을 완성하고 중국인들에게 난징대학살의 잔혹성을 강조하기 시작했다. 이 기념관 설립은 난징대학살과 관련해 중대한 의미를 지니는 것이다. 이 기념관에서는 난징대학살의 유물과 유해 발굴 현장을 전시하고 있으며, 전쟁 중 사건이 전개된 시간과 공간을 축으로 당시의 신문 기사들을 발췌해 당시 현장을 그대로 보여 주려 하고 있다는 점에서 내레이션(narration)의 요소를 담고 있다. 여기에다 추모, 내레이션, 재현이 복합적으로 존재하는 전쟁박물관 형태를 띠고 있다.[27]

또한 2014년에 중국 최초의 항전 기념일을 제정한 중국 정부는 항전 문물의 보호와 참관을 위해 '항전 문물 보호공정'을 실시하여 전국 각지에 항전 관련 박물관을 신설·확대하고 있다. 예를 들어, 선양시(瀋陽

27 이화준·고희탁(2011), 「'난징대학살' 문제를 둘러싼 기억의 정치와 국제정치학적 딜레마」, 『일본연구』 제15집, 546~547쪽.

市)는 2014년 '9·18 역사박물관'을 설립했고, 하얼빈시(哈爾濱市)는 '중국 침략 일본군 제731부대 유적지'를 세계유산으로 등재 신청했으며, 2014년 창춘시(長春市)의 '동북함락사진열관(東北陷落史陳烈館)' 등에 전시하고 있다. 그 밖에 인터넷을 통한 사이버 기념관과 해외 항일기념관도 건립하고 있다.

(2) 교육 프로그램 콘텐츠

중국의 애국주의 교육기지는 353곳으로, 중화민족의 진흥을 위하여 민정부(民政府)는 1995년 100개의 애국주의 교육기지를 확정한 바 있다.

중앙 선전부는 1997년부터 4년마다 '전국적 성격의 애국주의 교육 시범기지'를 선정하였다. 1997년에 선정된 100개 시범기지를 시작으로, 2001년 100개의 2차 교육기지에 이어, 2005년 중국 인민 항일 전쟁 60주년과 홍군 장정 승리 70주년을 맞아 66개의 3차 교육기지를 지정하였다. 2009년 중화인민공화국 성립 60주년에는 87개 4차 교육기지를 지정하였다.

그리고 각 성에서도 성급 애국주의 교육기지를 선정하고 있으며, 각 지방 정부는 그 안에 국가급 애국주의 교육기지도 포함된다. 항전 관련 기념관 역시 각급 학교의 사회 교육기지가 되어 항전 역사 수업과 결합해 '항일 애국의식'을 높이는 역할을 맡고 있다.[28]

애국주의 교육 활동은 주로 청소년을 중점 대상으로 하여 학교, 부

28 김정현(2015), 「중국의 대일 역사공세와 '항일 애국' 기억의 강화」, 『中國史硏究』 제94집, 309쪽.

대, 향촌, 거리, 기관과 기업 단위 등의 공청단(共靑團), 소년대 등의 조직을 통하여 각종 박물관과 기념관, 열사 기념 건축물, 혁명전쟁 중의 중요 전투 기념 시설, 문물 보호 단위, 역사 유적과 풍경 명승지 등을 애국주의 교육의 중요 장소로 활용하여 실시하고 있다.[29]

중국에서는 학교의 역사 교육, 기념물, 기념의례, 대중매체 등을 통해 표현되는 사회 전체의 기억과 역사의식이 자리 잡고 있다. 역사 문제가 국가 간 외교적 갈등으로 부상하는 데는 무엇보다도 언론과 정치의 역할이 두드러지고, 전문가로서의 역사가의 견해보다는 사회 일반 여론의 영향이 지배적이다.[30]

집단 기억은 과거의 사실이 국가, 사회 또는 특정 집단의 역사인식에 따라 선택·재해석되어 집단에서 공식적으로 공유되는 기억이다. 집단 공동의 기억을 유지하려는 목적은 정체성을 강화하고 연대를 확보하기 위해서이다.[31]

4. 맺음말

현재 동아시아 국가들은 모두 자국 자민족 중심주의에 입각한 역사

29 오일환·김준혁(2015), 「중국 아편전쟁박물관의 전시콘텐츠와 역할」, 『인문콘텐츠』 제38호, 304쪽.

30 안병직(2008), 「동아시아의 역사 갈등과 한국사회의 집단기억」, 『역사학보』 제197집, 199쪽.

31 조은경(2014), 「한중 항일기념관의 전시 내러티브와 동아시아 역사인식: 독립기념관·중국인민항일전쟁기념관을 중심으로」, 『한국독립운동사연구』 제47집, 203쪽.

관을 바탕으로 역사를 서술하고 있다. 기본적으로 자국 중심의 역사관에 입각하고 있거나 국가주의 국수주의적 시각에 기초하여 동아시아를 해석하는 경향이 강하다.[32]

중국은 국가 주도하에 중화민족주의와 애국주의 기치를 내세워 중국의 역사 교육에 그대로 반영하고 있다. 특히 중국의 근현대사 부분을 강조하고 있는데, 이는 공산주의 혁명 시기와 일맥상통한다. 따라서 이 시기는 열강의 제국주의 침략에 맞서(항일) 승리하는 내용 중심으로 서술하고 있다.

중국은 역사 교육의 일환으로 역사 교과서 서술 이외에도 항일 전쟁 승리와 열사에 대한 애국주의 현장학습을 적극 활용하고 있다.

이처럼 중국은 애국주의를 역사 교육에 적극 활용함으로써 애국주의 사상 교육을 강화하고 있다. 이는 국가 권력의 정통성 강화와 공산당 정권을 유지하는 데 활용된다. 즉, 탈(脫)민족주의 및 탈(脫)국가주의가 아닌 '역사의 정치적 도구화'로 전락한 셈이다. 중국이 추구한 동북공정 역시 이러한 역사인식과 무관하지 않다고 보인다.

반면에 일본은 후소샤 역사 교과서를 모태로 이전의 역사 교과서가 자학사관에 물들어 있다고 비판하고, 학생들에게 일본인으로서의 패배주의 대신 '긍지'를 심어 주겠다는 의도로 '새로운 역사교과서'를 만들었다. 특히 후소샤 역사 교과서는 군국주의와 일본의 아시아 침략을 정당화하는 왜곡된 교과서로 국내외에 커다란 파문을 불러일으켰다.

32 강만길(2004), 「동아시아 근현대사의 전개와 역사인식」, 『근대 동아시아 역사인식 비교』, 선인, 13쪽.

이제는 한·중·일 간의 역사전쟁이 쟁점이 되었다. 첫째, 난징대학살 자체의 인정과 희생자 수에 대한 논쟁, 둘째, 난징대학살을 왜곡 서술한 일본 내 교과서 검정을 둘러싼 문제, 셋째, 난징대학살의 책임자까지 합사되어 일본에서 태평양전쟁 추모의 장이 되고 있는 야스쿠니 신사 참배 문제이다. 특히 중일 간의 과거사 문제에서 난징대학살 문제는 과거사 문제가 총체적으로 집약된 문제이다.[33]

중일 양국은 서로의 차이를 인정하고 역사 갈등에 대한 해법을 스스로 찾아야 할 것이다.

33 이화준·고희탁(2011), 앞의 글, 553쪽.

3.4. 중미 관계와 전망

이천석 • 영남대학교 정치외교학과 강사

1. 머리말

최근 중미 간 무역 갈등이 첨예하게 대립하고 있다. 이러한 갈등은 신흥국가 중국과 패권국가 미국 사이에 불협화(不協和)가 발생하고 있다는 증거다. 미국은 중국의 비약적인 경제 성장과 더불어 군사적 역량을 미국에 도전할 수 있는 잠재적 도전 세력으로 인식하게 되었다.

그동안 중미 양국 관계는 협력과 갈등이 반복되는 형태를 보여 주었다. 그러나 시진핑 체제 이후 중국의 행보가 빨라지고 있다. 국정 철학인 '중국몽(中國夢)'을 내세워 중화의 부활을 알리는 서막이다. 이는 국력을 바탕으로 미국의 패권적 지위에 도전할 수 있는 유일한 국가로 성장하였다는 것이다. 그러나 미국은 전통적으로 세계적 혹은 지역적으로 패권적 지위를 유지하려는 전략을 취하고 있는 국가다. 미국은 어떠한 국가에도 패권의 지위를 평화적으로 물려주지는 않을 것이다. 따라서 중국의 패권 도전은 미국으로서는 묵과할 수 없는 사안이다.

이러한 중국의 부활은 미국으로 하여금 '아시아 균형(혹은 회귀)' 전략을 취하게 하는 데 일조하였다. 미국의 아시아 균형 전략은 중국 입장에서 보면 중국 봉쇄의 일환이라고 여겨지는 면도 있다. 게다가 트럼프의 미국 우선주의 정책은 아시아 균형 전략의 재검토를 가져왔다. 미국은 중국을 견제하지 않으면 경제적으로 위험한 처지에 놓일 수 있다는 불안심리가 작동하여 패권적 지위를 잃어버릴 수 있다는 위기의식이 팽배하였다.

그동안 G2로 성장한 중국은 마땅히 미국에 자신의 권리를 주장하는 '신형대국관계(新型大國關係)'를 제시하였다. 이와 더불어 중국몽을 구현하는 데 있어 국내 위기의 극복뿐만 아니라 국력에 대한 자신감의 표현이 어우러진 시진핑 체제의 원대한 프로젝트가 바로 '일대일로(一帶一路)' 구상이다. 이러한 중국의 '일대일로' 구상은 지정학적, 지경학적 구조로 되어 있어 강대국들 간의 이해관계와 역학관계를 살피지 않을 수 없다.

중국은 심혈을 기울여 '일대일로' 구상을 추진하고 있으나, 추진 과정에 많은 제약이 따르고 있다. 이러한 프로젝트의 성패 여부는 주변국가의 협력적 자세와 강대국들과의 이해관계의 갈등 해소 측면에서 고려되어야 할 것이다. 그럼에도 불구하고 현재 중국과 미국 간에는 협력과 갈등 관계가 공존하고 있다. 특히 트럼프 정부가 들어선 이후 양국은 첨예하게 대립하고 있는 상황이다. 남중국해에서는 중국이 방공식별구역을 설치하고, 미국을 비롯한 동맹국들은 항해 자유를 주장하면서 군사적 긴장을 초래하고 있으며, 무역 불균형을 요구하는 미국의 관세 부가로 인한 무역 갈등이 발생하고 있다. 그러나 장래의 양국 관계는 예단하기 어렵다.

이 글은 패권국으로서의 우월한 지위를 갖고자 하는 미국과 새로운 도전국으로서 패권적 지위를 요구하는 중국 간의 갈등을 통해 앞으로의 관계를 전망해 보고자 한다. 트럼프의 미국 우선주의와 시진핑의 신형대국관계 사이의 상호 입장을 이해하고, 양국 간의 변수로는 무엇이 있으며, 시진핑의 일대일로 프로젝트의 성공 여부, 마지막으로 미국의 대응 전략을 살펴보도록 한다.

2. 중국과 미국의 대외 정책 기조

중미 관계의 발전은 시기별로 나눠 보면, 첫째, 1978년부터 1989년 톈안먼(天安門) 사태 악화 이전 시기까지다. 둘째, 1989년 톈안먼 사태부터 2001년 미국 자국 테러 사태 시기까지다. 톈안먼 사태는 중미 관계를 악화하는 요인이 되었다. 셋째, 2001년 9·11 테러 발생부터 오바마 집권 1기까지이며, 양국은 테러 문제와 각종 현안에 대해 갈등보다 협력 관계를 이루어 왔다. 넷째, 2012년부터 현재에 이르는 시기다. 2012년 오바마 집권 2기 '아시아 재균형' 정책의 제기는 중국 입장에서는 중국 봉쇄 정책으로 비추어졌다. 중국 역시 시진핑의 '신형대국관계' 혹은 '역균형'[1]으로 맞대응하고 있다.

1 김흥규(2013), 「시진핑 시기 미중 새로운 강대국관계 형성 전망과 대한반도 정책」, 『국방연구』, 36쪽.

1) 중국의 대미 정책

중국의 급부상은 탈냉전 이후 국제관계의 가장 큰 변화 중 하나다. 미국은 중국의 비약적인 경제 성장과 군사적 역량을 미국에 도전할 수 있는 잠재적 도전 세력으로 인식하게 되었다. 1990년 중반 이후 미국과 서구 국가에서는 '중국위협론'이 제기되었으며 중국에서는 '민족주의 정서'가 등장하게 되었다.

공산당 당대회의 정치 보고나 전국인민대표대회 국무원 업무 보고를 보면, 중국은 일정한 방식에 입각하여 외교 정책을 설명하고 있다. 특히 공산당 총서기 당 업무 보고서는 국내 정책은 물론 대외 정책을 규정하는 가장 중요한 대외 정책 지침서다.[2]

2012년 10월에 채택된 중국공산당 제18기 전국대표대회 보고서에 따르면, 중국은 평등과 상호 신뢰, 포용과 상호 본받기, 협력과 공동 승리의 정신과 기치 아래 '평화 발전의 길'을 가고, '독립 자주의 평화 외교 정책'을 추진할 것이다. 중국은 국가 주권, 안전, 발전 이익을 수호하고 어떤 외부 압력에도 굴복하지 않을 것이다. 게다가 '책임지는 대국의 역할을 발휘하여 지구적인 도전에 공동으로 대응'할 것이다.[3] 여기서 패권주의는 미일 동맹 강화를 의미하고, 강권주의는 미국의 아태 지

2 김옥준·김관옥(2008), 「중국공산당 제17기 전국대표대회 보고서에 나타난 대외 정책적 함의」, 『평화학연구』 제9권, 198쪽.

3 胡錦濤(2012), 「堅定不移沿著中國特色社會主義道路前進爲全面建成小康社會而奮: 在中國共産黨第十八次全國代表大會上的報告」, 人民出版社編, 『中國共産黨第十八次全國代表大會文件彙編』, 北京: 人民出版社, 1~53쪽.

역 군사력 강화를 의미하고, 내정 간섭은 동중국해 및 남중국해 해양 영토 분쟁에 대한 미국의 개입을 지칭하고 있다.

2013년 1월 28일에 개최된 중앙정치국 3차 집단학습의 주제는 '평화 발전의 길을 굳건히 간다'였다. '평화 발전의 길'은 덩샤오핑의 외교 노선의 계승이며, '중국몽'을 실현하기 위해서는 평화적인 국제 환경이 필요하다. 또 다른 하나는 '핵심 이익 수호'다. 중국은 "정당한 권익을 결코 방기하지 않을 것이고, 국가의 핵심 이익을 결코 희생하지 않을 것"을 강조하고 있다.[4] 즉, 시진핑의 대외 전략의 핵심은 '평화 발전'과 '핵심 이익 수호'다.

시진핑의 대외 정책은 두 가지 특징이 있다. 첫째, '아시아 신(新)안보관'이다. 2014년 5월에 개최된 제4차 '아시아 교류 및 신뢰 구축 회의'에서 제시한 것으로, 공동 안보, 종합 안보, 협력 안보, 지속 가능한 안보를 골자로 하고 있다. 그 핵심은 '아시아의 안보는 아시아인의 손으로 해결해야 한다'는 것이다.[5]

둘째, '일대일로' 구상이다. 이는 19기 당대회 당헌 개정안[6]에 실린 내용으로, 강대국 부상과 관련한 대륙지정학 이론과 해양지정학 이론을 동시에 추구하는 정책이다. 이것은 미국과 미일 동맹의 위협에 대비

4 조영남(2015), 「시진핑 시대의 중국, 어디로 가나」, 『동북아 국제정치질서, 어디로 가나』, 푸른역사, 63~65쪽.

5 習近平(2014), 「习近平: 应积极倡导共同, 综合, 合作, 可持续的亚洲安全观」, 『新華網』 5월 21일(http://xinhuanet.com/world/2014-05/21/c_1110792359.html(검색일: 2018. 10. 2.)).

6 "十九大对党章做了这些重大修改", 人民網, 2017. 10. 24.(http://kr.people.com.cn/n3/2017/1027/c203201-9285748.html(검색일: 2018. 9. 9.)).

하기 위한 대전략 차원에서 이해해야 할 것이다.

2) 미국의 대중 정책

미국 대외 전략의 기조는 크게 국제주의 내지 고립주의 정책[7]으로 볼 수 있다. 제2차 세계대전 이후 줄곧 국제주의적 대외 정책을 전개하면서 대외 전략의 기조로 선택적 관여와 적극적 개입[8]을 채택하였다. 미국의 역대 정부는 선택적 관여를 기본 방침으로 삼고, 상황과 필요에 따라 일시적으로 적극적 개입 전략을 병행하고 있다.[9]

미국의 동북아 전략은 미중 관계를 중심으로 파악해야 할 것이다. 중국은 미국에 잠재적인 도전 세력으로 인식되기 때문에 미국의 대중국 정책의 중심은 중국이 동북아 안정에 위협이 되는 수준으로 발전해 가는 것을 억제하는 데 두었다.[10]

미국의 대중 정책은 한편으로는 중국을 세계 시장경제의 한 축으로 인식하고 경제적 협력 관계를 구축하고 있다. 또 한편으로는 경제 대국으로서 미래의 경쟁자가 될 것에 대한 우려도 고려하고 있다.

7 미국의 고립주의는 19세기 유럽 국가들과의 식민지 쟁탈전 당시 아메리카 대륙에서 미국의 종주권을 보장받기 위한 정책으로 시작된 것이다.

8 선택적 관여는 온건한 형태의 국제주의(또는 개입주의)라고 정의할 수 있는 대외 전략 기조로서 세계의 모든 문제에 대한 무분별적 개입은 지양하되, 중요 사안들에 대해서는 적극적으로 관여 및 개입한다. 반면, 적극적 개입은 가장 공세적이고 가장 위협적인 형태의 대외 전략 기조로서 해외에서 미국의 국익을 해칠 수 있는 문제가 발생하거나 발생할 조짐이 보이면 곧바로 개입하는 것을 원칙으로 설정하고 있다.

9 김동성(2018), 「미중 패권 경쟁과 한국의 대응전략」, 『이슈&진단』 317호, 7쪽.

10 박두복(2001), 「부시행정부의 출범과 미중관계의 전망」, 『국제문제』 제367호, 22쪽.

미국의 대외 정책 가운데 중미 관계는 크게 두 가지로 나눠 살필 수 있다. 하나는 안보 문제를 들 수 있으며, 다른 하나는 경제 문제다. 최근 트럼프 정부는 미국의 국익을 최우선시하는 '미국 우선 정책'을 강조하고 있다. 트럼프는 7월 21일 후보 수락 연설 당일 『뉴욕타임스』와의 인터뷰에서 "글로벌리즘 대신 미국 우선주의, 즉 아메리카니즘이 우리의 새로운 신조가 될 것이다"[11]라고 밝혔다.

이는 그동안 미국이 중시해 왔던 자유, 인권, 민주주의의 '가치'보다 '이익'을 우선시하겠다는 전략이다. 그리고 이것을 지키기 위해서는 우월한 경제력과 군사력을 최대한 활용하겠다는 것으로 파악할 수 있다.[12] 즉, '힘을 통한 평화' 혹은 '미국을 다시 위대하게'라고 집약할 수 있다.[13]

3. 중미 관계에 영향을 미치는 변수

1) 무역 갈등

최근에 불거진 양국 간의 무역 불균형을 해소하고자 빚어진 양국의

11 『The New York Times』, July 21, 2016.

12 이지용(2016), 「트럼프 행정부 출범 이후 미중관계 전망」, 『IFANS FOCUS』, November 16, 1쪽.

13 오바마 행정부 마지막 해인 2016년 미국 국방비가 5,850억 달러였던 것이, 트럼프 행정부에서는 '국방수권법(NDAA)'에 따라 2019년 미국 국방비 예산은 7,160억 달러로 2년 동안 22.6% 증액, 『중앙일보』, 2018. 8. 14.(https://news.joins.com/article/22883592(검색일: 2018. 9. 19.)).

갈등은 오래전부터 야기되었다. 트럼프 정부가 들어선 이후 미국 우선주의를 내세우면서 보다 적극적인 방식으로 양국 간의 무역 마찰을 해소하고자 노력하였고, 최근에는 제1단계 무역합의[14]를 통해 미국의 요구가 관철되었다. 앞으로 제2, 제3단계 무역합의가 있을 것으로 내다본다. 여기에는 무거운 관세를 인하하는 대신 환율 조정 문제, 지적 재산권 보호, 무역 불균형 해소 등이 함께 논의되고 있다.

이처럼 양국 간의 무역 마찰 이면에는 보다 근본적인 중국의 침탈을 막고 국가 이익을 보호하기 위한 조치들이 있다. 과거에도 지속적으로 중국에 지적 재산권 침해 해결을 요구하였으나 번번이 실패한 경험이 있는 미국으로서는 무역 갈등 해소라는 명분으로 중국에 지적 재산권 보호와 중국식 경제 시스템 대신 시장경제 체제 등을 요구하여 중국의 경제적 패권을 약화하는 데 목적이 있다. "미국의 요구는 중국 공산당 정부와 기업 간 유착 관계를 끊으면서 중국 정부의 기업 지원을 없애 불투명성을 개선하고 중국 기업의 미국 기업 지적 재산권 침해를 해결하고, 중국 정부의 환율 조정을 요구함으로써 변동환율제 도입을 주장할 것이다."[15]

14 「中매체 "중미, 먼 길 돌아 1단계 합의…올 무역액 반등 예상"」, 『연합뉴스』, 2020. 1. 15.(https://www.yna.co.kr/view/AKR20200115072300083?input=1195m(검색일: 2020. 1. 31.)).

15 「미중 무역전쟁 일시 휴전…근본 갈등은 첩첩산중-하나의 중국, 무역 불균형 이슈는 그대로…WSJ "앞으로도 불확실"」, 『프레시안』, 2019. 6. 30.(http://www.pressian.com/news/article/?no=247046&utm_source=naver&utm_medium=search(검색일: 2020. 1. 31.)).

2) 북핵 문제

북한의 핵 개발은 자신의 생존을 보호받을 수 있는 최상의 카드이며, 이를 통해 미국과의 협상을 이끌어 내어 미국의 양보를 얻어 내려는 외교적 협상 카드다. 북한 핵 문제와 사드 배치 문제를 둘러싼 중국의 입장은 "대화에 근거한 비핵화의 평화적 해결 원칙을 재확인하면서, 사드 문제에 대해서는 강대국 간의 지구적 전략 균형과 상호 신뢰를 해치는 것으로 규정하고 이에 대해 단호히 반대한다"[16]는 주장이다.

북핵 문제 해결을 위한 중국역할론을 지적하지 않을 수 없다. 최근 북핵 문제의 조정자 내지 해결자로는 중국을 들 수 있으며, 그런 북한을 움직일 수 있는 나라는 중국이다. 트럼프는 2017년 「폭스뉴스(FOX News)」와의 인터뷰에서 "왜 '하나의 중국' 원칙에 얽매여야 하는지 모르겠다"면서 "북한이 핵무기를 갖고 있고, 중국이 그 문제를 풀 수 있는데 전혀 돕지 않는다"라고 했다. 대선 유세 중에도 "중국이 북핵 문제 해결을 위해 충분히 노력하지 않는다"며 불만을 표시했다.[17]

트럼프 행정부의 동아시아 정책은 중국과 북한에 대한 봉쇄라는 주장도 제기되고 있다. 그중 북핵 문제는 이전 정부가 행한 '북한-미국' 중심의 북핵 구도를 전면적으로 재수정하고 있다. '북한-미국' 중심의 북핵 구도를 '북한-중국'의 구도로 전환하여 '중국책임론'을 부각하고 있다. 북한 핵 개발을 방관해 온 만큼 중국이 적극적으로 나서야 한다

16 신성호(2017), 「아시아 재균형에서 미국 우선주의로: 트럼프 행정부 시대 미중 경쟁과 한국의 외교안보전략」, 『한국전략문제연구소 창설 30주년 기념 논문집』, 117쪽.

17 「김정은 신년사에 직격탄…중국까지 싸잡아 비꼰 트럼프」, 『조선일보』, 2017. 1. 4.

는 것이다.[18] 반면 중국은 북한에 대한 강압적 조치가 자칫 북한 체제의 위기로 봉착할 수 있다는 이유를 들어 적극적 가담에는 유보적이다. 이런 중국의 태도에 대해 미국 정부는 의구심을 갖고 있다.

최근 미국은 과거 문제 해결 방식에서 탈피하여 북한 핵 문제를 중국 문제와 함께 다루고 있다. 궁극적으로 중국의 경제적 압박을 통해 중국을 고립시키는 전략을 강구하여 북한 핵 문제를 해결해 보려는 의도가 있다.

3) 대만 문제

대만 문제는 중국과 미국의 관계에 있어 주요한 장애이며, 두 나라 사이의 위기를 유발할 수도 있는 문제이다.[19] 대만 문제가 궁극적으로 해결되지 않는 한 양국 관계에 잠재적인 갈등 요소로 남아 있을 것이다.

대만 문제에 대한 미국의 이중적 태도로 인해 중미 간에 갈등이 존재한다. 중국은 '하나의 중국' 원칙[20]을 고수하고 있다. 그러나 미국은 중국의 '하나의 중국' 원칙을 천명하면서도 중국이 부정하는 '대만관계법(Taiwan Relations Act)'[21]에 의거하여 대만과 관계하고 있다. 트럼프는

18 박창희(2017), 「트럼프 행정부의 동아시아 정책과 미중관계 전망」, 『한일군사문화연구』 제24집, 21쪽.

19 자오찬성(2001), 김태완 역, 『중국의 외교정책』, 오름, 310쪽.

20 '하나의 중국' 원칙이란, 중국은 하나이며 대만은 중국의 불가분의 일부라는 것이다. 마오쩌둥 시대에 만들어진 이 통일 정책은 역대 중국 지도부에게 계승돼 오면서 그 어떤 이익과도 바꿀 수 없는 국가 전략 차원의 대원칙이다.

21 1979년 미국 의회에서 통과된 법이다. 비록 미국 국내법이지만 국제법에 준하는 성격을

2016년 11월 대통령 당선이 확정된 후 대만 차이잉원(蔡英文) 총통과 통화하고 사절단을 파견하는 등 '하나의 중국'을 인정하지 않겠다는 의지를 보인 바 있다. 또한 대만 문제와 관련해서 "미국 정부가 대만과 단교한 3개국 주재 자국 대사를 소환하자 중국이 미국에 강력하게 항의" 했다.[22]

트럼프 행정부는 대만이라는 카드를 이용하여 중국을 견제하겠다는 의도를 다분히 함축하는 행동과 발언을 지속함으로써 중국과의 관계를 조정하려는 변수로 사용하고 있는 것으로 보인다.[23]

4) 남중국해 분쟁

남중국해는 전 세계 해상운송의 3분의 1을 담당하며, 동아시아 국가들은 이 지역을 통해 교역과 무역을 하고 있다. 게다가 원유의 보고(寶庫)로 인해 관련 당사국 간에 영유권 분쟁이 끊이지 않는 지역이다. 특히 중국은 원유 수요량의 85% 이상을 남중국해를 통해 수입한다. 만일 이 지역에서 해상 봉쇄를 당한다면 경제적 위기를 초래할 수 있는 전략적 요충지이기도 하다. 중국은 장래에 위기를 초래할 수도 있다는 판단하에 미래 국가 전략 청사진을 내놓았다. 바로 '일대일로' 사업이다. 일

지닌다.

22 「미국, 대만과 단교한 3개국 자국 대사 소환…중국, 대만 관련 문제 신중해야」, 『ChinaFocus』, 2018. 9. 11.

23 박광득(2017), 「미국 트럼프 행정부의 등장과 동북아: 중미관계와 한국의 전략을 중심으로」, 『대한정치학회보』 제25집 1호, 152쪽.

로(一路)에 해당하는 남중국해의 지배권을 장악하기 위한 프로젝트의 일환인 중국의 신실크로드(一帶一路) 구상이다. 그러나 미국 역시 우방 국가들의 중동 원유 수입을 위한 남중국해 안전 확보가 무엇보다 중요하다.

미국은 해역에서의 상업 및 군사 활동은 '항해의 자유'에 속한다고 본다. 미국의 이익은 군함을 포함한 선박 항행의 자유, 비행금지구역 설정 금지를 포함한 항공기 비행의 자유, 교역 행위의 자유, 분쟁의 평화적 해결과 강제적 조치의 자제, 해양법협약 준수, 영유권 분쟁 해결을 위한 외교적 조율, 행동 강령 제정 등의 제안에 반영되어 있다.[24] 그러나 중국의 입장은 동 수역은 공해(公海)와 다르기 때문에 해당국의 사전 허가가 필요하며 특히 각종 군사 활동은 금지되어야 한다는 입장이다.[25] 이처럼 양국의 현격한 입장 차이로 인해 장래에 충돌을 피하기 어려울 것으로 예상된다.

24 Jeffrey Bader et al.(2014), "Keeping the South China Sea in Perspective," *The Foreign Policy Brief*(Brookings, August); 김화진(2016), 「남중국해 분쟁의 현황과 아시아의 국제질서」, 『서울국제법연구』 제23집 2호, 20쪽 재인용.

25 「중국 둘러싼 해양분쟁, 현실로 다가온 신냉전?」, 『중앙일보』, 2016. 11. 13.

4. 미국의 아시아 정책

1) 오바마 '아시아 재균형' 전략

(1) 배경

힐러리 클린턴은 2011년 『포린폴리시(Foreign Policy)』 기고문에서 세계 정치경제의 핵심으로 떠오르는 아시아 지역에 대한 무관심을 비판하며 앞으로 미국은 아시아가 제공하는 기회와 도전에 외교 정책의 초점을 두어야 하고, 이러한 외교 정책이 미래 미국의 국익에 핵심적으로 봉사할 것이라고 주장했다.[26] 또한 미국이 미래 번영을 위해 아시아태평양을 필요로 하는 것처럼 역내 국가들도 미래를 위해 미국을 필요로 한다는 것이다.[27]

미국의 아시아 재균형 전략의 배경은 중동 국가의 전략적 가치 퇴보와 더불어 중국의 패권 도전에 있다. 다시 말해서 중동에서의 반테러 전쟁에서 자유로워진 상황에서 미국의 에너지 자급을 가능하게 한 세일오일 혁명으로 인해 중동의 전략적 가치가 떨어지고 있는 것과 더불어 부상(浮上)하는 중국의 패권 도전에 대한 견제로 작용하게 되었다.

(2) 내용

미국의 '아시아 재균형' 정책은 아시아태평양 지역의 안보체제 재편

26 Hillary Clinton(2011), "America's Pacific Century", *Foreign Policy*, Oct.11, p.1.

27 김기석(2014), 「미국의 재균형 정책과 동아시아 지역질서」, 『동아시아 공동체』, 아산정책연구원, 256~257쪽.

과 경제체제 재편 노력으로 나타나고 있으며, 중국의 부상에 균형을 맞추기 위해 역내 지역 국가들과의 제반 협력 강화 형태로 나타나고 있다. 특히 외교 활동 강화, 교류 확대, 동맹 강화를 통한 군사 지배력을 강화하고, '환태평양경제동반자협정(TPP)'을 추진하여 통상에서도 주도권을 차지하겠다는 의지의 표현이다.[28] 2011년 재균형 정책의 내용을 정리한 미 의회 보고서는 오바마 대통령이 2011년 호놀룰루 아시아태평양경제협력체(APEC) 주최, 호주 방문 및 인도네시아 동아시아정상회의(EAS) 참석 등 일련의 아시아태평양 외교 과정에서 제시한 내용들을 정리하여 정책 수단을 다음의 다섯 가지로 구체화했다.[29]

첫째, 호주에 대한 병력 파견 및 싱가포르에 대한 해군 전개, 둘째, 미국의 전반적인 방위비 감축에도 불구하고 아태 지역의 군사력은 강화될 것이며 좀 더 폭넓게 배치하고 더욱 융통성을 가지면서 정치적으로 유지 가능하도록 하고, 셋째, 아시아 재균형 정책을 정당화하는 방위계획 문서를 발표하고, 넷째, 역내의 가장 중요한 다자협력기구인 동아시아정상회의에 가입하며, 다섯째, 환태평양경제동반자협정 협상의 성공적인 완수를 위해 안정적 진전을 이루어 가는 것이다.[30]

이상 '아시아 재균형' 정책은 두 가지로 요약할 수 있다. 안보 영역 확대와 경제 통상에서의 경제 협력 강화다.

28 변대호(2015), 「미국의 아시아 태평양 재균형 정책과 한미, 북미관계」, 『한반도선진화재단 기타 단행본』, 4쪽.

29 Manyn, Mark E. et al.(2012), "Pivot to the Pacific? Obama Administration's 'Rebalancing' Toward Aaia" *CRS Report for Congress* 7-5700.

30 김기석(2014), 「미국의 대균형정책과 동아시아 지역질서: G2동학과 지역국가의 대응」, 『동아시아 공동체』, 아산정책연구원, 262~263쪽.

2) 트럼프의 재균형 정책 재검토

트럼프는 유세 과정에서 외교적으로 고립주의, 경제적으로 환태평양경제동반자협정(TPP) 탈퇴 선언, 그리고 보호무역주의적 성향을 강하게 비추었다. 그러나 취임 이후 그의 행보는 전환점을 보여 줬다. 이전 오바마 행정부의 '아시아 균형' 정책을 보다 강화하는 움직임을 보이고 있다. 트럼프는 오바마 행정부의 유약한 동아시아 정책으로 인해 중국의 공세적 태도가 강화되고, 북한의 핵 개발이 지속되었으며, 필리핀, 태국 등 미 동맹국들이 이탈하게 되었음을 비판하는 것이다. 이에 따라 트럼프의 미국은 아태 지역에서 '힘을 통한 평화'를 추구할 것이며, 중국에 대한 미국의 견제는 강화되고, 지역 안보 문제에 대한 개입이 오히려 증가할 것이라는 전망이다.[31]

여기서 트럼프는 미국 우선주의 정책을 들고나왔다. 첫째, 급진 이슬람의 확산을 저지하기 위한 장기적 플랜이 필요하다. 둘째, 부상하는 중국에 대한 우위를 점하는 것이다. 이를 뒷받침하기 위해서는 경제력 회복과 군사력 유지가 필요하다.

31 박창희(2017), 「트럼프 행정부의 동아시아 정책과 미중관계 전망」, 『한일군사문화연구』 제24집, 11쪽.

5. 중국의 '신형대국관계'와 '일대일로' 정책

1) 시진핑의 신형대국관계

(1) 추진 배경

'신형대국관계론' 제기는 국력 상승에 따른 중미 간 권력 관계 변화에 부합하는 새로운 중미 관계를 재정립한다는 것이다. 중국은 새로운 시대에 걸맞은 국제관계 내지 국제질서를 만들겠다는 의도이다. 즉, 중국의 경제 성장과 군사력 위상에서 오는 중국위협론을 불식하고 국가 경쟁력을 극대화하려는 의지의 표현이다.

시진핑은 2013년 6월 오바마와의 회담에서 새로운 '신형대국관계'를 제안한 바, "태평양은 중국과 미국을 용납할 만한 공간이 있다"고 하면서 협력의 길로 나아갈 것임을 천명하였다. 양국이 핵심 이익을 존중하면서 태평양을 관리하자는 의미이다.

(2) 내용과 특징

2012년 10월에 개최된 중국 제18차 당대회 당 보고서에서는 대외관계에 있어 "새로운 강대국 관계(新型大國關係)"를 요구하고 있다. 2012년 7월 제1회 세계평화포럼에서 시진핑은 "각자의 이익을 존중하며, 중대한 국제 및 지역 문제에서 협조를 강화해 21세기 새로운 대국 관계를 건설해야 한다"고 말했다.[32]

32 「'시진핑의 中'이 던질 질문」, 『조선일보』, 2012. 10. 30.

시진핑 주석이 2013년 6월 미국 오바마 대통령과의 정상회담 목적을 '태평양을 뛰어넘는 중미 간 협력'이라고 규정한 것에는 글로벌 이슈에서 중국이 미국과 함께 규칙 제정자로 대접받겠다는 의지가 깔려 있다는 분석이 나온다.[33]

중국이 '신형대국관계'를 내세우는 의미는 첫째, '핵심 이익'에 대한 정의에서 양국 간의 의견이 상충되고 있는 점을 들어 남중국해 영유권은 중국의 핵심 이익에 속한다는 것이다. 둘째, 남중국해 영유권은 중국의 지위로 인정해 달라는 것이다.

2) 일대일로(一帶一路) 프로젝트[34]

'일대일로' 프로젝트는 시진핑의 '신형대국관계'를 실현하는 방안인 동시에 대외 정책이다. 특히 대국과의 관계를 재정립하며 일대일로 분위기 조성에 나섰다. 다시 말해서 신형대국관계를 통해 미국과의 관계가 평화적 구도로 전환되기를 바라면서 동시에 중국 내부에서 일대일로 건설을 위한 준비에 착수하였다.

이 프로젝트는 제19기 당대회 당헌 개정안이기도 하다. 2013년 9월 시진핑의 카자흐스탄 방문 시 제시된 후, 2014년 11월 시진핑이 중앙재경영도소조 제8차 회의에서 일대일로 실현 방안으로 아시아인프라

33 「시진핑, 오바마에게 강조한 '신형大國관계' 의미는」, 『동아일보』, 2013. 6. 10.

34 '일대(一帶)'는 중국, 중앙아시아, 중동, 유럽을 연계하는 육상 교통망인 '실크로드 경제벨트(SREB)'를 의미하며, '일로(一路)'는 중국에서 동남아시아, 중동 지역을 연결해 유럽에 이르는 21세기 '해상 실크로드(MSR)'를 일컫는다.

투자은행(AIIB) 건립, 실크로드 기금 설립 문제를 심도 있게 논의하였다.[35] 이 구상은 과거의 강대국 팽창을 위한 지정학 이론을 떠올리게 한다. '일대(一帶)'는 1905년 영국의 지정학자 매킨더(Halford Mackinder)가 철도의 등장으로 인해 해양의 전략적 중요성이 쇠퇴한다고 판단하여 주장한 '심장부 이론'과 일맥상통한다. 또한 '일로(一路)' 구상은 역사적으로 교역이 활발하고 번영을 누렸던 지역은 대륙이 아닌 해양 지역으로 보고 '주변부 이론'을 제시했던 스파이크먼(Nicholas Spikeman)의 주장과 유사하다.[36]

일대일로는 시진핑이 2012년 11월에 중국 지도자가 되면서 처음 꺼냈던 '중국몽(中國夢)'[37]과도 밀접한 관련이 있다. 그에게 일대일로는 중국의 '부흥의 길'이자 '중국몽'으로 향하는 물질과 문화의 기반을 의미한다. 중국은 WTO 가입 이후 대외 무역 의존도가 높아지고, 높은 진입장벽으로 인해 고립되어 갔다. 이를 타개하기 위해 내수 시장 진작과 미국 이외의 다른 해외 시장을 개척하는 한편, 물류의 효율성을 극대화하는 '공간 베이스의 자유무역 지대'가 필요하게 되었다.

일대일로를 이해하는 핵심 내용은 다음과 같다. 시진핑 중국 국가주

35 이봉걸(2015), 「중국의 꿈, 일대일로 프로젝트 현황과 영향」, 『Trade Focus』 Vol.14, No.16(한국무역협회), 5쪽.

36 박창희(2017), 「트럼프 행정부의 동아시아 정책과 미중관계 전망」, 『한일군사문화연구』 제25집, 15~16쪽.

37 시진핑은 새로 취임한 중앙정치국 상임위원들과 함께 중국 국가박물관을 방문해서 〈부흥의 길〉을 시청하였고, 2007년 중국 중앙방송인 CCTV가 방영한 중국의 근대화에서부터 후진타오 시기 과학발전관까지의 내용을 담은 총 6부작 다큐멘터리 시청을 마치고 처음으로 '중국몽'을 언급하였다. 공식적인 언급은 2013년 3월 제12기 전국인민대표대회 제1차 회의 폐막식에서 강조했다.

〈그림 1〉 일대일로(一帶一路, One Belt One Road)

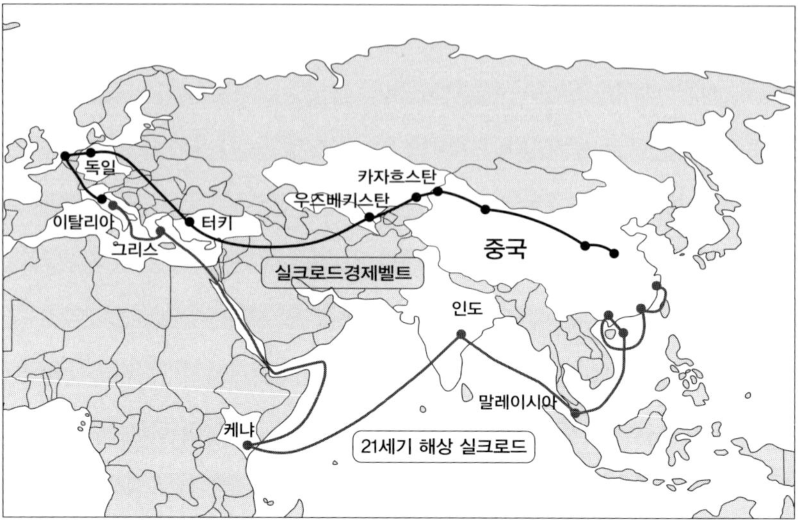

석은 2013년 9월 카자흐스탄 나자르바예프대학에서 실크로드 경제 벨트와 함께 처음으로 5통(五通)을 제안했다. 5통은 정책구통(政策溝通), 시설연통(施設聯通), 무역창통(貿易暢通), 자금융통(資金融通), 민심상통(民心相通)을 칭하는 용어다.[38] 여기서 정책구통은 정부 간 소통이며, 민심상통은 민간 교류 확대를 의미하고, 시설연통은 국제 물류 운송을 위한 인프라 구축을 의미하며, 무역창통은 인프라 건설과 통관 절차 간소화를 통한 무역 확대를 의미하며, 물류 네트워크를 건설해 규모의 경제를 실현하는 데 있다. 자금융통은 금융과 융자를 매개로 하여 인민폐의 국제화를 추진한다는 것이다.

이처럼 중국의 일대일로 사업은 국가 이익을 확보하려는 중국의 전

38 이창주(2017), 『일대일로의 모든 것』, 서울: 서해문집, 43쪽.

략적 의도를 내포하고 있다.[39] 또한 중국의 일대일로 구상은 지정학적, 지경학적 차원에서 논의되어야 한다. 이러한 지정학, 지경학적 갈등 구조는 강대국들 간의 이해관계와 역학관계로 보아야 할 것이다. "일대일로 건설은 중국이 독주하는 것이 아니고 연선 국가들과의 합창이다"라고 강조하였다.[40] 이는 기존의 국제질서에 반하는 것이 아니라 기존의 질서 안에서 연선 국가들과 공동 이익을 창출하는 데 있다.

일대일로 사업의 주된 목적은 다음과 같다. 첫째, 그동안의 수출 주도의 고속 성장에서 벗어나 내수 중심으로의 전환이 필요하였다. 육상 실크로드가 구축되면 연선 국가와 연계한 사회간접자본 사업을 주도하여 중국 내수 경제를 활성화하는 데 있다.

둘째, 에너지(원유·가스) 자원의 안정적 공급 체제를 확보하는 것이다. 현재 중국은 원유의 80% 이상을 해상을 통해 수입하고 있으나 이 해상로는 미국의 통제하에 있다. 따라서 중국은 해상 실크로드를 확보해서 안전한 원유 공급을 원하고 있다.

셋째, 지역 불균형 해소이다. 육상 실크로드의 출발점은 산시성에서 신장위구르자치구에 이르는 서부 5개성이다. 낙후된 이 지역의 개발을 통해 지역 간 불균형을 해소하는 것은 공산당 통치 기반과 무관하지 않다.

넷째, 기축통화 체제 구축 달성이다. 위안화 국제화를 통해 근원적으로 기축통화의 역할을 함으로써 달러가 지니는 특권의 지위를 누리는

39 Michel Swaine(2015), "Chinese Views and Commentary on the One Belt, One Road Initiative," *China Leadership Monitor*, No. 47.

40 「시진핑 일대일로(一帶一路) 건설은 中 독주 아닌 관련국들 합창」, 『한국일보』, 2015. 3. 29. (http://www.hankookilbo.com/News/Read/201503291866033902(검색일: 2018. 9. 17.)).

것이다. '일대일로'를 통한 연선 국가들과의 수출 및 교역을 통해 위안화 국제화를 도모해 달러 패권(달러의 힘)에 대응하려는 전략이다. 중국은 인민폐의 SDR(특별인출권) 통화 바스켓 역할 확대와 인민폐 국제화를 지렛대 삼아 인민폐 시장을 주변국 위주로 넓히고, 그 인민폐를 통해 중국의 상품 시장을 확대하려는 전략을 추진하고 있다.[41]

이상 중국은 '일대일로' 구상을 통해 중국의 패권적 전략을 수립하고자 한다. 그러나 '일대일로' 프로젝트 사업의 성공 여부는 주변 국가의 협력적 자세와 강대국들과의 이해관계에 달려 있다.

6. 미국의 대응 전략

미국이 중국의 패권을 허락하지 않겠다는 점은 분명하다. 미국의 전통적인 대전략 목표는 유럽 및 아시아를 제패할 강대국의 부상을 사전에 견제하는 데 있다. 지리적으로 보면 미국은 태평양과 대서양을 끼고 있다. 따라서 대서양 넘어 유럽의 패권은 물론, 아시아 패권국이 태평양을 넘어 미국의 안보를 위협하는 행위를 묵과할 수 없기 때문이다.

미국의 중국 대응 전략은 여러 차원에서 고려되어야 한다. 첫째, 안보적 차원에서 군사적 대응을 들 수 있다. 과거 중국의 방위 전략은 '해안선'을 지키는 데서 벗어나 1980년대 중반 이후 근해를 지키는 것으로 확대되었다. 최근 중국 해군력의 급격한 증강은 강한 중국을 건설해

41 이창주(2017), 앞의 책, 59쪽.

야 한다는 '해양굴기(海洋屈起)'를 내세우고 있다. 특히 2010년에 이르러 중국은 더욱 공세적으로 남중국해 영유권을 주장하기 시작했으며 미국의 대응 역시 더욱 강한 군사 행동으로 바뀌고 있다.[42]

남중국해는 '일대일로' 전략에서 매우 중요한 공간이기도 하지만, 동시에 미국이 필리핀, 인도네시아, 베트남 등과의 동맹 관계를 통해 중국을 견제하려 한다는 측면에서 군사적 취약성이 있다. 동시에 미국은 이들 지역에 '통행의 자유'라는 명분으로 중국의 남중국해 인공도서화에 대한 군사적 대응에 나서고 있다. 이처럼 중국의 공세적 해양 전략에 대한 미국의 대응은 점차 수위를 높여 가고 있다.

둘째, 경제적 차원에서 무역 불균형 해소를 위한 관세 조치를 들 수 있다. 최근에는 트럼프 취임 이후 자국 경제 우선주의 정책의 일환으로 중국과의 무역 불균형을 시정할 뜻을 내비추었다. 미국이 2018년 9월 24일부터 2,000억 달러 중국산 수입품에 10% 관세를 부과한 후 2019년부터 25%로 올리기로 한 것도 파국을 막기 위한 조치의 일환이다.[43]

셋째, 중국의 야심작 '일대일로' 프로젝트의 과부하이다. 2013년 이후 착수한 야심작 '일대일로' 프로젝트가 부채 문제로 위협받고 있다. "일대일로 프로젝트 대상 국가들의 국가 부채가 심각한 수준에 이르렀고, 동시에 중국 국영 기업들의 부채도 잠재적인 위협 요소로 작용할 수 있기 때문이다."[44]

42 이춘근(2016), 『미중 패권경쟁과 한국의 전략』, 서울: 김앤김북스, 264~265쪽.

43 「결국 2000억불 방아쇠 당긴 트럼프…'받은 만큼 보복' 中반발」, 『매일경제』, 2018. 9. 18.

44 「시진핑의 야심작 '일대일로' 프로젝트, 부채 문제 '암초'」, 『연합뉴스』, 2018. 8. 8.(http://www.yonhapnews.co.kr/bulletin/2018/08/08/0200000000AKR20180808071300009.

넷째, '달러 패권'의 주도권을 지닌 미국은 금융적 개입을 통해 도전 국가를 압박할 수 있다. 2016년 대비 250%에 이르는 국가 부채의 증가, 주가 하락, 위안화 하락 등 중국 경제의 위기가 도래할 수 있다. 만일 중국 기업의 채무 불이행(디폴트)에 따른 중국 경제 위기론이 부각되면 최악에는 금융 위기를 초래할 수도 있다. 달러 헤게모니는 제도적으로는 미국에 그 화폐적 축적의 근거지를 두고 있는 세계 규모의 금융 시장과 최대 규모의 다국적 은행들에 의해 유지되고 있다. 흔히 '월가(Wall Street)'라고 지칭한다. 이들의 관심은 투자국의 장기적 경제 성장이나 경제 안정이 아니라 자신들의 단기적인 자본 이득 실현이다.[45] 일본을 사례로 들면, 1995년의 '역플라자 합의(anti-Plaza agreements)'는 '강한 달러' 정책을 통한 해외 자본의 미국 유입으로 상대국(일본)에는 금융 위기를 초래하였다. 결국 '달러 패권'을 주도하는 미국이 세계적 자본 축적을 주도하면서 국제 금융을 통해서 상대적으로 미국에 도전(위협)이 되는 국가는 결코 자유로울 수 없다.

7. 전망

향후 중국의 대전략과 미국의 대전략이 충돌하는 상황이 예상된다. 시진핑 체제는 '중국의 부흥'을 내세워 '신형대국관계' 전략을 통해 국가 핵

HTML?from=search(검색일: 2018. 9. 19.)).

45 김윤자(2004), 「미국경제: 달러 헤게모니와 군사주의적 축적구조의 모순」, 『민주사회와 정책연구』 제5권, 115쪽.

심 이익을 확보하고, 미국 주도의 기존 패권질서를 변경하고자 한다. 반면 미국은 '아시아 균형' 전략과 트럼프의 '미국 우선주의' 정책을 내세워 미국의 패권적 지위를 안정적으로 유지하려는 전략을 취하고 있다.

현재 양국은 협력체제보다 갈등체제 방향으로 나아가고 있다. 시진핑 체제의 성공 여부는 신형대국관계의 발전과 '일대일로' 프로젝트에 달려 있다. 신형대국관계 요구는 미국에 대해 G2 역할과 중국의 핵심 이익에 대한 확실한 보장을 요구하는 것이다. 또한 '일대일로' 프로젝트는 지정학적, 지경학적 차원에서 보면 중국의 대전략이며, 이 프로젝트는 주변 연선 국가의 협력적 자세와 강대국들과의 이해관계에 성공 여부가 달려 있다. 이들 지역에 대한 정치적 영향력 발휘와 안정적인 정치적 기반 확보가 무엇보다도 중요하다는 점이다.

그러나 최근 중국 정부가 추진하고 있는 '일대일로' 프로젝트는 참여한 연선 국가들을 상대로 많은 어려움과 한계를 드러내고 있다. 분쟁지역이 해소되어야 하며, 일대일로 사업 참여국들의 '부채 폭탄'이라는 부메랑이 그것이다. 대부분의 사업에서 중국이 차관 형태로 자본을 제공하고, 이 자본은 시공사인 중국 업체에 대금으로 지급된다. 사업이 성공해도 참여국들은 중국에 사업비를 빚지게 되는 구조이다. 현재 일대일로에 참여 중인 80여 개 국가에서는 공사 지연, 부채 증대, 중국의 내정 간섭 우려 등의 문제점이 드러난 상태이다. 중국 내부에서도 그동안 1조 달러를 투자했지만 투자금 회수가 의문스럽다는 비판도 쏟아지고 있다.[46] 또한 2013년 이후 착수한 시진핑의 야심작 '중국몽'의 일환

46 「시진핑 일대일로 5년…1123조원 쓴 中 · 참여한 80개국 파열음」, 『서울신문』, 2018. 9. 7.

인 '일대일로' 프로젝트가 참여한 주변 국가의 부채 문제로 인해 국제적 이슈가 되고 있으며, 지나친 사업 확장에 따른 자금력 고갈로 위기를 맞고 있다.

만일 중국이 추진하고 있는 '일대일로' 프로젝트가 성공적으로 행해진다면 미국에는 큰 부담으로 작용할 수 있다. 이들 연선 국가와 중국 간의 통화량 거래는 미 달러의 기축통화 근간을 흔들 위험이 있다. 따라서 '달러 패권'의 주도권을 지닌 미국은 금융적 개입을 통해 도전 국가에 대한 압박 수단을 강구할 것이다.

반면에 '일대일로' 프로젝트가 실패로 이어진다면 중국에는 큰 위기를 초래할 것이다. 실패에 따른 2016년 대비 250%에 이르는 부채의 증가, 주가 하락, 위안화 하락 등 중국 경제 위기론이 제기될 수 있다. 특히 중국 기업의 채무 불이행(디폴트)이 중국 경제 성장의 발목을 잡고 있는 실정이다. 최악의 경우에는 금융 위기도 초래할 개연성이 크다.

이 외에도 최근 중국의 급격한 군사비 지출 증가에 따른 군사적 긴장감이 높아지고 있다. 최근 남중국해 갈등으로 인해 미국은 '통행의 자유'를 명분으로 중국의 남중국해 인공도서화에 대해 군사적인 대응에 나서고 있다. 물론 실제 강대국의 군사적 충돌은 세계대전으로 비화되기도 하였으나, 중국의 군사력은 아직 미국을 위협할 정도의 힘이나 의지를 가지고 있는 것도 아니다. 여전히 양국 간에는 대만 문제, 홍콩 사태, 티베트와 신강의 인권 유린 문제, 동·남중국해에 산재한 도서의 영

(http://www.seoul.co.kr/news/newsView.php?id=20180907010012&wlog_tag3=naver(검색일: 2018. 9. 18.)).

유권 문제, 경제적 마찰 등 갈등 요인이 상존하고 있다. 양국 간의 경쟁이 충돌하여 전쟁으로 치닫기에는 무모한 행동이 될 것이며 세계 경제 상황도 크게 악화될 것이다. 따라서 양국은 극한 상황을 지양하고 국제 사회에서 책임감 있는 G2로서의 역할을 다해야 할 것이다.

3.5. 해강 항목과 대만 문제

조세현 • 부경대학교 사학과 교수

1. 해강(海疆)의 유래

21세기 동아시아 지역의 평화 공존 여부는 해양에서 결정될 가능성이 많다는 지적이 있다. 만약 전쟁이 발발한다면 해양 분쟁 때문일 것이라는 예측도 있다. 그래서인지 중국 학계는 해양 관련 국제 분쟁에서 우위를 점하기 위해 그 역사적 근거를 확보하려고 노력한다. '해강'(혹은 해양강역(海洋疆域))[1]에 관한 연구가 활발한 것은 조어도(釣魚島) 열서(=중국명 '댜오위다오', 일본명 '센카쿠(尖閣) 열도'), 남중국해(南中國海) 제도 및 대만(臺灣) 문제 등 해양 영유권 분쟁에 대응하기 위한 것이다. 이런 애국주의적 국가 목표를 달성하기 위해 해강사를 연구하는 것이 중국 학계

1 '변강(邊疆)'이란 중국 용어는 '변경' 혹은 '변방'이라는 의미를 담고 있으나 정확하게 일치하지는 않아 언제부터인가 국내 학계에서는 변강을 외래어로 인정해 일반적으로 쓰는 듯하다. '해강(海疆)'이라는 용어 역시 '해양강역(海洋疆域)' 혹은 '연해강역(沿海疆域)'의 줄임말로, 해양 변경 혹은 해양 변방이라는 뜻을 담고 있으나 다소 상이하다. 여기서는 그냥 쓰기로 한다.

의 뚜렷한 특징 가운데 하나이다.

그런데 해강이란 개념은 한국 학계에서는 별로 쓰지 않는 용어이며, 해강 범주는 중국 학계에서조차 명확하게 정리되지 않았다. 우선 전근대와 현재의 개념 규정부터 다르다. 전통적으로 영해(領海)와 유사한 말로는 내양(內洋)이 있었으나 그 의미에 차이가 있었고, 오히려 영해보다 폭넓은 해강이라는 통치 영역에 좀 더 관심이 있었던 듯하다. 전통 시대에는 해양을 국가 영토의 영역에 넣지 않았지만 해강이란 이름으로 모호하게나마 인식했는데, 이때 해강이란 주로 연해 지역의 영토를 말하였다. 게다가 해강은 정확한 뜻을 가진 명사는 아니어서 어떤 경우에는 연해 육지를 가리키고, 어떤 경우에는 육지와 접한 해역을 가리켰다. 해강은 해역과 유사한 말이기도 하다. 명대 이후부터 해강이란 단어는 고유명사로 자리 잡았는데, 왜구의 침략이 잦아지면서 해강이란 용어가 굳어진 듯하다. 청대 국가 문서에는 해강이란 용어가 자주 나타나는데 "청대 도광(道光) 함풍(咸豊) 이래 '해강'에서 일이 많아서 청조는 이를 걱정하였다"라는 유명한 구절이 등장한다. 특히 청 말 해방(海防) 논쟁에서 서북 육지 변강과 동남 연해 해강의 관계 문제가 본격적으로 제기되었다.

오늘날 중국 학계의 해강 개념에 대한 대표적인 견해를 간단히 정리하면 다음과 같다. 장야오광(張耀光)은 해강을 주권국가의 영해이자 연해국가의 해양 국경이라고 비교적 간단하게 정의한다. 마다정(馬大正)은 해강 경계는 육강(陸疆)에 비해 복잡한데 대체로 대륙 해안선에서 영해 기선 사이를 해강이라고 하며 국가의 내해로 법률상 영토와 완전히 같다고 보았다. 아울러 영해 기선 이외에 국가가 관리하는 해역과 도서를 포함한다고 했다. 이런 기준에 따르면 해강 중 가장 큰 도서는 대만(臺灣)과 해남(海南)인데, 현재 중국은 이 두 섬을 각각 독립된 성으로 인식한다. 현대 국제해양법상 해양 영토는 비교적 분명하지만 역사상 해강 범주는 규정하기가 까다롭다. 장웨이(張煒)는 해강을 행정구역의 관점에서 보아 전근대 시기 해강의 경우 연해 지역 정도로 규정한다. 그에 따르면, 중국의 해강은 일찍부터 존재했는데 해안선이나 해안대의 개념이 아니라 일종의 구역 개념이었다. 해안선 이내의 연해 지구와 육지에 가까이 있는 도서로 구성된 이른바 연해강역(沿海疆域)을 의미했다는 것이다.[2]

최근 해강사 연구의 대표 인물인 리궈창(李國强)에 따르면 해강 경계를 규정하는 것은 우선 기존 육지 위주의 관념으로 해양을 판단하는 인식을 버리고 마땅히 해양을 주체로 삼아 해강 문제를 바라보아야 한다면서, 중국 해강은 세 개 부분으로 구성된다고 했다. 첫째, 중국 영해와 연결된 육지로 해안선 부분이다. 둘째, 중국이 주권과 관할권을 가진 해역이다. 셋째, 주변 국가와 해상에서 명확하게 나누어진 경계선이다. 이 세 가지가 모여 중국 해강을 구성하는데, 역사적으로 크게 동남 해강사와 남부 해강사로 나눌 수 있다고 보았다.[3]

해강사는 해양사와 비교하면 중국 변강사의 일부라고 말할 수 있다. 해강사는 해양 강역의 형성 발전과 변천의 역사로, 역사적으로 해양 정책, 해양 제도, 해양 관할, 해양 관리, 해양 개발 등을 다룬다. 해강사나

2 張耀光(2001), 『中國邊疆地理(海疆)』, 科學出版社; 馬大正(2000), 『中國邊疆經略史』, 中州古籍出版社; 張煒(2001), 「中國海疆史研究幾個基本問題之我見」, 『中國邊疆史地研究』 등 참고.

3 李國强(2014), 「關於海疆史研究的幾點認識」, 『史學集刊』 第1期; 劉俊珂(2016), 「海洋疆域及其相關概念的理論探討」, 『昆明學院學報』 第4期.

해양사는 해양 역사를 연구 대상으로 삼는다는 점에서는 같지만, 해강사가 해양사에 비해 구체적이고 미시적인 문제를 다루고 역사와 현실을 결합하거나 역사 사실과 법률 규칙을 결합한다는 점에서 차이가 난다. 특히 해양사가 국제적인 특징을 띠며 세계 범위의 해양 지역 역사를 다룬다면, 해강사는 중국 역사학의 특수 영역에 속한다. 따라서 해강사란 용어는 다른 역사학 분야에서는 찾아보기 어렵다. 리궈창은 해강사는 사실상 '중국 해강사'라면서, 중국 해강사는 국제 해양사는 물론 중국 육지 강역과 해양 강역의 역사 문제들을 연관시켜 학술 체계를 만들 필요가 있다고 주장한다.[4]

덧붙이자면 한국 학계에서 변강(邊疆)을 학술 용어로 받아들인 바에는 이와 깊은 관련이 있는 육강과 해강이란 개념을 받아들이는 것도 고려할 수 있다. 물론 더욱 적절한 용어가 있다면 대체 가능할 것이다.

2. 해강을 둘러싼 분쟁

1983년 중국사회과학원 내에 중국변강사지연구중심(中國邊疆史地研究中心)을 만든 사건은 해강사 연구가 활성화되는 중요한 계기였다. 중국변강사의 일부분인 해강사가 이 연구중심을 매개로 조직을 갖추었는데, 여기서는 역대 해강 정책과 해양사상사, 역대 해방 연구, 역대 해상

4 李國强(2016),「關於海洋史與海疆史學術界定的思考」,『中國邊疆史地研究』第2期; 李國强(2015),「中國海疆史話語體系構建的思考」,『中國邊疆史地研究』第4期 등.

실크로드와 해상무역 연구, 역대 해강강역사(海疆疆域史) 등을 다루었다. 특히 해강강역사 연구의 경우 해남사, 대만사, 홍콩사, 마카오사 등을 포괄했으며, 해강주제사 연구로는 남중국해 제도 역사 연구, 북부만(北部灣=통킹만) 역사 연구, 조어도(댜오위다오) 역사 연구 및 중국-류큐 관계 연구 등을 포함하였다.

중국변강사지연구중심은 1995년에 『중국해강역사와 현상연구(中國海疆歷史與現狀研究)』를 출판해 모두 다섯 개의 주제로 해강 분야 역사 연구 성과를 정리하였다. ① 대만과 조어도의 역사와 현황, ② 중국 역사상 남사군도의 관할과 중외 교섭, ③ 북부 대만 해안과 도서에 대한 역사와 현황 연구, ④ 홍콩 구룡(九龍)반도의 역사와 홍콩 지역 식민지 통치, ⑤ 두만강 항구의 역사와 두만강 지구 해운 개발 탐구 등이 주요 주제였다.[5] 최근 리궈창은 해강 연구의 핵심 내용으로 ① 해강 영토 주권의 요소, ② 해강 역사의 시공간적 연결성과 중국 역사에서의 지위, ③ 해강 역사의 기본 범위 등을 강조하였다.[6] 그들은 중국은 육지 대국이지만 해양 대국이기도 하다는 관점에서 출발해, 기존 해강이 연해 지역과 주변 도서에 불과하다는 관점을 넘어서고자 한다. 중국변강사지연구중심은 2014년 10월에 중국변강연구소(中國邊疆研究所)로 개명한 후 더욱 활발한 연구를 진행하고 있다.

해강사 개설서로는 장웨이 · 팡쿤(方堃) 주편의 『중국해강통사(中國海

5 『中國邊疆史地研究』 2001년 第2期에서는 해강사 연구에 관한 여러 논문을 실어 해강의 정의, 해강사 연구의 성질과 임무, 해강사 연구의 학술 형식과 내용 등의 문제를 집중 토론하였다(李國强(2009), 「新中國海疆史研究60年」, 『中國邊疆史地研究』 第3期, 53쪽).

6 李國强(2015), 「中國海疆史話語體系構建的思考」, 『中國邊疆史地研究』 第4期.

疆通史)』가 대표적이다. 『중국해강통사』는 중국변강통사총서(中國邊疆通史叢書) 7부작 가운데 한 권으로, 상고 시기부터 20세기 초까지 중국 해강사의 발전 맥락을 여덟 장으로 나누어 정리했는데, 명·청 시대의 해강과 해방 문제에 가장 많은 분량을 할여하였다. 연해 강역의 지리 연혁에서 출발해 중국 역대 연해 강역의 변천을 서술하였다. 본문에서는 해양 어업, 염업, 항해 교통, 연해와 내륙의 무역 및 해외 무역, 해관 등 경제 문제부터 사회발전사, 중외관계사, 해상전쟁사 등 여러 방면의 문제를 기술하였다. 이 책의 여덟 장 가운데 제7장과 제8장이 근대 부분으로 현대 시기는 다루지 않았으며, 책의 저자 네 명 모두 군인 출신 연구자라는 특징이 있다.[7] 이들의 해강사 연구는 애국주의에 호소하는 측면이 없지 않아 소통과 공존의 시각이 결여되었다는 지적을 받을 여지가 있다. 그 밖에도 중국변강사지연구중심은 헤이룽강교육출판사와 공동으로 변강사 관련 연구서를 다수 출판하였다.[8]

1) 조어도(댜오위다오) 분쟁

해양이라는 공간은 역사적으로 초국가적이고 탈경계적인 존재인 듯하지만, 적어도 근대에 들어와서는 국가권력의 침투로 말미암아 영해가

7 張煒·方堃(2003), 『中國邊疆通史叢書: 中國海疆通史』, 中州古籍出版社.

8 중국변강사지연구중심에서 출판한 해강사 관련 연구서를 열거하면, 呂一燃 주편의 『南海諸島: 地理·歷史·主權』(黑龍江教育出版社, 1992年)과 『中國海疆歷史與現狀研究』(黑龍江教育出版社, 1995年), 安京의 『中國海疆史綱』(黑龍江教育出版社, 1999年), 李國强의 『南中國海研究: 歷史與現狀』(黑龍江教育出版社, 2003年) 등이 있다.

탄생하면서 경쟁의 장으로 바뀌었다. 동북아 각국 간에 벌어지는 영해·도서 분쟁은 대체로 19세기 말~20세기 초부터 기원한다. 전통적인 해계(海界) 관념과 근대적인 영해 관념의 차이에 대해서는 좀 더 엄밀한 분석이 필요한데, 사실 중국인들이 영해 관념을 하나의 제도로 받아들이는 데는 상당히 오랜 시간이 걸렸다.[9] 영해의 탄생에 따라 오늘날 중국의 해강 분쟁은 주로 두 곳에서 벌어진다. 하나는 동중국해를 대표하는 조어도 분쟁이며, 다른 하나는 남중국해를 대표하는 남중국해 분쟁이다.

중국에서는 동중국해 문제의 대표 사례로 조어도 및 부속 도서를 들고 있다. 조어도(=센카쿠열도)는 대만의 부속 도서로, 아무리 늦어도 명대에는 중국의 영토에 편입되었다고 주장한다. 청일전쟁의 결과 1895년 시모노세키조약을 체결해 대만을 일본에 할양하면서 조어도 열서도 함께 일본에 병합되었다는 것이다. 1945년 일본이 항복했을 때, 조어도는 마땅히 대만과 함께 중국에 반환되어야 했으나, 일본이 도리어 그 도서들에 대한 주권을 주장하여 분쟁의 발단을 만들었다는 것이다. 이에 대해 일본은 메이지유신 이전에 조어도는 주인 없는 땅이었고, 메이지유신 이후 일본이 주인 없는 땅을 선점했기 때문에 국제법상 전혀 문제가 없다고 대응했다. 게다가 이 섬들과 암초는 일본의 각의를 통해 얻은 일본의 부속 도서로, 대만 할양과 무관하다고 주장했다. 1970년대 미국이 일본에 조어도 관할권을 넘긴 후 중국 어민들이 조어도 부근에서 고기잡이를 하다가 여러 차례 일본 해경과 갈등을 일으켰다. 중국

9 劉利民의 『不平等條約與中國近代領水主權問題硏究』(湖南人民出版社, 2010年)에서는 근대 중국의 불평등조약과 영해 침탈 문제를 집중적으로 다루었는데, 조약의 불평등을 강조하고 특히 영해 주권의 침략을 강조하였다.

정부와 민간단체의 항의도 끊이지 않았다. 요컨대 역사적으로 조어도 분쟁은 "이 섬은 옛날부터 중국 영토의 불가분의 일부분"이라는 주장과 "이 섬은 1895년 일본이 발견한 무주지이기 때문에 일본의 합법적인 영토"라는 주장의 충돌이다.

조어도 분쟁은 동북아의 화약고로 불렸으며, 오랫동안 충돌 가능성이 높은 해역으로 알려졌다. 특히 2010년 9월 7일 조어도 부근에서 일본 해상보안청 소속 순시선이 중국 어선을 단속하면서 촉발된 양국 간의 갈등이 유명하다. 비록 외교적 협의를 거쳐 중국 어선 선장을 석방하면서 표면적으로는 문제가 해결되었지만 유사한 충돌은 반복되었다. 2012년 9월 일본 정부가 조어도에 대한 국유화 조치를 단행하자, 중국 정부는 이에 반발하여 중국 해양순시선의 지속적 배치와 순찰 및 첫 항공모함 요령(遼寧)함의 실전 배치로 맞섰다. 이때 중일 갈등이 최고조에 달해 양국 관계가 급격히 냉각되었다. 중국과 일본 간 해양에서의 물리적 충돌은 영토 분쟁이 더 이상 육지에서만 일어나는 것이 아니란 사실을 확인시켜 주었다. 현재로서는 조어도 문제가 단기간에 해결될 가능성은 별로 없다.

중국 학계에서 우톈잉(吳天穎)의 『갑오전쟁 전 조어도 열서의 귀속을 고찰함-일본의 오쿠하라 토시노(奥原敏雄) 등 여러 교수에게 질의하며(甲午戰前的釣魚列嶼歸屬考-兼質日本奥原敏雄諸教授)』(사회과학문헌출판사, 1998년)는 이 분쟁에 관해 발표한 첫 번째 연구서이다. 쥐더위안(鞠德源)의 『일본국의 국토 약탈 원류-조어도 열서 주권 변론(日本國竊土源流-釣魚列嶼主權辯)』(수도사범대학출판사, 2001년)이나, 정하이린(鄭海麟)의 『역사와 국제법으로 본 조어대의 주권 귀속(從歷史與國際法看釣魚台主權歸屬)』(해협학술출판사, 2003년)과 『조어도 열서의 역사와 법리연구(釣魚島列嶼之歷史與法理研究)』(중화서국, 2012년) 등도 유명하다. 중국 학계에서는 조어도가 무주지가 아니고 중국의 영토라는 일본학자 이노우에 키요시(井上清)의 주장을 적극 인용한다.[10]

2) 남중국해 분쟁

남중국해는 중국에서 보통 난하이(南海)라고 부르며, 이 해역 여러 도서에 대한 연구는 중국 해강사 연구의 주요 부분을 이룬다. 남중국해 제도는 남사군도(南沙群島, Spratly Islands), 동사군도(東沙群島, Pratas Islands), 중사군도(中沙群島, Macclesfield Reef), 서사군도(西沙群島, Paracel Islands) 등을 포함한다. 남중국해 제도의 북부는 중국의 동남 연해와 해남도 및 대만과 접하고, 동부는 필리핀의 여러 섬들과 인접하며, 남부는 말레이시아, 브루나이, 인도네시아 및 싱가포르와 인접하고, 서부는 싱가포르와 말레이시아 동해안부터 베트남 연해와 통킹만에 이르는 해역이다. 따라서 동사군도는 중국과 대만, 중사군도는 중국과 필리핀, 서사군도는 중국과 베트남, 남사군도는 중국과 대만, 베트남, 필리핀, 말레이시아, 브루나이, 인도네시아 간에 영유권 분쟁이 벌어졌다.

1930~1940년대 프랑스와 일본이 차례로 남사군도와 서사군도를 점령하였다. 1945년 일본의 패전으로 이듬해 중국 정부는 고위관원을 남

10 井上清(1973), 『關於釣魚島等島嶼的歷史和歸屬問題』, 三聯書店; 井上清(1999), 賈俊琪 等譯, 『釣魚島: 歷史與主權』, 福建人民出版社 등이 있다.

사군도와 서사군도에 파견해 섬에서 접수의식을 거행하고 기념비를 건립했으며, 행정기구와 방위 부대를 설치하였다. 중화인민공화국 성립 이후 남사·서사·중사군도는 해남의 행정 관할에 들어왔다. 해남에 성(省)을 건립한 후에는 이들 세 군도 모두 해남성이 통제하였다. 특히 남사군도는 남중국해 제도 가운데 면적이 가장 넓은 군도로, 크고 작은 섬과 암초 등이 200여 개로 해역 면적은 무려 80여만㎢이다. 해상교통의 요충지로 전략적 가치가 매우 높고 석유 가스를 비롯한 해저자원이 매우 풍부한 곳으로 알려져 있다. 따라서 남사군도는 중국을 비롯한 주변 국가의 관심 대상이 되었다. 남사군도는 중국과 대만 말고도 베트남은 남사군도의 29개 도서, 필리핀은 8개 도서, 말레이시아는 5개 도서, 브루나이는 2개 도서 등을 점유하고 있으며, 인도네시아도 중국과 해역 갈등을 빚고 있다.

근래 들어 필리핀과 베트남 등이 남중국해 제도 주권과 관련해 국제법상 권리를 주장하고 해상 군사 활동을 강화하면서 남중국해 갈등이 고조되었다. 예를 들어, 2012년 필리핀이 스카버러섬(=중국명 '황옌다오(黃岩島)', 필리핀명 '파나타그') 해역에서 고기잡이하던 중국 어민을 체포하자 중국 경비정과 필리핀 군함 간에 장기간 대치하는 일이 벌어졌다. 필리핀은 중국과의 해양 분쟁을 국제중재재판소에 제소하여 2016년 7월 12일 자국에 매우 유리한 판결을 얻었으나 중국은 이를 완강히 부정했다. 중국과 베트남 간에는 과거 북부만 해양 경계를 놓고 오랜 갈등이 있었으며,[11] 지금도 서사군도와 남사군도의 여러 섬을 놓고 귀속 논쟁

11 한때 북부만(=통킹만) 문제는 중국-베트남 영해 문제 가운데 대표적인 갈등이었다. 중국

이 진행 중이다. 베트남은 남중국해 분쟁에서 중국의 가장 강력한 경쟁자이다.

대륙 학계의 남중국해 제도 관련 초기 연구로는 남중국해의 역사 자료와 역사 지리를 분석한 샤먼대학(厦門大学) 소속 한젠화(韓振華)의 『남중국해 제도 사지연구(南海諸島史地硏究)』(사회과학문헌출판사, 1996년)[12]와 남중국해 제도의 지리 역사 주권을 주제로 논문을 편집한 중국변강사지연구중심소속 뤼이란(呂一燃) 주편의 『남중국해 제도: 지리 · 역사 · 주권(南海諸島: 地理 · 歷史 · 主權)』(헤이룽강교육출판사, 1988년)이 유명하다. 그 후 리진밍(李金明)의 『중국 남중국해 강역연구(中國南海疆域硏究)』(복건인민출판사, 1999년)[13]와 리궈창의 『남중국해 연구: 역사와 현상』 및 구오위엔(郭淵)의 『만청 시기 중국 남중국해 강역연구(晩淸時期中國南海疆域硏究)』(헤이룽강교육출판사, 2010년) 등 다양한 남중국해 관련 연구서들이 나왔다.

현재 대만은 남사군도의 타이핑다오(太平島=영문명 '이투 아바')를 점유하고 있다. 이 섬은 대만이 남사군도에서 점령하고 있는 유일한 섬이자

학자들은 북부만은 양국의 공동 해역이라고 논증하면서 역사상 중국이 베트남과 한 번도 북부만의 해상 경계를 구분한 적이 없다고 주장했다. 1887년의 「중법속의계무전조(中法續議界務專條)」(제3조)는 망가(芒街) 부근 도서들의 귀속 문제에 관한 규정에 불과한데, 베트남 정부가 이를 중국-베트남 간 해상 경계 확정으로 본 것은 아무런 근거가 없다는 것이다. 하지만 이 갈등은 양국 간의 외교 교섭으로 2000년 성탄절에 조약을 체결함으로써 해결되었다.

12 한젠화(韓振華)가 주편한 남해 문제 관련 초기 연구로는 『南海諸島史地考證論集』(中華書局, 1981年), 『西沙群島和南沙群島自古以來就是中國的領土』(人民出版社, 1981年), 『南海諸島文叢』(厦門大學南洋硏究所, 1981年), 『我國南海諸島史料彙編』(東方出版社, 1988年) 등이 있다.

13 李金明은 『中國南海疆域硏究』 말고도 『南海爭端與國際海洋法』(海洋出版社, 2003年), 『南海波濤-東南亞國家與南海問題』(江西高校出版社, 2005年) 등도 출판하였다.

가장 큰 섬이다. 중국은 이 해역의 주권 문제가 대만과 일치하므로 합작할 것을 요구하지만 대만에서는 대륙과의 합작을 거부한다. 대만 학계에서는 중국의 남중국해 전략을 다룬 쑤관췬(蘇冠群)의 『중국의 남중국해전략(中國的南海戰略)』(신예문창, 2013년)과 같은 자국 연구 말고도 재외 화인·화교의 연구를 출판한 것도 있다. 예를 들어, 남중국해 제도의 국제법 지위에 대해선 푸쿤청(傅崑成)의 『남중국해 법률지위의 연구(南海法律地位之研究)』(123자신, 1995년)와 리화텅(黎蝸藤)의 『얽혀 있는 남중국해사-20세기 이전의 남중국해(被扭曲的南海史-二十世紀前的南中國海)』(대만오남출판사, 2016년) 등이 있다.

남중국해 분쟁의 심각성은 이에 대한 영미권 연구자들의 관심에서도 알 수 있다. 남중국해는 21세기 아시아의 화약고로 중국의 야심과 미국의 의지가 강력하게 충돌하는 첫 번째 전선이라는 시각에서 쓴 빌 헤이튼(Bill Hayton)의 『남해(南海, The South China Sea)』(맥전출판, 2015년)와 '중미가 동서양을 분치할 수 있을까? 그 관건은 남중국해에 있다'는 시각에서 쓴 로버트 카플란(Robert D. Kaplan)의 『남중국해(南中國海, Asia's Cauldron)』(맥전출판, 2016년) 등이 대만에서 번역되었다. 그 밖에도 모두 열거하기 어려울 정도로 많은 연구가 있다.

중국 측은 남중국해 문제의 배후에 미국이 있다고 본다. 미국이 세계전략 중심을 동아시아로 이동시켜 남중국해 문제에 개입하면서 국제여론의 중심에 섰다는 것이다. 이에 대응해 중국은 남해함대를 증강하고 산샤(三沙)시를 건립하는 등 남사군도에 대한 통제권을 강화하였다. 현 상황에 변화가 오지 않으면 남중국해 분쟁은 우발적인 충돌이나 국지전으로 이어질 가능성도 있다.

앞서 언급한 동중국해와 남중국해에서 벌어지는 해강 분쟁에 대한 역사 서술은 목적론적 역사관의 전형을 보여 준다. 따라서 기존의 역사인식에 대한 근본적인 전환 없이는 현재의 해양 영토 분쟁은 해결되기 어려워 보인다. 어쩌면 해강 문제는 역사의 변경을 국민국가의 근대적 국경 안으로 끌어들이면서 쟁점이 된 갈등이며, 이것은 근대적 국민국가의 산물인 국경 관념을 과거에 투사한 시대착오적인 인식인지도 모른다.

3) 기타: 오키나와, 이어도 문제

중국을 둘러싼 동아시아 영토 영해 분쟁이 고조되면서 최근 중국 학계에서는 오키나와가 일본 땅임을 인정하던 태도에서 벗어나 과거 중국의 조공국이던 류큐왕국이란 사실을 강조하며 은근히 중국의 영토라는 암시를 주고 있다. 류큐가 독자적인 역사와 전통을 가진 동시에 중국에 조공한 속국이란 점을 드러내면서 청대 양국 간의 특수한 관계를 일본의 강제 점령과 대립시켜 비교한다. 이것은 과거 중국-류큐 관계가 조어도 문제에서 특수한 의미를 지닌다는 수준에서 벗어나 좀 더 공격적인 주장을 제기한 것이다. 청일전쟁 이전의 영유권 문제를 들고 나온 것이나 중국-류큐관계사 연구가 증가하는 추세는 해강사 연구의 맥락에서 바라볼 여지가 많다.

이어도 문제는 잠재되어 있는 대표적인 한중 간 해강 갈등이다. 2000년대 이후 중국은 한국이 점유하고 있는 이어도(중국명 '쑤옌자오(蘇岩礁)')에 대해 법률적으로 무효라며 영유권을 부정하면서 해강 분쟁의 가능성을 높였다. 2012년 3월 12일 한중 양국은 해양 영토 분쟁은 존재하지 않는다고 합의했지만 이어도에 대한 해석 차이가 남아 있다. 한국은 이어도가 한국에 속한다고 주장하며, 중국은 이어도가 영토 지위를 갖추지 않은 암초라고 규정한다. 현재로서는 양국 모두 이 문제로 긴장 관계를 만들려 하지 않지만, 앞으로 남해의 이어도 문제뿐만 아니라 서해에서 배타적 경제수역 및 대륙붕 경계구획에 대한 중국의 공격적인 주권 주장이 나타날 가능성을 배제할 수 없다. 해강 문제는 이미 단순한 영토 분쟁 차원을 넘어 동북아 지역과 아시아태평양 지역의 세력 판도를 가늠할 수 있는 하나의 기준이 되었다.

3. 해양 대만 vs 대륙 중국

중국 대륙은 홍콩(1997년)과 마카오(1999년)의 귀속 후 대만의 조국 귀속을 중국 대통일의 최종 목표로 삼고 있다. 홍콩과 마카오 귀속 문제가 한때 해강 연구의 한 축을 이루었듯이 대만 통일 문제 역시 대륙의 입장에서는 해강 강역의 하나로 바라보는 경향이 있다. 동시에 중국은 대만 정부에 해강 문제에 대해 형제의 입장에서 동일한 태도를 취할 것을 요구한다.

대륙 학계는 중국은 대륙 국가에 그치지 않고 해양 국가이기도 하다면서 해양 중국의 대표 사례로 대만을 포섭하여 대만 역사를 중국 지방사의 일부분으로 흡수하려 한다. 이에 반해 대만 학계는 중국은 대륙형 문화여서 폐쇄적이고 보수적인 반면, 대만은 해양형 문화여서 변화와 새로운 것을 추구하는 문화라고 대만 역사의 특징을 강조한다. 이런 관점 차이는 대만의 역사 전반에 걸쳐 상이한 해석을 낳고 있는데, 대만 내 통일파와 독립파 사이에서도 유사한 논쟁이 일어났다. 대만 역사는 대륙의 중원 중심이 아니라 반드시 해양 국가의 시각을 첨부해야만 비로소 전모를 이해할 수 있다는 맥락에서 육강 위주의 연구에서 벗어나 해강에 관한 연구를 강화한다.[14]

대만중앙연구원 소속 삼민주의연구소(三民主義硏究所)에서 1983년부터 '중국해양발전사 연구계획'을 준비하면서 대만 내 해양사 연구의 서막을 열었다. 이 작업을 실질적으로 주도한 사람은 중앙연구원 원사인 차오용허(曹永和)였다. 그는 자타가 공인하는 대만 학계 해양사 연구의 상징적 인물인데, 중국 해양사뿐만 아니라 대만 해양사 연구의 기초를 세운 학자이다. 차오용허는 1990년 '대만도사(臺灣島史)'의 개념을 제안하면서, 대만 역사의 해양성 특색을 강조하고 대만은 일종의 해양문명을 대표한다고 주장했다. 그의 해양문명론은 정치문제와 관련시키지 않으면서도 해양사와 다족군(多族群) 사회의 특징을 결합해 연구하자는 것이다.[15] 이처럼 해양이야말로 대만 역사에 가장 큰 영향을 주었고, 해외의 정치세력이 대만 역사 변천에 주요한 동력이라는 주장은 설득력을 얻고 있다.

대만 해양사 연구가 자의든 타의든 대만의 통독(統獨) 문제와 관련해 정치적으로 해석될 여지가 있다는 사실은 주목할 만하다. 실제로 차오용허의 대만도사는 대만 중심주의 역사관을 건립하는 데 깊은 영향을

14 제3절의 내용은 조세현의 저서 『해양대만과 대륙중국』(부경대학교출판부, 2017년)을 기반으로 정리하였다.

15 曹永和(1998),「多族群的臺灣島史」,『歷史月刊』.

미쳤다. 일반인들에겐 해양 대만, 해양 문화, 해양 국가 등의 용어로 전달되었다. 대만학자 린만훙(林滿紅)에 따르면, 중국 국영방송의 「하상(河傷)」과 같은 프로그램에서 나타나듯이 황허를 중심으로 하는 내륙문명은 중국을 해양문명으로 발전하기 어렵게 만들었다고 한다. 하지만 대만은 매우 다행스럽게도 해양문명에 속하지 내륙문명은 아니라고 본다. 게다가 중국 동남 연해의 해양문명뿐만 아니라 대만 섬 원주민을 계승해 동남아로부터 이입된 해양문명이기도 하다는 것이다. 그녀는 대륙문명이 대만 문화의 근원 중 하나임을 기꺼이 인정하지만 동시에 중국 위주의 역사 사고에서 벗어날 것도 강조한다. 그리고 세계를 틀로 삼아서 중국 문화에 빠진 대만인의 역사 기억을 중건하자고 주장한다.[16]

중국 학계에서는 이런 해양 대만과 대륙 중국의 대립 구도에 대해 양안 간의 해양 문화 정체성에 방해를 주며 해양 문화 교류를 훼손한다고 비판한다. 1990년대에 대만 학계 일부에서 제기한 해양대만론은 학술적이라기보다는 정치적이라는 것이다. 천쿵리(陳孔立)는 "대만은 '해양 중국' 발전의 산물이다. … 대만의 대외 관계와 대외 무역은 국내 기타 지구와 비교해서 특별한 것이 없고 특색이라 할 수 없다. 모험 분투, 곤란 극복의 정신은 대만만 가지고 있는 것이 아니다"라고 주장했다.[17] 그는 대만 해양 문화의 원류가 대륙에 있으며, 발전 과정에서도 대륙의 영향을 많이 받았다고 보았다. 천쓰(陳思) 역시 대만의 발전 과정은 중국 해양 문화권의 중요한 구성 부분이고, 대륙 해양 문화가 대만에 연

16 林滿紅(2002), 『晚近史學與兩岸思維』, 麥田出版, 157~158쪽.

17 陳孔立(1984), 『中國海洋發展史論文集』, 中央硏究員三民所.

장된 것이라고 보았다. 그는 대만 독립의 관점을 가진 사람들이 해양 문화를 중국 문화와 분열시키는 도구로 이용해 대만과 중국 간의 정체성을 없애려 한다고 주장했다. 해양 문화를 고취시켜 대만 본토 문화의 정체성을 배양하고 나아가 대만의 국가 정체성으로 삼으려 한다는 것이다. 이런 발상은 분열주의라고 비난하였다.[18]

한편 대만 학자 다이바오춘(戴寶村)의 견해에 따르면, 오랫동안 이루어진 교육은 대만인의 마음속에 대륙 국가의 사유 방식을 심었는데, 지금까지도 이를 쉽게 제거할 방법이 없다고 한다. 하지만 대만은 본래 해양 지리적 위치와 해양 역사의 발전 과정에 맞추어 자신의 해양사관을 건립할 필요가 있다고 본다. 해양 역사 연구를 추동하여 대만 해양의 역사상을 중건하고 대륙 국가 사유체계로 만들어진 문화체계를 반성해야만, 비로소 사면이 바다로 둘러싸인 현실로 돌아갈 수 있다고 주장한다. 그는 대만독립론자로 대만 사회가 해양 문화 발전을 통해 해양 국가 건설로 나아가길 희망한다.[19] 이와 달리 중국 학자들은 대만 학계의 해양 문화 연구가 대만 해양 문화의 주체성과 특수성을 강조하고, 중국 해양 문화와의 공통성이나 관련성 문제를 홀시하며, 중국 대륙 문화와 대만 해양 문화를 대조시켜 대륙 정권이 대만의 해양성을 억압했다고만 주장한다고 본다.

현재 중국 학계는 해양 관련 대학과 연구소를 중심으로 연해사에서 해양사로의 전환을 시도한다. 하지만 여전히 국가주의적 색채를 적지

18 陳思(2016),「臺灣傳統海洋文化與大陸」, 楊國楨 主編,『中國海洋文明專題硏究』第九卷, 人民出版社, 237, 259~261쪽.

19 戴寶村(2011),『臺灣的海洋歷史文化』, 玉山社.

않게 드러낸다. 이런 자기중심적인 역사 기술이 대만 해양사 연구에도 영향을 미쳐, 영해 분쟁과 같은 현재적인 문제뿐만 아니라 대만 해양 문화 전반에 대한 재해석을 시도한다. 해양 문화에 대한 해석 차이는 대륙과 대만 간 다족군사회, 이민사회, 외래 정권 등과 같은 주제로 이어져 역사 논쟁을 불러왔고, 대만 학계 내에서도 광범하게 논쟁이 벌어졌다. 하지만 순수 학술 논쟁이라고 보기에는 정치문제가 너무 깊이 개입되어 있어 쉽게 결론이 날 수 있는 사안은 아니다.

대륙 학계의 대만 해강사 연구로는 천짜이정(陳在正)의 『대만 해강사 연구(臺灣海疆史硏究)』(샤먼대학출판사, 2001년)를 꼽을 수 있는데, 정성공(鄭成功)의 항청 운동부터 조어도의 역사와 현상까지 여덟 부분으로 나누어 기술하였다.

4. 해권(海權)과 해강

중국 해강사와 관련해 부쩍 강조되는 키워드 가운데 하나는 '해권(Sea Power)', 바로 해양력[20]이다. 근대 이후 바다의 영토화가 이루어지면서 해권의 중요성이 해강사 연구에 반영된 것이다. 앨프리드 머핸(Alfred. T. Mahan)에 대한 조명부터 최근 조어도나 남사군도 분쟁에 이르기까지 해권이란 용어가 빠지지 않는다. "누가 해양을 장악하느냐가

20 '해권(海權)'을 한국 학계에서는 '해양력(海洋力)'이라고 번역하는데, 여기서는 편의상 해권이라는 중국 용어를 그대로 사용한다. 왜냐하면 변강, 해강, 해권 등의 개념 속에 중국인의 독특한 영토 영해 인식이 담겨 있다고 생각하기 때문이다.

곧 누가 세계 무역을 장악하느냐이다. 누가 세계 무역을 장악하느냐가 곧 누가 세계의 재부를 장악하느냐이다. 이것은 곧 세계를 장악하는 것이다"라는 오래된 주장은 19세기 말 20세기 초 해권에 대한 기본 관점이었다. 현재 중국 정부는 이런 관점이 여전히 유효하다고 믿는다. 중국인들은 아편전쟁 반세기 후 미국 해군장교 머핸이 제안한 해권론이야말로 미국 해군 전략 발전의 기틀을 마련했으며, 미국이 세계를 제패하는 행동강령을 만들었다고 평가한다. 오늘날에도 강력한 해권이 미국의 전 지구적 전략의 기초라고 생각한다.

개혁개방의 성과가 가시화된 1990년대 말 2000년대 초 중국은 '화평굴기(和平崛起)'를 내세우면서 아세안 국가들과 영유권 분쟁을 겪고 있는 남중국해 문제에 자기 목소리를 내기 시작했다. 당시 중국은 대륙 국가에서 해양 국가로 전환하고 있다면서 정치와 경제에 걸맞은 해군력을 갖추어야 한다고 주장했다. 2003년 중국국무원은 해양으로 향하는 것이 세계 강대국의 공통된 국가 전략이라고 판단하여 「전국 해양경제 발전계획 강요」를 발표해 공식적으로 해양 강국을 건설할 것을 천명하였다. 학계에서도 이에 호응해 전통적인 해양 강국의 경험과 교훈을 탐구하는 차원에서 해양 강대국의 흥쇠사를 연구하였다.

대륙 학계에서는 해권이야말로 역사상 대국 흥쇠의 핵심 요소로 보고, 연해 국가가 강력한 해군과 해상 역량이 없으면 해권을 장악할 수 없으며 결국 주권을 보존할 수 없다고 한다. 국가가 부강하려면 반드시 해양으로 나아가야 하고, 해양을 개발하려면 반드시 강력한 해권에 의존해야 한다는 논리를 편다. 따라서 강대국의 해권 역사에 대해 유난히 관심이 많아 영국, 미국, 프랑스, 독일, 러시아, 일본 등 주요 해권 국가에 대한 조명이 활발하다.[21] 특히 해양의식 강화를 목표로 머핸의 해양력에 대한 재조명이 두드러진다. 근래 머핸의 저서가 다양한 제목으로 여러 출판사에서 나온 사실이나,[22] 해권사 방면의 수많은 연구 목록만 보더라도 해권론에 대한 비상한 관심을 읽을 수 있다. 대륙은 물론이고 대만 학계에서도 해권과 관련한 책들이 나왔다.[23]

21세기 중국이 꿈꾸는 해양강국론이 동아시아 패권주의로 나아갈 위험성이 제기되면서 주변국의 우려를 사고 있다. 2013년 9~10월에 시진핑 중국 국가주석이 중앙아시아와 동남아시아를 방문했을 때, 각국에 대해 처음으로 중국 고대 비단의 육상고도와 해상무역 노선을 기본으로 하여 주변국과의 무역과 교통망을 연결시키는 계획, 즉 '일대일로(一帶一路: 실크로드 경제 지대와 21세기 해상 실크로드의 간칭)'를 제안하였다. 그 가운데 일로(一路), 즉 21세기 해상 실크로드의 건설 구상은 해양을 통해 중국의 발전을 도모하려는 것으로 그 이론 배경에 머핸의 해권론이 있다. 여기에는 전통적인 육권 국가에서 해권 국가로의 전환 의지가 담겨 있으며, 이미 2012년 10월에 열린 중국공산당 제18차 당대회에서

21 史春林(2008),「九十年代以來關於國外海權問題硏究述評」,『中國海洋大學學報』第5期.

22 머핸의 저작을 번역한 것으로 『海權對歷史的影響(1660~1783)』(安常容·成忠勤 譯, 解放軍出版社, 2006年), 『大國海權: 得海權者得天下, 大國崛起的海上必經之路!』(熊顯華 編譯, 江西人民出版社, 2011年), 『海權論』(一兵 譯, 同心出版社, 2012年), 『海權對歷史的影響(1660~1783年)』(李少彦·董紹峰·徐朵 等譯, 海洋出版社, 2013年), 『海權論: 海權對歷史的影響(1660~1783)』(冬初陽 譯, 時代文藝出版社, 2014年) 등이 있다.

23 대만 학계 張國城의 『東亞海權論』(讀書共和國, 2013年)에서는 중국 학계가 머핸의 해권론을 가지고 동아시아의 해권 문제에 접근하는 것과는 달리, 이미 오래된 머핸의 해권론은 동아시아 해양 세계를 해석할 수 없다며 중국, 일본, 한국, 대만의 해군 건설과 전략적 충돌 가능성을 검토한다.

제출한 '해양강국(海洋强國)' 전략과 서로 호응하는 것이다. 물론 중국에서는 일대일로는 상호 존중과 신뢰를 바탕으로 한 사업으로, 해상 패권을 추구하는 이기주의적 해권론과는 뚜렷한 차이가 있다고 주장한다.

중국이 펼치는 '해양강국'과 '일대일로' 전략의 배경에는 서진 전략을 통한 해상 운수선 확보와 안정적인 자원 공급에 목적이 있다. 해양강국의 내용은 해양 개발, 해양 이용, 해양 보호 및 해양 관리를 통해 강력한 실력을 갖춘 국가가 되는 것이다. 그리고 시진핑의 '중국몽(中國夢)'에는 '해양강국몽'이 포함된다. 해양강국몽을 실현하려면 강대한 해군을 건설해 제해권을 장악하는 것이 중요한데, 이는 미국의 아시아태평양 재균형 전략에 대응하는 것이기도 하다.[24] 21세기 해상 실크로드는 국제정치 환경의 변화에 따라 남중국해 문제에 대한 새로운 시각과 해석을 추구한다. 중국의 남중국해 전략은 미국의 중국 봉쇄 정책을 무력화하고 이 해역을 자신들의 내해(內海)로 만들려는 데 있다. 하지만 2015년부터 남중국해를 두고 미국과 중국 간의 군사적 갈등이 점차 고조되고 있다.

5. 맺음말

유럽 중심주의를 비판하며 탈국가적인 관점에서 연구하는 외국 학계의 해양사 관점이 중국에 들어와서는 동아시아 중심주의 혹은 중국 중심주의로 변형되면서 주로 애국주의적인 관점에서 연구되는 경향이

24 戚文闖(2017),「馬漢"海權論"與中國的"一帶一路"建設」,『聊城大學學報』第6期.

있다. 실제로 중국 정부는 각종 학술단체와 연구기관에 막대한 연구비를 지원하여 해강사 연구에 박차를 가하고 있다. 중국 학계에서도 국가 이익에 부응하여 해군 소속 연구자나 중국변강연구원 등과 같은 단체를 중심으로 영해·도서 문제에 대한 관심이 뜨겁다. 특히 해권사 연구의 고조와 더불어 머핸의 해권론이 재조명되는 현상에서 알 수 있듯이 중국의 해양 인문 연구는 자국의 해양 진출을 위한 기초연구라는 성격이 짙다. 하지만 유럽 중심의 역사관이 문제가 많듯이, 중국 중심의 역사관도 유사한 문제점이 존재한다. 왜냐하면 자기중심적인 역사 기술은 언제나 객관적이지 못하기 때문이다.

현재 중국 정부는 조어도와 남사군도 문제를 중국 해양굴기의 최전선이자 핵심 이익으로 강조하면서 일본과 동남아 국가들과는 물론 미국과 물리적 마찰을 빚고 있다. 중국인들은 이 해역이 중국 고유의 영토라고 교육받고 있으며, 정부 당국은 이 도서들은 협상 대상이 아니라고 판단한다. 중국의 완전한 통일을 상징하는 대만 문제 역시 해강 문제의 하나로 외국의 일체 간섭을 거부한다. 보통 동북아 해강 문제의 등장 요인으로는 중국과 주변 국가 간의 역사적 배경, 중국 굴기에 따른 주변 국가의 경계심, 미국의 아시아태평양 재균형 전략에 따른 충돌 등 다양한 요인으로 설명한다. 중국은 아직까지는 해상 교통로 보호가 주된 목적이긴 하지만, 앞으로 해상 에너지 확보와 해양자원 개발을 위해 활동 반경을 더욱 넓히려 할 것이고, 이런 시도는 곧 해양에서 분쟁 가능성을 높일 것이다. 그런 까닭에 영해·도서 분쟁에 대한 유리한 고지를 확보하기 위한 해강사 연구는 앞으로 어느 변강 연구보다 폭발적으로 증가할 가능성이 매우 높다.

제2부

한국 학계의 동북공정 대응 주요 성과

1. 역사 연구 영역

1.1. 한국 학계의 초기 문명사 및 고조선사, 부여사 연구 성과

1.2. 한국 학계의 고구려사 연구 성과

1.3. 한국 학계의 동북공정 관련 발해사 연구 성과

1.4. 한국 학계의 요·금·원·명·청 시기 한중 관계 및 북방사 연구 성과

1.5. 한국 학계의 조선-여진 관계 연구 고찰: 조선의 북방과 여진

1.6. 한중 국경문제 연구 성과와 성찰

1.7. 조선 후기 한중관계사 연구의 새로운 흐름들: 청사공정의 중국 중심 국제질서에 대한 대응을 중심으로

1.8. 한국 학계의 근현대 한중관계사 연구의 새로운 성과

2. 동북아 국제관계 연구 영역

2.1. 한중 관계: 한국 학계의 한중 관계 연구 현황을 중심으로

2.2. 북중 관계

2.3. 시진핑-아베 시기 중일 관계와 이후 전망

2.4. 시진핑과 트럼프 시대의 중미 관계

1

역사 연구 영역

박준형 • 해군사관학교 박물관장
이정빈 • 충북대학교 역사교육과 교수
윤재운 • 대구대학교 역사교육과 교수
고명수 • 충남대학교 사학과 교수
이정일 • 동북아역사재단 연구위원
박선영 • 세종대학교 역사학과 교수
김창수 • 서울시립대학교 국사학과 강사
이동욱 • 건국대학교 글로컬(GLOCAL)캠퍼스 교수

1.1. 한국 학계의 초기 문명사 및 고조선사, 부여사 연구 성과

박준형 • 해군사관학교 박물관장

1. 머리말

중국 동북지역은 옌산산맥(燕山山脈)을 경계로 중원지역과 구분되며, 다싱안링 이북의 초원 지역과도 다른 지리적 환경을 지녔다. 선사시대 이래 중원과 구별되는 독특한 문화를 이루었으며, 한반도와도 밀접한 관련을 맺어 왔다. 그러므로 이 지역은 한국 고고학의 연구 영역에 당연히 포함되어야 하지만 현재 중국의 통치 영역에 속해 있어 중국 학자에 의해 조사와 연구가 주도될 수밖에 없었다. 중국의 동북공정에서는 랴오허강 유역에서 발전한 초기 문명에 대한 관심으로 이 지역을 중국 문명의 기원지로 평가하는 동시에 중국의 역사로 포함시켜 한국과 역사 분쟁을 야기했었다.[1]

또한 중국의 동북공정에서는 현재 중국의 영토 안에 있었던 과거사를 모두 중국 역사에 포함시켰다. 이에 따라 중국 동북지역과 한반도에

1 송호정 외(2008), 『중국 동북지역 고고학 연구현황과 문제점』, 동북아역사재단, 9쪽.

걸쳐 있던 고구려, 발해뿐만 아니라 고조선, 부여의 역사까지 모두 중국 역사로 포함시켰다. 중국 정부에서는 동북공정이 역사 왜곡이 아니라 순수한 학술적인 연구에 의한 결과라고 강변했지만 실제로는 동북지역의 정치적 안정, 나아가 한반도 정세 변화에 대응하기 위한 장기적인 국가 전략 차원에서 추진되었던 것이라고 볼 수밖에 없다.[2]

이 글에서는 초기 문명사 및 고조선사, 부여사에 관련된 중국의 동북공정에 대한 한국 학계의 대응이 어떠한 방식으로 이루어졌는지 간략히 살펴보고자 한다.

2. 초기 문명사에 대한 한국 학계의 대응과 인식

중국의 동북공정에서는 통일적 다민족국가론을 통한 소수민족 문제의 해소와 민족적 자긍심을 높여 애국심을 고양시키려는 국가적인 전략 아래 요하 서쪽 지역에서 발생한 홍산문화(紅山文化, 홍산문화)를 중화문명의 기원지로 보고 있다. 또한 이 지역에서 그다음 단계에 성립한 하가점하층문화(夏家店下層文化, 샤자덴하층문화)와 그 이후 전개되는 청동기 문화를 그들의 고문화(古文化)-고성(古城)-고국(古國)과 고국(古國)-방국(方國)-제국론(帝國論)의 틀에 맞추어 설명하고 있다. 또한 상주북토(商周北土)라 하여 홍산문화 이후 기원전 2천 년기를 전후한 하가점하층문화에서 하가점상층문화로 이행하는 시기에 요하 유역, 나아가 중

2 윤휘탁(2003), 「현대중국의 변강·민족의식과 동북공정」, 『역사비평』 65.

국 동북 지방이 상주시대에 중원문화권에 통합되고 그 이후 중원 통일 국가로 이행되었다고 주장한다. 이러한 중국의 동북공정과 요하문명론의 주장으로 이 지역과 그 이동의 문화가 주변 중화문명의 원류로서, 또는 주변 지역 소수민족의 문화가 중화문명 속으로 통일되어 가는 과정으로 설명하는 것이다.[3]

중국에서 요하문명론을 동북공정의 일환으로 제기하자, 한국에서 이에 대해 가장 먼저 체계적으로 정리한 것은 역사학자도 고고학자도 아닌 사회학자인 우실하 교수의 『동북공정 넘어 요하문명론』(소나무, 2007)이었다. 그러나 중국 학계의 주장을 과도하게 부각하고 요하문명론의 주인공을 무리하게 고조선과 연결하여 해석한 점이 한계라고 할 수 있다.[4]

중국의 요하문명론에 체계적으로 대응한 성과로는 대표적으로 동북아역사재단에서 지원 · 기획한 3권의 연구서를 들 수 있다.

[1] 송호정 외(2008), 『중국 동북지역 고고학 연구현황과 문제점』

① 송호정, 「요하유역 고대문명의 변천과 주민집단」

② 이해련, 「홍산문화의 연구현황과 문제점」

③ 이재현, 「요서지역의 문명 및 초기국가 형성에 관한 연구현황과 문제점」

④ 이청규, 「중국 동북지역과 한반도 청동기문화 연구의 성과」

3 이청규 외(2009), 『요하유역의 초기 청동기문화』, 동북아역사재단, 9쪽.

4 송호정(2008), 「요하유역 고대문명의 변천과 주민집단」, 『중국 동북지역 고고학 연구현황과 문제점』, 동북아역사재단, 18쪽.

[2] 이청규 외(2009),『요하유역의 초기 청동기문화』

① 이재현,「하가점하층문화기 방어취락의 성격 연구」

② 김정열,「요서지역 출토 상 · 주 청동예기의 성격에 대하여」

③ 이청규,「요하유역 북방계 청동기의 출현」

④ 송호정,「고태산문화를 통해 본 요서와 요동의 역사 · 문화적 관계」

⑤ 이종수,「송눈평원과 요서지역의 문화교류 양상에 대하여-신석기 문화와 이른 시기 청동기문화를 중심으로-」

[3] 이청규 외(2010),『요하문명의 확산과 중국 동북지역의 청동기문화』

① 이청규,「신석기-청동기시대의 요서지역 무덤의 부장유물과 그 변천」

② 송호정,「요서지역 하가점상층문화 묘제의 변천과 주변 문화와의 관계」

③ 조진선,「요서지역 청동기문화의 발전과정과 성격」

④ 천선행,「비파형동검 성립 전후 요서지역 토기문화의 전개」

⑤ 이종수,「송눈평원지역 청동기문화의 특징과 교류양상 검토-백금보문화를 중심으로-」

이 3권의 연구서는 홍산문화에서부터 중국 동북지역 비파형동검 문화까지를 검토 대상으로 삼았다. 전체적으로 요하문명의 형성 · 발전과 주변 문화와의 관계에 집중했음을 알 수 있다. 이를 통해 중국 동북공정에서 주장하는 요하문명론이 현대 중국의 다민족 통일국가체제를 유지하기 위한 정치적 해석이라는 점을 강조하면서 중국 학계의 편향된 시각을 집중적으로 부각하였다.

다만 중국 학계에서는 랴오닝성박물관에서 「요하문명론」과 같은 전시회를 개최하며 다양한 연구서를 함께 출간하는 등 인적·물적 지원을 통해 공격적으로 주장했던 것에 비해, 한국 학계에서는 동북아역사재단을 통해 적극적으로 대응했지만 결과적으로 현 시점에서 볼 때 방어적인 자세에서 접근했던 것이 아닌가 한다. 요하문명이 중국 것이라는 주장을 반박하기 위해 나온 논리가 한국 것이 아니라 중국문명과 무관하다는 결론에 도달했기 때문에 대응 논리가 중국에 비해 상대적으로 방어적일 수밖에 없었던 것으로 생각된다.

또한 중국에서는 요하문명론을 주장하면서 이 분야의 전문가인 학문 후속 세대를 양성하였는데 이들이 현재까지도 이와 비슷한 주장을 하고 있다. 결과적으로 공식적인 동북공정은 끝났지만 그 여파가 지금까지 미치고 있는 것이다. 이에 비해 한국에서는 동북아연구재단을 통해 연구자들에게 개별 연구과제나 기획 연구과제 등을 지원하였다. 또한 한때 학위 논문 지원사업이 시행되었지만 지속되지는 못했다. 이를 통해 중국의 요하문명론을 비판적으로 검토할 수는 있었으나 중국 동북지역을 체계적으로 연구할 수 있는 단계까지는 나아가지 못했다. 한국에서 이러한 연구는 국가가 아닌 개인의 선택 문제로 귀결될 수밖에 없었기 때문이라고 생각한다.

3. 고조선사에 대한 한국 학계의 대응과 인식

1) 고조선사 연구의 대내외적 상황

동북공정에서는 단군신화를 부정하고 은(殷)의 유민인 기자가 세운 기자조선을 한국사의 시작으로 보았다. 기자조선을 이은 위만조선에 대해서는 위만이 중국계 연인(燕人)이었으며 한(漢)의 외신(外臣)이었다는 점을 강조하였다.[5] 즉, 동북공정에서는 한국사는 그 시작부터 중국 왕조의 지방 정권으로 출발하였다고 보는 것이다. 그래서 한은 지방 정권인 고조선이 외신의 의무를 다하지 않자 한군현을 설치하여 직접 지배한 것이고, 한군현의 지배에서 벗어나 성장한 고구려는 당연히 중국의 군현질서를 어지럽힌 지방 정권으로 볼 수밖에 없던 것이다. 수·당이 고구려를 공격할 때 '고토회복(故土回復)'을 명분으로 삼았던 것은 이러한 인식을 잘 보여 준다.[6] 이런 점에서 중국 학계에서는 고구려의 영역을 계승한 발해도 중국사의 일부로 보는 것이다.

이러한 논리는 고대사에서 끝나는 것이 아니라 이들 국가의 영역이었던 한반도 북부지역에 대한 역사적 연고권[故土]을 주장하기 위한 것이라고 볼 수밖에 없다. 이는 북한 정권 붕괴 시 북한 지역을 점령하기 위한 역사적 명분(연고권)을 주장하기 위한 것이라고 보인다. 2017년 4

5 李德山·欒凡(2003), 『中國東北古民族發展史』, 中國社會科學出版社, 99~119쪽; 李大龍(2006), 『漢唐藩屬體制研究』, 中國社會科學出版社, 71~78쪽; 苗威(2006), 『古朝鮮研究』, 香港亞洲出版社.

6 송영대(2016), 「高句麗와 唐의 箕子朝鮮 認識 檢討」, 『역사와 경계』 100.

월 6~7일에 있었던 중국 시진핑 주석과 미국 트럼프 대통령의 정상회담에서 시진핑 주석이 "한국사는 사실상 중국사의 일부였다"고 한 발언은 이러한 역사적 흐름과 무관하지 않다고 생각된다.

한국에서는 2004년에 고구려연구재단을, 2006년에 동북아역사재단을 설립하면서 동북공정의 논리에 공식적으로 대응하였다. 이 재단을 통해 고조선사를 비롯하여 상고사와 관련된 많은 연구비가 책정되었고, 자연스럽게 고조선을 다룬 연구 논저가 많이 나오게 되었다.

고구려연구재단에서 발행한 『고조선·단군·부여』(2004)는 고조선·단군·부여에 대해 쉽게 풀어쓴 책으로 현재까지도 일반 대중에게 많이 읽히는 책이다. 『고조선·단군·부여 자료집(상·중·하)』(2005)은 선진 문헌·중국 정사를 비롯하여 조선 후기 사서·지리지·문집에 수록된 고조선·단군·부여 관련 사료를 집대성한 것이다. 이후 조선 후기 문집이 계속 추가로 발간되었고, 새로운 자료들이 상당수 전산화되었기 때문에 이 사료집에 대한 후속 보완 작업이 필요하다고 본다. 이어서 동북아역사재단에서는 근대 이후 고조선·단군·부여에 대한 연구 성과 목록을 집대성한 『고조선 단군 부여 연구논저 목록』(2007)을 발행하였다. 『고조선·단군·부여 자료집』과 『고조선 단군 부여 연구논저 목록』은 모두 고조선·단군·부여를 함께 정리한 것이다.

이후 동북아역사재단은 기획연구로서 『동북아 곰 신화와 중화주의 신화론 비판』(2009)[7]을 발간하였으며, 연구총서로서 『요동군과 현도군

7 이 책에 수록된 논문 5편은 다음과 같다. 김일겸, 「곰 신화와 제의의 기원과 변화」; 이용범, 「한국 곰 신화의 유형과 특징」; 이평래, 「몽골 신화를 통해 본 곰의 형상」; 강정원, 「시베리아의 곰 신화와 곰 의례」; 김선자, 「홍산문화의 황제 영역설에 대한 비판-곰 신화를 중심으로-」.

연구』(2008)[8]를, 번역총서로서 『동북문화와 유연문명』(2008) 등을 발행하였다. 이러한 일련의 간행물은 단군신화를 비롯하여 고조선사를 역사·고고학적으로 이해하기 위한 기초적인 작업이라고 할 수 있다. 이런 점에서 동북아역사재단이 고조선사 연구의 흐름을 주도한 측면이 있다고 볼 수 있다.

고조선사 관련 연구 논저가 많이 나오게 된 데는 위와 같은 외적 요인만 있는 것은 아니다. 2000년을 전후하여 한국고대사학계에서는 한국고대사학회 외에 다양한 분과 학회가 창립되었다. 1994년에 고구려연구회가, 2006년에 발해사학회가 발족했으며 2007년에는 두 학회가 통합하여 고구려발해학회가 되었다. 2000년에는 백제사연구회가 활동을 시작하여 2008년에 백제학회가 창립되었으며, 2002년에는 신라사학회가 창립되었다. 1997년에는 단군학회가 창립되었으며 1999년 10월에 『단군학연구』 창간호(반년간)가 발행되었다. 이후 2011년에 학회명이 고조선단군학회로 바뀌었고 이에 따라 2011년 5월에 24호부터 학술지 제호도 『고조선단군학』으로 바뀌어 2017년까지 36호가 발간되었다.

한편 2004년부터는 고조선사와 부여사에 관심이 있는 소장학자들을 중심으로 공식 학회는 아니지만 고조선사연구회를 조직하여 학술활동을 지속하고 있다. 『고조선의 역사를 찾아서-국가·문화·교역-』(고조선사연구회·동북아역사재단 편, 학연문화사, 2007), 『고조선사 연구 100년-고조선사 연구의 현황과 쟁점-』(고조선사연구회·동북아역사재단 편, 학연문화

8 이 책에 수록된 논문 5편은 다음과 같다. 서영수, 「요동군의 설치와 전개」; 배진영, 「한대 요동군의 군현 지배」; 윤용구, 「현도군의 군현 지배와 고구려」; 김용성, 「요동·현도군의 한묘」; 방향숙, 「후한의 변군 운용과 요동·현도군」.

사, 2009), 『고조선과 위만조선의 연구쟁점과 대외교류』(단국대 동양학연구원·고조선사연구회 엮음, 학연문화사, 2015) 등은 이 연구회의 대표적인 학술 활동의 결과이다.

2000년대 이후부터 한국고대사학계의 연구자가 양적으로 증가하면서 고조선사 연구자도 늘어나게 되었다. 공교롭게도 2000년에 고조선을 주제로 한 박선미·박준형·김남중의 석사학위 논문이 3편[9] 나왔으며 이들은 2010년을 전후하여 모두 박사학위를 받았다.[10] 현재 이들은 소장학자로서 고조선사 연구를 이끌어 나가고 있다. 이후 최근까지도 고조선사를 주제로 한 오현수·이후석·조원진의 박사학위 논문[11]과 이성재·최슬기·구본희 등의 석사학위 논문[12]이 지속적으로 나오고 있어 앞으로 고조선사 연구의 방향이 주목된다.

이처럼 2000년대에는 외적인 요인으로서 동북공정이 있었지만, 한

9 박선미(2000), 「기원전 3~2세기 古朝鮮 文化와 明刀錢 유적」, 서울시립대학교 국사학과 석사학위 논문; 박준형(2000), 「'濊貊'의 形成過程과 古朝鮮」, 연세대학교 사학과 석사학위 논문; 김남중(2000), 『衛滿朝鮮의 領域과 王儉城의 位置』, 전남대학교 사학과 석사학위 논문.

10 박선미(2008), 「貨幣遺蹟을 통해 본 古朝鮮의 交易」, 서울시립대학교 국사학과 박사학위 논문; 박준형(2012), 「고조선의 성립과 발전에 대한 연구」, 연세대학교 사학과 박사학위 논문; 김남중(2014), 「위만조선의 성립과 발전 과정 연구」, 서강대학교 사학과 박사학위 논문.

11 오현수(2014), 「古朝鮮의 形成과 變遷過程 硏究」, 한국학중앙연구원 한국학대학원 박사학위 논문; 이후석(2016), 「요령식 세형동검문화와 고조선의 변천」, 숭실대학교 사학과 박사학위 논문; 조원진(2017), 「고조선의 발전과 대외 관계 연구」, 세종대학교 역사학과 박사학위 논문.

12 이성재(2016), 「고조선과 燕의 전쟁 연구-전쟁 개시 배경 및 원인을 중심으로」, 인하대학교 석사학위 논문; 최슬기(2016), 「衛滿朝鮮과 匈奴의 穢裘 交易」, 고려대학교 한국사학과 석사학위 논문; 구본희(2017), 「戰國~秦漢代 遼東郡과 古朝鮮 西界의 변화」, 단국대학교 사학과 석사학위 논문.

국고대사학계의 연구자 증가와 다양한 학문적 욕구 속에서 고조선사 연구가 이루어졌다. 여기에 2010년대 고조선사를 비롯하여 상고사 연구에 많은 연구비가 책정되었다. 그에 따라 고조선사를 체계적으로 연구하는 기획연구가 많이 나오게 되었다. 단국대학교 동양학연구원에서 발행한 동아시아문명교류사 시리즈(1~4)인 『동북아시아의 문명 기원과 교류』(2011), 『동아시아 청동기문화의 교류와 국가형성』(2012), 『동아시아 철기문화와 고조선』(2013), 『고조선과 위만조선의 연구쟁점과 대외교류』(2015)는 대표적인 연구 성과라고 할 수 있다. 또한 한국연구재단의 지원을 받은 고려대학교 한국사연구소·고려사학회에서 주관한 "문헌으로 본 고조선과 단군"(2015. 8), "문헌에 나타난 고조선과 기자"(2016. 8), "문헌으로 본 고조선과 위만"(2017. 9) 학술대회는 '고조선 관련 문헌사료에 대한 동아시아적 연구'라는 프로젝트의 일환으로 나온 학문적 성과라고 할 수 있다. 또한 한국연구재단의 지원을 받아 경희대학교 한국고대사·고고학연구소에서 개최한 "고조선 연구의 신지평"(2015. 8), "고조선의 여명"(2015. 10), "비파형동검문화의 전개와 고조선의 성립"(2016. 9), "고조선사의 제 문제"(2017. 6) 학술대회는 고조선사를 새롭게 이해하고자 하는 조직적인 성과라고 할 수 있다.

이처럼 2000년대 이후에는 내·외적 요인에 의해 고조선사 연구가 활발하게 이루어졌다. 객관적인 수치상에서 보이듯이 관련 연구 논저가 눈에 띄게 많이 나온 것이 사실이다. 여기에는 동북아역사재단·한국연구재단 등의 기관에서 많은 연구비가 책정되었던 것이 주요한 동인으로 작용하였다. 그렇다면 2000년대 이후 고조선사 연구가 이전과 다른 새로운 질적 향상을 보여 주었는지 살펴볼 필요가 있다고 본다.

2) 단군신화 연구

고조선사의 연구주제 중 가장 큰 부분을 차지하는 것이 단군신화와 관련된 것이다. 2000년 이후 국내 학계의 고조선 관련 연구 논문이 대략 500여 편인데 이 중에서 단군신화와 관련된 것이 약 30%를 차지한다. 단군신화가 고조선의 시작을 다루고 있을 뿐만 아니라 한국인의 정체성과 관련된 것이기에 역사학 이외에 문학·철학·정치학·민속학 등 다양한 학문 분야에서 연구가 이루어질 수밖에 없었다.

단군신화와 관련해서 이미 2000년대 이전에 약 300여 편이 넘는 논문이 발표되었다. 이 과정에서 단군신화의 유형·구조·의미 등에 대한 기본적인 연구가 진행되었다. 그럼에도 2000년 이후 많은 논문이 나온 이유는 중국의 동북공정에서 단군신화를 부정하면서 한국사의 시작을 왜곡했던 것과 관련이 있다. 여기에 홍산문화를 중원문화의 한 기원으로 인식하는 동북공정의 논리에 대응하여 고조선의 선조문화로 인식하려는 연구 흐름과도 일정하게 연결되어 있다. 여기에는 고조선단군학회에서 발행하는 『고조선단군학』(이전 『단군학연구』)이란 학술지가 큰 몫을 했다.

단군신화 관련 연구주제 중 가장 많은 것이 단군신화 자체에 대해 분석한 것이다. 나아가 단군신화와 고구려로의 계승성에 대한 윤명철[13], 조법종[14]의 연구가 있다. 그리고 각 시기별 단군 인식에 대한 연구가 사

13 윤명철(2002), 「고구려의 고조선 계승성에 관한 연구 1」, 『고구려연구』 13, 고구려연구회.

14 조법종(2001), 「고구려 사회의 檀君認識과 종교문화적 특징-蘇塗文化와의 관련성을 중심으로-」, 『한국고대사연구』 21; 조법종(2005), 「한국 고대사회의 고조선·단군인식 연구-

학사적인 측면에서 정리되었다. 김성환의 『고려시대의 단군전승과 인식』(경인문화사, 2002)과 『조선시대 단군묘 인식』(경인문화사, 2009)은 대표적인 연구 성과라고 할 수 있다.

전근대와 달리 근대 이후의 단군 인식과 관련해서는 단군신앙과 같은 종교적 측면뿐만 아니라 단군민족주의와 같은 정치 사상적 측면에서 분석한 연구도 있다. 세계역사문화연구소에서 편집한 『한국사의 단군인식과 단군운동』(2006)[15]이 대표적이다. 또한 근현대 일본인들의 대표적인 단군 관련 연구를 번역하여 출판한 신종원의 『일본인들의 단군연구』(2005)[16]도 주목할 만하다.

2000년에는 이기백이 책임 편집을 맡은 『한국사 시민강좌』 제27집에서 "단군, 그는 누구인가"라는 주제로 특집이 편성되었다. 여기에는 노태돈(「역사적 실체로서의 단군」), 서영대(「신화 속의 단군」), 조인성(「단군에 관

고조선·고구려시기 단군인식의 계승성을 중심으로-」, 『先史와 古代』 23.

15 이 책에 실린 8편의 논문은 다음과 같다. 이현희, 「단군인식의 통사적 해석과 향후의 과제」; 오정윤, 「단군인식의 현황과 단군연구의 과제」; 신운용, 「조선건국의 사상적 배경에 관한 시론」; 박창희, 「세종의 치정을 통해 본, 「朝鮮 始祖」 檀君」; 신운용, 「조선중기(16세기·17세기)의 단군론과, 『규원사화』」; 서영희, 「대한제국기 단군인식과 근대적 민족의식의 형성과정」; 오영섭, 「대한민국임시정부 요인들의 단군인식」; 이형래, 「해방 후 단군인식과 현대 단군운동의 전개」.

16 이 책에 실린 9편의 논문은 다음과 같다. 시라토리 쿠라키치[白鳥庫吉], 조경철 역, 「단군고(檀君考)」; 오다 세이코[小田省吾], 윤수희 역, 「단군전설에 대하여」; 이마니시 류[今西龍], 김희선 역, 「단군고(檀君考)」; 다카하시 토오루[高橋亨], 김진광 역, 「삼국유사의 주(註)와 단군전설의 발전」; 나가 미쯔요[那珂通世], 신종원 역, 「조선고사고(朝鮮古史考)」; 이노우에 히데오[井上秀雄], 김진광 역, 「조선의 건국신화」; 다나까 토시아끼[田中俊明], 송지연 역, 「단군신화의 역사성을 둘러싸고」; 사이토 타다시[齋藤忠], 김진광 역, 「집안시 씨름무덤 벽화의 곰과 범 그림」; 하라다 가즈요시[原田一良], 김진광 역, 「『본기(本紀)』 단군즉위년(檀君卽位年)의 복원(復元)」.

한 여러 성격의 기록」), 박광용(「단군신앙의 어제와 오늘」), 김두진(「단군에 대한 연구의 역사」), 이기동(「북한에서의 단군연구와 그 숭앙운동」) 등의 논문이 수록되었다. 이를 통해 2000년대 이전까지 이루어진 단군 관련 연구주제에 대한 성과가 종합되었다고 할 수 있다. 이어서 노태돈이 편집한 『단군과 고조선사』(2000)는 2000년대 이전 대표적인 단군·고조선 관련 연구를 묶은 것으로, 신화와 역사를 이해하는 한 방식을 보여 주었다.[17]

3) 고조선사의 주제별 연구

2000년 이후 고조선 관련 연구 논문은 약 350편 정도가 나왔다. 이처럼 많은 연구 성과가 나오게 된 것은 2002년 동북공정에서 기인한 측면이 크다. 또한 한국고대사학계에서 고조선으로 석사·박사학위를 받은 전문 연구자가 증가하면서 고조선에 대한 관심과 연구의 폭이 넓어진 것이 큰 이유라고 할 수 있다.

고조선사 연구주제는 접근 학문 분야에 따라 크게 문헌을 중심으로 하는 종족, 강역, 사회 성격, 고조선사 인식 등의 연구와 고고학 자료를 중심으로 하는 고조선 문화에 대한 연구로 나눌 수 있다. 2000년대 이전에는 두 분야의 연구가 독자적으로 진행된 측면이 있다. 이것은 양자

17 이 책에 실린 논문 8편은 다음과 같다. 노태돈, 「단군과 고조선사에 대한 이해-사실과 상징의 변주곡-」; 노태돈, 「고조선 중심지의 변천에 대한 연구」; 노태돈, 「위만조선(衛滿朝鮮)의 정치구조-관명(官名)분석을 중심으로-」; 서영대, 「단군신화의 의미와 기능」; 서영대, 「전통시대의 단군 인식」; 정영훈, 「단군의 민족주의적 의미-근대기 민족교육과 관련하여-」; 조인성, 「'在野史書' 僞書論-『檀奇古史』·『桓檀古記』·『揆園史話』를 중심으로-」; 노태돈, 「북한 학계의 고조선사 연구 동향」.

가 상호 간 학문 분야의 성과를 제대로 이해하기 어려웠기 때문이다. 한편으로는 중국 동북지역의 고고학적 연구 성과를 제대로 섭렵하기가 힘들었던 시대적 상황도 한 요인이라고 할 수 있다.

1990년대에 한중 수교로 중국 동북지역에 대한 현지답사가 가능해지고 이와 관련된 발굴 보고서 및 연구 성과가 한국 학계에 본격적으로 소개되면서 고고학적인 연구 성과가 빠른 속도로 축적되었다. 그러면서 고대사 분야에서 역사고고학적 측면에서 평양중심설을 조명한 송호정의 『한국고대사 속의 고조선사』(푸른역사, 2003)가 출간되었다. 한편 고고학계에서는 요서 · 요동지역에서 발생 · 발전한 비파형동검 문화 · 세형동검 문화를 분석하면서 이 문화의 주체로서 고조선을 염두에 두고 진행한 이청규,[18] 조진선[19]의 연구가 대표적이다.

이러한 연구를 바탕으로 2008년에 화폐 유적을 치밀하게 분석하여 중국 동북지역 명도전의 사용 주체를 고조선으로 설명한 박선미의 박사학위 논문(「화폐유적을 통해 본 고조선의 교역」, 서울시립대학교, 2008: 『고조선과 동북아의 고대 화폐』(학연문화사, 2009)로 출간)이 나왔다. 2012년에는 고조선의 중심지 이동설을 역사고고학적으로 설명한 박준형의 박사학위 논문(「고조선의 성립과 발전에 대한 연구」, 연세대학교, 2012: 『고조선사의 전개』(서경문화사, 2014)로 출간)이 나왔다. 이어서 요동지역과 한반도 북부지역의 묘제를 분석하여 고

18 이청규(2005), 「青銅器를 통해 본 古朝鮮과 주변사회」, 『北方史論叢』 6; 이청규(2011), 「고조선과 요하문명」, 『한국사시민강좌』 49; 이청규(2014), 「遼東 · 西北韓의 初期鐵器文化와 衛滿朝鮮」, 『東北亞歷史論叢』 44.

19 조진선(2014), 「中國東北地域의 青銅器文化와 古朝鮮의 位置變動」, 『東洋學』 56; 조진선(2010), 「요서지역 청동기문화의 발전과정과 성격」, 『요하문명의 확산과 중국 동북지역의 청동기문화』, 동북아역사재단.

조선의 물질문화를 분석한 오대양의 박사학위 논문(「朝鮮半島北部地區青銅時代石構墓葬硏究」, 吉林大學, 2013)과 중국 동북지역과 한반도 서북부지역의 세형동검 문화를 고조선의 변천과 관련지어 이해한 이후석의 박사학위 논문(「요령식 세형동검문화와 고조선의 변천」, 숭실대학교, 2015)이 나왔다. 한편 중국 고문헌에 나오는 예맥·조선 관련 사료를 체계적으로 분석한 오현수의 박사학위 논문(「고조선의 형성과 변천과정 연구」, 한국학중앙연구원, 2013)과 문헌을 중심으로 위만조선을 집중적으로 조명한 김남중의 박사학위 논문(「위만조선의 성립과 발전 과정 연구」, 서강대학교, 2014)도 주목할 만한 성과라고 할 수 있다. 최근에는 요동 지역의 고고 문화를 중심으로 성장한 고조선의 발전 과정과 대외 관계를 조명한 조원진의 박사학위 논문(「고조선의 발전과 대외 관계 연구」, 세종대학교, 2017)이 나왔다.

이처럼 2010년을 전후하여 고조선사 연구는 전문 연구자들이 양성되면서 활기를 띠었다. 여전히 문헌을 중심으로 연구가 지속되고 있지만 문헌 자료의 한계를 극복하기 위하여 고조선의 물질문화를 함께 고려하면서 접근하는 역사고고학적인 연구가 주류를 이루고 있다.

2000년부터 현재까지 이루어진 고조선사 연구는 몇 가지 주제로 나누어 살펴볼 수 있다. 먼저 고조선의 종족과 관련된 연구를 들 수 있다. 선진 문헌에 나오는 예맥과 고조선의 관계에 대한 연구는 이미 해방 이후부터 줄곧 제기되었다.[20] 2000년대 이후의 예맥 관련 논의는 고조선

20 김상기(1948), 「韓濊貊移動考」, 『史海』 창간호; 김정학(1964), 「중국문헌에 나타난 동이족」, 『한국사』 23, 국사편찬위원회; 윤무병(1966), 「濊貊考」, 『백산학보』 1; 김정배(1968), 「濊貊族에 대한 연구」, 『백산학보』 5; 임병태(1991), 「고고학상으로 본 예맥」, 『한국고대사논총』 1, 한국고대사회연구소편.

과의 관련성뿐만 아니라[21] 고구려의 종족적 계통에 초점이 맞추어진 점이 특징이다.[22] 그리고 중국 고문헌에 나타난 예맥·조선 관련 문헌을 종합적으로 검토한 연구서[23]가 출간된 점도 주목할 만하다.

고조선사의 쟁점 중에서 가장 핵심적이라고 할 수 있는 것이 중심지의 위치 문제이다. 이와 관련해서는 이미 2000년대 이전에 평양설, 랴오닝성(요서설·요동설), 이동설 등 다양한 견해가 제시되었다.[24] 2000년대 이후에는 랴오닝 지역 청동기 문화인 비파형동검 문화에 대한 연구가 깊어지면서 점차 요서 지역 대릉하 유역의 비파형동검 문화를 고조선의 문화권으로 이해하는 경향이 주류를 이루게 되었다.[25] 이러한 고고학적인 연구에 힘입어 고조선의 중심지가 '요서 조양 → 요동 심양 → 서북한 평양'으로 이동했다고 보는 견해가 지속적으로 제기되고 있다.[26] 물론 여전히 평양설이 계속 유지되면서도[27] 환인(桓仁) 혹은 본계

21 박준형(2001), 「'예맥'의 형성과정과 고조선」, 『學林』 22; 박준형(2001), 「예·맥의 분포 양상과 그 이해」, 『인문학보』 34, 강릉대학교 인문학연구소.

22 여호규(2002), 「고구려 초기의 梁貊과 小水貊」, 『한국고대사연구』 25; 김현숙(2002), 「고구려의 종족기원과 국가형성과정」, 『대구사학』 89; 조영광(2010), 「초기 고구려 종족 계통 고찰」, 『동북아역사논총』 27.

23 박대재(2013), 『중국 고문헌에 나타난 고대 조선과 예맥』, 경인문화사.

24 송호정(2000), 「고조선 중심지 및 사회성격 연구의 쟁점과 과제」, 『한국고대사론총』 10, 한국고대사회연구소편.

25 이청규(2005), 「青銅器를 통해 본 古朝鮮과 주변사회」, 『북방사논총』 6.

26 박준형(2012), 「대릉하~서북한지역 비파형동검문화의 변동과 고조선의 위치」, 『한국고대사연구』 66; 박준형(2012), 「기원전 3~2세기 고조선의 중심지와 서계의 변화」, 『사학연구』 108.

27 송호정(2003), 『한국 고대사 속의 고조선사』, 푸른역사.

(本溪) 지역을 위만조선의 중심으로 보는 견해가 새롭게 제시되었다.[28] 그러나 비파형동검 문화의 흐름이라는 고고학적 연구 성과를 고려해 볼 때, 요서에서 요동, 서북한지역으로 그 중심이 이동했다고 보는 견해가 점점 더 설득력을 얻고 있다.

한편 기자조선과 관련하여 주목되었던 것이 요서 지역 교장청동예기이다. 대체로 은말주초 기자를 비롯한 은 유민이 요서 지역에 유입된 것이 고고학적으로 확인되나, 기자조선이란 실체는 없었다고 보는 견해가 제시되었다.[29] 이후 기자와 기자조선의 인식과 관련된 논의도 지속적으로 제시되고 있다.[30]

고조선의 국가적 성격과 관련해서는 칭왕(稱王)의 해석 문제가 주요한 쟁점이었다. 칭왕한 시점부터 국가로 보는 견해[31]와 위만조선에 들어서야 국가 단계로 진입했다고 보는 견해가 여전히 맞서고 있다.[32] 또한 칭왕하면서 전국 연나라에 대항했던 고조선의 정치체를 연맹체로 보는 견해가 지속적으로 제시되고 있다. 그러한 연맹체의 성격을 어떻게 이해할 것인가에 대한 구체적인 논의가 앞으로 기대된다.

28 김남중(2001),「衛滿朝鮮의 領域과 王儉城」,『한국고대사연구』 22; 김남중(2014),「위만조선의 성립과 발전 과정 연구」, 서강대학교 박사학위 논문.

29 송호정(2005),「大凌河流域 殷周 青銅禮器 사용 집단과 箕子朝鮮」,『韓國古代史研究』 38; 박대재(2005),「箕子 관련 商周青銅器 銘文과 箕子東來說」,『선사와 고대』 32; 조원진(2010),「요서지역 출토 상주 청동기와 기자조선 문제」,『백산학보』 88, 백산학회.

30 조원진(2009),「기자조선 연구의 성과와 과제」,『단군학연구』 20; 조원진(2014),「단군과 기자-고조선사의 체계에 대한 고찰-」,『고조선단군학』 31.

31 박대재(2005),「고조선의 '王'과 國家形成」,『북방사논총』 7; 박준형(2014),『고조선사의 전개』, 서경문화사.

32 송호정(2003),『한국고대사 속의 고조선사』, 푸른역사.

2000년대 들어서 새롭게 주목된 주제는 고조선의 교역이다. 1983년 최몽룡[33]이 위만조선이 한나라와 한반도 중남부의 진국 사이에서 중계무역을 해서 부를 축적했다는 견해를 제시한 이래 후속 연구가 나오지 않았다. 2000년대에 들어서면서 박선미와 박준형이 이 분야에 대한 본격적인 연구를 진행하였다. 박선미는 교역의 매개물이라고 할 수 있는 화폐에 주목하면서 고조선의 교역을 완충교역론으로 설명하였다.[34] 박준형은 고조선이 춘추 제나라와 행했던 문피 교역의 성격에 주목하면서 배후지 교역에 초점을 맞추었다.[35] 그는 산둥 지역에서 수습된 선형동부와 그 거푸집을 학계에 소개하면서 고조선과 제의 교역을 보여 주는 구체적인 자료로 제시하였다.[36] 강인욱은 명도전을 모피 교역의 산물로 이해한 견해를 제시하였다.[37] 한편 그동안 학계에서 주목하지 못했던 고조선과 흉노와의 교역을 다룬 최슬기의 석사학위 논문[38]도 주목할 만하다.

고조선은 한반도 중남부 정치체의 성장에도 중요한 역할을 하였다.

33 최몽룡(1983), 「韓國古代國家形成에 대한 一考察-衛滿朝鮮의 例-」, 『金哲埈博士 華甲紀念 史學論叢』.

34 박선미(2008), 「古朝鮮의 交易과 貨幣使用에 관한 試論的 검토」, 『동북아역사논총』 20; 박선미(2014), 「緩衝交易 모델에 대한 理論的 檢討-위만조선의 교역양식 복원을 위한 試論-」, 『동양학』 57, 단국대학교 동양학연구.

35 박준형(2004), 「古朝鮮의 대외 교역과 의미-春秋 齊와의 교역을 중심으로-」, 『북방사논총』 2.

36 박준형(2013), 「산동지역과 요동지역의 문화교류-산동지역에서 새로 발견된 선형동부를 중심으로-」, 『한국상고사학보』 79.

37 강인욱(2011), 「古朝鮮의 毛皮貿易과 明刀錢」, 『한국고대사연구』 64.

38 최슬기(2016), 앞의 글.

준왕의 남천 문제는 한반도 중남부지역 점토대토기 문화와 세형동검 문화의 해석에서 중요하다. 준왕의 남천설을 기자동래설의 연장선상에서 이해하면서 남천 사실을 부정적으로 보는 견해가 제시되었다.[39] 이와 달리 준왕의 남천지로 추정되는 익산 지역을 고조선과의 관계에서 살펴본 연구도 있다.[40] 한편 익산시와 한국고대사학회가 공동으로 편찬한 『고조선과 익산』(2015)[41]에는 준왕의 남천에 대한 다양한 견해가 수록되었다.

고조선의 문화와 관련해서는 주로 고고학적인 측면에서 연구가 이루어졌다. 이와 관련된 주제로는 요서지역 청동기 문화의 성격과 주체, 요동~서북한지역 고인돌의 성격, 비파형동검 문화의 범위와 성격, 팽이형 토기문화와 서북한지역 정치체의 관계, 명도전의 분포와 사용자 집단, 미송리형 토기의 기원과 분포, 고조선 철기 문화의 시원과 범위, 위만조선의 철기 문화와 토기 문화 등 다양한 측면에서 연구가 이루어졌다. 서북한지역에서 발굴된 자료에 대한 접근성으로 인해 고조선의 철기 문화에 대해 구체적으로 접근하기가 어려운 상황이지만 최근에는 세죽리-연화보 문화를 단순히 연의 문화 이식이 아니라 토착 사회에서 발생한 고조선계의 문화로 인식해야 한다는 새로운 견해가 제시

39 박대재(2011), 「準王南來說에 대한 비판적 검토-조선유민의 마한 유입과 관련하여-」, 『선사와 고대』 35.

40 송호정(2015), 「기원전 2세기 古朝鮮 準王의 南來와 益山」, 『韓國古代史硏究』 78.

41 이 책에 수록된 논문 6편은 다음과 같다. 노태돈, 「準王 南遷說에 관한 문헌 자료 검토」; 정인성, 「고고학적 관점에서 본 고조선 시기 환황해 교류」; 박준형, 「문헌을 통해 본 고조선의 대외교류와 익산」; 김규정, 「유적과 유물을 통해 본 고조선 세력의 확산과 이산」; 윤용구, 「準王의 남천과 馬韓正統論의 형성」; 조법종, 「준왕조선의 남래와 '일본'명칭의 기원」.

되어 앞으로의 논의가 주목된다.[42]

위에서 언급한 연구는 대체로 고조선의 실체를 밝히는 것이라고 할 수 있다. 이 외에 고조선을 후대에 어떻게 인식했는가에 대한 연구도 상당수 이루어졌다. 고조선과 고구려의 계승성에 대한 연구는 단군신화의 신화소와 고분벽화의 내용을 비교하는 방식으로 이루어졌다.[43] 그리고 위만조선의 상(相)과 고구려의 상(相)을 비교한 연구는 정치 제도적인 측면에서 고조선과 고구려의 관계에 새롭게 접근했다는 점에서 의미가 있다.[44]

전근대와 근대의 고조선 인식과 관련해서는 사학사적으로 정립하려는 노력이 지속되고 있다. 나아가 2002년 동북공정 이후에는 중국 학계의 고조선 인식에 대한 연구가 많아진 점이 눈에 띈다. 한편 고조선사 연구회와 동북아역사재단에서 공동으로 출간한 『고조선사 연구 100년-고조선사 연구의 현황과 쟁점-』(학연문화사, 2009)은 북한 학계를 비롯하여 일본, 중국, 러시아와 미국의 고조선사 인식을 종합적으로 검토했다는 점에서 의미가 있다.

한편 김대중, 노무현 정부 시절에 남북 교류가 활성화되면서 상호 간의 학문적 교류가 진전되었다. 이러한 교류의 결과로 단군학회에서 편집한 『남북학자들이 함께 쓴 단군과 고조선 연구』(지식산업사, 2005)와 고

42 정인성(2014), 「燕式土器文化의 확산과 後期 古朝鮮의 토기문화」, 『白山學報』 100, 白山學會.

43 조법종(2001), 「고구려 사회의 檀君認識과 종교문화적 특징-蘇塗文化와의 관련성을 중심으로-」, 『한국고대사연구』 21; 조법종(2005), 「한국 고대사회의 고조선·단군인식 연구-고조선·고구려시기 단군인식의 계승성을 중심으로-」, 『先史와 古代』 23; 윤명철(2002), 「고구려의 고조선 계승성에 관한 연구 1」, 『고구려연구』 13.

44 김남중(2013), 「위만조선과 고구려 초기의 相」, 『한국고대사탐구』 14.

구려연구재단에서 편집한 『(남·북·러 국제학술회의)고조선·고구려·발해 발표 논문집』(고구려연구재단, 2005)이 발행되었다. 이후 지속적으로 학술 교류가 이루어지지 않아 아쉬운 점이 있다. 현 정부가 들어서면서 다시 남북 교류가 활성화되기 시작하였다. 이에 따라 고조선사를 필두로 하는 남북 역사 교류가 진행되기를 바란다.

4. 부여사에 대한 한국 학계의 대응과 인식

동북공정의 대상은 홍산문화에서 시작하여 고조선을 비롯한 한국 고대사 전반이었지만 주 대상은 고구려와 발해였다. 부여에 대해서는 동북공정 이전부터 이미 중국의 지방 민족 정권으로 보는 것이 중국 학계의 통설이었다. 따라서 부여는 동북공정의 대상에서 상대적으로 부각되지 않은 측면이 있다.[45] 한국 학계에서 부여를 대상으로 한 중국 학계의 동북공정 성과를 분석한 논문이 다음의 3편밖에 나오지 않은 것은 이러한 현실을 잘 보여 준다. 여기에는 한국고대사학계에서 부여사를 한국사의 변경 혹은 주변으로 인식했던 흐름과도 무관하지 않다고 보인다.[46]

45 송기호(2003), 「중국의 한국고대사 빼앗기 공작」, 『역사비평』 65, 160쪽; 이종수(2007), 「중국의 부여사 인식과 연구현황 검토」, 『고구려연구』 28, 118~120쪽.

46 이기동(2005), 「한국민족사에서 본 부여」, 『한국고대사연구』 37, 5~7쪽; 송기호(2005), 「부여사 연구의 쟁점과 자료 해석」, 『한국고대사연구』 37, 17쪽; 박준형(2012), 「동북공정 이후 중국 학계의 고조선·부여·예맥 연구 동향」, 『중국의 동북공정과 한국고대사』, 주류성, 215~217쪽.

① 장석호(2006),「중국 중고교 역사 교과서의 부여 서술 분석」,『중국 역사 교과서의 한국 고대사 서술문제』

② 이종수(2007),「중국의 부여사 인식과 연구현황 검토」,『고구려연구』 28

③ 시노하라 히로카다(2008),「중국 학계의 한국상고사 인식-고조선사, 부여사를 중심으로-」,『선사와 고대』 29

고구려연구재단에서는『고조선 · 단군 · 부여』(2007)를 발간하였는데 이것은 동북공정에 대응하여 한국 학계의 성과를 일반 국민들과 함께 공유하려는 노력이라고 할 수 있다.

한편 동북아역사재단에서는 기획연구 시리즈의 하나로『부여사와 그 주변』(2008)을 발간하였다. 필진으로 참여한 6인의 연구자와 논문 제목을 살펴보면 다음과 같다.

① 윤용구,「『삼국지』부여전의 문헌적 검토」

② 김기섭,「부여족의 분산과 이동」

③ 이성제,「부여와 고구려의 관계사에서 보이는 몇 가지 쟁점-서진과 동이교위 그리고 전연의 역할을 중심으로-」

④ 임기환,「동명신화의 전개와 변용--문헌 자료 계통에 대한 검토를 중심으로-」

⑤ 정재윤,「백제의 부여 계승의식과 그 의미」

⑥ 김성숙,「문헌으로 본 부여문화」

이 책은 6명의 문헌 연구자가 각기 부여와 관련된 주제를 나누어 그간의 연구 성과를 종합적으로 분석한 것이다. 한국에서 부여와 관련하여 독립된 단행 연구가 나온 것은 이것이 처음인 듯하다. 이런 점에서 동북아역사재단이 기획한 이 연구는 매우 의미가 크다고 할 수 있다. 다만, 세부 주제에 부여의 고고학 문화에 대한 것이 빠져 있다는 점이 아쉽다.

부여의 선조문화라고 할 수 있는 지린(길림) 지역의 청동기 문화를 대상으로 한 오강원의 『서단산문화와 길림지역의 청동기문화』(학연문화사, 2008)도 주목할 만한 성과라고 할 수 있다. 중국 학계에서는 이미 서단산문화에 대한 여러 연구서가 나왔지만, 국내 학계에서는 본격적인 연구로는 이것이 거의 처음이라고 해도 과언이 아니다.

국내에서 부여사 전공자라고 할 수 있을 만한 연구자는 2000년대 이전에는 거의 없었다. 물론 부여사 관련 논문이 없는 것은 아니지만 대부분 삼국시기 연구자들이 쓴 것이었다. 그런 점에서 이종수가 지린대학에서 『夫餘文化研究』(2004)로 박사학위를 취득한 것은 획기적이라고 할 수 있다. 그는 귀국 후 정열적으로 부여의 고고학을 연구하여 마침내 『송화강유역 초기철기문화와 부여의 문화기원』(주류성, 2009)을 발간하였다. 국내에서 처음으로 부여를 전론으로 다룬 고고학 연구서라고 할 수 있다. 한편 송호정은 그간의 연구 성과를 모아 『처음 읽는 부여사-한국 고대국가의 원류 부여사 700년-』(사계절, 2015)를 발간하였다. 전자가 고고학자의 측면에서 접근한 것이라면, 후자는 문헌사학자의 시각에서 부여사에 대해 접근한 것이라는 점에서 양자 모두 학사적 의미가 매우 크다고 할 수 있다.

최근 들어 이승호가 동국대학교에서 2018년에 「부여 정치사 연구」로 박사학위를 받았다. 이미 이종수가 부여 고고학으로 박사학위를 받은 바 있지만 국내에서 부여사로 박사학위를 받은 것은 이승호가 처음이다. 이처럼 부여사 전공자들이 점점 늘어나는 추세이다. 향후 한국 학계에서 부여사 연구가 좀 더 활발히 이루어질 것으로 기대된다.

1.2. 한국 학계의 고구려사 연구 성과

이정빈 • 충북대학교 역사교육과 교수

1. 동북공정의 충격과 고구려사

2002년 출범한 동북공정은 한국의 시민사회뿐만 아니라 역사학계에도 상당한 충격을 주었다.[1] 동북공정의 주요 과제 중 하나가 이제까지 우리가 한국사의 일부였다고 믿어 의심치 않았던 고구려사, 또 이를 비롯한 만주지역의 고대사가 오로지 중국사에 속하였다는 주장을 입증하는 것이었기 때문이다. 이러한 동북공정의 시도가 보편성을 획득한다면, 한국사의 공간은 한반도로 한정될 뿐만 아니라 기존의 한국사 체계는 부정된다. 그러므로 한국의 역사학계에서는 동북공정에 비판

1 송기호(2003), 「중국의 한국고대사 빼앗기 공작」, 『역사비평』 65; 윤휘탁(2003), 「현대 중국의 변강·민족의식과 동북공정」, 『역사비평』 65; 신형식(2003), 「중국의 동북공정의 허실」, 『백산학보』 67; 이인철(2003), 「중국의 고구려사 편입과 한국의 대응전략」, 『백산학보』 67; 이영호(2004), 「고구려의 '역사'와 동북아의 '현실'」, 『창작과 비평』 32; 최광식(2004), 『중국의 고구려사 왜곡』, 살림; 신형식(2004), 『고구려사는 중국사인가』, 백산자료원; 이순근(2005), 「고구려역사, 과연 누구의 역사인가」, 『역사비평』 70.

적이었고, 다방면에서 적극적으로 대응하였다.[2]

우선 동북공정의 여러 연구 성과를 점검하고 비판했다. 그로부터 비롯된 한국 고대사 체계의 문제도 성찰했다.[3] 그러나 무엇보다 민감히 반응한 것은 고구려사 문제였다. 2004년 정부 출연으로 고구려연구재단이 출범하고, 2006년 이를 통합한 동북아역사재단이 출범하며, 이를 중심으로 각종 고구려사 연구과제가 수행되었다. 주요 학회에서도 고구려사를 주제로 한 학술회의가 여럿 개최되었다.[4] 이에 따라 연구서와 연구 논문이 급증했다. 석사·박사 과정 대학원생의 학위 논문 주제 선택에서도 고구려사의 비중이 크게 늘었다. 연구의 양적 성장이 추동된 것이다. 주제와 연구 방법 면에서도 폭과 깊이를 더하였다. 한국 역사학계의 고구려사 연구는 동북공정이란 외적 충격으로 인해 일단의 전환기를 맞은 셈이다.

이 글에서는 동북공정과 관련한 한국 역사학계의 고구려사 연구 동향(2002~2019)을 정리하고자 하며, 특히 문헌사 연구에 집중하고자 한

2 정문상(2008), 「'역사전쟁'에서 '역사외교'로-'동북공정'에 대한 한국인의 대응양상-」, 『아시아문화연구』 15; 김종성·권택규·이현주·강성봉(2008), 「동북공정에 관한 한·중 언론의 보도태도」, 『史林』 30; 백영서(2013), 「중국의 '동북공정'과 한국인의 중국인식의 변화-대중과 역사학계에 미친 영향을 중심으로-」, 『중국근현대사연구』 58. 북한의 대응은 김현숙(2012), 「'동북공정 이후 북한의 고구려사 연구 동향」, 『국학연구』 21.

3 임지현(2004), 「'국사'의 안과 밖-헤게모니와 '국사'의 대연쇄-」, 『국사의 신화를 넘어서』, 휴머니스트; 정두희(2004), 「중국의 동북공정으로 제기된 한국사학계의 몇 가지 문제」, 『역사학보』 183; 김기봉(2006), 『역사를 통한 동아시아 공동체 만들기』, 푸른역사; 송기호(2007), 「중국의 동북공정과 한국사 체계」, 『동아시아 역사분쟁』, 솔, 161~166쪽.

4 임기환(2004), 「고구려 역사와 문화 관련 학술연구, 전시회의 현황과 과제」, 『경기지역 고구려 유적 정비, 활용을 위한 학술토론회 발표논문집』, 경기도·경기문화재단; 고구려연구재단(2005), 『2004년 고구려연구재단 연구자료 편람집』, 고구려연구재단.

다.[5] 크게 보아 동북공정의 고구려사 연구를 직접적으로 점검·비판한 연구가 있었고, 간접적으로 동북공정의 성과를 비판한 연구가 있었으며, 새로운 문제의식을 발전시킨 연구가 있었다. 삼자를 엄밀히 구분하기는 어렵지만, 논의의 편의상 직·간접적으로나마 동북공정을 염두에 둔 연구를 중심으로 살피고, 새롭게 나타난 문제의식은 그의 역사인식 문제를 중심으로 논의하고자 한다.

2. 동북공정의 성과 검토와 비판

2002년 동북공정 출범 직후부터 한국 역사학계에서는 중국의 고구려사 연구 성과를 점검·비판했다. 우선 1980년대 중반부터 통일적 다민족국가론에 입각한 연구가 등장했고, 1990년대 이후 중국 역사학계의 고구려사 연구 성과가 급증한 사실이 보고되었으며, 1990년대 이후 대부분의 연구가 통일적 다민족국가론에 입각해 있다는 사실이 주목되었다.[6] 요컨대 고구려의 종족 구성이 중국 다민족의 일원이었고, 활

5 이 글과 관련하여 임기환(2006), 「중국의 동북공정과 한국 역사학계의 대응-고구려사 인식을 중심으로-」, 『史林』 26; 임기환(2006), 「고구려사 연구의 어제와 오늘」, 『白山學報』 76,; 임기환(2006), 「중국의 동북공정이 남긴 것」, 『역사와 현실』 62; 고구려연구회 편(2008), 『동북공정과 한국학계의 대응논리』, 여유당; 김영심(2011), 「남한 학계의 동북공정 대응논리에 대한 비판적 검토」, 『역사문화연구』 39가 참고된다. 이 외에도 북한의 동향과 관련하여 김현숙(2012), 「'동북공정' 이후 북한의 고구려사 연구동향」, 『국학연구』 21이 참고된다.

6 여호규(2003), 「中國學界의 高句麗 對外關係史 硏究現況」, 『한국고대사연구』 31; 여호규(2004), 「중국의 東北工程과 高句麗史 인식체계의 변화」, 『韓國史硏究』 126; 이인철

동 영역이 현재 중국에 소재하고 있었으며, 역대 중원 왕조와 조공-책봉 관계를 수립했으므로 고구려 역사는 중국사에 귀속된다는 논리였다. 고구려와 중원 왕조는 조공-책봉 관계 속에서 기본적으로 화평을 유지했고, 지극히 짧은 기간 전개된 전쟁은 중국의 통일전쟁 내지 국내의 민족 모순 투쟁, 다시 말해 내전(內戰)이었다고 하였다.

한국의 역사학계에서는 동북공정의 고구려사 연구 내용을 '왜곡'으로 인식했다. 따라서 역사 왜곡에 대한 대응 차원에서 세부적인 연구 내용도 점검하고 비판했다. 고구려 국가 형성의 주된 종족이 고이(高夷)였다는 주장을 비롯해 종족의 기원문제 연구를 비판적으로 검토하였고,[7] 내적으로 정치체제를 성장시켰고,[8] 중원 왕조의 군현과 투쟁하면서 국가를 형성한 사실을 강조하였다.[9] 중국 역사학계의 주장이 마르

(2004), 「중국 학계의 시기별 고구려사 연구동향 분석」, 고구려연구재단 편, 『중국의 고구려사 연구 동향 분석』, 고구려연구재단; 이성제(2004), 「중국의 동북공정과 고구려사 왜곡」, 『軍史』 53; 박장배(2005), 「현대 중국 학계의 고구려사 연구사업의 등장 배경」, 『역사와 현실』 55.

7 김현숙(2004), 「고구려의 민족, 정치 분야에 대한 중국 학계의 연구동향」, 고구려연구재단 편, 앞의 책; 박경철(2004), 「濊貊·扶餘와 高句麗의 正體性에 關한 研究」, 『고구려발해연구』 18; 기수연(2007), 「中國學界 高句麗의 商人, 炎黃後裔說에 대한 비판적 고찰」, 『고구려발해연구』 27; 송호정(2007), 「高句麗의 族源과 濊貊」, 『고구려발해연구』 27; 이도학(2007), 「高句麗의 夫餘 出源에 관한 認識의 變遷」, 『고구려발해연구』 27; 김현숙(2007), 「고구려의 종족기원과 국가형성과정」, 『대구사학』 89; 조영광(2010), 「초기 고구려 종족 계통 고찰-예맥족을 중심으로-」, 『동북아역사논총』 27; 여호규(2011), 「고구려의 종족 기원에 대한 일고찰-夫餘別種說과 貊族說의 정합적 이해를 중심으로-」, 『사림』 38.

8 김현숙(2004), 「고구려의 민족, 정치 분야에 대한 중국 학계의 연구동향」, 고구려연구재단 편, 앞의 책; 이남규 외(2005), 『고구려의 국가형성』, 고구려연구재단; 이인철(2006), 「고구려 국가형성의 전제조건과 귀속문제」, 『중앙사론』 23.

9 권오중 외(2005), 『고구려의 국제관계』, 고구려연구재단; 기수연(2007), 「玄菟郡과 高句麗의 건국에 대한 연구」, 『고구려발해연구』 29; 윤용구(2008), 「현도군의 군현 지배와 고

크스주의 역사학에 입각한 사회경제구성론의 실상과 부합하지 않는다는 점도 비판하였다.[10] 또한 조공-책봉 관계의 외형이 아닌 실상이 중시되어야 한다고 지적하였다.[11] 고구려의 정체성 및 천하관 연구는 그 반증으로 활용했다.[12] 한반도 북부마저 중국사의 영역으로 본 견해를

구려」, 서영수 외(2008), 『현도군과 요동군 연구』, 동북아역사재단; 동북아역사재단 편(2009), 『고구려의 등장과 그 주변』, 동북아역사재단; 여호규(2015), 「2세기 전반 高句麗와 後漢의 관계 변화」, 『東洋學』 58; 장병진(2015), 「초기 고구려의 주도세력과 현도군」, 『韓國古代史硏究』 77; 박노석(2015), 「고구려의 발전과 현도군 책구루의 변화」, 『전북사학』 46; 이종록(2018), 「高句麗와 玄菟郡의 관계와 幘溝漊 설치 배경 검토」, 『선사와 고대』 55.

10 이인철(2004), 「중국 학계의 고구려 사회경제 및 대외 관계 분야 연구동향 분석」, 고구려연구재단 편, 앞의 책.

11 임기환(2003), 「南北朝期 韓中 冊封·朝貢 관계의 성격-고구려·백제의 冊封·朝貢에 대한 인식을 중심으로-」, 『韓國古代史硏究』 32; 김종완(2004), 「고구려의 조공과 책봉의 성격-정체성과 관련하여-」, 『고구려발해연구』 18; 방향숙 외(2005), 『한중 외교관계와 조공책봉』, 고구려연구재단; 여호규 외(2006), 『한국 고대국가와 중국왕조의 조공·책봉관계』, 고구려연구재단; 박대재 외(2006), 『고대 동아시아 세계론과 고구려의 정체성』, 동북아역사재단; 동북아역사재단(2009), 『동아시아세계론과 한중관계사상의 책봉조공과 실재』, 동북아역사재단.

12 김유철(2004), 「中國 史書에 나타난 高句麗의 國家的 正體性」, 『고구려발해연구』 18; 박승범(2004), 「祭儀를 通해서 본 高句麗의 正體性」, 『고구려발해연구』 18; 김일권(2004), 「壁畵天文圖를 통해서 본 高句麗의 正體性」, 『고구려발해연구』 18; 전호태(2004), 「5世紀 平壤圈 古墳壁畵로 본 高句麗 文化의 正體性」, 『고구려발해연구』 18; 한규철(2004), 「高句麗의 繼承性을 通해 본 渤海國의 正體性」, 『고구려발해연구』 18; 篠原啓方(2004), 「高句麗的 天의 構造-대외인식을 중심으로-」, 『韓國學報』 117; 서영대(2004), 「韓國 史書에 나타난 高句麗의 正體性」, 『고구려발해연구』 18; 서영대 외(2005), 『고구려의 사상과 문화』, 고구려연구재단; 김영천(2008), 「中國 學界의 高句麗 對外關係 硏究動向」, 『史叢』 66; 篠原啓方(2011), 「고구려의 天 그리고 천하관」, 『내일을 여는 역사』 44; 이성제(2012), 「4世紀 末 高句麗와 後燕의 關係-396년 後燕의 廣開土王 冊封 問題를 중심으로-」, 『韓國古代史硏究』 68; 조영광(2015), 「광개토왕비에 보이는 대외 관계와 고구려 천하관에 대한 연구 현황과 과제」, 『동북아역사논총』 49; 이성제(2015), 「高句麗와 北朝의 冊封朝貢關係-領護東夷中郎將·領護東夷校尉의 授受와 그 의미-」, 『東洋學』 58.

소개하며 비판하였고,[13] 낙랑을 비롯한 한사군(漢四郡)을 한국사의 관점에서 재인식했다.[14] 고구려와 수·당 전쟁이 내전이었다고 한 데 대해서는 동아시아 국제전이었음을 재차 강조하였다.[15] 수·당 침공의 정당성을 역설한 연구를 세밀히 검토·비판했다.[16] 또한 고구려 유민의 동향을 주목했다.[17] 적지 않은 수가 신라와 발해에 흡수되었다고 하였고, 발해·고려·조선의 역사 계승의식이 중요하다는 사실을 강조했다.[18] 중국 역사학계에서는 광개토왕비 및 고분 변화 연구가 활발한 편이었다. 자료 접근이 용이했기 때문이다. 그러나 연구 시각과 방법에 문제

13 공석구(2004), 「고구려의 영역과 평양천도 문제」, 『韓國古代史研究』 33.

14 임기환(2004), 「고구려와 낙랑군의 관계」, 『韓國古代史研究』 34; 조법종(2006), 『고조선 고구려사 연구』, 신서원; 이성규 외(2006), 『낙랑 문화 연구』, 동북아역사재단; 오영찬(2006), 『낙랑군 연구』, 사계절; 여호규(2007), 「4세기 高句麗의 樂浪, 帶方 경영과 中國系 亡命人의 정체성 인식」, 『韓國古代史研究』 53; 동북아역사재단 편(2009), 『고구려의 등장과 그 주변』; 안정준(2014), 「4~5세기 高句麗의 中國系 流移民 수용과 그 지배방식」, 『韓國文化』 68; 권오중 외(2015), 『낙랑군 호구부 연구』, 동북아역사재단.

15 박경철(2004), 「中國學界의 高句麗 對隋·唐 70年戰爭 認識의 批判的 檢討」, 『韓國古代史研究』 33; 윤명철(2004), 「고구려 수·당전쟁의 성격에 관한 해석-동북공정과 관련하여-」, 『고구려발해연구』 18; 임기환(2006), 「7세기 동북아시아 국제질서의 변동과 전쟁」, 역사학회 편, 『전쟁과 동북아의 국제질서』, 일조각; 임기환(2014), 「7세기 동북아 전쟁에 대한 연구동향과 과제-고구려와 수, 당의 전쟁을 중심으로-」, 『역사문화논총』 8.

16 이성제(2010), 「中國學界의 '唐征高句麗論'과 歷史認識의 諸問題」, 『高句麗渤海研究』 36.

17 김현숙(2004), 「고구려 붕괴 후 그 유민의 거취 문제」, 『한국고대사연구』 33; 정호섭(2017), 「高句麗史에 있어서의 이주(migration)와 디아스포라(diaspora)」, 『선사와 고대』 53; 김수진(2017), 『唐京 高句麗 遺民 研究』, 서울대학교 박사학위 논문.

18 안병우(2004), 「고구려와 고려의 역사적 계승 관계」, 『韓國古代史研究』 33; 정진헌 외(2005), 『고구려와 발해의 계승관계』, 고구려연구재단; 한규철 외(2005), 『고구려와 발해의 계승 관계 연구』, 고구려연구재단; 박용운(2006), 『고려의 고구려계승에 대한 종합적 검토』, 일지사; 윤경진(2016), 「고려 성종대 歷史繼承意識의 전개 양상」, 『韓國文化』 77, 서울대학교 규장각한국학연구원.

점이 있었는데, 이 역시 적절히 지적하였다.[19]

이상과 같은 연구를 통해 동북공정에서 추진된 고구려사 연구의 윤곽이 드러났고, 주제별 연구 동향이 어느 정도 파악되었다. 동북공정은 2007년까지 추진되었고, 따라서 그 성과를 지속적으로 주시했다.[20] 동북공정 전후의 겅톄화(耿鐵華), 마다정(馬大正) 등의 주요 저작을 번역했고,[21] 구체적인 내용을 분석하고 비판했다.[22] 그 입론의 근거가 된 통일적 다민족국가론과 지방정권론이 고구려사 연구에 적용된 면면을 분석했다.[23]

이처럼 동북공정의 연구를 지속적으로 점검해 나가며 그 논리가 번

19 고광의(2004), 「중국 학계의 광개토태왕비 연구 현황」, 고구려연구재단 편, 앞의 책; 김일권(2004), 「중국 학계의 고구려 고분 벽화 연구동향 분석」, 고구려연구재단 편, 앞의 책.

20 이인철(2006), 『中國의 高句麗硏究- 연구동향 · 연구자 · 연구논저목록-』, 백산자료원; 이인철(2010), 『동북공정과 고구려사』, 백산자료원; 고구려연구회 편(2006), 『동북공정과 한국학계의 대응논리』, 여유당, 2008; 조법종(2006), 앞의 책.

21 馬大正 外(2001), 『古代中國高句麗歷史叢論』, 黑龍江敎育出版社; 서길수 역(2007), 『중국인이 쓴 고구려 역사』, 여유당; 耿鐵華(2002), 『中國高句麗史』, 吉林人民出版社; 박창배 역(2004), 『중국인이 쓴 高句麗史(상 · 하)』, 고구려연구재단; 馬大正 外(2003), 『古代中國高句麗歷史續論』, 中國社會科學出版社; 신종원(2005), 『중국인들의 고구려 연구-동북공정의 논리-동북아 역사 총서 7-』, 한국학중앙연구원; 서길수 역(2006), 『동북공정 고구려사』, 사계절. 또 다음의 역서도 주목된다. 馬大正 外(2004), 이영옥 역, 『중국의 동북변경 연구』, 고구려연구재단; 金毓黻(2007), 동북아역사재단 역, 『김육불의 동북통사(상 · 하)』, 동북아역사재단; 조정남 · 나명주(2011), 『동북공정의 해부』, 한국학술정보.

22 문은순, 「『간명 고구려사』에 대한 비판적 검토」; 박순발, 「『집안고구려묘장』에 대한 비판적 검토」; 여호규, 「楊軍의 『고구려 민족 및 국가의 형성과 변천』에 대한 비판적 검토」; 조인성, 「『고대중국고구려역사속론』에 대한 비판적 검토」; 최종택, 「『고구려왕릉통고』에 대한 비판적 검토」. 이상 조인성 외(2010), 『중국 '동북공정' 고구려사 연구논저 분석』, 동북아역사재단에 수록됨.

23 정운용, 「역사적 적용에 있어서 '다민족 통일국가론'의 허실」; 김미경, 「고구려 건국 문제를 통해 본 '지방정권론'의 내용과 비판」; 김락기, 「고구려의 경역과 중국 학계의 '지방정권론'」; 강선, 「'책봉'을 통해 본 고구려 '지방정권론' 비판」. 이상 정운용 외(2009), 『중국의 통일국가론으로 본 고구려사』, 동북아역사재단에 수록됨.

속이론(藩屬理論)과 밀접하다는 점이 알려졌다.[24] 나아가 장백산문화론(長白山文化論)을 개발해 현재 백두산을 중심으로 한 중국 동북지역의 역사와 문화를 화하문화(華夏文化)와 연결해 설명하고자 하는데, 그 속에 고구려의 역사와 문화가 포함된다는 사실을 주목하였다.[25] 연구의 양적 축적과 더불어 논리와 연구의 질적 수준이 심화된 양상도 파악했다. 비록 동북공정은 2007년에 종료되었지만, 이후에도 동북공정에서 제기된 역사인식과 연구 방향은 변화하지 않았고, 오히려 강화되었다. 이를 흔히 '포스트 동북공정'이라고 부른다.[26]

포스트 동북공정은 동북공정의 논리를 번속이론에 맞추어 심화하였다. 그리고 이를 고대사 분야뿐만 아니라 다양한 분야의 학문으로 확장하여 유기적 결합을 추진하고 있다.[27] 사정이 이러하므로 최근까지 중국 역사학계의 고구려사 연구 성과를 주제에 따라 종합적으로 점검하고 있다.[28]

24 정병준(2007), 「중화인민공화국의 藩屬理論과 고구려 귀속문제」, 『高句麗硏究』 29.

25 조법종(2006), 「中國의 '長白山文化'論과 高句麗」, 『白山學報』 76; 조법종(2008), 「'장백산문화론'의 비판적 검토」, 『白山學報』 79; 윤휘탁(2008), 「中國의 東北 文化疆域 認識 考察-"長白山文化論"을 중심으로-」, 『中國學報』 55; 윤휘탁(2018), 「중국의 '백두산공정'-'長白山文化建設工程'에 관한 試論」, 『中國近現代史硏究』 78.

26 윤휘탁(2008), 「포스트 동북공정: 중국 동북변강전략의 새로운 패러다임」, 『역사학보』 197.

27 최광식(2008), 「동북공정 이후 중국 연구서에 보이는 고구려·발해 인식」, 『先史와 古代』 29; 정호섭(2013), 「중국의 POST 東北工程과 고구려사 관련 동향 분석」, 『한국사학보』 51; 송기호(2012), 「중국의 동북공정, 그 후」, 『한국사론』 57, 서울대 국사학과; 임기환(2012), 「동북공정과 그 이후, 동향과 평가」, 한국고대사학회·동북아역사재단 편, 『중국의 동북공정과 한국고대사』, 주류성; 정원철(2012), 「동북공정 이후 중국의 고구려·발해 고고학 연구 및 조사동향」, 한국고대사학회·동북아역사재단 편; 정원철(2012), 「동북공정과 그 이후 중국의 고구려사 연구 동향」, 한국고대사학회·동북아역사재단 편.

28 김현숙, 「동북공정 후 중국의 고구려사 연구」; 조영광, 「초기 고구려사」; 안정준, 「고구려

3. 연구의 양적 확대와 자료 집성

동북공정 추진에 대한 한국 역사학계의 반응은 즉각적이었다. 이렇듯 한국의 역사학계가 기민히 반응한 것은 동북공정이 그만큼 충격적이기 때문이기도 하였지만, 한편으로 사회에서 역사학계의 대응을 요구했기 때문이기도 하였다. 이와 동시에 한국 사회에서 고구려사에 대한 관심이 급증했다. 고구려사 전문 연구자 양성과 지원에 공감대를 형성하였고,[29] 국가의 학술 정책으로 이어졌다. 그 결과는 고구려사 연구의 양적 확대로 나타났다.

연구의 양적 확대는 우선 박사학위 논문을 통해 살필 수 있다.[30] 박사학위 논문은 전문 연구자가 그만큼 증가한 사정을 보여 주기 때문이다.

- 박성봉(1980), 「高句麗의 南進發展에 關한 硏究」, 경희대학교 박사학위 논문
- 김광수(1983), 「高句麗 古代 集權國家의 成立에 관한 硏究」, 연세대

유민사」; 이준성, 「고구려 대외 관계사」; 이정빈, 「고구려 문헌사료 및 사학사」; 정동민, 「고구려 전쟁사」; 이승호, 「고구려 종교·사상사」. 이상 김현숙 외(2017), 『동북공정 이후 중국의 고구려사 연구 동향: 분석과 비판 2007~2015』, 역사공간에 수록됨. 이 외에도 박시현(2016), 「중국 학계의 고구려 도성 연구와 전망」, 『인문과학연구』 49, 강원대학교 인문과학연구소 등이 참고된다. 또한 한국 학술지에 게재된 중국인 학자의 연구사 정리 또한 참고된다. 김금자(2015), 「중국 학계의 근년 한국고대사 연구동향」, 『역사와 현실』 96; 김홍배(2016), 「中國學界의 高句麗와 慕容鮮卑 관계 연구」, 『고구려발해연구』 55; 판언스·진비(2018), 「2010년 이래 중국 학계의 고구려사 연구 성과 정리」, 『고구려발해연구』 61.

29 다음과 같은 언론 보도가 대표적이다. 「고구려사 박사학위자는 14명 불과, 중국은 수백명」, 『SBS뉴스』, 2004. 8. 21.

30 한국교육학술정보원(http://www.riss.kr) 검색.

학교 박사학위 논문

• 박종대(1988), 「廣開土王陵碑의 研究와 動向分析」, 경희대학교 박사학위 논문
• 공석구(1991), 「高句麗의 領域擴張에 대한 研究」, 충남대학교 박사학위 논문
• 윤명철(1994), 「高句麗 海洋交涉史 研究」, 성균관대학교 박사학위 논문
• 임기환(1995), 「高句麗 執權體制 成立過程의 研究」, 경희대학교 박사학위 논문
• 금경숙(1995), 「高句麗 前期의 政治制度 研究」, 고려대학교 박사학위 논문
• 박경철(1996), 「高句麗의 國家形成 연구」, 고려대학교 박사학위 논문
• 전호태(1997), 「고구려 고분벽화 연구」, 서울대학교 박사학위 논문
• 여호규(1997), 「1~4세기 고구려 政治體制 연구」, 서울대학교 박사학위 논문
• 김현숙(1997), 「高句麗 地方統治體制 研究」, 경북대학교 박사학위 논문
• 노태돈(1999), 「高句麗 政治史 研究」, 서울대학교 박사학위 논문
• 강선(2003), 「高句麗와 北方民族의 관계 연구」, 숙명여자대학교 박사학위 논문
• 이성제(2003), 「5~6世紀 高句麗의 西方政策 研究」, 서강대학교 박사학위 논문
• 박노석(2003), 「고구려 초기의 영토 변천 연구」, 전북대학교 박사학위 논문
• 정선여(2005), 「高句麗 佛教史 研究」, 충남대학교 박사학위 논문

• 篠原啓方(2006),「高句麗的 國際秩序認識의 成立과 展開」, 고려대학교 박사학위 논문
• 김락기(2007),「5~7世紀 高句麗의 東北方 境域과 勿吉 靺鞨」, 인하대학교 박사학위 논문
• 김미경(2007),「高句麗 前期의 對外關係 硏究」, 연세대학교 박사학위 논문
• 문은순(2007),「高句麗의 平壤遷都 硏究」, 한국학중앙연구원 박사학위 논문
• 김희선(2008),「6~8세기 東아시아 都城制와 高句麗 長安城」, 한국학중앙연구원 박사학위 논문
• 최희수(2009),「高句麗 地方統治 運營 硏究」, 서강대학교 박사학위 논문
• 윤병모(2009),「고구려의 전쟁과 요서진출연구」, 성신여자대학교 박사학위 논문
• 정호섭(2009),「高句麗 古墳의 造營과 祭儀」, 고려대학교 박사학위 논문
• 윤상열(2010),「高句麗 天下觀의 형성배경 연구」, 연세대학교 박사학위 논문
• 조우연(2010),「4~5세기 高句麗 國家祭祀와 佛教信仰 硏究」, 인하대학교 박사학위 논문
• 조영광(2012),「高句麗 初期의 國家 形成」, 경북대학교 박사학위 논문
• 이경희(2012),「4~5세기 고구려 官服 연구」, 인하대학교 박사학위 논문
• 정원주(2013),「高句麗 滅亡 硏究」, 한국학중앙연구원 박사학위 논문

• 이정빈(2013), 「고구려-수 전쟁의 배경 연구」, 경희대학교 박사학위 논문
• 김지영(2014), 「7세기 고구려의 대외 관계 연구」, 숙명여자대학교 박사학위 논문
• 박유미(2014), 「고구려음식문화 연구」, 인하대학교 박사학위 논문
• 김종은(2015), 「고구려 초기 정치집단 연구」, 숙명여자대학교 박사학위 논문
• 강진원(2015), 「高句麗 國家祭祀 研究」, 서울대학교 박사학위 논문
• 최일례(2015), 「고구려 시조묘 제사의 정치성 연구」, 전남대학교 박사학위 논문
• 안정준(2016), 「高句麗의 樂浪·帶方郡 故地 지배 연구」, 연세대학교 박사학위 논문
• 이동훈(2016), 「고구려 중 · 후기 지배체제 연구」, 고려대학교 박사학위 논문
• 김수진(2017), 「唐京 高句麗 遺民 研究」, 서울대학교 박사학위 논문
• 기경량(2017), 「高句麗 王都 研究」, 서울대학교 박사학위 논문
• 이경미(2017), 「鴨綠江~遼河 유역 고구려 성곽과 지방통치 연구」, 한국외국어대학교 박사학위 논문
• 정동민(2017), 「高句麗와 隋 전쟁 연구」, 한국외국어대학교 박사학위 논문
• 김강훈(2018), 「高句麗復興運動 研究」, 경북대학교 박사학위 논문
• 권순홍(2019), 「고구려 도성 연구」, 성균관대학교 박사학위 논문
• 장병진(2019), 「고구려의 성립과 전기 지배체제 연구」, 연세대학교

박사학위 논문

- 이준성(2019), 「고구려의 형성과 정치체제 변동」, 연세대학교 박사학위 논문

1980년대까지 고구려사를 주제로 한 박사학위 논문(역사학 전공)은 3편에 불과했다. 1990년부터 2004년 고구려연구재단이 출범하기 전까지만 해도 12편이었다. 그런데 2005년 이후 2019년까지 30여 편이 제출되었다. 동북공정 이후 한국 역사학계의 고구려사 전문 연구자가 세 배 가까이 증가한 셈이다. 고구려사로 박사학위를 받은 전문 연구자의 연구서 출간도 이어졌다. 다음과 같은 한국고대사 전공자의 연구서 역시 주목된다.[31]

- 임기환(2004), 『고구려 정치사 연구』, 한나래
- 전호태(2004), 『벽화여 고구려를 말하라』, 사계절
- 금경숙(2004), 『고구려 전기 정치사 연구』, 고려대학교 민족문화연구원
- 전호태(2004), 『고구려 고분벽화의 세계』, 서울대학교 출판부
- 윤명철(2004), 『고구려의 정신과 정책』, 한역문화사
- 김현숙(2005), 『고구려의 영역지배방식 연구』, 모시는 사람들
- 이성제(2005), 『高句麗의 西方政策 硏究』, 국학자료원
- 백종오(2006), 『고구려 기와의 성립과 왕권』, 주류성

31 이도학(2006), 『고구려 광개토왕릉비문 연구』, 서경문화사; 조법종(2006) 앞의 책; 장창은(2014), 『고구려 남방 진출사』, 경인문화사.

- 백종오(2006), 『고구려 남진정책 연구- 임진강에서 금강까지-』, 서경문화사
- 정선여(2007), 『고구려 불교사 연구』, 서경문화사
- 김희선(2010), 『동아시아 도성제와 고구려 장안성』, 지식산업사
- 정호섭(2011), 『고구려 고분의 조영과 제의』, 서경문화사
- 윤병모(2011), 『고구려의 요서진출 연구』, 경인문화사
- 김락기(2013), 『고구려의 동북방 경역과 물길 말갈』, 경인문화사
- 여호규(2014), 『고구려 초기 정치사 연구』, 신서원
- 박성봉(2015), 『고구려의 남진 발전과 사적 의의』, 경인문화사
- 전호태(2016), 『고구려 벽화고분』, 돌베개
- 전호태(2016), 『고구려 생활문화사 연구』, 서울대학교 출판문화원
- 정호섭(2016), 『고구려사와 역사인식』, 새문사
- 정원철(2017), 『고구려 산성 연구』, 동북아역사재단
- 박경철(2018), 『한국고대사의 재인식』, 서경문화사
- 이정빈(2018), 『고구려-수 전쟁』, 주류성
- 이동훈(2019), 『고구려 중후기 지배체제 연구』, 서경문화사
- 조우연(2019), 『천제지자: 고구려의 왕권전승과 국가제사』, 민속원

이처럼 전문 연구자가 증가하면서 연구주제 역시 확대되고 세분화되었다. 1990년대까지의 연구는 정치사와 제도사 분야를 중심으로 하였다. 5나부와 국가 형성 그리고 국왕 중심의 국가체제 정비 과정이 주된 쟁점이었고, 이와 관련하여 관등제 · 관료제 · 지방제도의 구조와 운영이 관심을 모았다. 이에 비해 2000년대 이후부터는 대외 관계사 · 국

제관계사 · 전쟁사 분야로 주제가 확대되었다. 특히 자료가 풍부한 6~7세기에 성과가 집중되었다. 그뿐만 아니라 제의와 도성 그리고 유민과 부흥운동 분야로까지 연구 영역이 넓어졌다. 이 중에서 유민과 부흥운동 연구가 활기를 띠었는데, 1990년대 이후 중국에서 출토된 다량의 묘지에 힘입은 바가 크다.[32] 최근의 박사학위 논문은 특정 시기와 지역으로 범위가 좁혀졌고, 연구 내용은 한층 심화되었다. 동북공정이 불러온 위기가 한국의 고구려사 연구에는 하나의 기회가 되었다.[33]

물론 양적으로 확대된 연구가 모두 동북공정에 정면으로 대응하기 위한 것은 아니었다. 연구의 양적 확대는 한국 역사학계가 고구려사 연구 역량을 강화해 주도권을 확보한다는 데 의미가 있었다. 이와 관련하여 주목할 사실이 자료의 집성이다.

- 고구려연구재단 편(2005), 『중국 소재 고구려 관련 금석문 자료집』, 고구려연구재단
- 고구려연구재단 편(2005), 『고구려 유적: 평양』, 고구려연구재단
- 고구려연구재단 · 북한 사회과학원(2005), 『평양일대 고구려 유적』, 고구려연구재단
- 성균관대학교 박물관(2006), 『集安 高句麗 유적의 어제와 오늘』, 성

32 고구려연구재단 편(2005), 앞의 책; 권덕영(2010), 「한국고대사 관련 중국 금석문 조사 연구-唐代 자료를 중심으로-」, 『史學硏究』 97; 윤용구(2014), 「중국 출토 고구려 · 백제유민 묘지명 연구동향」, 『韓國古代史硏究』 75 참조.

33 전호태(2004), 「밖으로부터 시작된 위기와 기회, 2004년의 한국고대사연구」, 『역사학보』 187, 27~28쪽.

균관대학교 박물관

- 김현숙(2008~2011), 『일본소재 고구려 유물』 1~4, 동북아역사재단
- 기획편집위원회 편(2009), 『고구려 유적의 어제와 오늘』 1 · 2, 동북아역사재단
- 동북아역사재단(2006, 2010), 『고구려성 사진자료집-중국 吉林省 東部-』, 동북아역사재단
- 여호규 · 강현숙(2008, 2011), 『중국 소재 고구려 유적 · 유물』 1 · 2, 동북아역사재단
- 고광의(2011), 『옥도리 고구려 벽화무덤』, 동북아역사재단
- 고광의(2011), 『남포시 용강군 옥도리 일대 역사유적』, 동북아역사재단
- 동북아역사재단(2013), 『평양 지역 고구려 도성 유적』, 동북아역사재단
- 동북아역사재단(2014), 『고구려사 유적 목록 집성』, 동북아역사재단
- 동북아역사재단(2015), 『황해도 지역 고구려 산성』, 동북아역사재단
- 곽승훈 외(2015), 『중국 소재 한국 고대 금석문』, 한국학중앙연구원
- 이성제 편(2018), 『고대 동아시아 석각자료 연구』 上 · 下, 동북아역사재단
- 동북아역사재단 한국고중세사연구소 편(2018), 『역주 한원』, 동북아역사재단
- 동북아역사재단 한국고중세사연구소 편(2018), 『중국정사 동이전 교감』, 동북아역사재단

고구려연구재단 · 동북아역사재단의 성과가 눈에 띈다. 동북아역사재단에서는 중국과 일본 그리고 북한에 소재한 각종 문헌 고고 자료를

집성했다. 주지하다시피 한국의 역사학계에서 고구려 관련 자료에 접근하기가 용이하지 않았다. 동북아역사재단은 그러한 해외의 자료를 수집 · 정리해 연구 기반을 구축한 것이다. 역사 연구의 기본은 사료이다. 2004년 이후 고구려사 연구는 이와 같은 자료 집성에 힘입은 바가 크다. 이 외에도 동북아역사재단에서는 『역주 중국정사 외국전』, 『역주 일본서기』를 비롯해 고구려사 연구의 기반이 될 자료 집성에 상당한 성과를 냈다. 이와 같은 성과는 현재 동북아역사자료실(https://hflib.kr)과 동북아역사넷(http://contents.nahf.or.kr)을 통해 공유되고 있다.

자료 집성뿐만 아니라 자료의 내적인 이해에 대한 관심도 높아졌다. 『삼국사기』 「고구려본기」 원전 연구가 대표적이다.[34] 특히 「고구려본기」 초기 기록은 풍부한 내용을 갖추고 있음에도 불구하고 사료적 가치에 대한 논란이 많다. 따라서 사료의 성격과 계통 및 형성 시점과 과정에 대한 이해가 무엇보다 중요하다. 최근 이와 관련한 연구가 증가하고 있는데, 비록 아직까지 여타 연구를 수행하는 데 직접적으로 도움이 되고 있지는 못하지만, 왕계(王系) 및 도성 연구의 토대가 되는 만큼 향

34 임기환(2006), 「고구려본기 전거 자료의 계통과 성격」, 『韓國古代史硏究』 42; 이강래(2007), 『三國史記 形成論』, 신서원; 정호섭(2011), 「『삼국사기』고구려본기 4~5세기의 기록에 대한 검토-국내 전승의 원전에서 채록한 기록을 중심으로-」, 『신라문화』 38, 동국대학교 신라문화연구소; 전덕재(2016), 「『三國史記』高句麗本紀의 原典과 完成-광개토왕대 이전 기록을 중심으로-」, 『東洋學』 64, 단국대학교 동양학연구소; 전덕재(2016), 「『三國史記』高句麗本紀의 原典과 撰述-長壽王代 이후 기록을 중심으로-」, 『白山學報』 105; 전덕재(2018), 『三國史記 본기의 원전과 편찬』, 주류성; 임기환(2018), 「고구려 전기 都城 관련 기사의 재검토-기사의 原典 계통을 중심으로-」, 『역사문화연구』 65, 한국외국어대학교 역사문화연구소.

후 가시적인 성과를 거둘 수 있을 것으로 전망된다.[35]

4. 내적 성찰과 새로운 방향 모색

동북공정은 종래의 한국사 체계에 대한 도전이었다. 그러므로 한국의 역사학계에서는 동북공정의 연구 성과는 물론이고, 이로부터 비롯된 한국사 체계의 문제에도 관심을 기울이기 시작했다.[36] 이때 주목된 것이 식민주의 사학의 만선사관이었다.

만선사관은 타율성론의 일종으로, 만주와 조선을 하나의 역사 단위로 파악하자는 주장이다[滿鮮史一如]. 조선사는 만주사에 종속되어 있었으므로 양자를 분리해 볼 수 없다는 것이다[滿鮮不可分]. 그런데 역설적이지만, 이와 같은 주장의 전제는 조선사와 만주사의 분리였다. 만선사관은 기본적으로 조선반도와 만주지역의 역사를 엄연히 구분하고 있었다. 이에 따라 대체로 고구려사는 조선사이기보다는 만주사에 속한다고 파악되었다. 결국 만선사관의 한국 고대사 인식은 고구려사를 한국사에서 배제한 동북공정과 통한다. 그렇기에 동북공정은 식민주의 사학의 만선사관을 연상하도록 하였고, 고구려사 연구와 역사인식이

35 임기환(2015), 「고구려 國內都城의 형성과 공간구성-문헌 검토를 중심으로-」, 『韓國史學報』 59; 임기환(2016), 「고구려 王系의 성립과정과 시기」, 『韓國古代史硏究』 83; 임기환(2018), 앞의 논문; 노태돈(2012), 「고구려 초기의 천도에 관한 약간의 논의」, 『한국고대사연구』 68; 이정빈(2017), 「고구려의 국내성 · 환도성과 천도」, 『韓國古代史硏究』 87.

36 정두희(2004), 「중국의 동북공정으로 제기된 한국사학계의 몇 가지 문제」, 『역사학보』 183; 송기호(2007), 「중국의 동북공정과 한국사 체계」, 『동아시아 역사분쟁』, 솔, 161~166쪽.

관심을 모았다.[37]

그런데 만선사관은 만주사를 중국사와도 구분해 보려고 했다는 점에서 동북공정의 역사인식과 중요한 차이가 있었다. 이로 인해 중국 학계에서도 일찍부터 만선사관을 적극적으로 비판했다.[38] 이에 지금의 한국 학계가 동북공정에 대응하기 위해 만선사의 부활이 요청되는 역설에 놓여 있다는 지적이 나오기도 했다.[39] 그런데 일찍이 지적되었듯 만선사라는 역사 체계는 일제 시기 식민주의 사학에서조차 진지하게 고민된 바 없었다.[40] 단순히 만주사와 조선사를 병기한 것이기도 했고, 만선관계사의 의미로도 사용되었다.[41] 하나의 역사 체계로 만선사를

37 井上直樹(2004), 「近代 日本의 高句麗史 研究-滿鮮史·滿洲史와 關聯해서-」, 『高句麗研究』 18; 최석영(2004), 「일제 식민사학자들의 고구려·발해인식」, 『한국독립운동사연구』 23; 金恩淑(2007), 「근대 일본의 역사교육과 고구려사, 발해사 인식」, 『歷史教育』 103; 박찬흥(2007), 「滿鮮史觀에서의 한국고대사 인식 연구」, 『韓國史學報』 29; 박찬흥(2007), 「일제 '만선사학'에서의 고구려사 인식」, 『내일을 여는 역사』 27; 박찬흥(2014), 「'만선사'에서의 고대 만주 역사에 대한 인식」, 『韓國古代史研究』 76; 박찬흥(2015), 「滿鮮歷史地理調查部와 고대 滿鮮歷史地理 연구」, 『역사와 담론』 75; 한규철(2007), 「고구려·발해에 대한 인식의 변천」, 『大東漢文學』 26; 조인성 외(2009), 『일제시기 만주사·조선사 연구』, 동북아역사재단; 이노우에 나오키(2016), 「고구려사와 滿鮮史」, 『동서인문학』 53, 계명대학교 인문과학연구소.

38 박선영(2004), 「중국의 국가주권과 통일의 기억 만들기 : 동북프로젝트의 거시적 함의」, 『중국근현대사연구』 24; 김창규(2007), 「傅斯年의 민족문제 이해와 '東北' 인식」, 『역사학보』 193; 이병호(2008), 「'東北工程' 前史 : 傅斯年의『東北史綱』비판」, 『동북아역사논총』 20; 강성봉(2009), 「1930~1940년대 중국 지식인의 동북지역사인식-푸쓰녠과 진위푸를 중심으로-」, 『일제시기 만주사·조선사 연구』, 동북아역사재단; 박장배(2017), 「1930년대 顧頡剛의 역사지리 인식과 변강학 연구」, 『중국근현대사연구』 76 참조.

39 김일권(2011), 「일제시기 조선사 편수와 만주사적 고구려사의 역설」, 『한국고대사연구』 61, 104~106쪽.

40 旗田巍(1983), 「'滿鮮史'의 虛想」, 앞의 책.

41 사쿠라자와 아이(2009), 「이나바 이와키치의 '만선불가분론'」, 조인성 외, 『일제시기 만주

적극적으로 내세운 이는 이나바 이와키치(稻葉岩吉) 정도였고, 다른 많은 학자들은 이를 무비판적으로 수용한 데 지나지 않았다. 만선사는 만몽사·동아사·대동아사와 마찬가지로 일제의 팽창에 따른 자의적이고 편의적인 역사 단위에 불과했다.[42]

만선사관의 허구성은 여기서 선명히 부각된다고 할 수 있다. 만선사의 역사 체계는 일제의 현실논리에 따라 '창출'되었다는 사실이 여실히 드러나기 때문이다. 동북공정과 관련하여 만선사관이 재검토된 데에는 이러한 비판의식이 내재되어 있다고 할 수 있으며, 연구의 의의도 여기서 찾을 수 있다고 생각한다. 다만 만선사관 내지 동북공정의 역사 체계가 부정된다고 하여 기존의 한국사 체계가 보편성을 얻는 것은 아니다. 만주지역의 고대사를 민족사의 기원이자 발전의 표상으로 절대시하고, 이를 배타적으로 독점하고자 한 기존의 한국사 체계 역시 근대 기획으로 '국사'를 창출하였다는 점에서 객관성을 담보하기 어렵다.[43]

이와 같은 고민의 과정에서 고구려사 연구의 반성이 요청되었다. 지금의 민족 내지 국가 단위에서 고대의 고구려사를 재단해 발생한 오류를 시정해야 한다는 지적이 나왔고, 적지 않은 수의 연구자가 그에 공

사·조선사 인식』, 18~25쪽.

42 中見立夫(1993), 「地域概念の政治性」, 『アジアから考える(1) 交錯するアジア』, 東京大学出版会(김준영 역(2009), 「地域概念의 政治性」, 『만주연구』 9).

43 임지현(2004), 「고구려사의 딜레마-'국가주권'과 '역사주권'의 사이에서」, 『근대의 국경 역사의 변경-변경에서 서서 역사를 바라보다-』, 휴머니스트; 임기환(2006), 「중국의 동북공정이 남긴 것」, 앞의 책; 古畑徹(2010), 「歷史の争奪-中韓高句麗歴史論争を例に-」, 『メトロポリタン史学』 6.

감하였다.[44] 이와 같은 반성은 한국사 체계를 넘어선 역사 체계의 모색과 밀접하였다. 이미 동양사·서양사 전공자를 중심으로 한국사 체계의 대안이 모색되고 있었거니와, 일본 학계에서 제시된 동아시아세계론·동부유라시아론이 관심을 모았다.[45] 요동을 한국 및 중국과 구분되는 또 하나의 역사 공동체로 설정하기도 했다.[46] 이러한 시도에 대해서는 논란 속에서 긍정적인 평가와 부정적인 평가가 교차했지만,[47] 논란은 일정한 변화를 촉구했다. 다음과 같은 공동 연구의 총론이 이를 잘 보여 준다.[48] 국제관계사를 비롯해 개별적인 연구에서 시야가 넓어졌는데, 이와 같은 성과가 축적되어야 새로운 역사 체계 구상이 구체성을 가질 것으로 전망된다.

다만 역사 체계의 지역적 범위를 확장 내지 수정한다고 해서 기왕의 국사 체계가 갖는 문제점이 일소된다고 보기는 어렵다. 주지하다시피 일제 시기의 만선사·만몽사 또는 동아사·대동아사는 한국사의 타율성을 강조하였다. 그 실증과 논리의 문제는 이미 누누이 지적되었지만,

44 이영호(2004), 앞의 논문; 전호태(2005), 앞의 논문; 임기환(2006), 앞의 논문; 여호규(2007), 앞의 논문 외.

45 여호규 외(2006), 앞의 책; 박대재 외(2006), 앞의 책; 동북아역사재단(2009), 앞의 책.

46 김한규(2004), 『요동사』, 문학과지성사.

47 조법종(2007), 「'요동사'의 입장에서 보는 고구려사의 문제점」, 『내일을 여는 역사』 27; 강종훈(2008), 「최근 한국사 연구에 있어서 탈민족주의 경향에 대한 비판적 검토」, 『韓國古代史硏究』 52; 심재훈(2017), 「'요동사'와 그 이후 : 참여자와 관찰자의 시각」, 『역사학보』 234.

48 여호규(2006), 「6~8세기 동아시아 국제관계사 연구의 진전을 기대하며」, 『역사와 현실』 61; 김종복(2014), 「도성의 의례 공간을 통해 본 고대 동아시아의 국제 교섭과 교류」, 『역사와 현실』 94; 정동준(2015), 「동아시아적 관점에서 본 한국 고대 軍制」, 『역사와 현실』 97.

대부분의 경우 외형적인 역사 체계의 문제에 비판의 초점이 모아졌다. 그러나 근원적인 문제는 중심부와 주변부를 구분하고, 이를 차별적으로 바라보았던 제국주의적 시각에 있었다. 국사로서의 한국사 체계나 동아시아세계론 내지 동부유라시아론 역시 이와 같은 한계를 내포하고 있다.

앞으로 새로운 역사 체계를 재구성하기 위해서는 제국 내지 강국만이 아니라 주변부로 간주되어 온 국가 내지 지역의 역사와 관점도 중시되어야 한다고 생각한다. 이러한 맥락에서 동북공정의 논리적 기반이 된 번속 이론을 비판해 나가야 할 것이다. 다만 번속 이론 비판은 한국 역사학계의 고구려사 연구에도 마찬가지로 반추되어야 한다. 실제 고구려 국가 형성의 주된 종족이었던 예맥(濊貊)을 중심에 두고 여러 이종족을 주변으로 소외시키지는 않았는지 되돌아보아야 할 때란 지적이 나오고 있다.[49] 다종족 사회의 관점에서 혹은 변경의 관점에서 고구려사를 바라볼 필요성도 있다는 것이다. 고구려사 연구에서부터 다종족의 주체성을 인정하고 변경의 관점을 중시하여야 고구려에서 동아시아를 바라보는 연구도 보편성을 획득할 수 있다고 본다.

실제 동북아시아의 여러 고대 국가와 비교해 고구려의 종족 구성은 한층 다양했다.[50] 고구려는 예맥을 중심으로 국가를 형성하였지만, 양

49 박노자(2010), 「고구려는 정말 제국이었나」, 『거꾸로 보는 고대사』, 한겨레출판; 정다함(2011), 「근대 한국의 역사 서술과 타자화된 여진족」, 『근대 한국, '제국'과 '민족'의 교차로』(비교역사문화연구소 기획), 책과함께; 이승호(2018), 「'주변'이 된 역사 온전히 바라보기-부여 · 옥저 · 동예 · 말갈-」, 『한국사 한 걸음 더』(한국역사연구회 편), 푸른역사; 이정빈(2019), 「양맥숙신의 난, 변경에서 본 3세기 후반 동아시아와 고구려」, 『한국사연구』 187.

50 김현숙(2007), 앞의 논문; 임기환(2011), 「고구려는 다종족 국가였다」, 『내일을 여는 역사』 44.

맥·소수맥·옥저·동예·읍루·선비 등 주변의 여러 종족과 사회를 통합하며 성장하였다. 삼한·한사군의 지배층과 민을 수용하였고, 백제·신라의 영역과 민을 자국의 것으로 흡수하기도 하였다. 그뿐만 아니라 중원지역의 여러 왕조와 대립·교류하며 적지 않은 수의 한인(漢人)을 고구려인으로 받아들였고, 내륙아시아 초원 지대 및 만주 수렵 지대의 제 종족의 일부도 고구려의 세력 범위 내에 두고 지속적으로 포섭했다. 다종족 사회의 면모를 보였던 것이다. 그러므로 고구려 사회의 구조와 특징을 온전히 파악하기 위해서는 여러 종족의 통합과 공존, 차별과 저항의 제 양상을 폭넓게 이해할 필요가 있다.

이처럼 고구려사의 다양한 면모를 염두에 두고 보면, 유민과 계승의식 연구 또한 종래의 한국사 체계를 뛰어넘어야 보다 보편적인 연구가 가능하다고 전망된다. 유민의 관점에서 종래의 한국사 체계를 바라보면 달리 보이는 지점도 생길 수 있다. 경계를 넘나든 인간 집단을 통해 참신한 문제의식을 개발할 수 있을 것이다. 만주지역 제 왕조·제 종족의 계승의식 역시 나름의 역사적 의미를 탐색할 수 있다고 생각한다.[51] 동북공정이 가져온 충격이 즉자적이고 단기적인 반응에 그치지 않고 고구려사 연구 성장의 기회로서, 나아가 질적인 발전의 계기로 평가받을 수 있기를 기대한다.

51 홍성구(2010), 「만주 역사를 바라보는 한국적 시각의 한 모색: 許穆과 丁若鏞의 만주 諸種族 인식을 端緖로」, 『역사와 담론』 55.

1.3. 한국 학계의 동북공정 관련 발해사 연구 성과

윤재운 • 대구대학교 역사교육과 교수

1. 머리말

중국의 동북공정은 2002년 2월에 시작되어 2007년 2월에 종결되었다. 한국 학계에서는 이에 대해 2003년 이후 지속적으로 검토가 이루어졌으며, 특히 동북공정이 완료된 시점을 전후해서 동북공정 및 이에 대한 한국의 대응 양상에 대해서도 다수의 논고를 통해 검토한 바 있다. 그러나 그 후 동북공정 이후의 중국 측 동향에 대한 관심은 상대적으로 저조하였다.[1]

한국 학계의 동북공정 관련 발해 연구 성과는 크게 세 시기로 나누어 볼 수 있다. 첫째는 동북공정이 국내에 소개된 직후의 시기, 둘째는 동북공정이 종료된 직후의 시기, 셋째는 동북공정 이후의 시기다. 이 글에서는 동북공정을 통한 중국 학계의 발해사 왜곡에 대응하는 국내 학

1 가장 최근의 성과물로는 한국고대사학회 · 동북아역사재단 편(2012), 『중국의 동북공정과 한국고대사』, 주류성을 들 수 있다.

계의 발해사 연구 성과를 주요 쟁점 부분 위주로 살펴보도록 하겠다.

2. 건국자와 주민 구성

먼저 중국 학계에서 강조하는 '별종(別種)'이란 용어는 그 용례상 단순히 정치적인 상하 통속 관계에 있는 집단을 지칭하는 것으로 해석할 수는 없다. 중국 사서의 일반적 용례는 물론이고, 『구당서(舊唐書)』에 "대조영은 본래 고려별종"이라고 한 것에서도 그러하다. '별종'은 기준이 되는 족속과 어떤 종족상의 친연 관계가 있다고 여겨진 -그 면이 사실인지 여부는 별도로 하고- 집단을 지칭하는 용어인 것은 분명하다. 물론 별종이 본족(本族)과 친연 관계를 가지게 된 이유의 하나로 정치적인 상하 통속 관계를 고려할 수도 있다. 그러나 정치적 통속 관계가 반드시 별종 관계를 초래하는 것은 아니며, 별종 관계가 정치적 상하 관계를 동반하는 것도 아니다. 그런 만큼 이 견해는 수긍하기 어렵다.[2]

아울러 발해 건국자와 건국 집단에 관한 기본 사료인 『구당서』·『신당서(新唐書)』·『오대회요(五代會要)』의 기사에는 상호 간에 이동(異同)이 있어 종래부터 이 부분의 해석을 둘러싸고 연구자들 사이에 적지 않은 견해 차이가 있었다. 『구당서』의 기사는 당조(唐朝) 측의 사료에 근거하여 작성되었고, 『오대회요』와 『신당서』의 건국 관계 기사는 모두 9세기

2 노태돈(2003), 「발해국의 주민구성에 대한 연구 현황과 과제」, 『韓國史研究』 122, 292~293쪽.

전반 발해에 사신으로 갔다가 돌아온 장건장(張建章)이 저술한 『발해국기(渤海國記)』 기사의 요약이다. 그러나 『신당서』의 건국 기사만은 사료 계통이 다른 사료를 무비판적으로 결합하여 모순된 내용이 담겼던 것으로 알려져 있다.[3] 따라서 발해 건국자와 건국 주체 세력은 『구당서』의 내용대로 고구려 유민이라고 보아야 한다.

다음으로 발해 주민 구성에서 고구려 유민이 다수를 차지하고 있던 사실에 대해 살펴보겠다. 고구려가 멸망할 당시 호구 수는 69만 7천 호[4]였는데, 호당 평균 5명으로 계산하면 인구는 대략 350만 명이 된다. 고구려 유민이 당으로 끌려간 때는 크게 세 번이다. 첫 번째는 645년 당 태종의 원정이 끝난 후,[5] 두 번째는 669년,[6] 세 번째는 681년이다. 이 중 세 번째 사민(徙民)은 669년에 강제 천사했다가 677년에 보장왕과 함께 요동으로 귀환시켰던 사람들을 다시 옮긴 것이다.[7] 이 외에도 여당전쟁 과정에서 발생한 포로 가운데 상당수도 당 내지(內地)로 끌려갔다. 당은 왕족과 친당파 귀족들, 그 외의 일부 유민만 장안(長安)과 낙양(洛陽)에 안치했고, 나머지 대다수의 유민들은 변경 여러 주의 공한지(空閑地)에 분산·배치했다. 645년에 3,500명, 669년에 대략 19만 1천 명(3만 8,200호)이 끌려갔고, 기타 당으로 끌려간 사람들을 모두 합해도 대략 20만 명 정도로 볼 수 있다. 한편 고구려 유민들은 당 이외에도 신

3 古畑徹(1984), 「渤海建國關係記事の再檢討-中國側史料の基礎的硏究-」, 『朝鮮學報』 113.
4 『舊唐書』 卷39, 지리지.
5 『三國史記』 卷21, 寶藏王上 寶藏王 4년 10월.
6 『舊唐書』 卷5, 總章 2년 5월.
7 『三國史記』 卷22, 寶藏王下 開耀 원년.

라[8]나 돌궐, 일본 등으로 가기도 했지만, 그 수는 미미했다.[9] 따라서 고구려 멸망기의 인구 350만 명 가운데 대부분은 과거 고구려의 영역에 있었을 가능성이 크다.

요컨대 말갈인의 수는 고구려 유민의 수에 비할 바가 안 되었을 것으로 추정되고, 주민 구성에서도 고구려 유민이 압도적 다수를 차지했을 것으로 생각된다. 그러므로 발해의 주민은 고구려계, 즉 고구려 유민으로 보인다.

3. 국가 성격

중국이 발해를 고구려를 계승한 자주국으로 보지 않고 당나라 지방정권의 말갈국으로 보는 근거는 『신당서』에서 발해 건국자를 속말말갈(粟末靺鞨)로 여기며, 건국 세력은 말갈이 다수였다고 하는 것 등에 근거한다.

발해가 고구려를 계승한 왕조인지, 고구려와 다른 말갈국이었는지에 대한 문헌적 근거는 각각 『구당서』와 『신당서』가 대표적이라고 할 수 있는데, 중국 학계는 발해의 주민 구성이 전적으로 말갈이었다고 지지하고 있는 것이다. 자신들의 주장의 합리성을 강조하면서 한편으로는 고구려계가 발해에서 남긴 영향을 무시하거나 축소·왜곡하는 것이

8 『三國史記』 권6, 문무왕 6년 12월.

9 申瀅植(1990), 『統一新羅史研究』, 三知院, 98~99쪽.

일반적이다.[10]

다음으로 발해가 당나라의 지방 정권이었다는 근거로 주장하고 있는 발해의 국호 사용에 대하여 살펴보면, 발해는 개국 이래로 '진국(震國)' 내지는 '발해(渤海)'라는 이름을 쓰고 있었지, 말갈이라는 국호를 사용하지는 않았던 것으로 판단된다. 말갈에서 발해로 국호를 바꾸어 부른 것은 당나라의 현실적 판단에 따른 일방적 외교 행위였다는 것이다.[11]

한편 발해 대조영이 당나라로부터 '홀한주도독(忽汗州都督)'의 책봉을 받은 것으로 기록되어 있는데, 이는 사실로 인정할 수 있다. 대조영을 비롯해서 여러 발해 왕들이 당으로부터 책봉을 받았다. 그러나 발해가 당으로부터 책봉을 받았던 사실이 곧 당나라의 지방 정권이었다는 근거가 될 수 없음은 잘 알려진 사실이다.[12]

조공·책봉이라는 외교 형식은 중화적 세계관의 산물로서, 본래는 중국 내부의 정치질서였지만 중국 황제가 주변 국가의 군장에게 특정한 관작과 물품을 사여함으로써 그의 지위를 공인하여 신속(臣屬)시키는 외교 형식으로 발전한 것이다. 그러므로 책봉·조공은 중외(中外) 관계의 한 유형이며, 중국적 세계질서를 규정하는 하나의 양식으로 이해되고 있다. 특히 남북조와 고구려, 백제가 맺고 있던 책봉·조공 관계에서 알 수 있듯이 구체적인 내용에서는 다양한 층위와 내용으로 구성되

10 중국 학계의 발해의 건국 집단 및 주민 구성에 대한 주장과 비판은 다음 논문 참고. 임상선(2004), 「중국의 발해·고구려사 왜곡의 내용과 문제점」, 『중국의 '동북공정' 그 실체와 허구성』, 고구려연구재단 제1차 국내학술회의 발표요지문.

11 한규철(2004), 「발해의 고구려 역사 계승 문제」, 『韓國古代史硏究』 33, 104쪽.

12 한규철(2004), 위의 논문, 105쪽.

어 있었다고 한다.[13]

발해는 당나라 중심의 국제질서에 편입되어 있었지만, 발해인들이 당나라 빈공과(賓貢科)에 급제하고, 또한 내부적으로도 황제국의 면모를 유지하고 있었다는 점을 보면, 발해가 독립국이 아니고 내부적으로도 단순히 당나라의 일개 지방 정권에 불과하다는 중국 측의 주장은 설득력이 약하다. 발해 문왕은 자신을 대왕(大王), 성인(聖人) 등으로 부르면서 황상(皇上)이라 하고, 일본에 보낸 국서에서 스스로 천손(天孫)임을 자처하기도 하고, 주변의 말갈족을 번국으로 상정하는 등 대외적으로는 당나라의 번국에 속하였으면서도, 내부적으로는 황제국의 질서도 일부 갖추고 있었던 이중적 체제를 유지하고 있었다.[14]

또한 중국 학계의 주장대로 발해가 당의 지방 정권이라면, 신라도 발해와 함께 평로치청절도사와 해운압신라발해양번등사의 관할이었다. 또한 '사익(私謚)', '사개년(私改年)' 등의 기록으로 미루어 볼 때 발해의 중국에 대한 관계는 형식적이었던 것이 분명하다.[15] 따라서 중국 학계에서 발해를 당의 지방 정권이라고 보는 것은 논리가 성립하지 않는다고 할 수 있다.

13 임기환(2003), 「南北朝期 韓中 冊封·朝貢 관계의 성격」, 『韓國古代史研究』 32, 13~52쪽.

14 송기호(1993), 「발해 문왕대의 개혁과 사회변동」, 『韓國古代史研究』 6.

15 임상선(2004), 앞의 글, 163쪽.

4. 문화 성격

1) 발해 문화의 고구려적인 요소

우선 발해 문화 가운데 고구려적인 요소에 대해서는 많은 연구 성과가 있다. 그 가운데 주요한 것을 살펴보면 다음과 같다.

먼저 묘제(墓制)에 대해 말하자면, 발해의 고분은 크게 석실묘(石室墓), 전실묘(塼室墓), 토광묘(土壙墓, 중국의 토갱묘(土坑墓), 토갱수혈묘(土坑竪穴墓))를 들 수 있다. 석실묘는 주로 고구려인이 축조했던 고분들로서, 이것들은 그 구조적인 측면에서 지린(吉林), 옌볜(延邊) 등 중국 동부의 조기(早期) 석관묘의 전통과 지안(集安) 고구려의 적석묘 전통을 계승했다고 한다.[16] 한편 전실묘는 당나라 전통이 많은 묘제로 알려져 있으며, 토광묘는 이른바 말갈 전통이 깊은 묘제로 알려져 있다.[17]

다음으로 무덤 위의 건축에 대해 살펴보겠다. 삼릉둔 1호묘와 하남둔고분에서는 봉토 위에서 주춧돌이 발견되었고, 육정산고분군과 용두산고분군에서는 봉토에서 기와들이 다수 노출되었다. 이러한 방식은 불교가 성행하면서 탑으로 대체되었는데, 정효공주 무덤과 마적달 무덤은 승려의 무덤이 아닌데도 그 위에 벽돌로 만든 탑이 세워져 있었다. 중국 학자들은 이러한 전통이 말갈의 풍속을 계승한 것이라 주장하고 있으나, 그보다는 고구려적인 것으로 보아야 할 것이다. 고구려나

16 손수인(1980), 「略論海林山咀子渤海墓葬的刑制,傳統和文物特徵」, 『中國考古學會第一屆年會論文集(1979)』.

17 한규철(1999), 「古墳文化를 통해 본 渤海國」, 『國史館論叢』 85, 161쪽.

백제 고분에서 기와가 다수 발견되었고, 장군총 정상부에 있는 건물 난간의 흔적 같은 것들이 이를 증명해 준다고 볼 수 있기 때문이다.[18]

셋째로 주거 문화이다. 중국 학계에서 말갈 유지로 보는 헤이룽장성(黑龍江省) 둥닝현(東寧縣) 단결유지(團結遺址)에서 발견된 네 개의 발해 집터가 유명하다. 이곳에서도 온돌 유구가 확인된 바 있다. 그러나 중국 학계에서는 고구려와의 관련성은 전혀 언급하지 않고 있다. 하지만 수많은 고구려 유적과 발해 상경용천부터, 함경남도 오매리 발해 유적, 러시아 연해주의 노보고르데예프카, 스타로렌첸카, 코르사코프카 유적들에서도 온돌이 확인된 바 있다. 고구려에서 계승된 온돌이 발해에서도 발견되고 있다는 점은 발해가 고구려를 계승했다는 사실을 보여준다.[19]

넷째로 성터이다. 고구려 산성의 특징으로는 치(雉), 옹성(甕城), 축성법 등을 들 수 있다. 치는 성벽에 접근하는 적을 일찍 관측하고, 전투할 때 성벽으로 접근하는 적을 정면과 양쪽 측면, 3면에서 공격하여 격퇴할 수 있도록 성벽의 일부를 튀어나오게 한 시설이다. 옹성은 적군의 공격에 직접 드러나지 않게 하고자 성문 바깥에 성벽을 하나 더 붙여 쌓아 면적이 크지 않게 만든 방어용 성벽을 말한다. 고구려 산성의 축성법은 성벽 건축에 돌을 이용한다는 것이 가장 큰 특징이다. 이러한 점들이 발해의 성(城)에도 그대로 면면히 계승되고 있다.[20]

18 송기호(1996), 「발해의 문화와 발해사 인식의 변천」, 『한국사』 10 발해, 211쪽.

19 한규철(1996), 「渤海國의 住民構成」, 『韓國史學報』 창간호; 한규철(2000), 『渤海史의 綜合的 考察』, 고려대학교 민족문화연구원.

20 방학봉(2002), 『발해성곽연구』, 엔벤인민출판사.

2) 발해 문화의 말갈적인 요소

중국 학계에서 발해 문화의 말갈적 요소로 꼽는 대표적인 사례는 관(罐)이다. 이에 대해 왕청리(王承禮)는 헤이룽장성 쑤이빈현의 동인유적은 흑수말갈의 유적임이 확실한데, 이곳에서 출토된 입이 벌어지고 몸통이 긴 관은 지린성 육정산의 초기 발해 고분에서 출토된 도제(陶製)관과 유사하므로 흑수말갈과 속말말갈이 동일한 문화권임을 알 수 있다고 하였다.[21] 그러나 속말말갈과 흑수말갈은 서로의 공통점을 찾기가 쉽지 않다. 오히려 속말말갈은 일찍이 고구려의 주민이 되었듯이 두 집단의 교류가 깊었다고 해야 한다. 또한 동인유적과 육정산을 연결하여 발해가 동인문화기에 연원을 둔다고 설명하는 것은 납득하기 어렵다.[22]

3) 발해 문화의 당 문화적인 요소

전실묘, 즉 벽돌무덤은 당나라로부터 영향을 받은 것으로, 발해 중기 이후에 왕실에서 일부 받아들여졌지만 그 숫자는 많지 않다. 이러한 예로는 정효공주 무덤과 마적달 무덤이 대표적이다. 특히 정효공주 무덤의 벽은 벽돌로 쌓았으면서 천정은 돌로 평행고임을 하여 당나라 양식과 고구려 양식이 결합된 양상을 보여 준다. 이 밖에 상경 부근의 삼릉

21 王承禮(1984), 『渤海簡史』, 黑龍江人民出版社; 송기호 역(1987), 『발해의 역사』, 한림대학교출판부.

22 임상선(2004), 앞의 글, 167쪽.

둔 1호묘는 돌을 벽돌처럼 깎아서 축조하였다.[23]

다음으로는 발해 도성을 들 수 있다. 발해 도성에는 성산자산성과 영승유적 · 상경성(동경성) · 서고성 · 팔련성이 있다. 도성 가운데 가장 대표적인 것이 상경성이다. 상경성은 헤이룽장성 닝안현(寧安縣) 동경성에 위치하고 있다. 이 성은 당나라 장안성을 본떠서 외성(外城) · 궁성(宮城) · 황성(皇城)으로 구성되어 있다. 발해성은 성산자산성과 영승유적처럼 초기에는 평지성과 산성이 결합된 방어체계를 보여 준다. 이는 지안의 환도산성과 국내성의 예에서 볼 수 있듯이 고구려 전통을 계승한 것이다. 그러다가 문왕이 8세기 중반에 상경으로 천도하고 당나라 문화를 적극적으로 받아들이면서 장안성을 모방하여 평지성 중심의 방어체계로 전환하게 된다. 상경성이나 서고성과 팔련성은 이러한 계통에 속한다. 따라서 전체적인 변화 과정을 보면, 발해의 성은 건국 시기에 고구려식을 계승하다가 문왕 시기쯤부터 당나라식으로 전환하였음을 확인할 수 있다.[24]

4) 발해 문화의 기타 요소

발해 문화에서 고구려, 말갈, 당 문화적 요소 외에 다른 요소를 살펴보겠다. 이에 관해서는 샤프꾸노프의 견해가 참고된다. 그는 "발해는 중국 사료에 물길(勿吉) 또는 말갈이라 적혀 있는 퉁구스어 종족인 무크

23 송기호(1996), 앞의 글, 210쪽.

24 주영헌(1966-2), 「발해 중경 현덕부에 대하여」, 『고고민속』, 3쪽.

리가 사회 경제적으로 발전하면서 이룩한 국가이다"라고 정의하면서도, 발해 영토에는 고구려인, 위구르인, 실위인, 소그드인 등 다양한 종족이 살았음을 지적하였다.[25] 이러한 시각은 한·중·일에서 강조하는 당나라적 요소나 고구려적인 요소를 희석시키면서 만주·연해주의 소수민족과 중앙아시아 민족의 역할을 강조하려는 의도로 보인다.[26]

발해에서는 불교 이외에 경교(景敎, 네스토리우스교)와 샤머니즘의 흔적도 보인다. 팔련성 제2절터에서 발견된 삼존불에는 십자가 같은 것을 매단 목걸이가 보이고,[27] 러시아 연해주의 아브리코스 절터에서도 경교 십자가가 새겨진 점토판이 발견되었다.[28] 이들은 발해에 경교가 전래되었을 가능성을 보여 준다고 할 수 있다.

이상에서 발해 문화의 여러 요소에 대해 살펴보았다. 물론 발해 문화에는 고구려 문화를 계승한 것도 있고, 당이나 말갈족 문화 등 여러 문화의 요소가 보이는 것은 사실이다. 중요한 것은 발해 문화의 담당 층이나 중심적인 요소, 즉 매장 문화나 주거 문화 등은 고구려를 계승했다는 점이다. 다른 요소는 부수적인 것이고, 오히려 이는 발해 문화의 다양성이나 개방성을 돋보이게 하는 것이라 할 수 있다.[29]

25 샤프꾸노프 에.웨(1996), 송기호·정석배 역, 『러시아 연해주와 발해 역사』, 민음사, 7·250쪽.
26 宋基豪(2003), 「발해 문화사의 연구 현황과 과제」, 『韓國史硏究』 122, 265쪽.
27 E. V. Shakunov(1985), 송기호 역, 「沿海州의 발해 문화 유적」, 『白山學報』 30·31, 457쪽.
28 E.V. Shavkunov·L.E. Semenichenko(1990), 송기호 역, 「소련 연해주의 발해 문화 연구」, 『韓國史論』 23, 서울대 국사학과, 566~567쪽.
29 윤재운(2004), 「발해문화의 성격」, 『선사와 고대』 21.

5. 발해 도성

지금까지 이루어진 발해의 도성 연구는 크게 천도 문제와 도성 구조에 대한 논의로 나눌 수 있다. 전자는 주로 도성의 입지와 대외적인 관계 속에서 그 원인을 구명하는 데 목적을 둔 것으로, 도성지와 그 주변에 분포하는 유적을 분석하여 영역 지배의 특징, 도성 체제를 도출한 것이다.[30]

발해 5경 가운데 상경, 중경, 동경은 수도로 이용하였고 서경과 남경은 수도가 되지 못하였다. 5경제는 고구려의 5부제와 신라의 5소경 및 백제의 5방제, 그리고 당나라의 5경·5도제 등이 서로 영향을 주고받으면서 발전하였다. 따라서 발해도 넓은 강역을 통치하기 위하여 앞선 다른 왕조의 제도를 본받아 실시하였을 것이지만, 5경제는 당나라보다 앞섰다고 볼 수도 있다는 견해가 있다.[31] 반면에 5부, 5소경의 영향을 받았다기보다는 당나라의 5경·5도를 기본 골격으로 삼았던 것으로 판단하는 연구도 있다.[32] 이와 관련하여 도성의 입지 조건과 교통로와의

30 孫玉良(1983),「渤海遷都淺議」,『北方文物』 3; 임상선(1988),「渤海의 遷都에 대한 考察」,『淸溪史學』 5; 何光岳(1990),「渤海大氏的來源和遷都」,『求索』 2; 방학봉(1992a),「발해의 중경에 관한 몇 가지 문제」,『韓國史學論叢』 上, 水邨朴永錫敎授華甲紀念論叢刊行委員會; 방학봉(1992b),「발해는 무엇 때문에 네 차례나 수도를 옮겼는가」,『于江權兌遠敎授停年紀念論叢』; 酒寄雅志(2001),「渤海の王都と領域支配」,『渤海と古代の日本』, 校倉書房; 송기호(2004),「발해의 천도와 그 배경」,『韓國古代史硏究』 36; 임상선(2006),「발해의 都城體制와 그 특징」,『韓國史學報』 24; 김기섭·김진광(2007),「발해의 상경 건설과 천도」,『韓國古代史硏究』 45; 권은주(2012),『渤海 前期 北方民族 關係史』, 경북대학교 사학과 박사학위논문.

31 한규철 외(2007),『발해 5경과 영역 변천』, 동북아역사재단, 34쪽.

32 송기호(2002),「발해 5경제의 연원과 역할」,『강좌한국고대사』 7, 가락국사적개발연구원,

상관관계를 검토한 연구도 있다.[33] 즉, 발해 도성의 입지 조건은 농경 지역에 대한 통치 기능과 유목 지역에 대한 외교적 정치 기능을 수행하기 유리한 곳이 선택되었고, 이러한 도성의 기능을 원활히 하고자 발해 주변의 모든 세력으로 이어지는 교통로가 설치되었다는 것이다.

이러한 5경의 설치 목적과 그 기능은 정치, 군사적 목적의 도성과 경제, 무역, 문화 교류를 위한 도성도 상정해 볼 수 있으나, 5경 15부 62주의 지방 통치를 고려해 발해 영역에서 골고루 분포시켰을 가능성도 있다. 그리고 5경제의 연원과 요(遼)와 금(金)으로의 계승 관계에 대해서도 더 많은 검토가 필요하다.

5경의 위치에 대해서는 다양한 견해가 제기돼 확실한 비정은 어려우나 조금씩 의견 접근이 이루어지고 있다. 130여 년간 수도였던 상경은 지금의 헤이룽장성 닝안시 발해진(渤海鎭) 지역을 그 옛터로 보는 것이 정설이다. 문왕 초기 수도였던 중경은 소밀성(蘇密城), 둔화, 서고성설 등 여러 설이 있으나, 현재는 서고성설이 정설화되고 있다. 동경은 훈춘의 팔련성에서 도시 구획 자리와 다수의 발해시대 유물이 발견·수습됨으로써 이곳을 옛터로 비정하는 설이 유력하다. 물론 북한에서는 청진 부거리 유적에 주목하여 이곳이 동경이었다고 주장하고 있다. 서경은 지안(集安), 린장(臨江)설 등이 제시되어 린장설이 유력하나 지안에서 린장으로의 이동설을 제시한 경우도 있다.[34] 남경은 함흥, 북청설 등

230쪽.

33 윤재운(2011), 「발해의 5京과 교통로의 기능」, 『한국고대사연구』 63.

34 한규철(1998), 「渤海의 西京鴨綠府研究」, 『한국고대사연구』 14, 393쪽.

각종 설이 제시되었으나 북청설이 유력하다.

한편 네 차례나 단행된 천도의 이유와 그 배경에 대한 연구도 중요하다. 구국(698년)→중경(732년 전후)→상경(756년 무렵)→동경(785년 무렵)→상경(794년)으로 이어지는 천도 이유에 대해서는 정치, 군사, 경제 등 다양한 측면에서 고려되었으나 다소 특이한 주장도 있다. 즉, 발해 전기의 도읍 기간은 동경을 제외하고는 구국, 중경, 상경 모두 30년 정도라는 공통성을 보인다는 것이다. 이에 도읍 기간의 공통성은 특정한 의도 아래 정기적으로 천도를 행하였을 가능성도 배제할 수 없다는 것이다.[35] 하지만 천도 배경은 각 시기의 대내외적인 상황을 종합해 해석할 필요가 있으므로 기간만으로 논하기에는 설득력이 부족하다.

후자는 주로 상경성을 대상으로 하여 발해 도성이 당의 장안성과 중국적 문화 전통을 계승하였다는 것에 초점을 둔 중국 학계의 연구[36]와, 발해 궁전의 계보를 고구려 안학궁에서 찾거나,[37] 문왕 시기 발해의 국가 운영 원리가 반영되었다고 보거나,[38] 상경성의 도시 계획 분석을 통해 황제 도성으로서의 성격을 규명한[39] 한국 학계의 연구로 나누어 볼

35 한규철 외(2007), 앞의 책, 104쪽

36 姜華昌(1988), 「渤海上京龍泉府與唐長安城建築布局的比較」, 『北方文物』 2; 魏存成(2004), 「渤海都城的布局發展及其與隋唐長安城的關係」, 『邊疆考古研究』 2.

37 양정석(2008), 『韓國 古代 正殿의 系譜와 都城制』, 서경; 양정석(2009), 「空簡構造를 통해 본 新羅의 五小京과 渤海의 五京」, 『역사와 담론』 53; 양정석(2010), 「渤海 宮闕構造의 系譜에 대한 檢討」, 『역사와 담론』 56, 호서사학회.

38 김진광(2010), 「서고성의 궁전배치를 통해 본 발해 도성제의 변화」, 『高句麗渤海研究』 38; 김진광(2012a), 「발해 도성의 구조와 형성과정에 대한 고찰」, 『문화재』 45-2; 김진광(2012b), 『발해 문왕대의 지배체제 연구』, 박문사.

39 정석배(2013), 「발해 상경성의 도시계획: 황제도성으로서의 발해 상경도성」, 『고구려발해

수 있다.

발해 도성의 형성 과정을 고찰할 때 가장 중요한 대상은 상경성이다. 상경성은 바둑판식 좌우 대칭 구조로서, 궁성-황성-외성의 3중성 구조를 지닌 도성이다. 발해뿐만 아니라 동아시아에서 가장 전범적인 도성 구조를 지니고 있기 때문에, 상경성의 축조 시기가 더욱 주목된다고 할 수 있다.

상경성 조영 시기와 관련하여 현재 확인되는 구조는 문왕, 성왕·강왕, 선왕(대인수) 시기에 궁성·황성·외성으로 발전했다는 3단계 발전설,[40] 외조·중조·내조 등 당나라의 삼조제를 받아들이면서 현재와 같은 규모를 갖추게 되었다는 설,[41] 발해의 건축 형태에 말갈의 가옥 구조를 부각시켜 중원의 영향력을 과대 포장함으로써 발해 자체의 문화나 고구려적 문화의 영향을 축소시키려는 설[42] 등이 있다.

발해 상경성 보고서에 따르면, 기본적으로 상경성 1·2호 궁전과 3·4호 궁전의 계보를 나누어서, 3·4호 궁전은 원래 발해의 궁전 인식에 따라 만들어진 초기 모습으로, 1·2호 궁전은 당의 영향을 받아 확대된 것으로 이해한다. 이는 기존 중국 학계의 발해 도성 변천 과정에

연구』 45; 이병건(2013), 「발해 상경성의 건축 조영과 형식」, 『고구려발해연구』 45.

40 劉曉東·魏存成(1987), 「渤海上京城舊營築造時序與刑制淵源硏究」, 『中國考古學會第六次年會文集』, 579~581쪽; 秋山日出雄(1988), 「古代宮室發展段階の初步的硏究-渤海諸宮を手掛りとして-」, 『橿原考古學硏究所論集』 9, 吉川弘文館, 625~626쪽; 김종복(2003), 「발해상경성의 구조」, 『한국의 도성: 都城造營의 傳統』, 서울시립대 서울학연구소, 123쪽; 魏存成(2004), 앞의 논문, 287~289쪽.

41 趙虹光(2010), 「渤海上京城硏究補遺」, 『北方文物』 4, 北方文物雜誌社; 劉曉東(2006), 『渤海文化硏究』, 黑龍江人民出版社.

42 李强(2007), 「勿吉과 발해의 '塚上作屋'에 대한 초보적 인식」, 『고구려연구』 26.

대한 인식[43]이 타당함을 고고학적인 성과를 바탕으로 논증한 것이라고 할 수 있다. 최근에는 한국에서도 이러한 성과를 바탕으로 상경성을 이해한 연구[44]가 나오고 있다.

이와 관련하여 중국 학자들은 상경성 궁성 1·2·3호 궁전을 『주례(周禮)』의 삼조제도(三朝制度)에 따라 축조된 것으로 이해한다. 『주례』에 따르면 왕궁을 내조·중조·외조로 구분하는데, 내조는 천자가 휴식하는 곳이고, 중조는 천자가 직접 정사를 보는 곳이며, 외조는 군신들이 정사를 의논하는 곳이다. 이러한 삼조제에는 세 가지 유형이 있는데, 하나는 수당(隋唐) 장안성의 태극궁(太極宮) 모델이고, 다른 하나는 태극궁과 대명궁(大明宮)의 조합 모델이며, 또 다른 하나는 대명궁 모델이다. 첫 번째는 승천문(承天門)-태극전(太極殿)-양의전(兩儀殿)을 상경성 궁성 남문-2호 궁전-3호 궁전에,[45] 두 번째는 상경성 1호 궁전-2호 궁전-3·4호 궁전에,[46] 세 번째는 대명궁의 함원전(含元殿)-선정전(宣政殿)-자신전(紫宸殿)을 상경성 1호 궁전-2호 궁전-3호 궁전에 해당하는 것[47]으로 본다.

이와 같은 보고서의 견해는 내성의 구조적 유사성에 주목해 서고성→상경성→팔련성으로의 발전을 염두에 둔 것이다. 이는 이른바 발해 도성의 단계적 조영설을 상경성·서고성을 통해 증명한 것이라 할 수

43 劉曉東·魏存成(1991), 「渤海上京城主體格局的演變」, 『北方文物』 1.

44 김종복(2003), 앞의 논문.

45 劉曉東·李陣奇(2006), 「渤海上京城三朝制建制的探索」, 『北方文物』 11.魏存成(2004), 앞의 논문, 294쪽.

46 魏存成(2004), 앞의 논문, 294쪽.

47 趙虹光(2009), 「渤海上京城宮殿建制研究」, 『邊疆考古研究』 8, 184~185쪽.

있다. 단계적 조영설[48]에 따르면, 상경성의 조영은 3단계에 걸쳐 이루어졌다고 한다. 제1기(문왕 시기)에 궁성과 궁성 내의 3·4·5호 궁전이, 제2기(성왕과 강왕 시기)에 궁성과 황성을 포함한 내성 부분이, 제3기(대인수와 대이진 시기)에 1·2호 궁전, 궁성 남문, 그리고 외성을 포함한 전체가 각각 건설되었다는 것이다.

이러한 단계적 조영설은 서고성과 팔련성의 내성이 상경성 3·4·5호 궁전 구역의 건축 구조와 같은 데 착안한 도성의 평면에 근거한 분석으로, 고고학적인 근거에 의한 분석이 아니어서 입론의 근거가 부족하다. 나아가 상경성 축조 당시에 축조 계획이 이미 존재했을 것으로 보인다.[49] 그 근거로 '경외매장(京外埋葬)'을 들 수 있다.[50] 상경성이 위치하는 무단장(牡丹江)의 동안과 남안에서는 아직 발해시대 무덤이 발견된 바가 없다. 발해 무덤은 모두 무단장 건너편인 서안과 북안에만 분포한다. 삼령둔고분군, 대주둔고분군, 동연화고분군, 홍준어장고분군 등이 모두 그러하다. 따라서 고분군이 발견된 곳은 도성 밖이고, 상경성은 축조 초기부터 지금과 같은 규모의 계획이 이루어졌음을 보여 준다.

물론 발해 상경성은 수·당의 장안성 및 일본의 중세 도성들과 유사한 점이 많다. 예컨대 궁성을 가장 북쪽 가운데에 배치한 점, 남북 방향의 중심 도로를 기준으로 외성 내부를 동구와 서구로 구분하고 있는 점, 외성 내부를 종횡의 도로를 통해 일정 면적의 방으로 구획하고 있는 점 등

48 劉曉東·魏存成(1991), 앞의 논문.

49 김진광(2010), 앞의 논문.

50 김진광(2012b), 앞의 논문, 212~220쪽.

이다. 그러나 상경성의 궁전 배치 현상이 장안성의 태극궁이나 대명궁과 일정한 차이가 있다는 점, '경외매장'을 통해 상경성의 도시 계획이 존재했다는 점을 보았을 때 재검토되어야 한다고 생각된다.

발해는 천손(天孫)의식을 가진 동북아시아의 패자로서 천하에 그 위엄을 드러낼 수 있는 도성을 만들고자 하였다. 그리하여 고구려의 도성과 수·당의 도성을 연구하고, 일본의 도성도 참고하여 도성 계획을 수립하였다. 발해가 상경성의 전체 구도와 구획에서 수·당의 장안성을 참고한 것은 황제국의 위상을 보여 주기 위함이었고, 궁전의 배치를 고구려의 안학궁 궁전처럼 한 것은 천손으로서의 고구려 계승의식을 보여 주기 위한 것이었다.[51]

6. 맺음말

이상에서 한국 학계의 동북공정 관련 발해사 연구 성과를 간단히 살펴보았다. 전체적으로 보아 동북공정이 알려진 시기의 연구, 동북공정이 종료된 직후, 그리고 동북공정 이후의 연구로 크게 나누어 볼 수 있었다.

한국사 입장에서 볼 때 동북공정의 핵심은 고구려를 중국사로 파악하려는 일부 학자들의 견해를 국가가 공식적으로 천명함으로써 고조선-부여-고구려-발해로 이어지는 한국사의 흐름을 부정하였다는 데

51 윤재운(2013), 「발해 도성의 의례공간과 왕권의 위상」, 『한국고대사연구』 71.

있다고 할 수 있다. 대체로 1980년대까지 한중 학계는 발해의 건국 주체를 각각 고구려 유민과 말갈족으로만 파악하고 자설의 역점은 외면하는 경향이 강했다.

이에 대한 반성으로 그 후 한국 학계에서는 발해사의 말갈적 요소를 인정하고 합리적으로 해석하려는 연구가 나타나기 시작하였다. 마찬가지로 중국 학계 역시 남북한의 연구 성과를 마냥 부정할 수만은 없었다. 따라서 발해와 마찬가지로 한반도와 중국 동북 지방에 걸쳐 있던 고구려만 한국사로 파악하는 논리적 모순이 중국으로 하여금 동북공정을 실시케 하는 하나의 배경이 되었다고 할 수 있다.

동북공정에 대응하기 위해서는 발해사뿐만 아니라 한국사의 정체성 확립을 위한 여러 노력이 필요하고, 이를 위해 가장 시급한 것은 연구자 양성이다. 발해사 전공자는 한국 내에서도 소수이며, 동북아역사재단 같은 기관이 연구의 허브로서 신진 연구자 양성과 지원에 적극 나서야 한다고 생각한다.

1.4. 한국 학계의 요·금·원·명·청 시기 한중 관계 및 북방사 연구 성과

고명수 • 충남대학교 사학과 교수

1. 한중 관계

최근 20년간 국내에서 발표된 거란-고려 관계에 관한 연구 성과물은 많지 않다. 그러나 종래 고려 측 자료에만 의존하여 연구를 진행했던 데 비해 최근 거란, 송 측의 사료를 광범위하게 활용하여 연구 시야를 대폭 확대한 논문들이 제출되었다는 사실이 주목된다. 또한 비록 희소하지만 중국사를 전공하는 연구자들이 양국 관계에 눈을 돌려 연구를 진행하기 시작한 점도 고무적인 현상이다. 주요 연구 성과물을 소개하면 다음과 같다.

이미지는 1차 거란-고려 간 전쟁이 끝난 후 양국 사이에 타결된 지계획정(地界劃定)에 주목하여 그 성립 배경과 과정을 살피고 그것이 향후 양국 사이에 국경 분쟁이 일어났을 때 고려의 협상 카드로 활용되어 상당한 효력을 발휘했음을 밝혔다.[1] 허인욱은 양측의 관련 사료를 광

1 이미지(2008), 「고려 성종대 地界劃定의 성립과 그 외교적 의미」, 『한국중세사연구』 24.

범위하게 검토한 바탕 위에 양국의 1차 전쟁 종결 후 고려의 영역에 대한 거란의 역사인식 변화 과정을 분석하여 거란 역시 고려의 고구려 계승의식을 점차 공유하여 한반도 북부에 대한 고려의 영향력을 인정했음을 규명했다.[2] 육정임은 10세기 말부터 30여 년간 진행된 고려-거란 전쟁의 배경, 과정, 영향을 동아시아 전체를 포괄하는 거시적 시야에서 상세하게 고찰하여 그 전쟁이 거란이 중심에 있는 새로운 동아시아 국제질서의 출현을 알리는 상징적 사건이라는 의미를 도출했다.[3] 최덕환은 993년 양국이 대규모 전쟁을 겪고 화친에 도달한 배경에 여진 문제가 깊이 개재하고 있다는 사실에 주목하여 전쟁 이전 양국의 여진 정책을 자세히 살피고 전쟁 후 양국이 공유하던 여진 문제를 해결하는 방향으로 합의가 이루어졌음을 밝혔다.[4] 이승민은 10세기 송과 거란이 동아시아 국제질서를 개편한 후 하생신사(賀生辰使)가 국가 간 외교 관계를 매개하는 중요한 사절로 등장했음에 주목하고, 그것이 거란-고려 관계에도 적용되어 거란이 고려에 파견한 하생신사가 양국 관계를 돈독히 유지하고 송-고려 간 접촉을 차단하는 데 유효하게 작용했음을 밝혔다.[5] 윤영인은 고려-거란 관계가 적대적이었고 고려가 거란을 문화적으로 저열한 이적(夷狄)으로 인식했다는 점을 근거로 양국 간 문화 교류가 거의 이루어지지 않았다는 통념에 의문을 제기하고 최근 활발

2 허인욱(2008), 「高麗의 歷史繼承에 대한 契丹의 認識變化와 領土問題」, 『한국중세사연구』 24.

3 육정임(2011), 「고려 · 거란 '30년 전쟁'과 동아시아 국제질서」, 『동북아역사논총』 34.

4 최덕환(2012), 「993년 고려-거란 간 갈등 및 여진 문제」, 『역사와 현실』 85.

5 이승민(2013), 「10~12세기 賀生辰使 파견과 고려-거란 관계」, 『역사와 현실』 89.

하게 진행되고 있는 여러 고고학적 발굴 사례를 통해 양국 간 문화 교류가 적잖게 이루어졌음을 규명했다.[6]

요대(遼代) 한중 관계와 마찬가지로 최근 발표된 금대(金代) 한중 관계를 다룬 연구 성과물 역시 많지 않다. 그러나 종래 고려 측 사료를 주로 활용하던 경향에서 벗어나 송·요·금의 사료를 광범위하게 활용하여 동아시아 전체를 포괄하는 구도에서 금-고려 관계를 조망한 논문들이 제출되었다는 점에서 상당한 진전이 있었다고 평가된다. 또한 해외 학계의 성과를 섭렵한 동양사 연구자의 연구 참여가 활발해졌다는 점도 눈에 띈다. 주요 성과를 소개하면 다음과 같다.

이석현은 책봉 문제를 중심으로 양국의 외교 관계를 고찰하여 그 시기 책봉이 양국 간 힘의 우위가 전제된 외교관계 정립의 중요한 형식이며 국제정세의 변화에 따라 시행되거나 시행되지 않는 가변적 외교 행위였음을 규명했다.[7] 조복현은 12세기 전반 격동하는 국제정세 속에서 진행된 양국 간 전쟁·외교를 조망하여 고려가 국제정세의 실태·향배를 정확하게 파악하고 그 바탕 위에 금과 능동적으로 교섭하여 여러 외교적 실리를 거두었음을 밝혔다.[8] 박윤미도 12세기 전반 국제정세 속에서 양국의 외교 관계를 고찰하여 금에 대한 고려의 외교적 선택과 몇 차례 변화를 거쳐 정립된 양국 관계의 형태가 당시의 국제정세와 밀접하게 연관되었음을 밝혔다.[9] 김순자는 12세기 금 건국 이전부터 양국

6 윤영인(2014), 「고려전기 대거란관계와 북방문화의 영향」, 『동양문화연구』 19.
7 이석현(2008), 「麗金 外交關係의 성립과 성격: 冊封問題를 중심으로」, 『중국학보』 57.
8 조복현(2011), 「12세기 초 국제정세와 麗金 간의 전쟁과 외교」, 『동북아역사논총』 34.
9 박윤미(2011), 「12세기 전반기의 국제정세와 고려-금 관계 정립」, 『사학연구』 104.

관계가 정립될 때까지 장기간 진행되었던 여진(금)-고려 간 영토 분쟁 과정을 양국의 외교 관계와 연계하여 살피고 그것이 고려가 금을 상대로 발휘한 외교력의 결과였음을 밝혔다.[10] 이정훈은 양국 관계가 과거 송·요-고려 관계보다 더욱 엄격한 형태로 정립되었음을 지적하고 고려가 동문원(同文院)을 설치하여 금에 대한 외교를 전담하는 관서로 활용했음을 규명하고 그 기능, 존속 기간, 담당 관원 등을 분석했다.[11] 김성규는 금-고려 관계에서 중요한 현안으로 등장했던 서표(誓表) 문제에 주목하여 동아시아 외교 전통에서 서표의 의미와 이에 대한 양국의 입장을 살피고 그 바탕 위에 양국 간 서표 문제가 발생하고 매듭지어지는 과정을 고찰했다.[12]

요·금대와 달리 원대(元代) 한중 관계는 최근 학계에서 연구가 활발히 진행되고 많은 성과물이 산출되는 분야다. 몽원사(蒙元史) 연구가 활성화되고 신진 연구자가 다수 배출되는 현상이 크게 작용한 결과라고 생각된다. 특히 원조(元朝)를 중국의 한 왕조가 아니라 몽골제국의 연장으로 보는 관점의 전환이 이루어지는 현실에서 양국 관계를 새롭게 조망하는 연구가 활발히 진행되고 그 열기는 당분간 지속되리라고 예상된다. 주요 성과를 소개하면 다음과 같다.

김호동은 1260년 쿠빌라이와 아릭부케의 카안(Qa'an)위 계승 분쟁을 계기로 몽골제국의 구조가 일변했음을 지적하고, 이에 따라 속국의 위

10 김순자(2012), 「12세기 고려와 여진·금(金)의 영토분쟁과 대응」, 『역사와 현실』 83.

11 이정훈(2015), 「고려시대 금과의 대외 관계와 同文院」, 『사학연구』 119.

12 김성규(2016), 「여·금의 국교 수립과 '誓表' 문제」, 『한국사연구』 173.

치에 있던 고려가 왕실 통혼을 통해 속령(屬領)의 성격이 부가되었음을 강조하면서 그러한 고려의 이중적 지위가 양국 관계의 특징을 나타낸다고 보았다.[13] 이개석은 양국 관계에 관한 여러 연구 시각을 종합적으로 검토하여 그 문제점과 한계를 지적하고 새로운 분석 틀로서 고려 국왕의 행성 승상, 부마, 고려 국왕 측면을 복합적으로 다루고 사회 문화적 통로와 법제적 수단에 의한 지배 측면을 고려할 것을 제의했다.[14] 이익주는 양국 관계에서 보이는 책봉-조공 관계 요소와 그 이외의 요소를 분석하여 양국 관계에 두 성격이 모두 존재했음을 인정하고 책봉-조공 관계 개념을 재정의함으로써 양국 관계가 그 범주에 들 수 있다고 주장했다.[15] 윤은숙은 양국 관계를 책봉-조공 관계로 바라보는 중국 학계의 시각을 형제 맹약, 책봉, 왕실 통혼의 측면에서 비판하고 유목적 성격을 보유한 몽골과 실용적 외교를 추구하는 고려의 관계가 중국적 세계질서와 무관하게 다양한 형태로 변화했다고 주장했다.[16] 최윤정은 고려 국왕이 몽골과 적극적·능동적으로 교섭하여 부마와 승상 지위를 획득했음을 지적하고, 그것이 몽골의 세계질서 아래 고려가 정치·문화적 독자성을 유지한 요인이 되었다고 보았다.[17] 고명수는 '복속'에 대

13 김호동(2007), 『몽골제국과 고려』, 서울대학교출판부.

14 이개석(2007), 「大蒙古國-高麗 關係 연구의 재검토」, 『사학연구』 88.

15 이익주(2011), 「고려-몽골관계에서 보이는 책봉-조공관계 요소의 탐색」, 『13~14세기 고려-몽골관계 탐구』(동북아역사재단·경북대학교 한중교류연구원 엮음), 동북아역사재단.

16 윤은숙(2012), 「여·몽 관계의 성격과 동아시아의 국제관계: 중국 학계의 '책봉과 조공' 관계 연구의 한계와 문제점을 중심으로」, 『동북아역사논총』 35.

17 최윤정(2013), 「駙馬國王과 國王丞相: 13-14세기 麗元관계와 고려왕조 國體 보존 문제 이해를 위한 새로운 모색」, 『대구사학』 111.

한 몽골 지배층의 인식과 그에 입각한 대외 정책이 고려에도 시행되었음을 확인하고, 고려가 그러한 몽골의 복속 인식을 활용하여 솔선귀부(率先歸附) 인식을 생산함으로써 몽골에 대한 외교적 수단으로 활용했음을 밝혔다.[18] 권용철은 양국의 정국을 포괄하는 거시적 구도에서 고려 충혜왕의 즉위, 복위, 폐위의 배경·과정·원인을 분석하여 그것이 몽골의 권력 구도 변화와 밀접하게 연관되었음을 규명했다.[19]

명대 한중 관계에 관한 논문은 지금까지도 꾸준히 생산되고 있다. 한국사뿐 아니라 동양사를 전공하는 연구자들의 참여가 활발하고 한중 간에 걸친 다양한 사료와 2차 자료의 활용도 충분히 이루어지고 있다. 그러나 300여 년에 걸친 명-조선 관계가 지극히 안정되었던 탓인지 모르겠으나 대체로 연구가 격동의 시대인 원명 교체기나 명청 교체기에 집중된 사실은 개선되어야 할 점이다. 주요 연구 성과를 소개하면 다음과 같다.

권인용은 명 중기 종계변무(宗系辨誣)를 위해 대(對)명 사행을 다녀왔던 권벌(權橃)이 남긴 사행록인 『조천록(朝天錄)』을 분석하여 그의 외교 활동이 명 황제의 칙서를 받아내는 성과를 거두었으나 정확한 정보 획득을 통해 『대명회전(大明會典)』 수찬 시기를 예단하지 못했다는 점에서 실패했다고 평가했다.[20] 김경록은 명 초기 홍무제의 조공 제도에 입각한 동아시아 국제질서 구상, 고려와 조선에 대한 인식의 변화 과정, 이

18 고명수(2014), 「몽골의 '복속' 인식과 蒙麗관계」, 『한국사학보』 55.

19 권용철(2014), 「大元帝國 末期 政局과 고려 충혜왕의 즉위, 복위, 폐위」, 『한국사학보』 56.

20 권인용(2005), 「明中期 朝鮮의 宗系辨誣와 對明外交: 權橃의 『朝天錄』을 中心으로」, 『명청사연구』 24.

에 바탕을 두고 시행한 다양한 형태의 대외 정책을 살피고 이에 대해 고려·조선이 유연한 외교 정책으로 대응했음을 밝혔다.[21] 계승범은 조선왕조 장구성(長久性)의 요인에 관한 종래의 학설을 비판하고 그것을 내부적으로 사족 지배 구조, 외부적으로 동아시아에서 전통적으로 지속되어 온 힘의 균형과 이를 가능케 한 조공-책봉체제의 효과에서 찾았다.[22] 정동훈은 명 초기 고려·조선에 파견된 사신 선발의 특징을 동시기 다른 지역으로 파견된 사신의 선발과 비교하여 그 시기 양국 관계가 원대 국제질서의 유산을 계승하는 일부이면서 동시에 새로운 방식으로 조직된 첫 번째 사례이자 전거가 되었음을 규명했다.[23] 임상훈은 명 초기 홍무제가 고려에 대해 군마(軍馬)를 강요한 의도를 분석하여 그것이 고려를 압박하여 북원(北元)과의 관계를 단절시키고 한편으로 고려의 군사 위협 정도를 낮추기 위한 목적에서 비롯되었고 일정한 성과를 거두었다고 보았다.[24] 한명기는 명청 교체 시기 조선-명-후금 간에 치열하게 전개되었던 외교 관계를 고찰하여 그것이 동아시아 국제정세와 밀접하게 연관되었고 향후 각국의 대외 정책에 큰 영향을 미쳤음을 밝혔다.[25]

청대 한중 관계는 사료의 풍부함으로 말미암아 지금까지도 활발한 연구가 이루어지는 분야다. 특히 동양사 전공자들의 연구 참여가 두드

21 김경록(2011), 「麗末鮮初 洪武帝의 高麗·朝鮮 認識과 外交關係」, 『명청사연구』 35.

22 계승범(2012), 「조선왕조의 長久性과 한중관계」, 『명청사연구』 38.

23 정동훈(2013), 「명초 국제질서의 재편과 고려의 위상: 홍무 연간 명의 사신 인선을 중심으로」, 『역사와 현실』 89.

24 임상훈(2015), 「明初 洪武帝의 말 强要와 麗明關係」, 『중국사연구』 99.

25 한명기(2017), 「明清交替 시기 朝中關係의 추이」, 『동양사학연구』 140.

러지고 해외 학계의 연구 성과도 충분히 활용되고 있다. 특히 오늘날 청조를 전통 중국 왕조의 계승 국가가 아니라 내륙아시아 유목 국가의 연장으로 보는 시각의 전환이 이루어지고 있는데, 그러한 연구 경향이 청-조선 관계를 새로운 시각으로 조망하는 연구를 추동하고 있다. 주요 연구 성과를 소개하면 다음과 같다.

구범진은 청대 조선으로 파견된 사신의 관직·종족을 분석하여 여기에 일관되게 한인(漢人)이 배제되었음을 밝히고, 그것이 청이 조선을 입관 후 계승한 '대명질서(大明秩序)'가 아니라 그 이전 무력 사용을 통해 구축한 '대청질서(大清秩序)'에 속한 공간의 일부로 인식했기 때문이라고 보았다.[26] 송미령은 후금 천총(天聰) 연간(1627~1636) 정권 내부의 권력 관계 변화, 군주 홍타이지의 권력 강화 과정을 고찰하고 그것이 조선에 대한 정책을 결정하는 데 큰 영향을 미쳤다고 보았다. 이를 통해 그 시기 후금의 조선 정책이 정권의 내부 동향과 밀접하게 연관되었음을 규명했다.[27] 김선민은 청-조선 조공 관계에서 동북 변경이 갖는 정치·경제적 의미를 살피고 조공 관계를 매개로 그곳에서 번성한 변경무역을 고찰하여 동북 변경이 양국의 국경이 허물어지고 활발한 소통·교류가 가능한 변경지대로 변모했음을 보여 주었다.[28] 이영옥은 청-조선 관계에 관한 양국의 역사 기록과 서술을 전쟁과 조공 관계 측면에서 분석하여 그것이 지극히 편의적(자국 중심)으로 기록·서술되었

26 구범진(2008), 「淸의 朝鮮使行 人選과 '大淸帝國體制'」, 『인문논총』 59.

27 송미령(2008), 「天聰年間(1627-1636年) 支配體制의 確立過程과 朝先政策」, 『중국사연구』 54.

28 김선민(2009), 「欄頭: 청-조선 조공관계의 변경적 측면」, 『대구사학』 96.

음을 지적하고 역사적 사실에 대한 오해와 오늘날 한중 간 갈등을 초래할 수 있으므로 반드시 극복되어야 한다고 주장했다.[29] 홍성구는 17세기 중엽 청의 입관부터 말기 반청 세력을 일소하고 중국 지배를 확립할 때까지의 기간 중 청-조선 관계의 변화 과정을 정치·외교와 경제의 측면에서 고찰하고, 17세기에 비로소 성취된 양국 관계의 안정이 이후 장기간 이어지는 화평 관계의 기반이 되었다고 보았다.[30] 정혜중은 청-조선 관계가 가장 안정적이었다고 일컬어지는 18세기 양국 간 교류를 정치외교, 사행(使行) 교류, 경제·문화 교류 측면에서 살피고 그러한 교류의 양상이 청을 왕래한 수많은 조선의 사신이 남긴 연행록에 반영되었음을 지적하면서 그 사료적 가치를 높이 평가했다.[31]

2. 북방사

최근 20년간 요대 북방사에 관한 연구는 거의 진행되지 못했다. 국내 학계에는 이에 관한 전문가가 부재하여 스스로 연구자를 양성할 수 없고 해외에서 수학하고 돌아온 전공자도 찾아보기 어려운 실정이다. 그러므로 우리 학계에서 북방사에 관한 연구 기반을 견실하게 갖추기 위해서는 하루속히 이 분야에 관한 전문 연구자를 양성 또는 영입해야

29 이영옥(2012), 「조청관계에 대한 편의적 이해 사례」, 『동북아역사논총』 35.

30 홍성구(2017), 「청질서의 성립과 조청관계의 안정화: 1644~1700」, 『동양사학연구』 140.

31 정혜중(2017), 「18세기 滿洲族 淸과 朝鮮의 交流」, 『동양사학연구』 140.

한다. 이 같은 침체된 분위기에도 불구하고 주목할 만한 논문이 몇 편이 발표되었는데 이를 소개하면 다음과 같다.

유빛나는 거란 건국 초기 즉 태조·태종 시기 거란의 성장 과정·양상을 조망하여 거란의 급속한 성장으로 인해 그들에 대한 주변 나라와 민족의 인식이 변화하고 거란의 국제적 위상이 제고되어 10세기 동아시아 세계에서 다원적 국제질서가 성립되는 초석을 마련했다고 보았다.[32] 임상선은 유목 민족의 전통이 반영된 요대 알로타(斡魯朶)를 궁주(宮主)와 명칭 측면에서 분석하여 그 시기 황제뿐 아니라 황후·관료들도 알로타를 보유했고 알로타의 명칭이 궁주뿐 아니라 이전 혹은 이후의 다른 인물과 연관된 경우가 존재했음을 밝혔다.[33] 나영남은 요대 거란의 부족 제도를 건국 전후 시기의 변천 과정, 분류, 조직, 역할 측면에서 분석하여 부족 제도가 거란 정권이 중앙집권화를 달성하고 유목적 정체성을 유지하는 데 긍정적으로 작용했다고 진단하고 그것이 거란이 210여 년간 장구히 유지된 요인이 되었다고 보았다.[34]

금대 북방사에 관한 연구 역시 요대와 마찬가지로 열악함을 극복하지 못하고 있다. 금사를 전공하는 전문가가 부재하여 후학을 양성할 만한 기반이 전혀 갖추어지지 않은 실정이다. 최근 몇몇 성과물이 발표되었으나 모두 송사·원사 전공자들이 연구 범위를 확대하여 작성한 논문이다. 금나라는 정복 왕조 최초로 화북 전체를 장기간 점령·지배했

32 유빛나(2014), 「초기 거란의 성장과 국제적 위상: 태조·태종시기(907~947)를 중심으로」, 『만주연구』 17.

33 임상선(2014), 「遼代 斡魯朶의 宮主와 그 名稱」, 『동양사학연구』 128.

34 나영남(2015), 「遼代 部族制度의 樣相과 그 性格」, 『동양사학연구』 131.

을 뿐 아니라 고려와도 밀접한 관계를 맺었던 왕조다. 북방사 연구 체계를 제대로 갖추기 위해 이에 관한 전문가 양성이 시급하다. 최근에 발표된 주요 성과를 소개하면 다음과 같다.

이성호는 금 희종의 개혁 정치와 통치체제 개편을 고찰하여 그가 여진 고유의 정치 제도인 보길레(勃極烈) 제도를 폐지하고 중국식 제도를 수용하여 삼성체제(三省體制)를 수립했으며 분권적 경향의 황실귀족 발호를 제압하여 대제국을 지탱할 수 있는 중앙집권적 통치체제를 구축했음을 밝혔다.[35] 김성규는 『금사(金史)』 「예지(禮志)」의 「외국사입견의(外國使入見儀)」, 「곡연의(曲宴儀)」, 「조사의(朝辭儀)」를 분석하여 금이 송, 고려, 서하 등 외국에서 온 조공사신을 대하는 예법 절차를 재구성하고 여기에 동아시아를 제패한 금 지배층의 자신감·우월감과 소위 예제패권주의(禮制覇權主義)가 반영되었다고 주장했다.[36] 박원길은 금의 북방 방어선과 타타르부를 고찰하여 양자가 밀접한 관계를 맺었고 칭기즈 칸에 의해 타타르부가 절멸되면서 금의 북방 방어선이 붕괴한 결과 동아시아에서 격렬한 정치적 파란이 일어났다고 보았다.[37] 조복현은 금대 명군으로 평가받는 세종과 그의 대정지치(大定之治)에 관한 통상적 평가를 재검토하여 그의 검소함과 의욕적인 인재 등용이 부족한 정통성을 보완하기 위한 것이고, 여진위본(女眞爲本) 정책도 중국 문화의 장점을 받아들이면서 여진의 전통을 보호하기 위해 시행한 것이라는 견

35 이성호(2006), 「金 熙宗代의 개혁 정치와 통치체제의 개편」, 『상명사학』 10·11·12.

36 김성규(2013), 「金朝의 '禮制覇權主義'에 대하여: 「外國使入見儀」의 분석을 중심으로」, 『중국사연구』 86.

37 박원길(2013), 「금나라의 북방방어선과 타타르부」, 『몽골학』 35.

해를 피력했다.[38]

최근 20여 년간 국내 원대 북방사 연구는 괄목할 만한 성장을 이루었다. 연구자 수가 꾸준히 증가하고 특히 해외에서 수학한 전공자들이 다수 가세하여 연구에 활력을 불어넣고 있다. 특히 새로운 사료의 발굴로 말미암아 원조를 한화된 중국 왕조가 아니라 유목적 정체성을 보전한 몽골제국의 연장으로 보는 시각의 전환이 이루어짐에 따라 다양한 관련 분야에서 연구가 활발히 진행되고 있다. 이에 따라 그동안 성과물도 방대하게 축적되었는데 대표적 업적을 소개하면 다음과 같다.

윤은숙은 몽골제국 초기 우구데이-톨루이 가문 간 제위 계승 분쟁과 그로 인해 발생한 옷치긴의 군사 행동을 고찰하여 칭기즈칸 사후 몽골 황족들 사이에서 지속적으로 계승 분쟁이 발생했고 이에 옷치긴 가문이 유력 후보자를 지원하면서 꾸준히 세력을 확장했음을 지적했다.[39] 최윤정은 몽골이 동북지역(만주)을 장악하는 과정에서 요양행성(遼陽行省) 건치(建置) 실태와 그 치소, 관할 범위를 고찰하여 그 과정을 '나얀의 반란'이 일어난 원인을 규명하기 위한 전제로만 보는 경향을 비판하고 몽골의 일반적인 행성 건치 흐름과 조응하면서 진행되었다고 주장했다.[40] 고명수는 탈중국적 관점에서 쿠빌라이의 대도(大都) 건설과 그곳을 중심으로 구축된 광범위한 역참 교통 체계를 고찰하여 이제까지 몽

38 조복현(2017), 「金 世宗과 그의 大定之治에 대한 평가에 관하여」, 『동양사학연구』 138.

39 윤은숙(2007), 「몽골제국 초기 帝位 계승 분쟁: 옷치긴의 군사행동을 중심으로」, 『몽골학』 23.

40 최윤정(2010), 「원대 동북지배와 요양행성: 행성 건치 과정과 치소 문제를 중심으로」, 『동양사학연구』 110.

골 한화의 지표로 인식되어 온 대도 건설의 의의를 몽골적 전통 '지속'의 관점에서 새롭게 이해해야 한다고 주장했다.[41] 류병재는 나얀과 카이두의 반란에 대한 쿠빌라이의 대응을 비교하여 그가 나얀의 반란에는 속전속결과 과감한 군사 작전을 구사하여 신속하게 진압한 반면 카이두의 반란에는 종실제왕의 권위를 지켜 주면서 화해·관용을 기조로 소극적으로 대응했음을 지적했다.[42] 김호동은 몽골제국의 기본적인 구성 원리인 '울루스 체제'를 분석하여 몽골제국이 그 자체가 하나의 울루스이면서 동시에 그 내부에 9개의 상위 울루스와 그 아래 더 많은 수의 하위 울루스를 내포한 중층적 구조로 이루어졌음을 규명했다.[43] 설배환은 13~14세기 몽골 초원 유목 경제의 지속성을 고찰하여 초원의 생태환경과 낮은 노동 강도가 유목을 지속할 수 있게 한 요인이었고 개별 단위의 노동 절약성·생산성 측면에서 유목이 농경보다 더욱 효율적이었음을 밝힘으로써 유목 경제에 대한 편견의 극복을 주장했다.[44]

최근 명대 북방사에 관한 연구는 매우 저조한 실정이다. 국내 연구자 수가 희소하여 체계적인 연구가 이루어지지 않고 있다. 따라서 근래 발표된 성과물은 대체로 인접 분야 전문가가 연구 범위를 확대하여 발표한 글이다. 명대 북방사는 그 시기 동아시아 국제질서를 제대로 이해하기 위해 반드시 견실하게 탐구해야 할 분야다. 『명실록』, 『조선왕조실

41 고명수(2010), 「쿠빌라이 정부의 大都건설과 역참교통체계 구축」, 『중앙아시아연구』 15.

42 류병재(2013), 「동·서 올로스 반란에 대한 쿠빌라이의 대응: 나얀과 카이도의 난을 중심으로」, 『몽골학』 34.

43 김호동(2015), 「몽골제국의 '울루스 체제'의 형성」, 『동양사학연구』 131.

44 설배환(2015), 「13~14세기 몽골초원의 물적 기반과 유목경제의 지속성 고찰」, 『중앙아시아연구』 20.

록』 등 활용할 만한 사료도 풍부하다. 향후 이에 관한 연구가 활성화되기를 기대해 본다. 주요 성과를 소개하면 다음과 같다.

노기식은 명대 요동에서 진행된 몽골과 만주의 교체 과정을 분석하여 그것을 대명 관계 속에서 몽골이 갖고 있던 경제적 이익을 만주가 획득하는 과정으로 파악했다. 그 결과 만주의 몽골 지배가 실현되고 중국식 제도가 추가되어 후금 체제가 대청 체제로 전환되었다고 보았다.[45] 남의현은 명조의 북방 방어체계와 몽골·여진의 동향, 양자의 관계를 고찰하여 명조의 방어 정책이 대외 세력의 적극적 활동으로 인해 점차 소극적인 방향으로 변해 갔고 그것이 자연스럽게 명의 대외적 통제력 약화와 몽골·여진의 급속한 성장 기회를 제공했다고 보았다.[46] 조원은 16세기 명나라 사람 소대향(蕭大享)이 저술한 막남(漠南) 몽골에 관한 보고서 『북로풍속(北虜風俗)』을 분석하여 그 책에 반영된 몽골인의 생활방식, 종교의식 등을 재구성하고 당시 한인과의 빈번한 접촉으로 인한 몽골 사회의 변화가 내륙아시아의 새로운 질서 재편의 과정을 나타낸다고 보았다.[47] 윤은숙은 14~15세기 요동에 근거했던 몽골 동방3왕가의 후예 우량카이 3위(衛)의 명·몽골에 대한 외교·군사 활동을 분석하여 그들이 양자와 밀접한 관계를 형성하면서 독자적으로 발전할 수 있었고 그것이 당시 동아시아 국제질서가 명 중심으로 운영되지 않았

45 노기식(2004), 「明代 몽골과 만주의 交替」, 『사총』 59.

46 남의현(2006), 「明代 前期 遼東과 몽골·女眞의 動向」, 『명청사연구』 25.

47 조원(2014), 「明人의 시선에서 본 16세기 漠南몽골 사회의 변화: 〈北虜風俗〉을 중심으로」, 『몽골학』 37.

음을 입증한다고 주장했다.[48]

최근 20여 년간 청대 북방사에 관한 연구도 활발하게 이루어진 것 같지 않다. 청대사 연구자들이 꾸준히 증가하는 추세지만 아직 그 관심이 북방사까지는 미치지 못한 듯하다. 그러나 일부 연구자들을 중심으로 간간이 북방사에 관한 성과물이 발표되고 있다. 특히 종래 연구에서 잘 활용되지 않았던 만주어 사료를 적극 활용하여 한문 사료에 드러나지 않은 새로운 역사상을 밝히려는 시도가 주목된다. 주요 성과물을 제시하면 다음과 같다.

조병학은 『청내각몽고당당(淸內閣蒙古堂檔)』의 체왕랍탄 관련 기사를 분석하여 18세기 초 청과 준가르 몽골과의 관계를 재구성하고 체왕랍탄이 청조의 괴뢰라는 기존의 견해를 비판하고 그가 달라이라마를 등에 업고 전 몽골을 통합하여 칭기즈칸의 영광을 재현하려 한 야심 찬 인물이었다고 평가했다.[49] 김성수는 17세기 초 만주와 호르친 몽골과의 관계를 고찰하여 청조의 관찬 사서에서 호르친이 만주의 충실한 협력자로 묘사된 점을 비판하고, 최근 발굴·정리된 당안(檔案) 자료를 적극 활용하여 새로운 관점에서 양자 관계의 형성과 만주의 몽골 복속 과정을 조명했다.[50] 이훈은 『만문로당(滿文老檔)』, 『구만주당(舊滿洲檔)』, 『내국사원당(內國史院檔)』 등에 산재되어 있는 후금시대 자료를 적극 활용

48 윤은숙(2015), 「14~15세기 우량카이 3衛와 몽골·明 관계」, 『명청사연구』 43.

49 조병학(2011), 「18세기 초 청·준가르몽고 관계 연구: 『청내각몽고당당』 중 체오아랍탄 관련 기사 중심으로」, 『명청사연구』 36.

50 김성수(2013), 「17世紀初 滿蒙 關係와 內陸 아시아: 만주-호르친·몽골 관계를 중심으로」, 『중국사연구』 82.

하여 1635년 시행된 우수리강 일대 와르카에 대한 후금의 공략을 고찰했다. 이를 통해 만주 동부의 부족민이 후금에 복속되는 과정의 구체상을 새롭게 조명했다.[51] 이선애는 후금 시기 만주와 몽골의 관계를 연구하는 데 한문 사료가 가지는 한계점을 지적하고 이를 극복하기 위해 만문(滿文) 사료를 적극 활용해야 한다고 주장했다. 이에 『만문로당』, 『구만주당』, 『만주실록(滿洲實錄)』과 같은 만문 사료를 활용하여 다양한 측면에서 양자 관계를 조명했다.[52]

51 이훈(2018), 「1635년 후금의 와르카 공략」, 『동양사학연구』 142.

52 이선애(2018), 「滿文史料를 통해 본 後金시기 滿·蒙 관계」, 『명청사연구』 49.

1.5. 한국 학계의 조선-여진 관계 연구 고찰 : 조선의 북방과 여진

이정일 • 동북아역사재단 연구위원

1. 머리말

15~17세기 동북아는 서세동점(西勢東漸) 이전 동아시아 대륙 질서 후반부의 서막으로서 임진왜란, 병자호란, 명청 교체 등 국제적 변화를 목도했다.[1] 최근 동북아 지역의 역사 갈등, 특히 한중 간 역사 문제에 있어 그 연원을 찾을 때 인후(咽喉)에 해당되는 지점으로 역사적 통찰이 그 어느 때보다 시급하며, 동아시아 대륙 질서의 역사적 전개를 조람하는 데 있어 하나의 창(窓)을 제공할 수 있는 방법론의 모색이 필요하다. 일반적으로 이 시기 이 지역 국제질서 연구는 조선-여진, 조선-명, 명-여진 등 양자 간 관계에 집중하는 부조적 접근 방식으로 진행됐다고 볼 수 있다. 이제 개별 관계들의 심층 기반에 대한 구조적 연구로의 전환을 통해 동북아 국제질서의 전체상에 대한 보다 명확한 규명이 중요한

1 이 글에서 지칭하는 동북아시아는 대체로 만주, 몽골, 북중국, 한반도를 포함한다. 그리고 이 지역은 하나의 닫힌 세계가 아닌 중앙아시아, 시베리아, 인도차이나와 연결되는 역사적 공간이다.

시점이다. 이러한 문제의식 속에 우리는 조선, 여진, 명 삼자 간 상호작용을 토대로 해서 동북아 세력 관계 속 조선-여진 관계를 고찰할 수 있는 방법론적 설계도가 필요하다.

주지하듯이 최근 중국 학계에서 동북공정 확대의 일환으로 진행하는 학술 프로젝트들은 한족 중심의 근대 중국사 체계 속에 현재 중국에 위치한 전근대 정체(政體)들을 포섭해서 전근대 동북아 국제관계를 설명하는 사후적, 결과론적, 목적론적 역사인식의 오류를 보인다.[2] 한족계뿐 아니라 비한족계 국가들까지 모두 한족 중심의 중화제국론 및 종번체제론이라는 고정된 틀 속에 일률적으로 재배치함으로써 후자의 경우 동북아 역학 관계의 한 구성체가 아닌 중화제국의 외연으로 간주된다. 주변부거나 한족계 전통·문화에 동화된 존재로만 남은 것이다. 이러한 서술 방식은 한족계와 비한족계 국가들 간에 펼쳐진 긴장, 분쟁, 견제, 조율, 균형 등 다양한 형태의 길항 구도를 간과할 위험성을 내포하고 있다. 달리 말하자면 중국-비중국, 중심-주변, 전파-수용 등의 이분법적 서술로 19세기 이전 동북아 지역의 다양한 역사 주체들 사이에 전개된 대외 관계의 역동성을 침묵시키고 비한족계 정체들의 한족계 정체들에 대한 대응을 진공 상태로 남길 수 있다는 것이다.

여진의 역사 역시 부속적 요소로서 한족 중심의 근대 중국사 체계 속에 종속화되는 과정에 놓여 있다고 해도 과언이 아닐 것이다. 여진사의 자체적 동력은 청대 이후의 기록에서도 확인할 수 있지만, 만문(滿文)으

2 이정일(2018a), 「16~17세기 조선의 북방 대외 전략과 동북아 정세 변화」, 『조선시대사학보』 84, 46~50쪽.

로 된 자료라 할지라도 한족 중심의 근대 중국사 속에 얽매일 수밖에 없는 구조적 한계를 가지고 있어 여진사로서의 가치를 제대로 평가받는 대신 중국사의 일부로 묶여 있다. 이에 반해서 조선의 대(對)여진 정책에 대한 보다 세밀한 분석과 연구는 중화제국론과 다른 차원의 여진사 서술 방향을 제시할 수 있다. 15~17세기 조선의 북방 전략이 대(對)여진 정책과 대(對)명 정책을 중심으로 했다는 사실은 명과 여진을 별개의 역사 주체로 설정할 수 있는 매우 중요한 토대를 마련할 수 있기 때문이다. 따라서 조선-여진 관계에 대한 연구는 조선, 여진, 명 삼자 간 상호작용 속에서 조선과 여진의 역할을 보다 입체적으로 담아냄으로써 당시 동북아 국제질서를 계서적 상하 구조로 이해하려는 중화제국론, 종번체제론 등 중국 중심적 서술을 극복하고 그 역학 관계의 실제를 보다 심층적으로 이해하는 데 기여할 수 있다.

그리고 상호작용의 실상을 심도 깊게 살펴보기 위해서는 대명 관계, 대여진 관계 등 대외 관계뿐 아니라 그 관계들을 형성시키고 작동시킨 주체로서 개별 정체가 가진 내부 동력원을 함께 조명해야 한다. 조선은 국가권력의 전체를 장악한 왕과 중앙 정부가 사회경제 정책의 시행과 더불어 문치(文治) 우위의 국정 운영을 추진하면서 중앙집권의 통치 시스템을 구축하고자 부단히 노력했다.[3] 그렇지만 이러한 통치 전략은

3 지금과 같은 근대 국가 수준의 중앙집권화를 기반으로 하는 국정 운영을 추구했다고 보기는 어렵지만 중앙 정부를 중심으로 정교하게 만들어진 관료제를 통해서 하나의 일원화된 국가체제를 수립하고자 노력한 사실은 간과될 수 없다(손병규(2008), 『조선 왕조 재정시스템의 재발견: 17~19세기 지방재정사 연구』, 역사비평사; 이정철(2012), 『대동법, 조선 최고의 개혁』, 역사비평사; 송양섭(2015), 『18세기 조선의 공공성과 민본이념: 손상익하의 정치학, 그 이상과 현실』, 태학사).

안보를 담보로 사회 구성체들의 동의를 끌어내야 합리화될 수 있었고, 따라서 안보는 국가권력이 행사되고 유지되는 과정에서 물질적 영역과 정신적 영역을 모두 포괄하는 통치의 핵심 기제로 작용했다. 이 과정에서 안보는 대내적 사회 안정뿐 아니라 대여진 정책과 대명 정책을 포함한 조선의 북방 전략에서 국가 생존의 원칙으로 관철됐다고 할 것이다.

조선-여진-명 삼자 간 상호작용 그리고 조선의 북방 전략에 있어 대외 정책과 국내 정국(政局)과의 연계에 대한 주목을 통해서 우리는 이 시기 조선-여진 관계를 기존 중국·중화·한족 중심의 고정된 질서 아래 하위 요소로 두는 것이 아니라 명과 함께 동북아 국제질서를 움직인 동등한 역사 주체로 설정할 수 있다. 이러한 접근은 동북공정의 확대 재생산을 목적으로 하기에 환원론·결과론·목적론에 경도될 수밖에 없는 중국 중심의 역사인식을 탈피하고 동북아 국제질서를 다자간 역학 관계라는 역사적 문맥 속에서 이해하는 데 일조할 것이다. 이러한 점들을 염두에 두면서 이 글은 조선-여진 관계에 대한 국내 학계의 연구 성과를 정리해 보고자 한다. 조선의 북방 전략을 전제로 해서 탈중국 중심주의적 조선-여진 관계 연구를 전망하기에 관련 논저를 모두 집적하지 못하고 선별적으로 검토했음에 양해를 구하는 바이다. 재단 연구과 관련하여 2000년대 이후 연구 성과를 중심으로 논의해 보도록 한다.

2. 상호작용의 관점에서 본 조선과 여진

조선은 북방계의 중원 진출과 한족계의 장성 이북으로의 팽창 등 동북아 지역의 패권 장악에 있어 요체였고, 명의 북경 천도 이후 기보(畿輔) 좌익 방어를 담당하는, 즉 군사 지리적으로 매우 중요한 전략적 위치에 놓여 있었다. 최근 국내 학계에서는 조선이 이러한 장점을 최대한 활용해서 여진 문제로 명과의 외교에서 긴장을 이어가며 자국의 입지를 세운 사실, 특히 대여진 관계와 대명 관계의 연쇄에 대한 연구 성과가 주목을 끈다.[4] 조선은 두만강 유역 여진이 명의 일원적 지배 아래 편입되는 것에 대해 끊임없는 우려를 보였고[5] 압록강변 여진도 명과의 공조 속에서도 독자적인 외교 노선의 끈을 놓지 않았다.[6] 이러한 태도는 여진 내부의 통합과 명의 지나친 여진 통제 모두 세력 균형을 어그러트릴 수 있다고 보았기에 취해진 것이다. 상기 연구들을 통해서 우리는 조선이 자국 안보를 위해 명 중심의 외교질서와 상충되지 않으면서도 대여진 관계에서 또 다른 외교질서를 주도하는 이중적 자세를 견지

4 김순남(2010), 「조선 중종대(中宗代)의 북방 야인(野人) 구축(驅逐)」, 『조선시대사학보』 54; 김경록(2012), 「조선초기 귀화정책(歸化政策)과 조명관계(朝明關係)」, 『역사와현실』 83; 이규철(2012), 「세조대 모련위 정벌의 의미와 대명인식」, 『한국사연구』 158; 이규철(2014), 「세종대 對外征伐 정책의 본격화와 對明意識」, 『한국문화』 67; 이규철(2015b), 「조선 성종대 명(明)의 출병 요청과 대명의식 변화」, 『한국사연구』 169.

5 박정민(2014), 「누르하치의 두만강 유역 진출과 조선의 藩胡 상실」, 『인문과학연구』 43; 한성주(2014), 「조선 변경정책의 허와 실 : 두만강 유역 女眞 藩胡의 성장과 발전」, 『명청사연구』 42.

6 계승범(2006), 「파병 논의를 통해 본 조선전기 대명관(對明觀)의 변화」, 『대동문화연구』 53; 박정민(2015), 『조선시대 여진인 내조 연구』, 경인문화사; 박정민(2016), 「〈정건주행군도기(征建州行軍圖記)〉를 통한 성종대 건주위 정벌의 재구성」, 『역사와 현실』 99.

하고자 한 사실을 새롭게 구성할 수 있다. 물론 국가 안보 측면에서 볼 때 자국 중심의 북방 전략을 기획하고 세력 균형의 유지를 통해 국방 안정화를 시도하려는 모습은 자연스러운 현상이기도 했다.[7] 조선의 능동적 대여진 정책은 16세기 후반까지 이어진다.[8]

한편, 최근 국내 학계의 여진 관련 사료 발굴과 분석은 중국 학계, 일본 학계, 구미 학계와 공유할 만한 경쟁력을 갖춰 가고 있다는 점에서 괄목할 만하다. 무엇보다도 조선과 명의 변경이라는 군사 지리적 이점을 극대화해서 자신들의 이해에 부합하는 대조선·대명 전략을 세워 나간 사실에 대한 연구는 여진의 관점에서 조선-여진 관계를 거꾸로 짚어 봄과 동시에 제3의 관점에서 조선-명 관계를 서술할 수 있는 새로운 방법론 제시를 가능케 한다는 점에서 유의미하다. 이런 측면에서 여진이 조선으로부터의 수직(受職)을 자신들의 지역질서에서 주요한 정치적 권위로 활용하고 무역권 확보 등을 통해서 경제력을 증가시키는 한편, 필요한 경우 무력 행동으로 긴장과 갈등을 끊임없이 유발했음이 드러나고 있다.[9] 즉, 번리(藩籬) 설치, 내조(來朝) 허용, 수직(授職) 제도 등 조선의 압박과 견제에 대해서 여진이 끊임없이 교란, 역이용, 도

7 이정일(2018b), 「15세기 후반 조선의 서북면 방어와 명의 遼東 진출」, 『역사와 담론』 87, 152-153쪽.

8 장정수(2016), 「선조대 말 여진 번호 로툰(老土)의 건주여진 귀부와 조선의 대응」, 『조선시대사학보』 78, 22-41쪽.

9 한성주(2011), 『조선 전기 수직 여진인 연구』, 경인문화사; 한성주(2012), 「朝鮮前期 豆滿江流域에 나타나는 두 개의 '朝鮮'」, 『명청사연구』 37; 남의현(2014), 「16~17세기 豆滿江邊境地帶 女眞의 성장과 국제질서의 변화 : 瓦爾喀 등 女眞族 통합과정을 중심으로」, 『명청사연구』 41; 박정민(2014), 「15세기 후반 건주여진의 생존 전략-조명 연합군의 정벌과 영향을 중심으로-」, 『명청사연구』 41.

발 등 다양한 형태로 맞대응했고, 따라서 조선과 여진의 관계에는 불예측성과 균열이 상존했음을 밝히고 있다.[10] 여진이 조선과 명의 강온 정책에 맞서 똑같이 양면 전술을 구사하면서 자신들의 이익과 안보를 담보하고자 노력한 사실에 초점을 맞춤으로써 여진을 조선, 명과 함께 세력 균형의 한 축으로 인식할 수 있는 시각을 확보한 점에서 이러한 연구 방향은 중요하다고 본다.

한 가지 더 특기할 것은 상기 연구가 여진 내부의 경쟁이 갖는 의미를 재평가할 수 있는 연구의 확장성을 갖고 있다는 사실이다. 누르하치 이전 여진이 내부 통합을 이루지 못한 상황에서 대조선 전략이 존재했었으며, 그럴 경우 어떤 방식으로 제 세력들이 그 전략을 공유하고 실천했는가를 한 걸음 더 들어가 살펴볼 수 있는 계기를 마련해 줄 수 있기 때문이다. 이와 더불어 임진왜란 이전까지 조선의 대여진 전략을 단순히 사대교린이라는 추상적, 의례적 측면에서가 아니라 국방·변경 정책이 갖는 특징과 한계라는 방향에서 살펴봄으로써 15~16세기 조선의 대외 관계를 경세(statecraft)의 구도 속에서 보다 구조적으로 분석할 수 있는 토대를 마련할 수도 있다. 단순히 명과 조선의 기록에 담긴 여진의 내부 주도권 다툼을 재구성한다는 수준을 넘어 국가체제를 성공적으로 안정화시키면서 변경 정책을 수행한 조선·명의 국가 운영과 여진의 세력 변동 간 상관성을 보다 체계적으로 설명할 수 있는 틀을 제시할 수 있다는 측면에서 조선-여진 관계사에 대한 새로운 방법론

10 장정수(2013), 「선조대 대여진(對女眞) 방어전략의 변화 과정과 의미」, 『조선시대사학보』 67; 박정민(2015), 『조선시대 여진인 내조 연구』, 경인문화사; 이규철(2015a), 「세종대 파저강(婆猪江) 재정벌과 대외정벌 정책」, 『군사』 95.

제시를 가능케 한다.

또한 이러한 접근을 통해서 우리는 임진왜란 이후 여진이 어떤 방식으로 대조선 전략을 꾸려 나갔으며 조선의 대여진 전략이 무엇이었는가에 대한 계기적, 통시적 분석의 가능성도 발견할 수 있다. 1580년대 이후 약 반세기 동안 여진 통합을 성공적으로 이끈 누르하치의 건주 여진은 명과 조선을 촌진척퇴(寸進尺退)의 형세로 몰아넣으며 놀라운 활약을 했지만 자력으로 요동의 명 방어선을 분쇄하지는 못했고 명과 조선의 이신(貳臣) 등 귀순 세력의 역할이 큰 비중을 차지했다.[11] 군사적으로 명을 압도하지 못했고 조선과 명으로부터 이탈한 세력이 여진의 세력 확장에 기여한 사실에 대한 주목은 조선과 명 각각의 중앙 정국, 국방·변경 정책 그리고 조선-명 관계를 포괄적으로 재검토할 때 보다 명확하게 건주 여진의 성공을 이해할 수 있음을 의미한다. 바로 여진이 조선과 명의 힘을 어떻게 역이용해서 세력 균형에 변화를 가져올 정도의 군사 외교적 헤게모니를 확립하고 형세의 역전을 이루었는지를 동북아 정세 변화의 흐름 속에서 이해하는 데 중요한 교량 역할을 할 수 있다는 것이다. 누르하치의 인솔 아래 흥기한 건주 여진에게서 조선이 대부분의 번호(藩胡)를 상실한 과정을 고찰한 연구에서 그 예를 살펴볼 수 있다.[12]

11 한명기(2005), 「17세기 초·중반 朝淸關係와 貳臣」, 『동북아역사논총』 8.

12 박정민(2014), 「누르하치의 두만강 유역 진출과 조선의 藩胡 상실」, 『인문과학연구』 43; 한성주(2015), 「임진왜란 전후 女眞 藩胡의 朝鮮 침구 양상과 조선의 대응 분석」, 『동양사학연구』 132; 한성주(2016), 「누르하치의 두만강 유역 번호 침탈과 조선의 대응 고찰」, 『만주연구』 22.

한편 위에서 언급한 바와 같이 최근 국내 학계에서 조선-여진 관계 연구에 있어 조선의 관점과 여진의 관점이 모두 재조명되고 있는 점은 사학사적 측면에서도 중요한 의미를 지닌다고 할 수 있다. 일부 여진사 연구자들은 기존 학계가 조선 측 사료에만 의존해서 여진을 복속의 대상으로 간주해 왔기에 조선과 같은 하나의 역사 주체로 바라보는 관점을 확보하지 못했고, 이러한 불균형의 시각이 청 이전 동북아 국제질서 연구의 진척에 한계로 작용했음을 지적한다.[13] 국내 학계의 조선-여진 관계 및 여진사 연구에 있어 자국 중심적, 일국 중심적 역사인식에 대한 반박이자 조선과 명의 기록·기억만이 아닌 여진의 목소리와 정체성 복원의 중요성에 대한 강조이기도 하다.

그러나 여진 중심의 역사인식이 중화·한족 중심주의를 탈피하는 하나의 창구가 될 수 있을지언정 이 자체가 새로운 동북아 국제관계사 서술의 완성이라고 단정할 수는 없다. 만주(어) 문헌도 명, 조선의 기록만큼 편집 과정을 거쳤기에 온전히 객관적이라고 할 수는 없기 때문이다.[14] 명과 여진 관계 그리고 명과 후금 관계에 대한 제3자의 서술은 조선이 다수를 차지하며 반드시 객관적이지는 않다고 하더라도 당대인(當代人)의 붓으로 기록됐다는 점은 인정받을 만하다. 또한 누르하치의 흥기부터 입관 이전까지 대략 50여 년에 걸친 여진·후금-지리적으로 요동, 압록강, 두만강 (이북) 지역-의 동태 및 상황에 대한 기록 역시 명

13 김선민(2013), 「한중관계사에서 변경사로-여진·만주족과 조선의 관계」, 『만주연구』 15; 구범진(2016), 「'중국의 경계'를 넘나드는 연구 지형-현황과 발전 가능성」, 『역사학보』 231.

14 김선민(2012), 「舊滿洲檔에서 滿洲實錄까지 : 청 태조실록의 편찬과 수정」, 『사총』 77.

과 청을 제외하면 조선이 다수를 차지한다. 그러므로 여진 중심의 역사 서술이 여진만 부각시킬 것이 아니라 대조선, 대명 전략의 성공을 가져다준 당시 동북아 역학 관계의 실상을 풍성하게 재구성할 수 있을 때 또 다른 형태의 중심주의로 흐르지 않을 것이다.[15]

이런 방향에서 가늠해 볼 때 조선의 시선이 동북아 정세의 심화 이해로 나아가는 하나의 창이 될 수 있다는 사고는 우리로 하여금 명, 여진과 더불어 하나의 역사 주체로서 조선이 어떤 행보를 선택하였는가의 문제를 당시 주체들 간 밀고 당김의 상호작용을 통해서 재인식하는 토대를 마련할 수 있다. 그리고 대외 관계가 당위나 규범으로만 전개된 것이 아니라 역학 관계의 다양한 실천 속에서 작동했음을 당대적 문맥 속에서 고찰하는 데 일조할 수 있다. 이와 같이 상호작용성과 그 과정에서 나타난 다양한 양태의 실천에 주목할 때 현 중국 학계처럼 당시

15 이러한 전제 없이 여진사 내지는 청사 연구를 새로운 동아시아사 서술로 부각시키고 곧바로 세계사나 지구사 서술의 틀 속으로 편입시키려는 시도는 보다 꼼꼼히 되짚어 봐야 할 것이다. 미국의 청사 연구자 파멜라 크로슬리는 중심 없는 지구사 서술을 위해서 네 가지 분석 범주(divergence, convergence, contagion, systems)를 설정하고 자연 · 인문 환경과 초지역적 · 초국적 교류 등 인류 역사 전개의 실질적 동력원에 새롭게 주목함으로써 기존의 경제, 정치 등 특정 분야에서 특정 (지역) 사례들을 바탕으로 이론화 작업을 벌인 근대 유럽 학계의 역사 서술을 비판적으로 훑어보았다(Pamela Kyle Crossley, "What is Global History?"(MA: Polity Press, 2008), p.9). 그러나 복수의 중심이 역사 서술의 목적으로 강조됨에도 불구하고 이러한 중심들을 만드는 역사 주체(agency/actor)와 역사적 맥락은 다소 경시되는 듯하다. 이는 상기 분석 범주의 하나인 체제 · 체계(system)가 상호작용적 구조들의 내러티브(the narrative of interacting structures)로 다소 모호하게 개념화됨으로써 다른 범주들과 차별화된 테두리를 갖지 못하는 바와 상관되는 것이 아닌가 싶다. 교류, 소통, 상호작용의 외연에 대한 연구의 필요성이 부각되는 것은 바람직하지만 그 내연에 대한 심층적 연구도 소홀히 할 수 없다. 기존의 방법론이 노정한 중심주의의 문제를 해결해 나가면서 역사적 현상을 부조, 심조, 투조 등 다양한 각도와 기법에서 관찰하는 노력이 보다 심도 깊게 투여돼야 할 것이다.

중국과 이웃 국가의 관계를 수직적 계서제로 단순화, 획일화하는 서술[16]에서 벗어나 조선이 자국 안보를 위해서 어떻게 대여진 정책을 기획하고 실천했으며 거꾸로 여진의 대조선 전략이 어떠했는가를 교차 분석할 수 있는 것이다.

요컨대, 조선-여진 관계사와 관련해서 최근 국내 학계에서는 다양한 사료의 발굴과 분석 및 이를 통한 새로운 연구 방법을 모색 중이다. 당시의 동북아 국제질서를 중화제국론, 종번체제론 등 사후적, 결과론적, 목적론적 해석 틀에 끼워 맞추려는 중국 학계와는 대조를 이룬다고 할 것이다. 무엇보다도 15~17세기 조선-여진 관계를 조선, 여진, 명 삼자 간 상호작용의 메커니즘 속에서 새롭게 규명하고자 시도함으로써 동북아 국제질서의 복합성, 중층성을 복원할 수 있는 전망을 보여 주고 있다. 그리고 일차 사료를 중심으로 한 심화 연구를 통해서 일국중심주의, 자국중심주의에 대한 비판적 해석이 등장한 것은 사학사적 진전일 뿐 아니라 조선-여진 관계사 및 여진사 관련 국제 학계와의 폭넓은 학술 교류에도 이바지할 것이라 기대한다.

3. 조선의 북방 전략과 문화 안보

15~17세기 동북아 국제질서에 대한 연구에 있어 중국 중심적 서술의 정수 중 하나가 이 시기 주변 국가들이 얼마나 중국에 정신적, 문화

16 이영옥(2012), 「조청관계에 대한 편의적 이해 사례」, 『동북아역사논총』 35.

적으로 부속됐는가를 의례, 사상, 예술 등의 분야에서 입증하는 것이다. 그러나 조선의 치자들은 중원에 진출하며 송과 대립한 요·금 그리고 통일 제국을 건설한 원 모두 문명의 수호자로 자처하며 문화 진흥을 도모한 500여 년의 경험을 바탕으로 지정학적 현실 권력(중국)에 따라 보편 문명의 중심(중화)이 언제든지 이동할 수 있고 후자는 대외 관계의 수사이면서 동시에 실탄으로도 사용될 수 있음을 심식(審識)했다. 최근 국내 학계에서는 대외 관계와 변경 정책에서 조선이 보여 준 이러한 문화력에 주목하고 있다. 특히 보편성과 구체성·특수성의 공존을 고도의 정합성으로 설명하는 성리학적 사고를 최대치로 활용해서 조선이 보편 문명 세계의 구성원이면서 동시에 한족계와 북방계 정체들과는 구별된 또 다른 정치문화 공동체임을 확보할 수 있는 이론적 근거를 마련하는 데 이용한 사실에 천착하는 연구들이 눈에 띈다.[17] 이러한 연구는 조선문명론(소중화론)의 추동 요인을 문화 안보라는 프리즘에서 새롭게 조명할 수 있는 여지를 마련한다. 이 시기 조선의 문화적 경쟁력을 주변국과의 관계에 있어 이념적 방어 기제로서 이해할 수 있는 대목이다.

명은 자국 중심의 동북아 국제질서를 확립하고자 외교적·문화적 중심으로 자처했고 이 과정에서 이웃 국가들의 동의를 강제하고자 했다. 그러나 조선과 여진을 무력적으로 압도하지 못했고, 특히 여진과는 달리 거의 모든 측면에서 자립력을 갖춘 조선을 압박하는 주요 방편 중

17 문중양(2013), 「15세기의 '風土不同論'과 조선의 고유성」, 『한국사연구』 162; 정다함(2014), 「『龍飛御天歌』에 나타난 조선왕실의 "小中華"적 정체성 창출과 타자인식-그 '比較'의 서사를 중심으로」, 『한국사학보』 57.

하나가 문예, 의례 등 문화적·정신적 영역이었다. 조선의 대외 정책에서 사상, 의례를 포함하는 문화력은 한족계 왕조에 필적하는 문명 전통을 가진 국가의 위상을 보장할 수 있는 연성 권력(soft power)의 핵심으로서 군사 외교만큼이나 중요했다.[18] 우리는 문명론을 자국의 기준에 맞춰 제도적으로 강제화하려는 명과 마주하여 같은 문명의 언어로 맞받아침과 동시에 대여진 정책에 있어 물리적 힘과 정신문화적 상징 기제의 병행을 추구한 사실을 분석한 연구들을 통해서 조선의 문화적 경쟁력이 명과 여진 모두에 대해서 자국의 정신적·문화적 자존감을 높일 수 있었던 사실을 발견할 수 있다.[19]

일부 연구들은 조선문명론(소중화론)과 관련하여 대명 관계에서의 구현 방식은 명 중심의 위계질서로 꾸며진 보편 문명의 인정 속에 자기

18 한형주(2002),『조선초기 국가제례 연구』, 일조각; 강제훈(2007),「조선 초기 朝儀의 의례 구조와 상징」,『한국사연구』 137; 한형주(2008),「對明儀禮를 통해 본 15세기 朝-明관계」,『역사민속학』 28; 최종석(2010),「조선초기 "시왕지제(時王之制)" 논의 구조의 특징과 중화 보편의 추구」,『조선시대사학보』 52; 김한규(2011),「明使 龔用卿의『使朝鮮錄』과 朝明倡和 外交」,『東亞硏究』 60; 정동훈(2012),「명대 예제 질서에서 조선국왕의 위상」,『역사와현실』 84; 한정수(2013),「조선 초기 숭의전(崇義殿)설치와 사위향사(四位享祀) -16位 공신종사(功臣從祀)의 성립」,『조선시대사학보』 67; 허태용(2016),「조선 초기 對明事大論의 역사적 성격 검토」,『동양사학연구』 135.

19 문명론의 전개와 세력 관계의 상관성에 대한 분석에 있어서 전자를 유교문명론으로 단정하는 것은 동북아 국제질서를 설명하는 데 장애 요소가 될 수도 있다(윤영인(2015),「동아시아 다원적 국제질서의 범위와 성격에 대한 새로운 접근-'세계체제이론'과 불교문화권 시각의 가능성」,『만주연구』 20). 최근 국내 학계에서는 동아시아 국제질서에서 문화, 종교의 실제적 힘을 인식하면서 북방계 정체 및 북방계 통일 왕조의 경우, 자신들의 통치에 있어 불교를 이용하여 보편 문명의 중심이자 담지자로 자기 미화를 추구하면서 권력을 극대화하려는 과정에 주목하는 연구가 이어지고 있다(김성수(2012),「'산양의 땅'(ra sa)에서 '聖地'(lha sa)로-내륙아시아 불교 세계와 라사(lha sa)」,『동양사학연구』 119; 안윤아(2014),「건륭 시기『大藏經』의 滿文 번역과 짱꺄 쿠툭투 3세」,『명청사연구』 42).

타자화(othering)를 기조로 했고, 대여진 관계에서의 구현 방식은 조선 중심의 위계질서로 표식된 주변-조선을 제외한 기타-의 타자화였다는 점에 주목했다.[20] 향후 조선문명론의 성격과 역할을 당시 동북아 정세의 변화와 관련지어 보다 정치하게 논의할 수 있는 교두보를 마련한 것이라 생각된다. 왜냐하면 문명론의 자가 생산과 문화 안보의 상관성에 착목한 연구는 조선-여진 관계의 실상을 정치적 층위와 문화적 층위로 나누어 분석하고, 이 과정에서 동북아 역학 관계를 보다 다각적으로 설명할 수 있는 하나의 통로를 열 수 있을 것이기 때문이다. 조선문명론이 군사 외교만큼이나 국가 안보의 최전방에서 기능했음에 초점을 맞출 수 있는 연구가 쌓인다면 이 시기 동북아 역학 관계가 다양한 플랫폼을 기반으로 중심과 주변을 생산하며 전개된 양상을 심찰할 수 있을 것이다.

동북아 국제질서에 있어 세력 관계와 문명론의 연동은 바로 명청 교체 이후 동북아 정세와 문명론이 새롭게 맞물리는 데서 또다시 증명된다. 청의 동아시아 질서 재편이 독자적 정치문화 공동체 담론인 조선문명론의 동전(動轉)과 밀접하게 연관됨에 착안한 일련의 연구들이 있다. 17세기 중반 이후 변화하는 동북아 정세 속에서 조선문명론을 어떻게 (재)해석할 것인가의 문제와 직결된다. 두 갈래의 최신 연구 흐름을 확인할 수 있다. 첫째는 명청 교체와 상관없이 명과 청에 대해서 조선은 중화의 우월성을 인정하고 모화 의식을 보여 온 것이 당시의 현실이었

20 정다함(2013), 「征伐이라는 戰爭/征伐이라는 祭祀-世宗代 己亥年 "東征"과 婆猪江 "野人征伐"을 중심으로」, 『한국사학보』 52; 최종석(2017), 「'자신을 이(夷)로 간주하는 화이의식'의 탄생과 내향화-조선적 자기 정체성의 모태를 찾아서-」, 『민족문화연구』 74.

다는 주장이다.[21] 둘째는 당시 조선의 자주성을 강조하는 조선중화주의론(朝鮮中華主義論)이다.[22] 한 수 아래인 여진이 동아시아 대륙에서 통일 왕조를 수립하고 동아시아 세계질서의 맹주로 등장하자 조선은 이에 대응해서 멸망한 한족계 명이 간직한 중화를 조선적 정체성에 새롭게 투사했다는 주장이다. 전자의 해석은 동아시아 역학 관계의 역사성과 상호작용성을 간과하고 중화제국론을 추수(追隨)하는 양상을 보인다는 비판을 받을 수 있다. 후자의 경우 명 계승의 의미를 명청 교체 이전 조선문명론과의 비교 속에서 보다 구조적으로 접근해야 할 필요성이 제기된다. 왜냐하면 대체성 부각은 조선의 자주의식, 특히 문화적 자존감에 대한 이해를 도울 뿐 아니라 자칫 중화주의의 내면적 변용, 즉 중화의 구심력을 재확인해서 중화제국론을 본질화하는 역효과의 방향으로 치달을 수 있기 때문이다.

최근 일부 연구자들은 두 흐름과는 다른 방향에서 이 시기 조선문명론에 대한 재해석을 시도하고 있다.[23] 당시 조선에서 더 이상 존재하지 않는 명과 새로운 지역질서의 패자(覇者)인 청을 모두 인정하는 균형감을 보였다는 것인데, 이러한 이중 행보는 대외적 안보와 대내적 안보를 포괄하는 국가 생존법에서 가능했다는 것이다. 청과의 관계 속 군사, 외교가 수반되는 공적 공간에서는 철저하게 청의 헤게모니를 존중

21 계승범(2012a), 「조선의 18세기와 탈중화 문제」, 『역사학보』 213; 계승범(2012b), 「조선후기 조선중화주의와 그 해석 문제」, 『한국사연구』 159.

22 정옥자(1988), 『조선 후기 조선중화사상 연구』, 일지사; 우경섭(2012), 「朝鮮中華主義에 대한 학설사적 검토」, 『한국사연구』 159.

23 김영민(2013), 「조선중화주의의 재검토-이론적 접근」, 『한국사연구』 162; 허태용(2014), 「동아시아 중화질서의 변동과 조선왕조의 정치·사상적 대응」, 『역사학보』 221.

하여 자국의 안보를 담보하면서 동시에 국내적으로 '이적' 청의 우위에 대적하는 정신적 통합의 장치를 마련하기 위해서 독자적 정치문화 공동체 담론이 재부상한 것으로 설명한다. 이러한 시각은 동북아 정세 변화와 국내 정국의 연쇄를 전제로 할 뿐 아니라 한족계 정체와 여진계 정체에 대한 탄력적 사고와 자국 안보 우선주의라는 조선의 북방 전략의 기조를 이 시기 조선문명론의 전개에서 재조명할 수 있는 기회를 제공한다. 당시 청 중심의 동북아 국제질서 개편 속에서 조선의 문화 안보가 이전의 대여진 및 대명 관계에서와 비교해 볼 때 어떤 양상으로 펼쳐졌는가를 심찰할 수 있기 때문이다. 따라서 15세기부터 약 3세기 동안 조선이 동북아 정세 변화 속에서 중국과 중화를 어떻게 전략적으로 재구성해서 조선문명론을 수립했으며 이를 여진과의 관계, 명과의 관계, 청과의 관계에 활용했는가를 보다 장기적인 관점에서 통찰할 수 있는 연구 방법론을 내다볼 수 있게끔 한다.[24]

이와 같이 조선-여진 관계를 군사 안보, 외교 안보뿐 아니라 문화 안보 측면에서 분석하는 연구가 꾸준히 축적된다면 동북아 국제질서의 복합성과 중층성은 보다 활발하게 논의될 수 있을 것이다. 나아가 안보와 정신적·문화적·이념적 구성 요소를 갖춘 연성 권력의 상관성을 주

24 필자는 한족-비한족, 중국-비중국, 중심-주변이라는 이분법 속에서 원형과 모방의 구도로 조선문명론을 설명하지 말고 일원적 지배 체제하의 동아시아 세계질서와 다원적 세력 균형하의 동아시아 세계질서의 두 경우로 나누어 조선의 문화 안보와 전략을 시기별로 비교하는 작업도 하나의 방편이라 생각한다. 이런 측면에서 청을 포함한 10세기 이후 북방계 왕조들 간 통시적 교차 분석의 필요성 제기는 타당하다고 생각된다(윤영인 외(2009), 『10~18세기 북방민족과 정복왕조 연구』, 동북아역사재단; 윤욱(2015), 「新淸史와 앞으로의 과제」, 『역사와세계』 47).

제로 해서 유라시아 대륙의 다른 역내 질서(들)에서 도출된 사례와의 비교 연구도 활성화할 수 있으리라 생각한다. 궁극적으로 동북공정의 확대 재생산을 목적으로 하는 중화제국론 및 종번체제론이 노정한 결과론적 · 목적론적 해석 틀을 탈피해서 동북아 지역질서를 당대적 맥락 속에서 다각적 · 균형적으로 이해하는 데 일조할 것이다.

1.6. 한중 국경문제 연구 성과와 성찰

박선영 • 세종대학교 역사학과 교수

1. 머리말

중국이 오랜 준비를 거쳐 2002년 2월부터 5년간의 동북공정을 시행하자, 한국 사회는 이에 대해 직접적으로 또 간접적으로 대응하면서 다양한 측면에서 한국 학술계의 지형도가 변화하였다.

먼저, 중국의 동북공정으로 한국의 고대사를 빼앗길 수 있다는 우려 때문에 국민적 차원에서 이 사안에 관심을 가졌다. 과거에는 일본 식민지와 관련된 사항이 국민적 관심을 끌었던 주된 역사 문제였는데, 동북공정으로 중국과의 역사 문제가 관심의 대상이 되는 계기가 되었다. 이로 인해 동북공정에서 직접적으로 다루는 주제 외에도 역사 교과서 문제 등 다양한 범주로 인식이 확산되었다.

둘째, 한국에서 역사 연구는 사안의 객관성과 역사적 평가 등을 이유로 현실이 반영될 수 있는 당대사 연구에 크게 관심을 두지 않았다. 그러나 미래 전략에 역사를 활용한 중국의 실용 정책으로 발생한 역사 문제 때문에 현실과 역사 문제 연관성에 관심을 갖지 않을 수 없게 되었

다. 따라서 동북공정 그 자체가 연구주제가 되었다.[1]

셋째, 그동안 학계에서 여러 요인으로 등한시하였던 백두산, 간도 문제에 대한 연구가 확대되었을 뿐만 아니라 간도 문제가 기술된 역사 교과서도 등장하였다.[2] 중국의 동북공정으로 현실을 포함한 다양한 주제가 관심의 대상이 되었다.

한국에서 이러한 변화가 일어난 이유는 고구려의 기상으로 대변되는 한국의 고대사가 통째로 중국사로 변신할 수 있다는 위기감으로 국민적 이슈가 되었기 때문이다. 이로 인해 중국의 역사 침탈에 제대로 대응할 수 있는 역사재단이 필요하다는 차원에서 고구려재단(후에 동북아역사재단)이 출범하였다. 그러나 중국의 동북공정은 한국의 고대사뿐만 아니라 중국의 미래 전략과도 밀접하게 연관되어 있다. 이는 동북공정에 이어 진행된 신장항목, 시짱항목, 북강항목, 서남항목 등 각종 변강 공정을 통해서도 확인할 수 있다.[3]

중국은 동북공정을 실시하면서 21세기 동북을 둘러싼 러시아, 북한, 한국, 몽고, 일본, 미국과 중국 사이의 쌍방 관계나 다변 관계가 변화하였을 뿐만 아니라 동북의 정치적, 경제적 지위가 지속적으로 상승되었다고 분석하였다. 따라서 동북은 세계가 주목하는 중요한 지역으로 부

1 이홍환(2004), 「"中國의 東北工程"에 관한 연구」, 고려대학교 정책대학원 석사 논문; 김미진(2006), 「韓·中 고대사 '분쟁'의 쟁점과 과제: '동북공정'과 그에 대한 대응을 중심으로」, 연세대학교 교육대학원 국내 석사 논문; 문성숙(2007), 「동북공정(東北工程)의 실체와 한국의 정책방안」, 강릉대학교 경영·정책과학대학원 석사 논문.

2 조미옥(2003), 「독도와 간도 영유권 분쟁의 중학교 국사교과서 적용방안」, 건양대학교 교육대학원 석사 논문.

3 박장배 등(2014), 『중국의 변경연구』, 동북아역사재단.

각되었다. 또한 동북지역은 동북아의 중심지로서 중요한 전략적 지위를 갖게 되었다. 동북의 전략적 위치는 동북아 전체적으로 보아도 전략상 매우 중요하며 동북아의 전략 중심지는 또한 세계적인 전략 중심지일 뿐만 아니라, 중국의 21세기 세계 전략 중심지와도 불가분의 관계에 있다.[4] 따라서 중국은 자국의 위상을 공고히 하기 위해 더욱더 철저하게 동북을 역사적으로 재정비할 필요가 있었다. 특히 중국이 중시하는 국가 통일, 민족 단결, 변경 안정이라는 가치에 부합할 수 있도록 효과적으로 관리하려고 노력하였다.

동북지역에서 고려할 수 있는 변경 문제는 중국과 러시아, 중국과 한반도(조선) 변경 문제[5]가 있기 때문에 중국은 변경 이론을 포함하여 고대로부터 현재까지 통시대적인 시각에서 다양한 방면의 연구를 시도하였다. 동북공정으로 촉발된 동북지역에 대한 관심과 중국의 변경 연구로 한국 학계에서도 간도 문제 연구가 광범위하게 이루어져 백두산을 포함하여 간도 문제 연구의 전성기를 이루었다고 해도 과언이 아니다. 역사 지리 연구뿐만 아니라 국제법적 연구 및 정책 연구까지 간도 관련 연구는 다양한 성과를 축적하였고, 이에 대해 연구사적인 차원[6]

4 박선영(2004), 「정체성(Identity) 게임 시대의 중국과의 역사전쟁: 동북 프로젝트를 통해 본 '동북'의 의미」, 『역사학보』 182, 308쪽.

5 马大正主编(2003), 『中国东北边疆研究』, 中国社会科学出版社, 29쪽.

6 이성환(2006), 「간도문제 연구의 회고와 전망: 새로운 연구지평의 확장을 위한 비판적 검토」, 『백산학보』 76; 강창석(2003), 「일제시기 간도문제에 대한 연구동향과 전망 및 과제」, 『한중관계사 연구의 성과와 과제』, 국사편찬위원회; 김춘선(2002), 「압록, 두만강 국경문제에 관한 한중 양국의 연구동향」, 『한국사학보』 12; 김춘선(2003), 「조선인의 동북이주와 중조 국경문제 연구동향」, 『한중관계사 연구의 성과와 과제』, 국사편찬위원회; 고성훈(2003), 「조선 후기 조청 국경문제에 대한 연구사 검토: 백두산 정계비를 중심으로, 한중

과 통계적인 차원에서 검토되기도 하였다.[7]

이 글에서는 중국의 동북공정 전후 한국 학계가 백두산과 간도 문제에 관하여 어떤 주제에 관심을 갖고 연구하였는지에 대해 석·박사학위 논문을 중심으로 개별 연구 성과까지 포함하여 분석해 보고자 한다. 관련 주제는 한중 간 견해 차이가 상당히 크므로 이러한 '역사적 사실'을 탐구할 때 유의할 점과 향후 연구의 지향점을 제안해 보고자 한다. 향후에 관련 분야 연구에 대한 본격적인 비평 논문이 나와 새로운 연구 지향점이 형성될 수 있었으면 한다.

2. 간도 및 백두산 연구의 구체성과 다양성

간도 및 백두산과 관련된 연구는 언제부터 시작되었을까? 1920년대 『조선사상통신사(朝鮮思想通信社)』에서는 ① 간도에 대한 인식, ② 교육, ③ 문학, ④ 사회, ⑤ 영유권 문제와 국제법상 효력 문제, ⑥ 간도에 대한 한·중·일의 정책, ⑦ 경제, ⑧ 지리·지적학적 측면[8] 등에 대해 수차

관계사 연구의 성과와 과제」, 『국사편찬위원회』; 한철호(2003), 「근대 한중 국경조약과 국경문제의 연구현황과 과제」, 『한중관계사 연구의 성과와 과제』, 국사편찬위원회; 박선영(2004), 「중국 학계의 조선과 청조 간 국경 영토 논리와 그 한계」, 『한국사론』, 국사편찬위원회; 배성준(2004), 「중국의 조청 국경문제 연구 동향」, 『중국의 동북변강 연구』, 고구려연구재단 등이 있다.

7 장계황·이범관(2012), 「간도에 관한 선행 연구의 특성 연구」, 『대한부동산학회지』 30(1); 김홍택·우신구·권직혁(2014), 「간도관련 학위논문의 특성 연구」, 『대한부동산학회지』 32(2), 112쪽.

8 당시 보도된 내용으로는 朝鮮思想通信社(1927), 「間島移住增加」, 朝鮮思想通信社; 朝鮮思

례 보도하였다. 그 후 1955년 간도 귀속 문제부터 출발하여 1966년 백산학회 창립으로 학문적 연구가 축적될 수 있었다. 1992년 한중 수교 이후로 북방에 대한 관심이 확대되다가 동북공정 전후에는 일종의 위기감까지 더해지면서 관련 연구가 활기를 띠었다. 한국에서의 연구는 주로 간도 문제 및 변강 문제,[9] 국경 영토문제와 민족 문제에 관심을 가졌는데[10] 이는 국경 영토문제로서의 간도 문제와 간도에 거주하는 조선인의 문제를 이해하는 것이 한중 간 간도 문제의 핵심 내용이기 때문이다.

먼저, 간도 사회에 대해서는 1920년 경신참변기나 1930년 5·30봉기에 참여한 조선인 문제,[11] 독립운동 등 각종 민족운동,[12] 간도 조선인 민족 교육 실태,[13] 옌볜 조선인 사회의 변화에 대해 해방 직후와 현대

想通信社(1927), 「間島行移住民」, 朝鮮思想通信社; 朝鮮思想通信社(1927), 「間島私刑事件決議」, 朝鮮思想通信社; 朝鮮思想通信社(1928), 「間島事件 擴大」 등이 있다.

9 한철호 등(2003), 『한중관계사 연구의 성과와 과제』, 국사편찬위원회; 고구려연구재단(2005), 『중국의 민족변강 문제 연구 동향』, 고구려연구재단.

10 김종건(2007), 「백두산, 간도 역사 연구의 현황과 쟁점」, 『동북아역사논총』 18호, 71쪽.

11 정예지(2010), 「庚申慘變期 조선인 '歸順'문제 연구: 북간도를 중심으로」, 성균관대학교 일반대학원 석사 논문; 장세윤(1988), 「1930年 中國延邊(間島) '5·30蜂起'의 性格」, 成均館大學校 석사 논문; 김현숙(1991), 「1930年 間島 '5·30蜂起'에 대한 一研究: 在滿 朝鮮人共産主義者의 方向轉換과 관련하여」, 부산대학교 석사 논문.

12 신호범(1980), *The Korean colony in Chientao: a study of Japanese imperialism and militant Korean nationalism, 1905-1932*, Thesis (Ph.D.)-Univ. of Washington; 송세걸(1980), 「間島에서의 韓國獨立示威運動에 對한 硏究」, 동국대학교 석사 논문; 박환(1990), 「西北間島地域 韓人 獨立運動團體研究 : 3·1운동 직후(1919~1920)를 중심으로」, 서강대학교 박사 논문; 유영구(1986), 「1930년 전후 滿洲地域의 民族運動過程에서 전개된 韓人 아나키스트運動에 관한 硏究 : 北滿의 韓族總聯合會와 在滿朝鮮無政府主義者聯盟을 中心으로」, 한양대학교 대학원 석사 논문; 김경준(2018), 「북간도 국민회군과 安武(1883~1924)의 독립운동」, 국민대학교 일반대학원 국사학과 한국사(Ⅱ)전공 석사 논문.

13 김선희(1989), 「1910年代, 間島韓人 民族敎育의 性格」, 이화여자대학교 교육대학원 석사

문제에도 관심을 가졌으며,[14] 옌볜조선족자치주 통합 아이덴티티 문제[15]도 연구하였다.

이와 더불어 한국에서 간도 문제 교육을 위한 교육 학습 모형[16]을 연구하거나 간도 영유권을 주장하는 시민운동에 대한 검토[17]가 이루어지기도 하였다. 이는 한국에서 간도 문제가 사회적으로 얼마나 이슈가 되었는지를 보여 주는 일면이라 할 수 있다.

간도 문제에서 중요한 것 중 하나는 조선인의 간도 거주 시점과 간도에서의 행정권 작동 여부라 할 수 있다. 이를 확인하는 데 의미 있는 연구로 조선인들의 호구 조사, 거주 양태나 생활 양태[18]를 살펴본 것이 있다.

1896년 9월 1일에 반포한 호구조사규칙(勅令 제61호)과 9월 3일에 반포한 호구조사세칙(內部令 제8호)을 준용하여 1902~1903년에 작성한

논문; 박주신(1998), 「간도 한국인의 민족교육에 관한 연구: 1910년대-1920대를 중심으로」, 제주대학교 석사 논문; 박주신(1998), 「간도 한국인의 민족교육에 관한 연구: 1910년대-1920대를 중심으로」, 인하대학교 대학원; 김은주(2007), 「1910年代 間島地域의 民族教育 實態에 관한 研究: 基督教系 私立學校를 中心으로」, 경남대학교 교육대학원 석사 논문.

14 정송이(2011), 「『韓民日報』를 통해 본 해방 직후 옌볜 조선인 사회(1945년 9월~11월)」, 서울시립대학교 일반대학원 석사 논문; 김일학(2010), 「中國 朝鮮族 農村居住空間의 特性과 變遷에 關한 研究 : 東北 3省의 朝鮮族 마을과 住居를 對象으로」, 한양대학교 대학원 박사 논문.

15 김현희(2012), 「옌볜조선족자치주 통합 아이덴티티 시스템 개발에 관한 연구」, 국민대학교 일반대학원 석사 논문.

16 이종군(2009), 「間島 이해를 위한 e-learning 협동학습 모형 개발: Jigsaw II 학습모형을 적용하여」, 충북대학교 교육대학원 석사 논문.

17 우신구(2013), 「간도 되찾기 운동의 전개와 과제」, 국민대학교 정치대학원 석사 논문.

18 임학성(2009), 「20세기 초 西間島 거주 朝鮮人의 거주 양태: '邊界戶籍' 자료의 분석 사례」, 『한국학연구』 21; 임학성(2014), 「20세기 초 西間島 거주 移住韓人들의 생활 양태: "楚山江北戶籍"(1902) 자료의 분석 사례」, 『동북아역사논총』 46.

호적 자료 17책은 한중 간 경계의 접점으로서 간도 지역의 역사성을 대변해 줄 뿐만 아니라 해당 지역에 대해 나름 통치권을 행사한 것으로 규정했다는 점에서 의미가 있다. 또한 호적 자료에서 지리적 위치에 준하는 명칭에서 영토 개념을 함의한 변계(邊界)로 변경한 것은 조선(대한제국)에서 간도 지역을 주체적으로 자국 영토로 의식한 것으로 보았다.[19] 이는 기존의 화이질서적 영토 인식에서 벗어나 근대적 영토 인식으로 탈바꿈하는 과도기적 양상으로 본 것이다. 역사 자료에 근거하여 인구 변화와 호구 조사의 의미를 설명하는 연구들은 향후에도 연구를 심화할 필요가 있다.

정책과 관련된 연구로는 조선인 이주민 정책,[20] 대한제국의 간도 정책을 들 수 있다. 대한제국의 간도 정책은 의화단 사건, 러시아의 간도 점령, 러일전쟁 등 국제 환경의 변화에 종속될 수밖에 없었기 때문에 제한적 성격의 '식민'담론이라고 보았다.[21] 그 외 조선인에 대한 중국의 정책,[22] 일본의 민족 정책과 영토 정책,[23] 국적 문제,[24] 일제의 간도 조선

19 임학성(2013), 「20세기 初 '間島' 지역에 거주한 朝鮮人에 대한 戶口調査와 그 의미」, 『한국학연구』 30, 371~372쪽.

20 이홍권(2017), 「19세기~20세기 초 조선의 滿洲 이주민정책에 대한 연구」, 강원대학교 박사 논문.

21 이성환(2007), 「통감부 시기 대한제국의 간도문제 인식」, 『역사와 경계』 65; 은정태(2007), 「대한제국기 '간도문제'의 추이와 '식민화'」, 『역사 문제연구』 17, 63~92쪽.

22 임영서(1993), 「1910~20年代 間島韓人에 對한 中國의 政策과 民會」, 서울대학교 대학원 석사 논문.

23 강창석(1990), 「統監府研究 : 間島政策을 中心으로」, 영남대학교 박사 논문; 최장근(1996), 「近代日本領土政策史研究: 滿韓國境劃定問題を中心として」, 中央大學校 박사 논문; 신규섭(2002), 「帝國日本の民族政策と在滿朝鮮人」, 東京都立大學 大學院 박사 논문.

24 유병호(2002), 「在滿韓人의 國籍問題 研究: 1881-1911」, 중앙대학교 박사 논문.

인 교회 탄압,[25] 중국의 간도 개발[26]과 간도 문제를 둘러싼 국제적인 정치관계[27]가 연구되었다.

간도 문제는 각 국가에서 어디까지를 자국 영토로 보았느냐는 것과도 관련이 있다. 18세기 조선이 고려했던 영토의 범주나,[28] 조선인의 북방 강역 인식[29]을 기반으로 한 근대 한국인의 만주 인식 문제[30]는 근대 국가의 영토 형성을 고찰해 볼 수 있는 계기가 되었다. 그 시발점으로서 월경(또는 범월) 및 월경 문제를 둘러싼 조청 교섭,[31] 조청 교섭 전후에 나타난 백두산정계비의 인식 변화[32]에 대해서도 역사적으로 검토하였다. 범월 문제와 관련해서는 이전에는 육로 범월에 관심을 가졌던 것[33]에 비해 해양으로의 범월[34]에 대해서도 연구가 확대되었다.

25 김정배(1994), 「日帝의 間島地域 韓人教會 彈壓에 관한 研究: 간장암 교회 사건을 중심으로」, 한신대학교 신학대학원 석사 논문.

26 김득황(1974), 「間島 領有權 紛爭 時期에 있어서 淸의 西間島 開發經營」, 건국대학교 박사 논문.

27 李盛煥(1988), 「日中朝關係 における[間島問題]の 政治的展開: 民族の支配と共存の條件」, 筑波大學校 박사 논문; 최정섭(1997), 「間島문제와 국제관계」, 전북대학교 박사 논문.

28 김재영(2018), 「성호학파의 영토인식과 국방론」, 연세대학교 교육대학원 석사 논문; 姜錫珉(2006), 「18世紀 朝鮮의 領土論 研究」, 동국대학교 박사 논문.

29 이승준(2015), 「18~19세기 조선 지식인의 북방강역 인식과 故土회복 의식」, 동국대학교 석사 논문.

30 이명종(2014), 「근대 한국인의 만주인식 연구」, 한양대학교 대학원 박사 논문.

31 김혜자(1983), 「朝鮮後期 北邊越境問題 研究」, 중앙대학교 대학원 도서관학과 서지학전공 석사 논문; 이화자(2003), 「17~18세기 越境문제를 둘러싼 朝·淸 교섭」, 서울대학교 대학원 박사 논문.

32 박철희(2004), 「백두산정계비 [토문]에 대한 인식 변화」, 전남대학교 교육대학원 석사 논문.

33 임현채(2016), 「18세기 犯越사건을 통해 본 朝鮮의 對淸 태도」, 서강대학교 대학원 석사 논문.

34 남이슬(2015), 「18세기 淸國人의 海洋犯越 研究: 朝鮮으로의 犯越 사례를 중심으로」, 강원

간도 영유권과 관련된 연구로는 간도 문제의 기원과 현황을 파악하여 간도 귀속의 역사적 측면을 고찰[35]한 것과 국제법적 측면을 규명한 것이 주를 이루었다. 특히 양국 간 국경 분쟁에서의 갈등 요소[36]나 국제법적 해결 방안을 규명하는 데 있어서 간도협약[37]의 부당성을 강조한 것과, 영토 취득에 관한 국제법을 연구하여 향후 통일한국에서의 북방 영토문제를 해결하기 위해 취해야 할 방안을 논구하였다.[38]

구체적으로는 국제법에 근거한 간도 영유권 관련 분쟁 소송[39] 및 국제법상 조약의 승계 문제,[40] 더 나아가 간도의 영토화 전략 연구[41]까

대학교 일반대학원 석사 논문.

35 손규성(1968), 「間島歸屬問題에 관한 연구」, 경희대학교 대학원 석사 논문; 윤문식(1994), 「間島의 領土問題에 관한 一硏究 : 西間島를 中心으로」, 고려대학교 석사 논문; 유금희(1999), 「間島領有權에 관한 硏究」, 인천대학교 교육대학원 석사 논문; 이은진(1999), 「間島의 領有權에 관한 史的·法的 硏究」, 명지대학교 교육대학원 석사 논문.

36 이부식(1969), 「韓·淸國境紛爭의 一考察: 間島歸屬問題를 中心으로」, 서울대학교 대학원 석사 논문; 박시우(1993), 「白頭山 地域 領土紛爭에 關한 硏究」, 연세대학교 석사 논문.

37 이일걸(1990), 「間島協約에 關한 硏究 : 韓中 領有權紛爭을 둘러싼 日淸交涉過程을 中心으로」, 성균관대학교.

38 이한기(1969), 「韓國의 領土: 領土取得에 關한 國際法的 硏究」, 서울대학교 대학원; 박동기(1998), 「統一韓國에 있어서 北方領土에 關한 硏究」, 조선대학교 정책대학원 석사 논문.

39 황명준(2005), 「間島 領有權 問題의 國際法的 分析」, 서울대학교 대학원 석사 논문; 김선배(2011), 「間島 領有權에 관한 國際法的 考察」, 원광대학교 교육대학원 석사 논문; 강정민(2013), 「間島領有權訴訟의 當事者問題에 관한 法理論的 考察」, 경희대학교 대학원 석사 논문.

40 곽주용(2004), 「統一以後 北方領土 紛爭에 關한 硏究」, 한남대학교 행정정책대학원 석사 논문; 이세복(2010), 「한반도 통일 이후 국가승계 문제에 대한 국제법적 고찰: 조약의 국가승계 문제를 중심으로」, 고려대학교 대학원 석사 논문; 한명섭(2011), 「朝中國境條約의 承繼에 관한 硏究」, 경희대학교 대학원 박사 논문; 김태원(2018), 「국제법상 朝中邊界條約(북중경계조약)의 승계에 관한 연구: 국가승계 법리와 남북한 특수관계론의 교합적 검토」, 성균관대학교 박사 논문.

41 장계황(2013), 「간도의 영토화 모형에 관한 연구」, 경일대학교 대학원 박사 논문; 우신구

지 등장하였다. 1992년 한중 수교 당시 '한중수교공동선언'에 간도 문제를 포함시키지 않은 것은 정부의 실책이므로 향후 정부가 중국에 항의할 때 필요한 법적 기초를 제공할 필요가 있다고 보았다. 이를 위해 ① 일본과 중국(중화민국 정부) 간에 체결된 1952년의 '중일평화조약' 제4조의 중국(중화인민공화국 정부)에 대한 효력 문제, ② 1962년의 북중 국경조약이 대한민국과 통일한국에 미치는 효력 문제, ③ 간도 영유권 문제의 분단 한국과 분단 중국의 당사자 문제, ④ '간도협약'이 중국에 미치는 금반언의 효과 문제에 대한 연구가 제안되었다.[42]

또한 간도 영유권 문제 해결에 있어서 자결권 이론이 적용된다면 '한민족 공동체 형성'의 큰 구도 내에서 조선족을 반드시 포용하는 정책과 방향이 실현되어야 하므로 조선족 연구가 필요[43]하며, 조선족 입장을 고려하면 간도와 백두산을 분리하여 해결하자는 방안도 논의되었다. 백두산 문제는 백두산 자체를 배타적으로 소유할 수 없는 역사적, 지리적 특성을 반영하여 공동 관리를 통해 한국과 중국 사이에 또 동아시아에서 화해와 협력의 상징적 공간으로 만들어 가야 한다고 보았다. 동북아와 한반도의 안정 및 평화 정착, 그리고 한반도의 분단을 극복하는 과정에서 동북아의 역사 갈등, 좁게는 영토문제를 해결해야 한다는

(2016), 「間島의 領土化를 爲한 延邊朝鮮族自治州 韓人의 管理模型 硏究」, 경일대학교 대학원 박사 논문.

42 김명기(2009), 「국제법상 중국의 간도불법점거에 대한 대중국 항의의 필요성과 요건에 관한 연구」, 『백산학보』 85, 365쪽.

43 이석우(2006), 「한국의 간도 영유권 주장을 위해 극복해야 할 현대 국제법의 법리 연구」, 『백산학보』 74, 337쪽.

것이다.[44] 비록 간도 문제가 양자 간 대화를 출발점으로 하지만 동아시아의 다자간 상시적인 협력 시스템 속에서 마무리되려면 오늘날의 국경 개념을 내세우며 고대사 문제를 독점적으로 소유하려는 역사의식과 역사 교육을 극복해야 한다고 보았다.

그러나 백두산에서 출발하는 수원 문제와 직접적으로 연관되어 있는 간도 문제를 백두산 문제와 어떻게 분리하여 논의할 수 있는지, 분리가 가능한 것이기는 하는지, 분리했을 때 문제 해결의 기대 효과를 충족할 수 있을지 등등에 대해 해결 방안을 갖고 문제를 제기할 필요가 있겠다. 상황에 따른 정치적 논리나 주장에 그칠 것이 아니라 구체적인 방안이 제시된다면 향후 연구에도 시사하는 바가 있을 것으로 보인다.

간도 문제와 관련하여 국제법적으로 1960년대에 체결된 북중 조약을 승계할 경우와 새롭게 중국과 조약 체결을 주장할 경우를 나누어서 검토할 필요성도 제기되었다. 통일 한국이 북중 국경조약의 효력을 부인하는 경우, 새로운 국경조약을 제의하거나 과거의 국경조약을 제시하여 간도 영유권을 회복할 수 있는 국제법적 근거는 충족되지만, 중국이 이 안을 수용할 가능성은 없다고 보았다. 그러나 통일한국이 북중 국경조약 체제를 승계할 경우 간도 영유권에 대해서는 1909년 간도협약의 국제법상 무효를 주장하면서 1962년 국경조약이 한국의 동의 없이 체결·시행된 사실을 적시할 필요가 있다고 보았다.[45]

그러나 조약 승계와 관련하여 비록 비엔나협약을 적용할 수 있지만

44 신주백(2007), 「동북아 정세의 특징과 간도 영유권문제 해결의 접근법 탐색」, 『일본문화연구』 21, 64쪽, 82쪽.

45 이현조(2007), 「조중국경조약체제에 관한 국제법적 고찰」, 『국제법학회논총』 52(3).

국제관습법상 성문화 여부에 대해 이견이 있고 가입국이 22개국에 불과한 문제점과 더불어 한국, 중국, 북한이 모두 이 조약에 가입하지 않은 상태여서 비엔나협약을 직접적으로 적용하기에는 무리가 있다는 것이 지적되었다. 따라서 헌법 합치적 통일이 이루어졌을 때 북한의 법적 지위가 논란이 되므로 북중 국경조약의 효력을 국제법적으로 철저히 검증할 필요가 있다고 하였다.[46]

백두산은 민족의 상징이기도 하고 백두산정계비에서 파생되는 간도 문제와 자연스럽게 연결되기 때문에 백두산 관련 연구도 확대되었다. 백두산의 설화나 전설,[47] 고려와 조선 전후기의 백두산 인식,[48] 세종의 변경관,[49] 백두산 기행이나 백두산 산수 공간, 백두산의 역사 지리적 의미와 백두대간 인식[50] 등이 연구되었다. 특히 백두산 천지의 지리지를 통해 본 지리학적 접근이나 지적학적 방법으로 북방 영토문제를 연구하거나[51] 각종 고지도를 통해 백두산의 다양한 측면을 고찰하였다. 16세

46 김태원 · 성재호(2017), 「헌법합치적 통일과 국제법상 북중경계조약의 승계」, 『미국헌법연구』 28(3).

47 김성식(2004), 「白頭山 說話 硏究」, 조선대학교 대학원 박사 논문; 장나(2012), 「韓 · 中 백두산 전설의 비교 연구」, 전남대학교 대학원 석사 논문.

48 송영덕(2007), 「고려~조선 전기의 백두산 인식」, 『역사와 현실』 64; 강석화(2011), 「조선 후기 백두산에 대한 인식의 변화」, 『조선시대사학보』 56.

49 박현모(2007), 「세종의 변경관(邊境觀)과 북방영토경영 연구」, 『정치사상연구』 13(1).

50 유용환(2002), 「민족상징 백두산의 역사지리적 의미에 관한 연구: 남 · 북한 사회과 교육 중심으로」, 서울교육대학교 교육대학원 석사 논문; 김민정(2006), 「18~19세기의 백두산 기행로 및 기행 양식」, 성신여자대학교 석사 논문; 김일환(2002), 「조선후기 역관의 여행과 체험 연구: 김진남 삼부자의 저술을 중심으로」, 동국대학교 대학원 석사 논문; 이경순(2014), 「17~18세기 士族의 유람과 山水空間 인식」, 서강대학교 대학원 박사 논문; 우명길(2018), 「조선시대 산수유기에 나타난 백두대간 인식」, 강원대학교 석사 논문.

51 양태진(1983), 「백두산 '천지'에 관한 지리지연구」, 중앙대학교 대학원 도서관학과 서지학

기 서양 고지도에서 한반도는 섬으로 그려졌으나 동아시아를 이해하는 서양 선교사들의 견문록 등을 바탕으로 17세기에는 점차 반도 형태의 지도가 형성되었다가 18세기에는 압록강과 두만강 쪽에 경계선이 등장하는 변화가 있음을 검토하였다.[52]

백두산 수계 중 가장 논란이 되는 두만강과 토문강이 동일한 강인지에 대해 이중하가 주장하는 토문강은 두만강과 동일한 강이 아닌, 서로 분명히 다른 것임을 고지도를 통해 증명하기도 하였다.[53] 백두산에 대한 관심은 한중 관계 및 외교사 차원으로 확대되어 1880년대 조청 국경회담이 집중적으로 검토되기도 하였다.[54]

비록 직접적으로 소위 간도 영유권 문제와 연관되지는 않지만 중국

전공 석사 논문; 조병현(2008), 「地籍學의 接近方法에 의한 北方領土問題에 關한 研究」, 경일대학교 대학원 박사 논문.

52 문상명(2012), 「고지도에 나타난 백두산 및 백두산 동북부 하천」, 성신여자대학교 대학원 박사 논문; 이명원(2005), 「18세기 서양고지도를 통해 본 간도영유권문제」, 인천대학교 교육대학원 석사 논문; 이재은(2010), 「서양 고지도를 통해 본 간도: 티메카코리아 웹사이트 소재 지도를 중심으로」, 성신여자대학교 석사 논문; 오일환(2010), 「서양고지도의 우리나라 반도형태와 한· 경계인식에 한 연구」, 『국제지역연구』 13-4; 양보경(1996), 「조선시대 북방지역에 대한 인식 옛 지도에 나타난 북방 인식과 백두산」, 『역사비평』.

53 문상명 · 양보경(2013), 「한국 고지도속 백두산 북동류 하천에 나타나는 북방영역에 관한 인식과 사회적 담론」, 『문화역사지리』 25-2, 102쪽.

54 전해종(1967), 「韓中關係史 研究: 淸代를 中心으로」, 서울대학교 대학원 박사 논문; 유재택(1993), 「開港期 朝鮮의 國際關係와 反從屬論」, 단국대학교 박사 논문; 허은아(2000), 「淸日戰爭後 韓中關係에 대한 一考察」, 숙명여자대학교 대학원 석사 논문; 김봉준(2017), 「近代 朝淸關係 外交文書의 基礎研究: 『華案』(1883~1905)을 中心으로」, 서울대학교 대학원 석사 논문; 김창수(2016), 「19세기 朝鮮 · 淸 관계와 使臣外交」, 서울시립대학교 박사 논문; 柳濟鈴(2006), 「조공책봉관계의 시대적 변천을 통해서 본 한중관계사의 이해」, 동국대학교 석사 논문.

의 요동 지배 문제,[55] 중국의 성경(盛京)지역 지배체제 강화,[56] 변경 영토 분쟁 관련,[57] 그리고 간도의 '독자성' 내지는 '독립성'을 이해하는 데 도움이 되는 간도 지역에서 '대고구려국'의 구상에 대한 연구[58]는 관련 연구를 심화하는 데 도움이 된다.

이상의 연구를 종합해 보면, '간도는 무엇인가'와 '어떻게 해결할 것인가'로 요약할 수 있다. 그러나 수많은 연구에도 불구하고 중요한 핵심 사항에 대해 한중 간 의견이 일치하지 않기에 이 질문은 여전히 되물어지면서 한중 간의 여러 가지 '불편한 진실'에 대한 탐구가 지속적으로 이루어질 필요가 있다.

3. '불편한 진실'에 대한 성찰

'불편한 진실'이란 한중 간에 발생한 역사적 실체로서의 간도 문제를 어떻게 연구하고 또 이해해야 할 것인가와 직결되어 있다. 결국 무엇이 간도이고, 또 무엇을 간도 문제로 볼 것인지, 한중 간 변경지대에서 발생한 간도 문제는 왜, 언제, 어떻게 형성되었는지, 한중 간에 견해 차이가 발생한 근본적 원인은 무엇인지, 전통 시대 국가 간의 변경지대가

55 남의현(2005), 「明代 遼東都司 支配의 限界에 관한 研究」, 강원대학교 대학원 박사 논문.
56 임경준(2013), 「三藩의 亂과 淸朝의 盛京地域 支配體制 强化: '新滿洲' 佐領의 이주와 三藩의 安插을 中心으로」, 동국대학교 석사 논문.
57 오병한(2016), 「19세기 말 20세기 초 압록강 하구 황초평 분쟁 연구」, 서울대학교 대학원 박사 논문.
58 이성환(2006), 「간도문제와 '대고려국' 구상」, 『백산학보』 74, 341쪽.

어떠한 이유와 절차로 특정 국가의 영토가 되는지 등등에 대한 명확한 논의가 있어야 한다.

간도 문제는 '수수께끼'같기도 해서 간단명료하게 설명하기가 쉽지 않다. 한중 간 국경 담판까지 했던 문제임에도 어디가 간도이며, 무엇이 간도 문제인가라는 근본적인 문제조차도 양국 간에 일치된 견해를 찾기 어렵다. 간도의 범주, 간도 문제의 성격 등등 수많은 주제가 모두 여전히 연구 대상이다. 이 글에서는 이상의 거대 담론과 연관된 간도 문제의 근본적인 것을 재탐구하고자 하는 것은 아니다. 단지 관련 논의나 논평에서 단순화 혹은 일반화가 불러오는 오독의 가능성을 최소화할 필요성 내지는 주의 환기 정도를 언급하고자 한다.

논의를 구체화하기 위해 최근에 출판된 1880년대 국경회담과 관련된 연구[59]를 사례로 삼아 몇 가지 문제를 지적해 보고자 한다. 이 연구는 한국과 중국이 직접 담판했던 1880년대를 대상으로 다양한 사료를 활용하여 세밀하게 연구하여 여러 서평에서 호평[60]을 받았을 뿐만 아니라 서울대학교 아시아연구소에서 학술도서상도 받았다.

이 책은 "1880년대 한중 관계와 국경회담 연구의 필독서", "관련 연구의 훌륭한 길잡이로서 주목할 성과", "충실한 각주와 참고문헌만으

59 김형종(2018), 『1880년대 조선-청 공동감계와 국경회담의 연구』, 서울대학교 출판문화원.

60 배성준(2018), 「1880년대 국경회담에서 발견한 간도문제의 '불편한' 진실」, 『인문논총』 75(3); 박장배(2018), 「『1880년대 조선-청 공동감계와 국경회담의 연구』 읽기: 김형종(2018), 서울대학교출판문화원」, 『동북아역사논총』 59; 김택경(2019), 「'상상'에서 '사실'로: 김형종 지음, 『1880년대 조선-청 공동감계와 국경회담의 연구』(서울대학교출판문화원, 2018)를 읽고」, 『아시아리뷰』 9(1).

로도 큰 미덕을 가진 책",[61] "국경회담에 대한 기초적인 역사적 사실을 상세하고도 가능한 한 정확하게 재구축한 최초의 작업",[62] "후속 세대의 연구에 훌륭한 길잡이"[63]로 평가된 최신 연구 성과이다.

물론 이 책은 저자 스스로가 인정했듯이 "이 책에서 시도하는 작업이 전혀 새로운 시도인 것만은 아니다. 다양한 주제와 이에 관한 이왕의 많은 연구가 있어 제1, 2차 공동 감계, 국경회담에 관한 대강의 기초적 사실은 대체적으로 보면 선행 연구에 의해 상당수 확인"된 것이다. "약간의 새로운 자료나 사실의 확인을 제외한다면 사실상 기본적인 방대한 사실에 대한 상세한 정리와 서술 작업 이상으로 연구 성과를 크게 진전시키지 못한 한계가" 있다. 그러면서도 "기존 연구는 대부분이 관련된 사실에 대한 수많은 오해, 오류에서 자유롭지 못하다"[64]고 평가하였다.

저자가 명시한대로 새로운 연구 성과라고 할 만큼 큰 진전은 없지만 이 연구를 사례로 삼는 이유는 저술 내용을 통해 한국 학계가 생각해 볼 만한 몇 가지 문제를 제기할 수 있기 때문이다. 이 저서에서 새롭게 연구의 지평을 열 수 있는 것이 '이주민 식민주의(Settler Colonialism)'라는

61 박장배(2018), 「『1880년대 조선-청 공동감계와 국경회담의 연구』 읽기: 김형종(2018), 서울대학교출판문화원」, 『동북아역사논총』 59, 255쪽.

62 배성준(2018), 「1880년대 국경회담에서 발견한 간도문제의 '불편한' 진실」, 『인문논총』 75(3), 249쪽.

63 김택경(2019), 「'상상'에서 '사실'로: 김형종 지음, 『1880년대 조선-청 공동감계와 국경회담의 연구』(서울대학교출판문화원, 2018)를 읽고」, 『아시아리뷰』 9(1), 384쪽.

64 김형종(2018), 『1880년대 조선-청 공동감계와 국경회담의 연구』, 서울대학교 출판문화원, 17~18쪽.

문제 제기이다. 이것이야말로 기존 연구에서 다루지 않은 새로운 것인데, 저자는 머리말에서 1880년대 전후 조선인의 해외 이주사는 "이주민 식민주의"의 특이한 사례로서 접근하는 것이 가능한데, 이 분야의 연구 자체가 방대하여 제대로 고려하지 못한 것을 아쉬운 점으로 남겼다. 그러면서도 저서의 결론에는 중국은 "조선 월간민의 문제가 단순한 빈민의 생존권 차원이 아니라 그 배후에는 이들에 대한 실질적인 통제, 즉 일종의 '식민지 경영'을 시도하는 조선 지방 당국(밑줄: 필자)이 자리 잡고 있다는 점을 점차 확신하게 되면서, 전통적인 사대-자소의 틀에 기댄 차지안치의 방식은 중국 측이 받아들이기 불가능한 것이 되어 버렸다"[65]고 하였다.

저서에서 관심을 두었던 것 중 하나는 1880년 회령부사(會寧府使)로 부임한 홍남주(洪南周)의 묵인 아래 추진되었던 두만강 북안의 대규모 월간을 의미하는 경진개척(庚辰開拓)인데, 저자는 '경진개척'이 1880년대 국경 분쟁의 시발점이었을 뿐만 아니라 조선인의 이주 역사에서도 획기적인 전환점이라고 보았다. 1860년대 이후 점차 집단적·대규모적인 형태로 개간·이주·정착의 목적이 전환되면서, 조선인의 이주가 단기간 대규모·권유·비호 아래 추진되었고, 지방 당국이 호적을 편성하고 세금·잡역·소작료를 징수하는 등 사실상 '식민지 경영'을 하는 것과 진배없는 상황이었다고 하였다. 또한 지방 당국의 이해관계가 월간 지역에 깊숙이 개입되어 있었기 때문에 1880년대 조·청의 국경 분쟁

65 김형종(2018), 『1880년대 조선-청 공동감계와 국경회담의 연구』, 서울대학교 출판문화원, 534쪽.

이 이전의 관행과 달리 지방 당국이 먼저 국경문제를 제기하는 양상으로 나타나게 된 것으로 보았다.[66]

경진개척을 포함하여 저서의 머리말과 결론을 연결해 보면, 저자는 한중 간 국경문제를 지방 당국이 배후에서 '식민지 경영'을 한 '이주민 식민주의'의 결과물로 보고 있는 것 같다. 비록 머리말에서 이에 대해 제대로 고려하지 못한 것이 아쉬운 점이라고 했으면서도 저서에서 결국 '식민지 경영'을 말한 것은 그러한 의미를 내포한 것으로 보인다. 중국 측이 조선 측의 요구를 받아들이기 어려운 이유는 "조선 측의 요구는 전통적인 사대-자소의 틀과 양립할 수 없었을 뿐만 아니라 영토와 주민, 그리고 주권에 대한 배타적인 독점을 요구하는 만국공법의 국제질서에서도 마찬가지로 용납할 수 없었기 때문"[67]이라고 하였다.

고려할 점은 1880년 조선 지방관의 비호 아래 월간이 추진되고 호적이 편성되고, 세금 · 잡역 · 소작료를 징수하는 행정권이 발동될 수 있었던 요인은 무엇인가를 되짚어 보아야 한다는 것이다. 어느 누구도 의심할 바 없는 명백한 중국 영토에서 이런 일이 발생할 수 있을까? 또한 이로 인해 발생한 국경 분쟁을 두고 외교적 담판까지 이루어질 수 있었을까? 당시 시대상과 한중 간 변경지역의 특수성을 고려하지 않고 경진개척을 사실상 조선의 '식민지 경영'으로 운운한다면, 역으로 중국은 왜 어떻게 이러한 사실을 '방치'하여서 결국 국경문제를 파생시켰는지에 대해 명쾌하게 답할 수 있어야 한다. 또한 1880년대 이전에 발생한

66 김택경(2019), 「'상상'에서 '사실'로」, 『아시아리뷰』 9-1, 387~388쪽.

67 김형종(2018), 『1880년대 조선-청 공동감계와 국경회담의 연구』, 서울대학교 출판문화원, 534쪽.

백두산정계비 설립 전후 상황과의 연관성은 어떠한가에 대해서도 더불어 설명할 필요가 있다.

또한 이 연구에서는 중국이 정계비 이설론을 말하게 된 이유에도 관심을 두었다. 제1차 공동 감계를 통하여 정계비가 쑹화강 발원지에 세워졌다는 사실이 밝혀졌기 때문에 두만강 경계를 주장하는 중국 측으로서는 "정계비 이설론을 계속 견지하는 방안을 고집하면서 정계비의 증거 능력을 깎아내리는 방향으로 갈 수밖에 없었고",[68] "정계에 관련된 자료가 거의 남아 있지 않았던 중국 측으로서는 백두산정계비의 위치나 그 비문의 내용이 가진 의미를 철저히 부정하는 방안을 선택하게 되었다"[69]고 보았다.

중국이 두만강 경계를 주장하기 위해 백두산정계비 이설론을 제시한 것은, 저자도 인정하듯이 중국이 목적을 이루기 위해 수단과 방법을 동원했다는 것이다. 이는 궁극적으로 국제법이 통용되기 이전 양국의 변경지대가 어떻게 면에서 선으로 변경되어 근대적 국경선으로 설정될 수 있었는지에 대한 논의와도 일맥상통하는 것이다. 즉, 변경지대를 국민국가의 영토 범주로 들어오게 하는 과정이 분명하게 논구되어야 제대로 설명될 수 있는 것이다. 그러기 위해서는 근대 국가가 어떤 과정을 거쳐 논란이 있는 변경지대를 자국 영토로 삼게 되는지가 충분

68 김형종(2018), 『1880년대 조선-청 공동감계와 국경회담의 연구』, 서울대학교 출판문화원, 231쪽.

69 김형종(2018), 『1880년대 조선-청 공동감계와 국경회담의 연구』, 서울대학교 출판문화원, 27쪽; 배성준(2018), 「1880년대 국경회담에서 발견한 간도문제의 '불편한' 진실」, 『인문논총』 75-3, 257쪽.

히 소명되어야 한다. 이를 위해서는 청대 유조변의 성격과 역할, 더 나아가 조선과 청조 간의 변경지대를 어떻게 관리했는지의 부분도 분명히 밝혀야 하는 것이다. 더불어 생각할 것은 영토는 자고이래로 영구불변한 것이 아니라 다양한 이유로 시대에 따라 다양한 국가(공동체)의 영토 범주가 변화하였다는 것이다.

기존 연구에서 생존을 위해 감행한 월간이라든가 자연 지리적 환경을 고려한 한국의 고토라는 접근과의 차이를 포함하여 저자가 제시한 조선 지방 당국의 '식민지 경영' 문제는 향후 역사적, 사실적으로 철저히 연구하여 수많은 오류와 오해에서 자유로울 수 있도록 해 주었으면 하는 바람이다. 기존 연구가 감성적인 차원에서 간도를 우리 땅으로 규정했다는 문제의식에서 출발하여 '조선의 식민지 경영론'을 제시하였으므로 이에 대해 책임 있게 또 본격적으로 논의를 풀어 완결된 연구성과를 도출하길 바란다. 혹시라도 기존 연구가 시대상을 망각하고 역사적 진실 내지는 사실을 불편하게 만드는 수많은 오류와 오해에서 자유롭지 못했다면 이 또한 정확하고 세밀한 연구로 바로잡을 필요가 있을 것이다.

조선 지방 당국이 식민지 경영을 했기 때문에 1880년대에 한중 간의 공식적인 담판이 있었으며, 과연 이것이 한중 간 영토 국경회담의 본질일까? 이 문제는 또다시 '무엇을 간도 문제라 보는가?', '무엇이 간도인가?', '왜 양국 간 회담을 해야 하는가?' 하는 질문을 되새기게 한다. 이것이 한중 간 국경회담, 간도와 백두산 문제를 포괄해서 '이론'을 통해 문제를 정리하는 것에 대해 한국 학계가 더불어 생각해 볼 지점이다.

두 번째는 사실의 일반화 내지는 단순화된 해석의 문제다. 저서에서는 감계사 이중하가 고종에게 올린 비밀 보고에 관심을 가지면서, 애당초 정계비를 세울 때 물길을 착각한 것이며, 토문강과 두만강은 같은 강이고, 조선과 청의 경계는 두만강이 맞는다고 하였다. 그러면서 저자는 언론 인터뷰에서 "민족사의 무대가 됐던 간도가 우리 땅이라는 주장은 감성적으로는 호응하기 쉽지만 사실 곤란한 발상"이라고 하였다. 더 나아가 "천지 남쪽 5㎞ 지점에 있는 백두산정계비를 근거로 들면 백두산이 오히려 중국 땅이 되는 문제가 생긴다"[70]고 주장하였다.

이 연구는 한국과 중국이 직접 담판했던 1880년대를 대상으로 다양한 사료를 활용하여 연구한 것인데, 특정 시기의 단편적인 연구 결과를 간도 문제 자체에 대입하여 논리를 단순화하는 것은 재고할 필요가 있어 보인다. 역사적 사실로 설명한다면, 백두산 천지는 1880년대 감계 담판에서 구체적으로 논의된 바가 없다. 그런데 1880년대 담판 관련 연구를 기반으로 백두산정계비에 '동쪽으로 토문 서쪽으로 압록'이라 명시했던 정계비가 세워진 곳을 중심으로 백두산이 오히려 중국 땅이 된다는 식의 언론 인터뷰는 논의의 여지가 있어 보인다.[71] 1880년대 감계 담판에서 양국이 공식적으로 논의조차 하지 않은 것에 대해 연구자 개인이 자의적으로 경계를 정해서 중국에게 유리한 결과로 판단하는 것은 역사적 방법도, 역사적 사실도 아니다.

역사적으로 백두산 천지에 대한 분할은 1960년대 북중 국경회담에

70 「"간도 개척, 조선 지방당국이 계획… 식민지 경영 시도한 것"」, 『동아일보』, 2018. 2. 21.

71 신문에 게재된 인터뷰만 보았기 때문에 저자의 진의가 제대로 전달된 것인지 여부는 필자가 알 수 없다.

서 결정하였다.[72] "백두산 천지를 둘러싼 산등성이의 서남단 2520 고지와 2664 고지 사이의 안부 중심점에서 시작하여 동북쪽으로 향해 직선으로 천지를 가로질러 맞은편 산등성이 2628 고지와 2680 고지 사이의 안부 중심점의 서북 부분은 중국에 속하고 동남 부분은 조선에 속하도록 하였다."[73] 이것이 현재까지 밝혀진 공식적인 백두산 천지의 분할이며 북중 간 국경회담 조약을 인용한 연구 결과다. 그러나 북중 간의 공식적인 천지 분할에도 불구하고 한반도 통일 시 재검토의 여지가 있다는 것이 국제법에서의 연구 결과이다.[74] 한중 간 역사적으로 얽힌 간도 문제는 문제의 발생과 경과에서 현재에 이르는 과정까지를 종합적으로 볼 필요가 있는데, 특정 시기만을 연구하고 이를 전체적으로 확대 적용하여 간도 문제를 포괄하는 것은 또 다른 '역사적 사실에 대한 오해'를 창출할 수 있다.

어느 서평에서는 "그동안 난마처럼 얽혀 있던 근대 한중 국경문제의 배경과 쟁점, 국경회담의 과정과 의미를 명쾌하게 정리한 저서를 출간했다. 향후 해당 분야의 연구에서 중요한 길잡이 역할을 할 것으로 기대된다"고 평가하였다.[75] 또한 "이 분야의 관련 사료와 연구를 종합적

72 박선영(2005), 「북한과 중국의 비밀 국경조약」, 『중국사연구』 38; 박선영(2011), 「한중 국경획정의 과거와 현재 -유조변, 간도협약, 북중비밀국경조약 분석을 중심으로-」, 『북방사논총』 4.

73 박선영(2005), 「비밀의 해부(解剖) -조선과 중국의 국경조약을 중심으로-」, 『중국사연구』 38, 206쪽.

74 이 글 앞쪽에서 논의한 국제법적 연구 참고.

75 문명기(2018), 「연구 분야의 지속과 확장: 중국근대사연구(2016~2017)와 대만사 연구(2013~2017)」, 『역사학보』 239, 263~264쪽.

으로 망라하고 있어 후속 세대의 연구에 훌륭한 길잡이가 될 것으로 보인다"고 하면서 "저자는 1880년대 국경 분쟁의 기원이자 배경이라고 말할 수 있는 백두산정계비의 '수수께끼'를 풀어냈다"[76]고 보았다. 백두산정계비의 수수께끼가 풀렸다고 보는 것과 국경 담판이 명쾌하게 정리되었다는 것은 일맥상통하는 평가로 보인다.

여기서 필자는 평가자가 관련 연구의 학문적 깊이와 견해를 드러낸 것에 대해 문제를 제기하는 것은 아니다. 단지 근대 한중 국경회담의 과정과 의미를 명쾌하게 정리했다는 평가의 결론에서부터 다시 무엇이 간도 문제이고 무엇을 해결했는지에 대해 되묻게 된다면 무엇을 어떻게 설명할 수 있을까 하는 면은 되짚어 볼 필요가 있다고 생각된다.

중국은 왜 국가적으로 동북공정을 지원하고 간도 문제를 연구하여 한중 간 뇌관을 건드렸을까? 한중 간에는 간도 문제라는 단어부터 시작해서 관련 문제에 대해 일치하는 견해가 거의 없다고 할 정도로 복잡하게 얽혀 있고, 양국 간 간도의 범주조차도 명쾌하게 설명할 수 없다. 그런데 중국은 1880년대 한중 간 국경 담판 연구가 명쾌하게 정리될 수 있는 것을 모르고 있던 것인가?

조금 다른 측면에서 지적하고 싶은 것은, 다른 서평에서 한중 간 논란이 되었던 정계비 건립 후 표지물 설치와 관련된 내용에서 "저자도 언급하듯이 토문강 경계에서 홍토수 경계로의 전환이 이제야 정리될 수 있는 것은 중국사회과학원 역사연구소의 이화자 연구원이 현지 조사를 통하여 정계비 건립 직후 표지물 설치 담당자가 정계비로부터 두

76 김택경(2019), 「'상상'에서 '사실'로」, 『아시아리뷰』 9-1, 384쪽, 386쪽.

만강의 원류인 홍토수까지 흙 돌무더기와 나무울타리를 설치하였다는 사실을 입증하였기 때문"[77]이라고 하였다. 더 나아가 이화자의 연구로 "정계비 건립 당시 정계비에서 홍토수로 설치한 표지물이 확인되고 이중하가 그 흔적을 발견하였다는 사실이 드러나면서 비로소 홍토수 경계로 조선 측의 입장 전환이 깔끔하게 정리되었다"[78]고 하였다. 한중 국경이 결과적으로 홍토수를 경계로 결정된 것은 1960년대의 북중 국경회담에서다.

역사적으로 수백 년간 양국 사이에서 중요한 논란이 된 사안 중 하나인, 양국 담판으로도 해결되지 않은 사안에 대해 한 개인 연구자의 답사 보고서로 해당 문제가 깔끔하게 정리되었다고 평가하였다. 물론 학문적 성과가 깊은 한 개인이 답사해서 제대로 된 표식물을 확인할 수 있다. 그런데 한중 간 수백 년에 걸친 논란이 깔끔하게 정리되려면 적어도 양국 간 공식적인 사절단이 과학적 검증을 거친 결과에 대해 양국이 이견 없이 동의했을 때 그런 표현을 쓰면 훨씬 좋을 것 같다.

이에 앞서 해야 할 것은 중국의 공식 자료와 개인 답사자가 발견한 내용과의 편차를 어떻게 조화시킬 것인가의 문제다. 이화자는 "목극등의 요구에 따라 조선은 흑석구의 동남안에 석퇴 토퇴를 설치하였을 뿐만 아니라, 흑석구 토퇴 끝으로부터 두만강 용출처까지 목책과 토돈을 설치해 놓았다. 그러나 그 후에 두만강에 연결된 40여 리 목책이 다 썩

77 배성준(2018), 「1880년대 국경회담에서 발견한 간도문제의 '불편한' 진실」, 『인문논총』 75-3, 256쪽.

78 배성준(2018), 「1880년대 국경회담에서 발견한 간도문제의 '불편한' 진실」, 『인문논총』 75-3, 256쪽.

어 없어져 흑석구의 토석퇴가 쑹화강 상류에 이어진 것으로 착각하게 되었다"[79]라고 하였다.

1964년 북한과 중국의 국경조약에 따르면[80] 토문과 두만은 분명히 다른 위치에 있는 것으로 명시되어 있으며, 흑석구는 토문강으로 표시되어 있다. 그러나 이화자는 결과적으로 "흑석구의 토석퇴 길이 50여 리에다가 두만강으로 향한 목책 토돈의 길이 40여 리를 더함으로써 90리가 되었다. 그 의도인즉 토석퇴가 전부 흑석구에 놓이게 함으로써 쑹화강 상류에 이어지듯이 하기 위해서였다. 그래야만 토문, 두만 2강설이 성립되고 두만강 이북 간도 지역이 조선에 속하기 때문"이라고 주장하고 있다.[81] 양국에서 공식적으로 파견된 대표들이 오랜 시간 수많은 조사와 담판을 거쳤지만, 두만강 수원조차도 1880년대에는 홍단수, 1909년 간도협약에서는 석을수, 1960년대 북중 국경조약에서는 홍토수로 정할 정도로 논란도 많고 우여곡절도 많은 것이 백두산 간도 문제이다.

국가 간 논쟁이 되었던 국경문제에 대해 수백 년 전 공식적 담판자들도 제대로 해결하지 못한 것을 자연 지리환경의 변화가 얼마나 있었는지에 대한 최소한의 과학적 검증도 없이 1880년대의 결과물이 '아무런 변화 없이' 고스란히 남겨져 있다는 결론으로 21세기에 한 개인이 백

79 이화자(2013), 「백두산 정계의 표식물: 흑석구(黑石溝)의 토석퇴에 대한 새로운 고찰」, 『동방학지』 162, 277쪽.

80 박선영(2005), 「비밀의 해부(解剖): 조선과 중국의 국경조약을 중심으로」, 『중국사연구』 38.

81 이화자(2013), 「백두산 정계의 표식물: 흑석구(黑石溝)의 토석퇴에 대한 새로운 고찰」, 『동방학지』 162.

두산 지역 동식물을 연구하는 분, 조카 성림, 군관과 병사 등의 도움을 받아 답사한 결과로 모든 문제를 깔끔히 증명해 냈다고 보면서 이를 공신력 있는 결과로 받아들이는 것에 대해 한 번쯤 고려해 볼 필요가 있어 보인다.

이화자는 여러 차례의 답사에서 각기 다른 참여자와 함께하였는데, 관련 전문가는 본인 혼자로 보인다. 이화자의 기록에 따르면, "2012년 8월 16일 관광단 일행 아홉 명이 천지에서 내려와 압록강 골짜기를 따라 내려가려다가 흑석구 옆에서 돌무지를 발견하였다." "관광버스가 기다린 지 오래되었고 우리의 목적지는 대각봉이었다." "2011년 8월 처음으로 흑석구를 답사할 때는… 군용차를 타고 두 명의 전사와 함께 갔다." "2011년 10월 말… 백두산 지역에서 동식물 연구… 두 분의 도움을 받아 흑석구에 있는 석퇴 또는 토퇴를 찾고자 하였다."[82]

또한 그의 글을 보면 "나는 답사를 도우러 온 조카 성림과 함께 다시 흑석구로 갔다. … 내가 강바닥을 따라 걷자고 했더니 성림이가 동남쪽 기슭을 걷자고 하였다. 그의 생각이 옳았다. 우리는 흑석구 다리에서 멀지 않은 곳에서 토퇴를 발견하였다. 임간통시도 쪽에서 여기까지 이어져 온 것이다. … 풍화작용으로 많이 훼손되기는 하였지만 꽤 큰 토퇴 위에는 잡초가 무성하고 또 세엽두향이 많이 자랐다. 토퇴와 토퇴 사이의 거리가 60~70*m* 또는 100*m* 정도 되었다. … 계속 앞으로 걸었더니 마지막 토퇴에 이르렀다. 세 개의 커다란 흙무지가 골짜기를 따라

82 이화자(2012), 「중국·북한 국경 답사기: 백두산 토퇴군(土堆群)의 새로운 발견」, 『문화역사지리』 24-3, 143~145쪽.

나란히 줄 서 있었다. 여기서 앞으로 500~600m 더 나갔으나 토퇴가 없었다"[83]라며 자신이 여러 차례 답사한 것에 대해 나름 상세하게 기술하였다.

단순히 역사적인 기록으로만 보면, 1957년 북중 양국은 백두산 지역을 측량하였다. 8~9월에 지린성 탐사대가 흑석구를 탐사했을 때 남긴 기록에 따르면 "석퇴의 높이가 1m, 길이가 2m, 너비가 1m이며 모양은 모진 것과 둥근 것이 있으며 석퇴 간의 거리가 30~50m이다. 토퇴는 원형을 이루며, 높이가 약 1.5m, 둘레가 약 24m이며, 황색 모래와 자갈이 섞여 있는데 토퇴 간의 거리가 약 100m이다."[84]

1885년, 1887년 두 차례 공동 감계 때 양측 대표들은 흑석구의 동남안에 석퇴와 토퇴가 180여 개 설치되어 있다고 기록하였다.[85] 이 세 가지 자료를 비교해 보면서 구체적으로 어떠한 설명을 더하지 않아도 기록 자체에서 시대마다 뭔가 다르게 묘사되는 것이 있어 보인다.

문제의식을 갖고 실제 답사를 통해 자신의 견해를 강화하는 것은 물론 필요한 작업이다. 그러나 국가 간의 수많은 논쟁과 공식 담판이 있었어도 구체적으로 해결을 보지 못했을 정도의 문제이고, 현재 정치적인 상황으로 한국 측에서 직접 가서 확인할 수 있는 상태도 아닌 상황이므로 이를 평가하는 입장에서는 좀 더 과학적으로 검증된 방식을 더

83 이화자(2012), 「중국·북한 국경 답사기: 백두산 토퇴군(土堆群)의 새로운 발견」, 『문화역사지리』 24-3, 150쪽.

84 『中国测绘史』 编辑委员会, 『中国测绘史』, 测绘出版社, 2002, 617~618쪽; 이화자(2012), 「중국·북한 국경 답사기: 백두산 토퇴군(土堆群)의 새로운 발견」, 『문화역사지리』 24-3, 150쪽.

85 『白头山定界碑关系书类』, 光绪 11年(1885) 11月8日照覆.

해서 평가하면 공신력을 갖추는 데 의미가 있을 것으로 보인다.

간도는 날조된 것이라고 공공연하게 주장하던 중국이지만, 중국이 중국어로 만든 중요한 공식 조약 서류에는 버젓이 '간도'가 명시되어 있다.[86] 또한 김형종의 저서에서도 다양한 사료로 증명한 바와 같이 중국은 항상 토문강과 두만강이 동일강[87]이라고 강변하였다. 그러나 중화인민공화국의 국경조약 공식 문서에서는 "9호부터 동쪽으로 1,229*m* 떨어진 곳, 서쪽 언덕을 따라 80*m* 되는 곳이 흑석구(土門江)"[88]라고 명시하여 '토문강'과 '두만강'이 다른 위치에 있는 것을 명시하였다. 중국 공식 문서에는 토문강(흑석구)과 두만강의 위치가 다르게 명시되어 있는데, 이화자의 연구에서는 "흑석구가 쑹화강 상류가 아니며, 두만강과 구별되는 토문강은 더더욱 아니다"[89]라고 주장하였다.

이화자의 답사 관련 논문은 현재까지 중국 CNKI 데이터베이스에서 찾을 수 없지만, 한국에서 출판되는 학회지에는 게재하였다. 비록 연구자에 따라서는 특정 사안에 대해 개인적인 답사 결과를 '신뢰'한다고

86 간도의 위치까지도 경도는 129° 46′ 39″, 129° 46′ 49″이고, 위도는 42° 45′ 40″, 42° 45′ 49″라고 명시되어 있다.『中朝, 中蘇, 中蒙有關條約, 協定, 議定書滙編』, 吉林省革命委員會外事辦公室編印, 1974; 박선영(2005),「북한과 중국의 비밀 국경조약」,『중국사연구』 34, 390쪽.

87「吉林將軍衙門爲琿春副都統密諭駐守之員勸諭朝鮮墾民遷回本國的咨文」, 光緒11年 4月 13日, 李澍田主編,『琿春副都統衙門檔案選編』 長白叢書5集, 321쪽;「吉林將軍衙門爲咨請北洋大臣轉行朝鮮國王派員定期會勘疆界的咨文」 光緒11年 6月 25日,『琿春副都統衙門檔案選編』, 326쪽;「吉林將軍衙門爲琿春副都統遴派妥員認眞會勘分明界址的咨文」 光緒11年 7月 28日,『琿春副都統衙門檔案選編』, 328쪽.

88『中朝, 中蘇, 中蒙有關條約, 協定, 議定書滙編』, 吉林省革命委員會外事辦公室編印, 1974.

89 이화자(2013),「백두산 정계의 표식물: 흑석구의 토석퇴에 대한 새로운 고찰」,『동방학지』 162, 278쪽.

해도 여전히 간도 문제는 시대마다 조금씩 다른 내용과 모습으로 전개되었음을 상기할 필요가 있다. 이것이 간도 문제가 함의하는 수많은 문제를 포괄하여 '수수께끼'의 본질이라고 보기 어렵다.

이에 대해 구체적으로 규명하려면 한중 간 '불편한 진실'의 시대적 변천과 그 내용을 종합적으로 판단할 수 있는 눈이 필요해 보인다. 따라서 여전히 간도 문제가 무엇인지를 다시 묻는다. 역사 속에서 1712년 백두산정계비가 건립되었고, 1880년대 조청(한중) 담판, 1909년 청조와 일본의 간도협약, 1960년대 북한과 중국의 북중 국경조약 체결과정에서 시대마다 두만강의 서로 다른 지류, 즉 1880년대에는 홍단수, 1909년 간도협약에서는 석을수, 1960년대 북중 국경조약에서는 홍토수를 원류로 양국의 경계를 삼기도 하였다. 과연 무엇이 간도 문제의 진실인가? 아니면 무엇을 진실로 보고자 하는 것인가? 이 모든 것이 역사 속에서 발생한 '불편한 진실'이다.

4. 간도 및 백두산 연구의 지향점

이 글에서는 동북공정 전후 한국에서의 백두산, 간도 문제 연구에 대한 대체적인 경향을 살펴보았다. 더불어 한중 간에 수백 년간 논란이 되었던 간도 문제에 관해 최근 연구 성과인 김형종의 연구와 서평 및 이화자의 답사를 사례 삼아 성찰하면 좋을 내용을 검토해 보았다.

중국의 동북공정 이후 백두산 간도 문제 연구의 전성시대라고 할 만큼 다양한 연구가 진척되었다. 한중 간 영토문제로서 수많은 '불편한 진실'이 내재되어 있는 간도 문제와 백두산 문제를 연구하려면 여전히 다음과 같은 몇 가지 주제에 대한 심도 깊은 연구가 필요하다. 또한 중국에서 연구하는 연구 방향을 파악하고 구체적인 내용에 대해서 상응할 만한 연구를 해 나가는 것도 역사적 사실을 사실대로 파악하는 방편이 될 것이다.[90]

1) 조선과 청조 사이의 봉금지대 이해 문제

봉금지대를 어떻게 이해하느냐에 따라서 간도에 대한 이해도 달라질 수 있다. 왜냐하면 봉금지대는 조선에만 해당하는 것이 아니라 청나라에도 적용되었기 때문이다. 이와 더불어 근대 국가의 영토가 어떤 방식으로 주권과 결합하는지를 비교 검토할 필요가 있다. 근대 이전의 변경지대 문제는 단순히 한중 간의 문제가 아니기 때문이다. 이는 세계 각국의 다른 사례와도 비교 검토할 필요가 있으며, 특히 중국 측의 다양한 사료를 활용하여 당시 변경지대의 '실상'을 재현하는 것이 필요하다.

간도 문제를 구체화하기 위해서는 여전히 간도의 명칭과 범위 및 조청 간의 외교 관행 등에 대해서도 관심을 가질 필요가 있다.[91] 특히 간도의 범주를 어디에서 어디까지로 볼 것인가와 간도 범주의 시대적 변화도 더불어 검토해야 한다. 이를 규명하기 위해서는 고지도와 사료의

90 박선영(2005), 「간도문제의 시대성: 시대적 함의를 중심으로」, 『역사교육논집』 35, 288~323쪽.

91 노계현(2004), 「간도문제연구에 있어서의 몇 가지 기초인식」, 『간도학보』 창간호, 11~48쪽.

교차 검증이 필요하고 중국 사료에 대한 다각적인 검증도 요구된다.

2) 1712년 백두산정계비 설립 문제

백두산정계비를 설립한 계기와 의미에 대해서 여전히 새로운 시각의 검토가 필요하다. 이와 더불어 백두산이 만주족의 발상지인지에 대한 문제도 재검토가 필요하다. 왜냐하면 『만주실록』에 명시된 구체적인 만주족의 발상지와 백두산과의 관련성 규명도 필요하기 때문이다.

3) 1885년과 1887년의 조청 감계 담판과 국제법적 증거 문제

조청 담판과 관련해서는 역사적인 사실의 문제와 더불어 국제법적으로 무엇이 증거가 되느냐의 문제도 더불어 고찰할 필요가 있다. 이를 효과적으로 연구하기 위해서는 기본적으로 간도 문제에 대한 동아시아의 관심이 근대적 영토의식의 성장 및 제국주의 대두 또는 민족주의 의식 강화 등과 관계가 있음을 이해해야 한다.[92] 더불어 이와 같은 시대적 변화가 당시 제작된 지도에, 특히 한중 양국 국경지대 부분이 어떻게 표현되었는지에 대해서도 새로운 자료 발굴을 통해 좀 더 구체화해 나갈 필요가 있다.

92 박선영(2004), 「근대 동아시아의 국경인식과 간도: 지도에 나타난 한중 국경선 변화를 중심으로」, 『중국사연구』 32, 199~234쪽.

4) 1909년 간도협약과 1960년대 북중 국경조약 등과의 비교 검토와 영토 정책 문제

간도협약을 비롯하여 각종 조약은 체결 당사국이 있는 국제적인 합의 행위가 되므로 국제법적으로 매우 중시되는 부분이다. 여기에서는 간도 문제와 각종 조약을 검토하는 데 있어서 한국에 유리한 것과 불리한 것 모두를 정교하게 연구할 필요가 있다. 또한 구체적으로 문제를 해결하려고 한다면 해결할 수 있는 방안도 같이 고려해야 한다. 즉, 취약점을 보완할 수 있는 방안과 장점을 더욱 강화시킬 수 있는 방안이 무엇인지에 대한 검토도 필요하다. 한국과 중국이 간도 문제를 어떻게 인식하고 있는지에 대해 명확한 현주소를 파악하는 것이 필요하다. 또한 대한제국기 간도 정책[93]이나 러일전쟁 직후 일본의 간도 정책으로 이어지는 역사 연구 및 당시의 국제관계에 대한 연구가 필요하다.[94]

5) 통일 후의 간도 문제

21세기 남북 통일을 앞두고 간도 문제를 어떻게 정리해 나갈 것인가에 대한 연구도 필요하다. 또한 통일 시대를 대비하여 미래의 간도 문

93 이명종(2013), 「대한제국기 간도영토론의 등장과 종식」, 『동아시아문화연구』 54.

94 배성준(2018), 「1880년대 국경회담에서 발견한 간도문제의 '불편한' 진실」, 『인문논총』 75-3, 265쪽; 강석화(2011), 「조청 국경문제에 대한 새로운 시각」, 『한국학연구』 26, 561쪽.

제를 연구해야 할 것이다.[95] 간도 문제에 대한 기능별 모형으로는 정부 모형, 학계 모형, 사회단체 모형이 있고, 단계별 모형으로는 통일 이전의 사회단체 주도 모형과 통일 이후의 정부 주도 모형이 제시되었다.[96] 그러나 간도 연구가 단순한 영유권 주장을 전제로 국익 차원의 논리로 흐를 가능성을 피하기 위해서라도 간도 문제의 원인과 현재적 상황까지의 역사적 과정에 대한 검토를 우선시하여야 한다.[97]

우선적으로 간도의 역사성을 회복하는 것이 중요하다. 간도를 역사적인 실체로 인정하면서 다층적이고 다면적인 차원의 연구가 필요하다. 더불어 간도 영유권과 관련된 역사 연구와 국제법적인 연구도 병행할 필요가 있다. 그러기 위해서는 간도 문제가 무엇이고 어떻게 규정해야 하는가, 간도의 범주는 어디인가 등은 먼저 해결되어야 할 사안이다.

6) 영토와 관련된 이론 문제

간도와 백두산 문제는 중국의 주장처럼 한국에서 단순히 민족적 이익을 위해 거짓된 주장을 하는 것도 아니고 무조건 일본 제국주의가 취하려 했던 영토적 욕심을 계승하는 것도 아니다. 근대 국가 이전 면으

95 장계황·이범관(2012), 「간도에 관한 선행 연구의 특성 연구」, 『대한부동산학회지』 30(1), 230쪽.

96 장계황·이범관(2013), 「간도의 영토화 방향에 관한 연구」, 『대한부동산학회지』 31(2), 56~64쪽.

97 김종건(2007), 「백두산, 간도 역사 연구의 현황과 쟁점」, 『동북아역사논총』 18, 65쪽.

로서 존재했던 변경 문제가 국제법적으로 인정되는 선으로서의 국경선이 되기까지의 과정에 대한 연구가 필요하다.

서구에서는 이미 다양한 영토 이론이 연구되었다. 특히 중국에서 검토한 변강 이론을 보면 유럽-아시아 심장 이론,[98] 국가 공간 유기체 이론,[99] 식민지 이론,[100] 유럽 일체화 이론,[101] 상호 변강 이론, 민족 자결권 이론, 이동 변강 이론,[102] 신변강 이론(新边疆理论),[103] 고변강 이론(高边疆理论),[104] 신제국 이론[105] 등을 들 수 있다. 그러나 중국은 전통적으로 중국이 활용했던 변강 이론이나 서구의 이론을 단순히 검토하는 데 그치지 않고 그 이론을 중국의 현실에 어떻게 적용할지를 고민하고 있다. 또한 서로 다른 국가적 환경으로 그 환경에 맞는 이론이 생성되는 것을 보고 중국 현실에 맞는 이론 창조에도 박차를 가하고 있다.

중국의 전통적인 변강 이론으로는 중국을 잘 지키면 주변의 오랑캐가 스스로 귀속한다[106]는 등의 '고대수중치변이론(古代守中治边理论)'이나,[107] 중국공산당이 변강 문제를 해결하기 위해 제시하였던 '민족구역

98 张世明(2011-6), 「拉铁摩尔及其相互边疆理论」, 『史林』.

99 刘从德(1998), 『地缘政治学: 历史, 方法与世界格局』, 华中师范大学出版社, 武汉.

100 Hon, George N. Curzon(1894), 「Problems of the Far East」, London: Longmans, Green and Co.

101 董欣洁(2005-2), 「冷战期间西方边疆理论的发展」, 『中国边疆史地研究』.

102 孙宏年(2005-2), 「相对成熟的西方边疆理论简论」, 『中国边疆史地研究』.

103 董欣洁(2005-2), 「冷战期间西方边疆理论的发展」, 『中国边疆史地研究』.

104 朱听昌 · 刘菁(2004-3), 「争夺制天权: 美国"高边疆"战略的发展历程及其影响」, 『军事历史研究』.

105 于沛(2009-5), 「经济全球化和现代西方边疆理论」, 『云南师范大学学报(哲学社会科学版)』.

106 "治安中国, 而四夷自服", 司马光(1956), 『资治通鉴』, 卷193, 中华书局.

107 方铁(2008-2), 「古代治理边疆理论与实践的研究构想」, 『社会科学战线』.

자치이론(民族区域自治理论)'[108]이 있다. 그 외에도 삼권설(三圈说),[109] 오대 판괴(五大板块),[110] 통로 지대(通道地带, Corridor Belt)[111] 등 다양한 이론이 있다. 그러나 세계화 속도가 빨라지면서 중국은 전통적인 방식으로 변강을 통치하는 것으로는 교류와 협력 위주의 국가 관계를 유지하기 어렵다고 보고 있다.[112] 따라서 변강지역의 정치나 시대적인 상황은 새로운 변강 이론이 탄생하는 전제가 되고 있다. 시대의 변화에 따라 육강(陆疆), 해강(海疆), 영공(领空)과 우주(太空) 다음으로 '제5변강'이라고 하는 '정보의 변강(信息边疆)'은 누가 정보를 장악하고 네트워크를 통제하느냐에 따라 전 세계를 차지할 수 있다.[113] 또한 중국은 '변강학', '변정학', '변방학', '변안학'[114] 등의 이름으로 중국의 변강 안전을 확보하고 조화로운 방법으로 변강지역을 통치할 수 있는 규율과 모델을 찾고자 노력하고 있다.

간도나 백두산 문제는 러시아와 일본도 관심을 기울였지만, 구체적으로는 한반도와 중국의 문제이기 때문에 중국이 변강지역에 대해 어

108 金炳镐(2007-10),「中国民族区域自治理论要点概说」,『中国民族教育』.

109 王铭铭(2015-1),「三圈说: 另一种世界观, 另一种社会科学」,『西北民族研究』.

110 于逢春(2015-1),「'中国疆域五大文明板块'视野下的西域」,『新疆师范大学学报(汉文哲学社会科学版)』.

111 徐黎丽(2017-2),「通道地带理论: 中国边疆治理理论初探」,『思想战线』, 67~68쪽.

112 徐黎丽(2017-2),「通道地带理论: 中国边疆治理理论初探」,『思想战线』, 68쪽.

113 黄立军编著(2003),『信息边疆』, 新华出版社, 北京.

114 吴文藻(1942-1),「边政学发凡」,『边政公论』; 吴楚克(2003-6),「建设当代中国边疆政治学应有的理论思考」,『中央民族大学学报(哲学社会科学版)』; 李星主编(2004),『边防学』, 军事科学出版社, 北京; 余潇枫·徐黎丽(2009-5),「边安学刍议」,『浙江大学学报(人文社会科学版)』.

떤 연구를 어떻게 구체화하고 있는지에 대한 관심도 필요하다. 한국에서는 중국의 연구 상황에 대한 검토에 그칠 것이 아니라 간도와 백두산 문제에 대한 연구의 다원화에도 관심을 가져야 한다. 특히 외부의 이론을 가져다 단순히 대입하는 차원에 그치는 것이 아니라 간도와 백두산 문제를 효과적으로 설명하고 분석할 수 있는 영토 이론이 무엇일지에 대해서도 깊이 있는 연구가 필요하다.

7) 새로운 자료의 발굴과 해석 필요

간도 문제에 새롭게 접근해 나가는 데는 새로운 자료 발굴도 필요하다. 현재까지는 중국에 관련 자료가 남아 있지 않다고 하면서 주로 한국 자료를 활용하여 설명하고 있지만 실질적으로 청대의 농업 개간 자료 등도 검토해 볼 필요가 있다. 현재 베이징 제1역사당안관에 보관하고 있는 자료이지만 필자도 시도해 본 바, 당시는 동북 접경지역 자료는 열람할 수 없도록 하여서 검토할 수 없었다. 또한 중국 명청 시대 사료 내에 동북지역 조선인 관련 기록이 있지만 이에 대해서도 포괄적으로 검토되지 않았다. 조선인이 원조라고 보는 동북지역에 거주하는 박씨 성의 역사를 통해 새롭게 접근해 볼 수도 있다. 중국의 다양한 문헌에서 동북지역 조선인 거주 역사를 기록하고 있지만 이에 대해서도 집중적으로 심도 있게 분석하지 않아서 향후 연구과제로 남겨져 있다.

8) 중국에서의 연구에 대한 비판과 대안

중국은 간도 문제를 한국 학계와는 다른 차원에서 접근하고 있다. 예를 들어, 중화민국 시기 주요 신문 잡지에서 논의된 간도 문제의 내용을 분석해 보면 다음과 같은 내용에 관심을 가졌다.[115] ①간도의 범주 명칭과 유래, ②간도 지역 자연 조건과 지역적 특성, ③간도 문제의 기원과 해결, ④간도협약과 만몽 조약의 관계, ⑤간도 지역의 사회와 경제, ⑥간도 지역 항일 운동과 간도경찰서 설치, ⑦간도의 한국 귀속에 대한 위기의식과 해결 방안이다. 나열된 내용의 범주로만 보면 한국에서의 연구와 비슷한 주제라고 볼 수 있지만, 중국은 간도 문제가 언제 어디에서 출발하였고 어떤 특징이 있는지에 관심을 가졌고 비록 간도 문제가 발생하였지만 이미 해결되었다는 차원에서 검토하였다. 그럼에도 불구하고 간도협약 및 만몽 조약으로 발생하는 문제와 간도 지역의 사회와 경제, 항일 활동 등을 검토하였다. 이는 현실적으로는 '간도의 존재'를 부정하지만 역사적, 실질적으로 '간도가 존재'하므로 간도 문제를 어떻게 해결할 것인가에 관심을 가진 것이다. 따라서 간도라는 존재를 어떻게 이해하느냐 하는 것은 역사상의 문제일 뿐만 아니라 현재와 미래에서도 해결해야 할 과제라고 할 수 있겠다.

115 박선영(2010), 「중화민국 시기의 '間島' 인식: 당시 출판된 신문 잡지의 '간도' 기사를 중심으로」, 『중국사연구』 69, 425~465쪽.

5. 맺음말

간도 연구는 역사적, 현실적, 전략적으로 다양한 의미를 지니고 있다. 따라서 기존 연구 성과를 바탕으로 여전히 '간도는 무엇인가'에 대한 물음을 지속할 필요가 있다. 이를 위해서는 역사적으로 치밀한 고찰과 국제법적인 고려 및 정책적인 판단, 더 나아가 국민 교육이 필요하다.

먼저, 역사적으로는 아직도 한중 모두에 '불편한 진실'로 존재하는 과제가 산적해 있다. 이를 해소할 수 있는 방안 중 하나로 제대로 연구되지 않은 중국 측 자료에 대한 관심이 필요하다. 역사적인 사실 그 자체에 대한 연구와 더불어 역사를 어떻게 이해하고 해석할 것이냐의 문제도 고려할 필요가 있다. 특히 백두산, 간도 문제는 국제법적으로 국경선이 확정되기 이전부터 발생한 문제이기 때문에 광범위한 변경지대가 변경선으로 변화하는 과정에서의 문제는 단순히 한중 간의 문제만은 아니다. 따라서 국제적으로 유사한 경우와도 비교 검토하는 연구가 필요하다고 하겠다.

둘째, 국제법적으로는 새 시대에 맞는 이론 적용과 발굴도 필요하고 기존의 논리를 강화하고 확산하는 방향도 고려해야 할 것이다. 다양한 국가들의 변경 문제를 역사적으로 검토한 후에 그중에서 간도 문제와 유사한 경우 등 다양한 사례를 분석하여 국제법적으로 구체적인 내용을 재검토해 보는 것도 의미 있을 것이다.

셋째, 백두산, 간도 문제는 단순히 역사 문제에만 국한되는 것이 아니고 상황에 따라서는 현재와 미래에도 한중 관계 및 한반도 통일과의 관계에서 논의되어야 하는 문제다. 따라서 역사 연구와 더불어 상황에 맞는 정책 논리도 개발되어야 할 것이다.

넷째, 백두산, 간도 문제는 과거, 현재 그리고 미래에도 한반도와 밀접한 연관성을 갖는 문제이기 때문에 국민이 이 문제를 정확히 알고 인식하는 것이 필요하다. 그러한 차원에서 체계적인 역사 연구와 더불어 해결 논리를 강화하여 국민 교육에도 신경 써야 할 것이다.

마지막으로 간도 문제는 한마디로 정리하기 쉽지 않은 문제일 뿐만 아니라 한중 외교에 미치는 파장이 클 수 있고, 각 국가의 정치, 경제, 사회, 문화적 이익에도 밀접하게 연관되어 있어 매우 민감할 수 있는 문제다. 그러한 문제를 특정 시기 연구로 일반화하는 오류를 범할 수 있는 가능성에 대해 세심하게 유의할 필요가 있을 것 같다.

1.7. 조선 후기 한중관계사 연구의 새로운 흐름들 : 청사공정의 중국 중심 국제질서에 대한 대응을 중심으로

김창수 • 서울시립대학교 국사학과 강사

1. 머리말: '청사공정'의 추진과 자국 중심적 역사 해석에 대한 의심

2000년대 초반 중국에서 '동북공정'을 추진하기 시작한 후, 한국의 역사학계는 중국의 국가적 역사 만들기 기획에 대응해 왔다.[1] 그것은 동북공정이 중국 대륙 및 그 주변에서 명멸한 다양한 정치 주체의 정체성을 모두 현재 중화인민공화국의 역사로 통합하는 동시에 해당 주체들이 점유했던 영역을 자국화하는 데 목적을 두었기 때문이다. 이와 같은 의도는 단순히 역사적 사실과 동떨어져 있다는 문제를 넘어서, 영토와 경계를 기본으로 하는 근대 국제관계 속에서 분쟁의 도화선이 될 수 있다.

한편 동북공정이 본격적으로 착수된 시점에 현재 중국의 역사와 시간적으로 가장 가까운 청 왕조의 역사 편찬, 즉 청사(淸史)에 대한 논의가 구체적으로 시작되었다. 동북공정에서는 고대사를 대상으로 하는

1 이개석 외(2005), 『중국의 동북공정과 중화주의』, 고구려연구재단.

것에 비해 이른바 '청사공정'은 청사 편찬을 목적으로 하는 만큼 조선 후기와 맞물려 있어 고대사 강역 문제와 다른 차원에서 새로운 역사 분쟁의 소지를 제공할 것으로 보인다.[2]

전대(前代) 역사로서 청사를 편찬하려는 행동은 청 왕조의 멸망 이후 다양한 목적에 의해 지속적으로 시도되었다. 중화민국 수립 직후인 1914년 장제스 정부는 청사관(清史館)을 설치하여 14년에 걸쳐 『청사고(清史稿)』를 간행하였다. 국공내전에서 패배하여 대만으로 정부를 옮긴 이후, 『청사고』의 자료적 문제를 수정하고자 다시금 청사 편찬을 추진하였고, 1960년 청사편찬위원회를 설치하여 약 1년 후에 550권 8책 분량의 『청사』를 출판하였다. 그러나 해당 저서는 형식과 내용 양자에 대해서 비판을 받았다. 1970년대 대만의 경제적 성장과 문화 사업에 대한 관심의 상승으로 『청사고』를 보완하는 작업이 진행되었고, 그 결과물로서 『청사고교주(清史稿校注)』가 만들어졌다. 해당 저서는 색인을 포함하여 총 16권, 교주 항목은 약 6만 건에 달하는데, 『청사고』의 내용을 구체적으로 다른 사료와 비교 검토하여 명확한 사실 고증에 초점을 맞추었다.

중화인민공화국(이하 '중국')에서도 청사 편찬을 시도하였다. 그러나 그 과정은 매우 지난하게 진행되었다. 1950년대 건국 직후에는 계획

2 청사공정의 배경과 진행 과정에 대해서는 조영헌(2012), 「청사공정 10년의 빛과 그림자」, 『민족연구』 52; 허혜윤(2009), 「청사공정의 배경과 현황」, 『중국근대현대사연구』 42; 허혜윤(2008), 「'청사공정'의 배경과 현황 : 국가청사편찬위원회 관계자들을 만나다」, 『역사비평』 82; 이준갑(2010), 「중국의 청사공정 연구상황 2002~2009-청사공정 관련 연구논문과 『청사역총』의 분석을 중심으로」, 『중국의 청사편찬과 청사연구』, 동북아역사재단; 김형종(2008), 「중화인민공화국에서의 청사편수-'신청사' 편찬토론에 나타난 중국 학계의 반응 분석」, 『중국의 청사공정연구』, 동북아역사재단; 전인갑(2008), 「현대중국의 지식구조 변동과 '역사공정'」, 『역사비평』 82 참조.

단계에서 추진이 중단되었고, 1965년에는 편찬위원회까지 결정되었으나 문화대혁명 시작으로 역시 좌절되었다. 그러나 1980년대 이후 변경의 소수민족을 통합해야 하는 문제가 부각되면서 현재 중국의 영토를 거의 유사하게 소유했던 청사 연구의 필요성이 대두되었다. 또한 소수민족의 역사적 정체성을 다민족 통일국가로 통합시키려는 목적에서도 청사 연구의 중요성이 강조되었다.

2002년은 청사 편찬이 본격적으로 추진된 해였다. 전년도 4월 다이이(戴逸) 등 청사 연구자들이 청사편찬좌담회를 개최한 후 정부에 청사 편찬을 건의하였다. 2002년 1~3월에는 중국인민대학 청사연구소(中國人民大學 淸史硏究所) 교수들이 국무원 지도부를 대상으로 강좌와 토론을 진행하였다. 해당 강좌 내용은 책으로 출판되어 큰 반향을 불러일으켰을 뿐 아니라 중국 고위층에도 청사 편찬의 필요성을 각인시켰다. 청사 연구자들의 건의를 당시 국무원(國務院) 부총리 리란칭(李嵐淸)이 적극적으로 수용함으로써 2002년 청사편찬주비공작영도소조(淸史纂修籌備工作領導小組)가 문화부에 설치되고 같은 해 8월 청사공정이 본격적으로 시작되었다.

2003년 청사 편찬을 위한 전국 규모의 학술토론회를 통해 구체적인 청사의 체제체례(體制體例)가 논의되었다. 여러 번의 수정을 거친 후, 청사 목록(淸史目錄)이 완성되었다. 2009년 기준 통기(通紀) 8권, 전지(典志) 45권 40지(志), 전기(傳記) 22권, 사표(史表) 13권 29표(表), 도록(圖錄) 12권으로 결정되었다.[3] 청사 목록 중 조선과의 관계를 직접적으로 다루는 것은 「방교지(邦交志)」가 해당할 것이며, 이 외에도 「대외무역지(對外貿

3 허혜윤(2009), 앞의 글, 119쪽.

易志)」 및 「변정지(邊政志)」에서도 일부 포함될 가능성이 있다.

청사공정의 추진은 G2로 부상한 중국의 경제적·군사적 자신감에 기인한 것으로 보인다.[4] 애초에 현재의 국가적 위상을 청사 찬수의 동력으로 삼은 만큼 현재 중국의 국가적 입장이 강하게 반영될 수밖에 없다. 과거 『청사고』에서는 조선을 「속국열전」에 포함시켰는데 '속국'이라는 용어를 사용한 것은 조선을 번병(藩屛)으로 삼음으로써 제국주의 열강의 침략이라는 외부 도전에 대항하고자 하였던 것이자 중국의 한국관을 반영한 결과이다.[5]

지금 현재 '청사공정'의 결과물이 나오지 않은 상황이지만, 청사의 집필 방향을 구체화하고 목차를 정하기 위해 논의한 과정을 살펴보면, 큰 틀에서 그 목적을 미루어 짐작할 수 있다. 또한 중국 측이 그동안 한중 관계를 종번(宗藩)이라는 구조 안에서 인식했던 방향에서 크게 벗어나지 않을 것으로 추측된다.[6] 한국에서는 '청사공정'에 대한 직접적인 대응과 함께[7] 중국 중심의 한중 관계를 탈피하려는 연구들이 진행되었

4 이준갑(2010), 앞의 글, 25쪽.

5 김형종(2008), 앞의 글, 97쪽.

6 김선민에 따르면, 최근 중국 학계에서 청대 국제관계와 관련해 많은 성과를 내는 신진 학자들조차 종번 개념을 탈피하지 못하고 있다(김선민(2012), 「"외국"과 "속국"의 사이 -正史를 통해 본 청의 조선 인식」, 『사림』 42).

7 앞서 각주2) 참고. 이 외에도 이화사학연구소에서는 '동아시아의 관점에서 본 청사(清史) 연구: 청사공정(清史工程)을 중심으로'라는 주제로 일본, 대만, 중국, 한국 학자들의 청사에 대한 시각을 공유하는 자리를 만들었다. 관련 연구는 다음과 같다. 夫馬進(2008), 「1609년 일본의 류큐 합병 이후 중국, 조선의 대(對)류큐 외교 -동아시아4국의 책봉, 통신 그리고 두절-」, 『이화사학연구』 37; 陳尚勝(2008), 「최근 15년간 중국 학계의 청조(清朝)와 조선관계사(朝鮮關係史)에 대한 연구 논평」, 『이화사학연구』 37; 葉高樹(2008), 「최근 10년(1998-2008)간 대만의 청사(清史)연구 동향」, 『이화사학연구』 37; 김경록(2008), 「조선의

다. 이 글에서는 이들 연구를 크게 네 분야로 나누어 살펴보고자 한다.

첫째, 조청 관계의 구조적인 측면을 직접적으로 겨냥한 연구이다. 이 들 연구들은 특정 소재를 대상으로 선정하여, 장기적 관점에서 양국 관계의 변화 흐름을 보여 준다.

둘째, 조청 관계의 단기적 특성을 드러내는 연구이다. 특정 시기 양국 관계의 특성을 보여 주는 연구들로 전쟁, 교섭 및 사신의 방문 등 외교적 사안들과 관련된다.

셋째, 조청 문인 교류에 관한 연구들이다. 18세기 중반 이후 본격적으로 진행된 문인 교류의 기반, 양상, 교류 대상과 주체 등이 이에 해당한다.

넷째, 기타 연구들로 조청 관계와 관련된 주요 자료의 번역 및 소개, 그리고 위의 세 분류에 들어가지는 않지만 중요한 성과를 담고 있는 연구들이다.

2. 조선·청 관계의 장기적 구조

조선 · 중국 관계의 장기적 특징, 다시 말해 관계 구조에 대해서는 이른 시기 전형적(典型的) 조공-책봉 관계로 규정되었다.[8] 그 근거로서 명 · 청의 『회전(會典)』에 명시된 의례가 양국 관계에서 준수되었던 점, 사신을 매개로 하는 국제관계가 지속되었다는 것이 제시되었다. 이와

대청관계(對淸關係) 인식(認識)과 교외체계(外交體系) -조선후기 외교문서의 정리를 중심으로-」, 『이화사학연구』 37.

8 전해종(1966), 「清代 韓中朝貢關係 綜考」, 『진단학보』 29-30.

같은 관점은 통시적으로 한중 관계를 검토하는 대부분의 연구에서 그대로 반영되었다.[9] 그러나 양국 관계를 전형적으로 규정해 버리고 나면, 500년간 한중 관계의 차이, 조금 더 세부적으로는 250년간 조선·청 관계의 구조적 그리고 시기적 특징이 드러나지 못한다. 더하여 전형적으로 보는 관점은 중국 측 입장이 철저히 반영된 사료에 기반을 두기 때문에 실상을 드러낸다고 보기도 어렵다.

조선·청 관계를 매개하는 핵심 요소는 사신이었다. 사신은 예제(禮制)질서 속에서 의례적·외교적 기능을 모두 수행했기 때문이다. 위와 같은 문제의식에 기반을 둘 때 구범진의 청 사신 인선에 관한 논문은 조선·청 관계를 공시적으로 분석한 성과라고 할 수 있다. 그에 따르면 조선에 파견된 청 사신은 3품 이상의 기인(旗人)이 사신으로 선발된 반면, 류큐와 베트남의 경우에는 5품 이하의 관원을 보냈다는 점을 밝혔다. 그는 맨콜(Mark Mancall)이 청의 통치 영역을 농경지역과 유목지역으로 양분한 것에 비판적 관점을 취하면서 그 중간 지대로서 조선의 위상에 주목하였다.[10] 더하여 이와 같은 조선의 위상이 19세기 후반 만국공법에 기반을 둔 새로운 국제질서에서도 영향을 주었을 가능성을 제시하였다.[11] 김창수의 경우는 청의 천하조서(天下詔書) 반포 범위를 분석하였다.[12] 그 결과 전달 방식에 차이는 있었지만 조선에는 천하조서가 거

9 김한규(1999), 『한중관계사』 2, 아르케.

10 구범진(2008), 「청의 조선사행 인선과 대청제국체제」, 『인문논총』 59, 서울대인문학연구원.

11 구범진(2010), 「동아시아 국제질서의 변동과 조선-청 관계」, 『동아시아 국제질서 속의 한중관계사-제언과 모색』, 동북아역사재단.

12 김창수(2013), 「청의 조서(詔書) 반포 사신을 통해 본 조선의 지위」, 『역사와현실』 89.

의 대부분 전달되었으며, 류큐와 베트남에는 천하조서의 일부만이 반포되었다는 것을 논증하였다. 이상의 연구들은 청의 대외 관계에서 조선이 갖는 독특한 위상을 드러냈다는 데 의의가 있다. 앞으로 통시적인 관점에서 명과의 비교가 이루어진다면 조선·청 관계의 역사적 특성은 보다 분명해지리라 판단한다.

청 사신은 인선 과정에서 특징이 나타난 반면, 조선에서는 파견 시기의 변화가 있었다. 구범진은 정조 연간 청 건륭제의 경사를 축하하기 위해 전례에 없던 사신을 파견했다는 점을 확인하고, 이와 같은 외교 행위를 '진하 외교(進賀外交)'라고 명명하였다. 기존 관행에서는 청의 조서(詔書)를 받은 후에 진하 사신을 보냈으나, 정조는 조서가 발송되기 이전 청 측 행사 당일에 도착하도록 미리 출발시켰던 것이다. '진하 외교'를 계기로 양국의 관계는 매우 우호적인 국면으로 접어들었다. 이후 구범진은 건륭제가 자신의 칠순을 계기로 청 고위층만 참여했던 궁중 연회를 외국 사신들에게 개방한 점과 그것이 양국 관계에 미친 영향을 분석하였고,[13] 손성욱은 건륭 연간을 포함하여 청 궁정 연회가 19세기에 어떠한 변화를 보이는지를 추적하였다.[14] 김창수는 건륭제 사후에도 '진하 외교'가 지속되었다는 점을 밝히고 19세기 동안 전례로서 자리 잡았다는 점을 분석하였다.[15]

이렇게 볼 때 청의 안정화가 본격적으로 시작되는 18세기 초~19세

13 구범진(2017), 「1780년대 淸朝의 朝鮮 使臣에 대한 接待의 變化」, 『명청사연구』 48.
14 손성욱(2018), 「淸 朝貢國 使臣 儀禮의 形成과 變化」, 『동양사학연구』 143.
15 김창수(2016), 『19세기 조선·청 관계와 사신외교』, 서울시립대학교 국사학과 박사학위 논문.

기 후반까지 200여 년 동안의 조선·청 관계의 변곡점으로 18세기 후반을 설정할 수 있다. 양국의 관계는 점진적으로 우호 또는 안정된 것이라 아니라 정조의 '진하 외교'와 건륭제가 외국에 과시하려고 했던 의도가 맞물려 나타난 결과였다고 볼 수 있다.

3. 조선·청 관계의 단기적 구조의 특징

지금까지의 연구가 장기간의 시간을 다루는 것이라면, 수십 년 동안의 비교적 단기간의 양국 관계 특성을 드러내는 연구도 진행되었다. 남호현은 정묘연간(1627년) 조선과 후금(後金) 사이에서 체결된 맹약(盟約)이 유목국가 사이에서 유래된 역사성을 분석하고, 맹약이 조선에 실제적인 제약이 되었음을 강조하였다.[16] 송미령은 정묘·병자호란의 발발 원인을 홍타이지(皇太極)가 정치권력을 장악해 나가는 정황과 연결시켰다. 아울러 홍타이지가 조선의 위상을 이용하려 했었고, 이러한 시도의 실패가 병자호란으로 이어졌다는 데 무게를 두었다.[17] 정병진 역시 후금(청) 내부의 입장을 조선과의 갈등 원인과 연결시켰다. 이에 따르면 후금 내부에 적용되던 법과 도리가 확장되면서 조선과의 교섭에도 적용하려 했고, 조선이 거절함에 따라 전쟁으로 이어졌다는 것이다.[18] 채

16 남호현(2016), 「朝淸關係의 초기 형성단계에서 '盟約'의 역할」, 『조선시대사학보』 78.
17 송미령(2008), 「천총연간 지배체제의 확립과정과 조선정책」, 『중국사연구』 54.
18 정병진(2018), 「入關 前 淸의 법과 도리, 그리고 朝鮮」, 『만주연구』 25.

홍병은 정묘호란 이후 조선·후금 관계를 상세히 추적하여, 기존 연구에서 정묘호란과 병자호란을 계기적으로 연결한 것과 달리 정묘호란 이후 상당 기간 양국 관계가 안정되었다는 점을 논증하였다.[19] 장정수는 청과의 국가 간 관계 수립에 대해 조선·명 관계와의 연속성에 이의를 제기하고, 조선·후금의 국교 수립 과정 및 이를 통해 형성된 의례가 조선·청 관계와 연결된다는 점을 제시하였다.[20] 이상의 연구들은 정묘호란과 병자호란의 관계를 새롭게 설정했다는 점에서 많은 시사를 준다. 병자호란 이후 심양(瀋陽)에 설치된 조선관, 즉 심양관에 대한 관리와 통제, 그 속에서 심양관의 역할을 분석한 연구도 진행되었다.[21] 김선혜는 조선과 청 사이에 이루어진 통혼 및 시녀를 통해 기존 조공-책봉 관계로 포섭되지 않는 양국 관계의 특징을 드러내고자 했다.[22]

병자호란 이후부터 입관까지 10여 년 동안 조선에 대한 청의 군사 경제적 징발이 연이어졌다. 김용흠은 해당 기간 청의 요구와 이를 둘러싼 조선 내부의 입장 및 갈등을 상세히 추적했다.[23] 양국의 긴장된 관계와 청의 압박은 삼전도비(三田渡碑), 즉 대청황제공덕비의 설치에서도 잘 드러난다. 배우성은 공덕비 건설을 통해 자신의 공적을 과시하려는

19 채홍병(2019), 「丁卯盟約(1627) 以後 朝鮮의 對後金 關係 추이와 파탄」, 고려대학교 한국사학과 석사학위논문.

20 장정수(2020), 『17세기 전반 朝鮮과 後金·淸의 國交 수립 과정 연구』, 고려대학교 한국사학과 박사학위논문.

21 송미령(2008), 「入關 前 淸朝의 瀋陽館 統制樣相」, 『명청사연구』 30; 안유림(2010), 「명청교체기 瀋陽館의 역할」, 『한국문화』 50.

22 김선혜(2014), 「入關 前後 淸과 朝鮮의 通婚과 侍女 問題」, 『중국사연구』 91.

23 김용흠(2006), 『조선후기정치사연구』 I, 혜안.

청 사신과 이들의 요구에 어쩔 수 없이 따라가야 했던 조선의 상황을 분석하였다.[24] 홍성구는 입관 이후부터 강희 연간에 걸치는 기간 동안 청의 질서가 안정되고 이에 따라 조청 관계의 긴장도 완화되었다는 점을 드러냈다.[25]

18세기, 청의 제국질서가 공고해지면서 양국의 정치적 긴장은 점차 사라져 갔다. 17세기까지 조선은 외교 사안을 해결하기 위해 정명수와 같은 조선 출신 역관에게 전적으로 의존했는데, 18세기에는 안정된 양국의 관계 위에서 조선을 방문했던 청 사신 및 고위 관료, 황족 등을 대상으로 교섭을 시도하는 모습들이 나타났다.[26] 관계의 안정은 활발한 경제 교류로 연결되었다. 김선민은 조선 사행단의 물건 운송을 대행했던 청의 난두(欄頭)와 조선 상인의 채무 문제, 조선 사행단이 청 지역에서 은(銀)을 분실했던 사건을 분석하였다.[27] 그 결과 조선 사행단의 방대한 무역 규모와 사행로에 걸쳐 있는 변경에서는 조선 사행단이 경제적 우위를 바탕으로 청인을 압박한 역전 현상이 나타났다. 조공-책봉이라는 최상위의 정치 영역에서는 결코 포착할 수 없는 영역을 부각시켰다는 점에서 매우 주목할 만하다. 윤욱은 청이 갖고 있는 특징, 즉 이적(夷狄)이라는 것을 스스로 인정하고 중화(中華)와 동등한 가치를 부여했다는 점[華夷一家]으로 인해 근대 국제질서가 유입되기 이전에 이미

24 배우성(2010), 「서울에 온 청의 칙사 馬夫大와 삼전도비」, 『서울학연구』 38.

25 홍성구(2017), 「청질서의 성립과 조청관계의 안정화 1644~1700」, 『동양사학연구』 140.

26 연갑수(2010), 「영조대 對淸使行의 운영과 對淸關係에 대한 인식」, 『한국문화』 51.

27 김선민(2010), 「乾隆年間 朝鮮使行의 銀 분실사건」, 『명청사연구』 33; 김선민(2009), 「欄頭: 청-조선 조공관계의 변경적 측면」, 『대구사학』 96.

주자학에 기반한 중국 중심의 질서에 균열이 갔다는 점을 강조했다.[28]

조선·청 관계는 사신과 외교문서를 통해 운영되었고 이와 같은 방식은 1894년까지 지속되었다. 그러나 청의 정세가 안정됨에 따라 동일한 제도 속에서 관계의 내용은 일정 부분 변화하고 있었다.

4. 병자호란의 재평가와 기초 자료의 재검토

병자호란은 조선·청 관계의 가장 큰 변곡점이었던 만큼 이른 시기부터 주요한 연구 소재가 되었다. 병자호란의 발발 원인, 진행 과정, 전후 처리 문제 등등이 여기에 속하는데, 패전으로 끝난 전쟁인 만큼 여전히 많은 논란을 품고 있다.[29] 2000년대 이후 병자호란과 관련해서 걸출한 연구 성과가 제출되었다. 그중 첫 번째는 한명기이다. 그는 한국사 연구자로서 중국 측 자료를 적극 활용하여 일국사적인 분석의 한계를 극복하고자 하였다. 병자호란 전후 정치 상황, 전쟁 이후 청에 대한 인식, 대규모 포로 문제, 청에 투항한 한족 관료가 조선·청 관계에 끼친 영향, 그리고 조선이 청 질서에 포섭되어 가는 과정 등을 종합적으로 연구하였고, 그 결과물을 저서로 정리하였다.[30]

허태구는 병자호란 전후에 등장한 주화(主和)·척화(斥和) 논쟁을 새

28 윤욱(2018), 「清朝 下 동아시아 국제질서의 변화」, 『역사와경계』 106.

29 오수창(2017), 「병자호란에 대한 기억의 왜곡과 그 현재적 의미」, 『역사와현실』 104; 오수창(2006), 「오해 속 병자호란, 시대적 한계 앞의 인조」, 『내일을 여는 역사』 26.

30 한명기(2009), 『정묘·병자호란과 동아시아』, 푸른역사.

로운 시점에서 분석하였다. 우선 문자 그대로의 주화파는 존재하지 않았으며, 청에 어디까지를 양보할지가 관건이었다고 본다. 병자호란 강화 협상에서 조선 군신은 유교적 명분과 정당성을 어떻게 지킬 것인가를 가장 고민했으며,[31] 군사적 측면에서 열세임을 알면서도 개전한 것은 명분론이 정치적 정당성과 권위를 뒷받침하는 실제적 기능을 갖고 있었기 때문이었다는 것이다.[32] 더하여 그는 전쟁 과정에서 조선 군신들의 선택들이 나름의 시대적 합리성을 지녔다고 본다.[33] 이상의 연구 성과를 집약하는 동시에 주화·척화론자들이 공유하고 있던 중화론에 대한 분석을 포함하여 일련의 연구를 저서로 완성하였다.[34]

위의 연구들이 병자호란의 결과를 역추적하는 방식을 취한 반면, 최근 병자호란 과정 자체를 재검토하는 연구가 진행되고 있다. 구범진과 이재경은 기존에 병자호란 당시 10만 명 이상으로 알려진 청군의 전력을 니루 단위까지 전면적으로 재검토해 정규군(甲士) 약 3만 4천, 예비군(쿠틀러) 약 1만 1천으로 최대 5만 명 이하로 추정하였다.[35] 이 결과를 그대로 받아들인다면 '조선의 무모한 개전'이라는 평가가 일부 수정될 수 있을 것이다. 병자호란과 관련해 구범진은 매우 구체적인 연구를 진행하고 있다. 천연두로 인해 홍타이지가 전쟁을 매우 서두른 정황을 추적하거나,[36]

31 허태구(2010), 「병자호란 강화(講和) 협상의 추이와 조선의 대응」, 『조선시대사학보』 52.
32 허태구(2012), 「仁祖代 對後金對淸 방어책의 추진과 한계」, 『조선시대사학보』 61.
33 허태구(2015), 「丙子胡亂 이해의 새로운 시각과 전망」, 『규장각』 47.
34 허태구(2019), 『병자호란과 예, 그리고 중화』, 소명출판.
35 구범진·이재경(2015), 「丙子胡亂 당시 淸軍의 構成과 規模」, 『한국문화』 72.
36 구범진(2016), 「병자호란과 천연두」, 『민족문화연구』 72.

강화도 함락 직전 양국의 전력과 군사 배치를 확인 한 후,[37] 청군이 강화도를 신속히 점령하기 위해 조수(潮水) 시각을 계산하고 여기에 적합한 배를 준비한 것을 논증하였다.[38] 아울러 당시 조수 시각을 실증하기 위해 과학 분야 연구자와 협업을 진행하였다.[39] 이와 같은 연구 성과와 함께 병자호란의 발발 원인, 청군의 기습작전, 전쟁의 협상 과정, 천연두가 끼친 구체적 영향, 강화도 작전 시 향화호인의 역할 등을 더하여 병자호란의 전모를 입체적으로 그려냈다.[40]

위의 연구들은 패전이라는 결과에 얽매이지 않고 당대 사료를 비판적으로 재검토한 성과이다. 병자호란 연구의 기원을 탐색해 나가거나 새로운 자료를 발굴하는 일도 앞으로 연구의 기반을 다지는 일이 될 것이다.[41]

5. 19세기 문인 교류의 새로운 흐름: 광범위한 교유망의 형성과 청 정세에 대한 관심

문인 교류는 조선·청 양국의 상호 인식, 나아가 정치적 교섭과도 연

37 구범진(2017), 「병자호란 시기 강화도 함락 당시 조선군의 배치 상황과 청군의 전력」, 『동양사학연구』 141.

38 구범진(2017), 「병자호란 시기 청군의 강화도 작전」, 『한국문화』 80.

39 변도성·김효원·구범진(2017), 「병자호란 시기 강화도 함락 당일 염하수로의 조석과 조류 추산」, 『한국과학사학회지』 39-3.

40 구범진(2019), 『병자호란, 홍타이지의 전쟁』, 까치.

41 허태구(2018), 「『江都志』와 『重訂南漢志』의 병자호란 관련 기록 검토」, 『규장각』 52; 허태구(2017), 「이나바 이와키치(稻葉岩吉)의 丁卯·丙子胡亂 관련 주요 연구 검토」, 『조선시대학사회』 81.

결되는 주요한 연구 대상이다. 문인 교류 연구의 최근 추세는 시기적으로는 19세기, 연구 방법으로서는 청 문인 또는 문인 집단의 특성까지 분석 대상에 포함시키는 것이라고 할 수 있다. 홍대용에서 박지원에 이르는 연암일파 혹은 북학파로 불리는 이들은 매우 이른 시기부터 개방적이고 진보적인 지식인으로서 주목을 받았다. 반면 19세기 조선·청 문인 교류는 현재 집중적인 연구 대상이 되고 있다.

19세기 이후, 김정희와 인연을 맺었던 옹방강(翁方綱) 문인 그룹을 비롯하여 조선 지식인들은 다양한 청 측 문인 그룹과 연결되었다. 김명호는 동문환(董文渙)과 박규수·신석우·김영작과의 교류를 구체적으로 추적하였다. 동문환은 1860년대 고염무(顧炎武)를 기리기 위한 모임인 고사수계(顧祠修契)를 이끌던 인물이다. 김명호에 따르면 동문환은 조선 문인들과 광범위한 교류를 행했으며 조선 전 시기에 걸쳐 뛰어난 시들을 모아 시집을 발간하려 했다. 동문환 문인 그룹의 특징으로서 정치적으로는 청류(清流), 문학적으로는 동성파라는 점을 제시하였다.[42] 손성욱은 19세기 한중 교류와 관련된 한국 및 중국의 성과들을 정리하여, 조선 지식인과 교류한 청 문인 그룹을 19세기 초에는 금석문에 관심을 둔 학인 집단,[43] 1810년대 말 선남시사(宣南詩社)의 핵심 구성원이었던 도주(陶澍)와의 교류, 1840~1860년대에는 고사수계의 문인들로 구분

42 이들 문인 그룹과 조선 사신의 교류에 대해서는 김명호(2000), 「董文煥의 『韓客詩存』과 韓中文學交流」, 『한국한문학연구』 26; 김명호(2008), 「金永爵의 燕行과 『燕臺瓊瓜錄』」, 『漢文學報』 19; 김명호(2007), 「海藏 申錫愚의 入燕記 에 대한 고찰」, 『고전문학연구』 32 참고.

43 대표적으로 翁樹崐, 葉志詵, 李璋煜, 劉喜海 등이 있다. 손성욱(2012), 「19세기 조청문인 교류의 전개 양상-북경 내 학풍과 교류 네트워크의 변화를 중심으로」, 『역사학보』 216, 280~281쪽.

하고 선남시사와 고사수계 동인들의 학풍을 경세치용(經世致用)으로 규정하였다.[44] 임영길은 강정전계(江亭展禊)를 중심으로 한 문인 그룹과 조선 문인들의 교류를 검토하였다.[45] 강정전계는 황작자(黃爵滋)가 주도했는데 1831년 홍석주(洪奭周)가 황작자와 교류를 행한 이후 조선 사신들은 매년 같이 강정전계 동인들과 만남을 가졌다. 강정전계의 특성으로는 선남시사와 고사수계의 가교적 역할을 했다는 점을 강조하였다.

개별적인 문인 교류를 넘어서 19세기 문인 교류 및 연행의 성격을 종합하려는 시도가 행해졌다. 허방은 19세기를 단일한 범주로 보는 것에 반대하며 정치적 상황과 시기, 연행록의 특성 등을 고려하여 세 유형으로 구분하였다. 이후 19세기 중기로 설정한 철종 대 연행록 7종을 선택하여 각각의 내용 및 형식적 특징을 분석하였는데, 내용적인 면에서 청의 정세에 대한 관찰 기록의 비중이 높아졌다는 점을 드러냈다.[46] 임영길은 19세기 전반(1801~1849)을 대상으로 한문 산문 45종 연행록을 개관한 후 각 연행록에 등장하는 조선 · 청의 문인 교류를 일람하였다. 교류의 특징으로서 동성파 문인 그룹과의 교류가 빈번히 나타나는 점과 내용적으로 제1차 아편전쟁에 관한 기록이 상당 부분을 차지한다는 점을 밝혔다.[47] 허방과 임영길의 연구는 단독 연행록 또는 단편적 자료가 아니라, 장기적인 시야로 시대적 특징을 드러내고자 했다는 점에

44 손성욱(2012), 앞의 글.

45 임영길(2013), 「19세기 조선 문인과 청조 강정전계 문인의 교류에 관한 소고」, 『한문학보』 29.

46 허방(2016), 『철종시대 연행록(燕行錄) 연구』, 서울대학교 국어국문학과 박사학위 논문.

47 임영길(2018), 『19세기 前半 燕行錄의 특성과 朝·淸 文化 交流의 양상』, 성균관대학교 동아시아학과 박사학위 논문.

의의가 있다.

이 외에 만주인과의 교류가 부분적으로 연구되었다. 김성은은 18~19세기에 걸쳐 조선을 방문한 청 사신과의 시문 교류를 분석하였다. 영조 연간까지 조선은 청 사신의 시문 요청을 부담스러워했으며 청 사신의 문한을 노골적으로 무시했지만, 정조 연간 이후부터는 청 사신의 문한 능력을 어느 정도 인정했으며, 19세기에 들어서서는 청 사신을 접반했던 인물들은 사신의 귀국 후에도 문한 교류를 지속할 정도의 분위기가 만들어졌다.[48] 김창수는 1887년 북경을 방문했던 이승오의 교류 범위에 만주인들이 속해 있다는 것을 확인하고 그 관행을 부분적으로 추적하였다.[49]

19세기에 조선과 청은 정치적으로 내우외환의 위기를 맞이하였다. 국내의 민란과 서양 세력의 압박에 시달리는 상황에서도 문인 교류는 점차 확장되었다. 더하여 문인 교류는 청 측의 일방적인 관계가 아닌 조선의 문한 능력을 인정하고 동등한 입장에서 교류가 진행되었다.

6. 새로운 자료의 간행

조선·청 관계를 연구하기 위한 주요 자료는 공식 기록과 개인 기록으로 나눌 수 있다. 그중 외교문서로 분류할 수 있는 자료는 『동문휘고

48 김성은(2012), 『조선과 청나라 사신간의 시문 교류』, 『중국학논총』 35.
49 김창수(2016), 「19세기 후반, 연행사와 청 문인의 교류양상」, 『동국사학』 61.

(同文彙考)』에 거의 모두 수록되어 있다.[50] 편찬 시기는 1636~1882년까지 지속적으로 보속(補續)하였기 때문에 조선 후기 전 시기를 포함한다. 『동문휘고』는 사행(使行) 목적에 따라 표문(表文), 주문(奏文), 자문(咨文) 등의 외교문서를 해당 항목에 배치하였기 때문에 자료의 질적인 측면뿐 아니라 연구 목적에 맞추어 검색하기가 용이하다. 동북아역사재단에서 약 10여 년 전에 번역 사업을 시작하여 현재 국경문제에 해당하는 「강계(疆界)」, 「범월(犯越)」 항목은 번역이 완료되었으며, 「칙유(勅諭)」, 「범금(犯禁)」 항목까지 번역 · 출판되었다.[51] 다만 번역된 항목들은 『동문휘고』 전체 분량의 일부에 불과하다. 현재 동북아역사재단에서 운영하고 있는 동북아역사넷에서는 『동문휘고』의 원문 이미지와 텍스트를 제공하고 있기 때문에 웹 검색을 통한 자료 확인이 가능하다.[52]

개인 기록으로서 연행록(燕行錄)의 가치는 더할 나위 없다. 임기중 교수는 2000년대 초반 전국에 흩어져 있는 연행록들을 모아 총간의 형태로 간행하였다. 2016년을 기준으로 6차례의 수정 · 보완이 이루어졌으며, 560여 종에 달하는 연행록을 'KRPia'에서 이미지로 제공하고 있다.[53] 성균관대학교에서는 한국학기초자료사업으로서 2012년부터 '연

50 김경록(2009), 「조선후기 『동문휘고(同文彙考)』의 편찬과정과 성격」, 『조선시대사학보』 32.

51 배우성 외(2008), 『국역 『동문휘고』 강계 사료』, 동북아역사재단; 구범진 외(2008), 『국역 『동문휘고』 범월 사료』, 동북아역사재단; 구범진 외(2010), 『국역 『동문휘고』 범월 사료 2』, 동북아역사재단; 구범진 외(2013), 『국역 『동문휘고』 범월 사료 3』, 동북아역사재단; 배우성 외(2013), 『국역 『동문휘고』 勅諭 · 犯禁 · 刷還 사료』, 동북아역사재단.

52 http://contents.nahf.or.kr/

53 http://www.krpia.co.kr/

행록 정본화 및 DB구축 사업'을 진행 중에 있으며 2021년 3단계 사업이 마무리될 예정이다. 420여 종의 연행록에 대해 교감을 통해 정본화한 후 이를 웹으로 제공하는 것을 목적으로 한다. 해당 사업이 완료된다면 연행록을 보다 손쉽게 이용함으로써 한중 관계의 연구 기반이 확충될 것이다. 한편 연행록의 번역과 관련하여 최근 세종대왕기념사업회에서 『연행록국역총서』를 지속적으로 발간하고 있다.

김한규는 베이징도서관에서 출간한 『중조관계사총간: 사조선록(中朝關係史料叢刊:使朝鮮錄)』(2003) 중 송대, 명대, 청대 18종의 조선 사행록(使行錄)을 5권의 책으로 번역하였다.[54] 이 중 조선 후기에 해당하는 것은 아극돈(阿克敦)의 「동유집(東游集)」과 「봉사도(奉使圖)」, 백준(栢葰)의 「봉사조선역정일기(奉使朝鮮驛程日記)」, 괴령(魁齡)의 「동사기사시략(東使紀事詩略)」이다. 김한규는 각 사행록에 대한 해제 및 연구 결과물을 별도의 책으로 엮어 사행의 배경과 역사성을 상세하게 분석하였다.[55] 청 사신이 남긴 사행록은 매우 드문 만큼 『사조선록 역주』는 청 지식인의 조선에 대한 정보와 인식을 파악하기 위한 필수적인 자료라고 할 수 있다.

이 외에도 고려대학교 민족문화연구원 만주학센터 만주실록역주회에서는 누르하치의 일대기를 만주어로 기록한 『만주실록』을 로마나이즈(romanize)와 함께 역주하였다.[56] 이는 정묘호란 이전 후금과의 관계를 연구하는 데 훌륭한 토대가 될 것이다. 『심양장계(瀋陽狀啓)』는 심양

54 김한규(2011), 『사조선록 역주』, 소망출판사.

55 김한규(2011), 『사조선록 연구』, 서강대학교출판부.

56 고려대학교 민족문화연구원 만주학센터 만주실록역주회(2014), 『만주실록 역주』, 소명출판사.

에서 소현세자를 보필하던 신료들이 승정원에 보낸 장계들로, 당시 서울에서는 파악할 수 없던 청의 동향을 훨씬 생동감 있게 전해 주고 있다.[57] 규장각한국학연구원에서는 동궁일기 시리즈의 하나로서 『역주 소현심양일기』를 출간하였다.[58] 앞서 『심양장계』가 신료들의 기록이라면 『역주 소현심양일기』는 소현세자 자신이 주체가 되어 작성한 만큼 심양에서의 고충과 정세를 왕세자의 입장에서 파악할 수 있게 해 준다.

이상의 자료들은 2000년대 이전 연구자들은 쉽게 접하지 못하거나, 일부를 원문으로만 접했던 것들이다. 지금은 자료의 국역뿐 아니라 웹으로 원문을 검색할 수 있는 기반이 점차 확충되고 있는 상황이다. 이는 한국을 넘어서 한중관계사를 연구하는 모든 연구자가 도움을 받을 수 있는 연구 토대가 되리라고 본다.

7. 맺음말

2000년 이후 중국에서는 청사공정이 본격적으로 시작되었다. 아직 그 성과물이 공개된 것은 아니지만 그간의 학술토론과 체제 및 목차를 고려할 때 과거 중국 중심의 국제질서로 설명해 왔던 방식이 그대로 유지될 가능성이 매우 높다. 청사공정이 진행되는 동안 한국 학계에서는 조선 후기 한중 관계에 대한 다양한 연구를 시도하고 있다. 국가가 역

57 정하영 등은 『심양장계(瀋陽狀啓)』를 역주하였다. 정하영 외(2008), 『심양장계』, 창비. 해당 자료는 디지털한국학(www.koreaa2z.com)에서 웹으로 열람가능하다.

58 규장각한국학연구원(2008), 『역주 소현심양일기』, 민속원.

사를 정치적으로 이용하려는 방식은 어떠한 학문적 외피를 두르고 있어도 논리적으로 매우 취약한 기반 위에 서 있게 된다.

그간 연구에 따르면 중국 중심의 조공-책봉 질서 속에서 조선은 매우 독특한 지점에 위치하고 있었으며, 때로는 조선의 의지가 양국 관계의 새로운 변곡점을 만들어 내기도 하였다. 병자호란과 같은 전쟁은 중국 입장에서는 승리한 결과를 중시하겠지만, 현재 한국에서는 조선의 대응 과정을 비롯해 그것에 개입된 역사적 변수들을 차분히 드러내고 있다. 문인 교류 영역에서도 청과 조선은 동문(同文)을 인정하는 속에서 대등한 교류를 행했다. 심지어 조선 지성계에서 여전히 주자학적 화이관이 강력한 영향력을 가지고 있던 시기에 조차 만주인과의 문한 교류가 이루어졌다.

한중 관계의 역사를 국가가 점유하는 형태로 가져가지 않는다면, 관계사는 일국사적 관점을 극복하여 좀 더 자국사를 객관적으로 볼 수 있는 소재가 될 뿐 아니라, 다양한 변수가 상존하는 흥미로운 연구 대상이 될 수 있다. 역사 연구가 국민국가들의 분쟁 도구로서 사용되기보다 서로를 이해할 수 있는 수단으로서 기능하기를 바라 마지않는다.

1.8. 한국 학계의 근현대 한중관계사 연구의 새로운 성과

이동욱 • 건국대학교 글로컬(GLOCAL)캠퍼스 교수

1. 머리말

동북공정이 한국에 알려진 2003년 이래, 근현대 한중 관계 영역의 연구는 양적으로도, 질적으로도 많은 성장을 이루었다. 20세기 말 국내의 한국·중국 근현대사 연구는 대체로 일국사(一國史) 연구에 치중하면서 각국의 외교사 및 국제관계사 영역의 연구는 상대적으로 소외되는 경향을 보이고 있었다. 그러나 동북공정이 불거진 이후 중국의 역사 왜곡에 대한 적극적인 대응을 주문하는 사회적 분위기, 정부의 정책적 지원 –동아시아 역사 분쟁에 대응하기 위한 고구려연구재단 및 동북아역사재단 설립, 전반적인 인문학 육성을 위한 각종 지원 사업– 등이 맞물리면서 한중 역사 분쟁에 대한 대응이라는 일차적인 목표를 넘어서 그동안 상대적으로 소홀했던 외교사 및 관계사 연구가 활성화되고 신진 연구자의 성장, 동아시아사 교육 과정의 신설 등 관련 학문 영역의 지속적인 발전을 기대할 수 있는 주목할 만한 성과를 이루었다. 근현대 한중관계사 영역의 연구 역시 이처럼 변화하는 학술 지형 속에서 발전해 왔다.

동북공정 초기 한국 학계의 대응은 개별적인 역사 왜곡 사안에 대한 비판과 대응 논리 개발, 그리고 근현대 영역에서는 동북공정의 배경이 되는 중화민족주의 역사인식에 대한 비판적 연구 위주로 진행되었다. 그러나 연구자들의 문제의식이 심화되면서 근현대 한중관계사 연구는 단순히 동북공정에 대응하는 수준을 넘어서서 학술 연구의 양적, 질적 성장을 이루었다. 근대 한중관계사를 포함한 한 말 국제관계사 영역에서 새로운 사료의 발굴 및 소개와 기존 사료의 정리·번역이 활발하게 이루어졌고, 다양한 사료의 면밀한 독해 속에서 새로운 연구 영역을 개척하거나 국내외의 기존 연구 시각을 반추하고 새로운 관점과 해석을 제기하는 작업 역시 비교적 활발히 이루어졌다. 이 글에서는 동북공정이 한국에 알려지기 시작한 2003년부터 2019년까지 근현대 한중관계사 영역의 주요 성과와 연구 흐름을 개괄적으로 정리해 보고자 한다. 다만 국경 분쟁과 간도 문제에 관한 연구 성과는 다른 절에서 별도로 정리하였기에 본문에서는 생략한다.

2. 사료의 발굴과 정리 및 출판

먼저, 한중관계사의 연구 동향과 주요 쟁점을 정리하는 작업[1]과 함

1 고구려연구재단(2005), 『한중관계사: 연구논저 목록(근·현대)』, 고구려연구재단; 김창석 외(2009), 『한중일 학계의 한중관계사 연구와 쟁점』, 동북아역사재단; 방향숙 외(2005), 『한중외교관계와 조공책봉』, 고구려연구재단; 김창석 외(2009), 『한중일 학계의

께 각종 외교 사료를 정리, 출판하는 작업이 진행되었다. 조선과 청의 외교문서를 정리한 조선시대의 외교 사료집 『동문휘고(同文彙考)』에서 양국의 변경 문제와 관련된 문서들을 선별, 번역하여 출판하는 작업이 진행되었으며,[2] 타이완 중앙연구원 근대사연구소에서 1864~1912년까지 청 총리아문 및 외교부에서 수발하여 보존한 조선 관련 공문서를 정리해서 출판한 『청계중일한관계사료(淸季中日韓關係史料)』의 국역 작업 역시 지속적으로 진행되고 있다.[3] 고려대학교 아세아문제연구소에서는 『구한국외교문서』를 데이터베이스화하여 온라인 검색이 가능하도록 공개하였다. 이들 자료는 근대 한중관계사를 연구하는데 필수적인 사료로서, 이 자료들의 번역 출판과 온라인 공개는 자료에 대한 접근성을 높인다는 점에서 향후 관련 분과 학문의 지속적 발전에 크게 기여하였다고 평가할 수 있다. 또한 타이완 중앙연구원 근대사연구소 당안관에서 공개한 최신 자료인 「주한사관당(駐韓使館檔)」에 대한 분석과 해제 작업 역시 진행되었다.[4] 「주한사관당」은 청 말부

한중관계사 연구와 쟁점』, 동북아역사재단; 이익주 외(2010), 『동아시아 국제질서 속의 한중관계사-제언과 모색』, 동북아역사재단; 이석현 외(2010), 『중국 번속이론과 허상』, 동북아역사재단; 손성욱(2017), 「최근 중국 학계의 근대 한중관계사 연구, 2007~2016」, 『동양학』 69.

2 배우성 외(2008), 『국역 同文彙考 疆界 史料』, 동북아역사재단; 구범진 외(2008~2012), 『국역 同文彙考 犯越 史料』 1~4, 동북아역사재단; 배우성 외(2013), 『국역 同文彙考: 勅諭·犯禁·刷還史料』, 동북아역사재단.

3 중앙연구원 근대사연구소(2012~2016), 김형종 외 옮김, 『국역 淸季中日韓關係史料』 1~3, 동북아역사재단.

4 박정현 외 8인(2013), 『중국 근대 공문서에 나타난 韓中關係: 「淸季駐韓使館檔案」解題』, 한국학술정보.

터 중화민국 시기, 즉 구한말에서 일제강점기에 걸쳐 서울에 주재했던 중국 총영사관에서 보관했던 문서들을 공개한 것이다. 『동문휘고』는 조선이 조공-책봉체제하에서 청조와 주고받은 문서를 수록한 것이며, 『청계중일한관계사료』와 『구한국외교문서』는 각각 청과 조선 정부의 근대적 외교부서가 남긴 기록물인 데 비해, 「주한사관당」은 조선에서 직접 조선 정부를 상대하고 화상(華商) 및 화교의 활동을 관리했던 중국 외교공관의 기록물이라는 점에서 이들 사료와 상호 보완적 성격을 지닌다. 또한 조선에서 일어난 각각의 구체적인 사건과 사안에 대한 방대한 양의 원시자료를 포함하고 있어 미시적인 영역의 한중외교사 및 화교사 연구에 활용할 수 있는 가치가 매우 높다.

한편, 근현대 한중 관계는 동아시아에서 열강이 각축하는 배경 속에서 양국 관계의 변용이 이루어졌다는 점을 특징으로 한다. 따라서 조선에 이해관계를 가지고 있던 여러 열강의 외교문서 분석을 통해 우리는 조선을 둘러싼 열강들의 각축 속에서 한중 관계를 좀 더 면밀히 이해할 수 있게 된다. 그러한 의미에서 조선과 관련한 각국의 외교문서를 발굴하여 정리하는 작업은 구한말 외교사뿐만 아니라 한중관계사 연구에 있어서도 중요한 의의를 가진다. 2009~2018년까지 총 13권이 출판된 『근대 한국외교문서』는 1864년부터 1910년 국권 상실까지 조선(대한제국)과 주요 열강 간의 외교문서를 발굴·정리하는 것을 목표로 하고 있다. 현재까지 제너럴셔먼호 사건과 병인양요, 오페르트사건과 신미양요, 조일수호조규, 조·미, 조·영 수호통상조약, 임오군란, 갑신정변, 거문도사건과 관련된 방대한 외교문서들을 주제별로 정리, 출판하였다.[5] 이 밖에 러시아 국립문서보관소가 소장하고 있는 한러 군사 관계 사료의 발굴,[6] 여러 경로로 국내에 반입된 러시아 외교문서들을 취합하여 탈초, 번역한 『러시아문서 번역집』,[7] 프랑스 외교문서를 선별, 정리하여 번역한 『근대한불외교자료』,[8] 독일 외교문서를 탈초하여 번역한 『독일외교문서 한국편』[9] 사업 등도 각국 외교문서 속에 포함된 한중 관계 사료의 발굴에 기여하고 있어 주목할 만한 성과이다.

3. 개항기(1876~1910) 및 청 말(1840~1911) 한중 관계에 대한 연구

1) 청의 대조선 간섭 정책의 성격에 대한 논쟁

19세기 말은 동아시아 국제질서 변동의 핵심인 중국 중심의 조공-책봉체제가 해체되고 양국 관계가 근대적 국제관계로 전환하는 과도기였다. 따라서 이 시기의 한중 관계는 중국 학계에서는 소위 '종번 질

5 근대한국외교문서 편찬위원회(2009~2012), 『近代韓國外交文書』 1~5권, 동북아역사재단; 근대한국외교문서 편찬위원회(2013~2018), 『近代韓國外交文書』 6~13권, 서울대학교 출판문화원.

6 동북아역사재단(2015), 『러시아 국립 문서보관소 소장 한·러 군사관계 자료집』, 동북아역사재단.

7 김종헌 외(2008~2018), 『러시아문서 번역집』 1~32권, 선인.

8 이지순·박규현·김병욱(2018), 『근대한불외교자료』 1~3권, 선인.

9 고려대학교 독일어권문화연구소(2019~2020), 『독일외교문서 한국편(1874~1910)』 1-10권, 보고사.

서'의 해체 과정으로 다루어져 왔으며, 종종 중국 중심의 전통적 '종번 관계'의 연장선상에서 파악하려는 의도가 투영되곤 한다. 반면, 한국 학계에서는 구한말 한국사의 역사적 지향점을 근대적 자주독립국가 건설로 설정하고, 양국 관계에 대해서도 전통적 조공-책봉 관계에서 근대적 국제관계로 전환하는 과정에 초점을 맞추어 이해하려는 경향이 강하다. 청조는 양국 관계를 근대적 '종속 관계'로 전환하려 했고, 조선은 근대적 주권국가 간의 평등한 관계로 전환하려 했다는 것이다.

특히 청의 조선에 대한 정책은 '종주권 강화'로 설명되는데, 국내외 학계에서는 '종주권 강화'의 성격이 전통적인 '종번 관계'의 강화인가, 아니면 근대적인 '종속 관계'로의 전환이었는가에 대해 이견이 있어 왔다.[10] 한국 학계에서는 대체로 후자의 견해가 주류를 이루어 왔는데,[11] 2003년 이후에도 이에 대한 다양한 논의가 이어졌다. 구선희는 조선과 청나라의 전근대적 조공 관계가 청일전쟁으로 인해 종지부를 찍었다는 통념과는 다르게 1882년 「조청상민수륙무역장정」을 통해 이미 와해되었으며, 그 후의 조·청 조공 관계 내지 조선 '속방' 문제는 조선·청·일본이 자국에 유리한 대로 서로 이용하는 테제였을 뿐이라고 주

10 구선희(2009), 「근대 한중관계사의 연구 경향과 쟁점 분석」, 『한중일 학계의 한중관계사 연구와 쟁점』, 동북아역사재단; 이동욱(2018), 「청말 국제법 번역과 '藩屬' 관련 개념의 의미 확장」, 『중국근현대사연구』 80.

11 송병기(1985), 『近代韓中關係史硏究-19世紀의 聯美論과 朝淸交涉』, 檀國大學出版部; 권석봉(1986), 『淸末對朝鮮政策史硏究』, 一潮閣; 김정기(1994), 『1876-1894年 淸의 朝鮮政策 硏究』, 서울대학교 박사학위 논문; 김용구(1997), 『세계관 충돌의 국제정치학: 東洋 禮와西洋 公法』, 나남출판사; 구선희(1999), 『韓國 近代 對淸政策史 硏究』, 혜안출판사; 김기혁(2007), 『근대 한·중·일 관계사』, 연세대학교출판부; 유바다(2016), 『19세기 후반 조선의 국제법적 지위에 관한 연구』, 고려대학교 박사학위 논문 등.

장했다. 전근대적 조공 체제가 근대적 조약 체제로 편입되면서 조청 간의 조공 관계는 1882년을 기점으로 근대적 '속국' 체제로 변질되었으며, 청은 조선에 대해 '식민 정책'을 펼쳤다는 것이다.[12] 청의 '조선속방론'을 식민주의, 즉 조선 식민지화 시도로 이해하는 저자의 주장은 국내 학계에서 비교적 널리 수용되고 지지를 받고 있다.[13] 그러나 구선희가 '식민주의'에 대한 명확한 정의를 내리기보다는 '속국=식민지'라는 등가관계를 설정하고 조선을 근대적 '속국'으로 만들려는 청의 정책을 곧 식민주의로 이해해야 한다고 판단하고 있는 점은 유의할 필요가 있다. 19세기 국제법에 대한 유바다의 최근 연구가 지적하듯, 근대적 의미의 '속국'은 부분적인 주권을 가지고 있으며 여전히 '국가'로 인정되는 정치 단위로서, 주권을 상실한 '식민지'와는 구별되는 존재였다.[14] 유바다의 주장에 동의한다면 청이 조선을 근대적 의미의 '속국'으로 만들려 한 것이 곧 '식민지'로 만들려고 한 것은 아닌 셈이다. 또한 청 조야에서 조선의 주권을 회수하자는 주장이 제기되기는 했지만 조선 정책에 대해 강한 발언권을 지녔던 이홍장이 줄곧 그러한 주장을 비판하고 견제하는 태도를 취했으며, 청 조정 역시 청일전쟁 직전까지도 이홍장의 노선을 승인해 주고 있었다는 점을 고려하면 청의 조선 정책을 '식민지'나 '식민주의'라 해석하는 것은 다소 무리가 있어 보인다.

12 구선희(2005), 「19세기 후반 조선사회와 전통적 조공관계의 성격」, 『사학연구』 80.

13 일례로 이영호(2006), 「동아시아 국제질서의 변동과 대한제국 평가논쟁-2005년 한국근대사 연구의 쟁점-」, 『역사학보』 191, 149쪽에서도 '조선속방론=조선 식민지화 시도'라는 인식을 보여 주고 있다.

14 유바다(2017), 「19세기 주권국가 질서 하 半主·屬國 조선의 지위」, 『國際法學會論叢』 62-2.

한편, 김민규는 유길준의 '양절 체제(兩截體制)' 인식을 재해석하면서 '양절 체제'는 사실 청이 조약 체제를 흡수하여 종래의 조공 체제를 강화한 '조규 체제'였다고 주장했다.[15] 이는 근대 동아시아 국제질서에 대해 종래의 '조공 체제의 조약 체제로의 편입'이라는 패러다임을 뒤집어서 조공 체제가 조약 체제를 흡수했다고 주장하는 점에서 하마시타 다케시(浜下武志)의 조공무역체제론을 연상시키는 주장이다.[16] 구선희가 근대 한중관계사의 방점을 '근대적 체제로의 전환'에 찍고 있다면, 김민규는 그것을 '전통 체제의 강화'로 바라보는 시각에 새로운 해석을 추가한 셈이다. 그는 '조규체제론'을 주장하면서 청조가 일본과 조선에 대해 '조약' 대신 '조규'와 '장정'을 체결한 이유가 상대를 대등한 존재로 인정하지 않았기 때문이라 주장하며, 청조가 조선과 서양 열강 사이에 평등한 '조약'을 체결하게 하고 청조는 조선과 상하 관계의 '장정'을 체결함으로써 자국을 모든 나라의 상위에 위치시키는 '조규 체제'의 완성을 획책했다고 주장하고 있다.[17] 그러나 당시 유통되었던 요한 블룬칠리(Johann Caspar Bluntschli)의 국제법 서적을 번역한 『공법회통(公法會通)』(1880)은 한 나라의 속국이라도 외교권을 가지고 있으면 종주국이 아닌 다른 나라들과 평등한 외교 관계를 맺을 수 있다고 규정하고 있었다.[18] 즉, 조선이 청조와 상하 관계에 있으면서 서양 국가들과 평등한 외

15 김민규(2005), 「개화기 유길준의 국제질서관 연구-양절체제와 조규체제의 관련성」, 『한국인물사연구』 3.

16 浜下武志(1990), 『近代中國の國際的契機: 朝貢貿易システムと近代アジア』, 東京大學出版會.

17 김민규(2006), 「조규? 조약!」, 『역사비평』 75, 273~279쪽.

18 "반주권국가(半主國)가 상국(上國, 즉 종주국)이 아닌 이웃의 자주독립국가와 평등하게

교 관계를 수립하는 것은 19세기의 국제관례에서는 있을 수 있는 일이었으며, 청조가 그러한 규정을 모르고 '자국을 모든 나라의 상위에 위치시키려 획책'했으리라 추정하는 것은 다소 무리한 해석으로 보인다.

김형종은 최근의 연구 흐름을 종합하여 청의 '속방자주'와 조선의 '독립자주' 노선의 갈등을 청일전쟁 이전 한중 관계의 주된 흐름으로 설정하고 19세기 한중관계사를 개괄하였으며,[19] 유바다는 『만국공법』으로 상징되는 19세기 국제법질서에 대한 적극적인 이해를 시도하고, 그 위에서 개항기 한중관계사에 대한 그동안의 논의를 재검토했다.[20] 그에 따르면, 근대 국제법질서에는 주권국가 사이의 수평적이고 상호대등한 관계뿐 아니라 불완전한 주권을 가진 국가, 즉 '속국·반주지국(屬國·半主之國)'과 이러한 나라들이 의존하고 있는 강대국 사이의 수직적 관계도 존재했다. 그러나 이러한 나라들은 아예 주권을 상실한 식민지와는 다른 존재였다. 그는 근대 국제법의 이러한 특징에 주목해 청조가 전통적 조공질서와 국제법질서의 '속국' 체제의 유사성에 근거하여 조선을 '전통적 속국'에서 '근대적 속국'으로 전환시키려 했지만, 그것이 조선을 식민지화하려는 것은 아니었다고 주장하였다.[21]

왕래할 수 있는지의 여부는 그 명분과 권세를 보아 정한다. 주국(主國, 즉 종주국)의 밑에 있지만 다른 나라의 밑에 있지는 않다는 것이다. 따라서 이웃 나라와는 마땅히 평등하게 왕래해야 한다"(步倫 著, 丁韙良 譯, 『公法會通』 第93章, 淸光緖戊戌六月長沙南學會刊本).

19 김형종(2017), 「19세기 근대 한중관계의 변용-자주와 독립의 사이」, 『동양사학연구』 140.

20 유바다(2016), 「19세기 후반 조선의 국제법적 지위에 관한 연구」, 고려대학교 박사학위 논문; 유바다(2016), 「1882년 조약장정의 체결과 속국·반주지국 조선의 국제법적지위」, 『역사와 현실』 99; 유바다(2017), 「19세기 주권국가 질서하 半主·屬國 조선의 지위」, 『국제법학회논총』 62(2).

21 유바다(2017), 「19세기 주권국가 질서 하 半主·屬國 조선의 지위」, 『국제법학회논총』

한편, 유바다는 19세기의 국제법 속에서 조선이 「조일수호조규」를 통해 자주독립국의 지위를 획득한 것이 아니며 일본을 포함한 서양 열강도 조선에 대한 청의 종주권을 완전히 부정하지는 않았기 때문에 조선은 국제법적으로 '속국 · 자주'의 상태에 있었다고 주장한다. 임오군란 이후 조선에 대해 '속국 · 반주(半主)' 지위를 강요하려는 청조의 정책과 이를 벗어나 '독립 자주'를 실현하려는 조선 측의 갈등이 지속되었지만, 조선이 청조로부터 독립을 달성한 것은 결국 청일전쟁의 결과로 맺어진 「시모노세키조약」을 통해서였다는 것이다.[22] 그는 이러한 인식을 바탕으로 김윤식과 유길준에 대한 재평가를 시도하고, 위안스카이(袁世凱)가 조선을 '감국(監國)'했다는 기존의 주장을 비판한다.[23] 그러나 동서양의 '속국' 체제가 본질적으로 같았다는 저자의 급진적인 주장이나 조선의 국제법적 지위를 지나치게 명쾌하게 '반주속국(半主屬國)'으로 설명하려는 시도에 대해서는 보다 신중한 검토가 필요해 보인다.[24]

이에 비해 이동욱은 청 말 국제법 수용 과정에서 이루어진 번역의 모호성과 중층성에 주목한다. 그는 유바다와 마찬가지로 19세기 국제법

62(2).

22 유바다(2016), 「1876년 朝日修好條規의 체결과 조선의 국제법적 지위」, 『한국근현대사연구』 78; 유바다(2017), 「임오군란 이후 조선의 국제법적 지위에 대한 일본의 인식」, 『일본역사연구』 46; 유바다(2017) 「1894년 淸日戰爭의 발발과 조선의屬國 지위 청산」, 『대동문화연구』 98.

23 유바다(2013), 「兪吉濬의 贈貢國 獨立論에 대한 비판적 검토」, 『韓國史學報』 53; 유바다(2015), 「金允植의 外交論에 대한 國際法的 검토」, 『한국인물사연구』 24; 유바다(2017) 「兪吉濬의 '中立論'에 대한 국제법적 검토」, 『韓國史學報』 68; 유바다(2017), 「1885년 駐紮朝鮮總理交涉通商事宜 袁世凱의 조선 파견과 지위 문제」, 『史叢』 92.

24 유바다(2016), 「19세기 후반 조선의 국제법적 지위에 관한 연구」, 고려대학교 박사학위 논문.

속에 나타나는 반주속국의 존재에 주목하지만, 그것이 곧 청나라가 조선을 전통적 속국에서 '근대적 반주속국'으로 전환하려 했음을 의미하지는 않았다고 본다. 『만국공법(萬國公法)』(1864)과 『공법편람(公法便覽)』(1877), 『공법회통』(1880)에서 나타나는 번역어의 선택이나 19세기 중후반에 출판된 이중어사전들의 어휘 대응 관계를 추적한 결과, 19세기 후반의 '속국·속방' 개념은 동아시아의 전통적인 속국 개념, 국제법질서 속의 반주속국 개념, 국제법질서 속의 식민지 개념을 아우르는 중층적 의미로 사용되고 있었다는 것을 확인할 수 있다는 것이다.[25] 마찬가지로 서양 국제질서 속에서 나타나는 연방제 국가의 연방 정부, 식민 모국, 보호국 등이 모두 상국(上國)이라는 전통적 용어로 번역되면서 청조의 종주권 관념 역시 서양의 종주권 관념에 영향을 받게 된다.[26] 그 결과 청조의 관료들은 국제법상의 반주속국과 식민지 개념 모두를 청조의 전통적인 '속국'과 유사한 것으로 인식하고, 통일 이후 연방 정부의 권력을 강화하는 독일제국의 사례나 영국의 직접적인 식민지 정책 등을 청조의 조선 정책 결정 과정에서 참고해야 할 모델로 인식하곤 했다. 이러한 인식 속에서 청조의 조선 정책은 전통적 속국 정책의 연장선상에서 이해할 수 있는 면모를 보이기도 하고, 반주속국 또는 식민 정책의 면모를 보이기도 하는 복합적인 양상으로 전개되었다는 것이다.

한편, 문명기는 19세기 말 한중관계사에 관한 국내 연구가 청조의 '제국주의적'(또는 '억압적') 성격을 과도하게 강조하여 「조청상민수륙무

25 이동욱(2018), 「청말 국제법 번역과 '藩屬' 관련 개념의 의미 확장」, 『중국근현대사연구』 80.

26 이동욱(2019), 「청말 종주권 관념의 변화와 조선 정책의 전환」, 『史叢』 96.

역장정」 체결의 두 주체 중 하나였던 조선 정부를 비주체화하는 결과를 낳았다고 지적하였다. 「조청상민수륙무역장정」 체결과 관련하여 조선 정부는 사실 매우 적극적이었으며, 이는 대외 통상을 통한 재원 확보의 목적에서였다는 것이다.[27] 김형근 역시 1883~1884년에 걸쳐 이루어진 「조청상민수륙무역장정」 제4조의 개정에 대하여 청조 측이 조선 내지에서 청상의 통상권을 취득하기 위해 일방적이고 강압적으로 진행하였다는 기존의 통설에 반론을 제기하였다. 조선과 청조 양쪽에 개정의 필요성과 동력이 존재했으며 「조청장정」의 개정은 '쌍방향성'을 가지고 진행되어서, 즉 청상의 내지통상권을 허용하는 반대급부로 조선 상인 역시 청국에서 내지 통상이 가능해졌다는 것이다.[28]

요컨대 21세기 이전까지의 19세기 말 조청 관계에 대한 연구가 조선의 자주적인 근대화와 독립국가 건설이 실패한 외적 요인으로서 청조의 조선에 대한 제국주의적 침략을 부각시키거나, 또는 동아시아의 전통 질서와 근대적 질서 사이의 충돌로 이해되었다면, 최근 십여 년 동안의 연구는 이러한 거대담론에 대하여 새로운 시각의 문제 제기를 시도하고, 나아가 19세기 후반의 상황을 실증적으로 재검토하는 방향으로 진행되고 있다.

27 문명기(2008), 「財政史의 각도에서 다시 보는 〈朝淸商民水陸貿易章程〉(1882)」, 『역사문화연구』 30.

28 김형근(2016), 「조청상민수륙무역장정 제4조의 개정 배경과 의미(1883~1884)」, 『아세아연구』 59(4).

2) 청일전쟁 이후의 조청 관계

그동안 상대적으로 관심이 부족했던 청일전쟁 이후의 조청 관계에 대한 연구 역시 진전되었다. 청일전쟁의 결과 조청 간의 조공-책봉 질서는 해체되었지만, 양국 관계는 「한청통상조약」 체결을 통해서야 근대적 주권국가 사이의 평등한 관계로 전환되었다. 그러나 양국 사이의 수평적이고 대등한 관계는 1905년의 을사늑약 체결까지 겨우 6년밖에 유지되지 못했다. 이영옥은 청일전쟁 이후 한청조약 체결까지의 경과, 간도 문제를 둘러싼 두 나라의 대립, 을사늑약과 대한제국의 멸망에 이르는 과정을 개괄하였으며,[29] 은정태는 대한제국이 1899년 한청조약 체결 이후 청일과 대등한 황제국의 면모를 과시하기 위해 대한국 국제를 제정하고, 간도를 영토화하려는 등의 조치를 취하는 과정을 서술하였다.[30] 손성욱은 청대 조선 사관이 조공국의 사행단이 묵는 숙소였던 회동관(會同館)에서 대등한 주권국가 사이의 근대적 외교기구인 공사관(公使館)으로 변모하는 양상을 미시사적으로 추적함으로써 공간의 변화를 통해 양국 관계 변화의 역사적 함의를 보여 주려 하였으며,[31] 이은자는 대한제국과 청제국이 대등한 입장에서 체결한 「한청통상조약」 이후의 주한 중국 공사관의 조직과 위상을 분석하였다.[32]

29 이영옥(2005), 「조공질서의 붕괴와 청 · 조(대한제국)관계의 변화, 1895~1910)」, 『한중외교관계와 조공책봉』, 고구려연구재단.

30 은정태(2005), 「1899년 한청통상조약 체결과 대한제국」, 『역사학보』 186.

31 손성욱(2016), 「청대 朝鮮使館으로 본 清 · 朝 관계-會同館에서 駐淸公使館으로」, 『동국사학』 60.

32 이은자(2011), 「駐韓 中國 公館의 조직과 그 위상-駐韓公使 許台身과 曾廣銓 재직 시기를 중심으로-」, 『중국근현대사연구』 51.

중국 학계는 일반적으로 19세기 말 청의 조선에 대한 '종주권 강화' 정책과 청일전쟁이 중국 동북방의 '울타리'인 조선을 지키기 위한 방어적인 목적의 것이었다고 인식한다. 그리고 청일전쟁에서 청이 패배해서 조청 '종번 관계'가 해체되자 조선은 일본의 식민지로 전락했다고 피상적으로 이해하면서 청일전쟁 이후의 한청 관계에 대해 별다른 관심을 보이지 않는다. 청의 조선 정책을 침략적인 것으로 이해하고, 2000년대 이후 대한제국 연구가 많은 관심을 받고 있는 한국 학계의 인식과는 결이 다르다. 이러한 인식이 전근대 동아시아 국제질서를 중국 중심의 '종번 질서'로 일원화하고 '천하체제(天下體系)'로 미화하려는 시도[33]와 연결되어 있다는 점에서 근현대 한중 관계의 구체적인 사안과 사건들에 대한 미시적인 연구를 통해 양국 관계의 본질을 밝혀내는 작업이 지속될 필요가 있다.

3) 한중의 접촉 및 교류, 상호 인식

19세기 후반 한중관계사 연구에서 이러한 경향을 가장 잘 보여 주는 것이 타이완 중앙연구원 근대사연구소 당안관 소장 「청계주한사관당」,[34] 서울대 규장각 소장 「동순태호(東順泰號) 문서」[35] 등 새로운 사료

33 趙汀陽(2005), 『天下體系』, 江蘇教育出版社; 何新華(2012), 『最後的天朝: 淸代朝貢制度硏究』, 人民出版社.

34 「주한사관당」에 대한 소개는 김희신(2011), 「근대 한중관계의 변화와 외교당안의 생성-「淸季駐韓使館保存檔」을 중심으로-」, 『중국근현대사연구』 50; 박정현 외 8인(2013), 『중국 근대 공문서에 나타난 韓中關係: 「淸季駐韓使館檔案」解題』, 한국학술정보.

35 「동순태호문서」에 대한 소개는 강진아(2007), 「동아시아경제사 연구의 미답지」, 『동양사

를 활용한 미시적인 연구들이다.

이은상, 박정현, 김희신, 권인용 등은 「청계주한사관당(淸季駐韓使館檔)」을 적극 활용하여 「조청상민수륙무역장정」 체결 이후 조선에 등장한 화교 및 화상, 그리고 중국 (총)영사관의 화교 관리 실태, 조선 미개구안의 청상 밀무역과 관련한 영사재판안건에 대한 분석을 통해 청이 조선에 적용한 치외법권의 실상 등을 검토하였으며,[36] '한성 개잔'과 같은 중대한 문제로부터 '이범진 구타 사건', '최약국명안'과 같은 미시적인 사안에 이르기까지 개별 사건들을 둘러싼 한중 간의 교섭과 갈등에 대한 치밀한 분석도 진행하였다.[37] 강진아는 서울대학교 규장각 소장 「동순태호(東順泰號) 문서」를 활용한 일련의 연구를 통하여 재한 화교기업 동순태호의 상하이 · 광둥 · 조선을 연결하는 사업 네트워크와 그에

학연구』 100 참조.

36 이은자(2005), 「한국개항기(1876-1910) 중국의 치외법권 적용논리와 한국의 대응-한중간 조약체결과정을 중심으로」, 『동양사학연구』 92; 이은자(2010), 「19세기말 재조선 未開口岸의 淸商 밀무역 관련 領事裁判案件 연구」, 『동양사학연구』 111; 김희신(2010), 「청말(1882~1894년) 한성 화상 조직과 그 위상」, 『중국근현대사연구』 46; 김희신(2010), 「駐朝鮮使館의 화교 실태 조사와 관리-청일전쟁 이전 한성, 인천을 중심으로」, 『명청사연구』 34; 김희신(2014), 「華僑, 華僑 네트워크와 駐韓使館-청일전쟁 이후 한성 지역을 중심으로-」, 『중국사연구』 89; 박정현(2010), 「19세기 말 인천과 한성의 중국인 거류지 운영체제」, 『동양사학연구』 113; 박정현(2010), 「19세기 말(1882~1894) 조선 화상의 조직과 상업 활동」, 『중국학보』 66 등.

37 김희신(2010), 「'한성 개설행잔 조항 개정' 교섭과 중국의 대응」, 『동양사학연구』 113; 박정현(2010), 「1882~1894년 조선인과 중국인의 갈등 해결 방식을 통해 본 한중 관계」, 『중국근현대사연구』 45; 문명기(2011), 「1880년대 漢城開棧을 둘러싼 한·중 갈등과 그 의미」, 『중앙사론』 33; 권인용(2013), 「1884년 '崔藥局命案'의 解體와 再編 -田保橋潔의 연구에 대한 비판적 검토를 중심으로-」, 『史叢』 80; 권인용(2014), 「1884년 '李範晉 사건'의 재조명 」, 『명청사연구』 42; 권인용(2018), 「1886년 元山 劉家驤 '自盡案' 初考」, 『명청사연구』 50.

기반한 초국적 활동을 분석하였다.[38]

한편 양국 관료 및 문인들 사이의 교류 및 양국 간 상호 인식에 관한 연구 역시 진전되었다. 손성욱은 북경(베이징)을 방문한 연행사행단을 매개로 전개된 19세기 후반 한중 문인 교류의 양상을 북경 내 학풍과 인적 교류 네트워크의 변화를 중심으로 추적하였으며,[39] 조선 관료들이 병인·신미양요 시기 '인신무외교(人臣無外交)'라는 전통적인 원칙을 깨면서 청조의 관료들과 교류하는 변화상을 추적하기도 하였다.[40] 천금매는 국내 소장 구한말 관료 및 문인들의 문집 속에서 1870년대 및 1880년대 한중 문인 교류의 모습을 담은 자료들을 발굴해 내었다.[41] 특히 흥선대원군과 청조 인사들의 서신을 통한 교류, 임오군란 직후 조선을 방문한 청측 인사들이 조선에 제시한 내정개혁안과 이를 바탕으로 자신의 내정개혁안을 제시하는 석릉 김창희의 교류 등은 매우 흥미로운 대목이다. 최우길 또한 김창희의 『삼주합존(三籌合存)』에 수록된 이

38 강진아(2007), 「廣東네트워크(Canton-Networks)와 朝鮮華商 同順泰」, 『사학연구』 88; 강진아(2008), 「근대전환기 한국화상의 대중국 무역의 운영방식-『同順泰寶號記』의 분석을 중심으로-」, 『동양사학연구』 105; 강진아(2014), 「청일전쟁 시기 華商 同順泰號의 영업 활동-변경에서의 愛國과 致富-」, 『중국근현대사연구』 64; 강진아(2014), 「在韓華商 同順泰號의 눈에 비친 淸日戰爭」, 『역사학보』 224; 강진아(2011), 『동순태호-동아시아 화교 자본과 근대 조선』, 경북대학교출판부.

39 손성욱(2012), 「19세기 朝·淸 문인 교류의 전개 양상-북경 내 학풍과 교류 네트워크의 변화를 중심으로-」, 『역사학보』 216.

40 손성욱(2018), 「'外交'의 균열과 모색: 1860~70년대 淸·朝관계」, 『역사학보』 240.

41 천금매(2013), 「壬午軍亂時期 韓中 文士들의 文化交流」, 『한국학논집』 50; 천금매(2014), 「石菱 金昌熙와 南通 文人 張謇의 交流-임오군란 직후 교류척독을 중심으로-」, 『열상고전연구』 39; 천금매(2016), 「朝鮮申錫愚與清人筆談考述」, 『대동한문학』 46; 천금매(2016), 「대원군 이하응(李昰應)과 청조 문사들의 교류 -『천안척방(天鴈尺芳)』을 중심으로-」, 『동아인문학』 37.

들 내정개혁안을 상세히 소개하였다.[42] 임오군란 이후 2년 동안 조선에 주둔했던 청나라 군대의 장수 및 그 막료 문인들과 조선 국왕, 관료 및 문인들 사이에 어떠한 내용의 교류가 있었는지, 그리고 청나라 군대의 주둔 실태에 대해서는 그리 많은 것이 알려져 있지 않다. 지속적인 문헌 사료 발굴과 연구가 필요한 부분이다.

한편 권혁수는 청일전쟁 직전인 1894년 봄 청군의 장수 섭사성(聶士成)이 군사 정찰 목적으로 조선 북부 지방 및 서울, 인천 등지를 고찰하고 고종 및 조선 정부 관원들과 면담한 기록인 『동유기정(東輶紀程)』과 일본과 교전하면서 남긴 『동정일기(東征日記)』, 청일전쟁 당시 조선 주재 영국 총영사관의 통역 겸 서기관이었던 허인휘(許寅輝)가 남긴 『객한필기(客韓筆記)』, 위안스카이의 직무 대행으로 서울에 남아 있던 당소의(唐紹儀)의 보고서 등을 통하여 중국인의 눈으로 바라본 청일전쟁 당시 조선의 긴박한 상황 특히 조선 거주 중국인들의 상황을 고찰하였다.[43]

1910년 일본의 한국 병합에 대한 청 정부의 인식과 대응에 대한 연구도 진행되었다. 권혁수에 따르면, 청 정부는 일본의 한국 병합에 대하여 정보 부족 및 국내의 통치 위기로 인해 효과적으로 대응하지 못하였으며, 한편으로는 한중 국경문제가 중일 국경문제로 바뀌게 된 상황을 걱정하여 이에 대한 대책 마련에 고심하기도 하였다. 또한 대한제국

42 최우길(2014), 「임오군란 직후 淸종군인사들의 조선 내정 개혁안-새 자료 『三籌合存』 독해를 중심으로」, 『열상고전연구』 39.

43 권혁수(2013), 「청일전쟁 전후 조선에 관한 중국인의 체험과 기록: 섭사성(聶士成), 허인휘(許寅輝) 및 당소의(唐紹儀)를 중심으로」, 『한국학연구』 29.

의 비극적 종말이 가져다준 충격은 이듬해 청 정부가 헌법 제정 및 국회 개원 요구를 수용한 것과 무관하지 않을 것이라 주장했다.[44]

4. 일제강점기(1910~1945) 및 중화민국 시기(1912~1949) 한중 관계에 대한 연구

1) 화상 및 화교 연구

이정희는 한국 화교의 활동을 그들의 직업과 종교 활동, 사회 조직 등 일상생활의 차원에서부터 미시적으로 추적하는 일련의 작업을 진행하였다.[45] 김희신은 인천의 화교소학 등에 대한 미시적인 고찰을 통해 한국 화교들이 교육을 매개로 중국 문화를 유지하고 자기 정체성을 강화하는 과정에 대한 화교교육사 연구를 시도하였다.[46] 한편 1920년대를

44 권혁수(2010), 「일제의 대한제국 강제병합에 관한 청 정부의 인식과 대응」, 『동북아역사논총』 30.

45 이정희(2017), 「조선화교 중화요리점의 실태: 1927~1945년의 시기를 중심으로」, 『경제사학』 41(3); 이정희(2017), 「조선 화교의 성당건축 시공 활동(1880년대~1930년대)-서울과 대구를 중심으로-」, 『교회사연구』 51; 이정희(2017), 「이발소와 양복점으로 본 조선화교의 실태: 1890년대~1940년대를 중심으로」, 『사회와역사』 116; 이정희(2017), 「조선화교의 중화요리점 연구: 1880년대~1920년대를 중심으로」, 『사회와역사』 114; 이정희(2018), 「조선화교의 민간신앙과 비밀결사: 거선당과 의선당을 중심으로」, 『사회와역사』 120; 이정희(2019), 「대구중화기독교회의 운영과 화교사회-양춘상장로소장자료를 근거로-」, 『동서인문』 12; 이정희(2020), 「근대 조선화상 화취공의 경영활동-『조업사적책』을 근거로-」, 『동양사학연구』 152.

46 김희신(2016), 「1932년 이전 인천의 화교학교 교육 -'인천화교소학'과 '인천노교소학'-」,

거쳐 1930년대에 강화되는 조선 내 한중 민족 갈등과 배화 폭동 등 화교 관련 사회 문제에 관해서도 지속적인 연구가 진행되었다.[47] 항일과 친일의 문제를 둘러싸고 중일전쟁 시기 조선 화교들의 활동을 조망하기도 하였다.[48] 지역별로는 한성 외에도 인천, 신의주, 청진, 원산, 강원도, 대구 등지 화교사회의 형성과 변화를 추적한 논문들이 발표되었다.[49] 한편 대한제국 시기 공사관 설치 이후 일제강점기 (총)영사관으로 지위가 격하된 주한사관에 관련해서는 이은상이 중화민국 시기 한반도에 설치한

『사총』 89; 김희신(2016), 「1930年 前後 仁川華僑小學을 통해 본 華僑社會의 動向」, 중국사연구 104.

47 강진아(2012), 「만주사변 전후 조선화교 문제의 양상- 朝鮮総督府 外事課와 在韓中国領事館 간 왕복 문서를 중심으로-」, 『東洋史学研究』120; 강진아(2013), 「조선총독부의 화교 노동자 입국 관리와 중국 언론」, 『중국근현대사연구』59, 2013; 이정희(2016), 「1927년 조선화교배척사건의 경위와 실태-인천화교배척사건을 중심으로-」, 『동양사학연구』 135.

48 이정희(2017), 「중일전쟁 시기 조선화교의 항일활동」, 『동양사학연구』 139; 이은상(2017), 「생존과 친일 사이-중일전쟁 시기 신의주화교의 동향-」, 『중국사연구』 106; 이정희(2018), 「중일전쟁시기 범한생(范漢生) 경성총영사의 친일활동과 조선화교 사회의 변동」, 『중앙사론』 48.

49 김승욱(2010), 「20세기초(1910~1931) 仁川華僑의 이주 네트워크와 사회적 공간」, 『중국근현대사연구』 47; 김승욱(2011) 「19세기 말~20세기 초 仁川의 운송망과 華僑 거류양상의 변화」, 『중국근현대사연구』 50; 이은자 · 오미일(2013), 「1920~1930년대 국경도시 신의주의 華工과 사회적 공간」, 『사총』 79; 이은상(2016), 「20세기 전반(1912~1936) 식민지 조선의 신의주화교」, 『중국근현대사연구』 70; 이은상(2016), 「중일전쟁(中日戰爭) 이전 시기(1912~1936) 조선의 원산화교(元山華僑)」, 『인문과학』 60; 이은상(2016), 「원산화교와 배화폭동」, 『중국근현대사연구』 72; 이은상(2017), 「중일전쟁 시기 원산화교의 동향과 화교경제」, 『사총』 90; 이정희(2017), 「강원도 화교사회의 형성과 변화: 1900년대~1940년대를 중심으로」, 『한림일본학』 30; 이은상(2017), 「생존과 친일 사이-중일전쟁 시기 신의주화교의 동향-」, 『중국사연구』 106; 이정희(2019), 「대구중화기독교회의 운영과 화교사회-양춘상장로소장자료를 근거로-」, 『동서인문』 12; 이은상(2020), 「식민지 시기 조선 청진화교의 위상」, 『동양학』 78(01).

영사관의 조직과 활동에 대한 일련의 연구를 진행하였다.[50]

2) 한중 상호 인식 및 중국인의 한반도·만주 역사인식

20세기 전반기의 한중관계사 연구는 중국의 한반도에 대한 정치적 영향력이 약화되면서 상대적으로 민간 차원의 교류와 상호 인식에 대한 연구가 다수를 차지한다. 특히 2003년 이후의 연구에서는 양국 간 상호 인식 및 중국인의 한반도 · 만주 역사인식, 화상 및 화교에 관한 연구가 두드러진다.

먼저 동북공정의 사상적 기원이라 할 수 있는 20세기 전반기 한국 및 한국사, 만주지역 역사에 대한 인식에 관한 연구가 많은 진전을 이루었다. 김형종은 청 말 혁명운동가였던 오록정(吳祿貞)이 지은 『연길변무보고(延吉邊務報告)』를 분석하여 그가 한중 영토 및 국경 분쟁(이른바 간도 문제)을 둘러싼 주장과 관련하여서 중국 측 주장 논쟁의 핵심적인 기초를 닦았다고 주장하였다. 반청 혁명가인 한편 확고한 내셔널리스트였던 그가 만주가 중국 영토였음을 논증하기 위해 주장한 논리는 현재 중국의 영토 안에서 전개된 모든 역사는 중국의 역사라는 '중화민족론'의 역사의식의 기원이 된다는 지적이었다.[51] 한편, 권혁수와 김정현은

50 이은자(2015), 「中華民國 前期(1912~1927) 駐朝鮮 領事館 組織-人的 構成의 측면을 중심으로-」, 『중국근현대사연구』 66; 이은상(2018), 「중화민국 시기 주조선 영사관원의 이력과 활동 -마영발(馬永發)의 사례-」, 『사총』 94; 이은상(2018), 「중화민국 시기 주조선(駐朝鮮) 청진영사관 개관을 둘러싼 중 · 일(中日) 간의 교섭」, 『동양학』 70.

51 김형종(2010), 「吳祿貞과 『延吉邊務報告』: 100년 전의 동북공정?」, 『역사문화연구』 35.

근대 중국에서 출판된 가장 상세한 한국 관계 개설서인 황옌페이(黃炎培)의 『조선(朝鮮)』(1929년 商務印書館 출판)에 대하여 주목하였다. 황옌페이는 식민지 조선에 대한 연구와 소개를 통해 중국 국민의 애국심을 고양하려 했지만, 그의 작업은 처음부터 일제 식민당국의 도움을 받아 이루어졌고, 그 내용은 일제 식민통치에 대한 긍정적 표현과 한국사에 대한 오해 및 왜곡으로 점철되었다. 이는 한편으로 근대 이래 중국사회의 한국사, 한국 문화에 대한 뿌리 깊은 그릇된 인식을 단적으로 보여 주는 것이었다.[52] 권혁수는 이를 바로잡으려고 노력하였던 상하이임시정부 요인 이시영을 주목하였지만, 김정현은 그의 한국사 인식과 푸쓰녠(傅斯年), 진위푸(金毓黻)의 '동북사' 입론 과정에서 나타난 임나일본부설 수용 등 한국 고대사의 왜곡이 오늘날 중국의 한국사 인식에 장기적으로 영향을 미치고 있음을 지적하고 있다. 이러한 한국 고대사상의 왜곡은 현대 중국 학자들의 한국사 인식 및 동북아사 인식의 기초가 되고 있으며, 최근 중국에서 출판된 교과서에도 무비판적으로 수용되고 있다는 것이다. 단지 고구려사의 중국사 편입을 넘어서 청말민초 이래 중국에서 한국사에 관한 정확한 연구가 없었고, 각국의 연구 동향을 제대로 반영하지 못하여 일본 제국주의의 식민사관 또한 극복하지 못하고 있는 현실을 지적하였다.[53]

김현숙은 시대적 배경에 따른 진위푸의 광개토대왕릉비 연구의 변천 과정을 고찰하였다. 현대 중국 학계의 고구려사 인식과 연구 계통

52 권혁수(2007), 「근대 이래 中韓 양국의 상호인식-黃炎培의 朝鮮과 李始榮의 感時漫語를 중심으로-」, 『사회과학논집』 38(1).

53 김정현(2010), 「20세기 中國의 韓國史 서술과 日本의 植民史觀」, 『중국학보』 61.

및 근간을 세운 역사학자 진위푸의 고구려사를 포함한 동북지역 역사에 대한 인식은 일본의 만주 침략을 전후하여 크게 변화하였는데, 1920년대에 작성한 「고구려호대왕비고증(高句麗好大王碑考證)」을 1930년대에 「진고구려호대왕비(晉高句麗好大王碑)」로 제목을 바꿔 수록한 것처럼, 1930년대 이후 일본의 만선사관(滿鮮史觀)에 대응하여 동북지역을 중원에 예속된 곳으로 규정하려는 목적의식 아래서 고구려사 연구를 진행하는 경향이 강화되었다는 것이다.[54]

박장배는 의고파(擬古派)로 잘 알려진 구제강(顧頡剛)과 그가 관여한 학술지 『우공(禹貢)』의 변강 위기에 대한 대응 과정을 추적하였다. 1930~40년대 중국 학계는 현실의 필요에 따라 "변강 연구"를 진행했으며, 열악한 조건에서도 많은 성과를 거두었다. 구제강이 참여한 『우공』 반월간은 지역적으로 중국의 동북, 서북, 북방, 서남 및 동남 연해 지방을, 연구의 내용상으로는 강역의 연혁, 지명, 민족, 고고 유적, '변강' 관련 문헌의 연구, 변강과 중원의 관계, 변강 통치 정책, 변강의 역대 인물, 근대의 여행기, 외국인의 연구 성과 등을 포함하였다. 그러나 이러한 1930~40년대의 중국 변강 연구는 국가 중심, 한족 중심의 것이었다. 현실의 필요에 따라 끼워 맞춘 통합의 논리는 중국 사회에서 계속하여 변화하였다.[55]

한편 항일투쟁 과정에서의 한중 연대 활동에 대한 연구도 계속되었

54 김현숙(2015), 「金毓黻의 廣開土王碑 연구에 나타난 고구려사 인식 변화」, 『고구려발해연구』 51.

55 박장배(2017), 「1930년대 顧頡剛의 역사지리 인식과 변강학 연구」, 『중국근현대사연구』 76.

다. 김정현은 김원봉 등 황포군관학교를 졸업한 한국인 독립운동가들의 중국 국민당·공산당 내부 황포군관학교 인맥을 활용한 연대 활동을 추적하였으며,[56] 박장배는 김산(金山), 김구(金九), 이시영(李始榮), 신언준(申彦俊) 등을 분석 대상으로 하여 1920~30년대 한국 지식인의 한중 상호 인식 문제를 분석하였다.[57] 그들은 현지에서 중국 사회와 중국의 국제관계를 관찰하고, 일본 군국주의에 대한 한중 연대의 강화를 구상하였으며, 반한 정서 확산에 적절히 대응하기도 했다.

5. 맺음말

동북공정이 불거진 이후 십여 년 동안 국내의 근대 한중 관계 연구는 양적으로나 질적으로나 중요한 발전을 이루었다. 특히 2002년 이후 역사학계가 단순히 동북공정에 대응하는 수준을 넘어서 다양한 학문적 모색을 시도하고 새로운 연구 시각과 연구 성과를 확산시켜 나간 점은 높이 평가해야 할 것이다. 그러나 동시에 역사학계가 사회의 요구에 대응하기 위한 한시적이고 대증요법적인 연구들에 매몰되어서는 안 된다는 지적도 나오고 있다.[58] 동북공정 이후 한중관계사 연구 역시 역사

56 김정현(2012), 「1·2차 國共合作期의 한·중 연대활동-黃埔軍官學校 인맥을 중심으로-」, 『역사학연구』 46.

57 박장배(2015), 「20세기 전반기 한국 지식인들이 경험한 중국 일각의 反韓情緖」, 『사림』 51.

58 조광(2006), 「한국사연구의 동아시아적 맥락」, 『역사학보』 191, 7쪽.

전쟁에 대한 대응이라는 사회적 요구 그리고 정부의 연구 지원 사업의 수혜를 통해 성장해 온 측면이 어느 정도 존재한다는 점에서 이러한 지적에서 자유로울 수는 없을 것 같다. 따라서 향후의 과제는 최근 십여 년간 진행되어 온 연구의 긍정적인 성과를 확대해 나가면서 부정적인 측면을 감소시켜 나가는 것이 될 것이다. 중국에서 대국 지향의 민족주의 정서와 그에 기초한 역사인식이 유지되는 이상 역사 분쟁은 장기화될 것이며, 언제든 격화될 수 있다. 그만큼 관련 연구의 지속적인 확장과 문제의식의 심화, 새로운 학문 세대의 꾸준한 육성이 요구된다고 하겠다.

2

동북아 국제관계 연구 영역

이상민 • 충북대학교 사학과 강사
한상준 • 아주대학교 사학과 교수
김흥규 • 아주대학교 정치외교학과 교수
박창건 • 국민대학교 일본학과 교수

2.1. 한중 관계: 한국 학계의 한중 관계 연구 현황을 중심으로

이상민 • 충북대학교 사학과 강사

1. 머리말

1992년 8월 24일, 대한민국과 중화인민공화국은 베이징에서 정식으로 국교를 수립하였다. 2020년 8월 24일, 수교 28주년을 맞이하였다. 지난 28년 동안 한중 양국은 정치, 경제, 문화 등의 각 분야에서 큰 발전과 성과를 거두었다.

한중 양국 지도자의 상호 교류를 통해 한중 관계는 1992년 '우호협력 관계', 1998년 '21세기를 향한 협력 동반자 관계', 2003년 '전면적 협력 동반자 관계', 2008년 '전략적 협력 동반자 관계'로 격상되었다. 그 구체적 발전 양상은 한중 양국의 교역에서도 현저히 나타났다. 한국과 중국의 교역량은 1992년 63억 달러에서 2019년 2,434억 달러로 늘어나 약 39배 증가하였다. 2019년 말을 기준으로 중국은 한국의 최대 교역 대상국 지위를 유지하고 있다. 한국은 중국의 최대 수입 대상국이자 제3위 수출 및 교역 대상국이 되었다. 2015년 12월, '한중 FTA'가 발효되어 한중 양국의 경제 관계가 심화 발전할 수 있는 토대가 마련되었다. 양국의 인적 교류 또한 활발하게 전개되어 1992년 13만 명에 불과하였던 것이 2019년 1,037만 명으로 대폭 증가하였다. 활발한 인적 교류로 항공편수도 크게 늘었다. 2019년 말 기준으로 한중 정기 항공편은 1,260회에 달하고 있다.[1]

지난 28년 동안 한중 관계는 순항하면서 발전한 것은 아니었다. 2000년 한중 마늘분쟁, 2003년 중국의 동북공정 문제 등으로 인해 양국 관계는 일시 냉각기를 가지기도 하였다. 특히 2016년 7월 '사드(THAAD)'의 한반도 배치 결정 이후에는 한중 양국 관계의 정치, 경제, 사회, 문화 등의 영역 모두 경색 국면에 접어들었다가 점차 정상화 궤도에 오르고 있는 상황이다.

한국 학계에서는 동북공정이 시작된 2002년부터 2020년까지 한중 관계와 관련하여 정치, 경제, 사회, 역사, 문화 등의 영역에서 다양하고 심도 있는 연구 성과가 발표되었다. 이 글은 이 시기 학술지에 발표된 정치와 외교 분야의 '한중 관계'를 주제로 하는 논문을 중심으로 살펴보고자 한다.[2] 이 글에서 정치, 외교 분야로 국한해서 소개하는 이유는 한중 양국의 정치, 외교 관계의 변화 양상에 따라 경제, 사회, 문화 등의 분야에 긍정과 부정의 영향을 끼쳤기 때문이다. 특히 '사드'로 인한 갈

1 http://overseas.mofa.go.kr/cn-ko/wpge/m_1222/contents.do(검색일: 2020. 11. 17.)

2 이 글에서 소개하는 한중 관계 관련 연구 성과는 한국연구재단의 등재학술지에 발표된 논문이다. 지면의 제약으로 인해 이 글에서 살펴보는 연구 성과는 정치외교 분야를 전공하는 국내 학자들이 '한중 관계'를 제목으로 하는 연구 성과로 제한하였다. '한국학술지인용색인(https://www.kci.go.kr/kciportal/main.kci)' 등을 이용하여 검색하였다.

등은 여러 방면에서 표출되었지만 이에 대한 수습과 해결책은 한중 양국의 정치, 외교 분야에서 주도하였음을 아울러 보여 주었다.

이 글에서 설정한 '정치와 외교 분야'의 '한중 관계'를 주제로 한 연구 성과를 검색한 결과, '한중 수교 전후 시기', '한중 관계 20년과 한국의 대응 방안', '사드와 한중 관계'의 영역으로 분류할 수 있었다. 상기 주제와 관련된 연구 성과에 대한 선택과 집중을 통해 지난 20여 년 동안 지속된 한중 관계의 발전 과정에 대해 살펴보고자 한다.

2. 한중 수교 전후 시기

한중 양국의 정치 분야에 관한 연구는 1992년 8월 수교 이전과 수교 이후의 시기로 구분할 수 있다. 1992년 수교 이전 시기에 대한 연구 성과는 많지 않다. 1949년 10월 1일, 중화인민공화국이 성립하면서부터 대한민국과의 외교 관계가 단절되어 양국 간 교류가 중단되었기 때문이다. 교류의 중단은 정치뿐만 아니라 경제, 사회, 문화 등의 다른 영역에서도 마찬가지였다.

1978년 11월, 중국은 중국공산당 11기 전국대표대회 제3차 중앙위원회 전체회의 이른바 '3중전회(3中全會)'에서 중국의 경제 정책을 '개혁'과 '개방'을 기치로 하는 대외 개방 정책으로 전환하였다. 당시 중국에서는 소위 '개혁개방 정책'의 연착륙을 위해 중국 주변의 대외 환경을 유리하게 조성할 필요성이 대두되었다. 이와 같은 상황에서 1983년 5월 5일, 선양(瀋陽)에서 출발하여 상하이(上海)로 향하는 중국 민항기가 납치범 6명에게 납치되어 춘천 군용 비행장에 불시착한 사건이 발생하였다. 한국과 중국의 대표단이 서울에서 3일간 10차례 교섭하여 순조롭게 해결하였다. 중국 민항기 불시착 사건으로 한국과 중국은 홍콩 총영사관과 『신화통신(新華通訊)』, 일본 도쿄 주재 양국 대사관 간에 비상연락망 체계를 구축하게 되었다. 이후 중국 수송기의 군산 불시착과 초계정 납치 사건 등은 두 개의 외교 채널을 통해 해결되었다.[3]

1980년대 말, 중국은 '톈안먼(天安門) 사태'로 인해 미국을 중심으로 하는 서방 국가들로부터 경제 제재를 받게 되었다. 중국은 이로 인한 타격을 만회하기 위한 대책을 강구하게 되었다.[4] 1990년 9월 한국과 소련의 외무장관이 유엔에서 「한소 수교 합의 의정서」에 서명하여 한소 관계의 정상화가 실현되었다. 1990년 9월 서울에서는 남북 고위급 회담이 개최되었다. 1991년 9월 18일 남북한은 유엔에 동시 가입하였다. 1991년 12월, 서울에서 개최된 제5차 남북 고위급 회담에서 「남북기본합의서」에 서명하였다. 1992년 2월 「남북기본합의서」와 '한반도 비핵화 공동선언'이 발효되었다. 한반도를 둘러싼 한국과 소련, 한국과 북한 간의 정세에 있어 긍정적인 변화는 한중 양국이 수교할 수 있는 환경을 마련해 주었다. 특히 비정치 영역인 스포츠 분야에서는 1986년 '서울아시아경기대회'와 1988년 '서울올림픽'에 중국이 선수단을 파견

3 국립외교원 외교안보연구소 외교사연구센터(2019), 『외교사연구센터 오럴히스토리 총서 16-대일외교·북방정책·북핵협상-공로명 전 외교부장관』, 서울: 국립외교원, 158~168쪽.

4 국립외교원 외교안보연구소 외교사연구센터(2018), 『외교사연구센터 오럴히스토리 총서 17(상권)-한·중 수교와 청와대 시기-김하중 전 통일부장관(전 주중대사)』, 서울: 국립외교원, 101쪽.

하였다. 1990년 '베이징아시아경기대회'에는 한국이 선수단을 파견하였다. 한중 양국의 국제대회를 통한 스포츠 교류는 한중 양국이 좀 더 밀접해질 수 있는 촉매 역할을 하였다. 1992년 8월 24일, 한중 양국의 외무장관은 베이징 댜오위타이(釣魚臺)에서 「양국 수교 공동성명」에 서명하면서 한중 양국은 정식으로 국교를 수립하게 되었다.

당시 정부가 어떠한 구상을 바탕으로 협상에 임하였는지에 대해서는 관련 외교문서가 공개되지 않았기 때문에 정확히 알 수 없는 것이 현실이다. 이는 당시 수교 교섭 과정이 구체적으로 어떻게 진전되었는지에 대한 관심을 놓을 수 없는 이유이기도 하다. 2017년 4월 대한민국 외교부는 1986년 외교문서를 공개하였다. 1980년대에 정부가 중국과의 관계 개선을 위해 '모란 구상'을 추진한 것으로 밝혀진 문건도 공개되어 당시 언론의 주목을 받았다.[5] 1986년 5월 조지 슐츠 미국 국무장관 방한 당시 외무부가 작성하여 2급 비밀로 취급된 '한미 외무장관 회담별도 자료'에 '모란 구상' 협의 경과가 기술된 문건이었다. 공개된 내용에 따르면, "1986년 미국은 소련과 북한 관계 긴밀화에 대한 중공(중국) 측의 우려를 한국에 전달하였다. 당시 한국 정부는 중공(중국)이 한반도 문제에 관심을 표명하였다는 사실에 주목하였다"고 한다.[6] 이처럼 2010년 이후 매년 공개된 1980년대 외교문서는 한중 양국 관계 정

5 「정부, 80년대 對中접근 '모란 구상' 추진…외교문서 공개」, 『연합뉴스』, 2017년 4월 11일, https://www.yna.co.kr/view/AKR20170410002300014?input=1195m.(검색일: 2020. 11. 17.).

6 「한미 외무장관 회담 별도 자료-'모란' 구상 협의 경과(2급 비밀)」, 「정부, 80년대 對中접근 '모란 구상' 추진…외교문서 공개」, 『연합뉴스』, 2017년 4월 11일, https://www.yna.co.kr/view/AKR20170410002300014?input=1195m에서 재인용(검색일: 2020. 11. 17.).

상화가 어떻게 이루어지게 되었는지 그 실마리를 제공해 주었다.

매해 공개된 외교문서를 바탕으로 한중 수교 이전 시기에 대한 연구가 시도되었다. 1980년대 한중 관계가 태동하던 시기 '정부'와 '비정부'의 협력 외교 발전 과정에 대한 고찰을 통해 1992년 한중 수교는 '정부'와 '비정부' 행위자의 상호작용과 협력의 토대 위에서 이루어질 수 있었다는 연구 성과가 발표되었다. 한중 수교 26주년을 맞이하면서 한국 외교는 중국에 대한 외교 역량을 끌어올리고, 한중 관계를 안정적으로 관리하고 발전시켜야 한다고 주장하였다. 이를 위해서는 한국만의 '정부'와 '비정부' 협력의 새로운 외교 모델을 모색해야 한다고 다음과 같이 제언하였다. 첫째, '비정부' 외교의 다원화와 이를 지속할 수 능력과 질적인 측면의 제고를 통한 체질 강화, 둘째, 중국에 대한 외교 역량을 강화하기 위한 한국 정부 외교의 체질 강화, 셋째, 한중 관계에 있어 복합적인 '정부'와 '비정부' 간 외교 채널 구축, 넷째, 대중국 외교의 주요 부분인 전략적 사고와 정부 부처 간 협업이 필요하다고 강조하였다.[7]

당시 외교문서를 활용하여 한중 수교 이전 중국과의 관계 정상화 과정에서 가교 역할을 맡았던 기업에 대한 연구도 진행되었다. 한국은 1973년부터 공산권에 대해 문호를 개방하는 외교를 선언하였다. 공산권에 대한 문호 개방 정책의 연장선상에서 한국 정부는 중국과의 관계 개선을 위한 노력을 지속하였다. 중국은 중소 분쟁 이후 북한과의 우호 관계 유지를 중시하였기 때문에 한국과의 관계 개선은 이루어지지 않

7 차정미(2018), 「1980년대 한중관계 태동기, 정부-비정부 협력외교의 발전과정-외교문서(1980~1986) 분석을 중심으로」, 『국제정치논총』 제58집 1호, 7~54쪽.

았다. 1978년 11월 중국이 개혁개방 정책을 추진하면서 당시 고도성장하는 한국과의 교류 필요성이 대두되었다. 변화하는 대외 정세, 중국의 개혁개방, 한국 정부의 대중국 관계 개선이라는 틀 속에서 기업은 한중 관계 개선에서 중요한 외교 행위자가 되었다고 보았다. 1978년 중국의 개혁개방 이후부터 1980년대 중반까지 한중 양국을 이어 주는 창구 역할을 맡았던 기업인들과 정부 간 적극적 협력 관계가 존재하였다고 설명하였다. 정부와 기업의 협력이 가능했던 배경에는 국가 이익을 추구하는 외교라는 공간과 환경이 조성되었기 때문이라고 분석하였다. 정부는 국가 이익을 추구하고, 기업은 이윤 창출이 가장 큰 목표이기 때문이다. 특히 정부와 기업 간 외교 협력과 상호작용에 있어서 기업이 중요한 역할을 수행할 수 있음을 보여 주고 있다고 강조하였다. 이는 앞으로 한반도 평화프로세스를 추진하는 데 있어 시사점을 제공할 수 있다고 보았다.[8]

한중 수교 교섭 과정에 대한 연구 성과도 있었다. 기존 학계의 연구 성과와 한중 수교에 참여했던 외교관들의 자서전, 인터뷰와 구술을 바탕으로 확인하고 교차 검증하는 방법을 통해 한중 양국 수교 협상 과정의 전모를 밝히는 시도를 하였다. 이와 같은 과정을 통해 한중 수교 협상 과정의 맥락을 재구성하면서 네 가지 특징을 도출하였다. 첫째, 한중 수교에 대한 논의가 수면 위로 올라오게 된 것은 1985년 중국 어뢰정 사건에 대한 해결이 중요한 전환점이라고 보았다. 당시 덩샤오핑(鄧

8 차정미(2019), 「한중관계 초기발전과 기업의 외교적 역할: 1979~1986년 외교문서 분석을 중심으로」, 『中蘇硏究』 제42권 제4호, 53~86쪽.

小平)은 한중 수교가 불가피하다고 인식하여 비공개로 대리인을 통해 수교 의사가 있음을 청와대에 전달하였음을 밝혀냈다. 둘째, 한중 양국은 중화민국과 북한의 발발을 우려하여 수교 교섭을 비밀리에 진행하였다. 셋째, 국교 수립 과정에서 비선(秘線)의 역할은 제한적이었다고 보았다. 넷째, 한국의 교섭대표단은 한국과 중화민국 간의 단교 방식과 한국전쟁에 대한 책임 문제를 내부적으로 검토하였으나 현실적 측면을 감안하여 적극 관철하지 않았다고 한다. 이로 인해 관련 문건이 공식 문건의 형태 또는 이면 합의 형태로 남아 있지 않다는 점이었다. 모든 방면에서 발전한 한중 관계는 양국 간 발생하는 모든 문제를 사전에 방지하기 어렵다는 점을 지적하였다. 수교 당시 대등한 입장에서 양국 관계, 지역 문제, 변화된 세계정세에 대한 서로 다른 인식의 차이를 줄이고자 했던 노력이 향후 한중 관계 발전의 잣대가 될 것이라고 강조하였다.[9]

한중 수교에서 '북한'의 요인에 대해 고찰한 연구 성과도 있었다. 중국이 한국과의 수교에 대해 소극적 태도를 보인 이유는 '북한'과의 관계 때문이었다. 중국이 한국과의 수교를 결정했다는 것은 개혁개방 이후 중국의 국내외 정세 변화에 의해 북한에 대한 인식도 변화했음을 의미한 것이라고 보았다. 여기서 중국의 북한에 대한 인식 변화는 '국제', '한반도', '국내'라는 세 가지 요인, 즉 냉전 종식, 남북한 관계 개선에 따른 한반도 긴장 완화, 한중 양국의 국내 정세 변화에 따른 상호 간 작용을 통해 나타났다고 분석하였다. 한국과 중국은 상호 간의 관계 개선에

9 이희옥(2019), 「한중수교 교섭 과정 연구」, 『中蘇硏究』 제43권 제3호, 121~151쪽.

있어 '북한'에 대한 전략적 인식이 달랐음을 주장하였다. 한국은 중국과의 수교를 통해 한반도 평화에 있어 중국의 역할과 협력을 기대하였다. 중국은 한국과의 관계 개선을 통해 경제 협력의 다변화를 추구하였다. 한반도에서의 '두 개의 코리아' 정책을 전략적 측면에서 관철시켰다. 이를 통해 한반도에서의 영향력을 확대 지속하고자 하였다고 분석하였다.[10] 한중 관계는 단순히 양자 관계 측면이 아닌 동북아시아 국제관계라는 큰 틀 속에서 바라봐야만 더 깊이 이해할 수 있음을 알 수 있었다.

대한민국 외교부는 매해 30년이 경과된 외교문서를 공개한다. 2022년은 한중 양국 수교 30주년이 되는 해이다. 2023년에 한중 양국 수교 협상 관련 문서가 포함된 1992년 당시의 외교문서가 공개된다면 한중 수교 교섭 과정을 상세히 파악할 수 있을 것이다. 새로 공개된 사료를 바탕으로 한중 수교 전후 시기에 대한 새로운 연구 성과가 나오기를 기대한다.

3. 한중 관계 20년과 한국의 대응 방안

2012년 8월 24일, 한중 수교는 20주년을 맞이하였다. 한중 관계 20년을 맞이하면서 동북아시아에서의 국제정세도 크게 변화하고 있다. 1978년 중국은 개혁개방정책을 추진하였고, 2002년 세계무역기구

10 이동률(2018), 「한중 수교에서 '북한요인'의 변화 및 영향」, 『한국과 국제정치』 제34권 제3호, 151~178쪽.

(WTO)에 가입함으로써 중국이 경제 강국이 되는 발판을 마련하였다. 동북아시아에서 중국의 부상은 미국과의 경쟁과 갈등 구도가 확립되는 계기가 되었다. 학계에서는 지난 20년의 한중 관계 발전 과정을 돌아보고, 향후 한중 관계에 있어 한국의 대응 방안과 관련된 연구 성과를 다수 발표하였다.

한중 수교 20주년을 맞이한 시점에서 한국은 '강(强)중견국'으로서의 능력을 십분 발휘해야 한다고 제안한 연구 성과에서는 앞으로 한국은 좀 더 긍정적이고 능동적인 태도를 견지하면서 중국과 상호 정치적 신뢰를 구축해야 한다고 강조하였다. 이를 토대로 북한 문제, 한중 간 역사 문제, 영해관할권 등으로 인해 발생하는 부정적 요인들을 해결해야 한다고 보았다. 민족주의로 경도되는 접근 방식을 지양하고, 위기관리 체제 수립이 중요하다고 주장하였다.[11]

한중 수교 20주년을 맞이하여 양국의 안보 관계에 대한 연구도 시도되었다. 지난 20년 동안 한중 관계는 교류 영역의 확대와 발전, 영역 간 불균형 발전 심화, 공식 규정과 실제 관계에서의 틈, 양국의 국력 격차와 비대칭성 확대라는 특징을 통해 파악할 수 있다고 보았다. 2008년 한중 양국의 관계는 '전략적 협력 동반자 관계'로 격상되었다. 그러나 한국이 우려하는 북중 동맹과 중국이 우려하는 한미 동맹으로 인한 갈등으로 양국의 안보 관계는 진전을 이루지 못하고 있는 것이 현실이다. 앞으로 안보 협력 가능성보다는 대립과 갈등 가능성이 클 것이라고 보

11 김홍규(2011), 「한·중 수교 20년과 한·중관계 평가: 미래 한중관계를 위한 방향과 더불어」, 『세계지역연구논총』 29집 3호, 211~240쪽.

았다. 한중 양국의 안보 관계 발전을 위해서 한국은 한미 동맹 역할 확대와 한미일 삼국 안보 협력 강화에 신중하게 접근해야 하고, 중국은 북한의 도발에 대해 지지하는 등의 정책을 철회해야 한다고 제언하였다. 이를 바탕으로 한중 양국의 공통된 안보 이익에 대한 합의를 넓히는 노력과 협력을 지속해야 한다고 주장하였다.[12]

앞으로의 한중 관계는 지난 20년 동안 걸어 온 길과는 전혀 다른 노정을 가야만 하는 현실을 직시해야 한다는 견해도 제시되었다. 21세기는 세력 전이 시대로 전환되고 있다고 진단하면서, 향후 동북아시아에서 미국과 중국, 한국과 북한의 경쟁과 갈등 가능성이 커질 것이라고 예측하였다. 한미 동맹, 북중 동맹과 한중 관계는 서로 충돌·대립하여 신냉전이라는 대결 상황이 발생할 것이라고 보았다. 21세기 한국의 외교는 신냉전의 대결 국면이 조성되지 않도록 상황을 관리하는 것이 최대 과제가 될 것이라고 분석하였다. 그 중심은 한미 동맹과 한중 양국의 전략적 협력과 공존에 있다고 주장하였다. 이를 위해 첫째, 지난 20년 동안 한중 관계를 지탱해 온 '구동존이(求同存異)'에 입각한 논리에서 한 걸음 더 나아갈 수 있도록 노력하여 '화이부동(和而不同)'의 외교로 발전시켜야 한다. 둘째, '화이부동'의 외교는 상대방의 핵심 이익을 먼저 인정하고 존중하는 것을 토대로 한중 양국 나아가 한국, 북한, 미국, 중국의 공동 이익을 추구해야 한다. 셋째, 한국과 북한, 미국, 중국의 관계가 상호 안정적인 발전을 이루기 위해서는 장기적 이익에 대한 전략적인

12 조영남(2012), 「한·중관계 20년의 안보 쟁점 분석: 북·중동맹과 한·미동맹에 대한 전략적 고려」, 『국제·지역연구』 21권 4호, 1~25쪽.

공감대 확보를 우선시해야 한다고 강조하였다. 넷째, 한미 동맹과 한중 양국의 전략적 협력 관계에서 공감대를 형성하기 위해서는 적대적인 남북 관계의 개선이 전제되어야 한다고 제언하였다. 이것이 한미 관계와 한중 관계에 있어서 한국의 발언권을 확대하는 방법이라고 주장하였다. 향후 한국 외교의 과제를 실현하기 위한 선결 조건은 국민적 합의가 전제되어야 함을 역설하였다.[13]

한중 수교 20년 동안 양국 정부는 고위급 지도자의 교류를 통한 협력 증대, 경제 교류를 통한 확대 발전, 사회문화 분야 교류로 심화 발전하였다. 그러나 한중 관계 발전의 긍정 측면만 부각시키는 것에 대한 비판적 견해가 제기되었다. 중국의 한반도 통일에 대한 입장과 더불어 고구려사 왜곡, 재중 탈북자, 천안함 폭침 사건 등에 대한 중국의 태도를 간과한 측면이 있었음을 지적하였다. 향후 양국은 '구동존이(求同存異)'에서 벗어나 '이중구동(異中求同)', 서로의 차이를 인정하고 공통점을 찾아 나가는 자세가 필요하다고 주장하였다. 또한 지난 21년 동안 지속된 한중 관계의 특징을 다음과 같이 분석하였다. 첫째, 이슈 및 영역에서의 발전 불균형, 둘째, 한중 양국 관계의 범위가 확대되고 참여하는 행위자 수의 급증, 셋째, 중국의 부상으로 인한 양국 간 국력 격차 확대, 넷째, 공식 수사(修辭)와 현실 사이에서의 괴리, 체제와 이념 간의 차이 그리고 인식, 가치관, 규범의 차이가 그것이다. 특히 한중 양국의 안보 논의에 있어 장단기적 해법을 모색해야 한다고 제언하였다. 단기

13 서진영(2012), 「한중관계 20년: 회고와 전망-한국의 시각에서」, 『국방정책연구』 제28권 제1호, 9~43쪽.

적으로는 한반도 사안을 중점에 두고, 장기적으로는 한반도 유사시와 한반도 통일 과정에서 중국의 협력을 얻기 위해 조직적이고 지속적인 평상시 신뢰 구축을 위한 노력이 필요함을 역설하였다.[14]

한중 수교 21년을 맞이하여 한중 양국의 군사 관계를 돌아보고 전망하는 연구 성과도 있었다. 군사 분야는 정치, 경제, 사회, 문화 등의 분야에 비해서 발전 정도가 뒤처져 있다고 평가하였다. 군사 관계는 국가 관계에 있어 우호의 수준을 가늠할 수 있는 척도가 된다고 보았다. 지난 20년을 돌이켜 볼 때 한중 양국의 군사 관계는 정치, 외교, 경제 및 사회, 문화의 관계에 비해 발전 정도가 뒤처져 있었다. 오히려 양국 관계 발전의 제약 요인이었다. 2010년 천안함 피격 사건과 연평도 포격 사건을 둘러싼 한중 양국의 인식 차이로 인한 외교적 불협화음이 그 예라고 볼 수 있다. 한중 군사 분야를 전략적 협력 관계까지 격상하기 위한 세 가지 방안을 제시하였다. 첫째, 양국 발전의 접근 방식이었던 '구동존이'는 상대방의 이익을 존중해 주는 '구동존리(求同尊利)'로 전환되어야 한다고 주장하였다. 둘째, 한중 양국의 고위급 군 인사들이 교류할 때 논의할 수 있는 의제의 다양화를 추구해야 한다. 셋째, 지역 내 다자협력의 확대 발전을 모색해야 한다고 보았다. 한중 양국의 군사 협력을 바탕으로 '동북아 국방대화체'를 구축하는 데 힘을 모아야 한다고 제언하였다. 한중 군사 관계 발전은 양국 관계의 발전뿐만 아니라 동북아 지역 차원에서의 평화와 안정에 밑거름을 제공할 것이라고 역설하

14 김태호(2013), 「한중관계 21년의 회고와 향후 발전을 위한 제언-구동존이(求同存異)에서 이중구동(異中求同)으로-」, 『전략연구』 통권 제60호, 5~37쪽.

였다. 특히 한미 동맹과 한중 전략적 동반자 관계가 모순된다고 생각하는 것은 옳지 않다고 주장하였다.[15]

한중 수교 20년의 성과를 경제적 측면에서 분석한 연구도 있었다. 2010년 이후 냉각기를 가진 한중 관계를 다시 개선할 수 있는 방안으로 한중 FTA를 제시하였다. 중국은 정치적 측면에서 한국과 높은 신뢰 관계가 구축되지 않았고, 한국이 미국과 동맹 관계를 유지하고 있는 상황에서 한국을 포기하기 어려웠다. 한국이 중국의 제3위 무역 대상국이었기 때문이다. 중국은 북한에 대한 편향적인 외교 노선을 지속할 수 없는 것이 현실이다. 중국이 한중 FTA에 관심을 갖는 것은 미국 주도의 환태평양경제동반자협정(Trans-Pacific Partnership, TPP)과 관련이 있다고 보았다. 한국이 TPP에 참여한다면 동북아시아 지역에서의 한미일 경제 동맹 체제에 대해 중국의 견제 정도가 높아질 수 있기 때문이다. 중국도 이에 대해 인식하고 있다고 보면서 한중 FTA는 정치적인 측면에서의 판단에 방점이 찍혀 있다고 분석하였다. 부상하는 중국과 미국 가운데 하나를 선택해야 하는 상황이 올 수 있다는 점에 대비하여 한국은 이에 대한 대안과 해결책을 모색해야 한다고 주장하였다.[16] 2015년 12월 20일, 한중자유무역협정이 공식 발표되었다. 한중 FTA는 한중 관계가 한 단계 더 높이 발전하는 촉매 역할을 하였지만 중국에 대한 경제 의존도가 높아짐에 따라 한국이 안게 되는 부감감 또한 고려해야 한

15 박창희(2012), 「한중수교 20년과 한중군사관계 발전: 회고와 전망」, 『中蘇硏究』 제36권 제1호, 17~43쪽.

16 총성의(2012), 「한중수교 20년의 평가와 전망에 대한 연구」, 『정치 · 정보연구』 제15권 1호, 271~300쪽.

다. 한국의 대중국 경제의존도가 상승할수록 대중국 정책에 대한 선택권은 줄어들 수 있는 상황에서 한국은 새로운 외교의 동력을 끌어내야 한다는 견해가 제시되었다. 구체적으로 남북 간의 교류 확대, 무역의 다변화와 더불어 1980년대 '북방 정책'과 같은 새로운 외교 전략에 대한 모색이 필요하다고 주장하였다.[17]

2008년 한국과 중국은 '전략적 협력 동반자 관계'로 격상되었다. 그러나 외교적인 수사와는 달리 현실에서는 실질적인 성과를 거두지 못하였다. 이는 북한의 핵실험, 핵 보유, 2010년 천안함 폭침 사건에 대한 중국 측의 태도를 통해 알 수 있다는 연구 성과가 발표되었다. 2010년 천안함 폭침 사건을 통해 얻은 교훈을 바탕으로 앞으로 한국의 대중국 외교에 대한 방향을 제시하였다. 첫째, 한미 동맹 관계 적극 평가, 둘째, 중국에 대한 협의 채널 구축, 셋째, 새로운 전략적 협력 외교, 즉 '미중 양국의 전략 대화'와 '한미중 소다자주의 협의체'를 만들어야 한다고 제언하였다.[18]

한국은 국제정세에 있어 한중 관계를 외교상의 변수(變數)가 아닌 한미 관계와 함께 항상 고려해야 하는 상수(常數)로 여겨야 한다는 견해도 제시되었다. 한반도의 통일이 전략적 측면에서 중국에 반드시 불리하지 않다는 점을 인식시켜야 한다고 주장하였다.[19]

17 김진호(2014), 「시진핑 방한으로 본 중국의 한반도 전략과 한중관계」, 『중국과 중국학』 제23호, 145~176쪽.

18 안광찬(2010), 「중국의 대한반도 정책기조와 한중관계 전망」, 『국방정책연구』 제26권 제4호, 75~102쪽.

19 김홍규(2014), 「한반도 통일에 대한 중국의 입장과 한중관계」, 『전략연구』 통권 제61호, 219~233쪽.

중국의 한반도에 대한 관리는 위기 발생의 사전 예방 조치, 남북한의 충돌 자제 유도, 사후 화해를 중재하는 노력 등의 형태로 나타날 것이라고 분석한 연구 성과도 발표되었다. 중국은 한반도에서의 평화와 안정 유지 및 비핵화 정책을 유지할 것으로 보았다. 이를 통해 중국의 한반도에 대한 영향력 행사와 더불어 실리를 추구하겠지만 미국과 중국 사이의 갈등이 변수로 작용할 것이라는 견해가 제시되었다. 다른 나라의 내정에는 간섭하지 않는다는 중국의 외교원칙에 따라 중국의 대북한 영향력 행사도 제한적일 것이라고 분석하였다. 북한의 유사시 중국의 군사 개입 가능성은 매우 크다고 보았다. 한국 정부는 정치, 안보, 군사 측면에서 중국과의 교류를 확대하고, 심화 발전시킬 필요가 있다고 제언하였다.[20]

2022년은 한중 관계가 30년을 맞이하는 해이다. 한중 수교 30주년을 목전에 두고 있는 지금 동북아시아의 국제정세는 여전히 긴장의 연속이다. 2012년 이후 중국은 미국과 더불어 G2 국가가 되었다. 2017년 트럼프 행정부 출범 이후 미국은 중국에 대한 견제를 지속하고 있다. 미중 무역 갈등으로 인해 동북아시아에서는 신냉전이 도래할 것이라는 분석이 나오고 있고, 2021년에 출범하는 미국 바이든(Joseph R. Biden Jr.) 행정부의 대중국 정책도 기존의 강경책을 유지할 것이라고 예측하고 있다. 상술한 학자들의 연구 성과에서도 언급한 것처럼 한중 수교 이후 양국 간 국력의 격차는 크게 벌어졌고 이로 인해 발전 불균형은

20 서상문(2014), 「중국의 대한반도 정책의 지속과 변화: 역사와 현실」, 『전략연구』 통권 제63호, 65~103쪽.

심화되었다. 한중 관계의 비대칭이 강화되는 상황에서 한국 외교는 미중 관계라는 큰 틀 속에서 한미 동맹과 한중 관계를 어떻게 관리해 나갈 것인가에 대한 구체적이고 현실적인 방안을 마련해야 한다. 이것이 한중 수교 30년을 맞이하면서 우리가 준비해야 하는 과제이다.

4. '사드'와 한중 관계

2014년 6월 3일, 커티스 스캐퍼로티(Curtis M. Scaparrotti) 한미연합사령관은 한국국방연구원 주최 국방포럼 조찬 강연에서 한반도에서의 '사드(THAAD; Terminal High Altitude Area Defense, 고고도미사일방어체계)' 전개를 미국 정부에 개인적으로 요청한 바 있다고 말했다. 미군이 한국에 사드 배치를 검토하고 있다는 사실을 공개석상에서 처음 밝힌 것이었다.[21] 커티스 사령관의 발언 이후 한국 정부는 사드 도입 계획이 없음을 거듭 표명하였다. 2016년 1월 6일 북한은 제4차 핵실험을 감행하였다. 북한의 핵실험으로 한국의 사드 배치에 대한 기존 입장이 바뀌었다. 2016년 1월 13일 박근혜 대통령은 신년 기자회견에서 사드 배치는 대한민국의 안보와 국익에 따라 검토하겠다고 표명하였다.[22] 2016년 2월 7일

21 「한미연합사령관 "사드 한국 배치 초기검토"」, 『한겨레』, 2014년 6월 3일. http://www.hani.co.kr/arti/politics/defense/640620.html(검색일: 2020. 11. 30.).

22 「朴대통령 "안보·국익 따라 사드 검토…전술핵 생각 안해"」, 『연합뉴스』, 2016년 1월 13일 https://www.yna.co.kr/view/AKR20160113096300001?input=1195m(검색일: 2020. 12. 27.)

한미 군 당국은 한반도에서의 사드 배치를 공식 협의하였다. 같은 날, 화춘잉(華春瑩) 중국 외교부 대변인은 한미 양국의 사드 배치 협의에 대한 중국 측의 입장을 표명하였다. 화 대변인은 “한 국가가 자신의 안전을 도모할 때는 다른 국가의 안전 이익을 훼손해서는 안 된다”고 하면서 “이 문제를 신중하게 처리해 줄 것을 촉구한다”고 밝혔다.[23] 2월 17일 중국은 외교부 대변인의 논평을 통해 관련국이 사드 계획 포기를 희망한다고 밝히면서 한반도 배치 계획에 대한 철회를 요구하였다.[24]

2016년 7월 8일 한미 양국은 주한 미군에 사드 배치를 공식 발표하였다.[25] 사드 계획 발표 이후, 중국은 한국에 대한 일련의 제재 조치를 단행하였다. 8월 10일 중국 여유총국은 한국의 포상 관광과 저가 단체 여행 제한을 발표하였다. 12월 29일 중국 공업화신식부는 신에너지 자동차 보조금 지급 대상 명단에서 한국산 배터리가 탑재된 전기차를 제외한다고 발표하였다. 2017년 3월 6일 중국 정부는 중국에서 운영 중인 롯데마트 100개 점포 중 80개 점포의 영업을 제한하기에 이르렀다.[26]

중국의 사드 배치에 대한 제재 이후 중국은 한국과의 고위 인사 교류

23 「중 외교부, 한미 사드 공식협의에 “깊은 우려…신중 처리”(종합)」, 『연합뉴스』, 2016년 2월 7일 https://www.yna.co.kr/view/AKR20160207067953083(검색일: 2020. 11. 29.).

24 「2016年2月17日外交部發言人洪磊主持例行記者會」, 中華人民共和國外交部網站 https://www.fmprc.gov.cn/web/fyrbt_673021/jzhsl_673025/t1341284.shtml(검색일: 2020. 11. 29.).

25 「한미, 주한미군 사드배치 최종결정…이달 중 배치지역 발표할 듯」, 『연합뉴스』, 2016년 7월 8일 https://www.yna.co.kr/view/AKR20160708055500014?input=1195m(검색일: 2020. 11. 18.).

26 「사드 이후 한중 경제, 무역흑자·유커 줄고 투자는 증가」, 전국경제인연합회 보도자료, 2019년 11월 11일.

도 중단하였다. 2015년 10월 리커창(李克强) 중국 국무원 총리가 제6차 한중일 정상회의 참석차 한국을 방문한 이후 2018년 2월까지 중국의 고위 인사 방한은 이루어지지 않았다.[27] 대중국 무역 흑자는 2016년 374.5억 달러에서 2019년 252.4억 달러로 감소하였다. 중국의 유커(遊客) 방문객은 2016년 806.8만 명에서 2018년 479만 명으로 2016년 대비 40.6% 감소하였다.[28] 이처럼 사드 배치로 인해 한중 양국의 정치와 경제 나아가 사회와 문화 분야에 이르기까지 모든 영역에서의 교류가 냉각기로 접어들었다.

2017년 10월 31일 남관표 대한민국 국가안보실 제2차장과 쿵쉬안유(孔鉉佑) 중국 외교부 부장조리는 한중 관계 개선을 위한 협의를 진행하였다. 이 협의에서 중국 측은 사드와 관련하여 중국의 우려를 한국 측에 전달하였다. 이에 대해 한국 측은 한국 정부의 입장을 재차 설명하였다. 이 협의를 통해 양국은 군사 당국 간 채널을 통해 사드 관련 문제에 대해 소통하기로 합의하였다.[29]

2017년 12월 14일 문재인 대통령은 베이징에서 시진핑(習近平) 중국 국가주석과 정상회담을 가졌다. 한중 정상회담에서 양국 간 위축되었던 교류와 협력을 재개 및 복원하는 데 합의하였다.[30] 2018년 2월 한정

27 「中國同韓國的關係」, 中華人民共和國外交部網站, https://www.fmprc.gov.cn/web/gjhdq_676201/gj_676203/yz_676205/1206_676524/sbgx_676528/(검색일: 2020. 11. 29.).

28 「사드 이후 한중 경제, 무역흑자·유커 줄고 투자는 증가」, 전국경제인연합회 보도자료, 2019년 11월 11일, 「2019년중 지역별 국제수지(잠정)」, 한국은행 보도자료, 2020년 6월 19일.

29 「한중 관계 개선 관련 양국간 협의 결과」, 대한민국 외교부 보도자료, 2017년 10월 31일.

30 「문 대통령 중국 방문 결과 관련 윤영찬 국민소통수석 브리핑」, 2017년 12월 17일, 대한민국

(韓正) 중국공산당 중앙정치국 상무위원이 시진핑 국가주석의 특별대표 자격으로 평창동계올림픽 개막식에 참석하면서 한중 고위 인사의 교류가 재개되었다. 2018년 3월 29일 양제츠(楊潔篪) 중국공산당 중앙정치국 위원 겸 중앙외사공작위원회 판공실주임이 방한하였다. 양제츠 위원은 중국 단체관광 정상화, 롯데마트의 원활한 매각 절차 진행 및 선양 롯데월드 프로젝트 재개, 전기차 배터리 보조금 문제 등 문재인 대통령의 관심 사항에 대해 "중국은 대통령의 관심 사항을 매우 중요시하고 있다. 관련 사항은 빠른 시일 내에 가시적 성과를 보게 될 것이다"라고 답했다.[31] 2017년 10월 이후 사드를 둘러싼 한중 양국의 갈등은 봉합되었지만 중국의 한국에 대한 조치, 이른바 '한한령(限韓令)'의 완전한 해제는 이뤄지지 않은 상황이다.

사드를 둘러싼 한중 관계 갈등에 대한 해법과 대응 방안에 대해 다수의 연구 성과가 발표되었다.[32]

청와대 홈페이지 https://www1.president.go.kr/articles/1804(검색일: 2020. 11. 29.).

31 「양제츠 중국 정치국 위원 면담 관련 김의겸 대변인 브리핑」, 2018년 3월 30일, 대한민국 청와대 홈페이지 https://www1.president.go.kr/articles/2843(검색일: 2020. 11. 29.). 그러나 중국 측 보도에 따르면 '사드' 후속 조치와 관련한 양제츠 위원의 발언은 보이지 않는다.「楊潔篪會見韓國總統文在寅」,『人民網』, 2018年 3月 30日 http://world.people.com.cn/n1/2018/0330/c1002-29899913.html(검색일: 2020. 11. 29.).

32 '사드'와 관련된 연구 성과는 다음과 같다. 이기완(2015),「사드와 AIIB를 둘러싼 미중관계와 한국」,『국제정치연구』 제18집 1호, 331~346쪽; 박근재(2016),「사드(THAAD)의 한국 배치를 둘러싼 논란과 정책적 함의」,『전략연구』 통권 제68호, 37~66쪽; 박휘락(2016),「사드(THAAD 배치를 둘러싼 논란에서의 루머와 확증편향」,『전략연구』 통권 제68호, 5~36쪽; 박휘락(2016),「한미동맹과 한중관계에서 사드(THAAD) 논란이 갖는 의미: 자율성-안보 교환 모델의 적용」,『국제관계연구』 제21권 제1호, 33~63쪽; 이정훈·왕유위(2016),「북한의 4, 5차 핵실험과 사드 사태로 본 한중(韓中) 대립-중국의 현상 유지냐, 한국의 현상 변경이냐」,『韓日軍事文化硏究』 第22輯, 35~74쪽; 김재한(2016),「제1장 통일

미국의 '사드'와 중국이 추진하는 'AIIB(Asia Infrastructure Investment Bank, 아시아인프라투자은행)' 사이에서 선택을 강요받은 한국이 어떠한 선택을 해야 하는지에 대한 연구가 시도되었다. 미국이 한반도에 사드를 배치하려는 이유는 북한의 핵무기와 대륙간탄도미사일에 대한 억제력을 확보하기 위함이었다. 중국은 한국에 사드가 배치되면 사드의 'X-밴드 레이더'가 중국 영토를 감시함으로써 중국 안보 환경에 위협이 될 수 있기 때문에 반대하였다. 2013년 10월 시진핑 중국 국가주석은 미국이 주도하는 'TPP'에 대응하기 위해 'AIIB' 설립 의사를 밝혔다. 한국은 한미 동맹과 중국을 통한 경제적 이익 가운데서 전략적 모호성을 유지하다가 결국 2015년 3월 26일 AIIB 창립 회원국으로 참여하기로 결정하

안보 정책의 정치화와 사드 배치 논란」, 『통일전략』 제16집 제4호, 9~38쪽; 박광득(2016), 「제2장 사드배치 문제와 중국에 대한 외교전략 연구」, 『통일전략』 제16권 제4호, 39~74쪽; 박휘락(2016), 「제3장 사드배치 문제의 군사전략적 함의」, 『통일전략』 제16권 제4호, 75~114쪽; 전일욱(2016), 「한국 사드(THAAD)배치 결정에 대한 SWOT 분석」, 『한국동북아논총』 제81호, 161~182쪽; 남광규(2017), 「제3장 사드 논쟁의 국내정치와 북한의 압박」, 『통일전략』 제17권 제2호, 73~107쪽; 김동엽(2017), 「사드 한반도 배치의 군사적 효용성과 한반도 미래」, 『국제정치논총』 제57집 2호, 290~327쪽; 송세관(2017), 「THAAD 배치와 한중관계 발전 방향」, 『전략연구』 통권 제78호, 87~114쪽; 손기영(2017), 「인정과 오인: 사드 배치와 한중 간 인정투쟁」, 『국제관계연구』 제22권 제2호, 115~149쪽; 이장원(2017), 「시진핑 시대의 한중관계: 사드 위기의 본질과 과제」, 『현대중국연구』 제19집 3호, 45~85쪽; 신대진(2018), 「사드의 국제정치와 한반도 평화-복합적 안보딜레마와 대안 찾기-」, 『시민과 세계』 통권 31호, 191~223쪽; 박병철(2018), 「사드배치와 지역사회의 갈등과 통합-안보갈등의 해소방안-」, 『통일전략』 제18권 제2호, 111~137쪽; 박봉규(2018), 「사드문제와 구성주의적 해법-MD, 9·11테러, 대테러전쟁, 그리고 사드-」, 『통일전략』 제18권 제3호, 149~178쪽; 이기현(2018), 「중국의 한국 사드(THAAD) 배치에 대한 인식과 대응: 전략적 불편과 희망적 사고」, 『국제관계연구』 제23권 제2호, 41~65쪽; 주민욱(2020), 「중국 신문보도에 나타난 한중관계 위협요인 분석: 한반도 사드배치 문제를 중심으로」, 『한국동북아논총』 제25집 제2호, 171~188쪽.

였다. AIIB 가입을 둘러싸고 국내에서는 찬반 논쟁이 가열되었다. 이로 인해 한국 외교의 전략 부재를 지적하면서 한국은 미중 양국의 패권 경쟁에서 '샌드위치' 처지가 되었다는 주장도 제기되었다. 이에 대해 국익은 적과 동지라는 이분법으로 나눌 수 없음을 상기시키면서 강대국 사이 역학관계가 정립되지 않은 상황을 슬기롭게 활용해야 한다고 분석하였다. 이를 통해 오히려 한국의 국익을 극대화할 수 있다고 보았다. 그러므로 한국은 미국과 중국의 패권 경쟁 속에서 전략적인 모호성 외교 전략 등을 구사해야 한다고 제언하였다. 한미 동맹을 굳건히 하면서 중국과의 경제 협력 강화를 한국 외교의 바탕으로 삼으면서도 '안보는 미국에, 경제는 중국에'라는 이분법 구도에 함몰되는 것을 경계해야 한다고 제언하였다.[33]

북한의 제4차, 제5차 핵실험과 한국의 사드 배치로 인하여 한중 관계의 불안정성은 가중되었다. 그러나 중국은 사드로 인해 한국과의 관계를 파탄 내지 않을 것이라고 전망하는 연구 성과도 있었다. 중국은 미국을 중심으로 하는 세계 경제 체제에 편입되어 있기에 과거 소련과 같은 중국 중심의 경제 블록을 만들 수 없음을 지적하였다. 중국의 경제 성장은 2002년 WTO 가입과 한국과의 경제 협력과 교류를 통해 이루어졌기 때문에 한국과의 관계 단절은 불가능하다고 분석하였다. 북한은 중국에 있어 외부의 영향을 막아 주는 완충지대 역할을 맡고 있으므로 북한과의 관계 유지도 지속될 것이라고 보았다. 이는 중국의 한반

33 이기완(2015), 「사드와 AIIB를 둘러싼 미중관계와 한국」, 『국제정치연구』 제18집 1호, 331~346쪽.

도에 대한 현상 유지를 원하고 있음을 보여 주는 것이라고 해석할 수 있다. 문제는 향후 한반도 통일을 추구하는 한국과 한반도의 현상 유지를 지향하는 중국과의 충돌이 불가피하다는 것이다. 이를 중재할 수 있는 나라는 미국이 될 가능성이 크다고 보았다. 앞으로의 한미 관계를 어떻게 관리하느냐가 한중 간 경쟁에서 우위를 결정지을 수 있는 중요한 요소가 될 것이라고 주장하였다.[34]

'사드'를 둘러싼 논란과 논쟁이 지속되는 이유는 첫째, 사드가 북한의 탄도미사일에 대한 위협에 대처할 수 있는지에 대해 확인되지 않은 점, 둘째, 사드 배치가 국민적 이해와 동의 없이 결정된 점 때문이라고 지적하였다. 미중 양국의 경쟁과 충돌이 한반도에 사드를 배치하게 된 본질적인 배경이라고 분석하였다. 미국은 통일된 한국이 친중(親中) 국가화되는 것을 우려하고 있다고 보았다. 미국의 한반도 사드 배치는 통일된 한반도에서 주한미군의 주둔과 한미 동맹 유지 여부를 알 수 있는 시금석이 될 수 있다고 주장하였다. 사드 배치는 군사적 효용성뿐만 아니라 국가안보와 국익 그리고 국가의 미래 차원에서 결정되어야 하는 사안이라는 견해를 제시하였다.[35]

사드 배치로 인한 갈등은 한중 양국의 전략적 이익과 미래 관계에 대한 본질적인 문제와 고민을 제기하는 계기가 되었다고 보는 연구 성과도 있었다. 사드 문제에 대한 본질을 파악하기 위해 첫째, 사드를 한중

34 이정훈·왕유위(2016), 「북한의 4, 5차 핵실험과 사드 사태로 본 한중(韓中) 대립-중국의 현상 유지냐, 한국의 현상 변경이냐」, 『韓日軍事文化研究』 第22輯, 35~74쪽.

35 김동엽(2017), 「사드 한반도 배치의 군사적 효용성과 한반도 미래」, 『국제정치논총』 제57집 2호, 291~327쪽.

양국 갈등의 직접적 원인으로 볼 수 있는지의 여부, 둘째, 사드 문제가 완전하게 해결되지 않은 상황에서 중국이 한중 관계의 조속한 회복에 동의한 이유, 셋째, 한중 양국 관계의 완전 복원 가능 여부 등 이상의 세 가지 문제를 제기하였다. 사드를 둘러싼 한중 갈등의 본질은 '중국몽' 실현을 위한 중국의 강대국화 전략과 미국의 아시아 재균형 전략의 충돌에 있다고 보았다. 중국이 한중 간의 갈등을 신속히 봉합한 이유는 북한의 도발로 인해 한반도 정세가 긴장된다면 한미일 군사 동맹 체제의 고착화와 더불어 미국의 한반도 전술핵 재배치 가능성이 커진다고 판단했기 때문이라고 분석하였다. 한중 양국 관계의 완전 복원에 대해서는 미중 관계의 변화에 따라 결정될 가능성이 크다고 예측하였다. 중국이 '중국몽' 실현을 추구하고, 이에 대해 미국의 견제가 지속되는 한 불확실한 한중 관계는 제자리에 머물 수밖에 없다고 보았다. 이와 같은 상황에서 한국은 핵심 안보 이익에 대한 명확한 개념을 설정할 필요가 있다고 제언하였다.[36]

사드로 인해 경색된 한중 관계 개선을 위해서는 먼저 중국의 생각을 읽어야 한다는 연구 성과도 있었다. 중국의 신문 보도 분석을 통해 중국은 사드 배치로 인하여 중국의 국가 안보가 훼손되었음에 민감하게 반응하고 있다고 보았다. 한국 정부 당국자가 한반도 내 추가 사드 배치는 없다고 언급한 것에 대해 중국이 환영의 뜻을 표명하였다. 이에 대해서는 한국이 중국의 국가 안보를 존중하는 것으로 해석할 가능성

36 이장원(2017), 「시진핑 시대의 한중관계: 사드 위기의 본질과 과제」, 『현대중국연구』 제19집 3호, 45~85쪽.

이 크다고 분석하였다. 향후 한중 양국의 신뢰 회복을 위해서는 보다 진정성 있는 접근이 필요하다고 주장하였다.[37]

사드 관련 연구 성과를 살펴본 결과, 사드 문제는 단순히 한중 양국만의 문제가 아님을 알 수 있다. 사드 문제에는 한국, 북한, 미국, 중국과의 복잡한 관계가 얽혀 있다. 2016년 7월 사드의 한반도 배치로 발생한 한중 양국의 갈등은 현재 진행형이다. 사드 문제가 순조롭게 해결된다고 하더라도 이와 유사한 갈등은 계속 발생할 것이다. 미중 양국의 갈등이 지속될 가능성이 크기 때문이다. 우리는 사드 배치 과정과 이로 인해 야기된 갈등 상황을 복기하여 앞으로 발생할 수 있는 '사드'와 유사한 갈등에 대비하는 방안을 마련해야 한다. 기존 연구 성과를 토대로 새로운 해법과 방안이 제시되기를 바란다.

5. 맺음말

한중 관계의 연구 성과를 정치, 외교 분야를 중심으로 '한중 수교 전후 시기', '한중 관계 20년과 한국의 대응 방안', '사드와 한중 관계'로 나눠 살펴보았다. 세 주제를 관통하는 핵심 주제어는 '국가 이익'이라고 볼 수 있다. 한국과 중국이 국교를 수립하게 된 결정적인 이유는 양국의 '국가 이익'에 부합했기 때문이다. 한중 관계 20년을 돌이켜 볼 때

37 주민욱(2020), 「중국 신문보도에 나타난 한중관계 위협요인 분석: 한반도 사드배치 문제를 중심으로」, 『한국동북아논총』 제25집 제2호, 171~188쪽.

협력과 갈등의 배경에도 '국가 이익'이 작용하였고, 사드 배치를 둘러싼 한중 양국의 갈등은 국가의 '안보 이익'을 수호해야 하는 상황에서 충돌한 결과였다. 한중 관계가 지속되는 상황에서 양국의 '국가 이익'은 항시 작용할 것이다. 상호 간의 '국가 이익'을 충돌 없이 지혜롭게 해결하는 것이야말로 정치와 외교의 본령이라고 생각한다. 한중 수교 30년을 앞두고 다시 중국에 대한 연구에 박차를 가해야 한다. '우리에게 중국이란 무엇인가'라는 화두를 들고 중국을 탐구해야 한다. 이를 위해서는 중국 연구자를 지속적으로 육성해야 한다. 원로 정치학자 서진영은 중국학 연구자를 4세대로 나누어 구분하였는데, 4세대 연구자는 이론과 실제를 모두 볼 수 있어야 하고, 중국을 밖에서 볼 수도 있어야 하고 안에서도 볼 수 있어야 한다고 역설하였다. 이론과 실제를 결합해야만 중국 본토 학자들도, 미국 학자들도 할 수 없는 것을 해낼 수 있을 것이라고 강조하였다.[38] 중국 연구자의 축적된 연구 결실과 앞으로의 연구 성과가 향후 한중 관계 발전에 필요한 해법과 방안을 제시하고, 새로운 패러다임을 구축하는 데 기여하기를 바란다.

38 서진영 외(2014), 「기획대담: 한중관계의 회고와 전망-서진영교수와의 대담」, 『중국지식네트워크』 4권, 국민대학교 중국지식네트워크, 27~28쪽.

2.2. 북중 관계

한상준 • 아주대학교 사학과 교수

1. 머리말

이 글은 중국이 동북공정을 추진한 이후부터 현재(2002~2018년)까지, 한국 학계에서 진행된 북중 관계에 관한 연구 성과를 정리하여 연구의 내용과 추이를 검토하고자 한다. 중국이 2002~2006년까지 추진한 동북공정은 북한과 국경을 맞대고 있는 동북 지방을 연구 대상으로 삼았기 때문에 북중 관계 연구에도 일정한 영향을 끼쳤다고 할 수 있다.[1] 하지만 2002~2018년까지 관련 연구의 경향과 흐름을 살펴봤을 때, 한국의 북중 관계 연구가 동북공정으로부터 직접적인 영향을 받았다고 볼 수는 없다. 오히려 그 기간 한국 학계의 북중 관계 연구는 각 시기의 특징적 주제와 연구 대상에 대한 천착을 통해 나름의 성과를 축적하며 전개되었다.

1 이희옥(2006),「중국의 대북한정책 변화의 함의 : 동북4성론 논란을 포함하여」,『현대중국연구』 8권 1호; 차문석(2006),「북-중 관계의 역사와 현재: '북한의 중국 종속론' 비판을 중심으로」,『북한학연구』 2권 1호 등.

2002~2018년까지 북중 관계에 대한 한국 학계의 연구는 주로 역사학과 국제정치학 분야를 중심으로 진행되었다. 그 기간 북중 관계 연구는 시기별로 한국전쟁 이전 시기, 한국전쟁 시기, 정전 후 1950년대 시기, 1960년대 중소 분쟁과 문화대혁명 시기, 1970년대 데탕트 시기, 1980년대 개혁개방 시기, 1990년대 한중 수교 이후 시기 등으로 구분하여 살펴볼 수 있다. 이 글에서는 중국의 국공내전 시기부터 중국이 1970년대 말 개혁개방 정책을 결정했던 때까지의 북중 관계를 한국의 등재학술지에 게재된 논문에 대한 분석을 통해 살펴보려고 한다.

2. 한국전쟁 이전 시기

한국전쟁 이전 시기란 1945~1950년까지의 기간을 말한다. 이는 일본 패망부터 한국전쟁 발발 전까지로, 중국의 국공내전 시기에 해당하는 기간이기도 하다. 한반도는 해방과 동시에 미·소에 의해 분할 점령되었고, 소련군정이 통치했던 38선 이북 지역에서는 1948년 9월 9일 북한 정권이 수립되었다. 중국에서는 1946년 중반부터 국공내전이 시작됐고, 내전에서 승리한 중공은 1949년 10월 1일 신중국을 건립하였다. 그러므로 이 기간 북중 관계는 양국의 국가 수립 이전과 이후 시기를 모두 아우른다.

국공내전 기간 중공의 승리를 도왔던 조선인 부대의 활동과 '입북(入北)', 그리고 북한의 중공 지원은 이 시기 북중 관계 연구의 주된 내용을 차지한다. 해방 이후 만주지역 조선인 부대에 관해서는 염인호의 선구적인 연구가 주목된다. 그는 당시까지 학계로부터 크게 주목받지 못했던 무단장(牧丹江) 지구의 조선인 부대를 분석하여 부대 창설의 배경, 과정, 활동 등을 규명하였고,[2] 재만 조선인 가운데 절반 이상이 거주했던 옌벤 지방에서 해방 직후 조직됐던 조선인 부대의 형성과 초기 활동을 분석하였다.[3] 또한 조선인 부대와 한국전쟁과의 연관성에 주목하면서, 북한군 5사단의 전신인 중국군 164사단의 창설 배경과 활동 및 북한으로의 귀국 과정을 논증했으며,[4] 이후 북한군 12사단을 구성했던 중국인민해방군 제4야전군 독립15사단의 활동과 '입북'에 관해서도 논하였다.[5] 그 밖에 해방 전후 시기 만주지역에서 활동했던 조선의용군과 동북항일연군 계열의 동향에 관한 장세윤의 상세한 비교·분석 연구가 주목된다.[6]

이 시기 조선인 부대에 관한 연구가 갖는 의의는 이들 부대가 북한군의 군사력을 강화하는 데 기여했고 한국전쟁에 직접 참전했다는 사실과 깊은 관련이 있다. 장성진은 한국전쟁 이전 입북한 조선인 부대의 성격에 대한 고찰을 통해 이들의 북한 귀환이 혈맹 관계나 국제주의보

2 염인호(2003), 「중국내전기 만주 지방 조선의용군 부대의 활동(1945.8~1946.8)-목단강 지구의 초기 조선인 부대 활동을 중심으로」, 『역사교육』 86집.

3 염인호(2004), 「8·15후 중국 옌벤지방의 조선인 무장부대의 창설과 초기 활동」, 『역사문화연구』 21집.

4 염인호(2002), 「해방 후 중국 동북지방 조선인 부대의 활동과 북한 입국-중국인민해방군 제164사단을 중심으로」, 『한국전쟁사의 새로운 연구』 2, 국방부군사편찬연구소.

5 염인호(2004), 「중국 국공내전기의 만주 조선인 부대에 관한 연구(1948~1950)-중국인민해방군 제4야전군 독립15사단을 중심으로」, 『한국독립운동사연구』 22집.

6 장세윤(2007), 「해방 전후시기 만주지역 조선의용군과 동북항일연군의 동향」, 『한국근현대사연구』 42.

다는 북한, 중국, 소련의 이해관계 및 국가 이익의 산물이었다고 강조하였다. 또한 입북 부대의 전투력은 북한의 정규사단에 비해 떨어졌다는 점도 지적하였다.[7] 이재훈은 조선인 부대의 1차 입북(1949. 7)의 배경으로 한반도의 군사적 대결 상황에 대한 소련의 우려를, 2차 입북(1950. 3~4)의 배경으로 중국 혁명 완수 후 감군의 목적을 달성하려는 중국의 의도를 지적하면서, 중국과 소련의 입장에서 볼 때 조선인 부대의 입북은 북한의 남한에 대한 선제공격을 직접적인 목적으로 한 것은 아니었다고 주장하였다.[8]

군사 협력 관계를 포함한 북중 관계 형성에 있어서도 1945~1950년의 기간은 중요한 의미를 갖는다. 김선호는 1945~1947년까지 북중 관계의 형성 과정을 공식적·비공식적 계통을 통해 해명하고, 이 과정에서 동북항일연군·조선의용군의 조선인·중국인들이 수행한 역할을 검토하면서, 결국 1945~1947년에 형성된 북중 관계가 북중 혈맹의 근원이자 북중 국교 수립의 기반이었다는 사실을 강조하였다.[9] 또한 해방 이후 북중 관계는 양측의 정치·경제·군사적 협력을 통해 형성되었으며, 이 가운데 군사 협력 관계는 인민군의 창설 과정에 직접적인 영향을 끼쳤다고 분석하였다.[10] 한편 진영기는 국공내전기 미국이 해병대를 중

7 장성진(2013), 「6·25전쟁 이전 만주 조선인 입북 부대의 성격에 대한 고찰」, 『정신문화연구』 36권 1호.

8 이재훈(2005), 「1949~1950년 중국인민해방군 내 조선인 부대의 '입북'에 대한 북·중·소 3국의 입장」, 『국제정치논총』 45집 3호.

9 김선호(2017), 「1945~1947년 북중 관계의 형성과 북·중혈맹의 근원」, 『동북아역사논총』 57호.

10 김선호(2017), 「해방 이후 북·중 군사협력관계의 형성과 '혁명'의 경계」, 『군사』 102호.

국에 파병한 사실을 분석하였고, 이에 대응하여 북한이 중공에 군사원조를 제공하면서 북한-중공의 동맹 관계가 본격적으로 발전했다는 시각을 제시하였다.[11] 그 밖에 염인호는 국공내전 시기(1945. 8~1948. 2) 무단장시 조선인 사회와 한반도 북부 지역과의 관계를 5시기로 구분하여 검토하였고,[12] 특히 김상원은 1945~1950년 북중 관계에 대한 분석을 통해 북중이 이념적 이해관계보다 양국의 상호적인 안보적 혜택과 경제적 이익을 우선적으로 고려했다는 주장을 제기하였다.[13]

이 시기 북중 간의 경제적 관계를 분석한 연구도 진행되었다. 이상숙은 1945~1949년 북중 관계를 분석하여 중공의 북한에 대한 물질적 지원이 북한 정권 수립의 경제적 토대가 되었음을 지적하면서, 중공의 식량 지원을 비롯한 경제적 지원이 북중 경제 협력의 원형을 형성했다고 주장하였다.[14] 김상원은 1945~1950년 북중 경제 협력의 내용과 배경을 토론하여, 그 기간 대부분의 경제 협력은 유상 혹은 물물교환 방식으로 이루어지거나 국경통과세가 별도로 부과되는 등 현대적 무역 원칙에 따라 진행되었다는 사실을 강조하였다.[15]

11 진영기(2017), 「제2차 국공내전기 미 해병대 중국파병과 북한-중공 군사 동맹의 형성에 대한 연구」, 『사총』 92.

12 염인호(2009), 「중국 국·공 내전기 목단강시 조선인 사회와 한반도와의 관계(1945. 8~1948. 2)-특히 북한과의 관계를 중심으로-」, 『한국학논총』 32.

13 Kim Sang Won(2014), "The Chinese Civil War and Sino-North Korea Relations, 1945~50", *Seoul Journal of Korean Studies*, Vol.27, No.1.

14 이상숙(2016), 「국공내전 시기 북한과 중국공산당의 경제사회적 관계에 대한 연구」, 『북한연구학회보』 20권 1호.

15 김상원(2016), 「국공내전시기 북·중 경제 협력 및 배경」, 『역사학보』 229집.

3. 한국전쟁 시기

문미라는 한국전쟁과 옌볜 조선인 사회의 관련성을 강조한 기존 연구의[16] 기반 위에서 옌볜 지역의 후방 지원 활동에 대한 분석을 통해 북중 '혈맹' 관계의 구체적인 실상을 탐색하였다. 그는 북한의 후방기지로서 옌볜이 수행한 역할인 지원병 모집활동, 북한의 전쟁고아 수용 및 교육, 북한 주요 인물들의 '피난처'로서의 기능 등을 검토하여 북중이 '혈맹' 관계를 강화했던 과정과 내용을 분석하였다.[17] 김재기와 임영언은 중국 헤이룽장성 미산(密山), 옌서우(延壽), 상즈(尙志) 등 3개 지역에 관한 자료를 분석하여 해당 지역 조선족의 한국전쟁 참전 현황을 분석하였다.[18]

한국전쟁 시기 중국은 북한에 각종 원조를 제공하였다. 왕원주는 중국외교부 자료 등 중국 측 사료를 광범위하게 활용하여 한국전쟁 기간 중국이 지출한 국방비 규모와 용도 및 중국의 대북 지원의 내용을 고찰하였다.[19] 사정원은 한국전쟁 당시 중조연합철도운수사령부 책임자였던 유거영(劉居英)의 개인 소장 자료를 활용하여, 중국의 대북 철도 지원의 배경과 전시 중국군의 철도 지원 및 전후 철도건설 지원 등을 논

16 염인호(2004), 「6·25전쟁과 옌볜 조선인 사회의 관계성에 관한 일고찰」, 『한국근현대사연구』 28; 박정수(2009), 「『동북조선인민보』를 통해서 본 옌볜조선족과 6·25전쟁」, 『한국사학보』 37.

17 문미라(2017), 「한국전쟁 시기 중국인민지원군·옌볜 조선인 사회의 '후방지원' 활동과 북중 '혈맹' 관계의 강화」, 『동북아역사논총』 57.

18 김재기·임영언(2011), 「중국 만주지역 조선인 디아스포라와 한국전쟁」, 『재외한인연구』 23호.

19 왕원주(2011), 「한국전쟁기간 중국의 군비지출과 대북 지원」, 『통일인문학』 52.

하였다.[20]

한편, 한국전쟁 기간 북중 간에 발생한 이견과 갈등에 주목한 연구가 다수 출간되었다. 이신재는 한국전쟁 기간 조직된 북한군 총정치국의 설치 배경과 과정을 북중 갈등 관계 속에서 설명하였고,[21] 김보미는 전쟁 기간 표출된 북중 갈등과 소련의 중재 역할을 강조했으며,[22] 박영실은 정전회담을 둘러싸고 발생한 북중 간 이견과 갈등을 분석하면서 역시 소련의 역할을 중시하였다.[23] 또한 서상문은 학계에서 본격적인 연구가 거의 진행되지 않았던 '중조연합사령부'의 설립 배경과 과정을 분석하여 이를 둘러싸고 불거진 북중 간의 알력과 갈등을 검토하였다.[24]

특히 김선호는 한국전쟁기 북한군의 재편을 북한·중국·소련 간의 이견과 입장이 조율되는 과정 속에서 탐색하였다. 그의 연구는 조선인민군의 재편 과정을 전체적으로 다룬 연구가 부재했던 학계의 상황 속에서 인민군의 재편 시기, 교육과 훈련, 편제와 병력 등 가장 기본적인 사실 관계를 확인했다는 연구사적 의의를 갖는다. 또한 인민군 재편 방안에 대한 중·소·북의 견해 차이가 전황과 정세에 따라 조율되는 과정을 해명하였고, 인민군 후방 사령부가 만주에서 재편 계획을 집행했

20 사정원(2017), 「한국전쟁시기 중국의 대북한 철도지원-전쟁지원에서 건설지원까지」, 『대동문화연구』 98집.

21 이신재(2012), 「조선인민군 총정치국 설치 배경에 대한 연구-한국전쟁 시기 북중 갈등을 중심으로」, 『군사』 83.

22 김보미(2013), 「한국전쟁 시기 북·중 갈등과 소련의 역할」, 『현대북한연구』 16-2.

23 박영실(2011), 「정전회담을 둘러싼 북한·중국 갈등과 소련의 역할」, 『현대북한연구』 14-3.

24 서상문(2015), 「'중조연합사령부' 재론: 설립배경과 과정」, 『군사』 95.

을 때의 조직 · 간부 · 활동을 밝혀냈다.[25] 김선호의 연구는 전시 북중 관계뿐만 아니라 전후 양국 관계에 대한 이해에도 새로운 시각과 관점을 제공해 준다.

4. 전후 1950년대 시기

한국전쟁 이후 1950년대 북중 관계 연구의 경향과 흐름은 중국의 대북 경제 지원, '8월 종파사건'을 둘러싼 북중 갈등과 해소, 중국인민지원군의 최종적인 철군 등과 같은 일련의 주제를 통해서 파악할 수 있다.

전쟁으로 인한 북한의 피해는 막대했으며, 북한은 전후 복구 · 건설에 대한 외부의 지원과 원조가 절실히 필요하였다. 이러한 상황에서 정전 직후 북중 관계는 중국의 북한에 대한 경제 원조와 지원 속에서 전개되었다. 박종철은 1953~1955년 중국이 실시했던 대북 경제 원조의 내용과 규모를 검토하여 전후 북중 관계의 공고함을 논증하였고,[26] 김보미는 같은 시기 중국을 포함한 사회주의 국가들의 북한에 대한 원조를 검토하는 가운데 북중 관계를 살펴보았다.[27] 특히 일부 연구는 정전 이후 북한이 실시한 전후 복구 사업에서 중국인민지원군의 역할을 강

25 김선호(2018), 「한국전쟁기 조선인민군의 재편과 북한 · 중국 · 소련의 이견과 조율-국경 이동과 군단 창설을 중심으로-」, 『한국사연구』 180.

26 박종철(2007), 「순망치한의 혈맹: 중국의 북한 지원을 중심으로(1953~55년)」, 『사회과학연구』 31.

27 김보미(2013), 「북한의 전후복구 시기 사회주의 진영의 원조와 '주체'의 제기(1953~1955)」, 『아세아연구』 56-4.

조하였다.[28] 임방순과 한마크만균은 1956~1960년 중국의 대북한 원조를 검토하였는데, 중국의 대북 원조 노력의 결과 1958년을 기준으로 중국은 북한에서 소련과 대등한 위상을 확보하였으며, 북한으로 하여금 소련보다는 중국의 경제정책을 모방하고 추종하도록 이끌었다고 평가하였다.[29]

1956년 8월 30일 조선노동당 8월 전원회의에서 시작된 '8월 종파사건'은[30] 사건에 관련된 북한 고위 간부 4명이 중국으로 망명하면서 북중 간의 문제로 비화되었다. 이후 중국이 문제 해결을 위해 소련과 공동으로 이 사건에 개입했고, 북한이 중국과 소련의 개입을 내정 간섭으로 간주하면서 북중 관계가 긴장되었다.

박종철은 '8월 종파사건'이 발생했던 1956년부터 반종파투쟁이 마무리됐던 1958년까지의 북중 관계를 검토하였다. 그는 북한 내부의 권력투쟁에 대한 중국의 개입을 사회주의권의 혼란, 북중 양당 간의 핵심적인 쟁점, 만주파에 의한 반종파투쟁이라는 차원에서 분석하였다.[31] 이종석은 북중 간의 동맹을 '내정 불간섭형 비대칭 동맹'으로 규정하면

28 김용현(2006), 「한국전쟁 이후 중국인민지원군의 역할에 관한 연구」, 『북한연구학회보』 10-2; 박영실(2006), 「정전 이후 중국인민지원군의 對북한 지원과 철수」, 『정신문화연구』 105.

29 임방순·한마크만균(2015), 「중-소 분쟁 초기 중국의 대북한 원조」, 『인문사회과학연구』 16권 3호.

30 '8월 종파사건'에 관해서는, Jin Guangxi(2012), "'The August Incident' and the Destiny of the Yanan Faction", *International Journal of Korean History*, Vol.17 No.2; 김규범(2019), 「1956년 '8월 전원회의 사건' 재론: 김일성의 인사정책과 '이이제이'식 용인술」, 『현대북한연구』 22-3; 조수룡(2019), 「북한 역사상 제1대 사건, 1956년 8월 전원회의」, 『내일을 여는 역사』 74 등을 참고.

31 박종철(2009), 「북한의 종파사건과 중국」, 『민주주의와 인권』 9권 3호.

서 이러한 동맹 관계가 1970년대 이래 지속되고 있다고 파악하였다. 그는 중국, 소련과 '전형적인 비대칭 동맹 관계'에 있던 북한이 1956년 '8월 종파사건'을 계기로 중소와 북한 정치외교의 자율성을 둘러싸고 치열한 갈등을 겪기 시작했으며, 결과적으로 기존의 '전형적인 비대칭 동맹'에서 '내정 불간섭형 비대칭 동맹'으로 전환했다고 논증하였다.[32] 이재훈은 1956년 조선노동당 8월 전원회의까지는 북한 내부에 존재하던 반대 세력의 내적 반발을 해소하는 시기인 반면, 8월 전원회의 직후부터 9월 전원회의까지는 중국과 소련의 외적 압력에 직면하여 굴욕적인 타협을 모색하던 시기로 규정하면서, 북한정치사에서 1956년 9월 전원회의는 8월 전원회의만큼이나 의미가 크다고 강조하였다. 이러한 관점에서 그는 학계에 공개된 적이 없었던 당시 북한 상황에 대한 새로운 러시아 자료를 활용하여 방북한 중소대표단과 북한 지도부 간의 회동 내용과 결과, 그리고 9월 전원회의 과정과 결정 등을 새롭게 설명하였다.[33]

한편 김동길과 한상준은 베이징대학교 한반도연구센터에 소장되어 있는 중공대외연락부의 미공개 자료를 활용하여 1956년 '8월 종파사건'과 1958년 중국인민지원군 최종 철군의 상관성을 학계에 제시하였다. 한상준은 중국군 철군이 단행됐던 때는 1958년이지만 중국이 철군을 결정했던 것은 1956년 말이었으며, 중국의 철군 결정은 사실상 북한 측의 철군 요구로부터 촉발된 것이었다고 주장하였다. 또한 북한이 철군 요구를 제기했던 원인으로, 첫째 중국의 '8월 종파사건' 개입에 대

32 이종석(2010), 「중·소의 북한 내정 간섭 사례연구-8월 종파사건」, 『세종정책연구』 6권 2호.

33 이재훈(2017), 「1956년 8월 전원회의 직후 중소의 개입과 북한지도부의 대응」, 『역사비평』 119.

한 불만이 있었고, 둘째 1956년 11월 소련군이 헝가리 정권을 붕괴시켰던 헝가리 사건에서 받은 충격으로부터 발생한 북한 주둔 중국군에 대한 불신 때문이었다고 설명하였다.[34] 동일한 관점을 바탕으로 김동길과 한상준은 공동 연구를 통해 1956~1957년 북중 관계를 '북한 자주화'의 시각에서 분석하였다. 그들은 1957년부터 중국은 북한에 대한 대규모 경제 원조 제공을 재개하고 일체의 정치적 간섭을 중지하면서 '김일성 달래기'에 나섰다고 설명하면서, 1957년 11월 모스크바에서 마오쩌둥은 북한에 대한 내정 간섭의 재발 방지를 약속하고 중국인민지원군의 철수를 통보함으로써 북중 관계는 밀월기에 접어들었다고 설명하였다.[35] 중국군 철군 문제에 대해 이종석도 김동길과 한상준의 논지에 동조하지만, 북한이 철군 요구를 공식적으로 제기했다기보다는 비공식적인 통로를 통해 중국 측에 전달했을 것이라고 하면서, 더 나아가 북한과 중국 중 어느 쪽이 철군 문제를 제기했는가는 중요한 문제가 아니라는 시각을 드러냈다.[36] 이후 한상준은 이종석의 관점을 받아들여 북한이 철군 요구를 제기한 것은 맞지만 이는 공식적인 것이 아닌 비공식적인 통로를 통한 문제 제기였다고 입장을 정리하였고,[37] 정전 직후 북중이 한반도 문제 논의를 위한 제네바 회담을 준비하는 과정에서 드러났던 중국군을 포함한 외국 군대 철수 방식에 대한 양측의 이

34 한상준(2012), 「중국인민지원군 철군의 원인과 중·북 관계」, 『아태연구』 19-2.

35 김동길·한상준(2014), 「제2의 해방-북한자주화와 1956~57년의 중국-북한관계」, 『국가전략』 20-2.

36 이종석(2014), 「북한 주둔 중국인민지원군 철수에 관한 연구」, 『세종정책연구』 19.

37 한상준(2018), 「중국인민지원군 단독철군 문제 재론」, 『동양사학연구』 142.

견과 알력에 관해서도 분석하였다.[38]

그런데 김택빈과 김영수는 이상의 중국군 철군 논의와는 다른 관점을 제기하기도 했다. 우선 그들은 중국군 철군에 관한 연구를 분석한 후, 첫째 기존의 연구는 북한의 입장에 대한 분석이 부족하고, 둘째 중국 내부 정세에 대한 설명이 강화되어야 하며, 셋째 철군으로 인한 안보적 위협은 사실상 그리 크지 않다는 사실을 지적하였다. 그러면서 중국과 소련의 내정 간섭은 분명 김일성에게 상당한 심리적 불쾌감과 정권 안전에 대한 위협감을 주었음을 추측해 볼 수 있지만, 이러한 내정간섭의 문제가 북한 주둔 중국군 철수의 결정적인 원인으로 직결되었다는 주장에 대해서는 재고해야 한다고 강조하였다. 결론적으로 철군은 북중 간의 긴밀한 협의하에 진행되었으며, 그 주도권은 중국에 있었다고 설명하였다.[39]

그 밖에 이상숙은 중국군의 최종적인 철수는 북중의 대내외적 필요에 따라 전격적으로 합의됐던 것이지만, 북한으로 하여금 대중국 관계 강화의 필요성도 확대시켰다고 지적하였다. 중국도 중국군 철수 과정에서 북한에 대한 안보 및 경제 지원을 확대했는데, 이는 중국이 군대를 철수시키는 대신 북한에 대한 군사 및 경제 지원을 확대함으로써 북한에 대한 중국의 영향력을 확보하려고 했기 때문으로 풀이하였다.[40]

38 한상준(2017), 「韓國戰爭 停戰 以後, 中國人民志願軍 撤軍問題를 둘러싼 北·中의 異見과 軋轢」, 『중국근현대사연구』 75.

39 김택빈 · 김영수(2015), 「1958년, 위기의 북한과 중국의 선택: 북한 주둔 중국군 철수의 원인과 배경」, 『통일문제연구』 27권 1호.

40 이상숙(2009), 「1958년 북한주둔 중국인민지원군 철수의 원인과 영향: 북한의 대중국 협력 확대와 대중동원 경제노선 강화를 중심으로」, 『북한연구학회보』 13권 1호.

5. 1960년대 시기

1950년대 말부터 불거지기 시작한 중소 간의 분쟁은 1960년대에 들어 표면화되기 시작하면서 이후 중국과 소련의 관계를 악화시켰다. 하지만 1960년대 중국에서 문화대혁명이 시작되어 관계가 악화되기 전까지 북한과 중국은 우호적이고 친밀한 관계를 유지하였다. 1960년대 북중 관계에 대한 한국 학계의 연구는 주로 중소 분쟁 시기 전개된 북중 관계와 양국의 국경문제에 관한 것에 집중되었다.

1962년 10월 북한과 중국은 「국경조약」을 체결하여 양국 간 국경문제를 매듭지었다. 노영돈은 1974년 6월 중국 지린성 혁명위원회 외사판공실이 내부 기밀문건으로 작성한 북중 국경조약 중국어본을 활용하여 북중의 국경 획정(劃定)에 대한 경위와 내용을 분석하였다. 그는 중국이 한국과의 국경을 압록강-두만강으로 인식하는 근거로서 1909년 「청-일 간도협약」을 제시하고 있지만, 법적 관점에서 보자면 간도협약 자체가 무효이기 때문에 중국의 주장은 타당하지 않다고 지적하였다. 이러한 상황에서 북중의 국경 획정은 한국 또는 통일한국과의 관계에서 최종성과 영속성을 가진다고 보긴 어렵지만, 북중 양국의 「국경조약」이 양측 간에는 유효한 조약으로 인정되고 있기 때문에 향후 심도 있는 연구가 필요할 것이라는 점을 강조하였다.[41]

이에 반해 심지화의 연구는 중국 측의 입장과 시각을 반영하고 있다. 심지화는 중국 외교부, 국경문제와 관련된 성(省)정부의 문건, 대만

41 노영돈(2008), 「북한-중국의 국경 획정 상황의 고찰」, 『백산학보』 82호.

의 국사관과 외교부 문건, 한국 학계의 연구 성과 등을 토대로 '북중 국경문제 해결'을 고찰하였다. 그는 국경문제 처리에 관한 국제법상의 원칙에 따라 이미 체결된 국경조약을 존중한다면, 즉 1909년 「간도조약」 체결로 북중 국경선이 확정된 만큼, 이후에는 강의 지류 변화로 형성된 일부 섬과 사주(沙洲)의 귀속 문제만이 남아 있다는 점을 지적하였다. 1962년 중국이 국내외적으로 어려움에 처해 있을 때 북한이 이 기회를 이용하여 중국에 국경문제 해결을 건의하였고, 중국은 북한의 예상치 못한 요구에도 이의를 제기하지 않고 단 6개월간의 협상을 거쳐 국경조약을 매듭지었다고 설명하였다. 흥미로운 점은 심지화가 북중 국경협상에서 보여 준 중국의 '영토 양보'를 중국의 황제가 주변국을 대하는 태도와 관련지어 설명하는 부분이다. 즉 마오쩌둥은 중국 역사상의 '천조(天朝)의식'과 무산계급 혁명의 이상을 완벽하게 결합시켜 북중 국경문제를 처리했다는 것이다. 그러한 맥락에서 북중 국경문제의 해결 방식과 결과는 1950~1960년대 북중 관계가 '정상적이고 현대화된 국제관계'가 아니었다는 사실을 반증한다고 주장하였다.[42]

이종석은 북중 국경 획정(劃定)을 국경 갈등의 역사적 배경, 북중 국경협상의 경위와 내용, 북중 국경 획정의 특징과 시사점으로 구분하여 검토한 후 다음과 같이 평가하였다. 첫째, 북중이 국경 획정 과정을 통해 취한 영토적 득실을 분석하고 평가한다면 확실히 북한은 원하는 바를 다 얻었고 중국은 그만큼 양보를 하였다. 둘째, 북중 국경 획정은 이

42 심지화(2012), 「'중·북 국경문제 해결'에 대한 역사적 고찰(1950~1964)」, 『아태연구』 19권 1호.

후 양국 관계의 균열 가능성을 차단하는 데 크게 기여하였다. 국경 획정이 양국 관계 발전의 특별한 계기가 되었다고 말하기는 어렵지만 양국 관계의 악화를 막는 데는 큰 역할을 했다. 셋째, 통일 후 북중국경조약의 계승 여부와 관련하여 조약의 계승을 거부하기 어려우며 또 그럴 필요도 없는 것으로 보았다. 또한 현재의 국제법과 국제관행, 국제역학 등을 전반적으로 고려할 때 북중 조약의 계승을 거부하는 것은 현실적으로도 불가능한 일이라고 평가하였다.[43]

그런데 북중국경조약에 대한 국제법적인 연구에서는 조약의 지위와 승계 문제에 관하여 엇갈린 평가가 제기되고 있다. 이장희는 통일한국이 1909년 「간도협약」의 불법성과 무효성을 견지하여 간도 영유권을 회복하는 법적 여건을 조성하는 데 1962년 북중국경조약이 갖는 법적 문제점과 국가 계승 문제의 대응 논리를 검토하였다. 그는 부분 국가인 북한이 대한민국과 상의 없이 단독으로 국경선 문제와 같은 한반도문제에 관한 주권성 문제에 대해 체결한 외국과의 협약은 통일한국이 관련 제3국과의 재검토를 반드시 필요로 한다고 주장하였다.[44] 반면 이현조는 북한이 국제사회에서나 남북 관계에서 국제법 주체로 활동하고 있는 현실을 지적하면서 북한과 중국이 체결한 「국경조약」 자체를 부인할 국제법적 근거가 없다고 하였다. 따라서 북중국경조약의 승계 문제에 관하여 국경조약의 자동 승계 원칙이 통일한국에도 그대로 적용

43 이종석(2014), 「북한-중국 국경 획정(劃定)에 관한 연구: 경위, 내용, 특징, 평가」, 『세종정책연구』 4.

44 이장희(2011), 「통일후 조중국경조약의 국가승계문제」, 『백산학보』 90호.

된다고 주장하였다.[45] 하지만 김태원과 성재호는 국경조약을 자동적으로 승계해야 한다는 국제법적 원칙이나 국제관습법이 확립되었다고 볼 수 없으며, 분단국의 경우 영토조약을 승계할 때 그 특수성을 고려해야 한다고 주장하였다.[46]

그 밖에 송병진은 북중국경조약과 해양경계획정협정의 승계 문제를 논하였고,[47] 윤휘탁은 1950~1960년대를 중심으로 북중 주민의 국경 통행과 불법 월경(越境) 처리, 변경의 안전과 사고처리, 국경 하천의 선박 운항 관리, 수문·댐의 설치와 운영 등을 분석하여 북중 국경 관리 실태를 고찰하였다.[48]

한편 1960년대 중반 이후 북중 관계가 악화되었다가 60년대 말부터 점차 개선되었다. 이미경은 1950년대 중반부터 1960년대 시기를 중심으로 북·중·소 관계의 형성과 균열을 탐색하였다. 이 기간에 중소 대립이 심화되고 북한이 독자노선을 추진함에 따라 북·중·소 삼각관계는 균열되었다고 지적하였다.[49] 박종철은 1960년대 중반의 북중 관계를 '긴장된 동맹'으로 규정하고 중소 분쟁, 북소 관계, 문혁 초기 북중 관계 악화를 순차적으로 분석하였다.[50] 이상숙은 1960년대 중

45 이현조(2007), 「조중국경조약체제에 관한 국제법적 고찰」, 『국제법학회논총』 52권 3호.

46 김태원·성재호(2017), 「헌법합치적 통일과 국제법상 북중경제조약의 승계」, 『미국헌법연구』 28권 3호.

47 송병진(2014), 「북중국경조약과 해양경계획정협정의 승계 문제」, 『외법논집』 38권 4호.

48 윤휘탁(2017), 「중국과 북한의 국경 관리실태-1950~1960년대를 중심으로-」, 『중국사연구』 제110집.

49 이미경(2003), 「1950~60년대 북한·중국·소련 삼각관계의 형성과 균열」, 『중소연구』 26권 4호.

50 박종철(2009), 「1960년대 중반의 북한과 중국: 긴장된 동맹」, 『한국사회』 제10집 2호.

반 북한과 중국의 갈등 원인을 검토하고 이러한 갈등이 북한 외교정책에 미친 영향을 탐색하였다. 당시 중국은 북베트남 지원 문제에서 소련의 공동협력 제의를 거부하고 미국과의 충돌을 피하기 위해 노력했는데, 북한은 중국의 이러한 태도를 '좌익기회주의'로 비판하였고, 이에 따라 1965년을 기점으로 북한의 대중 정책이 변화되었다고 설명하였다.[51] 김용서는 1960년대 중반 북한의 자주외교노선 채택의 배경과 과정을 1950년대 중반 이후 발생했던 소련공산당 제20차 대회, '8월 종파사건'에 대한 중소의 개입, 중소 분쟁과 북한 외교정책에 대한 분석의 흐름 속에서 파악하였다.[52] 박종철은 문화대혁명 초기를 포함하는 1964~1969년의 사회주의 국제관계를 중심으로 북중 관계를 검토하여, 그 시기 북중 갈등과 옌볜 지역 조선족을 둘러싼 홍색공포와 민족문제에 관하여 분석하였고,[53] 1969~1970년에 걸친 북중 관계 정상화 과정을 중국의 국가 이익이라는 측면을 강조하면서 검토하였다.[54]

6. 1970년대 시기

1970년대는 소위 '데탕트 시기'로 불리는 때로, 중국은 대외정책을

51 이상숙(2007), 「1960년대 중반 북한-중국의 갈등과 북한의 자주노선」, 『북한학연구』 제3권 제2호.

52 김용서(2012), 「1960년대 중반 북한의 자주외교노선 채택에 관한 연구」, 『세계정치』 16.

53 박종철(2015), 「문화대혁명 초기 북중관계와 옌볜 조선족」, 『민족연구』 63호.

54 박종철(2008), 「북한과 중국의 관계정상화 과정에 대한 연구(1969~70년)」, 『아태연구』 제15권 제1호.

조정하면서 미국과의 관계를 개선해 나갔다. 중국이 미국과의 관계 개선을 준비하기 시작했던 배경에는 소련으로부터 가해지는 중국에 대한 보다 직접적인 안보 위협이 결정적인 원인으로 작용했다. 1960년대 초반 이래 공개적인 논쟁을 통해 설전을 이어오던 중소 간의 대립은 1960년대 말에 이르러 직접적인 무력 충돌에까지 이르렀다. 주한미군이 주둔하고 있는 한반도로부터의 항시적인 안보 위협과 미국의 베트남전 개입으로 확산됐던 인도차이나반도의 위기에 더하여 소련으로부터의 군사적 위협이 가중되면서 중국은 그야말로 사방으로부터 고립되었다.

중국의 대외정책 조정은 북중 관계에도 영향을 끼치기 시작했다. 이상숙은 중국이 강대국으로서의 인식을 확립하기 시작한 1970년대 데탕트 시기부터 북한과 중국의 관계는 비대칭 관계에서 나타나는 '자주-복종'의 갈등이 발생했다고 주장하였다. 이처럼 데탕트 시기에 나타난 북중 간의 비대칭 갈등은 상호 인식과 정책 변화에도 영향을 끼쳤고, 이는 탈냉전 이후 더욱 확대되어 북중 관계의 주된 갈등 요인이 되었다고 강조하였다.[55]

또한 이상숙은 1970년대 중반 한반도에서 발생한 위기와 그것이 북중 관계에 끼친 영향에도 주목하였다. 1970년대 미·중 데탕트로 인해 시작된 남북 대화는 1973년 8월 중단되었고, 이러한 상황 속에서 북한 땅굴의 발견과 남한 정부의 핵무기 개발 프로그램 진행은 한반도의 위

55 이상숙(2008), 「데탕트 시기 북중관계의 비대칭갈등과 그 영향」, 『한국정치학회보』 제42집 제3호.

기를 심화시켰다. 당시 미국은 한국에 대한 안보 지원을 확대했던 반면, 중국은 베트남 통일 후 북한의 도발을 억제하고자 노력하였다. 이런 가운데 1976년 8월 18일 비무장 지대 내에서 발생한 '8·18 판문점 사건'은 한반도 위기를 한층 가중시켰고, 특히 중국은 1970년대 후반부터 한반도 안정을 위해 북한의 도발을 관리하고 한반도 안정을 위한 현상 유지를 추구했음을 강조하였다.[56]

박정진은 데탕트 시기 북중 관계 변화와 북일 관계 전개의 상관성에 주목하였다. 그는 1970년대 초반 이루어진 미·중 대화와 중국의 유엔 가입은 북한에 안전 보장과 정통성의 위협을 초래했다고 지적하면서, 이때 일본과의 관계 개선은 북한에 안보 위협을 상쇄시키는 효과는 물론 한국을 고립시킬 수 있는 유력한 전략으로 부상했고, 따라서 북한은 중국과의 관계를 밀접히 하는 한편 대일 접근을 구체화했다고 강조하였다. 그 과정에서 북한은 「한일기본조약」의 실체를 인정하고 유엔 가입 역시 적극적으로 시도했는데, 박정진은 이를 '두 개의 조선' 입장에 입각한 전략이었다고 분석하였다. 하지만 북한의 '조국 통일 5대 방침'에 나타난 '두 개의 조선 반대'의 슬로건과 한국과의 유엔 동시 가입 거부 등에서 확인할 수 있듯이 북한의 대외전략은 또다시 바뀌었다.[57]

56 이상숙(2014), 「1970년대 중반 한반도 위기와 북중관계」, 『평화학연구』 제15권 1호.
57 박정진(2015), 「데탕트기 북중관계의 변화와 북일관계의 전개: '두 개의 조선' 정책과 한일기본조약에 대한 시사」, 『한국과 국제정치』 제31권 1호.

7. 맺음말

지금까지 2002~2018년 한국의 등재학술지에 발표된 논문을 중심으로 한국 학계의 북중 관계 연구 현황을 살펴보았다. 하지만 이 글이 그 기간 한국 학계에서 축적된 북중 관계 연구의 전반을 포괄했다고 보기는 힘들다. 북중 관계 연구자들의 관련 연구서, 대학원과 연구기관의 석·박사학위 논문, 외국 학계의 업적을 소개한 번역서 등을 검토하지 못했을 뿐만 아니라, 학술지에 발표된 논문들 중에서도 살펴보지 못한 연구 성과들이 분명 존재할 것이기 때문이다. 이 글에서 소개하지 못한 논문은 연구사적 가치가 없어서가 아니라 정리자의 능력 부족으로 살펴보지 못했기 때문이니, 이 점에 대해 양해와 이해를 부탁드린다.

2002~2006년까지 중국이 북한과 인접한 지역인 동북지역과 밀접한 관련을 맺는 동북공정을 추진했지만, 한국 학계의 북중 관계 연구가 중국의 동북공정 연구로부터 직접적이거나 커다란 영향을 받았다고 보기는 힘들다. 오히려 2002~2018년까지 한국 학계의 북중 관계 연구는 사료와 자료에 대한 연구자들의 지속적인 발굴과 연구주제 및 대상에 대한 탐색으로부터 꾸준히 성장·발전해 왔다고 할 수 있다. 그럼에도 불구하고 사실 연구자와 발표된 연구 성과는 본문에서도 확인할 수 있듯이 많지 않은 편에 속하며, 그런 측면에서 한국 학계의 북중 관계 연구 규모가 그리 크다고 볼 수는 없다. 북중 관계에 관한 연구는 학문적인 영역뿐만 아니라 현실적인 문제와도 밀접한 관련이 있다는 점에서 향후 연구의 활성화가 필요하다고 판단되며, 더불어 연구 동향에 대한 파악도 지속적으로 이루어져야 할 것이다.

한국 학계의 북중 관계 연구 성과 목록

- 강정일(2012), 「북중동맹의 공고성에 관한 연구」, 『전략연구』 54.
- 김광희(2018), 「1949~1962년 중국조선족의 북한 이주와 민족정체성」, 『한국학연구』 50집.
- 김규범(2019), 「1956년 '8월 전원회의 사건' 재론: 김일성의 인사정책과 '이이제이'식 용인술」, 『현대북한연구』 22-3.
- 김동길 · 박다정(2015), 「중화인민공화국 건국 전후 및 한국전쟁 초기, 중국의 한국전쟁과 참전에 대한 태도 변화와 배경」, 『역사학보』 225집.
- 김동길 · 한상준(2014), 「제2의 해방 : 북한자주화와 1956-57년의 중국-북한관계」, 『국가전략』 제20권 2호.
- 김보미(2013), 「한국전쟁 시기 북중 갈등과 소련의 역할」, 『현대북한연구』 16권 2호.
- 김보미(2013), 「북한의 전후복구 시기 사회주의 진영의 원조와 '주체'의 제기(1953~1955)」, 『아세아연구』 154호.
- 김보미(2013), 「중소분쟁시기 북방삼각관계가 조소 조중동맹의 체결에 미친 영향(1957-1961)」, 『북한연구학회보』 17권 2호.
- 김보미(2014), 「북한 4대 군사노선의 완성에 중소분쟁이 미친 영향(1962-1966)」, 『국제정치논총』 제54집 3호.
- 김상원(2016), 「국공내전시기 북 · 중 경제협력 및 배경」, 『역사학보』 229집.
- 김선호(2018), 「한국전쟁기 조선인민군의 재편과 북한 중국 소련의 이견과 조율-국경이동과 군단창설을 중심으로」, 『한국사연구』 180집.

- 김선호(2017), 「1945~1947년 북 · 중관계의 형성과 북 · 중혈맹의 근원」, 『동북아역사논총』 57호.
- 김선호(2017), 「해방 이후 북 · 중 군사협력관계의 형성과 '혁명'의 경계-북한의 중국내전 지원과 군대창설을 중심으로」, 『군사』 102.
- 김용서(2012), 「1960년대 중반 북한의 자주외교노선 채택에 관한 연구」, 『세계정치』 16.
- 김용현(2006), 「한국전쟁 이후 중국인민지원군의 역할에 관한 연구」, 『북한연구학회보』 제10권 제2호.
- 김재기 · 임영언(2011), 「중국 만주지역 조선인 디아스포라와 한국전쟁」, 『재외한인연구』 23호.
- 김정현(2014), 「중국의 '抗美援朝' 전쟁과 周恩來」, 『만주연구』 17집.
- 김태원 · 성재호(2017), 「헌법합치적 통일과 국제법상 북중경제조약의 승계」, 『미국헌법연구』 28권 3호.
- 김택빈 · 김영수(2015), 「1958년, 위기의 북한과 중국의 선택 : 북한 주둔 중국군 철수의 원인과 배경」, 『통일문제연구』 제27권 1호.
- 노영돈(2008), 「북한-중국의 국경획정 상황의 고찰」, 『백산학보』 82호.
- 동지에(2012), 「1950~1960년대 북한 산업연수생의 북경 연수활동」, 『현대북한연구』 15권 1호.
- 문미라(2017), 「한국전쟁 시기 중국인민지원군 연변 조선인 사회의 후방지원 활동과 북중 혈맹관계의 강화」, 『동북아역사논총』 57호.
- 박민형(2016), 「북중동맹 55년 평가: 한국의 전략적 함의」, 『국방연구』 제59권 제3호.
- 박영실(2006), 「정전 이후 중국인민지원군의 대북한 지원과 철수」,

『한국학』 29권 4호.

• 박영실(2011), 「정전회담을 둘러싼 북한·중국 갈등과 소련의 역할」, 『현대북한연구』 제14권 3호.

• 박정수(2009), 「『동북조선인민보』를 통해서 본 연변조선족의 6·25전쟁」, 『한국사학보』 37.

• 박정진(2009), 「데탕트기 북중관계의 변화와 북일관계의 전개」, 『한국과 국제정치』 31권 1호, 2015.박종철, 「북한의 종파사건과 중국」, 『민주주의와 인권』 9권 3호.

• 박종철(2007), 「순망치한의 혈맹: 중국의 북한 지원을 중심으로(1953-55년)」, 『사회과학연구』 31.

• 박종철(2015), 「문화대혁명 초기 북중관계와 연변 조선족」, 『민족연구』 63호.

• 박종철(2008), 「북한과 중국의 관계정상화 과정에 대한 연구(1969-70년)」, 『아태연구』 15권 1호.

• 박종철(2017), 「냉전시기 중소가 지원한 북한 석유화학콤비나트와 송유관에 대한 연구」, 『동북아연구』 32권 2호.

• 박종철(2010), 「북중관계 연구현황에 관한 분석」, 『지역과 세계』 34권 1호.

• 박종철(2008), 「중소분쟁 초기 북한 중국의 연대에 관한 연구」, 『인문사회과학연구』 21.

• 박종철(2011), 「중소분쟁과 북중관계(1961~1964년)에 대한 고찰」, 『한중사회과학연구』 제9권 제2호.

• 박종철(2009), 「1960년대 중반의 북한과 중국: 긴장된 동맹」, 『한국사

회』 제10집 2호.
• 박창희(2007), 「지정학적 이익변화와 북중동맹관계 기원 발전 그리고 전망」, 『중소연구』 31권 1호.
• 사정원(謝定元)(2017), 「한국전쟁시기 중국의 대북한 철도지원-전쟁지원에서 건설지원까지」, 『대동문화연구』 제98집.
• 서상문(2015), 「'중조연합사령부' 재론: 설립배경과 과정」, 『군사』 95.
• 션즈화(심지화)(2012), 「중북 국경문제 해결에 대한 역사적 고찰(1950-1964)」, 『아태연구』 19권 1호.
• 송병진(2014), 「북중국경조약과 해양경계획정협정의 승계 문제」, 『외법논집』 38권 4호.
• 신욱희(2014), 「중국의 한국전쟁 참전-중국 대북정책의 역사적 형성과 지속」, 『한국과 국제정치』 제30권 제2호.
• 왕원주(2011), 「한국전쟁기간 중국의 군비지출과 대북지원」, 『통일인문학』 52.
• 염인호(2013), 「조선족 변사 海元의 활동 분석을 통해서 본 1960년대 상반기 연변조선족 사회와 한반도와의 관계」, 『한국근현대사연구』 67.
• 염인호(2017), 「조선족 변사(辯士) 일기를 통해서 본, 북·중 최고 지도자의 상대국 방문과 연변 조선족 사회의 변화-개혁개방 초기 대북한 관계를 중심으로」, 『역사교육논집』 제65집.
• 염인호(2004), 「[특집] 6·25戰爭과 延邊 朝鮮人 社會의 關聯性에 관한 一考察」, 『한국근현대사연구』 28집.
• 염인호(2003), 「중국내전기 만주 지방 조선의용군 부대의 활동(1945.

8~1946. 8)-목단강 지구의 초기 조선인 부대 활동을 중심으로」, 『역사교육』 86집.

- 염인호(2004), 「8.15후 중국 연변지방의 조선인 무장부대의 창설과 초기 활동」, 『역사문화연구』 21집.
- 염인호(2002), 「해방 후 중국 동북지방 조선인 부대의 활동과 북한 입국-중국인민해방군 제164사단을 중심으로」, 『한국전쟁사의 새로운 연구』 2, 국방부군사편찬연구소.
- 염인호(2004), 「중국 국공내전기의 만주 조선인부대에 관한 연구(1948~1950)-중국인민해방군 제4야전군 독립15사단을 중심으로」, 『한국독립운동사연구』 22집.
- 염인호(2009), 「중국 국 · 공 내전기 목단강시 조선인 사회와 한반도와의 관계(1945.8~1948.2)-특히 북한과의 관계를 중심으로-」, 『한국학논총』 32.
- 윤휘탁(2017), 「중국과 북한의 국경 관리실태-1950~1960년대를 중심으로-」, 『중국사연구』 제110집.
- 이미경(2003), 「1950-60년대 북한 · 중국 · 소련 삼각관계의 형성과 균열」, 『중소연구』 26권 4호.
- 이상숙(2016), 「국공내전 시기 북한의 중국공산당 지원에 대한 재검토-경제사회적 원인을 중심으로」, 『북한연구학회보』 20권 1호.
- 이상숙(2016), 「국공내전 시기 북한과 중국공산당의 경제사회적 관계에 대한 연구」, 『북한연구학회보』 20권 1호.
- 이상숙(2014), 「1970년대 중반 한반도 위기와 북중관계」, 『평화학연구』 제15권 1호.

- 이상숙(2008), 「데탕트 시기 북중관계의 비대칭갈등과 그 영향」, 『한국정치학회보』 42집 3호.
- 이상숙(2016), 「1980년대 초 외교환경 변화와 북한의 아웅산 테러」, 『담론201』 19권 3호.
- 이상숙(2009), 「1958년 북한주둔 중국인민지원군 철수의 원인과 영향-북한의 대중국 협력확대와 대중동원 경제노선 강화를 중심으로」, 『북한연구학회보』 제13권 제1호.
- 이상숙(2008), 「중소분쟁 시기 북한과 북베트남의 자주외교 비교」, 『통일정책연구』 17권 2호.
- 이상숙(2007), 「1960년대 중반 북한-중국의 갈등과 북한의 자주노선」, 『북한학연구』 3권 2호.
- 이상숙·송문지(2012), 「1950~1960년대 조선족의 북한 이주와 북·중 협력」, 『북한연구학회보』 16권 1호.
- 이신재(2012), 「조선인민군 총정치국 설치 배경에 대한 연구-한국전쟁 시기 북중 갈등을 중심으로」, 『군사』 83.
- 이장희(2011), 「통일후 조중국경조약의 국가승계문제」, 『백산학보』 90호.
- 이재훈(2005), 「1949-50년 중국인민해방군 내 조선인부대의 입북에 대한 북중소 3국의 입장」, 『국제정치논총』 45집 3호.
- 이재훈(2017), 「1956년 8월 전원회의 직후 중소의 개입과 북한지도부의 대응」, 『역사비평』 119.
- 이종석(2010), 「중·소의 북한 내정간섭 사례연구-8월 종파사건」, 『세종정책연구』 6권 2호.

- 이종석(2014), 「북한 주둔 중국인민지원군 철수에 관한 연구」, 『세종정책연구』19.
- 이종석(2014), 「북한-중국 국경 획정(劃定)에 관한 연구 ; 경위, 내용, 특징, 평가」, 『세종정책연구』 4.
- 이현조(2007), 「조중국경조약체제에 관한 국제접적 고찰」, 『국제법학회논총』 52권 3호.
- 이희옥(2006), 「중국의 대북한정책 변화의 함의 : 동북4성론 논란을 포함하여」, 『현대중국연구』 8권 1호.
- 임방순·한마크만균(2015), 「중-소 분쟁 초기 중국의 대북한 원조」, 『인문사회과학연구』 16권 3호.
- 장성진(2013), 「6 · 25전쟁 이전 만주 조선인 입북 부대의 성격에 대한 고찰」, 『정신문화연구』 36권 1호3.
- 장세윤(2007), 「해방 전후시기 만주지역 조선의용군과 동북항일연군의 동향」, 『한국근현대사연구』 42.
- 조수룡(2019), 「북한 역사상 제1대 사건, 1956년 8월 전원회의」, 『내일을 여는 역사』 74.
- 진영기(2017), 「제2차 국공내전기 미 해병대 중국파병과 북한-중공 군사 동맹의 형성에 대한 연구」, 『사총』 92.
- 차문석(2006), 「북-중 관계의 역사와 현재 : '북한의 중국 종속론' 비판을 중심으로」, 『북한학연구』 2권 1호.
- 한상준(2018), 「'간섭정책'에서 '유화정책'으로-전후 중국의 대북정책, 1953-56」, 『중국근현대사연구』 80.
- 한상준(2017), 「안보위협에 대한 공동인식과 북중관계의 탄성」, 『대구

사학』 129집.

• 한상준(2018),「중국인민지원군 단독철군 문제 재론」,『동양사학연구』 142.

• 한상준(2012),「중국인민지원군 철군의 원인과 중·북 관계」,『아태연구』 제19권 2호.

• 한상준(2017),「韓國戰爭 停戰 以後, 中國人民志願軍 撤軍問題를 둘러싼 北·中의 異見과 軋轢」,『중국근현대사연구』 75, 2017.

• 황영원(2016),「개혁개방 이전 중국에 대한 북한 문화의 영향력 1950-70년대 중국의 북한 영화 수입을 중심으로」,『동방학지』 177.

• Kim Sang Won(2014), "The Chinese Civil War and Sino-North Korea Relations, 1945~50", *Seoul Journal of Korean Studies*, Vol.27, No.1.

• Jin Guangxi(2012), "'The August Incident' and the Destiny of the Yanan Faction", *International Journal of Korean History*, Vol.17 No.2.

2.3. 시진핑-아베 시기 중일 관계와 이후 전망*

김흥규 • 아주대학교 정치외교학과 교수

1. 중일 안보 구조의 변화

중국과 일본은 시진핑-아베 시기처럼 강력한 국가 역량과 카리스마적인 지도자를 동시에 보유한 상황에서 서로 대립한 경험이 없다. 역사적으로 보자면, 세계적인 제국을 형성하였던 중국보다 일본은 주로 열세인 상황에 놓여 있었다. 그러나 19세기에 들어서 서구적인 근대 민족국가체제를 형성하는 데 세계 최우등국이 된 일본은 중국을 압도하기에 이르렀다. 그리고 1895년 청일전쟁에서 결정적으로 승리함으로써 청나라의 멸망을 재촉하였다. 일본은 제2차 세계대전의 패전에도 불구하고 미국의 안보·전략적 지원에 힘입어 경제 재건에 성공하였다. 이는 내부적으로 혼란에 빠져 있던 마오쩌둥 시기의 중국과 크게 대비되었다.

중국은 1978년 시작된 개혁개방 정책을 성공적으로 이끌면서, 30여

* 이 글은 2014년의 졸고, 「시진핑 시기 중국외교와 중일관계 분석」, 『한일군사문화연구』 18, 한일군사문호학회를 요약하고 새로 정리한 것이다.

년이 넘게 평균 약 10%의 경제성장을 해 왔다. 2010년에는 경제 규모에 있어서 당시 세계 제2위였던 일본을 추월하였다.[1] 중국은 이제 종합 국력에 있어서도 지역 강대국인 일본을 추월하면서, 2030년대에 이르면 경제 규모 면에서 미국마저도 추월할 것으로 보인다. 한편, 일본은 여전히 세계 3위의 경제 대국 지위를 유지하고 있고, 외교·안보·경제 분야에서 동아시아의 주요 강대국으로 남으려는 노력을 지속하고 있다. 이러한 중국과 일본 간의 동학은 최근 '신냉전'이라고 부를 정도로 격화되고 있는 미국-중국 간의 '전략적 경쟁' 상황과 맞물려 오늘날 동아시아 국제질서의 주요 변수가 되고 있다.

시진핑-아베 시기 중일 관계는 큰 파장을 겪었다. 공교롭게도 시진핑과 아베는 거의 같은 시기인 2012년에 집권-재집권하였다. 시진핑 주석은 중국 대외 정책의 기조를 능력을 감추고 때를 기다린다는 '도광양회'에서 보다 적극적으로 중국의 이익을 수호하는 '분발유위'로 전환하였다. 2017년 개최된 중국 제19차 공산당대회에서는 중국 건국 100주년이 되는 2049년까지 세계 최고 강대국의 반열에 오르겠다는 야심 찬 '중국의 꿈' 전략을 제시하였다. 아베 총리는 집권하자마자 '적극적 평화주의'를 2013년 「국가안보전략」에 최초로 명시하면서, 국제 무대에서 일본의 외교 안보적 역할을 확대할 의지를 분명히 하였다. 그리고 지역질서 수립에 있어서 중국에 수세적인 대응에서 선도적인 적극 대응을 하겠다는 입장을 명백히 하였다. 2015년에는 평화 안보 법제를 통해 자위권에 대한 헌법 규정을 적극적으로 재해석하였다. 이러한 중

1 IMF 자료 참조. http://www.imf.org/external/ns/cs.aspx?id=28

일의 정책은 상호 갈등적 요소가 더욱 확대되는 상황임을 말해 준다.

2008~2009년 미국 발 금융 위기는 세계는 물론이고 지역질서에도 큰 충격을 안겨 주었다. 중국의 부상이 확연해지고, 동아시아에서 중일 간 세력 전이가 발생한다는 것이 명백해졌다. 공교롭게도 중국의 GDP가 일본을 능가하는 2010년에 조어도(일본명 센카쿠) 해역에서 중국 어선의 일본 경비정에 대한 고의적 충돌 사건이 있었다.[2] 일본은 이에 대해 그간의 관행과 달리 관용하기보다는 그 선장을 붙잡아 국내법에 따라 처리하겠다고 나섰다. 이 갈등은 2012년 9월에 발생한 일본 정부의 센카쿠열도 국유화 조치로 더욱 격화되었다. 중국 측은 이를 1978년 중일 평화 우호 조약 체결 시 합의한 '분쟁의 국가 개입 금지'라는 묵계를 일본이 위반한 것으로 인식하였다. 이후 중일 간에는 군사적 충돌의 가능성마저 제기될 만큼 갈등이 고조되었다.

중일은 동중국해에서의 해양 영토 분쟁, 역사 논쟁, 역내 다자 경제 체제 수립의 주도권 문제 등으로 서로 양보하기 쉽지 않은 갈등을 안고 있다. 이 모든 갈등의 근원에는 중국의 민족국가 형성과 지역 영향력 확대 현상이 깊이 연관되어 있다. 중국이 약한 국가였을 때는 이 모든 것이 문제되지 않았다. 심지어 21세기 초 중국의 민족국가 형성을 촉진하기 위해 제기한 동북아 역사 재해석 문제가 발생하였을 때도, 일본 입장에서는 대체로 큰 위협을 느낀 것은 아니었다. 그러나 중국이 동아시아 최강자로 부상하고, 동중국해에서 영토와 영해 문제로 중일 간 충

2 조어도 분쟁 역사에 대한 설명은 하도형(2008), 「중국의 댜오위 영토분쟁과 해결방식」, 『중국의 영토분쟁』, 동북아역사재단 참조.

돌이 발생하면서 일본의 대중국 위협의식은 급속도로 높아졌다. 이제 중국은 일본과 무력 충돌이 가능한 현실적인 위협이 된 것이다.

현재 중일 관계를 규정하는 가장 중요한 변화는 중국의 부상과 이를 구체화하여 세계적인 강국으로 자리매김하려는 시진핑의 등장이었다. 다음으로 미국의 상대적 쇠퇴 추이와 트럼프의 등장으로 발생한 미중 전략 경쟁 시대의 도래다. 일본 역시 아베 총리의 '적극적 평화주의'로 이에 대응하고 있다. 미국 중심의 기존 자유주의적 시장경제 국제질서는 근본적으로 흔들리기 시작하였고, 미중 간의 무역 분쟁이 격화되면서 '신냉전'으로 전환하고 있다. 최근 2010년 이후 불거진 중일 갈등은 기존과는 달리 특정 이슈에 연유한 갈등이 아니라 지역 세력 전이 상황과 깊은 연관성을 지니고 있다. 이 갈등은 보다 구조적인 동시에 세계적인 차원의 세력 전이와 연계되어 있어 불안정성이 더 크다.

이 상황에서 일본의 장래를 놓고 아베의 전략적인 고민이 본격화되었다. 아베는 동아시아의 주도권이 일본에서 중국으로 넘어가게 되자, 미일 동맹 강화를 통해 중국을 견제하려는 전략을 채택하였다. 아베 집권 당시 일본은 후쿠시마 원전 사태와 대규모의 자연재해 등으로 인해 국민들의 자신감과 의욕 상실, 미래에 대한 불안감이 크게 노정되고 있었다. 일본의 거대 기업 제국 소니(SONY)가 한국의 삼성에 추월당하고, 세계 시장에서 도요타 자동차의 위상이 흔들린 것 역시 막대한 심리적 충격을 주었을 것이다. 아베의 대응은 미일 동맹을 강화하고 중국에 정면으로 맞서, 일본의 강대국으로서의 의지와 자신감을 불러일으켜 지역 강대국으로 남으려는 전략을 채택하였다. 이를 위해 역사 왜곡, 영토 갈등 등 주변국과의 마찰에도 불구하고 국가 동원력을 최대화하기 위한 전략을 채택하였다. 대외적으로는 오바마의 아시아·태평양 재균형(rebalancing) 구상과 '환태평양경제동반자협정(TPP)'에 적극 호응하였다. 트럼프 정권이 들어서자 전략 공간을 확대한 인도·태평양 전략 구상을 오히려 미국 측에 적극 설파하기도 하였다. 그러나 2017년 트럼프가 등장한 이후 '미국 우선' 정책 추진과 미일 동맹의 미래에 대한 불안감은 아베로 하여금 보다 복합적인 대중 전략을 추진하도록 이끌고 있다. 이 글은 이러한 과정에서 중일 관계가 어떻게 형성되고 있는지를 복합적으로 이해하려는 노력이다.

2. 시진핑-아베 이전 중일 관계의 변화

1) 냉전 시기 중일 관계의 역사

제2차 세계대전이 종결된 이후 중일 관계는 빠르게 재개되었다. 한국전쟁이 한창이던 1952년에 이미 중일은 민간 무역 협정을 체결한 바 있다. 일본은 중국이 서방 국가 중 가장 먼저 관계 정상화를 시도하였던 국가 중 하나라 할 수 있다. 이후 중일 양국은 냉전 기간에도 경제 및 인적 교류를 유지해 왔다. 그러나 냉전의 여파로 양국 간 비약적인 발전을 이루기에는 제약이 존재하였다. 이처럼 냉전 시기에는 중일 간에 교류는 존재하였지만 상대적으로 소원하였다. 그러나 중국과 일본은 1972년 미국 닉슨 대통령의 방중을 계기로, 점증하는 소련의 위협에 공동 대응하기로 하는 전략적 결단을 단행하였다. 중일은 1972년 9월 25일 미국

보다 앞서 국교 수립을 단행하였다. 이는 흔히 냉전적인 시각에서 언급되는 동북아시아 지역 북방 3각 구도와 남방 3각 구도의 대결이 이미 이 시절에 해체되었다는 것을 의미한다. 중일은 그 이후 점차 관계를 발전시켜 1978년에는 '평화 우호 조약'을 체결하였고, 1979년에는 일본이 최초로 정부 차원에서 중국에 차관을 제공하였다.[3] 중일 간 상호 군사 교류도 시작하였고, 1980년대에 양국 간 군사 교류는 부단히 증대되었다.

일본은 중국의 개혁개방 정책의 실현을 돕는 가장 중요한 원조 제공국 역할을 수행하였다. 2008년부터 중일 간 차관 제공과 무상 원조가 종결되는 2007년의 협정이 체결되기까지 계속된 일본의 대중 차관 규모는 3조 3,164.86억 엔에 달하였고, 무상 지원도 1,423.45억 엔이었다.[4] 중국 최고 지도자 후야오방이 1983년 일본을 방문하였을 때, 일본의 나카소네 수상과 '평화와 우호, 평등과 상호 이익, 장기적 안정, 상호 신뢰'라는 4원칙에 합의하였고, '중일 우호를 위한 21세기 위원회'를 설립하기로 결정하였다. 일본은 특히 중국이 1989년 톈안먼 사태로 인해 국제적 고립이 심화되었을 때도 중국과 경제 협력을 추진한 바 있을 정도로 중국과의 관계를 중시하였다. 1990년대 초반 사회주의권의 붕괴, 탈냉전으로 중일 간 공동 안보 목표의 실종, 상대적인 전략적 가치의 하락에도 불구하고 중일 관계는 중국이 1996년 핵실험을 단행할 때

3 일본 돈 500억 엔을 연리 3%, 30년 상환이라는 대단히 좋은 조건이었다. 이에 대해서는 史桂芳(2014), 『中國的對日戰略與中日關系研究』, 北京:中国社会科学出版社, 247쪽 참조.

4 https://www.fmprc.gov.cn/web/gjhdq_676201/gj_676203/yz_676205/1206_676836/sbgx_676840/

까지 우호적으로 유지되었다. 이 시기는 중일 간 '우호의 시기'라 불릴 만하였다.

2) 탈냉전 시기 중일 관계

1990년대 중일은 냉전이라는 구조적인 제약에서 해방되면서 점차 개별 국가의 이해관계에 보다 집착하게 되었다. 1996년은 중일 관계에 있어서 명백한 전환점이 되었다. 중국은 핵실험을 단행하였고, UN 해양법 협약의 발효에 따른 중일 간 자원과 영해 확보 경쟁이 본격화되었다. 조어도(센카쿠열도) 분쟁이 발생하였고, 중·대만 간 군사적인 대립이 격화되었고, 하시모토 수상의 야스쿠니 신사 참배, 미일 간 안보 협력 선언의 합의와 미일 동맹 강화 등 여러 악재가 동시에 터져 나오면서 양국 간 관계는 급속히 악화되었다. 중일은 1997년 장쩌민과 오부치의 상호 방문을 통해 '평화와 발전을 위한 우호 협력 동반자 관계'를 수립하기로 합의하여 그간 급속히 악화된 관계를 개선하기 위한 노력을 전개하였다. 그러나 중일 간에는 이미 이 시기에 지역 강대국 자리를 놓고 경쟁이 가열되고 있었다. 2001년 집권한 일본 고이즈미 수상은 미일 동맹을 강화하는 정책을 노골화하였다. 그리고 역사 문제 갈등 및 야스쿠니신사 참배 문제 등으로 중일 관계는 다시 악화일로를 걷게 되었다. 중일은 이러한 외교 안보적 갈등에도 불구하고, 실용적인 차원에서 경제적인 이해관계가 영향을 받는 것을 서로 원하지 않았다. 따라서 양국은 경제 협력 관계와 정치·안보적 협력 관계를 분리하여 접근하는 '정냉경열(政冷經熱)'의 상태를 유지하였다.

양국은 2005년에 그간의 갈등을 완화하고 상호 간의 관계 개선을 위해 전략 대화를 시작하였다. 중일 양국은 이 기회를 활용하여 정상 간 방문 외교를 본격화하였다. 2006년 10월 아베 수상의 얼음을 깨는 여행(破氷之旅), 2007년 4월 원자바오 총리의 얼음을 녹이는 여행(融氷之旅), 2007년 12월 후쿠다 수상의 봄을 맞이하는 여행(迎春之旅), 2008년 후진타오 주석의 따스한 봄의 여행(暖春之旅)이라 명명한 영수회담이 계속 이어졌다. 특히 2007년 원자바오 총리의 방일 시 중일 간에 '전략적 호혜' 관계를 수립하였다. 일본 역시 아베 제1기 내각, 후쿠다 내각, 아소 다로 내각, 하토야마 내각(2006~2010)에 이르기까지 중국과 '전략적 호혜 관계' 형성에 합의하고 양국의 관계 개선과 협력 증진에 노력하였음을 알 수 있다. '전략적 호혜 관계'란 중국적인 의미에서는 상호 간의 이견 차이가 있음을 인정하면서도 전략적인 문제를 공동 이익의 관점에서 다뤄 나가는 관계라는 것을 의미한다.[5]

한 가지 흥미로운 사실은 2005년이 바로 미국이 중국의 국제적인 지위를 인정하고 보다 적극적인 포용 정책으로 돌아선 해라는 점이다. 당시 미국의 국무부 부장관이던 죌릭은 중국과 전략 대화를 시작하면서 중국을 역내의 '이해상관자(stakeholder)'로서 인정하는 명시적인 발언을 표명하기에 이르렀다. 이는 미국의 대중 정책이 기존의 모호성을 탈피하여 보다 명시적으로 대중 관여 중심의 정책으로 전환하고 있음을 말해 주는 것이었다. 일본은 이러한 미국의 대중 정책 변화에 적극 편승

5 이에 대한 더 자세한 설명은 김흥규(2009), 「중국 동반자외교 소고」, 『한국정치학회보』 제43집 2호 참조.

한 것으로 보인다. 이 시기 중일 양국은 최근 10년간 최상의 관계를 보여 주었으며, 이러한 우호적인 분위기를 반영하여 중국은 2008년 전국인민대표대회 보고서에서 중일 관계가 크게 개선되었다는 낙관적인 보고를 하게 되었다.

중일 관계가 갈등 관계로 전환된 중요한 해는 2010년이다. 당초 2010년 발생한 중국인 어부의 조어도(센카쿠열도) 근해에서의 월경과 일본 순시선 충돌 사건은 일본의 굴복으로 일단락되었다. 당시에는 이 역시 기존의 중일 간 영토 분쟁처럼 일회적이고 우발적인 사안으로 취급되면서 지나갈 것으로 생각되었다. 그러나 그 후유증은 생각보다 크게 나타났다. 중국인 선장이 일본의 경비선에 의도적으로 충돌한 이 사건에 대해 일본은 전례 없이 중국인 선장을 일본 국내법 재판에 회부하였다. 중국 측에서는 1978년 중일 간에 체결한 우호 협력 조약에서 묵시적으로 합의한 '영토 분쟁에 대한 국가 개입 금지 원칙'을 일본이 저버렸다고 판단하였고, 이에 격렬하게 반발하였다. 당시 중국이 공세적인 외교를 단행하였는지에 대한 논란이 많지만, 중국이 전례 없이 강경한 외교적 대응을 한 것은 사실이다. 특히 희토류 관련 수출을 이 분쟁의 수단으로 활용한 중국의 대응은 중일 간에 존재하던 정경분리 원칙에 중대한 타격을 가하는 것이었다.

미국은 이 갈등 관정에서 공개적으로는 조어도(센카쿠열도)가 일본의 행정 관할에 속해 미일 동맹의 대상이 된다고 명시하면서 일본 입장을 지지하는 것으로 보였다. 그러나 이면에서는 중일 간의 갈등에 미국이 연루되는 것을 피하려 노력하였고, 일본을 압박하여 중국에 양보하도록 하였다. 이러한 미국의 정책은 일견 모순적으로 보일지 모르겠지만, 이는 미국이 이미 2005년에 도달한 대중 인식과 깊이 연계되어 있다. 미국은 더 이상 중국과 직접적인 충돌을 원하지 않는 것이다. 일본은 이 과정에서 미국의 역할에 대해 큰 불안감을 느끼게 되었다. 그러나 이후의 전개 과정을 보면, 일본의 선택은 역으로 미일 동맹을 대폭 강화하는 방향으로 전략적 선택을 단행하게 된다.

3) 2012년 조어도(센카쿠열도) 국유화 조치와 중일 관계 악화

중일 관계의 근본적인 전환점은 2012년 일본의 조어도(센카쿠열도) 국유화 조치였다. 일본 측의 설명은 국가가 이 분쟁 지역을 구입하여 중일 간의 갈등을 억제하려는 의도에서 취한 조치라 하였다. 그러나 중국 측은 이를 일본이 1978년 중일 평화 우호 조약 체결 시 합의한 분쟁의 국가 개입 금지라는 묵계를 깨고, 조직적으로 교묘하게 조어도에 대한 일본의 점유권 강화를 시도하고 있는 것으로 인식하였다. 동시에 일본의 이러한 태도와 우경화 추세를 연계시켜 이해하였다. 이에 중국은 일본 측에 원상회복을 요구하며, 지속적인 압박 전략에 돌입하였다. 이에 대해 일본의 칸 나오토 내각(2010~2012)은 미일 동맹의 강화 정책으로 대응했으며, 조어도 영유권 분쟁을 오히려 본격화하기 시작하였다. 특히 2012년 탄생한 아베 정권은 이 분쟁을 적극 활용하면서 일본을 기존의 '평화 국가'에서 '보통 국가'로 전환하는 정책을 추진하였다.[6] 중

6 일본이 그간 평화 국가라기보다는 미국에 기지를 제공하는 '기지 국가'로서의 역할을 제공했다는 주장과 그 함의에 대해서는 남기정(2016), 『기지국가의 탄생』, 서울대학교출판문화원 참조.

국 내에서도 세계적인 금융 위기 이후 중국의 급속한 부상과 자신감 상승, 새로운 국가 정체성에 대한 인식, 민족주의의 발현 등으로 중일 양국은 서로 강수를 두는 정책을 채택하였고, 이는 전 방면에 걸쳐 역내 안보 상황을 악화하는 주요 요인이 되고 있다.

2012년 민주당으로부터 정권을 넘겨받은 자민당의 아베 정권은 미일 동맹 강화를 기초로 중국을 견제하고 동아시아의 중심적인 국가로 남겠다는 전략적 선택을 보여 주었다. 특히 G2라 불릴 정도로 위상이 강화되고 있는 중국의 급속한 부상은 일본으로 하여금 결국 굴복이냐 아니면 미국과의 동맹 강화를 통해 지역 강대국으로서 자신의 역할을 수행하고 자신의 지위를 인정받느냐라는 선택의 기로에 직면하게 하였다. 일본은 명백히 후자의 전략을 선택한 것이다. 이를 위해 아베 정권은 역사 왜곡, 영토 갈등, 집단적 자위권의 해석 변경 등 주변국과의 마찰에도 불구하고 국가 역량을 최대한 동원하기 위한 노력(우경화)을 우선적으로 추진하였다.[7]

2013년 2월에 개최된 미일 정상회담은 '미일 동맹의 부활'을 강조하였다. 아베는 중국의 부상과 시 정권의 새로운 형태의 적극적인 외교에 맞대응하면서 일본의 보통 국가화 정책을 적극 추진하며 공세적으로 역내 현상 유지 혹은 심리적 세력 균형 전략을 취하고 있다. 강력한 미일 동맹 관계 구축을 시도하면서 심지어 미국의 재정적 부담을 상당 부분 덜어 주겠다는 입장도 취하였다. 미국과 공동 안보 정책을 강화하는

7 근대 시기 이래 일본의 전략적 선택은 역사의 흐름을 바꾸어 놓았다. 그 중요성에 대해서는 박영준(2020), 『제국일본의 전쟁: 1868~1945』, 사회평론아카데미 참조.

내용을 담은 '집단적 자위권'의 법제화를 추진하여 미국의 지지를 이끌어 내었다. 중국과의 영토 갈등에 대해서는 총력 태세로 군사 충돌도 회피하지 않는다는 태도로 맞서고 있다. 외교적으로는 대중 견제 차원에서 호주, 인도 등과 네트워크를 구축하고, 중국과 갈등 중인 베트남, 필리핀 등과 협력 관계를 강화하는 조치를 취하였다.

일본의 이러한 미일 동맹 강화와 적극적인 대중 견제 정책은 현재 상대적인 세력전 현상에 직면하면서 재정적인 어려움을 겪고 있는 미국에는 말할 수 없는 전략적 · 재정적 공간을 확보해 주는 것이었다. 미국은 동아시아 지역에서 중국과의 경쟁에서 일단 우위를 유지할 수 있는 주요한 틀을 확보한 것이었고, 일본 역시 자신의 자위력 강화를 위한 중요한 전략적 시간을 번 것이라 평가할 수 있다. 다만, 일본이 이러한 '보통 국가화' 정책의 일환으로 지나치게 몰역사적인 태도와 미국과 인류의 보편적인 가치에 반하는 태도마저도 정치적으로 활용하고 있다는 점은 미국 측의 우려를 불러일으켰다. 미국이 더욱 우려하는 것은 일본의 지나친 대중 적대 태도가 중일 간 충돌을 일으켜 미국이 본의 아니게 연루되고, 미중 관계가 파탄이 나는 상황이다. 이는 미국 역시 감당할 수 없는 것이기 때문이다. 일본 아베의 대외 정책은 미중 간의 갈등과 경쟁에 적극 개입하게 되었다. 미국 국력의 상대적 쇠퇴와 재정적인 어려움은 미일 동맹에서 일본의 대미국 입지 및 자율적 공간을 크게 확대하고 있다. 미국은 일본의 과도한 행태에 대해 종종 거부감을 드러내기도 하지만 결국 일본을 지지하지 않을 수 없는 상황에 처해 있는 것이다. 그 한 예로 일본은 센카쿠열도 분쟁이 미일 안보 조약 제5조의 적용 범위에 포함된다고 하는 2012년 7월 10일 미국 국무부의 입장 표명을 이끌어 내었다. 그리고 미국의 우려에도 불구하고 북한 및 러시아와 교섭을 강화하고 있다.

미국은 중일 갈등에 미국이 연루되는 것을 우려하고 동시에 미중 간의 직접적인 갈등으로 전화되는 것을 바라지 않으면서도 일본의 요구를 무시할 수 없는 입장에 처하게 되었다. 주목할 만한 점은 일본 아베 정권이 노다 정권이 중시했던 한·미·일 공조의 중요성을 포기하는 대신 한국이 이미 중국 측에 기울었다는 입장을 적극 전파함으로써 동아시아에서 일본 및 미일 동맹의 중요성을 더욱 부각하려 하였다는 것이다. 한국과의 갈등을 회피하지 않고 한국을 압박하면서 한중 간의 유대를 부각시키는 동시에 미일 동맹을 부각시키고, 북한을 대한국 견제의 카드로 삼겠다는 의지도 보여 주고 있다. 이러한 아베의 전략은 한일 간에 새로운 갈등의 불씨를 던져 주고 있다. 한·미·일 삼각 협력 체제를 강화하여 중국 발 불확실성에 대처하려는 미국 입장에서는 이러한 아베의 과도한 행태를 우려하면서도 현실적으로 확대된 일본의 자율성을 견제할 수 있는 영향력이 약화되고 있는 현실도 목도하였다.

아베의 노골적인 대중 견제 정책, 새로운 미일 동맹 강화, 한국 고립 전략은 미국에 커다란 전략적 유연성과 공간을 안겨 준 동시에 우려와 갈등을 잉태하고 있다. 다만 미국 입장에서는 미일 동맹 강화의 필요성이 어느 시기보다도 컸기 때문에 결국 일본 입장을 지지하지 않을 수 없는 상황이었다. 하지만 이러한 아베의 정책들은 중일 양국은 물론 한일 간 상호 적대감을 강화하여 맞대응하는 정책을 불가피하게 하였고, 역내 안보 상황을 더욱 복잡하게 하고 악화하는 주요 요인이 되었다. 이는 결국 미국에도 상당한 부담을 안겨 주었다.

이러한 외교 안보적 갈등에도 불구하고 중일 관계를 견인하는 중대 변수는 경제 교류였다. 이미 2007년 이후 중국은 일본의 최대 무역 국가로 자리매김하였다. 2013년 일본의 대중 투자는 1,900억 달러에 이르면서 여전히 홍콩에 이어 2번째의 투자파트너이며 중국에 진출한 2만 3천여 개의 일본 기업은 100만 개 이상의 일자리를 창출하여 중국의 국내 경제에서도 중요한 위상을 차지하고 있다. 2012년 대규모 반일 시위로 인해 일본 투자 기업의 총 손해액은 약 100억 엔에 달하는 것으로 평가되고 있다.

북한의 안보 위협, 국제적 대테러, 환경 문제에 대한 국제 공동 협력의 필요성도 갈수록 증대되었다. 갈등의 장기화가 초래하는 지역 안보의 불안과 각국의 경제 상황에 미치는 부정적인 영향에 대한 공동의 인식이 존재하였다. 2013년 중일 합동 여론 조사에 따르면, 일본 국민의 60퍼센트와 중국 국민의 71퍼센트가 정치적 갈등 상황임에도 관계 개선의 필요성에 공감하는 것으로 나타났다. 2013년 광둥시(7. 29.)와 다롄시(10. 18.), 청두시(10. 23.) 등 중국의 각 지방 정부는 일본의 투자 유치를 위한 대규모 투자박람회를 유치하였는데, 중일 관계의 민감성을 고려할 때 이들 행사는 중앙 정부의 승인을 거친 것으로 추측된다.

동 기간 중일 관계가 과도하게 경색되면서 무력 충돌의 가능성도 증대했다. 당시 상황에서 중일 간 조어도를 놓고 국지적인 무력 충돌이 발생한다면 중국의 군사력은 일본의 군사력에 대응할 수 없을 것으로 평가되었다. 중국의 국내 경제 및 사회적 내구성 역시 취약한 상황이었다. 다만 중일 간의 갈등이 점차 악화되고, 감성적인 배타성이 상호 우발적인 물리적 충돌로 이어지고 국지적 무력 충돌로 전환되는 상황에 대해서는 충분히 우려할 만한 것이었다. 이에 대해 미국은 일본을 일방적으로 지지하기보다는 갈등이 군사적 충돌로 전이되지 않도록 중일 간에 '위기 관리' 기제를 마련하라고 요구하였다.

3. 시진핑-아베의 등장과 갈등적인 중일 관계의 전개

1) 시진핑의 등장과 새로운 전략 사고

시진핑 시기에 들어서 중국 외교의 DNA는 이미 변화하였다. 중국의 국가 정체성은 기존 주류 사고였던 '발전도상국론'을 '강대국론'으로 대체하였다. 시진핑 시기 중국의 대외 정책은 그에 따라 상당한 조정이 이뤄졌다. 중국은 이제 더 이상 기존의 '도광양회'와 같은 수세적이고 반응적인 구호를 중국 외교의 기조로 내세우지 않는다. 중국 외교는 이제 동아시아라는 한정된 공간을 넘어서서 전 세계를 대상으로 하면서 중장기적인 목표를 구체화하고 있다. 중국 건국 100주년인 2049년까지 '현대화한 사회주의 강국'을 달성하겠다는 '중국의 꿈(中國夢)'을 공공연히 내세우고 있다. 이 단계가 되면 중국은 세계 어느 국가에도 뒤지지 않는 세계적인 강국으로 자리매김한다는 것이다. 그리고 이를 달성하기 위한 구체적인 수단으로서 '중국제조 2025', '일대일로' 등의 정책들을 구체화하고 있다. 〈표 1〉은 그러한 변화의 흐름을 요약해 준다.

〈표 1〉 중국 내 전략 사고의 분화와 정책 정향

	전통적 지정학론	발전도상국론	신흥강대국론	강대국론
국제적 지위 인식	(전통) 강대국	발전도상국	신흥강대국	세계 강대국
미국과의 관계	경쟁	협력	견제적 관여 (헤징)	경쟁과 독자 영향권 확보
중국의 위상	전통 강국	지역 강국	세계적 강국 지향	세계적 강국
일본과의 관계	적대	협력 → 견제 및 대립	갈등 악화	포용과 견제
한반도 정책	영향력 회복	현상 유지	현상 유지 원칙, 변화 가능성도 내포	영향권 확보
대표 개념	순망치한(脣亡齒寒), 돌돌핍인(咄咄逼人)	도광양회 (韜光養晦)	유소작위(有所作爲), 대유작위(大有作爲)	중국제조 2015, 일대일로(一帶一路), 중국몽(中國夢)

중국 외교는 이제 '새로운 강대국 관계론(新型大國關係論)'을 내세워 보다 평등한 입장에서 미국과의 관계를 재설정하고, 자신의 주요 전략 이익을 지켜 내겠다는 생각이다. 미국과 직접적인 대립은 원하지 않지만, '핵심 이익'을 수호하고 불가피한 경쟁은 피하지 않겠다는 것이다. 그리고 그 주요 수단으로 주변국 외교를 새로이 주목하고 있다.

시진핑 시기 중국의 이러한 새로운 외교 방향은 중일 관계에 있어 중대한 함의를 지닌다. 후진타오 시기 혹은 그 이전 장쩌민 시기 중일 갈등은 대체로 제한적이었다. 이는 미일 동맹을 바탕으로 한 미국의 역내 '안정자' 역할도 중요하였지만, 중국 역시 '발전도상국'이란 자아 정체성을 바탕으로 주변국과 첨예한 갈등을 회피하고 안정을 추구하면서 경제 발전을 최우선의 국가 발전 목표로 설정하였기 때문이다. 중일은 상호 간에 분쟁이 존재한다는 것을 인정하였지만, 이것이 양국 간의 극적인 갈등으로 전환하는 것은 억제하였다.

과거 중국 외교에서 경제적인 논리가 외교적인 논리를 압도하였다면, 시진핑 시기에는 외교와 안보 논리 자체가 경제 논리를 압도하여 진행될 수 있다는 것을 보여 준다. 과거에는 정경분리 원칙에 입각하여 외교적 갈등에도 불구하고 경제적인 교류와 유대는 증진시키기를 희망하였던 반면, 2010년 중일 갈등 과정에서 이러한 원칙은 크게 훼손되었다. 최근 자유무역협정이나 아시아인프라투자은행(AIIB) 설립 등과 관련한 중국의 외교적 행보는 경제적인 수단을 적극적으로 활용하여 외교 안보적 목표를 달성하고자 하는 의지가 더 강화되고 있음을 보여 준다.

중국은 국제 외교 무대에서 보다 주도적인 역할을 수행하려는 의지를 보이고 있다. 이에 대해 일본의 아베 정부는 동아시아에서 미일 동맹을 바탕으로 중국을 견제하는 주춧돌(cornerstone) 역할을 마다하지 않고 있다. 중국과 일본은 이미 2010년부터 조어도(센카쿠열도) 문제로 충돌하였다. 이 공간은 이제 중국의 핵심 이익인 영해 주권 문제와 관련되어 있어 양보와 타협이 쉽지 않은 상황이다. 경제 분야에서 미국과의 협력을 바탕으로 아시아개발은행(ADB)을 좌지우지했던 일본에 대해 중국은 이제 아시아인프라투자은행을 설립하여 주도권을 획득하고자 시도하고 있다.

중국의 경제 규모는 이미 2010년을 전후하여 일본을 추월하였고, 그 격차는 점차 벌어질 전망이다. 2018년 현재 구매력(PPP) 기준 GDP는 중국이 일본의 거의 5배에 달하고 있다.[8] 일본이 단독으로 중국을 견제

8 https://www.cia.gov/library/publications/resources/the-world-factbook/attachments/

한다는 것은 현실적으로 불가능에 가깝다. 일본은 세력 전이의 상황에 몰리면서 중국에 대한 굴복보다는 국내 역량을 총동원하여 보통 국가화를 추진하고, 역내 미국의 영향력과 전략적 이해를 대변하면서 자국의 영향력을 유지하겠다는 생각이다.

시진핑 시기 중국 외교와 안보 정책 방향이 보다 공세적이고 적극적으로 변화한 것은 세계 금융 위기 이후 중국의 급격한 부상, 자아 정체성의 변화, 중국 전문가조차 예상치 못했던 시 주석의 급속한 권력 강화 및 활용 의지 등에서 연유하고 있다. 시진핑 외교의 핵심 개념은 크게 '신형 강대국 관계,' '핵심 이익,' '일대일로 구상' 등으로 정리할 수 있다. '신형 강대국 관계'의 주 대상은 미국이며, 점차 다른 강대국 관계에도 확대 적용이 예상된다. 이 개념은 첫째, 중국의 새로운 국제적 지위를 반영하는 상호 평등하고 호혜적인 관계를 요구하고, 둘째, 중국은 국제질서 안에서 미국의 권위나 군사적 우위에 직접적으로 도전하지 않지만 비군사적 방식으로 미국과 계속 경쟁하겠다는 것이며, 셋째, 상호 간의 핵심 이익 혹은 특별히 중시하는 전략적인 사안은 존중해 주기를 요구하는 것이다. 이에 대해 미국 오바마 대통령은 2013년 6월 정상회담에서 긍정적으로 답한 바 있다.

중국의 핵심 이익 개념은 전통적인 '영토 주권' 개념에 '발전 이익'이 결합한 것이다. 이는 중국이 어떠한 대가를 치르더라도 외교 안보적으로 양보할 수 없는 영역을 의미한다. 현재까지 '핵심 이익'에 대한 가장

summaries/JA-summary.pdf; https://www.cia.gov/library/publications/resources/the-world-factbook/attachments/summaries/CH-summary.pdf

권위 있는 해석은 2011년 중국의 '평화 발전 백서'에 나오는 6가지 분류인데, 이는 '중국의 주권, 국가 안보, 영토 수호, 국가 통일, 당과 정치 질서의 유지, 지속적인 경제 발전과 사회적 안정의 유지'이다. 중국은 이미 일본과 갈등 중인 '동중국해 영해'를 중국의 핵심 이익 범주에 포함하고 있는 것으로 보인다.

시진핑 체제 중국 외교의 또 다른 주요 개념은 '역균형 전략'이다. 미국의 '아시아로의 회귀(Pivot to Asia)'에 따른 대중국 압박 전략에 대한 대응책이기도 하다. 미국의 대중 포위망에 대한 대응으로 중국은 직접적인 충돌보다는 경제적 투자와 교류를 중심으로 하는 '일대일로'라는 세계 전략을 제시하고 구체화하고 있다. 중국이 추진하는 일대일로 구상을 선으로 이으면, 미국의 아태 동맹 및 협력 체제를 역으로 포위하는 양상을 보여 준다.

중국의 새로운 외교 방향과 '신형 강대국 관계'는 중일 관계에서 중대한 함의를 지닌다. 중국은 미국과의 직접적인 대결은 피하면서도 경쟁하는 수단으로 주변국 외교를 대폭 강화하면서 국제 외교 무대에서의 부상을 추진할 것이다. 그러나 미국과 결합하여 중국을 견제하려는 주변국에 대해서는 이전보다 더 강력하게 압박을 가할 것이며, 고립시키려 할 것이다. 과거 중국 외교에서는 경제적인 논리가 외교적인 논리를 압도하였다면, 이제는 외교와 안보 논리 자체가 경제 논리를 압도하여 진행될 수 있다는 것을 보여 준다.

아베 정부는 지역 세력 전이의 상황에 몰리면서 중국에 대한 굴복보다는 역내 미국의 영향력과 전략적 이해를 대변하면서 자국의 영향력을 유지하겠다는 전략을 추진하였다. 따라서 중국의 부상과 시진핑의 새로운 전략 사고의 등장, 일본의 이에 대한 적극적인 대응 전략은 2010년대 중일 간 갈등이 불가피하였다는 것을 말해 준다. 일본은 점차 강화되는 중국의 외교적 공세와 군사적 압력에 대응하여 2013년 「국가안보전략보고서」를 채택하여 '적극적 평화주의'에 기반한 '통합기동 방위력' 개념을 제시하였다. 중국에 대한 군사적 대응 역량을 적극 강화하겠다는 의지를 보여 준 것이다.[9]

2) 중일 관계 개선과 새로운 관계 설정을 위한 노력

중일은 최근까지도 갈등 위주의 관계를 유지해 왔다. 이는 지역 강대국으로서의 위상을 중국에 빼앗긴 일본의 대응 때문이기도 하였고, 미국 정부의 대중 정책이 점차 중국에 대한 견제와 압박을 강화하면서 일본이 이에 적극 호응해 간 측면도 존재한다. 시진핑-아베는 새 지도부가 출범한 이후에도 한동안 정상회담을 추진하지 못했다. 2013년 9월 20일 러시아 블라디보스토크에서 개최된 G20 정상회담에서 아직 정상회담의 외적 여건이 마련되지 못하였다는 이유로 양국 정상 간의 회동이 좌초되기도 하였다.

갈등과 대립으로 치닫던 중일 관계가 점차 개선되기 시작한 것은 2014년부터다. 당시 중일 양국의 대표단은 미국의 권고에 따라 11월 7일에 상호 갈등과 대립이 무력 충돌로 전환되는 것을 방지하는 데 합의하

9 이에 대한 정리는 박영준(2018), 「일본의 군사전략」, 『미일중러의 군사전략』, 한울 아카데미 참조.

였다. 그간 중일 간 합의한 '4가지의 정치 문건'의 공동 원칙을 준수하고, 역사 및 영토문제 등 중일 간 갈등 사안을 협상을 통해 처리한다는 '새로운 중일 관계' 수립을 천명하였다. '4가지의 정치 문건'이란 1972년 국교를 수립한 「중일 연합 성명」, 1978년 「중일 평화 우호 조약」, 1998년 「중일 연합 선언」, 2008년 「중일 전략 호혜 관계 수립에 대한 연합 성명」을 일컫는다. 특히 2008년 선언은 "역사를 직시하고 미래를 지향하면서 평화 추진(和平共處), 세대를 이어지는 우호(世代友好), 상호 이익을 위한 협력(互利合作), 공동 발전(共同發展)을 실현"한다는 데 합의하였다. 그 이후 중일 최고 지도부는 지속적으로 정상 간 접촉을 유지하였다.

이러한 합의의 이면에는 상호 군사적 충돌의 두려움과 더불어 중일 간 경제 협력과 민간 교류의 지속적인 성장 추세가 이어지고 있었다. 일본은 2003년 이후 11년 동안 중국의 최대 무역 상대국이었고, 현재도 미국 다음으로 제2위의 무역 상대국이다. 일본에서는 2007년 이후 중국이 세계 최대의 무역 상대국이었다. 즉, 중일 간에 정치는 차갑고 경제는 뜨거운 상황이 지속되었다. 중일 간의 무역 규모는 영토 갈등 이후 최초로 2017년에 다시 3천억 달러 규모에 이르렀고, 상호 방문객 수도 1천만 명을 넘어섰다. 특히 중국 내에서 일본에 대한 호감도는 점차 상승하여 2013년 5.2퍼센트에서 2018년 40.2퍼센트에 도달하였다. 이는 2005년 이 인식 조사가 시작된 이래 최고치였다.[10] 일본의 대중 호감도는 2018년 13.1퍼센트로 여전히 낮은 단계에 머물러 있으나

10 http://www.guancha.cn/liaoke/2019_02_05_489338.shtml

이 역시 2014년 이후 점차 상승세에 있다.

2014년 '새로운 시기 중일 관계'에 대한 합의가 진일보하여 새로운 전기를 마련한 것은 2017년부터다. 2018년은 중일 간 평화 우호 조약을 체결한 지 40주년이 되는 해였다. 이를 계기로 중일 간 관계 개선을 추진하기 위한 노력이 2017년에 가시화되었다. 실용적인 중일은 특히 해양 분쟁 영역에서 충돌 방지, 상호 타협과 협력을 추진하기 위한 공감대 형성에 집중적으로 노력하였다. 중일은 해양 관련 고위관리들 간의 협상을 본격화했고, 해양에서의 쓰레기 처리, 해상 구호, 해상에서의 법집행 정보 교환, 해양 정책을 논의하기 위한 공동 논단을 운용하기로 하였다.[11]

3) 미중 전략 경쟁 시기의 중일 관계

중일 관계 개선에 있어 또 하나 주목할 변수는 미국 트럼프 대통령의 등장이다. 트럼프는 '미국 우선주의,' '보호 무역주의,' '환태평양경제동반자협정(TPP) 폐기' 정책을 추진하였다. 이는 일본이 추진하고 있는 정책과 크게 상충하는 것이었다. 트럼프 대통령은 아베의 노력에도 불구하고 동맹에 상대적인 경시 태도를 드러내면서 일본에 미일 동맹의 미래에 대한 깊은 불안감을 안겨 주었다. 중국의 부상, 미국의 상대적 쇠퇴, 미중 전략 경쟁의 강화와 세계 자유주의 시장경제 질서의 위기라는 구조적인 변화에 직면하면서 일본 아베 정부는 조심스럽게 중국과의

11 http://baijiahao.baidu.com/s?id=1587985497989229114&wfr=spider&for=pc

관계 개선을 모색하였다.

중국 시진핑 주석은 미국의 무역 압박에 직면하여 2018년 6월 개최된 중앙외사 업무회의에서 혼란(亂)과 변화(變)로 요약되는 100년 이래 최대의 변화 국면으로서 세계정세의 긴박성을 언급하였다.[12] 이러한 미중 간의 무역 분쟁이 격화되는 가운데서도 일본은 2018년 2월 그간 6년간 중지된 양국 군사 당국 간의 교류를 재개하였다. 8년간 중단된 중일 고위급 경제 대화도 재개하였다. 6월에는 안보 당국 간에 해상과 공중에서의 연락제도를 운용하기로 하였고, 10월에는 아베 수상이 직접 500명의 경제계 인사들과 함께 중국을 방문하여 중일 간 평화 우호 조약 체결 40주년을 기념하였다. 중국과의 관계 개선을 적극 추진한 것이다. 물론 중국은 대환영의 뜻을 표했다. 이러한 아베의 태도는 항상 미국과 대중 정책의 행보를 같이하던 기존의 일본 대외 정책과는 확연히 구분되는 일이었다. 시진핑 주석은 이를 가리켜 "중일 간 새로운 시대(中日新時代)"가 도래했다고 선언하였다. 중일은 기존 4개 정치문건의 정신을 재확인하고, 중일이 제3국 경제 사업에 공동으로 협력하기로 하였다. 일본은 시진핑 주석이 미국의 인도태평양 구상에 대응하여 세계적인 전략으로서 공들이고 있는 '일대일로' 구상에 참여하는 문제에도 긍정적인 태도를 보여 주었다. 그리고 2019년 4월에는 중국 측과 6명의 장관들을 참석시킬 정도로 더욱 확대된 고위급 경제 대화를 베이징에서 개최하였다.

이러한 관계 개선과는 달리 갈등 요인도 동시에 진행되고 있다. 일본

12 http://www.gmw.cn/xueshu/2019-01/15/content_32353502.htm

은 여전히 미국과의 동맹이 중국과의 관계보다 전략적으로 중요하다. 미국의 역내 지역에서의 상대적 쇠퇴와 동맹의식 약화에 대응하기 위해 일본은 스스로 군사비를 대폭 확충하고 있으며, 일본 외부에서도 전투와 전쟁을 수행할 수 있는 전방위적인 군사 역량을 확보하려 하고 있다. 중국의 군사력 증강 역시 대단히 빠르게 진행되고 있다. 이는 미국 중심의 헤게모니가 쇠퇴하면서 아직 새로운 질서가 구축되지 않은 단계에서 중국이나 일본과 같은 지역 강대국들에는 필연적인 경로일 수도 있다. 새로이 진행되고 있는 제4차 산업혁명의 향배도 장차 중일 관계에 영향을 미칠 수 있다. 아베 시기 일본은 중국을 외교 안보적으로는 견제하면서도 중국과의 극단적인 대립을 지양하고, 경제적인 실리는 살리고자 하는 정책을 추구하였다. 이는 흔히 대중 전선의 최일선에서 있는 아베의 일본 이미지와는 확연히 다른 기조였다.

4. 중일 관계 전망

중일 관계는 단기적으로는 미국 대선에 의해, 그리고 중장기적으로는 미중 전략 경쟁의 전개에 의해 큰 영향을 받을 것으로 보인다. 중일은 여전히 역사, 영토, 영해, 영공, 대만, 다자무역기구, 미국과의 관계 등 다양한 측면에서 서로 이해가 상충하고 있다. 쉽게 해결책을 찾기도 어렵다. 다만 두 국가는 강대국으로서 중장기적 시야와 동시에 실용적인 외교를 추구하고 있어, 의도하지 않은 군사적 충돌은 회피하고 위기 관리를 강화하는 조치를 취하고 있다. 21세기 경쟁 위주의 관계에서 경쟁과 협력이 복합적으로 얽힌 관계로 진화하고 있는 것으로 판단된다. 최근 등장한 일본의 스가 행정부에서 일반의 예상과는 달리 중국을 겨냥한 QUAD(미일인호)합의안을 내지 않고, 미국 주도의 반(反)화웨이 네트워크에 불참을 통보한 것도 이런 맥락에서 해석할 수 있다.[13]

우려되는 점은 단기적으로 양국 간의 관계는 여전히 모색을 거듭하면서도 불안정하다는 것이다. 협력보다는 여전히 경쟁과 갈등의 측면이 강하다. 일본은 중국에 군사적으로 대응할 수 있는 보통 국가화를 추진하고 있고, 중일 간 갈등은 지속될 것으로 전망된다. 영유권 문제에 있어서도 일본이 중국 측의 주장을 받아들여 대상 지역을 분쟁 지역으로 인정할 가능성은 희박해 보인다. 다만, 실용적으로 크게 득이 없는 역사 논쟁 등으로 양국의 현재와 미래를 규정하는 상황은 적극 피하려 할 것이다.

단기적인 측면에서 중일 간의 갈등과 분쟁은 양국이 안보 분야 혹은 경제 분야 중 어느 분야에 더 주안점을 두느냐에 따라 양상이 달라질 것으로 보인다. 일본이 경제에 더 주안점을 둔다면, 일본은 중국에 굴복하거나 아니면 적어도 중국에 주도권을 내주는 상황이 될 것이다. 그러나 현재 일본 경제는 비교적 양호한 상황에 있고, 미중 전략 경쟁의 시기에 일본의 주 관심사는 상대적으로 안보 문제에 놓여 있다고 평가해야 할 것이다.

13 https://news.joins.com/article/23896335

〈표 2〉 단기적 중일 관계 시나리오

		중국	
		안보	경제
일본	안보	중일 대립과 경쟁	경쟁 속 중일 타협
	경제	일본 굴복	중국 주도

일본이 안보 분야에 더 주안점을 두는 것이 현재의 예상이라면, 중국이 안보 혹은 경제에 주안점을 두느냐에 따라 그 양상이 다르게 나타날 것이다. 중국 시진핑 체제가 2013년 10월 24~25일 제시한 '주변국 외교 방향'에 따르면 중국의 속내는 일단 주변국과의 대립보다는 안정과 경제 협력 강화에 있었다. 미중 전략 경쟁에 직면하여 중국은 주변국과의 경제 협력을 중시하고 있고, 동아시아에서는 한·중·일 무역 협력 증대를 희망하고 있다. 이 경우, 중국은 일본과의 대립 확대보다는 타협에 더 방점을 둘 것으로 보인다. 일본의 속내는 보다 복잡하다. 현 추세대로라면 단기적인 중일 간 전망은 일단 중일 간에 대립과 갈등은 지속되면서도 암중으로 타협을 모색하는 시나리오가 가장 유력하다. 미중 전략 경쟁하에서도 극한 대결과 충돌은 억제하겠지만, 또한 다양한 협상 시도도 존재하겠지만, 미중 전략 경쟁이라는 구조적 압박에 당분간은 경쟁 국면을 벗어나기는 어려운 형국이다.

중장기적으로 중일 관계에 영향을 미치는 요인은 미중 전략 경쟁의 향배, 제4차 산업혁명의 전망, 미·중·일의 국내 정치 안정성 등과 연관이 있다. 만일 미국이 동아시아에서의 영향력이나 개입 의지가 급속히 약화된다면 일본은 단독으로 중국에 맞서기 어려운 상황이 될 것이다. 그러나 미국이 어느 정도 경제적인 안정성을 유지하면서 역내 미국의 개입 역량과 의지가 존속한다는 것을 전제로 한다면, 가장 중요한 변수는 내적 균형을 이루는 데 핵심적인 중일 양국의 경제 상황일 것이다.

중장기적으로 일본 경제가 어느 정도 성과를 거둘 수 있을지는 불분명하다. 과거 세계 2위의 경제력으로 미국의 경제력을 위협하던 수준에는 결코 도달하지 못하고 상대적인 약화 국면이 지속될 것으로 보는 것이 타당하다. 만일 일본 경제가 다시 약화기로 접어든다면, 역내 중국의 주도권 확립은 불가피하다. 이 경우, 미국 역시 중국을 견제하기 위해 일본의 핵무장을 허용해야 할지 말아야 할지 중요한 선택의 기로에 놓일 것이다. 안보와 경제의 분리적인 접근은 더욱 어려워질 전망이다. 일본이 중국의 군사 역량에 맞설 수 있는 능력을 확보하지 않는다면 점차 탈동조화(decoupling)되는 세계에서 중국의 영향력은 점차 일본 열도를 뒤덮게 될 것이다.

2.4. 시진핑과 트럼프 시대의 중미 관계

박창건 • 국민대학교 일본학과 교수

1. 머리말

동북아 지역은 예측 불허의 공간이다. 북미 정상회담 이후 점화되고 있는 트럼프 정권의 일방주의적 외교, 중미 무역 갈등 속에서 한반도 영향력 확보 경쟁, 역내 국가들의 배타적 민족주의와 안보 포퓰리즘 등과 같은 요소들은 동북아 지역의 불확실성을 증대시키고 있다. 특히 중미 관계가 어떻게 재설정되느냐에 따라 한반도 정세 변화에도 직접적인 영향을 미치고 있다. 동북아 지역은 '정치'와 '공간'의 밀접한 연계를 통해 영토 전략의 실행과 표상, 영토 장악을 위한 경쟁과 그것에 대한 합리적인 수단, 상황 구속적 지식의 확인 등과 같은 개념적 논의가 지정학적 리스크로 표출되고 있기 때문이다.[1] 이러한 의미에서 동북공정은 중국의 '고구려사 빼앗기'와 같은 '학술 문제'의 차원을 넘어 향후 한반

1 Colin Flint(2006), *Introduction to Geopolitics*, London and New York: Routledge.

도 정세 변화와 직결된 전략적 문제이다.[2] 왜냐하면 동북공정의 최우선적 중심 과제는 한반도의 정세 변화가 동북아 지역사회 안정에 미칠 영향과 충격에 대한 대비로서 인접국인 남북한은 물론이고 중미 관계 재설정에도 적지 않은 영향을 미칠 것으로 보이기 때문이다.

중국이 동북공정을 추진한 의도는 대내적 차원에서 국가의 안정적 통합, 동북아 지역사회의 안정, 동북지역의 개발과 대외적인 차원에서의 대한반도 영향력 확보로 구분할 수 있다. 이러한 문제 인식을 토대로 이 글에서는 동북아 지역의 정세 변화에 따른 중국의 동북공정이 추구하는 정치적 의도가 중미 관계에 어떠한 전략적 의미를 내포하고 있는지 살펴보고자 한다. 이 논점을 보다 체계적으로 분석하기 위해 다음과 같은 순서로 논의를 전개할 것이다. 먼저 지정학적 관점에서 동북공정이 중미 관계에서 어떠한 형태의 전략적 특수성으로 논의되고 있는지를 살펴본다. 다음으로 트럼프와 시진핑 시대의 중미 관계에서 동북아 지역의 현황을 둘러싼 쟁점에 대해 논의한다. 그리고 동북공정을 둘러싼 중미의 전략적 계산이 무엇을 의미하고 있는지를 조망한다. 마지막으로 맺음말로서 전체 내용을 요약하고 동북아 지역에서 갈등과 대립으로 치닫는 중미 관계에 대한 한국의 대응 방안을 제언한다.

2 동북아역사재단, "동북공정." https://www.nahf.or.kr/gnb07/snb07_01.do,(검색일: 2018. 07. 20.).

2. 지정학적 관점에서 바라본 동북공정의 전략적 특수성

지정학은 지리적 공간에 있어서 정치권력이 어떻게 작동하는가에 초점을 맞추고 있다. 패권의 물리적 공간을 기초로 세계정세와 역학 관계를 읽어 내는 지정학은 강대국의 세계 전략과 국가의 위치를 중심으로 설명됐다. 이는 대륙 세력이 역사의 중심임을 '과학적이고 역사적인 방법'으로 설명하는 것으로, 국내에서도 해퍼드 존 매킨더의 심장지역 이론(Heartland theory),[3] 니콜라스 존 스파이크만의 주변지역 이론(Rimland theory),[4] 카를 하우스호퍼의 생존공간 이론(Rebensraum theory),[5] 앨프리드 머핸의 해양력 이론(Sea-Power theory)[6] 등과 같은 지정학적 이론을 기반으로 국내에서도 동북아 지역의 전략적 특수성을 논의하고 있다. 이처럼 동북아 지역의 지정학은 현실주의 정치학의 우세, 다자간 협력에 대한 열망과 좌절, 고전 지정학적 논리의 과잉이라는 특징을 보여 주고 있다. 동시에 최근의 연구들은 영토성의 극복, 동북아 지역 구성의 정치적 의도, 비판 지정학의 수용 등을 통해 국가 간 경쟁의 한계를 벗어

3 Halford J Mackinder(1956), "Heartland and rimland in Eurasian history," *The Western Political Quarterly*, 9(3).

4 Nicholas J Spykman(1944), *The Geography of the Peace*, New York and Harcourt: Brace and Company.

5 Karl Haushofer(2002), *An English Translation and Analysis of Major General Karl Ernst Haushofer's Geopolitics of the Pacific Ocean: Studies on the Relationship between Geography and History*, Edwun Mellen Pr: illustrated edition.

6 Alfred Thayer Mahan(1890), *The Influence of Sea Power Upon History: 1660-1783*, Boston: Little, Brown and Company.

난 새로운 지정학의 구성을 주장하고 있다.[7]

전략적 특수성 관점에서 바라본 동북아 지역은 미국의 해양 패권과 중국의 대륙 팽창이라는 두 객관적인 지정학적 현실이 의식적이고 체계적인 외교적 노력 없이 상충하는 내재적 요인들로 인해 한반도를 포함한 다른 동아시아 국가들의 평화를 위협하는 긴장 구조로 발전하고 있다는 점은 부인할 수 없다.[8] 이러한 동북아 지역에서의 중미 충돌은 대만해협에서 미국의 해양 패권과 중국의 영토적 존엄성 관념의 긴장, 남중국해에서 미국의 항해 자유 및 연해국 개념과 중국의 영토 주권 의식, 오키나와와 전후 미국 해양 패권 전략과 미일 동맹의 역사적 성격, 한반도 서해상에서 중국과 다른 동아시아 지역 간 관계의 전략적 통제 등과 같은 사례를 통해 알 수 있다.[9] 같은 맥락에서 동북공정은 냉전 종식에 따른 국제 환경의 변화로 인해 동북 변경지역을 둘러싸고 있는 남북한, 러시아, 몽골은 물론이거니와 미국, 일본 등과의 양자 관계와 다자 관계에 있어서 커다란 변화를 맞이해 왔고, 이러한 변화는 아직도 진행 중이다. 최근 동북아는 정치·경제적 위상이 제고됨으로써 세계가 주목하는 지역으로 부상하였으며, 그 전략적 위상이 매우 중요해졌다. 지난 2002년부터 중국 정부가 의욕적으로 추진했던 동북공정은 동북3성의 지정학적 중요성으로부터 연유된 것이다. 동북3성은 중국의

7 지상현(2016), 「갈등과 협력의 동북아 지정학: 동향과 과제」, 『국토지리학회』 50(3).

8 박영준(2012), 「21세기 일본의 해양질서 구상과 해양 정책」, 『외교안보연구』 8(1) ; 박창건(2016), 「미중 간 해양질서 충돌에 따른 일본의 해양 전략: 방어적 해양거버넌스」, 『일본연구논총』 44.

9 이성삼(2007), 「21세기의 동아시아 지정학: 미국의 동아태지역 해양패권과 중미관계」, 『국가전략』 13(1).

심장부를 지키는 방위벽으로, 통일 중국의 미래를 가늠해 볼 수 있는 잣대로 간주될 수 있다. 이를 자각한 중국 정부는 '하나의 중국'을 유지하기 위해 지정학적 접근(geopolitics approach)으로 동북공정을 추진했다.

흥미로운 것은 동북아 지정학 게임의 축을 한반도에 두고 향후 발생할 북한 영토에 대한 영토 주권의 문제를 대비한 '북한의 중국화'를 위한 사전 준비 작업을 내포하고 있다는 사실이다. 중국은 한반도의 비핵화와 급격한 세력 변화가 없는 안정 상태를 유지하며, 북한의 붕괴를 방지해야 하고, 경제력을 지속적으로 강화해 나가는 전략적 특수성을 동북공정에 내포하고 있다. 이처럼 동북공정은 중국 내에 존재했던 모든 민족이나 역사를 자국의 민족과 역사에 귀속시킴으로써 '대한족(大漢族)주의'를 중심으로 영토 다민족국가를 만들어 나가려는 중국의 중장기 국가 전략으로 정의할 수 있다.[10] 그렇다면 지정학적 관점에서 바라본 동북공정의 전략적 특수성은 어떠한 구성 체계에 연동되어 작동하고 있는가? 이 물음에 대한 해답은 미국과 중국이 중심이 되어 있는 동북아 지역의 이중적 위계 구도에서 글로벌 패권 경쟁에 따른 국제 구조의 변화, 지역의 불확실성을 촉진하는 행위자의 출현, 국가주의 역사관을 둘러싼 규범의 확산 등으로 설명할 수 있다.

첫째, 글로벌 패권 경쟁에 따른 국제 구조의 변화이다. 글로벌 패권 경쟁 사례는 단순히 미국과 중국이라는 G2 차원에서만 볼 것이 아니라 한반도의 지정학적 운명에 영향을 미치는 구조적 권력의 변동이라는 맥락에서 이해해야 하는 문제다. 역사적으로 보더라도 강대국들의 패

10 윤휘탁(2006a), 『신중화주의: 중화민족 대가정 만들기와 한반도』, 푸른역사.

권 경쟁은 국제 체제의 구조에 영향을 미쳐 왔으며, 특히 동북아 지역에서 중국의 부상은 새로운 플랫폼 경쟁의 양상으로 전개되고 있다. 그렇다면 21세기의 세계 정치에서 중국이 평화롭게 부상하는 것이 가능한가? 존 미어샤이머(John Mearsheimer)에 따르면, 국가들의 관계를 지배하는 것은 규범이나 도덕이 아니라 국가 이익과 힘이기 때문에 중국은 세력 균형 유지에 만족하지 않고 다른 국가를 압도할 정도의 막강한 힘을 추구하는 공격적 현실주의의 입장에 서서 동북아 지역에서 전략적 이익을 드러내고 있다고 밝혔다.[11] 여기에서 의미하는 전략적 특수성은 한반도에 대한 영향력을 확보하고 더 나아가 동북아 지역의 중심 국가로서 교두보를 확보하여 중국 주도하의 세계질서를 구축하려는 패권 추구적인 의도가 담겨 있다.

둘째, 지역의 불확실성을 촉진하는 리더십의 대립이다. 여기에서 불확실성이란 동북아 지역의 국가들이 힘의 우위를 목표로 경쟁함으로써 정치·경제·군사적 대립이 심화되어 안보 딜레마 현상이 발생하고, 결국은 물리적 충돌을 배제할 수 없는 상황에 직면하는 것을 의미한다.[12] 주목할 것은 트럼프 대통령과 시진핑 주석이 보여 주고 있는 리더십의 대립이 동북아 지역의 불확실성을 더욱 초래하고 있다는 사실이다. 트럼프 대통령의 미국 우선주의는 무역 전쟁, 불확실한 외교 관계, 선동적인 포퓰리즘 등 트럼피즘을 구성하는 여러 위험 요소로 인해 기

11 John Mearsheimer(2001), *The Tragedy of Great Power Politics*, New York and London: W, W, Norton &Company.

12 조윤영(2016), 「불확실성의 동북아 국제관계의 심화: 중국의 급부상과 동북아 주요국가들의 강한 리더십의 등장과 한국」, 『정치·정보연구』 19(3).

존의 지역질서를 완전히 탈바꿈할 것으로 보인다. 한편 시진핑 주석의 견제 없는 절대 권력은 '중국몽(中國夢)'의 실현을 위해 워싱턴의 글로벌주의자와 경제 민족주의자 사이의 분열을 조작할 뿐만 아니라 남중국해 인공 섬 건설과 군사 기지화 등을 통해 영유권 주장을 강화하면서 역내 긴장감을 높이고 있다. 이처럼 중미 관계의 전개와 관련하여 주목되는 것은 양국 간 대립 사안을 둘러싸고 두 지도자의 리더십이 어떠한 방향으로 타협하는 모습을 보일 것인가 하는 점이다. 다시 말하면 트럼프 대통령과 시진핑 주석의 리더십 대립은 동북아 지역의 안정을 흔들고 기존 질서에 불확실성을 더하는 요인으로 작용하고 있다.

셋째, 국가주의 역사관을 둘러싼 규범의 확산이다. 미국의 국가주의는 앵글로색슨족 중심의 인종주의적 색채를 바탕으로 소위 '자유 수호'를 위한 도덕적 군사주의와 결합한 자긍적 국가주의인 반면, 중국의 경우 한족 중심의 중화질서관을 바탕으로 도덕적 명분에 대한 집착이 있고, 굴욕으로 인한 상처를 씻으려는 저항적 국가주의가 주류를 차지하고 있다.[13] 주목할 것은 중국 정부가 국가 통일, 민족 단결, 변경 안정을 동북공정의 목표로 채택하여 국가의 안정적 통합을 중장기적 전략으로 제시하고 있다는 사실이다. 특히 중국 정부는 국민 통합 수단으로 국가주의 역사관을 전파하여 각 민족의 단결을 강조하는 '통일적 다민족국가론'을 동북아 지역에 적용함으로써 중국의 민족관·영토관·역사관을 굳건히 하고 있다.[14] 이러한 움직임은 동북지역의 조선족이 중

13 서정경(2013), 「미·중 민족주의의 특성과 양국관계: 메시아니즘과 천자관의 조우」, 『국가전략』 19(3).

14 우실하(2007), 「'통일적다민족국가론'의 전개와 적용」, 『고구려연구』 29.

국 국민으로서의 정체성을 확고히 해서 동요하거나 이탈하지 않도록 사전에 방지하려는 전략적 의도를 내포하고 있다. 즉, 국가주의 역사관의 논리에는 팽창주의적 중화민족주의가 숨겨져 있기 때문에 동북아 지역에서 중국의 전략적 고려는 이 지역에서 영향력을 유지하려는 미국의 지역 구상을 둘러싸고 문화적·정치적 갈등을 초래할 것으로 보인다.

3. 트럼프와 시진핑 시대의 중미 관계

미국 국가정보위원회(NIC)의 세계질서 전망보고서인 『글로벌 트렌드(Global Trends) 2025』에 따르면, 2025년까지 국제질서는 중국, 인도, 러시아 등 신흥 행위자의 등장과 함께 세계화로 인한 경제 발전, 인구 증가, 지역적 발전 격차 등으로 인해 다극화되면서 더욱 복잡하게 변화하고, 미국이 여전히 패권국의 지위를 확보하겠지만 지금보다는 '덜 지배적인 국가'로 변모할 것으로 예상했다.[15] 이 보고서에서 주의 깊게 봐야 할 사항은 동북아 지역의 전략 환경에 있어 가장 큰 변수는 중국의 경제적 성장을 기반으로 한 강대국으로의 부상이며, 이에 따라 미국이 그간 누려 온 역내의 우월적인 지위 유지에 대한 조정 가능성이 점차 제기되고 있다는 점이다. 이러한 중국의 부상에 위기감을 느낀 미국

15 U.S, National Intelligence Council(2008), "Global Trends 2025: A Transformed World, November 2008", http://www.dni.gov/nic/PDF_2025/2025_Global_Trends_Final_Report.pdf(검색일: 2018. 7. 25.).

의 트럼프 정권은 중국이 지역 패권을 추구하려 하는 한 미국과의 안보 경쟁이 불가피하다는 입장을 견지하고 관계를 재정립하려는 움직임을 보이고 있다는 사실이다.

옌쉐퉁(閻學通) 청화대 국제문제연구소장은 2023년경이 되면 중국이 GDP에서 미국을 상회하지만 군사력이나 문화 면에서는 여전히 미국에 뒤질 것이라는 점을 인정하면서도, 미국은 부채 문제 등 산적한 구조적 문제들을 해결하기엔 정치력이 부족하여 발전이 정체되는 반면, 중국은 빠른 추격을 이어 감으로써 미중 간 글로벌 리더십 경쟁이 격화될 것이라고 지적하고 있다.[16] 이처럼 동북아 지역에서 위대한 미국 재건설을 국정 목표로 내건 트럼프 대통령과 중국몽 실현을 통한 강한 중국을 지향하고 있는 시진핑 주석의 지향점은 국가 이익을 최대한 실현할 수 있는 여건을 마련하겠다는 공통점이 있다. 이러한 의미에서 트럼프 대통령과 시진핑 주석이라는 개성 넘치는 포퓰리스트적 지도자들의 리더십 아래 동북아 지역의 현안으로 부상한 북핵 문제에 대한 공동 대응과 아울러 무역 불균형, 지역 세력 균형 등 양국 간 쟁점 이슈 관련 이익 조정을 위한 관계의 재설정을 다음의 전략적 이해를 고려하여 진행할 것으로 보인다.

첫째는 무역 분쟁에 따른 정치적 의도이다. 2018년 7월 6일 0시 1분을 기점으로 미국은 340억 달러 규모의 중국산 수입품에 25퍼센트 관세를 부과했다. 품목은 대부분 중국이 집중 투자하고 있는 IT와 전기 자동차, 로봇 등 첨단 제품이었다. 이에 대응하여 중국은 500억 달러의

16 옌쉐퉁(2014), 고상희 역, 『2013년 세계사 불변의 법칙』, 글항아리.

자동차, 농산품 등 미국산 제품 659개 품목에 25퍼센트 관세를 부과했다. 이는 G2로 불리는 미국과 중국 간 무역 분쟁의 서막이 열리고 정치적 리스크가 요동치고 있음을 의미한다. 그렇다면 트럼프 대통령은 어떠한 이유로 '아메리카 퍼스트'를 기치로 글로벌 무역 분쟁을 사실상 중국을 겨냥하여 벌이려고 하는 걸까? 트럼프 대통령은 중국이 자국 시장을 미국 기업에 제대로 개방하지 않으면서 대미 무역의 혜택만 챙기는 불공정 무역의 관행과 환율 조작 의혹, 특권 침해, 본국 투자 해외 기업에 대한 기술력 갈취 등과 같은 문제로부터 기인되었다고 지적하고 있다. 특히 트럼프 정권은 2025년까지 첨단 산업에서 지배적 위치를 차지하겠다는 중국 정부의 경제계획인 '중국 제조 2025 프로젝트'를 지연시키는 등 경제의 구조적 변화를 통해 앵글로-아메리칸 방식의 공정 무역을 이식하려는 의도를 엿볼 수 있다. 다시 말하면 중미 간 무역 분쟁은 표면적으로 양국 간의 대규모 무역 불균형에서 비롯되었지만 그 이면에는 글로벌 혁신 기술 주도국을 둘러싼 양국의 전략적 경쟁 관계 정립과 양국 모두 내부 문제를 다른 나라의 문제로 시선을 돌려 내부의 쟁점을 정리하려는 정치적 의도가 자리 잡고 있다.

둘째는 지역 구상을 둘러싼 주도권 경쟁이다. 시진핑 주석은 '두 개의 백년(兩個一百年)'을 통한 '중국몽' 실현이라는 장기적인 지역 구상으로 '일대일로' 전략을 공세적으로 제시하였다. '일대일로' 전략은 지리학적으로 보았을 때 중국을 기점으로 중앙아시아에서 유럽으로 이어지는 내륙 '실크로드 경제벨트(絲綢之路經濟帶)', 그리고 동남아시아에서 인도와 중동을 거쳐 아프리카와 유럽으로 이어지는 '21세기 해상실크로드(21世紀海上絲綢之路)'로 구성된다. 이러한 중국의 지역 구상은 아시아를 포함한 유라시아 대륙을 주요 대상으로 포괄하고 있을 뿐 아니라 대륙과 해양(태평양, 인도양, 대서양)을 서로 잇는 광범위한 대륙-해양 결합 프로젝트이다. 이에 대응하여 트럼프 대통령은 동아시아 지역에서 강대해지는 중국을 견제하기 위해 '인도-태평양 전략'을 통해 '낡은 동맹을 활성화하고 새로운 동맹'을 구축할 것이라고 밝혔다. 미국의 '인도-태평양 전략'은 단순히 이 지역의 안정을 기반으로 인도와 동남아시아 국가들과의 경제 협력 강화를 통해 미국의 지속적인 경제 성장의 토대를 구축하고자 하는 것 이상의 또 다른 안보적 의미를 함축하고 있다. 이러한 미국의 지역 구상을 통해 미국-중국-인도의 전략적 삼각관계를 구축하여 수동적으로 중국의 강대국화를 견제하는 것이 아니라 인도양을 중심으로 전개될 삼각관계에서 능동적이고 중추적인 역할을 수행하여 이 지역에 대한 미국의 영향력을 지속시킴과 동시에 새로운 영향권을 형성해 나가겠다는 의도가 깔려 있다. 즉, 지역 구상을 둘러싼 주도권 경쟁으로서 중국의 '일대일로' 전략과 미국의 '인도-태평양 전략'이 충돌할 수 있는 새로운 '전략 공간'이 창출될 수 있다는 것을 의미한다.

셋째는 분쟁 지역에 대한 지배력 강화이다. 동북아 지역에는 중국과 일본이 치열하게 대립하는 센카쿠열도(중국명 조어도)와 일본과 러시아 사이의 북방 4개 섬, 한국과 일본의 독도(일본명 다케시마) 등과 같은 분쟁 지역이 현존한다. 여기에 동북공정의 유산이 '갈등의 불씨'로 남겨져 있는 한반도에 인접한 동북지역을 둘러싸고 중국과 미국이 전략적 관점에서 영향력을 극대화하려는 움직임을 보인다. 특히 2017년 4월 6~7일 플로리다주 마라라고 리조트에서 개최된 중미 정상회담에서 시진핑 주석은 한반도 역사를 언급하며 왜곡된 역사관을 드러냈다. 트럼프 대통령은 4월 12일 『월스트리트저널(WSJ)』과의 인터뷰에서 미중 정상회담 결과를 얘기하면서 "시진핑 주석이 북한이 아닌, 중국과 한반도 역사에 대해 말했다"며 "한반도는 사실 중국의 일부였다(Korea actually used to be a part of China)고 발언했다"고 밝혔다. 이에 트럼프 대통령은 "10분간 시진핑 주석의 설명을 들은 후 북한 문제가 그렇게 쉽지 않다는 것을 깨달았다"며 "내가 생각하던 것과는 다를 수 있다"고 언급했다. 이처럼 왜곡된 시진핑의 역사관에서 알 수 있듯이, 동북공정은 중국이 동북 지방의 안정을 꾀하면서 과거 불특정한 시점을 기준으로 중국사의 범주를 최대한 확장하면서 동북아 국제질서를 중국 중심으로 재편하겠다는 극단적인 패권주의 역사관을 기반으로 이 지역에서 지배력을 강화하는 수단으로 활용하려는 전략적 계산이 깔려 있다.

4. 중국의 '핵심 이익' vs 미국의 '국가 이익'

중국이 동북3성 지역의 역사를 자국사로 편입해 정비하는 '동북공정'은 2002년 시작돼서 2007년 종결되었다. 학술 연구 프로젝트로서의 동북공정 자체는 종료됐지만, 최근 만리장성 경계를 늘린 데서 볼 수 있듯, 그 이론적 바탕이 됐던 '통일적 다민족국가론'은 여전히 다양한 국경지역에 대한 정책으로 진행되고 있다. 한 국가의 역사적 성격은 오늘날 국가 판도가 아닌, 그 국가의 민족 주체, 정권 구성, 문화 성질 등으로 구성된 역사상 특정한 시기의 판도 범위에 따라 결정되는 경향이 강하기 때문이다. 이러한 논리 기반 아래 중국의 변강 정책은 동북지구 발전 전략인 '동북진흥전략', 청대의 영토문제와 주변 민족국가와의 관계사가 포함될 '청사공정', 문화유산 개발계획인 '문화공정' 등과 같이 다양한 형태로 소수민족의 역사를 중국사로 편입하고 있다. 이러한 움직임은 '국가체제 유지, 주권과 영토 보호, 국가 통일 추구'라는 중국의 핵심 이익과도 직결된다. 다시 말하면 중국의 동북공정은 형식적으로 종료되었지만, 여전히 현재 진행형의 모습을 드러내고 있다.

동북공정을 둘러싼 북한의 지정학적 고려는 중국의 핵심 이익과도 밀접한 연관성이 있다. 이는 북한이 일으킨 핵 위기가 중국, 미국 및 한국과의 군사적 분쟁에 연루될 가능성과 북한의 핵 기술과 물질이 중국 내 분리·독립주의자에게 확산할 우려가 제기되기 때문이다. 다시 말하면 북한은 중국의 핵심 이익에 버금가는 전략적 비용을 크게 초래할 수 있으므로 역설적으로 중요해지는 상황이 전개되고 있다. 하지만 중국은 기본적으로 북한이 전략적 완충지로서 여전히 전략적 자산이라는 구시대적 믿음이 여전하며, 북한을 벼랑 끝으로 몰고 갈 때 한반도 정세 악화가 반복되고 최악의 경우 북한 정권의 위기가 초래될 수 있다는 전략적 판단을 하고 있다. 이러한 상황 인식하에 중국은 동북공정을 통해 미래의 동북지역 영토 분쟁과 한반도에서의 영향력 확보를 대비한 장기적인 '역사 전략'을 준비하고 있다. 이는 중국이 '어떠한 국가와도 핵심 이익을 가지고 거래하지 않을 것이며, 중국의 주권과 안전·발전 이익을 침해할 수 없다'는 레드라인의 외교 원칙과도 맥을 같이하고 있다.

이희옥은 동북공정을 추진하게 된 배경을 전략적 차원, 동북지역 개발의 차원, 한반도의 정세 변화와 함께 계기적 차원에서 분석하였다.[17] 실천적인 배경에 주목한 이 연구에서 지적하듯이, 변형된 동북공정의 새로운 도전이 한반도와 중국과의 지정학적 관계의 특수성에 주목하면서 중국의 변강 정책이 북한에서의 돌발 사태에 대비하고, 궁극적으로 북한 지역을 동북4성으로 편입하기 위한 준비 작업의 일환이라는 의혹이 제기되고 있다는 사실은 시사하는 바가 남다르다. 이처럼 동북지역 변경 안정 차원에서 북한 변수는 단순한 한반도의 위기뿐만 아니라 중미 관계의 성격 변화에도 영향을 미쳤다. 동북공정의 여러 요인 가운데 거시적 접근법으로 먼저 검토해야 할 요인은 전략적 차원이라고 할 수 있다. 그 결과 동북공정을 둘러싼 중국과 미국의 정치적 입장은 매우 민감하고, 전략적으로 대응하는 동시에 이를 '역사로 포장된 정치문제'로 인식하기 시작했다.[18]

주목할 것은 동북아 지역에서 '역사 왜곡의 정치화'로 인해 나타나는 '통일적 다민족국가론'이 더욱 거세질 것이라는 사실이다. 중국 견제와 봉쇄를 겨냥한 미국과 일본의 군사 동맹 관계와 이에 편승한 일본의 민족주의 및 군사 대국화가 중화민족주의의 불에 기름을 붓는 형국이기 때문이다. 더욱이 미국과 일본이 2005년 2월 19일에 발표한 '안보공동성명'도 중화민족주의를 자극한 대표적 사례다. 중국이 가장 민감하게 여기는 타이완 해협 문제를 미국과 일본이 '공동 전략 목표'로 포함시켰기 때문이다. 중국은 그다음 달인 3월 14일 무력행사를 통해서

17 이희옥(2005), 「중국의 '동북공정' 추진현황과 참여기관 실태」, 『중국의 동북공정과 중화주의』, 고구려연구재단.

18 송기호(2007), 『동아시아의 역사분쟁』, 솔출판사, 287쪽.

라도 국가 분열을 막겠다는 '반국가분열법'을 만들고 나설 정도로 매우 예민한 반응을 보였다. 더욱이 일본의 집권 세력은 중국을 비롯한 이웃 나라들의 민족적 반발을 내심 반기는 것으로 보이고, 이웃 나라들에 영토나 역사 문제를 도발적으로 일으키는 것으로 분석된다. 다시 말하면, 한국과 중국의 반일 현상이나 북한의 핵과 미사일, 일본인 납치 문제 등이 일본인들의 민족주의 의식과 심리를 자극함으로써 일본의 보수 정치 기반을 넓혀 주고, 평화 헌법 개정 및 군사 대국화의 길을 열어 주는 데 도움이 된다고 생각할 것이기 때문이다.

동북공정을 둘러싼 역사 왜곡의 정치문제로 분출된 또 다른 사례는 2012년 12월에 발간된 미국 의회 최종 보고서다. 「한반도 통일에 대한 중국의 영향력과 상원의 과제」라는 제목의 보고서는 한반도의 통일 혹은 유사시 영토문제와 관련해 중국의 개입 전략을 분석하기 위한 목적으로 미국 의회가 만들었다. 요청을 받은 동북아역사재단은 2012년 8월 미국 의회조사국(CRS)에 「한중 역사적 변화에 대한 한국의 시각」이란 검토 자료를 제출했다. 이러한 문제의 인식하에 미국 상원 외교위원회는 CRS에 보고서의 진의를 정확하게 파악하고, 향후 유사시 중국이 북한 측 영토에 대해 역사적 연고권을 주장할 경우를 대비하는 전략을 수립할 것을 권고했다.

트럼프 행정부는 중미 관계 재설정에 있어 '협력'보다는 '경쟁'의 기조가 우세하고, '갈등' 요인도 증폭되고 있다. 트럼프는 2016년 12월 대통령 당선자 신분으로 대만 차이잉원(蔡英文) 총통의 축하 전화를 받음으로써 중국이 가장 민감하게 생각하는 '타이완 문제'를 건드렸고, 2017년 1월 13일 『월스트리트저널(WSJ)』 인터뷰에서도 '하나의 중국

(One China)' 원칙을 포함한 모든 것이 '협상 대상(under negotiation)'이라는 점을 밝혔다. 더욱이 트럼프 행정부는 중국을 환율 조작국이라고 비판하고 중국 제품에 대한 수입 관세 부과 가능성을 언급하는 등 경제적 카드를 활용한 중국 견제도 고려했다. 외교 안보 분야에서 트럼프 대통령은 다양한 전략적 카드를 활용하는 동시에 군사력 증강을 통해 중국을 견제하고 압박함으로써 미국의 국가 이익을 우선적으로 추구하고 있다. 예를 들면, '미국 우선 외교 정책(America First Foreign Policy)'은 국가 이익과 국가 안보에 초점을 맞춘 외교 정책을 추진한다는 의미이고, '강한 군대 재건(Make Our Military Strong Again)'은 국방비 증액 등을 통해 강력한 군사적 우위를 유지하겠다는 의미이다. 이러한 국정 기조는 트럼프 대통령이 강조해 온 '힘을 통한 평화(Peace Through Strength)'를 재확인함과 동시에 동북아 지역에서 중국의 핵심 이익에 적극적으로 대응하여 미국의 국가 이익을 강조하고 있다.

2018년 6월 19일 자 『아메리칸 컨설베이티브(The American Conservative)』에 따르면, 미국의 대표적인 동아시아 전문가인 고든 창(Gordon G. Chang)은 「과연 트럼프가 북미 회담으로 아시아를 중국에 넘겨줬는가?(Did Trump really hand Asia to China during the Kim Summit?)」라는 기고를 통해 "북미 회담의 최대의 수혜자는 중국"이라고 주장했다. 이 기고문에서 중국의 동국공정과 관련하여 "베이징은 현재 국경선(두 개의 강으로 분할된 기점과 백두산 화산 지역)이 항구적으로 유지될 것으로 보지 않는다"라면서 중국의 역사 왜곡과 영토 야욕을 역설적으로 분석했다. 고든 창은 "다수의 남북한 학자들은 중국어용 지식계의 실지회복주의(irredentism) 운동에 대해 심각한 우려"를 표하면서, 궁극적으로 "중국이 한반도 북단의 영유권을 자국으로 복속시키기 위한 것"이라고 설파했다. 즉, 북한으로서는 영토 야욕이 없는 초강대국인 미국을 든든한 후원자로 두는 것도 전략적으로 나쁘지 않기 때문에 "북한엔 미국의 도움이 절실하다"고 지적했다. 이처럼 고든 창의 논리는 지정학적으로 중요한 한반도에서 여전히 영향력을 유지하려는 미국의 국가 이익에도 부합하는 것이다.

2018년 7월 트럼프 정권이 촉발한 중미 간 무역 전쟁은 단순히 경제적인 문제가 아니라 중국의 핵심 이익을 견제하기 위한 미국의 강력한 대응 전략이다. 이는 트럼프 대통령의 미국 우선주의(America first)와 위대한 중국의 부흥을 주창하는 시진핑 주석의 중국몽이 정면으로 충돌하는 것이다. 중국이 미국의 요구 조건을 어느 정도 수용해서 무역 장벽을 낮추고 일부 품목에 대해 개방을 실시해서 일단 문제가 봉합될 수는 있지만, 본질적인 문제가 해결되는 것은 아니다. 적어도 2020년까지는 미국 대통령 선거, 중국공산당 창당 100주년, 대만 총통 선거가 있는 해이기 때문에 중국의 핵심 이익과 미국의 국가 이익의 충돌이 지속될 것으로 보인다. 무엇보다도 주목할 사실은 미국의 대중 무역 정책은 미국의 대북 무역 정책과 궤를 같이하기 때문에 미국이 북한 문제를 중미 무역 전쟁 테두리 안에서 다루고 있다는 점이다. 이는 트럼프 정권이 이번 중미 무역 전쟁에서 미국의 국가 이익을 절대 양보하지 않고 중국을 제압함으로써 한반도 비핵화를 둘러싼 북한의 태도 변화를 끌어내겠다는 복합적인 의도도 담겨 있다고 할 수 있다.

결과적으로 중국의 '핵심 이익'과 미국의 '국가 이익'은 역내에서 패권 경쟁으로 충돌하고 있다. 중국은 국가체제 유지, 주권과 영토 보호,

국가 통일 추구를 내세우며 핵심 이익을 자의적이고 일방적인 관점에서 주창하고 있으며 더불어 전략적 배후 지역의 안정적 유지, 우호적인 주변 환경 조성, 중미 양국 관계 관리, 중국의 대양 해군력 확대, 중국 주도의 대안적 국제기구와 국제질서 형성 등을 대외 전략 기조로 추진하고 있다. 반면 미국은 동북아 역내 패권 유지라는 목적으로 중미 관계 관리 및 중국 견제, 대만해협 안정과 대만 보호, 남중국해 항해자유권 고수, 북한 비핵화, 미일 동맹 유지와 강화, 자유·공정 무역질서 구축 등을 주요 국가 이익으로 설정하고 있다. 미국은 중국의 도전으로 동북아 지역에서의 패권력을 일정 부분 상실하게 되지만, 중국도 미국의 방어선을 완전히 넘어서지는 못할 것으로 판단된다. 미국과 중국은 서로의 '국가 이익'과 '핵심 이익'을 존중하고 각자의 영향권을 인정하는 동시에 역내 현안들을 양국 간 협의를 통해 해결하려는 노력을 여전히 경주하고 있기 때문이다. 하지만 역사적으로 패권 국가와 도전 국가 간에 이익의 합의점을 찾는 것은 매우 어려운 일로, 협상은 대부분 실패하는 것이 현실이며 결국 동북아 지역에서 미국과 중국의 패권 충돌은 더욱 가시화될 것으로 보인다.

5. 맺음말

이상에서 살펴본 바와 같이, 2007년 1월부로 중국의 동북공정은 공식적으로 종료되었지만, 동북공정에서 제기된 역사인식은 변화하지 않고 여전히 진행 중이다. 오히려 확대되었고, 재생산 체제를 구축하면서 역사 왜곡의 정치화를 통해 동북공정의 전략적 특수성을 강조하고 있다. 중국이 추진하고 있는 포스트 동북공정의 의도를 살펴보면, 첫째는 한반도의 정세 변화가 중국 동북지역의 사회 안정에 미칠 영향이나 충격 차단, 둘째는 한반도 정세 변화에 따른 동북아 지역질서에 대한 적극적인 대처, 셋째는 '통일적 다민족국가론'을 동북 지구에 적용하여 중국의 역사적·국가적·정체성을 완결하여 통일된 다민족국가로 정착, 넷째는 북한이 단독으로 고구려 문화 유적을 세계 문화유산에 등재하려는 시도를 막으려는 것이다. 이처럼 동북공정은 학술 문제인 동시에 중화민족주의에 기반하여 중국의 통일과 안전, 영토 주권의 완결, 소수민족 지구의 안정, 민족 단결 등을 유지하기 위해 추진하고 있는 '정치문제'이자 '전략 문제'이다.[19]

이러한 문제 인식하에 이 글은 동북공정의 전략적 특수성을 둘러싼 중국과 미국의 정치적 입장을 논의하였다. 논의의 핵심은 동북아 지정학 게임의 축을 한반도에 두고 중국과 미국이 북한의 위기 상황에 대한 대응 논리를 '핵심 이익'과 '국가 이익'이라는 상충하는 전략적 관점에서 진척시키고 있다는 점이다. 이러한 맥락에서 이 글은 지정학적 관점에서 동북공정이 함축하고 있는 전략적 특수성을 둘러싼 중미 관계의 재설정 과정에서 한국이 선택해야 할 정치적 입장은 무엇인가를 모색하려고 했다. 동북지역에서 갈등과 대립으로 치닫는 중미 관계를 고려한다면, 한국은 스윙(swing) 국가로서의 이해관계를 조절하는 중요한 행위자 역할을 할 수 있다. 스윙 국가는 국제사회에서 스스로 질서를

19 윤휘탁(2006b), 「'동북공정'의 문제점과 대응방안」, 『정세와 정책』 2016년 10월호.

형성할 수 없지만, 지정학적으로 중요한 위치에 있으므로 일정한 국력을 가지면서 역할 확대에 어울리는 대외 정책을 유연하게 대처한다.[20] 동북공정을 둘러싼 한중 간의 역사 문제는 한반도의 평화와 안정, 동북 3성의 조선족 문제, 간도 문제 등과 관련하여 중국에는 한 치도 양보할 수 없는 소위 '핵심 이익' 사항에 버금가는 문제이다. 이러한 문제는 현실적으로 외교적 해결에는 한계가 있다. 중미 강대국 정치로부터 직접적인 영향권에 들어 있는 한국은 '헤징 전략'을 통해 동북아 지역의 세력 전이에 대비하고자 하는 스윙 국가로서의 정치적 태도를 보이는 것이 현명한 생존 전략이다.[21]

중미 관계의 양상이 불확실한 현시점에서 중국의 포스트 동북공정이 추구하는 의도를 우리가 어떻게 인식할 것인지는 중요한 변수다. 동북공정의 특수성을 고려한 근본적인 해법은 한중 관계와 한미 관계를 조화롭게 유지하면서 중국이 포스트 동북공정을 추진하고 있는 요인이 무엇인지를 냉철하게 파악하여 공생의 원리에서 해소 방안을 함께 해결하려는 노력이 필요할 것이다. 동북공정을 둘러싼 한중 간의 역사 문제는 언론이나 포퓰리즘에 호소해서 해결될 문제는 결코 아니다. 오

20 Richard Fontaine and Kliman M Daniel(2014), "International order and global swing states", *The Washington Quarterly*, 36(1).

21 에블린 고(Evelyn Goh)는 헤징을 "균형(balancing), 편승(bandwagoning) 혹은 중립(neutrality)과 같은 보다 노골적인 정책을 취할 수 없는 상황을 벗어나기 위한 일련의 전략"이라고 설명하고 있다. 이것은 다른 전략을 포기하면서 하나의 전략을 취하는 것을 미연에 방지하거나 피하는 중간 지대를 형성하는 '순서와 속도 맞추기 원칙'에 기반을 둔 '위험 분산 전략'이다(Evelyn Goh(2006), "Understanding 'Hedging' in Asia-Pacific Century", PacNet43, http://csis.org/files/media/csis/pubs/pac0643.pdf2006(검색일: 2014. 10. 20.)).

히려 그러한 해결은 문제를 보다 복잡하고 심각하게 만들 수 있다. 이러한 의미에서 동북공정의 특수성을 충분히 이해하고 대응할 수 있는 스윙 국가로서 역사·문화와 경제·안보를 연계시킬 수 있는 한국의 헤징 전략을 개발하여 상황 변화에 적응하기 위한 순응적 차원이 아니라 상황을 헤쳐 나가고 새롭게 상황을 조성할 수 있는 현실적인 대응 방안이 필요하다.

제3부

서구 학계가 보는 동아시아 역사 문제

1. 서구 학계가 보는 동아시아 역사 문제

1

서구 학계가 보는 동아시아 역사 문제

윤영인 • 영산대학교 성심교양대학 교수

1. 동아시아 역사 문제

21세기 동아시아 각국은 매우 긴밀한 경제적 협력 관계를 유지하면서도 동시에 갈등이 첨예화되고 있다. 그리고 갈등의 중심에는 자국 중심적 민족주의 사관에서 비롯된 역사 문제가 있다. 한국, 중국, 일본의 역사가 서로 중첩되는 부분이 많은 만큼 이에 대한 해석에 차이와 갈등이 존재하는 것은 당연한 결과라고 볼 수도 있다. 여기에 태평양전쟁의 승자 미국은 전후 지역 체제를 구축하면서 냉전 체제의 사고방식으로 동아시아 지역에서 영토, 보상, 정의 구현 등이 이루어지지 않은 상황을 해결하려는 노력이 부족하였다.

그런데 '동북공정'과 역사 교과서 편찬 등으로 대표되는 동아시아 '역사전쟁'의 논쟁은 대부분 고대사에 집중되어 있지만, 서구 학계가 말하는 동아시아 "History Problem"(역사 문제 혹은 역사인식 문제)은 대체로 20세기 일본의 제국주의 침략과 만행에 대한 역사적 반성(혹은 반성의 부재)을 지목한다.[1] 그리하여 중국과 일본의 역사 문제를 "2천 년을 가리는 50년"으로 묘사하기도 하며, 한일 역사 문제의 근원을 20세기 일본 제국주의 침략과 식민통치에서 찾는다.[2]

서구 학계는 근대에 대한 한·중·일 3국의 서로 다른 역사관은 상호 불신과 갈등을 야기하고 국제관계, 특히 지역적 협력 체제를 구축하는

1 Paul J. Smith(2009), "China-Japan Relations and the Future Geopolitics of East Asia," *Asian Affairs* 35.4, p. 232.

2 Caroline Rose(1998), *Interpreting History in Sino-Japanese Relations* (New York: Routledge), p. 10.

데 매우 부정적으로 작용한다고 보고 있다.[3] 일본 제국주의가 몰락한 지 70여 년이 지났지만 동아시아 국제관계는 여전히 역사의 볼모로 남아 있으며, 정치·경제·문화 등 다양한 부문에서 밀접한 관계를 유지하고 있는 한·중·일이 역사인식의 차이로 긴밀하고 효율적인 협력을 이루지 못하면서 충돌의 위기마저 제기되는 것이다.

제2차 세계대전 이후 일본은 눈부신 경제 발전을 이루었고 국제사회에서 우호적인 평가를 받아 왔지만 바로 이웃인 한국과 중국의 시각은 매우 비판적이다. 평화 헌법과 민주 정치를 표방하면서 유엔을 통해 국제 평화와 안보에 이바지하고자 하는 일본이 이웃 국가들의 의심을 해소하고 협력의 관계로 나아가기 위해 '역사 문제' 해결에 더 적극적으로 노력하지 않는 이유는 무엇인가? 물론 전쟁을 겪은 일본인들은 전시에 저지른 만행을 알고 있으며 소수는 그 정황에 대해 고백하기도 하는 등 역사 문제 해결을 위한 시도가 전혀 없었던 것은 아니다. 그러나 일본은 제국주의 침략과 만행을 삭제하거나 최소화하고 이를 그대로 역사 교과서에서 반영하면서 '애국'적 교육을 통한 국가 통합을 시도하고 있다.[4] 어느 학자는 19세기 이후 탈아입구론(脫亞入歐論)과 서구 제국주의를 모방하면서 주변국에 대한 침략과 약탈을 통한 근대화의 '성공'을 자랑스럽게 인식하는 일본은 다른 아시아 국가들을 동등한 존재로

3 Victor D. Cha(2003), "Hypotheses on History and Hate in Asia: Japan and the Korean Peninsula," in Yoichi Funabashi, ed., *Reconciliation in the Asia-Pacific* (Washington, DC: United States Institute of Peace), pp. 37~59.

4 Karl Gustafsson(2015), "Identity and Recognition: Remembering and Forgetting the Post-War in Sino-Japanese Relations," *The Pacific Review* 28.1, pp. 117~138; Jeffrey N. Wasserstrom(2006), "Asia's Textbook Case," *Foreign Policy* 152, p. 80.

받아들이지 못하였다고 하였다.[5]

동아시아 '역사 문제'는 난징대학살, 일본군'위안부', 강제 동원 피해자 등 일본 제국주의와 전쟁 중에 자행된 여러 범죄에서 비롯되지만, 그 본질은 과거의 행위 자체보다는 역사적 성찰과 반성의 결여라는 현재와 미래의 문제라고 할 수 있다. 일본의 정치가들이 매년 전범들이 합사된 야스쿠니 신사를 참배하는 것은 한국과 중국에서 일본의 제국주의 침략을 다시 기억하게 되는 계기가 된다. 즉 역사 문제는 일본이 과거에 그들이 저질렀던 행위에 대한 책임을 회피하고 진정한 반성이 없을 뿐만 아니라 '조작'으로 치부하거나 아시아 지역을 해방하려는 노력으로 미화하는 수정주의적 모습에서 비롯되었다는 것이다.[6] 니콜라스 크리스토프는 제국주의 시대에 저지른 만행에 대한 적절한 사과의 부재를 일본과 이웃 국가 사이에 계속되고 있는 갈등의 원인으로 보았다.[7]

그런데 서구 학계는 대체로 '역사 문제'를 국가 중심적 시각에서 접근하고 있으며,[8] 문제의 본질보다 동아시아 국제관계에 미치는 영향에

5 Masaru Tamamoto(2003), "Ambiguous Japan: Japanese National Identity at Century's End," in G. John Ikenberry and Michael Mastanduno, eds., *International Relations Theory and the Asia-Pacific* (New York: Columbia University Press), pp. 195~196.

6 Gavan McCormack(1999), "The Japanese Movement to Correct History" in Laura Hein and Mark Selden, eds., *Censoring History: Citizenship and Memory in Japan, Germany and the United States* (Armonk, New York: M. E. Sharpe), pp. 3~50; Ishikida, Miki(2005), *Toward Peace: War Responsibility, Postwar Compensation, and Peace Movements and Education in Japan* (New York: iUniverse).

7 Nicholas Kristoff(1998), "The Problem of Memory," *Foreign Affairs* 77.6.

8 Akio Takahara(2008), "A Japanese Perspective on China's Rise and the East Asian Other," in

더 많은 관심을 보인다.[9] 특히 중국의 부상에 대비하여 동맹국 한국, 일본과 더욱 긴밀한 협력을 추구하고 있는 미국의 관점에서 접근하여 역사 문제가 동아시아 안보 전략에 미치는 부정적인 영향에 주목한다. 한국과 일본은 동아시아 전통문화를 공유하고 있으며 근대 민주주의와 자본주의 체제를 갖추고 있는 동시에 미국의 우방 국가라는 공통점이 있지만, 역사 문제가 양국 관계의 진전을 저해하고 있다고 보는 것이다. 토마스 버거는 한국과 일본이 상호 안보 체제 구축과 협력을 할 수 있는 구조를 갖추고 있음에도 불구하고 '적대적(hostile)' 감정과 관계가 지속되는 가장 큰 이유 중 하나로 역사 문제를 꼽는다.[10]

2. 전후 냉전 체제와 역사인식

전쟁에서 패한 일본은 미국에 의해 '개조'되면서 민주주의와 평화를 지향하는 국가라는 새로운 정체성을 만들었지만, 여전히 동아시아에

Robert Ross and Zhu Feng, eds., *China's Ascent* (Ithaca: Cornell University Press), p. 235.

9 He Yinan(2007), "Remembering and Forgetting the War: Elite Mythmaking, Mass Reaction, and Sino-Japanese Relations," *History & Memory* 19, pp. 43~74.

10 Thomas U. Berger(2008), "Overcoming a Difficult Past: the History Problem and Institution Building in Northeast Asia," in Martina Timmermann and Jitsuo Tsuchiyama, eds., *Institutionalizing Northeast Asia: Regional Steps Toward Global Governance* (Tokyo: United Nations University Press), pp. 98~117; Thomas U. Berger(2010), "Of Shrines and Hooligans: The Structure of the History Problem in East Asia after 9/11," in Eric Langenbacher and Yossi Shain, eds., *Power and the Past: Collective Memory and International Relations* (Washington D. C.: Georgetown University Press).

서 역사적으로 고립되어 있으며 아시아를 이끄는 리더십을 발휘하지 못하고 있다. 일본이 항복한 직후 1950년대 아직 식민통치와 전쟁의 기억이 생생할 때 역사에 대한 성찰과 화합이 중요한 안건으로 등장해야 했지만, 동아시아 역사인식은 미국의 동아시아 정책, 냉전, 한국전쟁이 전개되면서 표면에 드러나지 못하였다. 미국의 주도 아래 한국과 일본은 역사 분쟁이 국제 협력에 지장을 주지 않도록 조치하였는데, 예를 들면 한국에서의 반일 감정은 전후 미국의 영향과 냉전의 대립이라는 국제정세 아래 억압되거나 최소화되었다. 한 학자는 미국이 자본주의와 공산주의가 대립하는 냉전 체제에서 일본을 새로운 '우방'으로 복권하면서 그 지도층이 저질렀던 제국주의 침략에 대한 '망각'을 용인하였다고 보았다.[11] 결국, 냉전 체제의 이념적 대립 속에서 역사인식의 공유를 토대로 한 화해가 이루어질 가능성이 희박하다는 것이다.[12]

나아가 1950년대 패전국 일본의 역사인식은 학계에서 크게 주목하지 않았다. 그러나 일본이 아시아의 '거인'으로 도약하면서 겉으로 내세우는 평화주의의 레토릭(rhetoric)과는 이율배반적으로 자신의 제국주의 역사에 대한 반성을 주저하는 모습에 이웃 국가들의 부정적 시각과 비판이 일어났다. 유대인 대학살(Holocaust) 등 전쟁의 기억이 강렬하게 남아 있는 유럽에서는 독일이 역사 문제에 대한 사죄와 반성을 통해 이웃 국가들과 새로운 관계를 정립하는 데 성공하였지만, 동아시아의

11 Lisa Yoneyama(2016), *Cold War Ruins: Transpacific Critique of American Justice and Japanese War Crimes* (Durham: Duke University Press).

12 Kuan-Hsing Chen(2010), *Asia as Method: Toward Deimperialization* (Durham: Duke University Press).

역사 기억은 아직도 정치적 분쟁을 일으키고 있다.[13] 독일은 유럽 통합과 이웃 국가와의 제도적 협력을 통해 역사적 과거를 해결했지만, 일본은 외국과의 관계를 정상화하는 과정에서 활용할 수 있는 유럽공동체(EU)와 같은 지역적 협력기구의 부재로 인해 외교적인 해결이 쉽지 않았다. 그리하여 몇 학자들은 성공적인 경제 협력을 통해 원만한 정치적 관계로 발전한 유럽의 사례에서 동아시아 역사 문제 해결 방법의 단서를 찾을 수 있다고 말한다.[14]

3. 민족주의와 역사 문제

냉전 체제를 벗어나 동아시아 지역이 민주화를 이루고 경제와 문화적 교류가 활발해지는 국제 환경에서 오랫동안 감추어진 역사적 쟁점들이 표면에 나타나기 시작하였다. 한국, 중국, 일본은 과거에 대한 특정 시각과 이해를 바탕으로 정체성을 형성하였는데, 전쟁과 제국주의 경험은 전후 내부 정치 상황과 작용하였고 매우 다른 역사 서술과 인식이 형성되었다. 여기서 기억이라는 행위는 정체성의 형성과 유지에 매우 중요한 요소이기에 민족주의와 밀접한 관계가 있다. 역사는 객관적 서술이 아니라 민족의 관점에서 접근하기에 국가는 정통성을 유지하

13 Peter J. Katzenstein(2005), *A World of Regions: Asia and Europe in the American Imperium* (Ithaca, New York: Cornell University Press).

14 Gilbert Rozman(2002), "Japan and Korea: Should the US Be Worried about Their New Spat in 2001?" *Pacific Review* 15.1, pp. 2~3.

는 데 있어서 자국의 시각에만 초점을 맞추고자 한다. 즉, 기억을 통해 국가와 민족의 정체성을 지키고자 하는 노력에서는 '다양성'이 아니라 하나의 '올바른' 형태만이 허용되기에 역사는 항상 갈등의 요인이 될 수 있다는 것이다. 국가가 '국사'를 만들면서 민족주의는 다른 민족의 입장을 고려하지 않으며 외부 시각의 개입을 허용하지도 않는 것이다. 그리하여 서구 학계는 동아시아 역사 갈등이 가속화되는 원동력을 '민족주의'의 충돌에서 찾고 있다.

동아시아의 역사 문제와 민족주의의 밀접한 관계는 한국, 중국, 일본의 "역사 카드(History Card)"에서 명확하게 드러난다.[15] 즉, 국내의 정치·경제·사회적 문제를 덮기 위한 수단으로 국가가 종종 의도적으로 역사 문제를 악용한다는 것이다. 그 대표적 사례로 한 학자는 1990년 이후 한국에서 민주화가 이루어지면서 반일 감정을 정치적으로 이용한 경향을 말하였다.[16] 물론 일본의 역사 왜곡에 대한 한국의 반응을 이해하기도 하지만 이러한 반일 역사의식을 대체로 한국의 민족주의와 영합하는 행위로 보기도 한다.[17]

사회주의 체제 중국도 일본과의 협상에서 역사 카드를 사용하며 제

15 Yang Daqing(2002), "Mirror for the Future or the History Card?" in Marie Soderberg, ed., *Chinese-Japanese Relations in the Twentieth Century: Complementarity and Conflict* (London: Routledge), p. 15.

16 Gilbert Rozman(2004), *Northeast Asia's Stunted Regionalism* (Cambridge: Cambridge University Press), p. 168.

17 Peter Hays Gries(2004), *China's New Nationalism: Pride, Politics, and Diplomacy* (Berkeley: University of California Press).

국주의 침략의 피해자라는 모습을 강조하고 있다.[18] 정권에 의해 통제되는 중국의 대중매체는 반일·반제국주의 투쟁에서 정통성을 찾는 중국공산당의 정치적 목표에 부합하여 내부 안정과 통합을 위해 반일 감정을 조장한다고 보았다.[19]

실제 중국 매체의 20세기 항일 전쟁 묘사는 마오쩌둥 시기 이래 변화하였다. 초기에는 일본의 침략전쟁보다는 제국주의 악행을 강조하였고, 1972년 일본과 국교 정상화를 맺을 때 마오쩌둥은 공산당이 국민당과의 내전에서 승리하는 데 "도움"을 준 일본에 감사를 표했다고 전해지기도 한다. 국민당이 항일 전쟁에서 크게 타격을 받아 결국에는 공산당이 집권하게 되었다는 것이다. 그러나 이후 공산당은 국가 통합을 이루는 데 근대사의 기억을 이용하기 시작했다. 1980년대 개혁과 개방으로 경제가 발전하면서 빈부 격차가 커지고 부패와 족벌주의로 공산당의 정통성이 도전받게 되자 공산당이 제국주의의 침략으로부터 국가를 구원하였다는 과거를 다시 강조하기 시작했다. 중국공산당은 21세기 사회 내부의 분노를 일본에 집중시키면서 내부의 안정을 꾀하고자 한 것이다. 현대 중국의 텔레비전 드라마, 영화, 박물관, 그리고 기

18 Christian Wirth(2009), "China, Japan and East Asian regional cooperation: the views of 'self' and 'other' from Beijing to Tokyo," *International Relations of the Asia-Pacific* 9.3, p. 476; Joseph Kahn(2005), "China is Pushing and Scripting Anti-Japanese Protests," *The New York Times*, April 15, 2005.

19 Zhang Jian(2007), "The Influence of Chinese Nationalism on Sino-Japanese Relations," in Michael Heazle and Nick Knight, eds., *China-Japan Relations in the Twenty-First Century: Creating a Future Past?* (Northampton, Massachusetts: Edward Elgar), p. 19; Greg Austin and Stuart Harris(2001), *Japan and Greater China: Political Economy and Military Power in the Asian Century* (London: Hurst & Company), p. 62.

넘물은 모두 일본에 대한 역사적 기억과 증오를 유지하여 사회와 공산당에 대한 불만을 피하고자 하였다.

일본 역시 중국의 부상으로 동아시아 세력 균형이 바뀌고 경제 대국의 자부심마저 위협받자 점차 한국과 중국의 "역사 카드"에 반발하면서 사죄에 대한 피곤함을 표출하게 되었다고 한다. 이에 일본은 오히려 자신을 피해자로 인식하며 역사 문제의 해결을 회피하였다.[20] 그런데 제니퍼 린드는 역사적 기억과 참회의 상관관계에서 가해자(일본)의 사죄가 내부 보수 세력을 자극하여 반발을 불러오고, 이는 다시 피해국(한국과 중국)의 분노를 초래하였고, 이러한 과정이 반복되면서 진정한 화해가 더욱 어려워진다고 보았다.[21] 그리하여 역사 문제의 해결은 단지 일본의 전쟁범죄에 대한 "집착"에 그치지 말고 동아시아 전체의 인권 문제와 연계하여 접근해야 한다고 주장한다.[22]

역사 갈등의 해결은 무엇보다도 인식의 차이를 극복하는 데 있으며 이를 위해서는 서로의 역사인식에 대한 공유와 이해가 있어야 한다. 국가 간의 정치적 화해는 물론 각국 시민들의 역사인식을 높이고 나아가 교류와 협력을 통한 사회·문화적 화해가 필요한 것이다. 그러나 동아

20 Carol Gluck(1994), "The Past in the Present," in Andrew Gordon, ed., *Postwar Japan as History* (New York: Meridian); Gilbert Rozman(2001), "Japan's Images of China in the 1990s: Are They Ready for China's 'Smile Diplomacy' or Bush's 'Strong Diplomacy'?" *Japanese Journal of Political Science*, 2.1, p. 114.

21 Jennifer Lind(2008), "The Perils of Apology: What Japan Shouldn't Learn from Germany," *Foreign Affairs* 88, pp. 23~49.

22 Jennifer Lind(2008), *Sorry States: Apologies in International Politics* (Ithaca: Cornell University Press), pp. 3~4.

시아 역사 문제를 국가 중심적 시각에서 접근해 온 서구 학계는 정부의 역할에 초점을 맞추어 왔는데, 갈등을 극복하고 평화와 화해의 미래를 구축하고자 하는 국가적 차원의 노력이 부족하다고 보았다. 무엇보다 역사 문제를 해결하기 위한 이해관계의 구축에 회의적인데, 강렬한 민족주의가 포괄적 해결을 가로막고 있으며 역사 문제의 지속이 오히려 정권에 유리할 수도 있기 때문이다. 그리하여 장기적 해결책으로 유럽 공동체와 유사한 동아시아 국제기구 결성을 통하여 화합이 이루어질 가능성을 제시하기도 한다.[23] 나아가 민주화와 경제 발전을 이룬 한국과 중국이 점차 실용주의적 시각을 가지면서 적극적으로 일본과의 역사 분쟁을 해결할 것이라는 전망도 보인다.[24]

23 Hiro Saito(2016), *The History Problem: The Politics of War Commemoration in East Asia* (Honolulu: University of Hawai'i Press).

24 Victor Cha(2000), "Hate, Power, and Identity in Japan-Korea Security: Towards a Synthetic Material-Ideational Analytical Framework," *Australian Journal of International Affairs* 54.3, pp. 309~324.

ㅁ 나오며 : 한중 역사 연구의 방향 모색

2010년대 한중 인문사회과학계의 역사와 현실 인식

박장배 • 동북아역사재단 북방사연구소장

1. 역사의 흐름

최근 코로나19 대유행 국면에서도 중미 관계가 복잡하다. 미국과 중국이 직접 대규모로 부딪친 사건이 많지 않은 만큼, 최근의 중미 분쟁은 한국전쟁 이래 최대의 위기 국면이라는 느낌마저 준다. 이런 상황에서 한국의 입장에서는 '고래 싸움에 새우 등 터진다'는 민간 격언이 종종 언급되기도 하지만, 전반적으로 한국의 역할과 작용이 과소 반영되거나 과소평가된 느낌이 강하다.

작고한 미국 기자 데이비드 핼버스탬(David Halberstam)은 『콜디스트 윈터(The Coldest Winter)』에서 한국전쟁 시기에 "살을 에는 겨울 날씨"가 미군의 가장 큰 적이었다고 했다. 시베리아기단이 내려와 겨울 추위를 만드는 것 못지않게 몬순기후로 여름에 비가 많이 내리고 태풍이 몰려

오는 것도 중요한 역사의 힘일 것이다. 아무튼 매서운 추위에 주목한다고 해서 데이비드 핼버스탬이 '역사의 힘과 흐름'을 무시하는 것은 아니었다. 그는 "중국 본토에서 벌어진 일은 오랫동안 억압당해 온 역사의 힘이 현대 정치의 표현 수단을 찾아낸 획기적인 사건이라기보다는 음모를 꾸민 자들의 작품이라고" 봤다며 맥아더의 정보참모 찰스 윌로비(Charles Willoughby)를 강하게 비판했다.[1]

역사의 흐름을 통찰한다는 것은 간단한 일이 아니다. 우선 역사의 흐름을 형성하는 요소가 간단하지 않고 숨겨진 요소도 많다. 역사의 흐름을 형성하는 요소 중에는 국가적, 사회적 음모나 국가 계획도 포함된다. 사실 역사의 힘을 제대로 파악하고 이해하는 것을 일차적인 목적으로 하는 '상아탑 역사학'이나 역사를 주도하는 열쇠를 찾으려는 일종의 '응용역사학'이나 관건은 역사의 흐름을 객관적으로 파악하면서도 그 흐름의 의미를 어떻게 파악하느냐 하는 것에 있다고 본다. 역사의 흐름을 제대로 파악하지 못하는 개인과 세력은 역사와 현실의 호된 응징을 받을 수밖에 없다. 예로부터 제왕학의 일부로 존립해 오기도 한 역사학이지만 현대 국민국가 시대에 들어와서는 역사 교육 수요 등 응용역사학 시장이 이전과는 차원이 다른 규모로 확대되었다.

예로부터 역사상 상호작용을 주고받는 주변국 간의 관계에서 역사 문제가 전혀 없었던 적은 없었다. 2천여 년 전 '고조선은 흉노의 왼쪽 날개'라는 명제는 중국 고대 한 제국이 세력 범위를 확장해 가면서 주

1 데이비드 핼버스탬(2009), 정윤미 · 이은진 역, 『콜디스트 윈터』, 파주시: 살림출판사, 12쪽, 576쪽.

변 세계를 통제해 가고자 하는 상황에서 등장한 것이었다. 이런 논리를 고조선 세력이 수긍해 주었을 것 같지는 않지만 고조선도 나름의 자기 중심적 세계관이 있었을 것이다. 서기전 108년 한 세력에 의한 고조선의 멸망은 일단 중원계 세력의 팽창 과정이었고 고조선 세력이 제국의 주변 세력으로 재편되는 과정이었다. 한국인의 역사의식 속에는 고조선 계승의식, 부여 · 고구려 계승의식과 함께 신라 계승의식 등 복합적인 역사 계승의식이 있었던 것으로 보인다. 이 중에서 고구려 계승의식은 '대일통 중국'이라는 개념 못지않게 한국사에서 중심축을 이루어 왔다.

2002년 한중 간에 상호 역사인식의 거리를 확인해 주는 사태가 벌어졌는데, 그것은 바로 '동북공정'이라는 연구 사업이다. 동북공정은 '상아탑 역사학'의 성분을 많이 가지고 있지만 본질적으로 '응용역사학' 범주에 속하는 연구 사업일 것이다. 동북공정은 한중 양국의 학술 생태계 모두에 상당한 영향을 주었으며, 특히 한국 학계에는 심원한 영향을 주었다. 중국 학계의 연구 경향이 다양하지만, '동북공정'과 관계가 있다는 의심의 눈길을 거두지 않는 경향은 있었다. 이런 맥락에서 2010년대는 학계가 동북공정의 충격을 넘어 새로운 단계로 나아가는 기간이었다고 할 수 있다.

이 책의 내용은 각 연구진의 개인적 견해를 담은 것이지만 차후의 논의를 위한 자료로 활용할 수 있다고 생각한다. 이하에서는 필자 나름대로 앞의 글들에서 시사받은 사항들을 몇 가지 음미해 보려 한다.

2. 2000년대 역사 정책의 상호작용

중국은 국가발전 5개년 계획 속에 인문사회과학 사업 부문을 포함하여 체계적으로 지원하고 있다. 이러한 연구 사업 중에서 현실 정책 관련 부문은 자국의 안전 공간 내지 전략 변계를 탐색하여 자국의 '국제 전략 강역'을 개척하고 확장하고자 하는 것이며 구체적으로 '주변 외교'와 '대국 외교', '일대일로' 전략을 뒷받침하는 것이다.

더욱 주목할 만한 사실은 중국이 자국사 서술 원칙을 확정하고 그 원칙을 전방위적으로 적용하고 있다는 것이다. 익히 알려진 바와 같이 중국 역사학계 주류는 청대 판도를 역사 강역으로 설정하고, 현재 영역 내 민족들의 역사와 문화를 중국사와 중화민족 문화로 포섭하는 기획을 추진해 왔다. 아울러 중국사의 범위에 포함된 '소수민족사'를 보다 적극적으로 파악하여 '중화민족사' 서술 체계를 수립하고 이를 중국 변강학 체계 속에서 서술하고 있다. 특히 통일적 다민족국가 논리에 따라 고대 동북을 중국사라는 틀 속에서 파악하고 있다. 더 나아가 중국문명 다원일체론은 '위대한 중국문명'의 성취를 과시하고 중국식 문명 표준을 제시하는 효과를 갖고 있다고 할 수 있다. 한국 역사학계에서는 동아시아사의 왜곡, 한국사의 위축과 주변화 현상이 야기되지 않을까 우려하고 있다.

학계 일각에서는 역사 서술 기조가 문화와 제도를 중심으로 하는 제국사적 서술 체계를 지향하고 있다고 파악한다. 그런 차원에서 역사 문제는 한국사 굴절과 왜곡 문제에 머물지 않는다. 그들은 우선 한국사를 어떻게 체계화하고 소통할 것인지 한국사 서술의 청사진을 만들어 공유하고 지속적으로 협력해야 한다는 점을 강조한다. 그렇다면 응용역사학 측면에서 연구의 일부는 한반도라는 역사 공간의 긍정적 역할에 대한 해명과 미래 역할 등에 대한 학문적 구성물을 구축하는 데 배정되어야 한다. 아울러 백두산·간도·국경문제 연구, 조공 책봉 관계 및 번속 논리에 대한 공동 연구, 만주족·청사에 대한 학계 공동 연구 등과 함께 한국사의 독자적 공간 확보를 위한 연구주제 개발과 남북한 학술 협력, 곧 외교사, 해양사와 유이민사 연구의 강화도 필요하다고 한다. 민족지 연구기관, 역사 이론과 정책 연구소, 분단국 역사 통합 연구소 등의 필요성을 제기하는 견해도 있다. 거기에서는 한국사상의 대규모 국제 전쟁 DB, 동아시아사 관련 DB, 역사지리 관련 DB, 그리고 한중일(특히 역사와 지리) DB 등을 구축할 수 있다. 응용역사학적 성과와 역사 전시 등을 강조하는 견해도 많다. 고구려·발해 사이버 박물관, 백두산박물관 건립 추진 등이 필요하다는 견해도 있다.

또한 자국 중심적 역사 서술이 강화되는 추세 속에서 학계 일각의 또 다른 견해는 "동아시아 근대 역사학을 성찰하면서, 한국의 역사 경험을 인접 국가와 소통하고 문제를 설득할 수 있는 지략이 필요"하다는 것이다. 이러한 역사 서술 기조는 한국사의 범위와 내용을 합의하고 동시에 동아시아사 서술 체계를 개발하여 일국사적 역사 서술을 지양하고 동아시아 협력과 공동 번역의 기초를 마련하고자 하는 것이다. 동아시아 역사 포럼 및 동아시아 변경 포럼 등 플랫폼 구축 등도 종종 제기된다. 이것은 동아시아 범주의 재구성, 해양사와 동부 유라시아사, 역사지리 연구 등의 분야를 보다 활발하게 연구하여 보편적이고 미래 지향적인 거시적 역사 담론, 요컨대 평화 담론을 구성해야 한다는 견해라고 할 수 있다.

한편 한중 역사 대화도 관심의 대상이 되었다. 사실 학술 교류는 지속적으로든 간헐적으로든 이루어져 왔는데, 인적 교류와 한국 학계의 숙원인 공동 연구 및 공동 발굴은 여전히 성사되지 못하고 있다. 또한 역사 대화의 기제는 '한중 역사(문화) 공동연구위원회' 등 상설 협의체 구성이 간헐적으로 제기되었으나 이 또한 성사되지 않았다. 일각에서는 한중 역사 대화 채널 구축, 동아시아 역사가 협의회, 한중일 역사공동위원회 사무국 설치 등 동아시아적인 차원에서 해법을 모색해야 한다는 견해도 제기되고 있다.

3. 2010년대 한중 학계의 역사 이해가 보여 주는 것들

1980년대 중반 이래 중국 학계에서는 자국 중심적 역사인식을 전방위적으로 강화하면서 고구려사를 중국사로 편입하는 작업을 벌였다. "고구려사를 중국사로 편입시키는 데 중요한 역할을 한 것이 번속체제의 강조를 통한 번속 이론의 확립이다. 번속체제, 즉 조공 책봉 관계를 통한 고구려의 대중국 관계를 '대외 관계'로 이해하는 것이 아니라 내부적 '종번 관계'로 이해하는 것이다." 소수민족사 서술의 기조도 크게 바뀌기 시작했다. 조선족 역사 서술에서 기조를 이뤄 오던 '이중사명론'과 같은 것은 강하게 부정되기 시작하였다. 중국 내부에서 진행된 학술 논쟁은 공평하지도 않았고 반드시 합리적이지도 않았지만, 주류적 견해가 바뀌면서 국제 학계와 접점을 마련하기보다는 충돌을 야기할 소지가 컸다. 특히 주변국과의 역사 이해 상충은 지속적으로 문제가 되었다. 칭기즈칸이 어느 나라 사람이냐는 논쟁도 그러한 범주에 속하지만, 역사학의 범주를 넘어서는 측면도 많았다.

지난 10여 년간 한국 역사학계 한편에서는 한국사 연구 강화가 강조되었고, 다른 한편에서는 다민족사회의 관점, 변경의 관점, 동아시아사적 관점에서 바라볼 필요성이 있다는 것, 나아가 지구사적 관점에서 바라볼 필요가 있다는 견해가 병존하였다. 연구 시각의 전환이 필요하다는 견해도 상당히 강했다. 국민국가에서 자국사 연구에 대한 강조는 자연스러운 현상이지만, 동시에 그것이 반드시 동아시아적 시각이나 세계사적 · 지구사적 시각과 배치되는 것은 아닐 것이다.

각국의 연구를 한 탁자에 올려놓고 볼 때 많은 부분이 여전히 평행선을 달리고 있는 것도 사실이다. 역사 용어와 고유명사 등도 병기가 불가피한 경우가 적지 않다. 이것은 학술 교류와 학술 협력이 더욱 강화되어야 한다는 점을 말해 준다.

ㅁ 나오며 : 한중 역사 연구의 방향 모색

동북공정 이후 한국의 역사 이해 심화 방향

신주백 • 독립기념관 한국독립운동사연구소 소장

중국 정부는 1990년대 들어 개혁개방 정책을 연착륙하는 데 성공하며 체제를 지켰지만, 세계적인 차원에서 냉전이 해체되고 세계무역기구로 상징되는 자본주의 경제질서에 참여하는 가운데 사회주의 이념과 중국공산당의 권위만으로는 중국 사회를 유지하고 중국민을 이끌어 갈 수 없었다. 세계의 리더로서 자기 부상(浮上)을 이룩할 수도 없었다. 애국주의는 중국 안과 밖의 현재와 미래를 풀어 가는 가치이자 방향타였다. 1996년 '하상주단대공정'으로 시작된 대규모 역사 공정은 그 일환이었다. 한반도의 역사 및 문화와 밀접히 연관된 동북공정도 그 중 하나였다.

중국의 동북공정은 2002년 2월 28일~3월 1일에 베이징에서 열린 '동북 변경 역사와 현상 계열 연구 공정' 전문가위원회('東北邊疆歷史與現狀系列研究工程'專家委員會)의 제1차 전체회의 때부터 정식으로 시작되었다. 동북공정은 '연구 계열'과 '문헌 정리와 번역 계열'로 구분되어 진행되었다. 연구 계열은 중국 변강 이론 연구, 동북지방사 연구, 동북민족사 연구, 중조관계사 연구, 중국 동북 변강과 러시아 원동 지구 정치·경제관계사 연구, 응용 연구로 나뉘었다.

동북공정에서 우리의 관심을 끄는 주제는 고구려사 등 한국 고대사와 관련된 역사인식 문제와 영토문제이기도 한 간도 문제였다. 한국 사회가 동북공정에 대응하기 시작한 계기는 2003년 7월 14일 자 『중앙일보』의 보도였다. 신문은 "중국이 고구려(BC 37~AC 664)를 중국 역사로 편입시키기 위한 작업을 본격화하고" 있다고 보도했다. 또 "전체적으로 5년간 약 200억 위안(우리 돈 약 3조 원)이 투입될 예정"이라고 소개했다. 당시의 보도는 관련 예산을 과장하는 등 다소 부정확한 정보도 있었지만, 동북공정이 이미 2002년 초부터 시작되었고 관련 연구자들이 광범위하게 조직된 대규모 학술 프로젝트임을 소개하는 등 경각심을 불러일으키기에 충분했다. 북한의 상황 변화에 대한 대비책이라는 전문가의 견해를 소개하고, 동북공정을 '한국사에 대한 도전이자 위기'로 간주했다.

이에 한국 사회는 큰 위기의식을 느꼈다. 학계와 시민사회를 불문하고 비판적 여론이 대중적으로 조성되어 갔다. 마침내 10월 23일 한국 정부는 "중국이 만주를 지키기 위해 고구려사를 왜곡, 중국사로 편입하려는 시도가 오래전부터 있었다"며 "외교부와 문화관광부 등 관계부처가 공동 대처의 필요성을 느끼고 있어 이미 논의를 시작했다"고 국회에서 답변함으로써 구체적인 대응 방향을 수립해 가고 있음을 밝혔다.

동북공정은 '현재의 중국 영토 내에서 각 민족이 이루어 낸 역사적 활동은 모두 중국사'라는 역사관, '현재의 중국 영토 내에서 활동했던 모든 민족은 당연히 중화민족이고 중국민족'이라는 민족관, 근대 이후 형성된 '영토' 개념이나 '국경' 개념을 전근대 시기까지 소급하여 현재의 관점에서 자의적으로 획정하는 영토관 등을 반영한 대규모 국가 프로젝트였다. 그래서 동북공정은 사회주의 이념을 강조하기 곤란한 현실에서 1989년 톈안먼 사건 이래 점차 부각시키고 있던 '중화민족'의 애국주의를 전면화한 대규모 프로젝트여서 학술 차원으로 한정하여 바라볼 수 없는 다분히 정치적 의도가 있는 기획이었다고 말할 수 있다. 결국 동북공정은 중화인민공화국이 현재의 필요를 위해 과거의 이미지를 새로 만들어 '중화민족' 국가의 역사적 연원을 마련하고 국민적 통합을 추구하려는 전형적인 사례였다.

이 글에서는 정치와 학문의 관계를 고려하며 비판적 분석을 시도한 한국 역사학계 및 역사교육계와 연계하며 대중적 비판 열기를 지속시킨 시민사회의 움직임을 살펴보겠다. 그리고 이것들과 국가 미래 전략과의 연관성에 대해 간략히 추가하겠다.

1) 중국은 개혁개방 이후 새로운 역사인식, 즉 명청 시기에 통일적 다민족국가로서의 '중국'이 공고화되었으며, 20세기 들어 항일 전쟁을 거치면서 '중화민족'이 성립되었다는 논리를 교과서에 전면적으로 반영하고 있다. 통일적 다민족국가 또는 중화민족이란 담론을 적극 역사화하는 접근은 외세로부터의 국가적 위기를 부각시키고 대외전쟁사를 계급투쟁의 측면보다 '모두의 애국주의'로 묘사하는 역사인식과 연계

되어 있다.

그러나 새로운 역사 쓰기의 서술은 중국사의 구조적 모순과 질서 변동을 중요시하지 않는다. 내적 맥락의 다양성을 부각시킬 여지를 가로막는다. 따라서 중국 근현대사 속에서 한국사와의 연관성 또는 조선인(한국인)의 활동에 관한 서술은 당시의 역사적 현상과 구조를 깊이 고려하지 않은 채 현대 국제정치의 역학 관계와 중국 정부의 지향에 따라 좌우될 우려가 있다.

실제 현대 중국의 학교 교육은 한국을 "경제의 안정된 고속 발전을" 추진한 나라로만 전달하고 있으며, 그 이외에는 한국에 관해 초보적이지만 가장 기초적이며 객관적인 정보조차 전달하지 않고 있다. 한쪽 계통의 정보만 일방적으로 전달하고 있어 중국 학생들이 한국(인)에 대해 객관적인 균형추를 스스로 잡아 나갈 수 없게 하고 있다. 그래서 무지는 상대방에 대한 편견과 차별의식이 자랄 수 있는 황금 들녘과 같은데, 중국의 학교 교육은 자국의 학생으로 하여금 한국(인)과 한반도의 역사와 현실에 대해 그렇게 인식해도 괜찮다는 여지를 주고 있다. 한국의 입장에서 볼 때 중국의 역사 교과서 서술과 역사 교육이 당면한 문제의 하나가 바로 이 점이다.

2) 그렇다고 한국사에 관한 서술 분량이 중국 역사 교과서에서 축소되어 가는 경향을 지적해 왔던 한국 학계 일부의 비판을 편하게 따오려는 접근은 아니다. 그러한 한국 측의 접근은 기본적으로 초점을 잘못 맞춘 언급이다. 물론 교과서 서술 분량 자체가 문제일 수는 있지만, 전체적인 편집 방향과 그에 따른 분량 배분, 그리고 다른 사례와 비교하

여 상대화하는 분석을 동반하지 않고는 자기주장만 내세우는 억지로 비칠 수밖에 없다. 그래서 그보다 더 근본적으로 짚어야 할 접근법은 사실의 역사성을 제대로 전달하려고 했는지 주목하는 데 있다.

또한 지금의 신중화주의 역사 교육을 국가주의나 패권주의로만 단정하는 주장 역시 무리이다. 왜냐하면 중국은 자신의 역사 교육에서 여전히 저항정신을 높이 사고 있으며 스스로 반패권적이라고 말하고 있기 때문이다. 개발주의 개방화 전략 과정에서 직면한 중국 사회의 모순을 역사적으로 극복하려는 근본적인 노력의 하나로 볼 필요도 있기 때문이다. 다만, 중국 역사 교육에서 애국주의를 강조하는 정책이 지닌 국가주의적 경향의 비대화 가능성이나 패권주의적인 요소로의 전환 가능성을 경계하고 비판하는 데 주저해서는 안 된다는 점만은 분명하다. 가령 중국의 세계 전략인 '일대일로'와 역사 교육을 포함한 학교 교육과의 관계, 더 좁게는 역사 교과서 서술 경향을 꾸준히 파악하고 수직적 관계를 드러내거나 주권을 가벼이 여기는 인식과 교육에 대해서는 비판적으로 해명할 필요가 있다.

그러기 위해서는 우리 자신의 역사 교과서와 역사 교육에 대한 관심도 동반해야 한다. 비판이 일방적이어서는 안 된다. 그렇게 되면 또 하나의 민족 감정을 드러낼 뿐이고 자신의 역사인식을 절대화하는 작업에 불과하다. 자신을 상대화하는 방향은 편견과 무지를 해소하고 상호이해와 협력의 발판을 마련하는 교과서 서술에 있다. 동시에 '동아시아 역사 만들기', '동아시아사 쓰기'를 통해 자국의 절대적인 역사인식을 극복해야 한다.

중국의 역사 교과서와 역사 교육은 동아시아의 질서 변화에 주목하지 않았다. 좀 극단적으로 말하면 그들에게 있어 동북아시아 또는 동아시아 역내의 한국은 사실상 없거나 지극히 왜소한 존재이며, 일본은 근대화에 성공하고 경제를 발전시켰지만 침략자이므로 함께할 수 없는 존재에 불과하다. 중국은 두 나라의 역사를 자국 중심적인 질서 구도로 보거나 외면해 왔으며 동아시아적인 안목을 가질 필요를 느끼지도 못했다. 이유야 어떻든 여전히 중국에는 동아시아가 국가 전략 속에 없고, 역사인식에서도 동아시아사가 없다.

하지만 냉전이 해체된 이후 동북아시아 또는 동아시아 국가 사이에 경제를 중심으로 교류가 활발해지면서 동아시아론에 관한 논의가 활발해지고 있다. 한국에서는 동아시아사를 어떻게 구성할 것인가를 놓고 다양한 논의가 이루어지고 있다. '이중적 주변의 눈'으로부터 보는 시각도 있고, 내재적 질서를 재해석하는 노력도 있다. 필자의 주장처럼 우리 안의 동아시아, 지역의 주변적 존재로서의 한반도, 그리고 세계 속의 한반도라는 삼중의 다층 시선도 없다. 한·중·일이 함께 만든 역사 교과서인 『미래를 여는 역사』(2005)와 『동아시아 근현대사』 1·2(2012)처럼 교육적 원리에 입각하여 동아시아를 재구성하려는 노력도 있다. 아직은 '지역'에 주목하며 쌓아 온 역사가 짧지만, 한·중·일의 소중한 인식과 실천 자산들이 동아시아의 새로운 역사상을 제공해 줄 날이 멀지 않았다. 중국의 역사 교과서 서술에 대한 검토는 새로운 역사상이자 미래상을 향한 발전적 검토여야 한다. 한국과 일본의 역사 교과서에 대한 한국 역사학계의 비판적 분석도 마찬가지이다.

3) 한국 역사학계가 검토해야 할 핵심적인 대상은 중화주의와 침략

주의 역사인식의 도전이다. 중화주의와 침략주의 역사인식은 일본이 침략하고 지배했던 식민지 시기의 식민주의 역사학이 드러낸 차별성과 폭력성을 정당화한 측면을 공유한다. 중국의 중화주의와 패권주의 역사인식, 그리고 일본의 제국주의 역사학은 모두 중심부와 주변부를 구분하고, 주변부를 중심부에 종속시키고자 위계적 태도를 보인다. 가령 중국의 동북공정은 한족 중심의 역사인식을 담고 있으며, 소수민족의 역사를 홀시한다. 일본 제국주의의 역사인식은 유럽 중심주의를 전유하여 '동양사'의 일부로 중국사와 한국사를 배치하고 침략과 지배를 옹호하는 한편에서, 서구의 제국주의 역사학처럼 차별과 배제의 관점과 위계적 태도를 내장하고 있다.

원래 중국의 동북사 연구는 일제의 만선사 또는 만주사 연구에 대응하기 위한 것이었다. 동북사 연구가 반제 투쟁의 일환으로 출발한 것이다. 하지만 이를 계승한 동북공정은 결국 제국주의 역사학을 모방해 차별성과 위계성을 공유했다. 한국 역사학계가 중국 학계에 무엇보다 날카로운 비판의 날을 세워야 하는 지점은 여기에 있다.

한국 역사학계는 밖에서만이 아니라 안으로부터도 비합리적이고 국수주의적인 역사인식의 도전을 받고 있다. 그 밑바탕에는 원초적 민족주의 정서가 진하게 깔려 있다. 민족주의를 지나치게 강조하거나 절대선처럼 간주하는 태도는 그렇지 않은 역사인식과 접근에 대해 압박하고 배제하는 접근을 동반할 수밖에 없다. 정치와 호흡하거나 그에 종속되는 경우도 있을 수 있다. 학문의 독립성과 역사인식의 다양성을 부정할 수도 있다.

이때 한국의 학교 교육이 취할 수 있는 대안적 접근의 하나가 동아시아사 교육의 강화다. 동아시아사 교육은 평화 교육이고, 평화 교육은 제도적 폭력 관계까지 넘어서며 서로를 살리는 관계 곧, 상생 관계로까지 바꾸어 가는 접근이다. 지역사 교육은 분단을 극복하는 전망과 보편적 미래 가치를 주체들이 자각하고 몸에 익숙하게 만드는 근본적 접근법의 하나이다.

물론 현실적으로 제도와 사회관습 그리고 개인 차원에서까지 다양성을 보장하고 존중하며, 나와 다른 남의 문화를 배우려는 태도를 갖추기가 쉬운 일은 아니다. 그렇다고 해서 현재의 문제를 회피하고 그럼으로써 대결 구도가 심화하는 경향을 방관한 채 상대방이 해결 의지가 없다고 비난하며 우리도 똑같이 손을 놓는 태도는 능사가 아니다. 바깥의 존재에 대한 이해력을 높이는 역사 교육은 동시에 우리 안의 다양성에 주목하는 훈련으로도 이어져야 한다. 동아시아 사회에 대한 평화적 감수성과 한국 사회의 구성원에 대한 인권의식은 서로 떨어져 있는 이야기가 아니다. 그러므로 다양한 형식을 빌려 과정을 밟아 가며 노력하는 한편, 양자 간 또는 다자간의 역사 대화와 교류를 의식적으로 시도할 필요가 있다.

4) 동북공정에 대한 한국 사회의 위기의식과 위에서 언급한 역사인식은 시민사회의 움직임에서도 그대로 확인할 수 있다. 가령 일본 역사 교과서 문제에 집중하고 있던 시민단체인 일본교과서바로잡기운동본부가 2003년 10월에 주최한 공개 토론회의 제목이 '한·중 역사전쟁, 고구려(사)가 위험하다'였다. '역사전쟁'이란 말과 함께 고구려(사)에 대한 소유의식을 그대로 드러낸 제목에 주목할 필요가 있다.

많은 한국인은 중국이 한국의 고구려와 발해를 빼앗으려 한다고 보았다. 그도 그럴 수밖에 없었던 이유가 한국인의 한국사 인식 때문만은 아니었다. 중국은 '고구려인은 조선인이 아니다'라는 간판을 역사 유적지에 내건다든지, 살수대첩과 안시성전투를 중원의 왕조가 지방의 소수민족 정권을 통합하기 위해 벌인 전쟁이었다고 한다든지, 국제 스포츠 행사 때 백두산에 대한 소유권을 강조하고자 천지에서 성화를 채화하는 퍼포먼스를 하는 등 매우 다양한 움직임을 보였다. 중국이 자국의 영토 안에 있는 공간의 역사를 모두 자신만의 것으로 간주하고 독점적으로 소유하려는 행동의 결과다. 근대 국가의 경계선을 고대사까지 거슬러 올라가는 역사인식을 가감 없이 정책화한 경우가 동북공정이라고 말할 수 있겠다.

그래서 한국의 시민사회는 빼앗기지 않기 위해 행동하였다. 한국 내에서 중국의 움직임에 항의 시위를 벌인다든지, 고구려의 유적이 있는 지안이나 백두산 천지에 가서 퍼포먼스를 한 시민단체도 있었다. 그럼에도 한국 사회의 대응 또한 중국의 역사 정책과 같은 선상에 있다. 내 역사이지 너희의 역사가 아니라는 인식이 바로 그것이다.

한국 정부의 대응도 같은 연장선상에 있었다고 볼 수 있다. 국민 여론을 의식할 수밖에 없어 그랬다고 말할 수도 있겠지만, 꼭 그렇지 않은 측면도 있었다. 외교적 대응에 대한 한계를 처음부터 인지하고 장기적 관점에서 대응한다며 한국학중앙연구원 내에 고구려사연구센터라는 독립된 상설 감시기구를 설치하려고 모색했기 때문이다.

하지만 학계와 시민사회의 강력한 반대에 직면하였다. 특히 "고구려사 문제는 중국 정부의 장기적인 전략적 차원에서 나온 만큼 이에 대한 대응도 동아시아 역사와 평화를 생각하는 차원에서 이루어져야 한다"고 목소리를 높였다. 물론 시민사회가 우리 민족의 형성사를 이해하는데 있어 필수의 역사인 고구려사와 발해사를 한국사의 일부로 자리매김해야 한다는 부동의 역사인식이 흔들리지 않는 가운데, 만주 땅에 살고 있는 중국인은 그곳의 역사를 알고 느낄 권리가 있다는 점까지 수용했다고 말하기는 어렵다. 그럼에도 시민사회는 체계적이고 지속적이며 광범위한 대응을 위한 방안의 하나로 동북아역사재단의 등장을 반대하지 않았다. 오히려 추동한 측면도 있었다.

학계와 시민사회의 노력은 중국 정부를 당혹스럽게 한 측면이 있었다. 대륙의 정권들이 문자로 역사를 기록한 이래 자신의 역사인식을 둘러싸고 국제관계 속에서 비판을 받아 본 적이 없었기 때문이다. 시민사회와 학계의 비판은 한국의 자주성을 내세우고 중국 역사 외교에 새로운 자극을 주었다. 동시에 중국사에 대한 각론적인 성과를 많이 축적할 수 있었다. 하지만 한국 학계가 중국의 통일적 다민족국가론에 대응하는 보편적이고 미래 지향적인 역사 담론을 제시하며 대안적 역사 외교까지 나아갈 수 있는 바탕을 제공했다고는 보기 어렵다. 한국의 시민사회 역시 그러한 역사인식과 역사 외교에 공감할 정도로 열린 태도를 갖추었다고 말하기 쉽지 않다. 그렇게 나아가기 위해서는 이제 시작한 긍정적인 노력을 멈추지 않는 가운데 새로운 사회적 조건과 그를 실현하기 위한 전략, 그리고 실천과 그 과정에서의 공감을 누적해야 한다.

5) 동아시아의 역사 문제는 갈등의 연례화, 이슈의 다양화, 동남아시아까지의 광역화, 그리고 국민감정화해 있다. 더 나아가 미국과 중국의

새로운 패권 전략의 하부 이슈로 포섭되어 이른바 G2 구도 속에 갇혀 있다. 역사 문제가 지역의 국제관계를 규정하는 독립된 상수의 하나로 자리한 것이다.

그렇다고 최소 10~20년 내에 역사 갈등이 눈에 띄게 완화될 가능성도 그다지 높아 보이지 않는다. 그 원인의 하나는 3국의 학교 교육 때문이다. 비록 3국 모두 세계화(국제화) 시대에 창조적으로 적응할 수 있는 자국민 육성을 교육 목표의 하나로 설정하고 있지만, 학교 교육은 지금으로부터 수십 년 전 또는 수백 년 전의 문제를 가지고 마치 지금 당장 해결하지 않으면 안 될 사안처럼 취급하며 역사 갈등을 뒷받침하고 있다. 3국의 학교 교육은 학생들로 하여금 협력을 통해 역사 문제를 해결할 방안을 고민할 기회조차 충분히 제공하지 못하고 있다.

예를 들어 3국 모두 상대방이 실효적으로 지배하고 있는 영토에 대해서는 자국의 영토임을 분명히 하도록 교육하고 있다. 영유권 문제가 있음을 부각시키도록 하고 있다. 반면에 3국은 모두 자신이 실효적으로 지배하고 있는 영토에 대해 영유권 문제가 있음을 기술하지 않도록 하고 있다. 동북아에서 독도(다케시마), 센카쿠열도(댜오위다오), 북방 영토(남쿠릴열도), 백두산(창바이산) 문제에 관한 교과서 기술을 보면 알 수 있다.

그런데 영토문제는 어느 날 화산이 폭발하여 생긴 땅 문제가 아니다. 오랜 기간 동안 영토의 주인이 몇 차례 뒤바뀌거나 자기 나름대로 영유권을 주장할 만한 역사적 근거를 가지고 있는 역사 문제라는 데 특징이 있다. 더구나 한중 사이의 영토문제는 모두 일본의 대외 침략 및 지배와 관계가 깊다. 야스쿠니 신사 참배 문제도 그렇다. 바다의 명칭 문제도 이와 밀접히 연관되어 있다. 따라서 동북아의 역사 갈등은 일본의 침략과 지배를 둘러싼 갈등 요인을 근본적으로 치유하지 않으면 해결점을 찾기 어려울 것이다. 또 지역의 안정을 저해함으로써 동아시아 지역의 안보 불안으로 이어지는 촉매제 역할까지 하고 있다. 동아시아에 유럽과 같은 집단 안보기구가 없는 이유의 하나도 여기에서 찾을 수 있다. 안보를 저해할 정도이다. 달리 말하면 식민주의 문제를 정면으로 직시하지 않으면 역사인식과 현재적 현안을 근본적으로 해결할 수 없다.

한국이 역사 교육을 강화해야 하는 이유 가운데 하나가 여기에 있다. 한국은 역사 교과서 문제 이외에도 지금까지 필자가 보기로 제시한 문제들에 대해 역사적으로 접근하는 기본자세를 취해야 한다. 그렇지 않으면 일본과 중국의 현실 논리에 휘둘릴 우려가 있다.

다른 한편에서 보면, 동북아의 역사 문제는 한일 관계처럼 양국 관계의 문제로만 사고해서는 갈등을 최종적으로 조정할 수 없을 것이다. 예를 들어 동해(일본해) 문제는 중국과 베트남에서 자국의 영해에 사용하고 있는 동해 문제를 함께 해결해야 하기 때문이다. 또한 일본 정부는 영토문제에 당면한 다섯 곳 가운데 센카쿠열도를 실효적으로 지배하고 있지만, 이와 반대의 처지에서 독도와 북방 영토문제를 풀어 가야 하기 때문이다. 한국 정부도 독도를 실효적으로 지배하고 있지만, 북한과 중국이 1962년과 1964년의 비밀 국경조약을 통해 백두산 천지를 반분한 상태에 있고, 두만강 하구의 녹둔도를 러시아가 지배하고 있어 일본과 마찬가지 처지이기 때문이다. 14개 국가와 국경을 맞대고 있는 중국의 경우는 더 말할 필요도 없을 것이다. 우리가 동북아라는 시야도 중요하지만 동아시아라는 차원의 시선도 놓치지 않으면서 역사 문제를 관리하고 해결하기 위해 쌍무적 협력에 그치지 않고 다자간 상시 협력 체제를 갖추어야 하는 중요한 이유가 여기에 있다.

매우 종합적인 사고와 선택을 요구하고 있는 동아시아의 역사 문제는 갈등하고 있는 판을 넓고 장기적으로 보면서도 정밀하게 연구하여 판단하고 행동하지 않으면 해결할 수 없다.

그동안 이러한 문제들이 불거지지 않았던 결정적인 이유의 하나는 세계적인 차원에서 작동하고 있었던 냉전체제 때문이었다. 냉전은 이념에 의한 편 가르기를 하면서도 같은 편끼리 갈등하는 것 자체를 금지한다. 상대편을 유리하게 한다고 간주하기 때문이다. 그래서 이념이 다른 국가와, 아니면 같은 이념을 가진 국가끼리 실제적이고 구체적인 문제를 놓고 갈등하거나 고민할 수 있는 길을 근본적으로 차단해 왔다.

이념에 따른 교류와 협력의 차단은 다른 지역에서도 있었지만, 베트남의 분단과 전쟁, 중국의 내전과 분단, 한반도의 분열과 전쟁에서 알 수 있듯이 동아시아에서는 특히 더 심하였다. 우리는 이를 냉전 속의 열전이라 말해 왔다. 더구나 지역 차원에서 분단으로 구축된 견고한 시스템의 장기간 지속은 동아시아적 편 가르기로 구축된 높은 장벽을 계속 유지하게 만들었다. 결국 1945년 이후 세 공간에서의 전쟁과 분단은 해당 국가 또는 민족의 전쟁과 분단이면서 동시에 동아시아 지역의 전쟁과 분단이기도 하였다. 한국과 관련하여 좁게 말하면 한반도에서의 분단 극복은 동아시아 냉전의 잔재를 청산하는 지름길임을 가리킨다.

비록 동서독이 통일되고, 사회주의의 조국 소련이 몰락하면서 동아시아의 분단 상황을 규정하는 객관적 조건이 크게 바뀌었음에도 불구하고, 한국전쟁이 끝난 지 70년이 넘었지만 한반도의 분단 상황에 구조적 변화를 감지할 만큼 변화가 일어날 가능성조차 아직 보이지 않고 있다. 한반도에서의 분단 상황의 변화가 객관적 조건의 변화라고 할 만한 환경이 조성되지 않고 있기 때문이다. 오히려 북한의 핵 및 미사일 문제로 한반도 문제가 더욱 국제화하고 있을 뿐이다. 북한 문제의 국제화를 6자회담이란 틀 속에서 관리하고 있기는 하지만, 그것이 지역 안보 체제로 전환될 가능성도 아직은 요원하다.

더구나 동아시아의 분단은 지역 안보를 불가능하게 하여 세계적인 차원에서 냉전이 해체된 지금까지도 동아시아에서 미국과 중국이란 G2 구도 속에서도 하위체계인 '한·미·일' 대 '중·러·북'이라는 양자 구도가 동북아시아에 남아 있게 하고 있다. 양자 구도의 속을 들여다보면, 한미 동맹과 미일 동맹은 있을지언정 수평적인 한·미·일 동맹 체제도 보장되어 있지 않으며, 마찬가지로 중·러·북 사이의 수평적 동맹 체제도 없다. 그런데도 1945년 이후 형성된 이 구도는 결정적인 규정력으로 여전히 작동하고 있다. 전자가 미국 중심의 수직적 동맹 구조 속에서 지역 안보의 일정 부분을 담당하고 있다면, 후자는 쌍무적 협력 관계 속에서 지역 안보의 일정 부분을 담당하고 있다. 동아시아의 지역 안보는 냉전 체제 때부터 지속되어 온 질서 구도를 극복하지 못하고 있다.

요컨대 동아시아의 분단은 1개의 국가 또는 민족의 분단에 한정되지 않는 지역의 분단으로서 지역 안보 체제의 형성까지도 가로막고 있으며, 이것을 해결하는 과정에서는 다국 간 협력을 전제하지 않으면 안 된다. 주지하듯이 한반도의 평화체제 정착과 분단 극복은 주변 4강의 협력과 동의 없이는 불가능하다는 현실을 부인할 사람은 없다. 그것은 달리 말하면 지역 협력을 바탕으로 해야만 가능하다는 의미이다. 한국의 입장에서 말하자면 분단의 극복 곧, 통일 문제의 달성 과정에서 주변국의 협조적인 태도를 끌어내기 위해서라도 동아시아의 역사 문제를 관리하고 해결해야 하는 것이다. 피해국(민족)임에도 불구하고 '역사 문제의 관리와 해결'에 적극적이어야 하는 이유가 여기에 있고, '지역'을 의식적으로 보아야 하는 이유 가운데 하나도 여기에 있는 것이다.

분단을 극복하는 과제는 한반도를 중립화한다는 방향에서만 보지 말아야 한다. 동아시아의 평화와 안정 체제를 구축하는 마지막 단계이자 마무리라는 차원에서 접근해야 한다. 이때 한국 사회는 한반도가 동아시아의 안정과 평화체제의 수렴 공간으로 자리매김하기 위해 역내에서 한국의 일정한 지위와 영향력을 확보한다는 적극적인 방향에서 사고할 필요가 있다. 동북공정을 비롯해 중국 및 일본과의 역사 문제를 풀어 가는 기본 태도이자 관점은 이것이어야 한다. 동시에 역사 문제에 대한 구체적이고 직접적인 대응은 '있을 수 있는' 상황에 대비한 예방외교적 차원의 다각적인 전략을 수립해 나가는 첫걸음이라는 관점과 태도가 우리에게 필요하다.

찾아보기

1동맹3친선 275
4·27판문점 선언 258, 267, 273
8월 종파사건 287, 593~595, 602

• ㄱ •

간도 개발 228, 483
간도 문제 13, 14, 221~230, 246, 477~481, 483~489, 490, 495~498, 500, 504~508, 511~514, 536, 547, 554, 660, 684
간도 영유권 문제 485, 488
간도 정책 226, 228, 482, 507
간도의 범주 490, 498, 505, 508, 512
간도협약 218, 222, 224, 225, 484~486, 497, 500, 504, 507, 512, 598, 600
갈라전(曷懶甸) 144, 145
감국(監國) 544
강동육주(江東六州) 142
개항기 247, 539, 543
개혁과 개방 672
거란족(契丹族) 주장 134
거주 양태 481
건주여진(建州女眞) 466
경제 협력 274, 289, 292, 293, 339, 581, 620, 639, 651
경진개척(庚辰開拓) 492, 493
고려별종 131, 132, 425
고조선 8, 23~38, 45~47, 50~56, 70, 82~88, 200, 214, 217, 378, 383, 386~389, 391, 392, 395~398, 406, 441, 678
공민왕 150
공법회통(公法會通) 542, 545
공산당[중국] 5, 109, 206, 238~240, 249~251, 261, 280~282, 287, 316~320, 324, 329, 333, 345, 371, 509, 557, 562, 579, 590, 615, 657, 672, 683
공식문서 264
광해군 151
구계유형론(區系類型論) 7
구동존이(求同存異) 570, 572
구두 양해 5개 사항 264
구제강(顧頡剛) 556
국가 이익 151, 242, 260, 287, 291, 292, 305, 333, 344, 373, 566, 584, 589, 602, 646, 649, 652, 656~659
국경 영토 문제 480
국경조약 488, 487, 497, 500, 504, 507, 598~601
국경회담 488, 490, 491, 495~499
국민국가 226, 228, 364, 494, 534, 677, 682
국민당[중국] 254, 281, 282, 320, 557, 672
국적 문제 46, 281, 482
국제법 363, 542, 544, 600
권벌(權橃) 448
금 세종(世宗) 145
금반언의 효과 485
기자(箕子) 12, 29, 38, 39, 53, 101, 386
김창희 550

• ㄴ •

나얀 454, 455
냉전 13, 291, 292, 307, 567, 618, 644, 665, 669, 670, 695, 696
누르하치 151, 158~161, 171, 172, 175, 465~467, 532

• ㄷ •

다기 148
다루가치 147

다민족통일국가 188, 263, 380, 407, 517
단군 226, 383, 386, 387~389, 398
달라이라마 457
당장(黨章) 261
당제 관계 282, 287
대고구려국 489
대국 외교 261, 269, 679
대국굴기(大國崛起) 5
대도(大都) 454, 455
대명회전(大明會典) 448
대민족론(大民族論) 6
대중국 포위망 269
대청일통지(大清一統志) 7
대한제국 223~226, 482, 507, 538, 547, 548, 551, 553
데이비드 핼버스탬(David Halberstam) 676, 677
데탕트 587, 602~603
도광양회(韜光養晦) 5, 259, 615, 628, 629
동모산의 위치 137
동문원(同文院) 446
동방3왕가 456
동북아 다자평화안보체제 274
동북아 평화협력 259, 267
동북진흥 262, 263, 268, 271, 275
동북진흥전략 8, 193, 194, 653
동북항일연군 282, 588, 589
동순태호(東順泰號) 문서 548, 549
동아시아 철도공동체 276
동하국(東夏國) 146, 195
동해선 및 경의선 철도 267
두만강 140, 156~159, 161~166, 168, 223~225, 272, 292, 356, 463, 467, 488, 492~496, 499, 500, 503, 504, 598, 694
두만강 교통회랑 272
두만강개발계획(GTI) 272

• ㄹ •

량치차오(梁啓超) 6
류샤오둥(刘晓东) 140

• ㅁ •

마오쩌둥(毛澤東) 279, 286, 288, 290, 335, 596, 599, 614, 627
만국공법(萬國公法) 543, 545
만주 인식 문제 483
만주족 6, 135, 136, 158, 174, 180, 189, 192~195, 207, 208, 216, 217, 506, 680
말갈족주장 131
맥아더 677
명 신종(神宗) 151
목책 48, 499, 500
문화대혁명 57, 279, 280, 283, 288, 289, 587, 598, 602
민족주의 53, 240, 248, 258, 266, 304, 315, 324, 506, 558, 654, 655, 665, 671, 689

• ㅂ •

바얀투구스 148
반일 감정 304, 669, 671, 672
반주(半主) 544
발해 5경 435
발해 도성 433, 435~439
발해 주민 131, 132, 135, 426
발해관(渤海館) 128
발해군왕 129, 130
발해사 8, 12, 14, 23, 24, 52, 79, 82, 88, 127, 129, 130, 136, 424, 425, 441, 442
발해의 황후(皇后)묘지 137
발해족(渤海族) 주장 132
백두산 12, 13, 165, 193~197, 208~215, 218~220, 246, 292, 477, 479, 485~488, 495~497, 500~502, 504, 505, 508, 510,

511, 513, 514, 656, 680, 691, 693, 694
백두산정계비 218, 226, 230, 245, 483, 487, 494, 496, 498, 504, 506
번속(藩屬)(번속국) 10, 12, 88, 89, 96, 142~144, 147
범월(犯越) 483, 531
변강사지연구중심(邊疆史地硏究中心) 9, 82, 109
변강학(邊疆學) 9, 10, 12, 14, 510, 679
변경지대 450, 489, 494, 495, 505, 513
변계(邊界) 482, 679
변방학 510
변안학 510
변정학 510
병목 현상 292
병자호란 152, 153, 459, 522, 525~527, 534
보길레(勃極烈) 453
보아오포럼 10
보주(保州) 141, 142
봉금지대 505
부흥의 길 5, 343
북강항목(北疆項目) 8, 477
북로풍속(北虜風俗) 456
북방 81, 129, 146, 166, 267, 275, 453, 461~464, 474, 484, 487, 556, 574, 619, 651, 694
북방 강역 인식 483
북방 정책 258, 266~268, 275, 574
북원(北元) 150, 449
북중 국경 조약 485~487, 504, 506, 598
북학파(北學派) 153, 528
불교문화 269
비엔나협약 486, 487
빈공과(賓貢科) 128, 429

• ㅅ •

사드 237, 334, 561, 562, 576~585
사르후 전투 149, 151
상경성 433, 437~442
상호 인식 178, 234, 241, 242, 527, 548, 550, 554, 557, 603
생활 양태 481
서남변강항목(西南邊疆項目) 8
석을수(石乙水) 223, 225, 500, 504
선부론(先富論) 262
섭사성(聶士成) 551,
성자산산성(城子山山城) 138
센카쿠열도(댜오위다오) 13, 303, 304, 315, 358, 616, 620~623, 625, 630, 651, 693
션즈화(沈志華) 234, 238, 250, 278~280, 286, 289, 290, 293
소대향(蕭大享) 456
소수민족 지방 정권 10, 12
속국 40, 128, 244, 518, 541, 543~545
속말말갈(粟末靺鞨) 127, 132~134, 427
속방 540, 545
수교 13, 222, 234, 255, 275, 283, 291, 480, 485, 560, 562~569, 571~576, 584~587
수정헌법 261
쉬쉬에이(徐学毅) 139
시모노세키조약 358, 544
시베리아횡단철도 267, 274
시진핑(習近平) 4, 10, 258, 259, 261, 265~268, 275, 314, 326~328, 330, 341~343, 348, 371, 383, 578~580, 614~618, 628~633, 636, 642, 646~652, 657
시진핑 · 신시대 261, 266
식민지 경영 492, 493, 495
신냉전 258, 274, 570, 575, 615, 617
신북방 258, 267, 268, 270, 271, 275
신장항목(新疆項目) 8, 477
신중화주의 83, 266, 687
쑹화강 60, 64, 71, 129, 199, 494, 500, 503

• ㅇ •

아릭부케 446
아시아문명 10
아시아인프라투자은행(AIIB) 5, 11, 266, 580, 630
아시아태평양자유무역지대(APEC) 5, 11
아편전쟁 5, 257, 261, 320, 370
알로타(斡魯朶) 452
애국민족주의 258
야스쿠니 신사(靖國神社) 303, 620
야인여진(野人女眞) 153
양절체제(兩截體制) 542
여진족 135, 143, 144, 208
역사 공정 7, 8, 179, 683
역사 교과서 128, 129, 305~310, 312, 314~316, 318, 319, 324, 398, 476, 665, 667, 686~688, 690, 694
역사 카드 671~673
역사전쟁 111, 325, 665, 690
연개소문 97
연길변무보고(延吉邊務報告) 554
연행록(燕行錄) 241, 451, 529, 531, 532
염황자손(炎黃子孫) 7
영토화 전략 484
옌쉐퉁(阎学通) 259, 649
오록정(吳祿貞) 554
옷치긴 454
와르카 458
완안부(完顔部) 144
왕위량(王禹浪) 138
왕쯔강((王志刚) 139
외교문서 278, 280, 288, 525, 531, 537~539, 564, 568
외교사 189, 248, 488, 535, 538, 680
요 성종(成宗) 141, 143, 212
요동 지배 489
요양행성(遼陽行省) 454
용두산(龍頭山) 137, 140
우공(禹貢) 556
우구데이 454
우량카이3위 456
우수리강(烏蘇里江) 199, 458
울루스 455
원 영종(英宗) 148
월경(越境) 245, 483, 601, 602
위만조선 12, 31, 38, 40, 46, 96, 382, 385, 386, 391, 313~396
위안스카이(袁世凱) 177, 213
유교사상 269
유대인 대학살 670
유럽공동체 670
유소작위(有所作为) 259
유조변 495
육강(陸疆) 353, 355, 366
육로 범월 483
육정산(六頂山) 131, 137, 139
응용역사학 677, 678, 680
이주민 식민주의 491~493
이주민 정책 482
이중하(李重夏) 223, 227, 228, 488, 496, 499
이홍장 252, 541
인류운명공동체 10, 261, 266
일대일로(一帶一路) 4, 11, 235, 237, 250, 259, 261, 266~275, 327~330, 336, 341, 342~347, 349, 350, 371, 372, 628, 629, 631, 632, 636, 650, 651, 679, 687
임진왜란 150, 164, 459, 465, 466
입북(入北) 587~589

• ㅈ •

자결권 이론 509
자국 영토 482, 483, 494

자국우선주의 258
자주(自主) 223, 253, 544, 603
장백산 144, 193~199, 200~209, 211~214, 217
전략적 협력 267, 268, 275, 571, 572, 574
전략적 협력 동반자 관계 259, 275, 560, 569, 574
전쟁범죄 673
정계비 이설론 494
정동행성(征東行省) 147
정묘호란 152, 523, 532
정보의 변강(信息边疆) 510
정치적 신뢰 265, 303, 569
정통성 148, 315, 324, 453, 604, 671~673
제5변강 510
제국주의 5, 6, 244, 254, 316, 324, 506, 518, 665~672
조공 12, 13, 24, 77, 88, 122, 141, 143, 146, 149, 150, 154, 167~170, 175, 188, 244, 254, 404, 405, 428, 447~450, 519, 523, 524, 534, 538~542, 547, 680, 681
조공-책봉 체제 89, 122, 404, 449, 519, 523, 524, 534, 538~540, 547
조규체제 542
조선인 167, 173, 221~225, 280~282, 478~483, 492, 511, 587, 589, 590, 592, 686, 691
조선인부대 282, 587~589
조선족 193, 196, 197, 218, 238, 239, 240, 263, 485, 591, 602, 647, 660, 681
조천록(朝天錄) 448
조청 교섭 483
조청상민수륙무역장정 540, 546, 549
종계변무(宗系辨誣) 448
종번(종번체제) 10, 13, 88, 241, 253, 518, 539, 548
종번관계 12, 149, 150, 152~154, 160, 234, 242, 243, 251, 540, 548, 681
종번질서 548
종이호랑이 257
종주권 강화 244, 252, 540, 548
종주권(宗主權) 243, 244, 252, 254, 540, 544, 545, 548
주변국 외교 266, 629, 632, 639
주변우호협력지대 확대 전략 269, 275
준가르 457
중국·아프리카협력포럼(FOCAC) 4, 11
중국공산당 5, 109, 238~240, 249~251, 261, 280~282, 317~320, 329, 371, 509, 562, 579, 657, 672, 673, 683
중국기회론 261
중국몽(中國夢) 258, 261, 326, 327, 330, 343, 349, 372, 583, 647, 649, 650, 653
중국변강연구소(中國邊疆研究所) 49, 356
중국사회과학원 28, 88, 89, 93, 95, 109, 177, 245, 355, 498
중국위협론 259~261, 318, 329
중국인민지원군(중국군, 중공군) 287, 288, 595
중국횡단철도(TCR) 267, 274
중-몽-러 경제회랑 271, 272
중일평화조약 485
중화문명탐원공정(中華文明探源工) 7
중화민족 6, 7, 50, 260, 315, 315, 679, 685
중화민족 다원일체 구조론 7
중화민족주의 팽창 257
지구사적 관점 682
진릉(珍陵) 137~140
진위푸(金毓黻) 43, 56, 57, 76, 555, 556

• ㅊ •

책봉 13, 24, 77, 88, 122, 244, 254, 404, 428, 445, 447, 519, 523, 540, 547, 680, 681
천리장성 125, 166

천손(天孫)의식 441
천하체제(天下體系) 548
철도 부설권 276
청계주한사관당 548, 549
청사고(淸史稿) 172, 177, 178, 516, 518
청사찬수공정 13, 176, 178, 179, 186~191
청사편수공정(淸史編修工程) 7, 179, 515~518, 533, 653
청일전쟁 227, 230, 364, 541, 543, 547~551
체왕랍탄 457
충선왕 148
칭기즈칸 86, 453, 454, 457, 682

• ㅋ •

카이두 455
쿠빌라이 446, 454, 455

• ㅌ •

타타르부 453
탈아입구론(脫亞入歐論) 667
태평양전쟁 325, 665
토문강 488, 496, 498, 500, 503
통일적 다민족국가론(統一的多民族國家論) 24, 83, 86, 95, 318, 647, 654, 659
툴루이 454
특수 관계 291

• ㅍ •

페이샤오퉁(費孝通) 7
평화발전(和平发展) 259, 260
평화부상(和平崛起) 259, 260
푸쓰녠(傅斯年) 43, 555
푸틴 9, 258

• ㅎ •

하나의 세계, 하나의 꿈(同一个世界, 同一个梦想, One World One Dream) 261
하상주단대공정(夏商周斷代工程) 7, 83, 683
한국전쟁 279, 280, 282~287, 290, 567, 587, 588, 591~593, 618, 669, 676, 695
한민족 공동체 형성 485
한반도종단철도 274
한중 FTA 560, 573
한중동맹론 270
한중수교 233
한중수교공동선언 485
한청통상조약 224, 547
한한령(限韓令) 579
함보(函普) 144
항일 전쟁 280, 282, 319, 321~324, 672, 685
해강(海疆) 9, 13, 352~356, 358, 364, 365, 369, 373, 510
해동성국(海東盛國) 127, 129
해릉왕(海陵王) 145
해서여진(海西女眞) 153, 158
헌법 합치적 통일 487
호구 조사 223, 224, 481, 482
호르친 457
홍남주(洪南周) 492
홍무제 157, 448, 449
홍타이지 161, 172, 450, 522, 526
홍토수(紅土水) 223, 498, 500, 504
화상(華商) 247, 253, 538, 549, 552, 554
화이질서(華夷秩序) 154, 160, 482
황옌페이(黃炎培) 555
효의황후(孝懿皇后) 묘지 140
후금(後金) 151~153, 155, 158, 161, 172, 449, 450, 456, 458, 467, 522
후진타오(胡錦濤) 5, 261, 262, 621, 629
흑석구 245, 499, 500~503
흠정만주원류고(欽定滿洲源流考) 136

동북아역사재단 연구총서 123

동북공정 이후 현황과 동북아 역사 문제

초판 1쇄 인쇄 2020년 12월 10일
초판 1쇄 발행 2020년 12월 21일

엮은이 동북아역사재단
펴낸곳 동북아역사재단

등 록 제312-2004-050호(2004년 10월 18일)
주 소 서울시 서대문구 통일로 81, NH농협생명빌딩
전 화 02-2012-6065
팩 스 02-2012-6189
홈페이지 www.nahf.or.kr
제작·인쇄 청아출판사

ISBN 978-89-6187-604-9 93910